Rolf Steininger / Michael Gehler (Hrsg.)

ÖSTERREICH IM 20. JAHRHUNDERT

Ein Studienbuch in zwei Bänden

Von der Monarchie bis zum Zweiten Weltkrieg

Band 1

Mit Beiträgen von

Thomas Albrich
Dieter A. Binder
Evan Burr Bukey
Gerhard Jagschitz
Hermann J. W. Kuprian
Wolfgang Maderthaner
Manfried Rauchensteiner
Friedrich Stadler
Rolf Steininger
Erika Weinzierl

BÖHLAU VERLAG WIEN · KÖLN · WEIMAR

Gedruckt mit Unterstützung durch das
Bundesministerium für Wissenschaft, Verkehr und Kunst und
das Bundesministerium für Unterricht und kulturelle Angelegenheiten.

Umschlagentwurf: Tino Erben, Cornelia Steinborn

Umschlagfoto: Der Brand des Justizpalastes.
Bildarchiv der Österreichischen Nationalbibliothek

Die Deutsche Bibliothek – CIP-Einheitsaufnahme

Österreich im 20. Jahrhundert : ein Studienbuch in zwei Bänden / Rolf Steininger/Michael Gehler (Hg.). – Wien ; Köln ; Weimar ; Böhlau.
ISBN 3-205-98310-6
NE: Steininger, Rolf [Hrsg.]
Bd. 1. Von der Monarchie bis zum Zweiten Weltkrieg. – 1997
ISBN 3-205-98416-1

Gedruckt auf umweltfreundlichem, chlor- und säurefreiem Papier.

Satz: Zehetner Ges. m. b. H., A-2105 Oberrohrbach
Druck: TLP, Ljubljana, Slovenia

INHALT

VORBEMERKUNG DER HERAUSGEBER

Im Mai 1993 hat das Institut für Zeitgeschichte der Universität Innsbruck den ersten Österreichischen Zeitgeschichtetag in Innsbruck organisiert. In zahlreichen Panels und Diskussionen sind unterschiedliche Aspekte der österreichischen Zeitgeschichte behandelt worden. Dabei wurde deutlich, wie aktiv die Forschung in diesem Bereich ist; ein Blick auf die ausgestellten Bücher bestätigte diesen Eindruck. An Einzeldarstellungen war und ist kein Mangel. Es wurde aber auch deutlich – und so auch von Studierenden und Lehrern bedauert –, daß ein Studienbuch, in dem zentrale Themen der österreichischen Geschichte des 20. Jahrhunderts behandelt werden, fehlt. Das hat uns in den bereits vorhandenen Überlegungen bestärkt, ein solches Projekt weiterzuverfolgen. Das Ergebnis legen wir hiermit vor.

In 21 Beiträgen behandeln ausgewiesene Kenner ihres Faches jene Themen, die in der Regel im Unterricht, in Vorlesungen, Seminaren und Prüfungen zur Sprache kommen. Jeder Autor stellt ein Thema allgemein vor, das anschließend analysiert und interpretiert und mit ausgewählten Dokumenten und ausführlichen Literaturhinweisen ergänzt wird. Abschließend werden Fragen und Thesen formuliert, die als Angebot zur weiterführenden Diskussion dienen, d. h. noch einmal zur Reflexion der Thematik anregen sollen. Das Buch wendet sich in erster Linie an Studierende, Lehrer und Erwachsenenbildner, ist aber auch für jeden an der Geschichte Österreichs Interessierten konzipiert, der in einem raschen Zugriff erste Informationen erhalten möchte. Im ersten Band geht es um die Entwicklung von der Monarchie bis zum Zweiten Weltkrieg, im zweiten vom Zweiten Weltkrieg bis zur Gegenwart. Erstmals wird im Rahmen dieser Überblicksgeschichte Österreichs im 20. Jahrhundert auch die Südtirolfrage ausführlich behandelt. Südtirol wurde zwar nach dem Ersten Weltkrieg Italien als Kriegsbeute zugeschlagen, aber es war und ist in vielfacher Hinsicht ein österreichisches Thema.

Unser Dank gilt den Kolleginnen und Kollegen, dem Böhlau Verlag und unseren Sekretärinnen Ulrike Scherpereel und Eva Plankensteiner, die wie immer den Computer professionell bedient und den Herausgebern mit Rat und Tat zur Seite gestanden haben, sowie Frau Mag. Eva Pfanzelter für die Durchsicht der Chronologien.

Innsbruck, im Juni 1996

Hermann J. W. Kuprian

AN DER SCHWELLE ZUM 20. JAHRHUNDERT – STAAT UND GESELLSCHAFT VOR DEM ERSTEN WELTKRIEG

1. Begriffsklärung

Als „Überlappungs- und Übergangsphase, janusköpfig nach rückwärts und vorwärts gewandt“, so kennzeichnet der Salzburger Historiker Ernst Hanisch in seiner kürzlich erschienenen österreichischen Gesellschaftsgeschichte des 20. Jahrhunderts die Welt um 1900.[1] Eine Welt, in der sich tatsächlich eine Reihe gesellschaftlicher und politischer Umbrüche ankündigte, die aber auch an der Erstarrung des staatlichen Systems zu zerbrechen drohte. Es wird daher zunächst zur allgemeinen Charakterisierung des Themas notwendig sein, einerseits eine kurze Begriffsbestimmung von Staat und Gesellschaft um die Jahrhundertwende vorzunehmen; und zum anderen der Frage nachzugehen, was unter der Bezeichnung „Österreich“ an der Schwelle zum 20. Jahrhundert verstanden wurde.[2]

Zum ersten: „Staat“ als Synonym für die kohärenten Kräfte und Formen der „Gesellschaft“, für Macht und Ansehen des Herrscherhauses und des Hofes, für organisierte Verwaltung und Bürokratie, für einheitliche Gesetzgebung, für Disziplin und Loyalität der Armee, für gemeinsame politische Repräsentanz nach innen und außen, für ein territorial abgegrenztes Gebilde usw.; – und „Gesellschaft“ als die Summe aller Einwohner, Bürger – Männer wie Frauen, – und vor allem aller sozialen Schichten einschließlich ihrer unterschiedlichen Traditionen, Wertnormen, Lebensinteressen und Lebenschancen (Ralf Dahrendorf[3]), keineswegs aber gebunden an eine territoriale Einschränkung und mit durchaus zentrifugalen Tendenzen und Kräften. Allein aus diesem Versuch einer Definition läßt sich die inhaltliche Komplexität dieses vielfach konkurrierenden, dichotomen Begriffspaares ermessen. Komplex deshalb, weil ein so verstandener Gesellschaftsbegriff keinen wirklich antithetischen Charakter besitzt und daher auch die Repräsentanten der staatlichen Machtinstrumente nicht ausschließt, sondern sie als – freilich kleinen, aber umso einflußreicheren – Teil der Gesellschaft miteinbezieht.

Zweitens: Österreich um 1900, das bedeutete im allgemeinen zeitgenössischen Sprachgebrauch den westlichen, „cisleithanischen“, das heißt diesseits der Leitha gelegenen Teil der Habsburgermonarchie, der mit Niederösterreich (mit Wien), Oberösterreich, Salzburg, Tirol, Vorarlberg, der Steiermark, Kärnten, Krain, Görz, Gradiska, Istrien, Dalmatien, Böhmen, Mähren, Schlesien, Galizien und der Bukowina im verwaltungstechnischen Terminus „die im Reichsrat vertretenen Königreiche und Länder“ bezeichnet wurde. Den Gegenpart dazu bildete die ungarische oder „transleithanische“ Reichshälfte, die im wesentlichen mit Ungarn, Siebenbürgen, Kroatien und Slawonien die „Länder der heiligen ungarischen Stephanskrone“ umfaßte. Dieses staatliche Konstrukt, entstanden durch den „Ausgleich“ vom 15. März 1867[4] nach den Niederlagen von Solferino (1859) und Königgrätz (1866), schuf ein dualistisches System in Form einer Doppelmonarchie, deren Teile lediglich die gemeinsame Dynastie, gemeinsame Finanz- und Heeresangelegenheiten sowie eine einheitliche Außenpolitik verband. Sonst aber blieben sie zwei voneinander unabhängige und gleichberechtigte Staaten, deren Gemeinsamkeiten in regelmäßigen Abständen akkordiert werden mußten. Und diese staatliche Zweiteilung ließ schon bei einigen Zeitgenossen die bis heute vertretene These aufkommen, daß damit der Untergang der multinationalen Habsburgermonarchie besiegelt wurde. So notierte bereits im März 1867, also noch vor dem offiziellen Abschluß der Verhandlungen mit Ungarn, ein „Deutscher Österreicher“ in einer Broschüre mit dem Titel „Der Zerfall Österreichs“, daß erstmals „auf der Tagesordnung der öffentlichen Diskussion der Satz von dem Zerfalle Österreichs als einer europäischen

Notwendigkeit“ stünde.[5] Hintergründiger und ironischer formulierte es im September 1870 einer der bedeutendsten kritischen Publizisten der zweiten Hälfte des 19. Jahrhunderts, der Satiriker und Journalist Daniel Spitzer[6]:

„Der Zerfall Österreichs war in dieser Woche ein beliebter Unterhaltungsgegenstand. Auf der Tribüne und in den Zeitungen wurde dieses anregende Thema in mehr oder minder ausführlicher Weise behandelt und wie sonst über das Wetter sprach man in der Gesellschaft über den Zerfall Österreichs. Glauben Sie, daß dieses Österreich noch lange anhalten wird? Oh nein, ich denke, es wird sich sicher wieder verziehen“.[7]

In jedem Fall umgab die Donaumonarchie ab diesem Zeitpunkt die Aura eines untergehenden Reiches, deren psychologische Wirkung bis heute die historische Diskussion beeinflußt. Dies läßt sich unschwer in einer Reihe von Arbeiten einheimischer wie ausländischer Historiker erkennen, die bezeichnende Titel wie beispielsweise „Der Untergang der Donaumonarchie“[8], „Der Untergang Österreich-Ungarns“[9], „Requiem für eine Monarchie“[10], „Der Fall des Hauses Habsburg“[11], „Die Auflösung des Habsburgerreiches“[12], „The Dissolution of the Habsburg Monarchy“[13] oder „Zeitenwende im Donauraum“[14] usw. tragen. Die Unterschiede in der historischen Beurteilung liegen dabei allerdings in der mehr oder weniger differenzierten Akzentuierung der Ursachen und Schuldzuweisungen für diesen Niedergang: Entweder in einer Betonung der inneren strukturellen Schwächen oder des unausgewogenen Nebeneinanders rivalisierender Nationalitäten; in der politisch-gesellschaftlichen Rückständigkeit Österreich-Ungarns gegenüber der Modernität Westeuropas; in der wirtschaftlich und regional disparaten und damit schwierigen sozialen Entwicklung oder aber in dem virulenten System des Dualismus bis hin zu der Hervorkehrung politischer Fehlentscheidungen aufgrund persönlicher und menschlicher Unzulänglichkeiten sowohl Kaiser Franz Josephs als auch seiner Minister und Entscheidungsträger (Anton Mayr-Harting, Alan Sked). Auch die These von der bewußten und zielgerichteten Zerstörung der Doppelmonarchie von innen und außen fand darin ihren Platz (François Fejtö).[15]

So sehr jedoch die 1867 erfolgte staatliche Neustrukturierung der Gesamtmonarchie auf berechtigte und heftige Kritik – allen voran der benachteiligten slawischen Völker – stieß und in der Tat eine Reihe neuer Probleme im ohnehin angespannten Verhältnis der verschiedenen Nationalitäten zueinander aufwarf, sie bot doch zumindest eine reelle Chance zur weiteren föderalistischen Umgestaltung dieses bislang absolutistisch und zentral gelenkten Einheitsstaates.[16] Zudem eröffneten sich damit neue Perspektiven hinsichtlich einer umfassenden Demokratisierung des öffentlichen Lebens und zur Lösung anstehender sozialer Fragen, zumal die Priorität der Außenpolitik, die bislang im Einklang mit dem Ansehen des Kaiserhauses und der Großmacht Österreich stand, in den folgenden Jahrzehnten gegenüber der inneren Umgestaltung allmählich in den Hintergrund treten mußte. Denn die im Zuge der fortschreitenden Industrialisierung und der liberalen Marktwirtschaft erwachsenen und jahrzehntelang ungelösten gesellschaftlichen Probleme verlangten spätestens seit den letzten beiden Jahrzehnten des 19. Jahrhunderts zwingend nach einer fundamentalen Neuorientierung der staatlichen Interessenspolitik. Die Bedingungen dafür waren in beiden Teilen der Monarchie durchaus verschieden; und wenn im folgenden von Österreich gesprochen wird, so bezieht sich dieser Begriff demnach primär auf die „cisleithanische" Reichshälfte der Habsburgermonarchie mit schwerpunktmäßigem Blick auf die „regionale Entwicklung" der heutigen Republik.

2. Gesellschaftspolitische Veränderungen

Bei näherer Betrachtung der gesellschaftspolitischen Veränderungen in Österreich während der zweiten Hälfte des vergangenen Jahrhunderts erheben sich sogleich zwei zentrale Fragen: Inwieweit war der bislang absolutistisch strukturierte, staatliche Machtapparat überhaupt imstande und bereit, auf diese durchaus nicht linear verlaufenden Herausforderungen zu reagieren; und um welche Herausforderungen handelte es sich dabei eigentlich? Die Beantwortung der zweiten Frage erleichtert das Verständnis für die erste. Moritz Csáky hat dazu einige wesentliche Faktoren aufgezeigt[17], die den – 1848 ausgelösten und bis zur Jahrhundertwende beschleunigten – Ablösungsprozeß alter ständischer Gesellschaftsstrukturen in Österreich kennzeichnen:

An erster Stelle steht dabei die demographische Entwicklung, also die Bevölkerungszunahme[18], die zu einer Erweiterung von Verwaltungs- und Bildungsinstitutionen sowie von wirtschaftlicher Produktion und Verteilung führen mußte. Folgerichtig bedingte dies auch eine Ausdehnung alter Rechts- und Verwaltungsstrukturen über die für eine elitäre, ständisch orientierte Gesellschaftsschicht gedachte Konzeption hinaus. Praktisch war damit aber der Anspruch nach Einbeziehung der gesamten Bevölkerung in die politische Verantwortung (Stichwort: Erweiterung des Wahlrechtes) ebenso wie die Forderung nach Schaffung entsprechender konstitutioneller und parlamentarischer Möglichkeiten erhoben.

Zum zweiten trugen die neuen ökonomischen Produktions- und Verteilungssysteme, aber auch die wirtschaftlichen Neuerungen zur Veränderung der sozialen Landschaft bei. Neben Aristokratie, Adel und den bäuerlichen Schichten entstand mit zunehmender Industrialisierung eine neue Gesellschaftsklasse – die Arbeiterschaft.

Drittens führte eine Veränderung des intellektuellen Bewußtseinshorizontes, großteils repräsentiert durch das (aufgeklärte) Bürgertum[19] und die Bürokratie[20] zu einem neuen Selbstverständnis, das sich nicht mehr durch das Privileg der Herkunft, sondern durch Bildung auszeichnete und dessen Vertreter daran interessiert waren, in die politische Verantwortung miteinbezogen zu werden.

Viertens trug zu einem nicht unerheblichen Teil die wachsende Mobilität aufgrund der Erschließung neuer Verkehrswege und durch den Ausbau des Eisenbahnnetzes zur Überwindung alter gesellschaftlicher Schranken bei.[21]

Neben diesen allgemeinen Faktoren prägte speziell die Habsburgermonarchie eine ethnisch-sprachliche Vielfalt, deren territoriale Grenzen keineswegs immer deutlich verliefen. Zur Bedrohung für die staatliche Einheit wurde diese ethnische Pluralität aber erst in jenem Moment, als sich seit den siebziger Jahren das nationale Gedankengut zu einer kompakten Ideologie zu verfestigen begann.[22]

Wie stand es nun mit der Reaktion des Staates auf diese neuen gesellschaftspolitischen Herausforderungen? Ein erster und zweifellos entscheidender Schritt wurde durch die im Anschluß an den Ausgleich am 21. Dezember 1867 von Kaiser Franz Joseph bestätigten Staatsgrundgesetze über die allgemeinen Rechte der Staatsbürger gesetzt. Sie galten für die österreichische Reichshälfte und bildeten zusammen mit den Grundzügen der Februarverfassung aus dem Jahre 1861 die sogenannte „Dezemberverfassung“ – ein Gesetzeswerk, das beinahe alle liberalen Grundrechtsforderungen seiner Zeit enthielt. Es legte unter anderem fest, daß nicht nur alle Staatsbürger vor dem Gesetz gleich zu sein hatten, sondern auch die öffentlichen Ämter für alle Staatsbürger gleich zugänglich und das Eigentum wie das Hausrecht unverletzlich sein mußten sowie die Freizügigkeit der Person und des Vermögens innerhalb des Staatsgebietes keiner Beschränkung unterliegen durften. Weiters sollten alle österreichischen Staatsbürger nicht nur das Recht haben, sich zu versammeln und Vereine zu bilden, sondern auch – zumindest theoretisch – in Wort, Schrift und Druck oder bildlicher Darstellung ihre Meinung innerhalb der gesetzlichen Schranken frei äußern und die volle Gewissens- und Glaubensfreiheit ausüben sowie seinen Beruf frei wählen können.[23] Der wichtigste Punkt aber, der angesichts der traditionell privilegierten Stellung der Deutschen innerhalb der österreichischen Reichshälfte zu heftigen Debatten sowohl in der breiten Öffentlichkeit wie auch im Parlament führen sollte, war die Festlegung auf Wahrung und Pflege von Nationalität und Sprache für jeden Volksstamm des Staates als gleichsam unverletzliches Recht.

Trotz dieser für ihre Zeit durchaus „revolutionären“ Gesetze blieb Österreich in seinen politischen Entscheidungsstrukturen bis 1918 aber ein dynastischer, bürokratisch regierter Obrigkeitsstaat.[24] Denn das Zentrum der Macht lag nach wie vor bei der Krone und bei Hof. Die Verfassung, erlassen als „Gnadenakt des Kaisers“ in Form einer konstitutionellen Monarchie, konnte deshalb auch jederzeit widerrufen werden und bildete um die Jahrhundertwende angesichts der Krise des Parlamentes sogar Gegenstand mancher Überlegungen zu einem „Staatsstreich von oben“. Zunächst aber suchte Franz Joseph aus dieser Position heraus den unaufhaltsam fortschreitenden gesellschaftspolitischen Veränderungen zu begegnen.

3. Demokratisierung des öffentlichen Lebens

Angesichts der Behauptung, daß das Zentrum der politischen Macht weiterhin beim kaiserlichen Hof verblieb, drängt sich allerdings die Frage auf, welche Machtfülle die Dynastie dann eigentlich abtrat und was sie zur Demokratisierung des öffentlichen Lebens beitrug: Es war in jedem Fall eine Demokratisierung auf Raten, die mit einem sukzessiven Ausbau der konstitutionellen Voraussetzungen einherging und bis 1918 trotz zahlreicher Fortschritte auf einer ungleichen Verteilung der Staatsgewalt beruhte. Denn der weitaus größere Teil lag weiterhin beim Kaiser und seiner Regierung, die er ebenso wie alle Minister und höheren Beamten selbst ernannte oder wieder entließ. Die Regierungsgeschäfte konnte er zwar nur über „seine“ Minister ausüben, die ihrerseits der „Volksvertretung“, dem Reichsrat, verantwortlich waren, doch über die Einberufung und Auflösung dieses Parlaments verfügte wiederum nur einer, – nämlich der Kaiser selbst.

Der Reichsrat hatte alle Gesetze zu beraten und zu beschließen, bevor sie – einmal mehr – dem Monarchen zur „Sanktionierung“ vorgelegt werden mußten. Auch die Überprüfung der Staatsverwaltung und des Finanzhaushaltes oblag der „Volksvertretung“, während der Souverän für seine Entscheidungen niemandem verantwortlich blieb.[25]

Der Kaiser behielt sich indes nicht nur das letzte Entscheidungs- oder Einspruchsrecht in allen inneren Angelegenheiten vor, sondern vertrat als Oberhaupt des Staates diesen auch nach außen, schloß die Verträge, entschied über Krieg und Frieden, befehligte als oberster Kriegsherr die Armee und die Flotte und nominierte die kirchlichen Würdenträger. In seinem Namen wurde Recht gesprochen, ohne daß damit freilich der Willkür Tür und Tor geöffnet wurde. Denn Österreich war auch ein Rechtsstaat mit Reichsgericht, Verwaltungs- und Staatsgerichtshof[26], und die Dynastie stand für die Menschen auch als Symbol für die Staatsidee, als Garant der vielerorts in Frage gestellten Einheit Österreich-Ungarns. Der Kaiser wurde verehrt und respektiert, je länger er regierte, so daß der Habsburgmythos jedenfalls nicht erst nach dem Ende der Monarchie begonnen hatte.[27]

Die beschränkten Befugnisse des Parlaments, dem in ähnlicher Weise die jeweiligen Landesvertretungen gegenüberstanden, führen naturgemäß zu der Frage, ob es sich dabei um eine wirklich repräsentative „Volksvertretung“ handelte und welche Schritte zu einer Ausweitung des Wahlrechtes gesetzt wurden: Aus heutiger Sicht handelte es sich tatsächlich nicht um eine demokratische Vertretung, doch eben nur aus heutiger Sicht. Damals entsprach sie durchaus den realpolitischen Verhältnissen, zumal sie auch nicht von „unten“ erkämpft, sondern von „oben“ dekretiert wurde. Die „Massen“ waren noch nicht politisiert, und das System nicht für politische (Massen)Parteien eingerichtet. Es ging zunächst um die Durchsetzung von Interessen der herrschenden Eliten, dem liberalen Großbürgertum und der – meist adeligen – Großgrundbesitzer. Um dies zu garantieren, wurden die Wahlstimmen nicht nur nach sozialen Positionen, Besitz und

Bildung „gewichtet“ (sog. Kurien), sondern auch in verschieden große Wahlkörper bzw. Wahlkreise eingeteilt, die zu einer unterschiedlichen Repräsentanz der Länder, Städte bzw. Nationalitäten führten. Bis 1873 durften überhaupt nur die Landtage Abgeordnete aus ihren Reihen in den Reichsrat entsenden, bis im selben Jahr die „Volkswahl“ eingeführt wurde.

Der österreichische Reichsrat bestand aus zwei Kammern, dem Herrenhaus und dem Abgeordnetenhaus. Während die Mitglieder des Herrenhauses entweder aufgrund erblichen Rechts oder infolge ihrer Ernennung durch den Kaiser konkrete Standesinteressen vertraten, mußten sich die Mitglieder des Abgeordnetenhauses nunmehr einer direkten Wahl stellen, auch wenn die Zahl der Wahlberechtigten aufgrund der Bindung an eine relativ hohe Steuerleistung (Zensus) durchaus gering blieb.

Die Wahlrechtsreform von 1873 begünstigte jedoch eine in der Folge rasch einsetzende Parteienbildung in Österreich. Vorerst geschah dies hauptsächlich innerhalb des Reichsrates in Form von parlamentarischen Klubs, die mehr eine politische Gesinnungsgemeinschaft zur Durchsetzung einzelner sachbezogener – vielfach meist nationaler – Ziele und Interessen denn eine Partei mit festen ideologisch-programmatischen Grundsätzen darstellten. Die fehlende programmatische und innere Bindung dieser Klubs sowie wachsende nationale und konfessionelle Konflikte führten nicht zuletzt zu häufig wechselnden Koalitionen, so daß die Arbeitsfähigkeit des Reichsrates immer wieder in Frage gestellt wurde.[28]

Verschiedene Vorstöße liberaler und demokratischer Abgeordneter während der siebziger Jahre des 19. Jahrhunderts in Richtung Erweiterung des aktiven Wahlrechtes hatten erst im März 1882 Erfolg, als eine klerikal-föderalistische Parlamentsmehrheit, die mit der konservativen Regierung des Grafen Eduard Taaffe zusammenarbeitete, die Senkung des Zensus als Bedingung für die Wahlberechtigung von zehn auf fünf Gulden durchsetzte. Damit war ein weiterer Schritt zur Demokratisierung des öffentlichen Lebens gesetzt, denn der ohnehin bescheidene Prozentsatz der wahlberechtigten Bevölkerung, der bislang knapp 6 Prozent der über 20 Millionen Einwohner Cisleithaniens betragen hatte, erhöhte sich dadurch allein bei den Bauern um 26 Prozent und bei den (städtischen) Kleinbürgern immerhin um zirka 34 Prozent, während die große Masse der Arbeiter und Dienstboten weiterhin ausgeschlossen blieb.[29] Die Ausweitung des Wählerkreises stellte in seinen Konsequenzen die alten Parlamentsparteien dennoch vor völlig neue (gesellschafts)politische Herausforderungen.[30]

Der nächste Schritt folgte kurz vor der Jahrtausendwende, als der damalige Ministerpräsident Graf Kasimir Badeni 1896 dem österreichischen Reichsrat eine Wahlrechtsreformvorlage präsentierte, die wenigstens ihrem Anspruch nach die Einführung des allgemeinen Wahlrechts verwirklichte. Den vier bisher bestehenden Kurien des Großgrundbesitzes, der Städte und Märkte, der Handels- und Gewerbekammern sowie der Landgemeinden[31] wurde einfach eine fünfte, sogenannte „Allgemeine Wählerklasse“ angehängt, in der jeder eigenberechtigte männliche Staatsbürger ab dem 24. Lebensjahr unter Nachweis einer mindestens sechsmonatigen Seßhaftigkeit, jedoch unabhängig von seiner Steuerleistung, das Wahlrecht erhielt. Obgleich sich dadurch die Zahl der Wahlberechtigten von rund 1,7 auf über 5,3 Millionen erhöhte[32], blieb immer noch der überwiegende Teil der Bevölkerung vom Wahlrecht ausgeschlossen. Es entsprach auch noch keineswegs dem Gleichheitsgrundsatz, zumal in den ersten vier Kurien zusammen 353 Abgeordnete, in der fünften dagegen nur 72 Mandate zu vergeben waren. In der Praxis bedeutete dies, daß in den ersten beiden Kurien nur 64 bzw. 26, in der fünften aber beinahe 70.000 Wähler von einem Abgeordneten vertreten wurden.[33]

Nachhaltige Impulse zur weiteren Ausgestaltung des Wahlrechtes gingen um die Jahrhundertwende von den aufstrebenden und nunmehr organisierten, vornehmlich deutsch dominierten politischen Massenparteien aus, allen voran von den Sozialdemokraten und von den Christlichsozialen. Während sie die sozialen Aspekte des allgemeinen Wahlrechtes zur Geltung bringen wollten, forderten verschiedene nationale – vor allem slawische Gruppierungen – ihren berechtigten Anteil an entsprechender politischer Partizipation ein. Unzählige Versammlungen und Demonstrationen, bei denen nicht selten hunderttausende Menschen mobilisiert werden konnten, erhöhten den „Druck der Straße“ auf den Monarchen und seine Regierung. Auch wenn Kaiser Franz Joseph in seiner zögernden Haltung stets den Anschein zu wahren suchte, daß die Krone dieser „Gewalt“ nicht weichen würde, vermochte er sich doch nicht mehr der Überlegung zu verschließen, daß den sozialen wie nationalen Spannungen nur durch eine politische Emanzipation aller Bürger zu begegnen sei. Überdies dachten die Ungarn bereits offen über die Loslösung ihrer Reichshälfte aus dem dualistischen Staatsverband nach und der radikalste Vertreter dieser Idee, Franz Kossuth, hatte im Jänner 1905 mit seiner Unabhängigkeitspartei den Wahlsieg errungen. In Rußland war zur selben Zeit die Revolution ausgebrochen, die den Zaren zu weitreichenden politischen Zugeständnissen an die Duma (Parlament) zwang.

Angesichts dieser Ereignisse genehmigte Kaiser Franz Joseph im Jänner 1907 die entsprechenden Gesetzesvorlagen zur Einführung des allgemeinen, gleichen, direkten und geheimen Wahlrechtes in Österreich. Das elitäre Kuriensystem und der exkludierende Wahlzensus wurden damit zwar beseitigt und die Wählerzahl drastisch erhöht, aber es betraf immer noch nicht einmal die Hälfte der Bevölkerung. Denn es gilt dabei festzuhalten: Die Frauen blieben weiterhin nicht nur ausgeschlossen, sondern verloren damit auch jenes geringfügige Recht, das sie aufgrund ihrer Besitzverhältnisse nach dem alten Gesetz innehatten, nämlich das – zumindest theoretisch – aktive Wahlrecht in der ersten, der Großgrundbesitzerkurie. Die Männer hingegen unterlagen ebenfalls zahlreichen Einschränkungen: So etwa aufgrund des Erfordernisses der „Eigenberechtigung“, was bedeutete, daß beispielsweise alle unter hausväterlicher Gewalt stehenden Dienstboten automatisch ausgeschlossen wurden; oder aber durch die Seßhaftigkeitsklausel, die in erster Linie die mobilen Arbeiter traf. Und die Gleichwertigkeit der Stimmen wurde anhand einer ausgeklügelten Wahlkreiseinteilung unterlaufen, die den einzelnen Kronländern, Städten, Landgemeinden und Nationalitäten je nach Steuerleistung unterschiedliche Stimmen- bzw. Mandatszahlen zuwies, so daß auf ungefähr 38.000 Deutsche ein Abgeordnetensitz entfiel, während die Ruthenen dafür zirka 100.000 Stimmen benötigten. Das bedeutete für die Deutschen der Monarchie 43 Prozent der Mandate bei lediglich 35 Prozent Bevölkerungsanteil Cisleithaniens, hingegen mit einer Steuerleistungsquote von 63 Prozent.[34] Abgesehen von dieser komplizierten Gewichtung des Wahlrechtes erfolgte dessen Einführung in den meisten Landtagen der Monarchie entweder mit erheblicher zeitlicher Verzögerung oder überhaupt nicht. Eine „wirkliche Demokratisierung" des Wahlrechtes in Österreich, auch unter Berücksichtigung der Frauen, blieb jedenfalls der neuen Republik vorbehalten und sollte erst 1918/1919 erfolgen.[35]

Die politischen Hoffnungen in das neue Wahlrecht von 1907 wurden allerdings nur zum Teil erfüllt. Zwar erzielten bei den nachfolgenden Reichsratswahlen im Mai desselben Jahres erwartungsgemäß die großen Massenparteien erhebliche Zuwächse, aber das nationale Parteienspektrum verringerte sich keineswegs. Im Gegenteil, es nahm zu, und der Parlamentarismus in Österreich geriet bereits in diesem ersten Jahrzehnt des 20. Jahrhunderts in eine tiefe Krise, zumal die Demokratisierung des politischen Systems mit der nationalen Frage nicht Schritt gehalten hatte[36] und der seit 1867 intensiver werdende Streit der Nationalitäten den Reichsrat nunmehr zu paralysieren drohte.

4. Wandel der parteipolitischen Landschaft

Bevor jedoch auf dieses Problem näher einzugehen sein wird, ist zu hinterfragen, in welcher Weise sich der Wandel der parteipolitischen Landschaft im Rahmen der geänderten gesellschaftlichen und konstitutionellen Prämissen vor dem Ersten Weltkrieg vollzog. Dabei muß jedoch unter Berücksichtigung der Kontinuitäten in der österreichischen Parteienlandschaft nach dem Krieg der Blick stark auf die vorwiegend von Deutsch-Österreichern bestimmten Parteien eingeengt werden:

Zunächst läßt sich feststellen, daß es auch schon vor 1867 verschiedentlich öffentlich-politische Willens- und Meinungsäußerungen gegeben hatte. Klaus Berchtold vermerkt jedoch zu Recht, daß erst mit der Dezemberverfassung dieses Jahres „das politische Leben in dauerhafte Bahnen gelenkt wurde.“[37] Das ursprünglich restriktive Wahlrecht verhinderte oder unterdrückte jedenfalls vorerst ein politisches Engagement großer Teile der Bevölkerung. Und es mochte dabei durchaus die verbreitete resignative Erkenntnis mitschwingen, daß politische Aktionen ohnehin kaum etwas bewirken oder verändern könnten. Die spürbare Allgegenwart und Allmacht des absolutistisch-bürokratischen Machtapparates wirkte erdrückend. Lediglich eine dünne, in ihrer Mehrheit liberal orientierte privilegierte Schicht besaß die Möglichkeit, ohne existentielle Sorgen und Bedrohungen ihre politischen und wirtschaftlichen Interessen innerhalb wie außerhalb parlamentarischer Strukturen mit Nachdruck wahrzunehmen. Aber auch sie mußte schließlich der Ausweitung des Wahlrechtes Rechnung tragen und – wie übrigens auch die Kirche – den größer werdenden sozialen und nationalen Problemen neue Ideen und Konzepte entgegensetzen.

So verlangten die rasch fortschreitenden sozioökonomischen Veränderungen der Gesellschaft auch im Österreich der Jahrhundertwende nach einer umgehenden „Politisierung der Massen“.[38] Und die erfolgte in ihren Anfängen zu einem wesentlichen Teil über die Vereine, für deren Institutionalisierung das in den Staatsgrundgesetzen verankerte Vereinsgesetz die legistische Grundlage bot. Nach außen hin etablierten sich die neuen österreichischen Parteien während der achtziger und neunziger Jahre des 19. Jahrhunderts primär anhand ihrer Auseinandersetzung mit den herrschenden Eliten: dem Hof, der Bürokratie und der Kirche. Weltanschaulich ging es aber um eine Konfrontation mit dem Liberalismus, der für die von ihm selbst geschaffenen sozialen Probleme keine Lösungen anzubieten vermochte und dadurch in eine schwere Krise geraten war.[39] Diese Gemeinsamkeit findet ihren sichtbaren Ausdruck in der ursprünglich engen personellen Verflechtung der Parteien, geschart um die schillernde Persönlichkeit des jungen Georg von Schönerer.[40] Zu seinen Anhängern zählten anfänglich Männer wie Karl von Vogelsang, Karl Lueger, Victor Adler oder Engelbert Pernerstorfer, ehe sich ihre politischen Wege über den verschiedenen Antworten zur Lösung der politischen Fragen trennten. Auf diese gemeinsamen Ursprünge der österreichischen Parteien hat erstmals Adam Wandruszka hingewiesen und dabei den „Lagerbegriff" in die österreichische Historiographie eingeführt.[41] Entlang dieser Konfliktlinien bildeten sich sodann die drei klassischen „Lager" heraus, jeweils gedacht als eine mehrere Parteien umfassende politische Gruppierung, insgesamt aber als Ausdruck konkurrierender Weltanschauungen: das sozialistische, das konservativ-christlichsoziale und das liberal-deutschnationale.

Auf dieser ideologischen Basis suchten die Parteien ihre Mitglieder in allen ihren Lebensbereichen zu beeinflussen und zu organisieren, jene Patronagefunktion zu übernehmen, die bislang dem Staat zugeschrieben worden war. Nicht nur in der Identifikation zugunsten der politischen (Überzeugungs-)Arbeit gegenüber diesem, sondern „von der Geburt bis zum Tod", „von der Wiege bis zur Bahre" – so die Devise – sollten sie in der Partei eine (neue) Heimat finden; ob bei der Erziehung oder Schulbildung, ob in Beruf, Familie oder in der Freizeit – es ging um die totale Vereinnahmung der Menschen.[42] Daß dies freilich auch zu einer extremen Polarisierung der Bevölkerung, zur Entwicklung stereotyper Feindbilder, zu Mißtrauen, Intoleranz und Aggressionen gegenüber dem jeweiligen „Gegner“ führen mußte, versteht sich von selbst. Eigene Parteizeitungen wurden gegründet,[43] und der „Feind“ sollte einen konkreten Namen bekommen: „die Antiklerikalen, Liberalen, Schönerianer, Sozialdemokraten und die Feinde aller Feinde, die Gottesmörder, die Juden“ usw.[44] Es blieb dies auch eine Tradition, die sich über die Ereignisse des Ersten Weltkrieges „hinüberrettete“ und das politische Klima Österreichs während der Zwischenkriegszeit derart negativ beeinflußte, bis sie im Jahr des doppelten Bürgerkrieges, im Februar und Juli 1934, ihren traurigen Höhepunkt erreichte.

Wie aber läßt sich in gebotener Kürze die Entwicklung dieser drei politischen Lager um die Jahrhundertwende charakterisieren?

a) Das sozialdemokratische Lager:

Besonders die im Zuge der industriellen Entwicklung entstandene neue Gesellschaftsschicht der Arbeiter war die erste, die sich nach 1867 von einer staatlich-bürokratischen „Bevormundung“ durch die herrschenden Eliten zu befreien suchte. Anfänglich auf eine Verbesserung der materiellen Lebensgrundlagen ausgerichtet, begann sich die Arbeiterbewegung in – nach außen meist unpolitischen – Vorfeldorganisationen (Arbeiterbildungsvereine etc.) zu formieren und über diese möglichst viele Bereiche der menschlichen Existenz zu erfassen. Zunächst fehlte ihr jedoch eine einheitliche ideologische Orientierung (Stichwort Neudörfl 1874)[45], so daß sie sich in innere Richtungskämpfe um die Ideen eines Ferdinand Lassalle und Hermann Schultze-Delitzsch verstrickte. Erst Victor Adler gelang es am (Einigungs-)Parteitag in Hainfeld Ende 1888/Anfang 1889, das seit den siebziger Jahren entstandene lockere „Bündel von sozialdemokratischen politischen Vereinen und Gewerkschaften, deren Mitglieder recht heterogene national- und gesellschaftspolitische Zielsetzungen vertraten, unter einen Mantel zu bringen“.[46] Bewußt vermied Adler dabei ein umfassendes theoretisches

Programm, sondern schwor die österreichische Sozialdemokratie auf eine Linie nach dem Motto „keine Demokratie ohne Freiheit, kein Sozialismus ohne Demokratie“ ein. Der Kampf der Proletarier zur klassenlosen Gesellschaft sollte nicht im revolutionären, sondern im evolutionären Weg, d. h. innerhalb der staatlich vorgegebenen Entscheidungsstrukturen erfolgen, obgleich in Hainfeld der Parlamentarismus als Form moderner Klassenherrschaft verurteilt wurde. Es war der (vielgepriesene) Weg des „österreichischen Marxismus“, des Austromarxismus.[47]

Bis zu Beginn des 20. Jahrhunderts gelang der geeinten österreichischen Sozialdemokratie jedenfalls durch die Besetzung der Konfliktlinie Besitz/Arbeit[48] eine weitgehende Mobilisierung der industriellen Arbeiterschaft und damit ihre Etablierung als typische Klassenpartei.[49] Als Mitgliederpartei trug sie ausgesprochen urbane Züge und konnte sich unter der vorwiegend katholischen Landbevölkerung kaum durchsetzen, zumal sie auch einen ausgeprägten Antiklerikalismus zur Schau trug. Programmatisch ging es ihr um die Verbesserung der materiellen Lage der Arbeiter und um die Ausgestaltung ihrer politischen Rechte, allen voran des Wahlrechtes. In sorgfältig geplanten Massenaufmärschen und „1. Mai-Feiern“ (seit 1890), die allerdings nie den Boden der Legalität und bürokratischen Tolerierbarkeit verließen, demonstrierte die Sozialdemokratie ihren Charakter als Massenbewegung. Diese Strategie schien durchaus erfolgreich zu sein, denn immer wieder rangen sich Kaiser und Regierung unter ihrem Druck zu sozialpolitischen Konzessionen durch, um eine potentielle „Revolution von unten“ zu verhindern. Bereits 1885 wurde ein Gesetz zum Schutz der Fabriksarbeiter erlassen, das den Arbeitstag auf elf Stunden beschränkte, die Kinder- und Jugendarbeit einschränkte bzw. – wie auch die Nachtarbeit für Frauen – verbot. Drei Jahre später gab es eine obligate Arbeiterkrankenversicherung, ein Jahr darauf die pflichtmäßige Arbeiterunfallversicherung. Allerdings stieß die reale Umsetzung dieser gesetzlichen Vorgaben immer wieder auf große strukturelle und bürokratische Schwierigkeiten. Gleichzeitig wurde die Sozialdemokratie hinsichtlich der Forderung nach Einhaltung und Ausbau der sozialgesetzlichen Bestimmungen durch eine Reihe staatlicher Repressionsmaßnahmen in ihrer Aktionsfähigkeit beeinträchtigt.[50]

Dennoch konnten im März 1897 die ersten sozialdemokratischen Abgeordneten in den Reichsrat einziehen und damit den Aufstieg der österreichischen Sozialdemokratie als Massenpartei auf parlamentarischer Ebene einleiten. Zur Absicherung dieses Erfolges bedurfte es indes einer umfassenden Neugestaltung der bislang sehr losen Organisationsstruktur und einer klaren programmatischen Zielsetzung. Während am Parteitag in Brünn im September 1899 in erster Linie die staatsrechtliche Umgestaltung Österreichs in einen demokratischen Nationalitäten-Bundesstaat mit national abgegrenzten Selbstverwaltungskörpern beschlossen wurde, stellte das „Wiener Programm" vom November 1901 die soziale Frage in den Vordergrund. Danach sollten neben der Ausweitung des Wahlrechtes unter anderem die Gewerkschaften[51] gesetzlich anerkannt, die Nachtarbeit verboten, ein achtstündiger Arbeitstag, volle Sonntagsruhe sowie eine ausreichende Schutzgesetzgebung für Lehrlinge und junge Arbeiter eingeführt werden. Daneben erreichten konzentrierte gewerkschaftliche Kämpfe eine Reihe von Lohnerhöhungen, Arbeitszeitverkürzungen und verbesserte Tarifverträge. Der volle Ausbau der Parteiorganisation in Form einer zentralistisch-hierarchischen Gliederung dauerte allerdings noch bis 1909, als am Reichenberger Parteitag die Loslösung der Mitgliedschaft von den Gewerkschaften beschlossen und zum Prinzip des politischen Vereins mit der für die Sozialdemokratie später so kennzeichnenden Straßen-, Häuser- und Sektionsgliederung übergegangen wurde.[52] Zwar gelang dadurch eine erhebliche Steigerung des politischen Durchsetzungsvermögens, das jedoch auf gesamtstaatlicher Ebene durch die ungelöste Nationalitätenfrage eine Schwächung erfuhr. Bereits 1907 gab es neben der starken deutschen bereits eine tschechische, südslawische, italienische und polnische Arbeiterpartei, die alle nach dem Prinzip der sozialistischen Internationale auf föderativer Grundlage kooperierten, in nationalen Anliegen aber dennoch unterschiedliche Positionen vertraten.

Der Wahlerfolg von 1907, der die Sozialdemokratie in ihrer multinationalen Zusammensetzung mit 86 von 516 Mandaten zur stimmenstärksten Partei im österreichischen Parlament machte, stellte gleichzeitig den Höhepunkt der geeinten Arbeiterbewegung vor dem Ersten Weltkrieg dar. 1911 zerbrach jedoch ihre föderative Struktur nicht nur an Gewerkschaftsfragen, sondern auch an der Verselbständigung der tschechischen Fraktion. Nachdem die österreichische Sozialdemokratie den ethnischen Konflikt lange Zeit unterschätzt und den sozialen Problemen untergeordnet hatte,[53] schrumpfte sie allmählich „zu einer deutsch-österreichischen Partei – mit dem Ziel der Erhaltung der Donaumonarchie“[54] zusammen. Und dieses Ziel verfolgte sie noch während des Ersten Weltkrieges, ohne letztlich etwas am staatlichen „Zerfall“ des Habsburgerreiches ändern zu können. Doch das Protestpotential, das sich aufgrund der kriegsbedingten wirtschaftlichen und sozialen Veränderungen angesammelt hatte, machte sie unmittelbar nach dessen Zusammenbruch im November 1918 zur stärksten politischen Kraft in Deutsch-Österreich, so daß sie die neue Politik der Republik entscheidend und staatstragend mitzubestimmen vermochte, ehe sie sich nach 1920 in eine fatale Oppositionsrolle manövrierte.[55]

b) Das konservativ-christlichsoziale Lager:

Ebenfalls in Opposition zu den wirtschafts- und sozialpolitischen Folgen des Liberalismus etablierte sich in den letzten zwei Jahrzehnten des ausgehenden 19. Jahrhunderts eine andere, katholisch-konservativen Traditionen und Wertnormen verpflichtete und anfänglich sozial wie personell äußerst heterogene Gruppierung als Massenpartei: die Christlichsozialen.[56] Sie entstanden zunächst als rein großstädtische – vor allem bürgerliche Wiener – Formation um das Konfliktfeld Gewerbe/Industrie und begannen erst um die Jahrhundertwende durch eine Politisierung der überwiegend kaisertreuen, katholisch-konservativ geprägten Bauernschaft und des ländlichen Kleingewerbes ihren Einflußbereich auf die Provinzen auszudehnen.

Den Ausgangspunkt dieser Bewegung bot die zunehmende Verschlechterung der Situation von Handwerkern und Gewerbetreibenden infolge der fortschreitenden Industrialisierung. Große Teile des traditionellen Handwerks waren seit den 1870er Jahren in eine schwere Krise geraten, weil sie dem raschen industriellen Wandlungsprozeß meist aufgrund fehlender Einsichten und Innovationen nicht zu folgen vermochten.[57] Daraus resultierten Existenzangst und Verunsicherung, für die sich sehr rasch ein vermeintlich Schuldiger fand: die (groß)kapitalistischen Juden.

Der wachsende, antikapitalistisch und antiindustriell begründete wirtschaftliche Antisemitismus der gewerblichen christlich-sozialen Reformbewegung fand schließlich eine Verbindung zu den Deutschnationalen, die ihrerseits einen rassistisch motivierten Antisemitismus propagierten und aus nationalen Gründen den altliberalen Ideen abgeschworen hatten. Antisemitismus verband die kleinbürgerliche Reformbewegung darüber hinaus mit den Ideen und Lehren katholisch-konservativer Sozialreformer, wie beispielsweise denen eines Karl von Vogelsang[58], die aus konfessionellen Gründen die Juden ablehnten, wirtschaftspolitisch hingegen eine Rückkehr in vorkapitalistische Verhältnisse propagierten.[59] Diese an sich negative Verknüpfung von Gemeinsamkeiten kennzeichnete ursprünglich jene Gesellschaftsschichten, die sich als Opfer des liberalen Wirtschaftssystems betrachteten, gleichzeitig aber auch nicht zur „Klasse der Arbeiter“ gehörten und sich von ihr abgrenzen wollten.

Als sich ab Mitte der achtziger Jahre des 19. Jahrhunderts auch der niedere Klerus verstärkt sozialpolitischer Reformideen anzunehmen begann, wichen diese Berührungspunkte einer scharfen Akzentuierung des Klerikalismus seitens der Konservativen und der antiklerikalen Position seitens der Deutschnationalen. Gleichzeitig mußten die politisch engagierten Geistlichen vielfach scharfe Kritik seitens ihrer Vorgesetzten, den Bischöfen, hinnehmen, die 1895 die neue christlichsoziale Bewegung vom Papst sogar verbieten lassen wollten. Schon am 7. März 1887 hatte der Tiroler Schriftsteller Anton Psenner in Wien den „Christlichsozialen Verein“ gegründet, um die „Reformer“ – im Sinne Vogelsangs – zu organisieren und gegen den kirchentreuen Kurs des Hohenwart-Klubs zu opponieren. Diesem Verein trat noch im selben Jahr Karl Lueger bei, der als Wiener Kommunalpolitiker und Reichsratsabgeordneter bereits über einen beträchtlichen Anhang verfügte und kurz zuvor die Leitung der „Vereinigten Christen“ übernommen hatte. In dieser Vorfeldorganisation wiederum hatten sich Deutschnationale, Demokraten und Reformwillige zusammengeschlossen, die auf der Basis eines zwar gemeinsamen, jedoch unterschiedlich akzentuierten Antiliberalismus, Antisemitismus und Antisozialismus die Gesellschaft anhand der christlichen Sozialethik erneuern wollten. Beide Vereine bildeten schließlich mit dem 1892 konstituierten „Christlichsozialen Arbeiterverein“ unter der Leitung Leopold Kunschaks und Albert Geßmanns die Keimzellen der Christlichsozialen Partei.[60]

Den politischen Aufstieg zu einer modernen Partei verdankten die Christlichsozialen aber weniger einem klar ausformulierten Parteiprogramm oder einer straffen inneren Organisation, sondern mehr der charismatischen Persönlichkeit und dem demagogischen Geschick Karl Luegers zur Gewinnung der Massen. Seine großen Erfolge erzielte er speziell in Wien, wo ihm das mittlere und kleine Bürgertum zuströmte, während Kaiser, Adel, hoher Klerus und das Großbürgertum seine populistischen Agitationsmethoden mit Skepsis verfolgten und die neuen politischen Tendenzen wie auch Luegers derben Antisemitismus ablehnten. Dennoch, die Christlichsozialen erreichten bei den Gemeinderatswahlen im September 1895 die Zweidrittelmehrheit und wollten naturgemäß ihren Parteiobmann zum Stadtoberhaupt küren. Überraschend verweigerte jedoch Kaiser Franz Joseph dessen Bestätigung, zumal auch Ministerpräsident Graf Kasimir Badeni fürchtete, daß eine Ernennung des als ungarnfeindlich bekannten Lueger zum Bürgermeister der Reichs- und Residenzstadt die Ausgleichsverhandlungen mit den Magyaren belasten könnte.[61] Aber die Christlichsozialen mobilisierten ihre Anhänger und erzwangen nach mehrfachen Straßendemonstrationen 1897 die kaiserliche Sanktionierung der Wahl Luegers. Er blieb bis zu seinem Tod im Jahre 1910 Bürgermeister von Wien und setzte während dieser Zeit eine durchaus erfolgreiche und moderne Kommunalpolitik durch, die ihn auch weit über die Grenzen der Reichshauptstadt hinaus bekannt machte und Signalwirkung zeigte.[62]

Luegers erfolgreiche Politik in Wien zeitigte auch zwei weitere entscheidende Konsequenzen für die christlichsoziale Bewegung in Österreich. Einerseits deshalb, weil die Christlichsozialen nunmehr bei Hof für „salonfähig" galten und damit von den herrschenden Eliten als potentiell staatstragende Partei anerkannt wurden; – und andererseits sie beginnen konnten, ihre Anziehungskraft auch über den urbanen Bereich hinaus in den vorwiegend deutschen (Alpen)Ländern zu erweitern. Dort stießen sie allerdings auf die Interessenssphäre der immer noch mächtigen Katholisch-Konservativen, die als traditionelle Honoratiorenpartei – neben den Deutschliberalen – die agrarisch-aristokratischen und bürgerlich-intellektuellen Wählerschichten für sich beanspruchten. Dabei fand sich aber ein kongenialer Verbündeter, der schon seit längerem den politischen Boden für eine christlich orientierte Reformpartei aufzubereiten begonnen hatte: Es war der aufmüpfige niedere Klerus, der im täglichen Umgang mit den Sorgen und Problemen der mehrheitlich religiös gebundenen Landbevölkerung und des sogenannten „Mittelstandes" in den Provinzstädten gegen die obsoleten Machtstrukturen aufbegehrte und für durchgreifende Sozialreformen im Sinne der Ansichten von Papst Leo XIII. in seiner 1891 veröffentlichten Enzyklika „Rerum novarum" eintrat.[63]

Die Christlichsozialen ergriffen die Gelegenheit, um ein Netz von Genossenschafts- und Kassenorganisationen, aber auch von starken bäuerlichen Interessensvertretungen (Bauernbünden) zu organisieren, das ihnen bis 1907 eine enorme politische Repräsentanz und Durchschlagskraft auf dem Land verleihen sollte. Öffentlich ausgerichtete und betont programmatisch gehaltene Katholikentage mit demonstrativen Auftritten der politischen Prominenz unterstrichen den Anspruch auf Akzeptanz als aufstrebende „Volkspartei". Das Problem lag hingegen lange Zeit weniger beim ideologischen Antipoden, den Sozialdemokraten und Deutschnationalen, sondern bei den widerspenstigen und einflußreichen Konservativen, die sich gegen eine Ablöse durch die Christlichsozialen wehrten und den Katholizismus als integrative politische Kraft für sich allein beanspruchten. Persönliche Animositäten und nicht selten harte Auseinandersetzungen um den „Besitz der wahren Religiosität" prägten auf diese Weise den „Politischen Katholizismus" Österreichs um die Jahrhundertwende.[64]

Die Wahlen nach dem allgemeinen, gleichen und geheimen Männerwahlrecht von 1907 bescherten sodann nicht nur dem Liberalismus eine katastrophale Niederlage und gleichzeitig den „neuen" Parteien einen durchschlagenden Erfolg, sondern brachten den Christlichsozialen auch den ersehnten – in seinen Konsequenzen allerdings ambivalenten – Triumph über die Konservativen, als sie mit 65 Abgeordneten mehr als das Doppelte der altklerikalen Mandate erreichten. Diese zogen aus ihrer Niederlage sogleich die Konsequenzen und vereinigten sich – außer in Tirol – mit der Lueger-Partei zur Christlichsozialen Reichspartei, die damit über 96 Abgeordnete verfügte und zur stimmenstärksten Fraktion im österreichischen Parlament avancierte.

Die Folgen lagen freilich auf der Hand, denn die christlichsoziale Bewegung verlor dadurch ihre ursprünglich sozialpolitische Dynamik und entwickelte sich zu einer konservativen Partei, indem sie ihr fortschrittlich scheinendes Prinzip gegen das beharrende Prinzip und die „vage christliche Grundierung der alten Luegerpartei [...] durch einen kämpferischen, dogmatischen, kirchennäheren Katholizismus"[65] eintauschte. Ihre Einbindung in die Regierungsarbeit und eine wachsende – zum Teil von einzelnen Persönlichkeiten getragene – ideologische Nähe zum konservativen Thronfolger Erzherzog Franz Ferdinand, aber auch die wirtschaftliche Konsolidierung der Handwerker, Kleingewerbetreibenden und Bauern trugen wesentlich dazu bei, daß die Christlichsozialen rasch zu einer „Partei der Reichen“ wurden und die Arbeiterschaft zusehends aus ihrem Blickfeld verschwand. Gleichzeitig bezog sie als überwiegend deutsch geprägte Partei eine relativ einseitige nationale Position im multinationalen Gefüge der Habsburgermonarchie. Dies führte nach dem Tod Karl Luegers auch zu einem parteiinternen Richtungsstreit, der wiederum eine fundamentale Krise und 1911 auch erhebliche Stimmenverluste bei den letzten Reichsratswahlen vor dem Ersten Weltkrieg nach sich zog.

Während noch vor 1914 die Sozialdemokratie – besonders in Wien – zum stärksten politischen Konkurrenten der Christlichsozialen aufstieg, verlagerte sich deren Schwerpunkt auf das agrarisch-föderalistische Interesse der Landbevölkerung, aus der sie auch nach dem Krieg die meisten Wählerstimmen rekrutierten. Und in den Krieg waren auch sie – wie alle Parteien – mit zahlreichen Hoffnungen auf eine nationale und staatliche Konsolidierung der Habsburgermonarchie gegangen, bis sie im November 1918 als letzte den realen Verhältnissen Rechnung trugen und der republikanischen Staatsform wie auch dem Anschluß des „neuen“ Österreich an das Deutsche Reich zustimmten.

c) Das liberal-deutschnationale Lager:

Als Beispiel für eine äußerst schwer zu charakterisierende „Lagerbildung“ gilt bis heute die Formierung des liberal-deutschnationalen Spektrums in Österreich. Nicht allein deshalb, weil darüber trotz einzelner neuerer Arbeiten noch weitgehende Forschungslücken bestehen[66], sondern weil es zudem von großen quantitativen und qualitativen Differenzen und einer breiten regionalen und zeitlichen Streuung geprägt war. Obgleich die eine Behauptung die andere nicht zwingend ausschließt, sondern womöglich sogar bedingt, lassen sich doch einige Charakteristika herausarbeiten, die den

Entstehungsprozeß kennzeichnen: Wie die beiden anderen Lager stand auch der Deutschnationalismus anfänglich in der Tradition der Auseinandersetzung mit den liberalen Forderungen nach politischer Emanzipation breiter Bevölkerungsschichten, aber auch mit deren gesellschaftlichen Folgen. Die weitgehende Realisierung dieser Ansprüche in den Staatsgrundgesetzen von 1867, die den verschiedenen Nationalitäten ihre grundsätzliche Gleichstellung konzedierten, barg jedoch den Keim des ethnisch-sprachlichen Konfliktes in sich, der die Monarchie bis zu ihrem Ende begleiten sollte. Die Deutsch-Österreicher, die ebenso wie die Ungarn eine privilegierte Position in den politisch-bürokratischen Entscheidungsstrukturen innehatten, fürchteten konsequenterweise umso mehr den Verlust ihres dominanten Einflusses, je nachdrücklicher die nichtdeutschen Nationen ihre Rechte einforderten. Was sich in diesem Zusammenhang aber zuerst als eine Art politischer Grundstimmung bemerkbar machte, erhielt spätestens 1882 in der Konstituierung des „Deutschnationalen Vereines" eine konkrete Ausformung. Neben Georg Ritter von Schönerer und Robert Pattai standen dieser Vereinigung auch Victor Adler, Engelbert Pernerstorfer oder Heinrich Friedjung nicht nur Pate, sondern gaben ihr auch im „Linzer Programm" eine ideologische Plattform. Obgleich es in seinen Grundzügen auf bereits ältere nationale Forderungen – wie etwa auf die der deutschen Autonomisten in ihrem Ausseer Programm von 1866 – zur Wahrung des „deutschen Besitzstandes"[67] zurückgriff, enthielt es doch auch weitergehende, in erster Linie sozialpolitische Ansprüche. So verlangte es neben der Zusammenfassung der deutschsprachigen Länder einschließlich Böhmens und Mährens und deren engen Bindung an das Deutsche Reich unter Einführung der deutschen Staatssprache auch eine Sonderstellung Galiziens und der Bukowina und die Beschränkung der Beziehungen zu Ungarn einzig auf die dynastische Verbindung. Der sozialpolitische Maßnahmenkatalog hingegen sah beispielsweise die Verstaatlichung der wichtigen Unternehmungen (Eisenbahn, Versicherungen etc.), eine Beschränkung der Frauen- und Kinderarbeit, einen umfassenden Schutz des Bauernstandes, eine grundlegende Erbrechtsreform und eine festgelegte Normalarbeitszeit vor.[68]

Diese Mischung aus nationalen und gemeinnützigen Forderungen, die durchaus den Vorstellungen breiter Bevölkerungskreise, allen voran dem Bildungsbürgertum zu entsprechen vermochte, scheiterte indes an internen Auseinandersetzungen über die Betonung des einen oder anderen programmatischen Zieles im Zuge der politischen Realisierung. Dabei spielten weniger die sozialen Fragen eine entscheidende Rolle, sondern vielmehr der Streit um Form und Intensität der nationalen Ausrichtung. Darüber zerbrach diese lose deutsch-national-liberale Koalition schon nach kurzer Zeit. Während etwa Victor Adler nicht zuletzt wegen des aggressiven, rassistischen Antisemitismus Schönerers und seiner Anhänger der orientierungslosen Arbeiterbewegung zuneigte und schließlich deren Einiger und Führer wurde (Stichwort „Hainfelder Parteitag“ 1888/89), zersplitterten sich die „Nationalisten“ in mehr oder minder radikale und gemäßigte Gruppierungen.

Keinesfalls kann es jedoch genügen, die nachfolgende Entwicklung des deutschnationalen Spektrums einzig auf die Person des radikalen Antisemiten Georg von Schönerer zu beschränken, wie Ernst Hanisch richtig festgestellt hat.[69] Schönerer entwickelte sich zwar zu einer Art Symbolfigur, die durch ein beträchtliches Maß an agitatorischem Geschick einen hohen Bekanntheitsgrad erreichte, dem jedoch das organisatorische Talent eines Karl Lueger fehlte. Trotzdem, Schönerer gab die Themen vor, die den deutschen Nationalismus der Habsburgermonarchie um 1900 einerseits prägten und ihn andererseits in seinen graduellen Ausformungen spalteten, in jedem Fall aber zum Bankrott seiner altliberalen Ideen führten. Und die ursprünglich „verbindenden Faktoren“ wie der Antisemitismus oder der Katholizismus erhielten im Zuge der Politisierung des ethnischen Konfliktes zwischen den Völkern der Donaumonarchie einen neuen Stellenwert. Die jüdischen Anhänger des deutschen Nationalismus wurden durch die Hervorkehrung des Rassegedankens abgedrängt und ausgeschlossen, die deutschen Katholiken konnten und wollten in ihrer politisch-weltanschaulichen Auseinandersetzung mit den Altkonservativen den wachsenden antikirchlichen Tendenzen in den Reihen der „Vereinigten Christen" nicht mehr folgen. Innerhalb der Liberal-Nationalen tendierte eine kleinere und radikale Gruppe um Schönerer zum Anschluß Deutsch-Österreichs an das Deutsche Reich und damit zur Zerstörung der Habsburgermonarchie, während die Gemäßigteren deren Erhalt befürworteten, allerdings nur unter Wahrung der deutschen Vorherrschaft. Persönliche Rivalitäten zwischen den einzelnen Fraktionsführern (zum Beispiel Karl Hermann Wolf und Schönerer), eine fehlende einheitliche Organisationsstruktur, die unterschiedliche Bewertung der liberalen Traditionen und diverse Interessenskonflikte zwischen den Deutschen der österreichischen Kronländer und den Deutschböhmen – in beiden Gebieten galten vor allem die städtischen Zentren als Bastionen des Deutschnationalismus – führten bis zum Ausbruch des Krieges zu häufig wechselnden Parteiformationen des national-freiheitlichen Lagers in der österreichischen Reichshälfte der Monarchie. Die wichtigsten unter ihnen blieben bis 1918 die „Deutschfortschrittlichen", die „Deutschen Agrarier", die „Deutsche Volkspartei" und die „Deutschradikalen", die sich nach mehrfachen Fehlversuchen im Februar 1910 zum „Deutschen Nationalverband" als Sammelbewegung vereinten und nach den Wahlen 1911 gemeinsam über 100 Abgeordnete stellten.[70] Die „Alldeutschen" Schönerers, die sich diesem Zweckbündnis nicht anschlossen, erzielten hingegen nur vier Mandate.

In den Umbruchstagen des Herbstes 1918 trat schließlich das deutschnationale Lager neben den Sozialdemokraten am vehementesten für den Anschluß „Deutsch-Österreichs" an Deutschland ein, es büßte jedoch sehr bald an politischem Gewicht ein, nachdem zum einen die nationale Frage in der Republik Österreich an Brisanz verloren hatte und zum anderen der Anschluß in den Pariser Vororteverträgen (St. Germain, Versailles) von den Siegermächten verboten worden war.

5. Staat, Gesellschaft und nationale Frage

Welchen Stellenwert besaß nun aber die nationale Frage im gesellschaftlichen und politischen Wandel der ausgehenden Donaumonarchie?

Während in der Historiographie weitgehend Einigkeit darüber besteht, daß das Nationalitätenproblem immer stärker zu einer existentiellen Bedrohung der Habsburgermonarchie avancierte, herrschten und herrschen große Differenzen über die Frage nach dessen Ursachen, aber auch nach den Faktoren, die möglicherweise einen Ausweg aus diesem Konflikt verhinderten.[71] Dies mag einmal an den unterschiedlichen Definitionen und Bewertungen des Nationalismus liegen, zum anderen aber auch an den diversen Ausformungen und Wirkungen nationalen Denkens und Handelns im Zusammenhang mit einer zunehmend kompakten Ideologisierung desselben. Für die Entwicklung Österreich-Ungarns trifft jedenfalls in einem hohen Maß die Beschreibung Jean-Michel Leclercqs zu, derzufolge der Nationalismus als „Frucht des nicht gelungenen friedlichen Übergangs vom Absolutismus zum Konstitutionalismus“ gelten kann. Grundlage für diese These bildet die Erkenntnis, daß sich infolge der langen Überlebensdauer absolutistischer Strukturen in Österreich der ursprünglich liberale Patriotismus zu einer Weltanschauung verfestigte, die eine Befreiung der Nation über die des Menschen stellte.[72] Die Veränderungen der sozioökonomischen Bedingungen und deren ungleiche regionale Verteilung entlang der ethnisch-sprachlichen Grenzen der Monarchie beschleunigte diesen – durchaus nicht geradlinig verlaufenden – Prozeß der nationalen Bewußtseinsbildung, der bis zur Jahrhundertwende breitere Gesellschaftsschichten erfaßt hatte.[73] Es entstand damit jener, die Habsburgermonarchie kennzeichnende, „integrale“ Nationalismus, der allmählich alle Äußerungen des kulturellen, religiösen, wirtschaftlichen, sozialen und schließlich politischen Lebens umfaßte und darauf abzielte, entweder den „nationalen Besitzstand“ zu bewahren oder die Gleichberechtigung mit den anderen Nationen zu erlangen.

Diesem Phänomen konnten sich indes weder der übernational ausgerichtete staatliche Machtapparat noch die neu entstehenden (Volks)Parteien auf Dauer entziehen, denn es wurde immer schwieriger, den verschiedenen Volksgruppen die in den Staatsgrundgesetzen festgelegte Gleichberechtigung auch in der politischen Realität vorzuenthalten. Im Gegenteil, die Parteien suchten neben der „Politisierung" auch die „Nationalisierung der Massen", die nicht nur auf offizieller Ebene, sondern häufig indirekt über ein weit verzweigtes Vereins- und Organisationswesen – wie über Gesangs- oder Turnvereine (Deutscher Turnverein, Sängerbund, Sokol-Bewegung etc.), Genossenschaften, Gewerkschaften, Industrie-, Handels- und Handwerkerverbände, Bauernvereinigungen usw. – erfolgte[74], zu fördern und zu instrumentalisieren.[75] Spezielle Rituale, Zeremonien, Lieder usw. sollten dabei die historische Größe und die Traditionen des eigenen Volkes unterstreichen und zur Ausbildung einer eigenen Festkultur führen, die besonders in den national klar deklarierten Schul- und Schutzvereinen, aber auch in den Studentenverbindungen[76] gepflegt wurde. Diese Form der gesellschaftlichen Nationalisierung schuf gleichzeitig ein Klima der Intoleranz und der mangelnden Verständigungsbereitschaft, das sich schließlich in den teilweise heftig geführten parlamentarischen und außerparlamentarischen Auseinandersetzungen vor dem Krieg entlud und bis weit in die zwanziger und dreißiger Jahre dieses Jahrhunderts nachwirkte. Es manifestierte sich unter anderem aber auch in einem zunehmend aggressiveren Antisemitismus sowie in der vielfach ablehnenden und mißtrauischen Art und Weise, wie die einheimische Bevölkerung des Hinterlandes den zivilen Opfern des Krieges – den andersnationalen Flüchtlingen aus den Frontgebieten – begegnete.[77]

Nicht zuletzt ging durch diese integrale Nationalisierung in weiten Teilen der Bevölkerung allmählich ein wesentliches psychologisches Moment verloren, nämlich das der Identifikation mit der Gesamtstaatsidee, wie sie noch immer das Herrscherhaus verkörperte. Dabei hatte Kaiser Franz Joseph selbst Entscheidendes dazu beigetragen, indem er 1867 das dualistische „Ausgleichswerk" sanktionierte und damit die bittere Enttäuschung aller jener Nationalitäten heraufbeschwor, die sich gegenüber den Deutschen und Ungarn mit gutem Recht benachteiligt fühlten. Was vom Monarchen als Auftakt zu einer grundlegenden Stabilisierung des Gesamtreiches gedacht war, zeigte in kurzer Zeit die gegenteiligen Folgen.[78] Allen voran wehrten sich die slawischen Nationen – die Polen, Kroaten, Slowenen und besonders Tschechen in Böhmen und Mähren gegen diese Diskriminierung und einseitige Bevorzugung.[79] Mit Hilfe einer zähen Obstruktionspolitik, d. h. der Lahmlegung des Reichsrates oder der Landtage durch demonstrative Abwesenheit der Abgeordneten, aber auch durch massive Drohungen und gelegentliche Massendemonstrationen erreichten sie zwar vereinzelt wirtschaftliche und sozialpolitische Konzessionen, nicht aber die erhoffte nationale Autonomie. Die von Franz Joseph eingesetzten und rasch wechselnden – meist aus Vertretern der Aristokratie und der Hochbürokratie aller Nationalitäten rekrutierten – Regierungen glaubten hingegen, unter Anwendung der im Staatsgrundgesetz verankerten Paragraph 14-Verordnung, auch ohne Parlament die Staatsnotwendigkeiten sicherstellen zu können. Dies hatte nicht nur zur Folge, daß die politischen Parteien ihre ideologischen und sozialen Ziele kaum auf parlamentarischer Ebene durchzusetzen vermochten, sondern daß die damit verbundenen Hoffnungen immer wieder im „Strom verschiedener enger nationaler Interessen mündeten".[80] Denn es darf darüber nicht vergessen werden, daß sich der österreichische Reichsrat zu diesem Zeitpunkt nach wie vor in seiner Mehrheit aus nichtdeutschen Vertretern zusammensetzte.

Woran ließen sich diese Spannungen im Emanzipationsprozeß der Nationalitäten gegenüber der deutschen Dominanz in Österreich aber festmachen? Ihren Höhepunkt erreichten sie vor 1914 zweifellos in der sogenannten „Badeni-Krise", die im April 1897 über eine Sprachenverordnung des damaligen Ministerpräsidenten ausbrach.[81] Der polnische

Graf und galizische Statthalter Kasimir Badeni, der seit September 1895 einem Interimskabinett unter dem niederösterreichischen Statthalter Erich Graf Kielmansegg gefolgt war, konnte mit Liebenswürdigkeit und einigem diplomatischen Geschick zunächst die Sympathien der meisten nationalen Gruppierungen und Parteien des Reichsrates gewinnen. Ihm schwebte eine Koalition aller liberalen Fraktionen Cisleithaniens vor, die ihm auch in der Frage einer Erweiterung des Wahlrechtes 1896 einen wichtigen Erfolg bescherte. Doch der neu konstituierte Reichsrat von 1897, in den – wie bereits erwähnt – nunmehr auch erstmals die übernational orientierten Sozialdemokraten eingezogen waren, zeigte in seiner überwiegenden Zusammensetzung bereits die künftige Ausrichtung der nationalen Interessenspolitik. Der Regierung Badeni standen jedoch die schwierigen Ausgleichsverhandlungen mit Ungarn bevor, für die sie aber die Stimmen der Tschechen und Deutschen benötigte. Erstere glaubte der Ministerpräsident durch eine Erweiterung der seit 1880 bestehenden Sprachenverordnungen für Böhmen und Mähren gewinnen zu können, die schon damals die ausschließliche Verwendung der deutschen Amtssprache bei Gericht und in der Verwaltung abgeschafft hatten. Nunmehr sollte nach Badenis Weisungen vom April 1897 die Doppelsprachigkeit für alle Behörden zur Pflicht werden, was in der Praxis vor allem für die deutsche Beamtenschaft Böhmens und Mährens den Zwang zur Erlernung des Tschechischen innerhalb weniger Jahre (bis 1901) bedeutete, während der überwiegende Teil der tschechischen Beamtenschaft ohnehin die deutsche Sprache beherrschte.

Als die Regierungsvorlage überdies noch die parlamentarische Mehrheit der Tschechen, Polen, Slowenen und katholisch-konservativen Gruppen (Katholische Volkspartei, Zentrum) erhielt, durchzog ein Sturm der Entrüstung die oppositionelle deutsche Öffentlichkeit, allen voran das deutschnationale Lager. Mit einer derart massiven Reaktion hatte Badeni freilich nicht gerechnet. Im Abgeordnetenhaus griffen nun die Deutschen zum Mittel der Obstruktion, aber auch zu Dauerreden, Lärmszenen und Schreiduellen, die nicht selten in handfesten Auseinandersetzungen endeten. Um den „Verrat“ der Katholisch-Konservativen am Deutschtum zu sühnen, propagierten die Deutschradikalen um Schönerer die „Los-von-Rom“-Bewegung, indem sie zum Übertritt vom „undeutschen“ Katholizismus zum Protestantismus aufriefen. Schließlich ging es – zumindest symbolisch – um die Sicherung der deutschen Vorherrschaft, aber auch um Karrieren, weshalb sich die deutsche Studentenschaft besonders stark engagierte.[82] Straßendemonstrationen und blutige Zusammenstöße zwischen den Volksgruppen einerseits sowie zwischen den Demonstranten und den militärischen Ordnungskräften andererseits heizten die nationalen Emotionen an. Die deutschen Gebiete Böhmens, Prag, Wien und Graz waren die Schauplätze der größten Unruhen; Resolutionen und Protestschreiben überschwemmten die Regierung, der Ministerpräsident selbst duellierte sich mit dem deutschradikalen Abgeordneten Karl Hermann Wolf und wurde dabei verletzt.[83] Auch das Ausland nahm lebhaften Anteil an den österreichischen Vorgängen und begann die vielfach schmählichen und lächerlichen Szenen im Reichsrat als Indiz für den Zerfall der Monarchie zu werten.

Die Gemüter konnten sich dennoch nicht beruhigen, und die Entfremdung zwischen Staat und Gesellschaft, aber auch innerhalb der nationalen Gemeinschaften drohte sich weiter zu vertiefen. Nachdem Badeni Ende November 1897 im Zuge eines parlamentarischen Streites um die Änderung der Geschäftsordnung den Sitzungssaal polizeilich räumen ließ, fürchtete der Kaiser sogar den Ausbruch einer Revolution und vertagte den Reichsrat. Zugleich entließ er den Ministerpräsidenten aus seinem Amt und ernannte den bisherigen Unterrichtsminister Baron Paul Gautsch von Franckenthurn zum neuen Regierungschef, der in der Folge mit Hilfe des Notverordnungsparagraphen 14 regierte. Die Krise des österreichischen Parlamentarismus war augenfällig geworden und die nachfolgenden Regierungen mußten versuchen, die aufgepeitschten nationalen Leidenschaften wieder zu beruhigen. Zurück blieb jedenfalls ein schaler Nachgeschmack im Glauben an die Funktionsfähigkeit von Demokratie und Parlamentarismus, noch ehe diese einen sicheren Platz im gesellschaftlichen Denken gefunden hatten. Auch ist in diesem Zusammenhang nicht die These von der Hand zu weisen, daß die negativen Erfahrungen aus den Badeni-Wirren Teile jener Generation prägten, die nach 1918 in den Nachfolgestaaten die politische Führung übernahm und wesentlich zur Entwicklung autoritärer Tendenzen in Mitteleuropa beitrug.[84]

Nur zweieinhalb Jahre später, im Oktober 1899, mußte das kurzlebige Kabinett unter Ministerpräsident Manfred Graf Clary-Aldringen die Sprachenverordnungen wieder aufheben, worauf die Tschechen obstruierten. Aldringen trat zurück, weil der Ministerpräsident versprochen hatte, nicht mit dem Paragraph 14 zu regieren. Im Jänner des Jahres 1900 sollte mit dem liberalen Bürokraten Ernest von Koerber eine neue Ära eingeleitet werden. Immerhin gelang es ihm, durch persönlich geleitete „Verständigungskonferenzen“ und durch ein großzügiges Wirtschafts- und Kulturprogramm den Nationalitätenkonflikt einigermaßen zu beruhigen, während das Kaiserhaus in dynastische Turbulenzen geriet. Sehr zum Unwillen des alternden Franz Joseph ging nämlich im selben Jahr der designierte Thronfolger Franz Ferdinand eine „unstandesgemäße Ehe“ mit Sophie Chotek ein und mußte deshalb vorab auf die Thronfolge für die aus dieser Verbindung entstammenden Kinder verzichten. Welche Peinlichkeit für das Ansehen des Herrscherhauses!

Unterdessen hatte Koerber dem doppelt unglücklichen Kaiser Entwürfe für einen Staatsstreich vorgelegt, die einige Brisanz enthielten.[85] Sie sahen ein neues Wahlrecht, eine neue Geschäftsordnung für den Reichsrat und eine neue Sprachenverordnung vor, oktroyiert ohne Zustimmung des Parlaments aus kaiserlicher Machtvollkommenheit. Koerbers Vorschläge gingen zwar nicht von dem bislang existierenden Kurienwahlrecht ab, doch sollte für die Mehrheit der Bevölkerung das allgemeine Wahlrecht eingeführt werden, mit dem Hintergedanken, den Wähler dadurch direkt als Einzelperson an die Wahlurne zu holen, isoliert von den nationalen Gruppierungen in den regionalen Wahlkörpern. Im solcherart neu strukturierten Reichsrat sollte es auch keine Obstruktion durch Dauerreden und Verschleppungsmanöver bei den Abstimmungen mehr geben, und für die Behandlung der Gesetzesentwürfe waren Zeitfristen vorgesehen. Koerber hoffte so über die Nationalitätenfrage hinwegzukommen, scheiterte aber mit seinem Programm allein schon deshalb, weil es nur für einen Teil, nämlich die österreichische Hälfte der Monarchie, zu gelten hatte. Sein ungarischer Kollege, Ministerpräsident Koloman von Szell, lehnte vor dem Kronrat den Staatsstreich letztlich mit der Begründung ab, daß die Liquidierung der Verfassung einer der beiden Reichshälften gleichzeitig die Aufhebung des österreichisch-ungarischen Ausgleichs von 1867 bedeuten müßte.

Das Kabinett Koerbers hielt sich dennoch bis 1904, obwohl die ohnehin schwierigen Verhandlungen zwischen Deutschen und Tschechen sowie das gespannte Verhältnis zur ungarischen Reichshälfte immer wieder durch national motivierte Streiks und Straßenkämpfe in verschiedenen Teilen der Monarchie – beispielsweise in Triest oder in Innsbruck wegen der Errichtung einer italienischen Rechtsfakultät – auf die Probe gestellt wurden und die Arbeit kaum erleichterten.[86] Auf Dauer vermochte aber auch der liberale Koerber dem Druck und dem wachsenden Mißtrauen des um den Thronfolger gescharten konservativ-christlichsozialen Lagers nicht standzuhalten und mußte gehen. Die Massenparteien drängten unterdessen an die Macht, und die Frage der Einführung des allgemeinen und gleichen Wahlrechtes kam erneut ins Rollen. Kaiser Franz Joseph erwartete sich davon eine weitere Beruhigung des Nationalitätenkonfliktes und ernannte mit Max Wladimir Freiherr von Beck nach Gautsch und Koerber einen weiteren Vertreter der bürgerlich-bürokratischen Staatsdienerschicht zum Regierungschef. Und Beck gelang es gegen den Widerstand des Adels und der Konservativen, die schon längst ihren politischen Niedergang erkannt hatten, aber sich bis zuletzt dagegen wehrten, das allgemeine und gleiche Männerwahlrecht einzuführen (1907).

Die Hoffnungen des Kaisers und seines Ministerpräsidenten in die veränderte Konstellation des österreichischen Parlamentes erfüllten sich in den folgenden Jahren aber nicht, obgleich Beck auch Vertreter der neuen Parteien in sein Kabinett aufnahm und die Ausgleichsverhandlungen mit Ungarn erfolgreich abschloß. Die „Wahrmundaffäre"[87] sowie die eifersüchtige und oppositionelle Haltung Franz Ferdinands erschwerten ihm jedoch das Regieren derart, so daß er im Herbst 1908 zurücktrat; – ausgerechnet zu einem Zeitpunkt, in dem sich die Habsburgermonarchie wegen der Annexion Bosniens und der Herzegowina in einer schweren außenpolitischen Krise befand. Während die weiteren Regierungen bis 1914 schließlich durch eine Politik des Lavierens und der unbestimmten Zusagen, aber auch unter häufiger Anwendung des Notverordnungs-Paragraphen 14 einem – vom gespaltenen österreichischen Parlament nicht ganz unverschuldeten – absolutistischen Stil zuneigten, rückte gleichzeitig die Außenpolitik[88] wieder stärker in das Blickfeld des gesellschaftlichen und staatlichen Interesses – oder besser: Sie wurde gerückt! Denn 1906 hatte der rührige Freiherr Aloys Lexa von Aehrenthal[89] den bislang vorsichtig und zurückhaltend agierenden k. u. k. Außenminister Graf Agenor Goluchowski (seit 1895) abgelöst. Und Aehrenthal folgte im Gegensatz zu seinem Vorgänger der politischen Devise, daß Österreich-Ungarn gerade wegen seiner inneren Schwäche eine aktive Außenpolitik benötige. Dazu bot sich freilich nur der Balkan an, der schon seit langem zum imperialistischen Interessensgebiet der Monarchie zählte. Das Problem bestand nur darin, daß mehr als in irgend einem anderen Bereich die beiden Reichshälften in dieser Frage voneinander abhängig waren und zudem ethnische Konflikte aufgrund irredentistischer Strömungen bei den Minoritäten der Monarchie – ob bei den Serben, Italienern, Rumänen oder Ruthenen – sofort innen- und außenpolitische Rückkoppelungen bewirkten.[90] Die Deutschen Österreichs hingegen setzten nicht zuletzt aus machtpolitischem Eigennutz auf die Treue zum Deutschen Reich, mit dem man ohnehin durch die 1879 respektive 1882 abgeschlossenen Zwei- bzw. Dreibundverträge seit Jahrzehnten alliiert war.[91]

Dieses Bündnis gab Aehrenthal auch das nötige Selbstvertrauen, als er 1908 die internationale Position Österreich-Ungarns als starke europäische Großmacht unter Beweis stellen wollte und nach einer diplomatisch umstrittenen Vereinbarung mit Rußland das seit 1878 besetzte Bosnien und die Herzegowina annektieren ließ.[92] Dies sollte jedoch der vorletzte und zugleich der letzte „erfolgreiche" Kraftakt der Donaumonarchie sein, denn er erwies sich nachträglich in der Tat nur als ein Sieg des Augenblicks. Das Habsburgerreich bewegte sich unterdessen ab diesem Zeitpunkt außenpolitisch permanent am Rande eines Krieges mit dem aufstrebenden, aus den Balkankriegen (1912/13) gestärkt hervorgegangenen und panslawistischen Ideen zuneigenden Serbien sowie mit dessen Schutzmacht Rußland, ohne darauf wirklich vorbereitet zu sein. Auch Aehrenthals Nachfolger, der weniger energische Graf Leopold Berchtold (1912–1915) konnte oder wollte daran nichts ändern, sondern setzte alles daran, durch eine Status-quo-Politik den latenten Krisenzustand in Mitteleuropa zu erhalten.

Erst als am 28. Juni 1914 die mörderischen Schüsse von Sarajewo das habsburgische Thronfolgerpaar unvermittelt trafen, schien das Feindbild einen gemeinsamen Namen zu erhalten: Serbien! Und die letztmalige Mobilisierung aller militärischen, nationalen, politischen, wirtschaftlichen und gesellschaftlichen Kräfte des Habsburgerreiches ließ noch einmal all jene hoffen, die an die Macht der dynastischen Kohäsion glaubten. Als genau einen Monat später Österreich-Ungarn den Serben den Krieg erklärte und damit eine Welle internationaler Reaktionen auslöste, die in der Katastrophe des Ersten Weltkrieges mündeten[93], war das 19. Jahrhundert wahrhaftig zu Ende gegangen, während eine Tragödie für den Staat und eine noch größere für die Menschen begann.

1 Ernst Hanisch, Der lange Schatten des Staates. Österreichische Gesellschaftsgeschichte im 20. Jahrhundert (Österreichische Geschichte 1890–1990), Wien 1994, S. 21.

2 Ausführlich zum Wandel des Österreichbegriffes Erich Zöllner, Der Österreichbegriff. Formen und Wandlungen in der Geschichte, Wien 1988; Derselbe, Perioden der österreichischen Geschichte und Wandlungen des Österreich-Begriffes bis zum Ende der Habsburgermonarchie, in: Die Habsburgermonarchie 1848–1918, Bd. III/1: Die Völker des Reiches, Wien 1980, S. 1–32; Gerald Stourzh, Der Umfang der österreichischen Geschichte, in: Probleme der Geschichte Österreichs und ihrer Darstellung, hrsg. v. Herwig Wolfram und Walter Pohl, Wien 1991, S. 3–27.

3 Vgl. Ralf Dahrendorf, Lebenschancen. Anläufe zur sozialen und politischen Theorie, Frankfurt/M. 1979.

4 Vgl. Quellen zur Genesis des ungarischen Ausgleichsgesetzes von 1867. Der „österreichisch-ungarische Ausgleich“ von 1867, zusammengestellt und eingeleitet v. Judit Garamvölgyi, München 1979.

5 „Der Zerfall Österreichs“, Leipzig 1867, S. VII.

6 Vgl. Walter Obermaier, Von Daniel Spitzer zu Karl Kraus. Witz und Satire in den letzten Dezennien der Donaumonarchie, in: Das Zeitalter Kaiser Franz Josephs, 2. Teil, 1880–1916: Glanz und Elend, Ausstellungskatalog Schloß Grafenegg, Horn 1987, S. 200–205.

7 Daniel Spitzer, Der Zerfall Österreichs, Graf Beust und andere Kleinigkeiten, in: Wiener Spaziergänge, Bd. 2, Leipzig und Wien 1879, S. 141–144, hier S. 141.

8 Hellmuth Andics, Der Untergang der Donaumonarchie, Wien – München 1974.

9 Anton Mayr-Harting, Der Untergang. Österreich-Ungarn 1848–1922, Wien – München 1988.

10 François Fejtö, Requiem für eine Monarchie. Die Zerschlagung Österreich-Ungarns, Wien 1991.

11 Alan Sked, The decline and fall of the Habsburg Empire 1815–1918, London 1989, (deutsch: Der Fall des Hauses Habsburg. Der unzeitgemäße Tod eines Kaiserreiches, Berlin 1993).

12 Die Auflösung des Habsburgerreiches. Zusammenbruch und Neuorientierung im Donauraum, hrsg. v. Richard G. Plaschka u. a., Wien 1970. Daneben sind ergänzend auch die Arbeiten von Francis Roy Bridge, The Habsburg Monarchy among the Great Powers, 1815–1918, New York 1990; Derselbe, Österreich(-Ungarn) unter den Großmächten, in: Die Habsburgermonarchie 1848–1918, Bd. VI/1, hrsg. v. Adam Wandruszka und Peter Urbanitsch, Wien 1989, S. 196–373; Samuel R. Williamson, Austria-Hungary and the origins of the First World War, London 1991 oder Arthur J. May, The Habsburg Monarchy: 1867–1914, New York 1951, zu erwähnen.

13 Oscar Jászi, The Dissolution of the Habsburg Monarchy, Chicago 1971; Leo Valiani, La dissoluzione dell' Austria-Ungheria, Milano 1966.

14 Alfred Opitz, Zeitenwende im Donauraum. Von der Doppelmonarchie zu den Nachfolgestaaten, Graz – Wien – Köln 1983.

15 Siehe Fejtö, Requiem, S. 368 ff.

16 Vgl. Gerald Stourzh, Die Gleichberechtigung der Nationalitäten in der Verfassung und Verwaltung Österreichs 1848–1918, Wien 1985.

17 Moritz Csáky, Die Gesellschaft, in: Das Zeitalter Kaiser Franz Josephs, 2. Teil, 1880–1916: Glanz und Elend, Ausstellungskatalog Schloß Grafenegg, Horn 1987, S. 39–51.
18 Die Bevölkerungszahl der Gesamtmonarchie stieg beispielsweise zwischen 1880 und 1910 von 37,8 auf 49,3 Millionen Einwohner. Für den österreichischen Anteil bedeutete dies eine durchschnittliche Zunahme um 0,96 Prozent pro Jahr, für den ungarischen Teil 1,4 Prozent; vgl. Richard Gisser, Bevölkerungsentwicklung in der Monarchie nach 1880, in: Das Zeitalter Kaiser Franz Josephs, 2. Teil, 1880–1916: Glanz und Elend, Ausstellungskatalog Schloß Grafenegg, Horn 1987, S. 19–24, hier S. 20; ähnlich Robert A. Kann, A History of the Habsburg Empire 1526–1918, Berkeley 1974 – deutsch: Geschichte des Habsburgerreiches 1526–1918 (Forschungen zur Geschichte des Donauraumes 4), Wien – Köln – Graz 1982², hier S. 578; und Birgit Bolognese-Leuchtenmüller, Bevölkerungsentwicklung und Berufsstruktur, Gesundheits- und Fürsorgewesen in Österreich 1750–1918 (Materialien zur Wirtschafts- und Sozialgeschichte 1), Wien 1978, S. 62 f.
19 Vgl. dazu Ernst Bruckmüller/Ulrike Döcker/Hannes Stekl/Peter Urbanitsch (Hrsg.), Bürgertum in der Habsburgermonarchie, Wien – Köln 1990; Hannes Stekl/Peter Urbanitsch/Ernst Bruckmüller/Hans Heiss (Hrsg.), „Durch Arbeit, Besitz, Wissen und Gerechtigkeit." Bürgertum in der Habsburgermonarchie II, Wien – Köln – Weimar 1992.
20 Über das Verhältnis von Bürokratie, Staat und Gesellschaft eingehender Waltraud Heindl, Was ist Reform?, in: Innere Staatsbildung und gesellschaftliche Modernisierung in Österreich und Deutschland 1867/71 bis 1914, hrsg. v. Helmut Rumpler, Wien – München 1991, S. 166–175.
21 Vgl. Csáky, Gesellschaft, S. 45 f.
22 Vgl. Peter Urbanitsch, Die Nationalisierung der Massen, in: Das Zeitalter Kaiser Franz Josephs, 2. Teil, 1880–1916: Glanz und Elend, Ausstellungskatalog Schloß Grafenegg, Horn 1987, S. 119–124, hier S. 119.
23 Vgl. Staatsgrundgesetz über die allgemeinen Rechte der Staatsbürger vom 21. Dezember 1867, RGBl. Nr. 142/1867; Gerald Stourzh, Die österreichische Dezemberverfassung, in: Wege zur Grundrechtsdemokratie: Studien zur Begriffs- und Institutionengeschichte des liberalen Verfassungsstaates, hrsg. von Gerald Stourzh u. a. (Studien zu Politik und Verwaltung 29), Wien 1989, S. 239–258.
24 Vgl. Hanisch, Der lange Schatten, S. 209 ff.
25 Vgl. ebd., S. 212; Anton Klein, Die inneren Verhältnisse der Österreichisch-ungarischen Monarchie am Vorabend des großen Völkerringens. Mit besonderer Berücksichtigung des Nationalitätenproblems, in: Österreich am Vorabend des Ersten Weltkrieges, hrsg. v. Institut für Österreichkunde, Graz – Wien 1964, S. 25–47, hier S. 35; Österreichs Parlamentarismus. Werden und System, hrsg. v. Herbert Schambeck, Berlin 1986.
26 Dazu eingehend Friedrich Lehne, Rechtsschutz im öffentlichen Recht: Staatsgerichtshof, Reichsgericht, Verwaltungsgerichtshof, in: Die Habsburgermonarchie 1848–1918, Bd. II: Verwaltung und Rechtswesen, Wien 1975, S. 663–716.
27 Vgl. Claudio Magris, Der habsburgische Mythos in der österreichischen Literatur, Salzburg 1988².
28 Vgl. Leopold Kammerhofer, Organisationsformen und Führungsschich-

ten, in: Studien zum Deutschliberalismus in Zisleithanien 1873–1879. Herrschaftsfundierung und Organisationsformen des politischen Liberalismus, hrsg. v. Leopold Kammerhofer (Studien zur Geschichte der österreichisch-ungarischen Monarchie 25), Wien 1992, S. 23–44.

29 Vgl. Wolfdieter Bihl, Von der Donaumonarchie zur Zweiten Republik. Daten zur österreichischen Geschichte seit 1867, Wien – Köln 1989, S. 36.

30 Vgl. Klaus Berchtold, Die politischen Parteien und ihre parlamentarischen Klubs bis 1918, in: Österreichs Parlamentarismus. Werden und System, Berlin 1986, S. 137–167, hier S. 154 f.

31 Vgl. Wilhelm Brauneder, Die Funktionen des Reichsrats, in: Österreichs Parlamentarismus. Werden und System, Berlin 1986, S. 112–136, hier S. 128.

32 Vgl. Berthold Sutter, Die politische und rechtliche Stellung der Deutschen in Österreich 1848 bis 1918, in: Die Habsburgermonarchie 1848–1918, Bd. III/1: Die Völker des Reiches, Wien 1980, S. 154–339, hier S. 287 f.; Wilhelm Brauneder, Die Entstehung des Parlamentarismus 1861/1867 und seine Weiterentwicklung, in: Österreichs Parlamentarismus. Werden und System, Berlin 1986, S. 83–119, hier S. 96.

33 Vgl. Peter Urbanitsch, Politisierung der Massen, in: Das Zeitalter Kaiser Franz Josephs, 2. Teil, 1880–1916: Glanz und Elend, Ausstellungskatalog Schloß Grafenegg, Horn 1987, S. 106–118, hier S. 114 f.; leicht abweichende Zahlen führt Bihl, Donaumonarchie, S. 47 an.

34 Vgl. Adam Wandruszka, Die Habsburgermonarchie von der Gründerzeit bis zum Ersten Weltkrieg, in: Das Zeitalter Kaiser Franz Josephs, 2. Teil, 1880–1916: Glanz und Elend, Ausstellungskatalog Schloß Grafenegg, Horn 1987, S. 4–19, hier S. 12.

35 Eine eingehende Analyse der Entwicklung des Wahlrechtes in Österreich bietet Karl Ucakar, Demokratie und Wahlrecht in Österreich. Zur Entwicklung von politischer Partizipation und staatlicher Legitimationspolitik, Wien 1985.

36 Vgl. Hanisch, Der lange Schatten, S. 230 ff.; Ders., Ambivalenzen der Modernisierung. Die Formierung der politischen Lager in den „Alpenländern“, in: Innere Staatsbildung und gesellschaftliche Modernisierung in Österreich und Deutschland 1867/71 bis 1914, hrsg. v. Helmut Rumpler, München 1991, S. 176–185, hier S. 184.

37 Berchtold, Die politischen Parteien, S. 157.

38 Vgl. Urbanitsch, Politisierung, S. 106.

39 Vgl. dazu Wilhelm Wadl, Liberalismus und soziale Frage, Wien 1987; Österreichische Parteiprogramme 1868–1966, hrsg. v. Klaus Berchtold, München 1967, S. 11–108; Irene Gartner, Die soziale Frage und das Verhältnis zur Arbeiterbewegung, in: Studien zum Deutschliberalismus in Zisleithanien 1873–1879. Herrschaftsfundierung und Organisationsformen des politischen Liberalismus, hrsg. v. Leopold Kammerhofer (Studien zur Geschichte der österreichisch-ungarischen Monarchie 25), Wien 1992, S. 196–216.

40 Andrew G. Whiteside, The Socialism of Fools. Georg Ritter von Schönerer and Austrian Pan-Germanism, Berkeley 1975 – deutsch: Georg Ritter von Schönerer. Alldeutschland und sein Prophet, Graz – Wien – Köln 1981.

41 Vgl. Adam Wandruszka, Österreichs politische Struktur. Die Entwicklung der Parteien und politischen Bewegungen, in: Geschichte der Repu-

blik Österreich, hrsg. v. Heinrich Benedikt, Wien 1954 (unveränderter Nachdruck, Wien 1977), S. 289–486, hier besonders S. 291 ff.

42 Vgl. Hanisch, Der lange Schatten, S. 117 f.

43 Als solche galten die *Arbeiter-Zeitung* (SD); das *Vaterland* und die *Reichspost* (CS), während die deutschnationalen Blätter gemäß ihrer räumlichen wie ideologischen Zersplitterung auch regional verteilt blieben. Eine liberal-aufgeklärte Grundhaltung nahm die weit verbreitete *Neue Freie Presse* ein. Einen allgemeinen bibliographischen Überblick über die Presselandschaft in Österreich vor 1914 bietet Kurt Paupié, Handbuch der österreichischen Pressegeschichte, 2 Bde, Wien 1960–1966.

44 Hanisch, Der lange Schatten, S. 31.

45 Vgl. Walter Göhring, Der Gründungsparteitag der österreichischen Sozialdemokratie Neudörfl 1874, Wien 1974.

46 Rudolf G. Ardelt, Sozialdemokratie und bürgerliche Öffentlichkeit. Überlegungen zum Hainfelder Parteitag, in: Politik und Gesellschaft im alten und neuen Österreich. Festschrift für Rudolf Neck zum 60. Geburtstag, hrsg. v. Isabella Ackerl/Walter Hummelberger/Hans Mommsen, Wien 1981, S. 214–238, hier S. 217.

47 Aus der umfangreichen Literatur zur Geschichte der österreichischen Arbeiterbewegung auswahlweise: Ludwig Brügel, Geschichte der österreichischen Sozialdemokratie, 5 Bde, Wien 1922–1925; Helmut Konrad, Nationalismus und Internationalismus. Die österreichische Arbeiterbewegung vor dem Ersten Weltkrieg, Wien 1976; Norbert Leser, Zwischen Reformismus und Bolschewismus. Der Austromarxismus als Theorie und Praxis, Wien 1985; Fritz Kaufmann, Sozialdemokratie in Österreich. Idee und Geschichte einer Partei. Von 1889 bis zur Gegenwart, Wien – München 1979; Die Ersten 100 Jahre. Österreichische Sozialdemokratie 1888–1988, hrsg. v. Helene Maimann, Wien – München 1988.

48 Ich beziehe mich hier auf Ernst Hanisch, der seinerseits dem Modell des norwegischen Soziologen Stein Rokkan über das Makro-Modell der politischen Entwicklung Europas folgt, dem er allerdings im Hinblick auf die österreichische Situation zwei neue Konfliktfelder hinzufügte: Die Spaltung zwischen (absolutistischem) Staat und bürgerlicher Gesellschaft sowie den Konflikt zwischen Industrie und Gewerbe. Vgl. Hanisch, Ambivalenzen, S. 177 ff.

49 Vgl. ebd., S. 182.

50 Vgl. Everhard Holtmann, Arbeiterbewegung, Staat und Sozialpolitik in der Spätzeit der Habsburgermonarchie. Strukturelle Bedingungen österreichischer Sozialgesetzgebung zwischen 1890 und 1914, in: Politik und Gesellschaft im alten und neuen Österreich. Festschrift für Rudolf Neck zum 60. Geburtstag, hrsg. v. Isabella Ackerl/Walter Hummelberger/Hans Mommsen, Wien 1981, S. 239–254.

51 Zur Geschichte der Gewerkschaften in Österreich Fritz Klenner, Die österreichische Gewerkschaftsbewegung. Entstehung – Entwicklung – Zukunft, Wien 1987.

52 Vgl. Wolfgang Maderthaner, „Gegen die Disziplinlosigkeit des Jupiter Pluvius". Vom Werden einer Massenpartei, in: Die ersten 100 Jahre. Österreichische Sozialdemokratie 1888–1988, hrsg. v. Helene Maimann, Wien – München 1988, S. 22–27; Urbanitsch, Politisierung, S. 109.

53 Vgl. dazu Konrad, Nationalismus und Internationalismus, passim.

54 Hanisch, Ambivalenzen, S. 184; Ders., Der lange Schatten, S. 125.

55 Vgl. Norbert Leser, Der Bruch der Koalition 1920 – Voraussetzungen und Konsequenzen, in: Koalitionsregierungen in Österreich. Ihr Ende 1920 und 1966, hrsg. v. Rudolf Neck u. a., Wien 1985, S. 33–45.

56 Zur Entwicklung der christlichsozialen Partei siehe Reinhold Knoll, Zur Tradition der christlichsozialen Partei. Ihre Früh- und Entwicklungsgeschichte bis zu den Reichsratswahlen 1907, Wien – Köln – Graz 1973; Friedrich Funder, Vom Gestern ins Heute. Aus dem Kaiserreich in die Republik, Wien 1971[3].

57 Vgl. Hanisch, Der lange Schatten, S. 101–108; ausführlicher Josef Ehmer, Ökonomischer und sozialer Strukturwandel im Wiener Handwerk – von der industriellen Revolution zur Hochindustrialisierung, Stuttgart 1984.

58 Vgl. Ludwig Reichhold, Karl von Vogelsang. Die Grundlegung der österreichischen Sozialpolitik, Wien 1987; Alexander Egger, Die Staatslehre des Karl von Vogelsang (Dissertationen der Universität Wien 222), Wien 1991.

59 Eine Zusammenfassung der Lehre Vogelsangs findet sich bei Knoll, Zur Tradition, S. 105 ff.

60 Vgl. Robert Prantner, Kreuz und weiße Nelke. Christlichsoziale und Kirche in der 1. Republik im Spiegel der Presse, Wien – Köln – Graz 1984, S. 65 ff.; Bihl, Donaumonarchie, S. 39.

61 Vgl. Wandruszka, Habsburgermonarchie, S. 6.

62 Ausführlich über Lueger und seine Kommunalpolitik: Maren Seliger/Karl Ucakar, Wien. Politische Geschichte 1740–1934, Bd. 2, Wien 1985, S. 713–985; Johannes Hawlik, Der Bürgerkaiser. Karl Lueger und seine Zeit, Wien 1985; Karin Brinkmann Brown, Karl Lueger. The liberal years, New York 1987; Richard S. Geehr, Karl Lueger. Mayor of fin de siècle Vienna, Detroit 1990; Catherine Kropp, The British reaction to Karl Lueger and the radicalisation of Viennese municipal politics 1890–1897, Diss. Cambridge 1994.

63 Vgl. Johannes Schasching, 100 Jahre Rerum novarum, in: Rerum Novarum. *Geschichte und Region / Storia e regione* 2/1. Zeitschrift der Arbeitsgruppe Regionalgeschichte, Bozen 1993, S. 13–20.

64 Vgl. John W. Boyer, Religion and Political Development in Central Europe around 1900: A View from Vienna, in: *Austrian History Yearbook* 25 (1994), S. 13–57; Erika Weinzierl, Die Lage der Kirche in Österreich zwischen 1848 und 1918, in: *Österreich in Geschichte und Literatur*, Sonderheft: Österreich 1848–1918, 3 (1959), S. 99–112; Gavin Lewis, Kirche und Partei im Politischen Katholizismus. Klerus und Christlichsoziale in Niederösterreich 1885–1907, Wien – Salzburg 1977.

65 Hanisch, Der lange Schatten, S. 119.

66 Neben dem älteren Werk von Paul Molisch, Geschichte der deutschnationalen Bewegung in Österreich von ihren Anfängen bis zum Zerfall der Monarchie, Jena 1926 auswahlweise Diethild Harrington-Müller, Der Fortschrittsclub im Abgeordnetenhaus des österreichischen Reichsrates 1873–1910, Wien – Köln – Graz 1972; Wandruszka, Österreichs politische Struktur, S. 289–486; Lothar Höbelt, Kornblume und Kaiseradler. Die deutschfreiheitlichen Parteien Altösterreichs 1882–1918, Wien 1993.

67 Berchtold, Die politischen Parteien, S. 164.

68 Ausführlicher über das Linzer Programm Kann, Geschichte des Habsburgerreiches, S. 390 f.

69 Vgl. Hanisch, Ambivalenzen, S. 180 und Ders., Der lange Schatten, S. 121 f.

70 Vgl. Berchtold, Die politischen Parteien, S. 176.

71 Vgl. dazu den Beitrag von Gerald Stourzh, Probleme der Konfliktlösung in multi-ethnischen Staaten: Schlüsse aus der historischen Erfahrung Österreichs 1848 bis 1918, in: Staat und Nation in multi-ethnischen Gesellschaften, hrsg. v. Erich Fröschl/Maria Mesner/Uri Ra'anan, Wien 1991, S. 105–120.

72 Vgl. dazu Fejtö, Requiem, S. 147 f.

73 Vgl. Urbanitsch, Nationalisierung, S. 120 f.

74 Vgl. Werner Drobesch, Vereine und Verbände in Kärnten (1848–1938). Vom Gemeinnützig-Geselligen zur Ideologisierung der Massen, Klagenfurt 1991, S. 13–97.

75 Vgl. Urbanitsch, Nationalisierung, S. 121 ff.

76 Vgl. Michael Gehler, Männer im Lebensbund. Studentenvereine im 19. und 20. Jahrhundert unter besonderer Berücksichtigung der österreichischen Entwicklung, in: *Zeitgeschichte* 21 (1994), S. 45–66; Gerhard Hartmann, Im Gestern bewährt Im Heute bereit. 100 Jahre Carolina. Zur Geschichte des Verbandskatholizismus, Graz – Wien – Köln 1988.

77 Vgl. dazu Hermann J. W. Kuprian, Flüchtlinge, Evakuierte und die staatliche Fürsorge, in: Tirol und der Erste Weltkrieg, hrsg. v. Klaus Eisterer/Rolf Steininger (Innsbrucker Forschungen zur Zeitgeschichte 12), Innsbruck 1995, S. 277–305; Ders., „Siamo sfuggiti all'orso ed abbiamo incontrato il leone". La situazione dei profughi di guerra della Galizia e della Bucovina nel primo conflitto mondiale, Ausstellungskatalog, Rovereto – Trient 1996; Beatrix Hoffmann-Holter, „Abreisendmachung". Jüdische Kriegsflüchtlinge in Wien 1914–1923, Wien – Köln – Weimar 1995; Gernot Heiss/Oliver Rathkolb (Hrsg.), Asylland wider Willen. Flüchtlinge in Österreich im europäischen Kontext seit 1914 (Veröffentlichungen des Ludwig-Boltzmann-Institutes für Geschichte und Gesellschaft 25), Wien 1995.

78 Ausführlicher darüber Opitz, Zeitenwende, S. 31 ff.

79 Vgl. Zdenek Kárník, Bemühungen um einen deutsch-tschechischen Ausgleich in Österreich und die Folgen ihres Scheiterns, in: Staat und Nation in multi-ethnischen Gesellschaften, hrsg. v. Erich Fröschl/Maria Mesner/Uri Ra'anan, Wien 1991, S. 121–139.

80 Kann, Geschichte des Habsburgerreiches, S. 388; Ders., Das Nationalitätenproblem der Habsburgermonarchie, 2 Bde, Graz – Köln 1964[2]; Peter Hanák (Hrsg.), Die nationale Frage in der Österreichisch-Ungarischen Monarchie 1900–1918, Budapest 1966.

81 Ausführlich darüber Berthold Sutter, Die Badenischen Sprachenverordnungen von 1897, 2 Bde, Graz – Köln 1960; Hannelore Burger/Helmut Wohnout, Eine „polnische Schufterei"? – Die Badenischen Sprachenverordnungen für Böhmen und Mähren 1897, in: Politische Affären und Skandale in Österreich. Von Mayerling bis Waldheim, hrsg. v. Michael Gehler und Hubert Sickinger, Thaur – Wien – München 1995, 1996[2], S. 79–98.

82 Vgl. Hanisch, Der lange Schatten, S. 226 f.

83 Vgl. Wandruszka, Habsburgermonarchie, S. 8.

84 Vgl. ebd.; vgl. auch weiterführend Gerald Stourzh, Vom Reich zur Republik. Studien zum Österreichbewußtsein im 20. Jahrhundert, Wien 1990.

85 Vgl. Alfred Ableitinger, Ernest von Koerber und das Verfassungsproblem im Jahre 1900. Österreichische Nationalitäten- und Innenpolitik zwischen Konstitutionalismus, Parlamentarismus und oktroyiertem allgemeinen Wahlrecht (Studien zur Geschichte der österreichisch-ungarischen Monarchie 12), Wien – Köln – Graz 1973, S. 176 ff.

86 Dazu Maria Kostner-Tröbinger, Die Geschichte der italienischen Universitätsfrage in der österreichisch-ungarischen Monarchie von 1864 bis 1914, phil. Diss. Innsbruck 1970; Adalbert Schusser, Zur Entwicklung der italienischen Universitätsfrage in Österreich (1861–1918). Untersuchungen über das Verhalten von Regierung und Parlament zur Schaffung einer italienischen Rechtsfakultät, phil. Diss. Wien 1972; Hedda Leeb, Geschichte der Universität Innsbruck 1898–1908, phil. Diss. Innsbruck 1968; Peter Stitz, Der akademische Kulturkampf um die Daseinsberechtigung der katholischen Studentenkorporationen in Deutschland und Österreich 1903 bis 1908 (Der Weiße Turm 3), München 1960, S. 31 ff.; Robert A. Kann, Hochschule und Politik im österreichischen Verfassungsstaat (1867–1918), in: Geschichte und Gesellschaft. Festschrift für Karl R. Stadler, Wien 1974, S. 507–521.

87 Vgl. zuletzt Hermann J. W. Kuprian, „Machen Sie diesem Skandal ein Ende. Ihre Rektoren sind eine nette Gesellschaft." Modernisierungsdiskussion, Kulturkampf und Freiheit der Wissenschaft: Die Wahrmund-Affäre 1907/08, in: Politische Skandale und Affären in Österreich, hrsg. v. Michael Gehler und Hubert Sickinger, Thaur – Wien – München 1995, 1996^2, S. 99–127.

88 Vgl. Die Habsburgermonarchie 1848–1918, Bd. VI/1 + 2, hrsg. v. Adam Wandruszka und Peter Urbanitsch, Wien 1989 bzw. 1993.

89 Vgl. Aus dem Nachlaß Aehrenthal. Briefe und Dokumente zur österreichisch-ungarischen Innen- und Außenpolitik 1885–1912. In 2 Teilen, hrsg. v. Solomon Wank (Quellen zur Geschichte des 19. und 20. Jahrhunderts 6), Graz 1994.

90 Vgl. Hanisch, Der lange Schatten, S. 233 ff.

91 Zum Dreibund vgl. Fritz Fellner, Der Dreibund. Europäische Diplomatie vor dem Ersten Weltkrieg, Wien 1960; Ders., Vom Dreibund zum Völkerbund. Studien zur Geschichte der internationalen Beziehungen 1882–1919, hrsg. v. Heidrun Maschl und Brigitte Mazohl-Wallnig, Wien – München 1994; Bridge, Österreich(-Ungarn) unter den Großmächten, S. 263 ff.

92 Zu den Details der Annexion des vormals unter türkischer Herrschaft stehenden Gebietes siehe Leopold Kammerhofer, Diplomatie und Pressepolitik 1848–1918, in: Die Habsburgermonarchie 1848–1918, Bd. VI/1, hrsg. v. Adam Wandruszka und Peter Urbanitsch, Wien 1989, S. 459–495, hier S. 483 ff.; Bridge, Österreich(-Ungarn) unter den Großmächten, S. 314 ff.

93 Die Hauptthesen zum Ausbruch des Ersten Weltkrieges finden sich zusammengefaßt bei Hanisch, Der lange Schatten, S. 235 ff. Ausführlich auch Manfried Rauchensteiner, Der Tod des Doppeladlers. Österreich-Ungarn und der Erste Weltkrieg, Graz – Wien – Köln 1993. Vgl. ebenso Rauchensteiners Beitrag in diesem Band.

Dokument 1

167. Staatsgrundgesetz über die Ausübung der Regierungs- und der Vollzugsgewalt (21. Dezember 1867), RGBl. 145.

Mit Zustimmung der beiden Häuser des Reichsrates finde Ich nachstehendes Staatsgrundgesetz über die Ausübung der Regierungs- und Vollzugsgewalt zu erlassen und anzuordnen, wie folgt:

Art. 1. Der Kaiser ist geheiligt, unverletzlich und unverantwortlich.

Art. 2. Der Kaiser übt die Regierungsgewalt durch verantwortliche Minister und die denselben untergeordneten Beamten und Bestellten aus.

Art. 3. Der Kaiser ernennt und entläßt die Minister und besetzt über Antrag der betreffenden Minister alle Ämter in allen Zweigen des Staatsdienstes, insoferne nicht das Gesetz ein anderes verordnet.

Art. 4. Der Kaiser verleiht Titel, Orden und sonstige staatliche Auszeichnungen.

Art. 5. Der Kaiser führt den Oberbefehl über die bewaffnete Macht, erklärt Krieg und schließt Frieden.

Art. 6. Der Kaiser schließt die Staatsverträge ab. – Zur Gültigkeit der Handelsverträge und jener Staatsverträge, die das Reich oder Teile desselben belasten oder einzelne Bürger verpflichten, ist die Zustimmung des Reichsrates erforderlich.

Art. 7. Das Münzrecht wird im Namen des Kaisers ausgeübt.

Art. 8. Der Kaiser leistet beim Antritte der Regierung in Gegenwart beider Häuser des Reichsrates das eidliche Gelöbnis: „Die Grundgesetze der im Reichsrate vertretenen Königreiche und Länder unverbrüchlich zu halten und in Übereinstimmung mit denselben und den allgemeinen Gesetzen zu regieren."

Art. 9. Die Minister sind für die Verfassung und Gesetzmäßigkeit der in die Sphäre ihrer Amtswirksamkeit fallenden Regierungsakte verantwortlich. Diese Verantwortlichkeit, die Zusammensetzung des über die Ministeranklage erkennenden Gerichtshofes und das Verfahren vor demselben sind durch ein besonderes Gesetz geregelt.

Art. 10. Die Kundmachung der Gesetze erfolgt im Namen des Kaisers mit Berufung auf die Zustimmung der verfassungsmäßigen

Vertretungskörper und unter Mitfertigung eines verantwortlichen Ministers.

Art. 11. Die Staatsbehörden sind innerhalb ihres amtlichen Wirkungskreises befugt, auf Grund der Gesetze Verordnungen zu erlassen und Befehle zu erteilen, und sowohl die Beobachtung dieser letzteren als der gesetzlichen Anordnungen selbst gegenüber den hiezu Verpflichteten zu erzwingen. – Besondere Gesetze regeln das Exekutivrecht der Verwaltungsbehörden, sowie die Befugnisse der bewaffneten Macht, die zur Erhaltung der öffentlichen Sicherheit, Ruhe und Ordnung dauernd organisiert ist oder in besonderen Fällen aufgeboten wird.

Art. 12. Sämtliche Staatsdiener sind innerhalb ihres amtlichen Wirkungskreises für die Beobachtung der Staatsgrundgesetze, sowie für die den Reichs- und Landesgesetzen entsprechende Geschäftsführung verantwortlich. – Diese Verantwortlichkeit geltend zu machen, sind diejenigen Organe der Exekutivgewalt verpflichtet, deren Disziplinargewalt die betreffenden Staatsdiener unterstehen. – Die zivilrechtliche Haftung derselben für die durch pflichtwidrige Verfügungen verursachten Rechtsverletzungen wird durch ein Gesetz normiert.

Art. 13. Alle Organe der Staatsverwaltung haben in ihrem Diensteide auch die unverbrüchliche Beobachtung der Staatsgrundgesetze zu beschwören.

Otto Frass, Quellenbuch zur österreichischen Geschichte III, Wien 1962, S. 161 f.

Dokument 2

Fläche und Bevölkerung

a) Österreichisches Staatsgebiet.

Königreiche und Länder	Flächeninhalt in Quadratkilometern	Einwohner nach der Zählung vom 31. Dez. 1910	Einwohner auf 1 km²	% der Gesamtfläche von Österreich	% der Gesamtbevölkerung von Österreich	Zunahme gegen 1900 in %
Österreich unter der Enns	19.822	3,531.000	178	6.6	12.4	13.9
Österreich ob der Enns	11.981	853.000	71	4.0	3.0	5.2
Salzburg	7.153	215.000	30	2.4	0.8	11.5
Steiermark	22.426	1,442.000	64	7.5	5.1	6.3
Kärnten	10.327	395.000	38	3.4	1.4	7.5
Krain	9.955	525.000	53	3.3	1.8	3.3
Küstenland	7.969	894.000	112	2.6	3.1	18.2
Tirol u. Vorarlberg	29.284	1,092.000	37	9.8	3.8	11.2
Böhmen	51.948	6,774.000	130	17.3	23.7	7.2
Mähren	22.222	2,621.000	118	7.4	9.2	7.5
Schlesien	5.147	756.000	147	1.7	2.6	11.2
Galizien	78.493	8,022.000	102	26.2	28.1	9.7
Bukowina	10.442	801.000	76	3.5	2.8	9.7
Dalmatien	12.833	646.000	50	4.3	2.2	8.5
Summe . .	**300.002**	**28,567.000**	**95**	--	--	**9.2**

b) Länder der ungarischen Krone.

Ungarn	282.296	18,172.000	64	–	–	8.2
Fiume u. Gebiet	21	49.000	--	--	--	25.6
Kroatien-Slawonien	42.534	2,619.000	62	--	--	8.4
Summe . .	**324.851**[1]	**20,840.000**	64	**--**	**--**	**8.2**

c) Bosnien und die Herzegowina.

Bosnien und die Herzego-wina	51.028	1,898.000	37	--	--	--
Gesamt-summe	**675.881**	**51,305.000**	**76**	--	--	--

1 Nach A. Penck hat Ungarn mit Kroatien-Slawonien 325.325 km^2.

Renate Basch-Ritter, Österreich-Ungarn in Wort und Bild, Graz – Wien – Köln 1989, S. 337.

Dokument 3

Die Nationalitäten der Österreichisch-Ungarischen Monarchie 1880–1910

	1880		1910	
Deutsche	9.963.000	26,4%	11.987.000	24,2%
Magyaren	6.445.000	17,1%	10.050.000	20,3%
Tschechen	5.181.000	13,7%	6.436.000	13,0%
Slowaken	1.864.000	5,0%	1.968.000	4,0%
Serbo-Kroaten	2.916.000	7,7%	3.528.000	7,6%
Slowenen	1.141.000	3,0%	1.253.000	2,5%
Polen	3.239.000	8,6%	4.686.000	10,0%
Ukrainer(Ruthenen)	3.149.000	8,3%	3.991.000	8,1%
Rumänen	2.596.000	6,0%	3.224.000	6,5%
Italiener	669.000	1,7%	768.000	1,6%
Sonstige	623.000	1,6%	1.090.000	2,2%
Insgesamt	**37.786.000**	**100,0%**	**49.263.000**	**100,0%**

Katalog des NÖ Landesmuseums, Neue Folge Nr. 186, Wien 1987, 2. Teil: 1980–1916 Glanz und Elend, S. 41.

Dokument 4

Auszug aus dem „Neudörfler Programm" der österreichischen Sozialdemokraten vom 5. April 1874

[...] Die österreichische Arbeiterpartei erstrebt im Anschluß an die Arbeiterbewegung aller Länder die Befreiung des arbeitenden Volkes von der Lohnarbeit und der Klassenherrschaft durch Abschaffung der modernen privatkapitalistischen Produktionsweise. Sie erstrebt an deren Stelle die gemeinschaftliche, staatlich organisierte Produktion der Güter ... Als Ziel zur Verwirklichung ihrer Grundsätze [...] stellt die Partei folgende Forderungen:

1. Allgemeines, gleiches, direktes Wahlrecht für alle Staatsbürger vom 20. Lebensjahr an [...]
2. Vollständige Presse-, Vereins-, Versammlungs- und Koalitionsfreiheit.
3. Trennung der Kirche vom Staat und Trennung der Schule von der Kirche.
4. Obligatorischer Unterricht in den Volksschulen und unentgeltlicher Unterricht in allen öffentlichen Lehranstalten.
5. Errichtung der Volkswehr an Stelle der stehenden Heere.
6. Unabhängigkeit der Richter, Wahl der Richter durch das Volk [...] unentgeltliche Rechtspflege.
7. Einführung eines Normalarbeitstages, Einschränkung der Frauen- und Abschaffung der Kinderarbeit in den Fabriken [...]
8. Abschaffung aller indirekten Steuern und Einführung einer einzigen, direkten, progressiven Einkommens- und Erbschaftssteuer.
9. Staatliche Förderung des freien Genossenschaftswesens [...]

Walter Kleindel, Österreich: Daten zur Geschichte und Kultur, Wien 1995, S. 176.

Dokument 5

Georg Ritter von Schönerer „Mein Programm" 1879:

[...] Österreich muß, seines Ursprunges und seiner Geschichte eingedenk, den Deutschen die Gewähr bieten, daß deren Nationalität nicht gefährdet werde und soll an der Solidarität der Deutschen in

Österreich entschieden festgehalten werden [...] Überhaupt sind den bisher bevorzugt gewesenen Interessen des beweglichen Kapitals, – und der bisherigen semitischen Herrschaft des Geldes und der Phrase, – die Interessen des Grundbesitzes und der produktiven Arbeit, sowie die Kräfte und Rechte der ehrlichen Arbeit in Hinkunft mit Entschiedenheit entgegenzustellen und zu fördern [...] Zum Schlusse kann es aber nicht oft genug betont werden, daß in einem parlamentarischen Staate für die Fehler und Unterlassungssünden der Regierung nicht diese allein, sondern in erster Linie die konstitutionellen Vertretungskörper als eigentlich schuldtragend von der Bevölkerung verantwortlich gemacht werden sollten [...]

Walter Kleindel, Österreich: Daten zur Geschichte und Kultur, Wien 1995, S. 276.

Dokument 6

Martin Schindler: Das erste Christlich Soziale Programm 1891

I. Allgemeine Forderungen
   1. Besteuerung des mobilen Kapitals
   2. energische Wahrung der wirtschaftlichen Interessen aller Berufsklassen
   3. Wahlreform, zunächst Sicherung des direkten Wahlrechtes [...]
   4. weitere Einschränkung des Legalisierungszwanges
   5. Dienstpragmatik für die öffentlichen Beamten [...]
   6. Festhaltung der achtjährigen Schulpflicht [...]

II. Bezüglich des Grundbesitzes
   1. Fortentwicklung der Gesetzgebung zur Erhaltung eines lebenskräftigen Bauernstandes [...]
   4. Ausschließung des Zwischenhandels bei staatlichen Einkäufen landwirtschaftlicher Produkte.

III. Bezüglich des Kleingewerbes und des Kleinhandels
   1. Strenge Durchführung der Gewerbenovelle
   5. Erweiterung des Markenschutzgesetzes [...]
   6. Neuregelung des Verfahrens bei Bemessung der Erwerbs- und Einkommenssteuer.
   7. Einschränkung der Konsumvereine [...]

IV. Bezüglich der Großindustriearbeiter
   1. Strenge Durchführung der Arbeiterschutzgesetze [...]
   2. Erweiterung der Arbeiterschutzgesetze [...]
   3. Vorkehrungen gegen Monopolisierungstendenzen bezüglich allgemeiner Bedarfsartikel.

Walter Kleindel, Österreich: Daten zur Geschichte und Kultur, Wien 1995, S. 285.

Literatur

Ableitinger, Alfred, Ernest von Koerber und das Verfassungsproblem im Jahre 1900. Österreichische Nationalitäten- und Innenpolitik zwischen Konstitutionalismus, Parlamentarismus und oktroyiertem allgemeinen Wahlrecht (Studien zur Geschichte der österreichisch-ungarischen Monarchie 12), Wien – Köln – Graz 1973.

Ackerl, Isabella/Hummelberger, Walter/Mommsen, Hans (Hrsg.), Politik und Gesellschaft im alten und neuen Österreich. Festschrift für Rudolf Neck zum 60. Geburtstag, Wien 1981.

Benedikt, Heinrich (Hrsg.), Geschichte der Republik Österreich, Wien 1954 (unveränderter reprografischer Nachdruck, Wien 1977).

Berchtold, Klaus (Hrsg.), Österreichische Parteiprogramme 1868–1966, München 1967.

Bihl, Wolfdieter, Von der Donaumonarchie zur Zweiten Republik. Daten zur österreichischen Geschichte seit 1867, Wien – Köln 1989.

Bridge, Francis R., The Habsburg Monarchy among the Great Powers, 1815–1918, New York 1990.

Brinkmann-Brown, Karin, Karl Lueger. The liberal years, New York 1987.

Bruckmüller, Ernst, Sozialgeschichte Österreichs, Wien – München 1985.

Bruckmüller, Ernst/Döcker, Ulrike/Stekl, Hannes/Urbanitsch, Peter (Hrsg.), Bürgertum in der Habsburgermonarchie, Wien – Köln 1990.

Brügel, Ludwig, Geschichte der österreichischen Sozialdemokratie, 5 Bde, Wien 1922–1925.

Fejtö, François, Requiem für eine Monarchie. Die Zerschlagung Österreich-Ungarns, Wien 1991.

Fellner, Fritz, Der Dreibund. Europäische Diplomatie vor dem ersten Weltkrieg, Wien 1960.

Ders., Vom Dreibund zum Völkerbund. Studien zur Geschichte der internationalen Beziehungen 1882–1919, hrsg. v. Heidrun Maschl und Brigitte Mazohl-Wallnig, Wien – München 1994.

Fröschl, Erich/Mesner, Maria/Ra'anan, Uri (Hrsg.), Staat und Nation in multi-ethnischen Gesellschaften, Wien 1991.

Funder, Friedrich, Vom Gestern ins Heute. Aus dem Kaiserreich in die Republik, Wien 1971[3].

Gavin, Lewis, Kirche und Partei im Politischen Katholizismus. Klerus und Christlichsoziale in Niederösterreich 1885–1907, Wien – Salzburg 1977.

Geehr, Richard S., Karl Lueger. Mayor of fin de siècle Vienna, Detroit 1990.

Gehler, Michael/Sickinger, Hubert (Hrsg.), Politische Skandale und Affären in Österreich. Von Mayerling bis Waldheim, Thaur – Wien – München 1995, 1996[2].

Göhring, Walter, Der Gründungsparteitag der österreichischen Sozialdemokratie Neudörfl 1874, Wien 1974.

Hanák, Peter (Hrsg.), Die nationale Frage in der Österreichisch-Ungarischen Monarchie 1900–1918, Budapest 1966.

Hanisch, Ernst, Der lange Schatten des Staates. Österreichische Gesellschaftsgeschichte im 20. Jahrhundert (Österreichische Geschichte 1890–1990), Wien 1994.

Harrington-Müller, Diethild, Der Fortschrittsclub im Abgeordnetenhaus des österreichischen Reichsrates 1873–1910, Wien – Köln – Graz 1972.

Hartmann, Gerhard, Im Gestern bewährt Im Heute bereit. 100 Jahre Carolina. Zur Geschichte des Verbandskatholizismus, Graz – Wien – Köln 1988.

Hawlik, Johannes, Der Bürgerkaiser. Karl Lueger und seine Zeit, Wien 1985.

Höbelt, Lothar, Kornblume und Kaiseradler. Die deutschfreiheitlichen Parteien Altösterreichs 1882–1918, Wien 1993.

Jászi, Oscar, The Dissolution of the Habsburg Monarchy, Chicago 1971.

Kammerhofer, Leopold (Hrsg.), Studien zum Deutschliberalismus in Zisleithanien 1873–1879. Herrschaftsfundierung und Organisationsformen des politischen Liberalismus (Studien zur Geschichte der österreichisch-ungarischen Monarchie 25), Wien 1992.

Kann, Robert A., Das Nationalitätenproblem der Habsburgermonarchie, 2 Bde, Graz – Köln 1964[2].

Ders., Geschichte des Habsburgerreiches 1526–1918 (Forschungen zur Geschichte des Donauraumes 4), Wien – Köln – Graz 1982[2].

Kaufmann, Fritz, Sozialdemokratie in Österreich. Idee und Geschichte einer Partei. Von 1889 bis zur Gegenwart, Wien – München 1979.

Kepplinger, Brigitte (Hrsg.), Der Aufstieg zur Massenpartei. Ein Lesebuch zur österreichischen Sozialdemokratie 1889–1918, Wien 1990.

Klenner, Fritz, Die österreichische Gewerkschaftsbewegung. Entstehung – Entwicklung – Zukunft, Wien 1987.

Knoll, Reinhold, Zur Tradition der christlichsozialen Partei, Wien – Köln – Graz 1973.

Konrad, Helmut, Nationalismus und Internationalismus. Die österreichische Arbeiterbewegung vor dem Ersten Weltkrieg, Wien 1976.

Kropp, Catherine, The British reaction to Karl Lueger and the radicalisation of Viennese municipal politics 1890–1897, Diss. Cambridge 1994.

Lehner, Oskar, Österreichische Verfassungs- und Verwaltungsgeschichte mit Grundzügen der Wirtschafts- und Sozialgeschichte, Linz 1992.

Leser, Norbert, Zwischen Reformismus und Bolschewismus. Der Austromarxismus als Theorie und Praxis, Wien 1985.

Maderthaner, Wolfgang (Hrsg.), Sozialdemokratie und Habsburgerstaat, Wien 1988.

Magris, Claudio, Der habsburgische Mythos in der österreichischen Literatur, Salzburg 1988[2].

Maimann, Helene (Hrsg.), Die Ersten 100 Jahre. Österreichische Sozialdemokratie 1888–1988, Wien – München 1988.

May, Arthur J., The Habsburg Monarchy: 1867–1914, New York 1951.

Mayr-Harting Anton, Der Untergang. Österreich-Ungarn 1848–1922, Wien – München 1988.

Molisch, Paul, Geschichte der deutschnationalen Bewegung in Österreich von ihren Anfängen bis zum Zerfall der Monarchie, Jena 1926.

Opitz, Alfred, Zeitenwende im Donauraum. Von der Doppelmonarchie zu den Nachfolgestaaten, Graz – Wien – Köln 1983.

Plaschka, Richard G. u. a. (Hrsg.), Die Auflösung des Habsburgerreiches. Zusammenbruch und Neuorientierung im Donauraum, Wien 1970.

Quellen zur Genesis des ungarischen Ausgleichsgesetzes von 1867. Der „österreichisch-ungarische Ausgleich" von 1867, Zusammengestellt und eingeleitet v. Judit Garamvölgyi, München 1979.

Rauchensteiner, Manfried, Der Tod des Doppeladlers. Österreich-Ungarn und der Erste Weltkrieg, Graz – Wien – Köln 1993.

Reichhold, Ludwig, Karl von Vogelsang. Die Grundlegung der österreichischen Sozialpolitik, Wien 1987.

Rumpler, Helmut (Hrsg.), Innere Staatsbildung und gesellschaftliche Modernisierung in Österreich und Deutschland 1867/71 bis 1914, München 1991.

Sandgruber, Roman, Ökonomie und Politik, Österreichische Wirtschaftsgeschichte vom Mittelalter bis zur Gegenwart, Wien 1995.

Schambeck, Herbert (Hrsg.), Österreichs Parlamentarismus. Werden und System, Berlin 1986.

Seliger, Maren/Ucakar, Karl, Wien. Politische Geschichte 1740–1934, Bd. 2, Wien 1985.

Sked, Alan, Der Fall des Hauses Habsburg. Der unzeitgemäße Tod eines Kaiserreiches, Berlin 1993.

Stekl, Hannes/Urbanitsch, Peter/Bruckmüller, Ernst/Heiss, Hans (Hrsg.), „Durch Arbeit, Besitz, Wissen und Gerechtigkeit.“ Bürgertum in der Habsburgermonarchie II, Wien – Köln – Weimar 1992.

Stourzh, Gerald u. a. (Hrsg.), Wege zur Grundrechtsdemokratie: Studien zur Begriffs- und Institutionengeschichte des liberalen Verfassungsstaates (Studien zu Politik und Verwaltung 29), Wien 1989.

Ders., Die Gleichberechtigung der Nationalitäten in der Verfassung und Verwaltung Österreichs 1848–1918, Wien 1985.

Ders., Vom Reich zur Republik. Studien zum Österreichbewußtsein im 20. Jahrhundert, Wien 1990.

Sutter, Berthold, Die Badenischen Sprachenverordnungen von 1897, 2 Bde, Graz – Köln 1960.

Ucakar, Karl, Demokratie und Wahlrecht in Österreich. Zur Entwicklung von politischer Partizipation und staatlicher Legitimationspolitik, Wien 1985.

Valiani, Leo, La dissoluzione dell' Austria-Ungheria, Milano 1966.

Wadl, Wilhelm, Liberalismus und soziale Frage, Wien 1987.

Wandruszka, Adam/Urbanitsch, Peter (Hrsg.), Die Habsburgermonarchie 1848–1918, Bd. I–VI, Wien 1973–1993.

Whiteside, Andrew G., Georg Ritter von Schönerer. Alldeutschland und sein Prophet, Graz – Wien – Köln 1981.

Ders., The Socialism of Fools. Georg Ritter von Schönerer and Austrian Pan-Germanism, Berkeley 1975.

Williamson, Samuel R., Austria-Hungary and the Origins of the First World War, London 1991.

Wolfram, Herwig/Pohl, Walter (Hrsg.), Probleme der Geschichte Österreichs und ihrer Darstellung, Wien 1991.

Das Zeitalter Kaiser Franz Josephs, 2. Teil 1880–1916: Glanz und Elend, Ausstellungskatalog Schloß Grafenegg, Horn 1987.

Zöllner, Erich, Der Österreichbegriff. Formen und Wandlungen in der Geschichte, Wien 1988.

Ders., Geschichte Österreichs. Von den Anfängen bis zur Gegenwart, Wien – München 1990[8].

Fragen

1. Charakterisieren Sie kurz die Begriffe „Staat“ und „Gesellschaft“ im historischen Kontext der Habsburgermonarchie um die Jahrhundertwende.
2. Was verstand man unter „Österreich“ um die Jahrhundertwende?
3. Welche unterschiedlichen Hypothesen in der Beurteilung der untergehenden Habsburgermonarchie lassen sich in der Historiographie feststellen?
4. Vor welchen gesellschaftlichen und politischen Herausforderungen stand die ausgehende Monarchie?
5. Wie kam es zu einer weitgehenden Nationalisierung des gesellschaftlichen, kulturellen und politischen Lebens in Österreich um die Jahrhundertwende?
6. Welche Schritte zur Demokratisierung des Wahlrechtes in Österreich können Sie nennen?
7. Wie vollzog sich der Wandel der parteipolitischen Landschaft in Österreich im Rahmen der gesellschaftlichen und konstitutionellen Veränderungen?
8. Charakterisieren Sie die drei politischen „Lager“ in der Zeit der ausgehenden Monarchie.
9. Welchen Stellenwert besaß die nationale Frage im gesellschaftlichen und politischen Wandel der ausgehenden Monarchie?
10. Was versteht man unter dem „Habsburgmythos“?
11. Setzen Sie sich mit einigen Leistungen moderner Kommunalpolitik der Jahrhundertwende am Beispiel Wiens auseinander und zeigen sie deren Konsequenzen auf.
12. Welche Kontiniutäten und Diskontinuitäten der österreichischen Geschichte können Sie vor und nach 1914/18 vergleichsweise feststellen?

13. Was sind sie Badenischen Sprachenverordnungen und zu welchen politischen sowie gesellschaftlichen Konsequenzen führten sie?

14. Welche Außenpolitik verfolgte die Habsburgermonarchie vor Ausbruch des Ersten Weltkrieges? Nennen Sie die wichtigsten Prämissen.

15. Welche Position bekleidete der Souverän im Verfassungs- und gesellschaftlichen (politischen) Leben der Monarchie um die Jahrhundertwende?

16. Wie erfolgte die Politisierung der Massen in der Monarchie um die Jahrhundertwende?

17. Welche Faktoren führten offenbar zum Zerfall der Habsburgermonarchie und welche besaßen scheinbar integrativen Charakter?

Manfried Rauchensteiner

ÖSTERREICH IM ERSTEN WELTKRIEG 1914–1918

1. Die Entfesselung des Krieges

„Der Krieg ... raubte der Welt ihre Schönheiten. Er zerstörte nicht nur die Schönheit der Landschaft, die er durchzog, und die Kunstwerke, an die er auf seinem Wege streifte, er brach auch unseren Stolz auf die Errungenschaften unserer Kultur, unseren Respekt vor so vielen Denkern und Künstlern ... Er beschmutzte die erhabene Unparteilichkeit unserer Wissenschaft, stellte unser Triebleben in seiner Nacktheit bloß, entfesselte die bösen Geister in uns, die wir durch die Jahrhunderte währende Erziehung von seiten unserer Edelsten dauernd gebändigt glaubten. Er machte unser Vaterland wieder klein und die andere Erde wieder fern und weit. Er raubte uns so vieles, was wir geliebt hatten, und zeigte uns die Hinfälligkeit von manchem, was wir für beständig gehalten hatten."[1]

Die Worte vom „Triebleben in seiner Nacktheit" verraten den Autor: Sigmund Freud war es, der sich in einer „Vergänglichkeit" genannten Skizze über die Verheerungen klar zu werden sucht, die der Erste Weltkrieg in allen Bereichen des menschlichen Lebens und Zusammenlebens angerichtet hatte. Auch wenn mittlerweile die Betroffenheit geschwunden ist, bleiben dennoch unendlich viele Fragen, die wohl nur im Rahmen einer jahrzehntelangen Beschäftigung zu beantworten wären. Vieles scheint zwingend, anderes zufällig. Das Ergebnis war die Neuordnung Europas.

Wie läßt sich nun der Platz bezeichnen, den Österreich im Wortsinn unserer Tage in diesem Prozeß einnahm? Die Schauplätze liegen gleichermaßen außerhalb wie innerhalb. Außerhalb immer dann, wenn man dem Kriegsgeschehen an den Fronten nachgeht, denn mit Ausnahme des Gebiets um den Plöckenpaß fand der Erste Weltkrieg nicht auf heutigem österreichischen Gebiet statt. Zunächst schien er überhaupt ganz weit weg, irgendwo auf dem Balkan und in Galizien stattzufinden. Dann, ab 1915, rückte er plötzlich unmittelbar an die eigenen Lebensbereiche heran. Schließlich endete er wieder in scheinbarer Ferne.

Die innere Komponente ist darin begründet, daß die österreichischen Länder als politische Körper existierten und daß sich die Politik auch unter den Bedingungen des Krieges auf eine länderweise eigentümliche Art entwickelte. Zudem war jeder einzelne aufgerufen, seinen Beitrag im Krieg zu leisten: an der Front, in der Industrie, in der Landwirtschaft oder wo immer, und es gab buchstäblich niemanden, der mit Recht von sich hätte behaupten können, daß sich sein Leben nicht durch den Krieg verändert hätte. Diese innere Komponente war genauso von Euphorie, Krisen und zeitweiliger Hoffnungslosigkeit gekennzeichnet wie die äußere. Und schließlich war der Zusammenbruch im Inneren mindestens so dramatisch wie irgendwo „draußen“.[2]

Meist wird die Rolle Österreich-Ungarns beim Ausbruch des Krieges nur so gesehen, daß es nach der Ermordung des Thronfolgers Erzherzog Franz Ferdinand und seiner Frau Sophie in Sarajewo etwas gab, das als „Julikrise“ bezeichnet wurde, und daß es dann durch eine Entwicklung, die Österreich nur mehr mittelbar beeinflussen konnte, zum Kriegsausbruch kam.[3] Diese Formulierung und vor allem die Kausalität befriedigen nicht. Denn was durch die Ermordung des österreichischen Thronfolgers in Gang gesetzt wurde, war zwar sicherlich eine Krise, eine europäische Krise, doch der Krieg brach nicht einfach aus. Es war nämlich auch eine geschickte Regie am Werk, und das In-Gang-Setzen der Mechanismen, die den Krieg mit sich brachten, war ein zu komplizierter Vorgang, als daß lediglich etwas „ausgebrochen“ wäre, wie ein Brand, der durch Selbstentzündung entsteht. Es gab nämlich jemanden, der das Zündholz an die explosive Mischung aus Nationalprestige, imperialistischen Zielen und Träumen, Frustration und letzter Entschlossenheit hielt, und dieser Jemand war Österreich.[4]

Der Krieg war lange vorbereitet worden, nicht zuletzt durch die Bündnisse und Militärkonventionen, die bis 1879 zurückreichten.[5] In diese Bündnisse war ebenso Schutzbedürfnis wie Aggressives verpackt worden. Die beiden bedeutendsten davon waren der Zweibund, der am 7. bzw. 15. Oktober 1879 zwischen dem Deutschen Reich und Österreich-Ungarn geschlossen worden war und dem dann 1882 Italien beitrat; damit wandelte sich das Bündnis zum Dreibund. Ihm wurde von Frankreich durch ein Bündnis mit England begegnet, das sich als „Entente Cordiale" bezeichnete. Dieses Bündnis wurde schließlich durch Rußland erweitert. Auch andere Länder ordneten ihr Verhältnis zur europäischen Staatenwelt im Lichte der bestehenden großen Bündnisse neu. Umgekehrt war die Haltung von Bündnissen angesichts von Konflikten und Krisen immer wieder neu zu definieren, vor allem im Hinblick auf den Balkan, der seit dem Zusammenbruch des Osmanischen Reichs zur kritischsten Region wurde. Doch die Mechanik wird dadurch noch immer nicht ganz erklärbar. Sie wurde nachhaltig durch die operativen Planungen der Generalstäbe beeinflußt, die sich einer einheitlichen Militärdoktrin verpflichtet fühlten und einen Krieg durchwegs offensiv beginnen wollten. Überlegenheit würde derjenige erlangen, der seine Mobilmachung früher abgeschlossen hätte und mit dem Vormarsch beginnen konnte. Im Fall der deutschen Generalstabsplanung kam dazu, daß in einem Krieg mit der Entente auf jeden Fall Frankreich angegriffen werden sollte, egal wie die Dinge lagen. Dadurch bekam jede Krise etwas Irrationales.[6]

Die Ermordung des Erzherzogs Franz Ferdinand löste also eine europäische Krise aus, in der Österreich-Ungarn vorhatte, mit Serbien nicht nur wegen seiner vermuteten Beteiligung an der Vorbereitung des Attentats, sondern auch wegen dessen jahrelanger – gegen die Habsburgermonarchie gerichteten – Politik abzurechnen. Deutschland versprach bald nach Ausbruch der Krise, die österreichische Politik bedingungslos zu unterstützen, und seit dem 7. Juli 1914 stand in Wien fest, daß es Krieg geben sollte und würde. Was man wollte, war jedoch ein Krieg mit Serbien und kein europäischer Krieg von gar nicht absehbaren Konsequenzen. Doch dabei kam die Realität unter die Räder, denn wie konnte man davon ausgehen, daß das eigene Bündnis halten und funktionieren würde und das der Gegner nicht? Der einmal begonnene Weg wurde konsequent weiter beschritten. Mitte Juli lag der Text einer befristeten Démarche an die Adresse Serbiens vor, hatte Kaiser Franz Joseph den Aufruf „An Meine Völker" gebilligt und wurden die Plakate für die Mobilmachung vorbereitet. Doch im Wiener Ministerium des Äußern hielt man den Zeitpunkt noch nicht für günstig genug. Erst am 23. Juli wurde die Démarche in Belgrad übergeben. Die darin enthaltenen Forderungen waren bewußt so formuliert worden, daß Serbien sie nicht vorbehaltlos erfüllen konnte. Als die Antwort nach 48 Stunden eintraf, wurde sie als ungenügend bezeichnet. Die diplomatischen Beziehungen wurden abgebrochen. Doch es gab noch immer nicht Krieg. Am 27. Juli wurde jedoch ein Zwischenfall konstruiert, und Österreich behauptete, daß Serbien die Kampfhandlungen begonnen hätte.[7] Damit war der Krieg da, und die Bündnisautomatik erledigte alles andere. Rußland unterstützte Serbien und machte mobil. Deutschland trat an die Seite Österreich-Ungarns und erklärte Rußland und Frankreich den Krieg. England machte die Verletzung der belgischen Neutralität durch Deutschland zum Vorwand für seinen Eintritt in den Krieg, Österreich-Ungarn erklärte Rußland den Krieg ... und plötzlich befanden sich Staaten miteinander im Krieg wie z. B. Österreich-Ungarn mit Frankreich und England, die kaum Konflikte miteinander gehabt hatten. Doch der Krieg brach nicht aus – er wurde entfesselt.

Man hat immer wieder versucht, die Stimmung des Juli 1914 zu beschreiben und eine Begründung dafür zu finden, weshalb Europa mit so ungeheurer Begeisterung in den Krieg ging.[8] Der eine Erklärungsversuch geht dahin, daß von einer Art Todessehnsucht gesprochen wurde. Allerdings ist das eine den Realitäten wohl nicht gerecht werdende Sicht der Dinge. Wenn man sich nämlich die europaweit gemachten Äußerungen ansieht und vor allem auch das, was von Intellektuellen und Künstlern gesagt und geschrieben wurde, so geht daraus etwas anderes hervor. Es war die Frage nach der Sinnhaftigkeit des Lebens, die da aufgebrochen war, und so gut wie alle, die sich dazu äußerten, waren davon überzeugt, daß die Sache ihres Staates gerechtfertigt war, und mehr noch, daß das Leben durch den Krieg endlich einen Sinn bekommen hätte.[9] Ein Mann wie Sigmund Freud, mit dessen „Todestrieb" ja die eine Argumentationskette zu stützen gesucht wurde, schrieb nach der österreichischen Kriegserklärung an Serbien: „Ich fühle mich vielleicht zum ersten Mal seit 30 Jahren als Österreicher und möchte es noch einmal mit diesem wenig hoffnungsvollen Reich versuchen."[10]

2. Wechselhafter Kriegsverlauf 1914/15

Überall in den Ländern der Donaumonarchie wurde mit mehr oder weniger Begeisterung, zumindest aber mit Zuversicht aufmarschiert. Doch niemand war wohl in der Lage gewesen abzuschätzen, was hier wirklich begann: Das war kein Krieg im Stil des 19. Jahrhunderts, sondern ein totaler Krieg, die große Auseinandersetzung zwischen Bündnissen, mit so gut wie keiner räumlichen und zeitlichen Begrenzung. Ein totaler Krieg konnte auch nur mit einem totalen Frieden nach einer totalen Niederlage eines Bündnisses enden, und auch das wußte man nicht.

Die österreichisch-ungarischen Truppen begannen mit dem Aufmarsch auf dem Balkan.[11] Sie taten dies zunächst in der vagen Hoffnung, der Krieg würde auf diesen Schauplatz beschränkt bleiben, oder aber es würde möglich sein, Serbien niederzuwerfen, ehe sich auf einem anderen, größeren Kriegsschauplatz die Kriegslage zu ungunsten der Habsburgermonarchie entwickelt hätte. Doch noch während der Aufmarsch auf dem Balkan vonstatten ging, zeigte es sich, daß man sich einer Illusion hingegeben hatte: Auch Rußland trat sofort in den Krieg ein. Jetzt galt es, sich den Russen entgegenzustemmen.

Die k. u. k. Armeen erlitten die ersten schweren Rückschläge. Statt eine Art Blitzfeldzug gegen Serbien zu führen, gerieten die österreichisch-ungarischen Truppen bald in Schwierigkeiten. Auf dem Balkan scheiterten sie bei zwei Offensiven und wurden auf ihre Ausgangsstellungen zurückgeworfen. In Polen und Galizien, wo sie in den Einleitungsgefechten einige Erfolge erzielten, war in dem Augenblick, als die russische Hauptmacht herangekommen war, ebenfalls eine Zeit der Krise gekommen. Gleichzeitig wurde deutlich, daß sich eine weitere Hoffnung der Mittelmächte nicht erfüllt hatte: Der deutsche Generalstabschef war davon ausgegangen, daß es möglich sein würde, Frankreich innerhalb von sechs bis acht Wochen niederzuwerfen; gleich anschließend sollten zusätzliche und überlegene deutsche Kräfte auch auf dem russischen Kriegsschauplatz in Erscheinung treten. Das war nicht der Fall. Das Niederwerfen Frankreichs mißlang. Neben Frankreich stand England, und beide konnten den Vormarsch des deutschen Westheeres bereits an der Marne eindämmen.

Nachdem der deutsche Vormarsch zum Stehen gebracht und die Deutschen anschließend zurückgeworfen worden waren, entwickelte sich ein Abnützungs- und Stellungskrieg. Österreich-Ungarns Armeen kamen währenddessen in immer schwierigere Situationen. In Serbien scheiterte eine dritte große Offensive. Sie war zwar über Belgrad hinaus bis in altserbisches Gebiet geführt worden. Der Balkanstaat stand knapp vor der Vernichtung. Doch die Kräfte der k. u. k. Armeen reichten nicht aus, um auch noch die letzten serbischen Verbände zu besiegen. Schließlich mußten die überforderten und ausgebluteten österreichisch-ungarischen Divisionen abermals den Rückzug über die Reichsgrenze antreten.

An der russischen Front stand es im Dezember 1914 auf des Messers Schneide, und es war nur dem Erfolg in der Schlacht von Limanowa-Lapanów zu verdanken, daß es zu keiner Katastrophe kam. Nichsdestoweniger blieb der Großteil Galiziens in russischen Händen. Erst Anfang Mai 1915, als es zum ersten großen Zusammenwirken zwischen deutschen und österreichisch-ungarischen Kräften in der Schlacht von Tarnów-Gorlice kam, wendete sich das Blatt. Und was kaum jemand für möglich gehalten hatte, trat ein: Die Russen wurden in mehreren unmittelbar aufeinander folgenden und sich über Wochen hinziehenden Schlachten geschlagen. Sie wurden so weit zurückgeworfen, daß die größten Teile österreichisch-ungarischen Gebiets wieder befreit und der Großteil Russisch-Polens besetzt werden konnte.[12]

An der Balkanfront waren die Serben durch die Feldzüge des Jahres 1914 so geschwächt worden, daß es kaum mehr zu Kampfhandlungen kam. Da trat ein weiterer Gegner auf den Plan: Italien. Es war zwar mit den Mittelmächten verbündet gewesen, hatte aber bei Kriegsbeginn seine Neutralität erklärt.[13] Italien wollte diese Neutralität schließlich nur wahren, wenn Österreich-Ungarn zu weitgehenden territorialen Konzessionen in Trient, Südtirol, im Raum Triest und Dalmatien bereit gewesen wäre. Es war dann die Entente, die Italien im Londoner Vertrag (26. April 1915) die gewünschten Zugeständnisse machte, allerdings unter der Voraussetzung, daß es so etwas wie eine österreichisch-ungarische „Konkursmasse“ geben würde. Dann sollte Italien für seine Teilnahme am Krieg entschädigt werden. Der Apenninenstaat trat am 23. Mai 1915 in den Krieg ein, und von da an waren die Fronten am Isonzo, in den Dolomiten und an der Kärntner Grenze jene Abschnitte, die stärker als alle anderen das Augenmerk der habsburgischen Kernlande auf sich zogen.

Immer wieder wurden Überlegungen angestellt, ob es nicht möglich sein würde, einen Sonderfrieden mit dem einen oder anderen der Kriegführenden zu schließen. Deutschland meinte, man sollte doch Italien die gewünschten Konzessionen machen, denn es würde vielleicht der Zeitpunkt kommen, da man das einmal Abgetretene wieder zurückholen könnte. Die Mittelmächte spekulierten auch damit, ob nicht Rußland nach den Sommerschlachten des Jahres 1915 zum Frieden bereit wäre und ob nicht auch Serbien aus dem Krieg ausscheiden würde.[14] Aus der in Österreich wie in Deutschland geführten Diskussion entwickelten sich schließlich Pläne zur Neugestaltung Mitteleuropas.[15] Sinnhaft, so ließ sich jetzt sagen, konnte der Krieg nur dann sein, wenn die Opfer, die er gefordert hatte und die schon ins Unermeßliche gestiegen waren, durch ein vom Deutschen Reich und von Österreich-Ungarn dominiertes Mitteleuropa ausgeglichen würden.

Diese Debatten, die vor allem um die Zukunft Polens und Serbiens geführt wurden, ließen freilich auch die fundamentalen Probleme der Donaumonarchie hervortreten. Denn als man damit begann, territoriale Zuwächse der Monarchie in Rechnung zu stellen, mußte man sich fragen, ob diese mit der dualistischen Struktur der Habsburgermonarchie überhaupt vereinbar waren. Sollte eine trialistische Lösung gesucht oder sollte Polen gänzlich aus der Monarchie ausgegliedert werden?[16] Wie konnte das Bündnis mit Deutschland ausgestaltet und den Mittelmächten eine Weltstellung verschafft werden? Welche Maßnahmen sollten ergriffen werden, um den Deutschen in der Donaumonarchie eine dominierende Stellung zu sichern? Bei dieser Debatte wurde daher sehr bald auch die Forderung nach einer gänzlichen Neuordnung der Monarchie laut, denn die Rückschläge im Krieg wurden nicht zuletzt auf eine mangelnde Staatsgesinnung und auf das Versagen von slawischen Truppenkörpern zurückgeführt.[17] Alles das begann zu gären.

Im Herbst 1915 erreichte der Krieg für Österreich-Ungarn seinen Kulminationspunkt. Von da an mehrten sich die Krisensymptome und partiellen Rückschläge. Sie mußten mit immer größeren Anstrengungen und schließlich unter Hintansetzung der vitalen Interessen des Reiches zu überwinden gesucht werden. Im Osten erstarrte die Front zunächst, während der Feldzug gegen Serbien, der im Spätherbst 1915 unter deutscher Leitung und zusammen mit bulgarischen Truppen erneuert wurde, die Niederwerfung Serbiens und im Anschluß daran die Eroberung Montenegros durch die österreichisch-ungarischen Truppen brachte. Doch der gemeinsame Erfolg der Mittelmächte ließ deren Gegensätze plötzlich stärker hervortreten als der Krieg bis dahin. Österreich-Ungarn warf den Deutschen Überheblichkeit, vollständige Ignoranz gegenüber den österreichischen Verhältnissen und schließlich Wunsch nach Suprematie vor, während Deutschland immer nachdrücklicher auf die Schwächen der Monarchie verwies und den Kriegsverlauf zu guter Letzt auf den sehr vereinfachenden Nenner brachte, daß nur dort, wo deutsche Truppen als Korsett eingeschoben würden, die k. u. k. Armeen noch in der Lage wären, Widerstand zu leisten.[18]

Der Konflikt führte schließlich dazu, daß sich die Generalstäbe nicht mehr über die jeweiligen Absichten informierten, daß der deutsche Generalstabschef Erich von Falkenhayn eine Offensive im Raum Verdun plante, während sein österreichisch-ungarischer Kollege, Franz Conrad von Hötzendorf, einen Angriff auf Italien von der Hochfläche der Sieben Gemeinden herab vorbereitete.[19] Beide Vorhaben scheiterten, und wenn es so etwas wie einen Vorteil der „inneren Linie" für die Mittelmächte gegeben hatte, dann ging er im Frühjahr 1916 verloren.

3. Wachsender Einfluß Deutschlands auf Österreichs Kriegsführung

Die Ententemächte hatten vereinbart, daß die alliierten Armeen möglichst gleichzeitig mit Offensiven beginnen sollten, um den Mittelmächten die Möglichkeit zu nehmen, Großverbände zu verschieben. Als Rußland im Juni 1916 seinen Teil der Verpflichtung einlöste, also zu einer Zeit, da die Deutschen vor Verdun und dann zusätzlich an der Somme, Österreich-Ungarn aber durch die Südtiroloffensive gebunden waren, kam es fast zum Zusammenbruch der k. u. k. Front im Osten. Nur durch die Entsendung aller irgendwo verfügbaren deutschen Truppen, vor allem aber infolge der Kommandoübernahme durch deutsche Befehlshaber gelang es, die Katastrophe abzuwenden.[20] Dieses Ereignis und die immer deutlicher werdenden innenpolitischen Probleme der Habsburgermonarchie führten dazu, daß sich Deutschland verstärkt in die Politik und die militärische Führung Österreich-Ungarns einzumischen begann. Mit der Schaffung der Obersten Kriegsleitung, die dem deutschen Kaiser die Entscheidungsbefugnis im Rahmen der militärischen Führung der Mittelmächte übertrug, fand diese Entwicklung ihren vorläufigen Höhepunkt.[21]

Damit wurde aber ein Schritt gesetzt, der nicht ohne nachhaltigste Auswirkungen auf die österreichische Innenpolitik bleiben konnte. Denn wenn die nicht-deutschen Nationalitäten der Monarchie in diesem Krieg einen Sinn zu erkennen geglaubt hatten, dann den, daß der Vielvölkerstaat erhalten und daß die Lebensbedingungen für die einzelnen Nationalitäten verbessert werden sollten. Keinesfalls aber wollten gerade die nicht-deutschen Nationalitäten den Krieg als „Vasallen“ des Deutschen Reiches führen und sich für die imperialistischen Kriegsziele der Mittelmächte opfern.[22]

Die Probleme summierten sich und machten sich schließlich in innenpolitischen Unruhen Luft, denen die österreichische Regierung und vor allem auch deren Ministerpräsident Karl Graf Stürgkh nicht mehr begegnen konnten. Seit dem Sommer 1915 war der Sturz des Ministerpräsidenten geprobt worden. Mehrmals hatte es den Anschein gehabt, als ob dieser Sturz unmittelbar bevorstünde; doch er war nicht eingetreten. Friedrich Adler, der Sohn des Führers der österreichischen Sozialdemokraten, Victor Adler, sann schließlich 1916 nicht auf eine normale Entmachtung des Ministerpräsidenten, sondern auf seine gewaltsame Beseitigung. Am 21. Oktober erschoß Adler Stürgkh.[23] Doch nicht der Tod des k. k. Ministerpräsidenten brachte die tiefe Zäsur, sondern der genau einen Monat später eingetretene Tod des 86jährigen Kaisers Franz Joseph.

4. Loslösungsversuche von Deutschland unter Kaiser Karl

Der neue Kaiser, Karl I., trat ein schweres Erbe an, denn sein Reich krachte in allen Fugen.[24] Karl suchte dieses Erbe dadurch zu bewältigen, daß er sich von Deutschland allmählich loszulösen begann. Das österreichisch-ungarische Armeeoberkommando wurde in der bestehenden Form aufgelöst und von Teschen nach Baden bei Wien verlegt. Der Kaiser übernahm den Oberbefehl persönlich und suchte sich einen neuen Generalstabschef in der Person des Generals Arthur Arz von Straußenburg. Er war auch nicht gesonnen, die gemeinsame Oberste Kriegsleitung ganz einfach hinzunehmen, und machte damit das Zeitliche des Bündnisses deutlich. Der junge Kaiser suchte sich in kurzer Folge neue Ministerpräsidenten. Er veranlaßte die Einberufung des österreichischen Reichsrates, sprach weitgehende politische Amnestien auch gegen Hochverräter aus und trachtete schließlich, in direkten Gesprächen mit Vertretern der Entente und durch die Förderung von Kontakten, die über das neutrale Ausland hergestellt wurden, die Friedensbereitschaft der Donaumonarchie deutlich zu machen.[25] Er konnte auch eine Zeitlang hoffen, daß die Gegner der Mittelmächte nicht die Zerstörung Österreich-Ungarns wollten. Denn zweifellos mußte man diesbezügliche Hoffnungen hegen können, da die USA, die sich seit dem April 1917 mit dem Deutschen Reich in Kriegszustand befanden, diesen Kriegszustand zunächst nicht auf die Habsburgermonarchie ausgeweitet hatten. Eine weitere Hoffnung gründete darin, daß es nach der russischen Februar- und nach der Oktoberrevolution 1917 zu einem Waffenstillstand und schließlich zu einem Frieden mit Rußland käme.[26] Dieser Friede wurde nicht zuletzt so gesehen, daß mit Hilfe der russischen Getreidevorräte das Überleben der Bevölkerung Österreich-Ungarns sichergestellt werden könnte.

Seit 1916 herrschte Hunger in Österreich und gab es Engpässe in so gut wie allen Lebensbereichen.[27] Die Arbeitskräfte waren genauso am Ende ihrer Leistungsfähigkeit wie die Soldaten. In den Industriebetrieben wurde bis zu 110 Stunden in der Woche gearbeitet, um den Bedarf der Fronten sicherzustellen. Das sogenannte „Hindenburgprogramm" sollte dazu dienen, die letzten Reserven an Arbeitskräften und Rohstoffen zu mobilisieren. Doch schließlich wurde nur der Bogen ein letztesmal überspannt. Daran änderte sich auch nichts, als es im Spätherbst 1917 zu einem schon für unmöglich gehaltenen militärischen Erfolg kam. Nach elf Abwehrschlachten gegen Italien im Gebiet des Isonzo suchten Österreich-Ungarn und Deutschland abermals in einer gemeinsamen Offensive den Italienern einen begrenzten Schlag zu versetzen. Doch die dabei erzielten lokalen Erfolge ließen sich so ausweiten, daß es zum Zusammenbruch der ganzen italienischen Front kam. Ein erheblicher Teil Oberitaliens konnte von den Armeen der Mittelmächte erobert und die Front bis an den Piave vorgeschoben werden. Dann freilich reichten die Kräfte nicht mehr aus, um Italien niederzuwerfen.

5. Der Krieg geht seinem Ende entgegen – die Monarchie löst sich auf

Deutschland war im Westen in schwerste Schlachten verwickelt. Die letzten Hoffnungen auf einen Sieg der Mittelmächte zerschlugen sich. Mitte Dezember erklärten die USA auch Österreich-Ungarn den Krieg, und im Jänner 1918 verkündete der amerikanische Präsident Wilson seine 14 Punkte, von denen nur wenige auf die Habsburgermonarchie Bezug nahmen. Doch aus ihnen konnte die Absicht zur Auflösung der Monarchie herausgelesen werden.

Die Situation des Landes war verzweifelt. Arbeiter und Soldaten, das Beispiel der russischen Revolution vor Augen, wollten schließlich zu Jahresbeginn 1918 deutlich machen, daß sie nicht mehr gesonnen waren, die Lasten des Krieges weiter zu tragen. Im Jänner und Februar kam es zu Streiks und militärischen Revolten.[28] Noch einmal gelang die Beruhigung bzw. die Niederschlagung der Aufstände. Andererseits fanden weder der Kaiser noch die Regierungen der beiden Reichshälften die Kraft und die Möglichkeit, diesen Krieg zu beenden.

Immer wieder klammerte man sich an die Hoffnung, daß der Krieg noch im letzten Moment eine Wendung nehmen würde. Der mit Rußland geschlossene Frieden von Brest-Litowsk war eine solche Hoffnung gewesen. Und bis zum Sommer 1918 ließ sich damit argumentieren, daß die Lage an den Fronten unvergleichlich besser war als die Lage im Inneren. Schließlich sollten letzte, entscheidende Offensiven geführt werden: Von Deutschland noch einmal nach Frankreich hinein und von Österreich-Ungarn über den Piave.[29]

Doch die Offensive im Juni 1918 scheiterte praktisch in den Anfängen. Aus diesem Scheitern heraus begann der Zusammenbruch der Donaumonarchie. Die Regierung übte zwar noch ihre Zentralgewalt aus und der Kaiser versuchte bis zuletzt, sich als Integrationsfaktor anzubieten. Aber alle Bemühungen konnten das Reich nicht mehr erhalten. Vom Balkan her näherten sich Entente- und neue serbische Truppen, und die italienischen Armeen begannen die österreichisch-ungarischen Fronten in das Gebirge zurückzudrängen.

Es war kein rascher Zusammenbruch, sondern ein Dahinsterben. Schließlich kündigte ein Volk nach dem anderen der Monarchie die Gefolgschaft und erklärte seine Eigenständigkeit.[30] Kaiser Karl versuchte zwar noch mit seinem Völkermanifest vom 16. Oktober 1918 deutlich zu machen, daß er gesonnen war, auch als Kaiser eines Staatenbundes von unabhängigen Staaten zu fungieren. Doch diese Kundgebung fand kein Echo mehr.[31]

Mit der Ausrufung von Nationalstaaten ging der endgültige Zusammenbruch der Fronten Hand in Hand. Es war auch dort eine Auflösung und nicht das Vernichten der altösterreichischen Armee in einer letzten Schlacht. Schließlich wurde um Waffenstillstand gebeten und dieser mit den Ententemächten in der Villa Giusti bei Padua verhandelt und abgeschlossen.[32] Durch ein Versagen des k. u. k. Armeeoberkommandos in diesen letzten Stunden des Kriegs kam es dazu, daß den österreichisch-ungarischen Truppen ein früheres Einstellen der Kämpfe befohlen wurde, als dies entsprechend den Waffenstillstandsbedingungen hätte erfolgen sollen. Damit kam es zur Gefangennahme von Hunderttausenden k. u. k. Soldaten durch Italien.

Der letzte Nationalstaat, der auf dem Boden der zerfallenen Monarchie am 12. November 1918 zu bestehen begann, war Deutschösterreich. Es begann seine Existenz aber nicht im Frieden, sondern nur in einem Nicht-Krieg, und es sah diese Existenz nicht als eine dauerhafte, sondern nur als eine Übergangslösung an. Als Kleinstaat von beschränkter Dauer.

6. Zur Historiographie

Der Blick in die „Welt von gestern" löste nach dem Ersten Weltkrieg nur zum Teil nostalgische Empfindungen aus. Verurteilung und Rechtfertigung dominierten und vor allem die Frage der Schuld. Roderich Gooß, Heinrich Kanner oder Edmund Glaise-Horstenau sind lediglich prototypisch zu nennen, wenn wir uns mit diesen ersten Versuchen der Verarbeitung des Krieges beschäftigen.[33] Eine Welt war versunken, jene von gestern. Da im Krieg aber bereits das andere, die Welt des Heute wurzelte, gerieten die Jahre von 1914 bis 1918 in eine Art zeitliches Niemandsland.

Es ist daher auch heute noch schwer, den Ersten Weltkrieg bei einer Periodisierung der neueren Zeit eindeutig zuzuordnen. Den Nostalgikern und jenen, die die Welt von Gestern als eine Art geballten Kulturspektakels sehen, scheint er lästig und irgendwie nicht dazu passend. Es ist so, als wollte man Gewalt und Untergang aus einer Geschichte der älteren Zeit extrapolieren. Aber auch bei einer zeitübergreifenden

Kulturgeschichte wie jener von William Johnston markiert der Untergang der Habsburgermonarchie lediglich das Ende der Leibnizschen Tradition, und im übrigen bedeutete er nur das Grab der Ringstraßengesellschaft. Ein selbstgeschaufeltes Grab noch dazu. Graf Leopold Berchtold, der am Tag der Absendung der Kriegserklärung an Serbien zigarettenrauchend vor dem „Sacher" steht, gilt Johnston als Bild der Epoche.[34] In der Ringstraßengesellschaft waren die eigentlichen Nihilisten zu finden, während jene, die von einem nichtpolitischen geistigen Ansatz ausgehend nach neuen Wegen suchten, zu „therapeutischen Nihilisten" erklärt werden, was auch immer darunter zu verstehen sein mag.

Für die Zeitgeschichte, die den Weltkrieg zunächst aus Periodisierungs- und Definitionsgründen für sich reklamierte, ist er dann doch nur von marginalem Interesse geworden, sieht man von den Epochenjahren 1917 und 1918 ab. Doch 1989 ging das Bedenken des Jahres 1914 durchaus nicht so weit, daß dabei mengenmäßig annähernd so viel produziert worden wäre wie zur 50. Wiederkehr des Beginns des deutsch-polnischen Krieges 1939. Bei dieser unterschiedlich starken Aktualisierung dürfte aber wohl auch die andere Dimension des Zweiten Krieges eine Rolle gespielt haben, die ihn als einen weltanschaulichen Krieg und als eine zumindest inhumanere Auseinandersetzung erscheinen ließ als jeden anderen Krieg und auch den Ersten Weltkrieg.

Wenn momentan die Erste Weltkriegsgeschichtsschreibung eine Chance erhält, dann deshalb, weil durch die Veränderungen in Ostmitteleuropa die Frage der Zeitrechnung aufgeworfen wurde und weil bei allen Versuchen zur Veränderung die alten Affinitäten eine beträchtliche Rolle zu spielen beginnen. Auch die alten Feindschaften. Damit werden die meisten europäischen Staaten fast automatisch zur Überprüfung ihres historischen Verhältnisses gezwungen. Forschung tut not!

Der Erste Weltkrieg ist bisweilen auch recht konturlos und scheint nur eine unendlich dichte Abfolge von Ereignissen zu sein, die sich aneinanderfügen, ohne wirklich Gestalt anzunehmen. Das ist in der Geschichte der Außenpolitik Österreich-Ungarns genauso der Fall wie in jener der Innenpolitik[35] und häufig auch in der Geschichte der militärischen Abläufe.[36] Die Außenpolitik scheint nach der Julikrise nur mehr als Funktion italienischer und rumänischer Forderungen auf und erhält erst mit der Sixtusaffäre[37] wieder Konturen. Nehmen wir aber doch auch die militärischen Ereignisse des Krieges her, etwa die 12 Isonzoschlachten, so entsteht genau das gleiche Bild konturlosen Verlaufens. Eine Schlacht reiht sich an die andere bis hin zu jener 12. Schlacht, die scheinbar die Wende brachte. Das Interesse und damit auch die Forschung konzentrieren sich jedoch auf die Frage des Kriegseintritts Italiens und anschließend auf Österreich-Ungarns letzte Offensive.[38] Nicht sehr viel anders ist es, wenn wir die Kriegsereignisse im Osten betrachten. Die Abfolge von Krasnik, Komarów und Limanowa fällt mit den Karpaten und Tarnów-Gorlice zusammen. 1. Schwarz-gelbe Offensive, 2. Karpatenwinter, Brussilowoffensive, 3. Karpatenwinter, Kerenski, Rumänien und vieles andere verschwimmen zu einem Geschichtsbrei. Und auch in diesem Fall tritt die Verdichtung erst in dem Augenblick ein, wo es um den Zerfall der Monarchie geht.

Nun könnte es für die Konturlosigkeit vor allem auch in der österreichischen Historiographie eine banale Erklärung geben: Wir haben zu den Räumen und Schauplätzen keinen Bezug mehr, wenn man nicht überhaupt in Rechnung stellt, daß das Provinzielle in der österreichischen Geschichts- und vor allem Zeitgeschichtsforschung ungeheuer überhand genommen hat. Zu dieser wissenschaftspolitischen Feststellung kommt eine zweite: Die Geschichte des größten Teils der Habsburgermonarchie fällt in den Zuständigkeitsbereich der Osteuropahistoriker. Es ist osteuropäische Geschichte – und damit ging und geht der Zusammenhang verloren. Ein weiteres wird als „selbstverschuldet“ einzustufen sein: Falschverstandener Pazifismus läßt die Beschäftigung mit dem Krieg als obsolet erscheinen.

Tendenzen und Schübe haben aber auch andere Ursachen. Während der Ersten Republik war die austrozentrische Geschichtsdarstellung noch eine fast abwegige Art des Zugangs zur Geschichte. Und Historiker wie Raimund Friedrich Kaindl oder Hans Pirchegger[39] fanden sich Ende der zwanziger Jahre mit dieser Art des Zugangs zur Geschichte in einem scharfen Gegensatz zu den allermeisten Historikern. Auch für Mathilde Uhlirz[40] war es nur denkbar, den Ersten Weltkrieg als ein gesamtdeutsches Drama zu beschreiben. Nach dem Zweiten Weltkrieg war die austrozentrische Sicht eine Selbstverständlichkeit, und alles andere rührte an die Frageverbote. Heute sind wir vielleicht noch ein Stück weiter, weil für bestimmte Zeiten und für bestimmte Probleme auch eine ganz bestimmte Begrifflichkeit gefordert wird, und es gilt zumindest als ungeschickt, wenn man Aussagen nicht gewissermaßen unter Anführungszeichen formuliert.

Vielleicht hat es nur eine noch nicht geläufige Semantik mit sich gebracht, daß im Zusammenhang mit dem Ersten Weltkrieg nie von Verdrängung gesprochen worden ist. Und doch hätten eigentlich die selben Verdrängungsmechanismen wirksam werden müssen wie nach dem Zweiten Weltkrieg. Oder war der Erste doch noch ein „gerechter Krieg“? Fragen über Fragen. Bei den Antworten aber stoßen wir an ungeheuer viele Barrieren. Dabei wäre es hoch an der Zeit, das Forschungsdefizit abzubauen. Denn wir werden erst dann unsere künftige Position in einem neuen Europa und unsere Funktion in Mitteleuropa definieren können, wenn wir unsere eigene historische Position neu definiert haben. Wenn wir genug „Trauerarbeit“ geleistet haben, wird die Geschichte wieder ihre Dimension erhalten. Und wir werden immer wieder auf den Ersten Weltkrieg zurückkommen. So wie Sigmund Freud.

Er wurde 1932 in einem Brief von Albert Einstein gefragt, ob es eingedenk des Großen Kriegs und einer ja friedlos gebliebenen Nachkriegszeit die Möglichkeiten gäbe, Friedfertigkeit durch psychologische und pädagogische Maßnahmen bewußt zu fördern.[41] Einstein wollte wissen, ob es eine Möglichkeit gebe, „die psychische Entwicklung des Menschen so zu leiten, daß sie den Psychosen des Hasses und des Vernichtens gegenüber widerstandsfähiger werde". Freud stellte zunächst die Gegenfrage, warum wir uns gegen den Krieg so empören. Er scheine doch, so Freud, „naturgemäß, biologisch wohlbegründet und praktisch kaum vermeidbar". Das schrieb derselbe Freud, der wenige Jahre zuvor die Wüstungen beklagt hatte, die der Krieg hinterlassen hatte, und die Vergänglichkeit. Offenbar hatte er vergessen, welche „Welt von Gestern" in ihm selbst im Ersten Weltkrieg zusammengebrochen war. Zumindest stellte er aber mittlerweile das Emotionale zurück und rückte dafür das Ontologische und die Trieblehre in den Vordergrund. Seine weiteren Überlegungen ließen für Hoffnung wenig Spielraum. Freud betonte, daß es seiner Ansicht nach sinnlos sei, die aggressiven Neigungen des Menschen abschaffen zu wollen. Sie seien in der Trieblehre begründet, und man könne nur versuchen, sie so weit abzulenken, daß sie nicht im Krieg ihren Ausdruck fänden. Freud meinte weiter, daß nicht viel dabei herauskomme, wenn man bei dringenden praktischen Aufgaben weltfremde Theoretiker zu Rate ziehe. Besser wäre es, der Gefahr mit jenen Mitteln zu begegnen, die zur Hand seien. Trotz seiner pessimistischen Ausführungen bezeichnete sich Freud aber als einen Pazifisten und ließ schließlich nur einen kleinen Ausweg offen: Alles, was die Kulturentwicklung fördert, arbeite auch gegen den Krieg. Damit hatte er Einstein indirekt bestätigt, daß dem Faktor Erziehung, der ja in das Triebhafte wie in die kulturelle Entwicklung wie nichts anderes eingreift, in der Frage Krieg und Frieden eine eminente Bedeutung zukommt. Was bei Freud verschwiegen wird, ist der Zeitraum, in dem eine solche Entwicklung abläuft. Sind es Jahre oder Jahrtausende, die dazu nötig sind? Wir wissen es nicht. Sieben Jahre nach diesem Briefwechsel war der Krieg als ein europäischer und dann als Weltkrieg wieder da.

1 Sigmund Freud, Vergänglichkeit, in: Gesammelte Werke 10, London 1946, S. 358 ff.

2 Dazu Richard G. Plaschka/Horst Haselsteiner/Arnold Suppan, Innere Front. Militärassistenz, Widerstand und Umsturz in der Donaumonarchie 1918, 2 Bde, Wien – München 1974, sowie Die Auflösung des Habsburgerreiches. Zusammenbruch und Neuorientierung im Donauraum, hrsg. v. Richard Georg Plaschka und Karl Heinz Mack, Wien 1970.

3 Diese primär in der Zwischenkriegszeit dominierende Auffassung wurde durch die Arbeiten Fritz Fischers, vor allem: Griff nach der Weltmacht. Die Kriegszielpolitik des kaiserlichen Deutschland, Düsseldorf 1967[3], insoferne modifiziert, als auf die Verantwortung Deutschlands überdeutlich hingewiesen wurde. Als Begründer einer österreichischen „revisionistischen" Schule kann Fritz Fellner bezeichnet werden, dessen Arbeit über die Mission Hoyos' zu den wichtigsten Forschungsergebnissen zur sogenannten Julikrise zählt. Enthalten in: Recueil des travaux aux Assises scientifiques internationales. Les Grandes Puissances et la Serbie à la Veille de la Première Guerre Mondiale ... Académie Serbe, Classe des sciences historiques 1, Béograd 1976, S. 387–419. Als neuere Dokumentenedition können die Bände Julikrise und Kriegsausbruch 1914, bearb. und eingel. von Imanuel Geiss, 2 Bde, Hannover 1963 und 1964, herangezogen werden.

4 Dazu als wichtigste Aktenpublikationen: Österreich-Ungarns Außenpolitik von der bosnischen Krise 1908 bis zum Kriegsausbruch 1914. Diplomatische Aktenstücke des österreichisch-ungarischen Ministeriums des Äußern, hrsg. v. Ludwig Bittner und Hans Uebersberger, 8 Bde, hier bes. Bd. 8, Wien 1930, und Protokolle des Gemeinsamen Ministerrates der Österreichisch-Ungarischen Monarchie (1914–1918), eingel. und zus.-gest. v. Miklós Komjáthy (Publikationen des Ungarischen Staatsarchivs II), Budapest 1966.

5 Fritz Fellner, Der Dreibund. Europäische Diplomatie vor dem I. Weltkrieg (Österreich Archiv), Wien 1960[2].

6 Dazu Jehuda Wallach, Das Dogma der Vernichtungsschlacht. Die Lehren von Clausewitz und Schlieffen und ihre Wirkungen in zwei Weltkriegen, München 1970[2]. Über die Generalstabsabsprachen u. a. Hans Jürgen Pantenius, Der Angriffsgedanke gegen Italien bei Conrad von Hötzendorf. Ein Beitrag zur Koalitionskriegsführung im Ersten Weltkrieg (Böhlaus Zeitgeschichtliche Bibliothek 15/I und II), Köln – Wien 1984.

7 Zum sogenannten Gefecht von Temes Kubin vgl. Manfried Rauchensteiner, Temes Kubin oder Wie entfesselt man einen Weltkrieg? in: *Die Presse*, 22./23. 7. 1989.

8 Die wohl interessanteste Arbeit zu diesem Phänomen ist Roland Stromberg, Redemption by War: The Intellectuals and 1914, Lawrence, Kansas 1982. Gegensätzlich dazu der Band Kriegsbegeisterung und mentale Kriegsvorbereitung. Interdisziplinäre Studien, hrsg. v. Marcel van der Linden und Gottfried Mergner (Beiträge zur politischen Wissenschaft 61), Berlin 1991.

9 Die Rolle der österreichischen Historiker in diesem Prozeß bei Günther Ramhardter, Geschichtswissenschaft und Patriotismus. Österreichische Historiker im Weltkrieg 1914–1918 (Österreich Archiv), Wien 1973.

10 Zit. n. Franz Herre, Kaiser Franz Joseph von Österreich. Sein Leben, seine Zeit, Köln 1978, S. 452.

11 Zu den militärischen Abläufen informiert umfassendst das großangelegte Werk Österreich-Ungarns letzter Krieg, 7 Text- und 7 Kartenbände, Wien 1930–1938. Allerdings werden entscheidende Fragen des Zusammenwirkens von Politik und Kriegführung sowie Probleme des Führungsverhaltens und der Menschenführung nicht behandelt und unter ungeheuer vielen Details zugedeckt. Ein knapper Überblick der militärischen Ereignisse in Anton Wagner, Der Erste Weltkrieg (Truppendienst Taschenbücher 7), Wien 1981[2].

12 Eine weit über das eigentliche Thema der Arbeit hinausgehende Darstellung der Ereignisse auf dem russischen Kriegsschauplatz findet sich bei Rudolf Jerábek, Die Brussilowoffensive 1916. Ein Wendepunkt der Koalitionskriegführung der Mittelmächte, phil. Diss. Wien 1983. Zu der gerade auch für den russischen Kriegsschauplatz eminenten Frage des Bündnisses mit Deutschland vgl. Heinz Kraft, Staatsraison und Kriegführung im kaiserlichen Deutschland 1914–1916. Der Gegensatz zwischen dem Generalstabschef von Falkenhayn und dem Oberbefehlshaber Ost im Rahmen des Bündniskrieges der Mittelmächte, Göttingen 1980, und das ältere Werk von Karl-Heinz Janßen, Der Kanzler und der General. Die Führungskrise um Bethmann-Hollweg und Falkenhayn 1914–1916, Göttingen 1967.

13 Zu Italien die einleitenden Kapitel bei Hans Jürgen Pantenius, Der Angriffsgedanke, gegen Italien bei Conrad von Hötzendorf (Böhlau Dissertationen zur neueren Geschichte 15/I und II), Köln – Wien 1984, hier bes. I, S. 54–523.

14 Dazu das Protokoll des Gemeinsamen Ministerrats vom 8. März 1915, in: Protokolle des Gemeinsamen Ministerrates der Österreichisch-Ungarischen Monarchie (1914–1918), hrsg. Miklós Komjáthy (Publikationen des Ungarischen Staatsarchivs II), Budapest 1966, S. 215–233.

15 Die diesbezügliche Diskussion bei Gustav Gratz und Richard Schüller, Die äußere Wirtschaftspolitik Österreich-Ungarns. Mitteleuropäische Pläne (Carnegie Stiftung für internationalen Frieden. Wirtschafts- und Sozialgeschichte des Weltkrieges, österreichische und ungarische Serie), Wien – New Haven 1925, und vor allem auch wegen seiner weiterführenden Literatur wichtig Ramhardter, Geschichtswissenschaft und Patriotismus.

16 Zur polnischen Frage, einer der zentralen Fragen des Kriegs, Heinz Lemke, Allianz und Rivalität. Die Mittelmächte und Polen im Ersten Weltkrieg (bis zur Februarrevolution), Wien – Köln – Graz 1977.

17 Zur Rolle des k. u. k. Armeeoberkommandos in diesem Zusammenhang vgl. Christoph Führ, Das k. u. k. Armeeoberkommando und die Innenpolitik in Österreich 1914–1917 (Studien zur Geschichte der österreichisch-ungarischen Monarchie 3), Graz – Wien – Köln 1968.

18 Dazu die Arbeiten von Janßen, Der Kanzler und der General, und Kraft, Staatsraison und Kriegführung. Ferner Holger Afflerbach, Falkenhayn. Politisches Denken und Handeln im Kaiserreich (Beiträge zur Militärgeschichte 42), München 1994, hier bes. S. 336–351.

19 Außer der erwähnten Arbeit von Pantenius, Angriffsgedanke, auch Gerhard Artl, Die österreichisch-ungarische Südtiroloffensive 1916 (Militär-

geschichtliche Dissertationen österreichischer Universitäten 3), Wien 1983.

20 Als erstes Ergebnis dieser Neuverteilung von Kraft und Macht wurde die „Hindenburgfront“ geschaffen.

21 Zusammenfassend Peter Broucek, Die deutschen Bemühungen um eine Militärkonvention mit Österreich-Ungarn (1915–1918), in: *Mitteilungen des Instituts für Österreichische Geschichtsforschung* 87, Wien 1979, S. 440–470.

22 Zur Nationalitätenfrage während des Ersten Weltkriegs außer dem großangelegten Werk von Robert A. Kann, Das Nationalitätenproblem in der Habsburgermonarchie, 2 Bde, hier vor allem Bd. 2, Graz – Köln 1964[2]; Zbynek A. Zeman, Der Zusammenbruch des Habsburgerreiches 1914–1918, Wien 1963.

23 Dazu die knappe Darstellung von Rudolf G. Ardelt, Der Prozeß gegen Friedrich Adler, in: Sozialistenprozesse. Politische Justiz in Österreich 1870–1936, hrsg. v. Karl Rudolf Stadler, Wien – München – Zürich 1986.

24 Eine wirklich befriedigende Biographie des letzten österreichischen Kaisers ist noch immer ausständig. Am ausgewogensten Reinhold Lorenz, Kaiser Karl und der Untergang der Donaumonarchie, Graz 1959. Wegen der zahlreichen bibliographischen Hinweise auch zu dieser Frage Wolfdieter Bihl, Der Weg zum Zusammenbruch. Österreich-Ungarn unter Kaiser Karl I. (IV.), in: Österreich 1918–1938, hrsg. v. Erika Weinzierl und Kurt Skalnik, Bd. 1, Graz – Wien – Köln 1983, S. 27–54, hier vor allem Anm. 7.

25 Dazu das leider Torso gebliebene Werk von Wolfgang Steglich, Die Friedenspolitik der Mittelmächte 1917/18, Bd. 1, Wiesbaden 1964. Zu einzelnen Fragen vor allem Robert A. Kann, Die Sixtusaffaire und die geheimen Friedensverhandlungen Österreich-Ungarns im Ersten Weltkrieg (Österreich Archiv), Wien 1966; Heinrich Benedikt, Die Friedensaktion der Meinl-Gruppe 1917/18 (Veröffentlichungen der Kommission für neuere Geschichte Österreichs 48), Graz – Wien – Köln 1962, und Friedrich Engel-Janosi, Die Friedensbemühungen Kaiser Karls mit besonderer Berücksichtigung der Besprechungen des Grafen Revertera mit Comte Armand, in: XII Congrès International des Sciences Historiques, Rapports 4, Horn 1965, S. 279–296.

26 Wolfdieter Bihl, Österreich-Ungarn und die Friedensschlüsse von Brest-Litowsk (Studien zur Geschichte der österreichisch-ungarischen Monarchie 8), Wien – Köln – Graz 1970.

27 Als älteres Werk noch immer heranzuziehen: Richard Riedl, Die Regelung der Industrie im Kriege (Carnegie Stiftung, Wirtschafts- und Sozialgeschichte des Krieges, österreichische und ungarische Serie), Wien – New Haven 1928, und Hans Löwenfeld-Ruß, Die Regelung der Volksernährung im Kriege (Carnegie Stiftung), Wien – New Haven 1926. Ein wichtiger Bereich bei Robert J. Wegs, Die österreichische Kriegswirtschaft 1914–1918, Wien 1979. Zur Situation der Arbeiter Margarete Grandner, Kooperative Gewerkschaftspolitik in der Kriegswirtschaft. Die Freien Gewerkschaften Österreichs im Ersten Weltkrieg (Veröffentlichungen der Kommission für neuere Geschichte Österreichs 82), Wien – Köln – Weimar 1992.

28 Außer dem zweibändigen Werk von Plaschka/Suppan/Haselsteiner, Inne-

re Front, noch Richard G. Plaschka, Cattaro – Prag. Revolte und Revolution (Veröffentlichungen der Arbeitsgemeinschaft Ost 3), Graz – Köln 1963, und vom selben Autor: Matrosen, Offiziere, Rebellen. Krisenkonfrontation zur See 1900–1918 (Veröffentlichungen des österreichischen Ost- und Südosteuropa Instituts 12/13), Wien – Köln – Graz 1984.

29 Zu dieser Offensive Peter Fiala, Die letzte Offensive Altösterreichs. Führungsprobleme und Führungsverantwortlichkeit bei der österreichisch-ungarischen Offensive in Venetien, Juni 1918, Boppard a. Rhein 1967, und Hank Ronald Wayne, The End of an Institution. The Austro-Hungarian Army in Italy 1918, phil. Thesis. Houston 1977.

30 Vgl. Die Auflösung des Habsburgerreiches. Zur Außenpolitik Stephan Graf Buriáns, Drei Jahre aus der Zeit meiner Amtsführung im Kriege, Berlin 1923; Zum militärischen Zusammenbruch außer den bereits genannten Werken, Edmund Glaise-Horstenau, Die Katastrophe. Die Zertrümmerung Österreich-Ungarns und das Werden der Nachfolgestaaten, Zürich – Leipzig – Wien 1929; dazu auch: Ein General im Zwielicht. Die Erinnerungen Edmund Glaises von Horstenau, hrsg. v. Peter Broucek, Bd. 1 (Veröffentlichungen der Kommission für neuere Geschichte Österreichs 67), Wien – Köln – Graz 1980. Zum inneren Zerfall, Zeman, Zusammenbruch, und Helmut Rumpler, Max Hussarek. Nationalitäten und Nationalitätenpolitik in Österreich im Sommer des Jahres 1918, Köln 1965.

31 Helmut Rumpler, Das Völkermanifest Kaiser Karls vom 16. 10. 1918. Letzter Versuch zur Rettung des Habsburgerreiches (Österreich Archiv), Wien 1966.

32 Bruno Wagner, Der Waffenstillstand von Villa Giusti 3. November 1918, phil. Diss. Wien 1970.

33 Roderich Gooß, Das Wiener Kabinett und die Entstehung des Weltkrieges. Mit Ermächtigung des Leiters des Deutschösterreichischen Staatsamtes für Äußeres auf Grund aktenmäßiger Forschungen dargestellt, Wien 1919; Heinrich Kanner, Der Schlüssel zur Kriegsschuldfrage. Ein verheimlichtes Kapitel der Vorgeschichte, München 1926; Glaise-Horstenau, Die Katastrophe.

34 William Johnston, Österreichische Kultur- und Geistesgeschichte. Gesellschaft und Ideen im Donauraum 1848 bis 1938, Wien 1972, S. 58.

35 Weder zum einen noch zum anderen gibt es außer den bereits genannten Werken, die jedoch nur Dokumentationen sind oder Einzelaspekte behandeln, eine umfassende und historisch-kritische Darstellung. Zumindest einige Bereiche sind in den älteren von der Carnegie Stiftung herausgegebenen Werken dargestellt. Hier vor allem Josef Redlich, Österreichische Regierung und Verwaltung im Weltkrieg (Carnegie Stiftung, österreichische und ungarische Serie), Wien – New Haven 1925, und Gustav Gratz/Richard Schüller, Die äußere Wirtschaftspolitik Österreich-Ungarns.

36 Auf die Problematik des monumentalen Werkes Österreich-Ungarns letzter Krieg wurde bereits in Anm. 11 hingewiesen.

37 Vgl. Manfried Rauchensteiner, „Ich habe erfahren, daß mein Kaiser lügt.“ Die „Sixtus-Affäre“ 1917/18, in: Michael Gehler/Hubert Sickinger (Hrsg.), Politische Affären und Skandale in Österreich. Von Mayerling bis Waldheim, Thaur – Wien – München 1995, 1996^2, S. 148–169.

38 Vgl. dazu die in Anm. 29 genannten Arbeiten.
39 Raimund Friedrich Kaindl/Hans Pirchegger, Geschichte und Kulturleben Deutschösterreichs, 3 Bde, Wien 1929–1937, hier vor allem Bd. 3.
40 Handbuch der Geschichte Österreichs und seiner Nachbarländer Böhmen und Ungarn, Bd. 3: Weltkrieg 1914–1918, Graz – Leipzig – Wien 1940.
41 Der Briefwechsel Einstein – Freud in: Albert Einstein, Über den Frieden. Weltordnung oder Weltuntergang, Bern 1975, S. 204–219.

Dokument 1

Graf Berchtold an Freiherrn von Giesl in Belgrad

Wien, am 22. Juli 1914

Euer Hochwohlgeboren wollen die nachfolgende Note am Donnerstag, den 23. Juli nachmittags, der königlichen Regierung überreichen:

> „Am 31. März 1909 hat der kön. serbische Gesandte am Wiener Hofe im Auftrage seiner Regierung der k. und. k. Regierung folgende Erklärung abgegeben:
>
> „Serbien anerkennt, daß es durch die in Bosnien geschaffene Tatsache in seinen Rechten nicht berührt wurde, und daß es sich demgemäß den Entschließungen anpassen wird, welche die Mächte in Bezug auf den Artikel 25 des Berliner Vertrages treffen werden. Indem Serbien den Ratschlägen der Großmächte Folge leistet, verpflichtet es sich, die Haltung des Protestes und des Widerstandes, die es hinsichtlich der Annexion seit dem vergangenen Oktober eingenommen hat, aufzugeben, und es verpflichtet sich ferner, die Richtung seiner gegenwärtigen Politik gegenüber Österreich-Ungarn zu ändern und künftighin mit diesem letzteren auf dem Fuße freundnachbarlicher Beziehungen zu leben."

Die Geschichte der letzten Jahre nun und insbesondere die schmerzlichen Ereignisse des 28. Juni haben das Vorhandensein einer subversiven Bewegung in Serbien erwiesen, deren Ziel es ist, von der österreichisch-ungarischen Monarchie gewisse Teile ihres Gebietes loszutrennen. Diese Bewegung, die unter den Augen der serbischen Regierung entstand, hat in der Folge jenseits des Gebietes des Königreiches durch Akte des Terrorismus, durch eine Reihe von Attentaten und durch Morde Ausdruck gefunden.

Weit entfernt, die in der Erklärung vom 31. März 1909 enthaltenen formellen Verpflichtungen zu erfüllen, hat die königlich serbische Regierung nichts getan, um diese Bewegung zu unterdrücken. Sie duldete das verbrecherische Treiben der verschiedenen, gegen die Monarchie gerichteten Vereine und Vereinigungen, die zügellose Sprache der Presse, die Verherrlichung der Urheber von Attentaten, die Teilnahme von Offizieren und Beamten an subversiven Umtrieben, sie duldete eine ungesunde Propaganda im öffentlichen Unterricht und duldete schließlich alle Manifestationen, welche die serbische Bevölkerung zum Hasse gegen die Monarchie und zur Verachtung ihrer Einrichtungen verleiten konnten.

Diese Duldung, der sich die königlich serbische Regierung schuldig machte, hat noch in jenem Moment angedauert, in dem die Ereignisse des 28. Juni der ganzen Welt die grauenhaften Folgen solcher Duldung zeigten.

Es erhellt aus den Aussagen und Geständnissen der verbrecherischen Urheber des Attentates vom 28. Juni, daß der Mord von Sarajevo in Belgrad ausgeheckt wurde, daß die Mörder die Waffen und Bomben, mit denen sie ausgestattet waren, von serbischen Offizieren und Beamten erhielten, die der „Narodna Odbrana" angehörten, und daß schließlich die Beförderung der Verbrecher und deren Waffen nach Bosnien von leitenden serbischen Grenzorganen veranstaltet und durchgeführt wurde.

Die angeführten Ergebnisse der Untersuchung gestatten es der k. und k. Regierung nicht, noch länger die Haltung zuwartenden Langmuts zu beobachten, die sie durch Jahre jenen Treibereien gegenüber eingenommen hatte, die ihren Mittelpunkt in Belgrad haben und von da auf die Gebiete der Monarchie übertragen werden. Diese Ergebnisse legen der k. und k. Regierung vielmehr die Pflicht auf, Umtrieben ein Ende zu bereiten, die eine ständige Bedrohung für die Ruhe der Monarchie bilden.

Um diesen Zweck zu erreichen, sieht sich die k. und k. Regierung gezwungen, von der serbischen Regierung eine offizielle Versicherung zu verlangen, daß sie die gegen Österreich-Ungarn gerichtete Propaganda verurteilt, das heißt die Gesamtheit der Bestrebungen, deren Endziel es ist, von der Monarchie Gebiete loszulösen, die ihr angehören, und daß sie sich verpflichtet, diese verbrecherische und terroristische Propaganda mit allen Mitteln zu unterdrücken.

Um diesen Verpflichtungen einen feierlichen Charakter zu geben, wird die königlich serbische Regierung auf der ersten Seite ihres offiziellen Organs vom 26./13. Juli nachfolgende Erklärung veröffentlichen:

> „Die königlich serbische Regierung verurteilt die gegen Österreich-Ungarn gerichtete Propaganda, das heißt die Gesamtheit jener Bestrebungen, deren letztes Ziel es ist, von der österreichisch-ungarischen Monarchie loszutrennen, die ihr angehören, und sie bedauert aufrichtigst die grauenhaften Folgen dieser verbrecherischen Handlungen. Die königlich serbische Regierung bedauert, daß serbische Offiziere und Beamte an der vorgenannten Propaganda teilgenommen und damit die freundnachbarlichen Beziehungen gefährdet

> haben, die zu pflegen sich die königliche Regierung durch ihre Erklärung vom 31. März 1909 feierlichst verpflichtet hatte.
> Die königliche Regierung, die jeden Gedanken oder jeden Versuch einer Einmischung in die Geschicke der Bewohner was immer für eines Teiles Österreich-Ungarns mißbilligt und zurückweist, erachtet es für ihre Pflicht, die Offiziere, Beamten und die gesamte Bevölkerung des Königreiches ganz ausdrücklich darauf aufmerksam zu machen, daß sie künftighin mit äußerster Strenge gegen jene Personen vorgehen wird, die sich derartiger Handlungen schuldig machen sollten, Handlungen, denen vorzubeugen und die zu unterdrücken sie alle Anstrengungen machen wird."

Diese Erklärung wird gleichzeitig zur Kenntnis der königlichen Armee durch einen Tagesbefehl Sr. Majestät des Königs gebracht und in dem offiziellen Organe der Armee veröffentlicht werden.

Die königlich serbische Regierung verpflichtet sich überdies:

1. Jede Publikation zu unterdrücken, die zum Haß und zur Verachtung der Monarchie aufreizt und deren allgemeine Tendenz gegen die territoriale Integrität der letzteren gerichtet ist,
2. sofort mit der Auflösung des Vereines „Narodna Odbrana" vorzugehen, dessen gesamte Propagandamittel zu konfiszieren und in der selben Weise gegen die anderen Vereine und Vereinigungen in Serbien einzuschreiten, die sich mit der Propaganda gegen Österreich-Ungarn beschäftigen; die königliche Regierung wird die nötigen Maßregeln treffen, damit die aufgelösten Vereine nicht etwa ihre Tätigkeit unter anderem Namen oder in anderer Form fortsetzen,
3. ohne Verzug aus dem öffentlichen Unterricht in Serbien, sowohl was den Lehrkörper als auch die Lehrmittel betrifft, alles zu beseitigen, was dazu dient oder dienen könnte, die Propaganda gegen Österreich-Ungarn zu nähren,
4. aus dem Militärdienst und der Verwaltung im allgemeinen alle Offiziere und Beamten zu entfernen, die der Propaganda gegen Österreich-Ungarn schuldig sind und deren Namen unter Mitteilung des gegen sie vorliegenden Materials der königlichen Regierung bekanntzugeben sich die k. und k. Regierung vorbehält,
5. einzuwilligen, daß in Serbien Organe der k. und k. Regierung bei der Unterdrückung der gegen die territoriale Integrität der Monarchie gerichteten subversiven Bewegung mitwirken,

6. eine gerichtliche Untersuchung gegen jene Teilnehmer des Komplotts vom 28. Juni einzuleiten, die sich auf serbischem Territorium befinden; von der k. und k. Regierung hiezu delegierte Organe werden an den bezüglichen Erhebungen teilnehmen,
7. mit aller Beschleunigung die Verhaftung des Majors Voija Tankosic und eines gewissen Milan Ciganovic, serbischen Staatsbeamten, vorzunehmen, welche durch die Ergebnisse der Untersuchung kompromittiert sind,
8. durch wirksame Maßnahmen die Teilnahme der serbischen Behörden an dem Einschmuggeln von Waffen und Explosivkörpern über die Grenze zu verhindern; jene Organe des Grenzdienstes von Schabatz und Loznica, die den Urhebern des Verbrechens von Sarajevo bei dem Übertritt über die Grenze behilflich waren, aus dem Dienste zu entlassen und strenge zu bestrafen,
9. der k. und k. Regierung Aufklärung zu geben über die nicht zu rechtfertigenden Äußerungen hoher serbischer Funktionäre in Serbien und im Auslande, die, ihrer offiziellen Stellung ungeachtet, nicht gezögert haben, sich nach dem Attentat vom 28. Juni in Interviews in feindlicher Weise gegen Österreich-Ungarn auszusprechen,
10. die k. und k. Regierung ohne Verzug von der Durchführung der in den vorigen Punkten zusammengefaßten Maßnahmen zu verständigen.

Die k. und k. Regierung erwartet die Antwort der königlichen Regierung spätestens bis Samstag, den 25. d. M. um 6 Uhr nachmittags.

Österreichisch-ungarisches Rotbuch. Diplomatische Aktenstücke zur Vorgeschichte des Krieges 1914. Volksausgabe, Wien 1915, S. 15–18.

Dokument 2

Mantelnote und kaiserliche Genehmigung der österreichisch-ungarischen Kriegserklärung an Serbien, vom 27. und 28. Juli 1914

Vortrag an den Kaiser, 27. Juli 1914.

Ich nehme mir die ehrerbietigste Freiheit, Euer Majestät in der Anlage den Entwurf eines Telegrammes an das serbische Ministerium des Äußern zu unterbreiten, welches die Kriegserklärung an Serbien enthält und erlaube mir alleruntertänigst anzuregen, Euer Majestät wollen geruhen mich zu ermächtigen, dieses Telegramm morgen Früh abzusenden und die amtliche Verlautbarung der Kriegserklärung in Wien und Budapest gleichzeitig zu veranlassen. Mit Rücksicht auf die dem k. und k. Gesandten Baron Giesl am 25. d. M. durch Herrn Pašić übergebene, sehr geschickt verfasste Antwortnote der serbischen Regierung, welche inhaltlich zwar ganz wertlos, der Form nach aber entgegenkommend ist, halte ich für nicht ausgeschlossen, daß die Tripelententemächte noch einen Versuch machen könnten, eine friedliche Beilegung des Konfliktes zu erreichen, wenn nicht durch die Kriegserklärung eine klare Situation geschaffen wird. Einer Meldung des 4. Korpskommandos zufolge haben serbische Truppen von Donaudampfern bei Temes-Kubin gestern unsere Truppen beschossen und es entwickelte sich auf die Erwiderung des Feuers hin ein größeres Geplänkel. Die Feindseligkeiten sind hiemit tatsächlich eröffnet worden und es erscheint daher umsomehr geboten, der Armee in völkerrechtlicher Hinsicht jene Bewegungsfreiheit zu sichern, welche sie nur bei Eintritt des Kriegszustandes besitzt. Die Notifikation des Kriegszustandes an die neutralen Mächte würde, vorbehaltlich der Allerhöchsten Genehmigung Euer Majestät, gleichzeitig mit der Kriegserklärung an deren hiesige Vertreter abgesendet werden. Ich erlaube mir zu erwähnen, daß Seine k. u. k. Hoheit der Oberkommandant der Balkanstreitkräfte, Erzherzog Friedrich, sowie der Chef des Generalstabes gegen die Absendung der Kriegserklärung morgen Vormittag nichts einzuwenden hätten.

Auf der Ausfertigung: Ich genehmige den beiliegenden Entwurf eines Telegrammes an das serbische Ministerium des Äußern, welches die Kriegserklärung an Serbien enthält, und erteile Ihnen die erbetene Ermächtigung. Bad Ischl, am 28. Juli 1914.

Franz Joseph

Österreich-Ungarns Außenpolitik von der bosnischen Krise 1908 bis zum Kriegsausbruch 1914, Bd. 8, Wien – Leipzig 1930, S. 811, Dokument Nr. 10855.

Dokument 3

An meine Völker!

Es war Mein sehnlichster Wunsch, die Jahre, die Mir durch Gottes Gnade noch beschieden sind, Werken des Friedens zu weihen und Meine Völker vor den schweren Opfern und Lasten des Krieges zu bewahren.

Im Rate der Vorsehung ward anders beschlossen.

Die Umtriebe eines haßerfüllten Gegners zwingen mich, zur Wahrung der Ehre Meiner Monarchie, zum Schutze ihres Ansehens und ihrer Machtstellung zur Sicherung ihres Berufstandes nach langen Jahren des Friedens zum Schwerte zu greifen.

Mit rasch vergessendem Undank hat das Königreich Serbien, das von den ersten Anfängen seiner staatlichen Selbständigkeit bis in die neueste Zeit von Meinen Vorfahren und Mir gestützt und gefördert worden war, schon vor Jahren den Weg offener Feindseligkeiten gegen Österreich-Ungarn betreten.

Als Ich nach drei Jahrzehnten segensvoller Friedensarbeit in Bosnien und der Hercegovina Meine Herrscherrechte auf diese Länder erstreckte, hat diese Meine Verfügung im Königreiche Serbien, dessen Rechte in keiner Weise verletzt wurden, Ausbrüche zügelloser Leidenschaft und erbitterten Hasses hervorgerufen. Meine Regierung hat damals von dem schönen Vorrechte des Stärkeren Gebrauch gemacht und in äußerster Nachsicht und Milde von Serbien nur die Herabsetzung seines Heeres auf den Friedenstand und das Versprechen verlangt, in Hinkunft die Bahn des Friedens und der Freundschaft zu gehen.

Von demselben Geiste der Mäßigung geleitet, hat sich Meine Regierung, als Serbien vor zwei Jahren im Kampfe mit dem türkischen Reiche begriffen war, auf die Wahrung der wichtigsten Lebensbedingungen der Monarchie beschränkt. Diese Haltung hatte Serbien in erster Linie die Erreichung des Kriegszweckes zu verdanken.

Die Hoffnung, daß das serbische Königreich die Langmut und Friedensliebe Meiner Regierung würdigen und sein Wort einlösen werde, hat sich nicht erfüllt.

Immer höher lodert der Haß gegen Mich und Mein Haus empor, immer unverhüllter tritt das Streben zutage, untrennbare Gebiete Österreich-Ungarns gewaltsam loszureißen.

Ein verbrecherisches Treiben greift über die Grenze, um im Südosten der Monarchie die Grundlagen staatlicher Ordnung zu untergraben, das Volk, dem Ich in landesväterlicher Liebe Meine volle Fürsorge zuwende, in seiner Treue zum Herrscherhaus und zum Vaterlande wankend zu machen, die heranwachsende Jugend irrezuleiten und zu frevelhaften Taten des Wahnwitzes und des Hochverrates aufzureizen. Eine Reihe von Mordanschlägen, eine planmäßig vorbereitete und durchgeführte Verschwörung, deren furchtbares Gelingen Mich und Meine treuen Völker ins Herz getroffen hat, bildet die weithin sichtbare blutige Spur jener geheimen Machenschaften, die von Serbien aus ins Werk gesetzt und geleitet wurden.

Diesem unerträglichen Treiben muß Einhalt geboten, den unaufhörlichen Herausforderungen Serbiens ein Ende bereitet werden, soll die Ehre und Würde Meiner Monarchie unverletzt erhalten und ihre staatliche, wirtschaftliche und militärische Entwicklung vor beständigen Erschütterungen bewahrt bleiben.

Vergebens hat Meine Regierung noch einen letzten Versuch unternommen, dieses Ziel mit friedlichen Mitteln zu erreichen, Serbien durch eine ernste Mahnung zur Umkehr zu bewegen.

Serbien hat die maßvollen und gerechten Forderungen Meiner Regierung zurückgewiesen und es abgelehnt, jenen Pflichten nachzukommen, deren Erfüllung im Leben der Völker und Staaten die natürliche und notwendige Grundlage des Friedens bildet.

So muß Ich denn daran schreiten, mit Waffengewalt die unterläßlichen Bürgschaften zu schaffen, die Meinen Staaten die Ruhe im Inneren und den dauernden Frieden nach außen sichern sollen.

In dieser ernsten Stunde bin Ich Mir der ganzen Tragweite Meines Entschlusses und Meiner Verantwortung vor dem Allmächtigen voll bewußt.

Ich habe alles geprüft und erwogen.

Mit ruhigem Gewissen betrete ich den Weg, den die Pflicht Mir weist.

Ich vertraue auf meine Völker, die sich in allen Stürmen stets in Einigkeit und Treue um Meinen Thron geschart haben und für die Ehre, Größe und Macht des Vaterlandes zu schwersten Opfern immer bereit waren.

Ich vertraue auf Österreich-Ungarns tapfere und von hingebungsvoller Begeisterung erfüllte Wehrmacht.

Und ich vertraue auf den Allmächtigen, daß er Meinen Waffen den Sieg verleihen werde.

Franz Joseph m. p.

Abschrift des Plakats der österreichisch-ungarischen Kriegserklärung an Serbien. (Die auf dem Plakat aufscheinenden Vermerke der kaiserlichen Genehmigung vom 28. Juli 1914 sowie andere Kanzleivermerke wurden nicht übernommen.)

Literatur

Albertini, Luigi, The Origins of the War of 1914, 3 vol., London – New York – Toronto 1957.

Ara, Angelo, L'Austria-Ungheria nella politica americana durante la prima guerra mondiale, Roma 1973.

Gálantai, Jószef, Die österreichisch-ungarische Monarchie und der Weltkrieg, Budapest 1979.

Gonda, Imre, Verfall der Kaiserreiche in Mitteleuropa. Der Zweibund in den letzten Kriegsjahren (1916–1918), Budapest 1977.

Mamatey, Victor S., The United States and East Central Europe 1914–1918. A Study in Wilsonian Diplomacy and Propaganda, Princeton – New Jersey 1957.

May, Arthur J., The Passing of the Habsburg Monarchy, 2 Bde, Philadelphia 1966.

Ostler, Jürgen, Soldatenspielerei? Vormilitärische Ausbildung bei Jugendlichen in der österreichischen Reichshälfte der Donaumonarchie 1914–1918 (als Manuskript gedruckt: Militärhistorischer Dienst Wien, Sonderreihe Bd. 1), Wien 1991.

Rauchensteiner, Manfried, Der Tod des Doppeladlers. Österreich-Ungarn und der Erste Weltkrieg, Graz – Wien – Köln 1993.

Schicksalsjahre Österreichs 1908–1919. Das politische Tagebuch Josef Redlichs, hrsg. v. Fritz Fellner, 2 Bde (Veröffentlichung der Kommission für neuere Geschichte Österreichs 39 und 40), Graz – Köln 1953 und 1954.

Shanafelt, Gary W., The Secret Enemy: Austro-Hungary and the German Alliance 1914–1918, Ph. Thesis. Univ. of California 1974.

Williamson, Samuel R., Austria-Hungary and the Origins of the First World War, London 1991.

Fragen

1. Für den Kriegsbeginn 1914 werden mehrere Worte synonym verwendet, am häufigsten „Ausbruch". In diesem Beitrag wird meist der Begriff „Entfesselung" gebraucht. Ist das zulässig oder muß darin eine nicht zu rechtfertigende Hereinnahme eines für den Kriegsbeginn 1939 verwendeten Begriffs gesehen werden?

2. Für die Zeit nach den Morden von Sarajewo wurde immer wieder überlegt, ob nicht eine Fürstenversammlung oder Konferenz auf oberster Ebene Österreich-Ungarn ausreichend Genugtuung hätte verschaffen können. Mit Verweis auf die „morganatische" Ehe des Thronfolgers Erzherzog Franz Ferdinand soll jedoch der Obersthofmeister des Kaisers, Fürst Montenuovo, eine derartige Zusammenkunft abgelehnt und verhindert haben. Kann darin eine ausreichende Begründung für das Nichtzustandekommen der Konferenz gesehen werden?

3. In der Julikrise 1914 wurde zeitweilig davon gesprochen, österreichisch-ungarische Truppen könnten bis Belgrad vorrücken und mit der serbischen Hauptstadt sämtliche Forderungen gegenüber Serbien durchsetzen. Auch die britische Regierung ventilierte kurzfristig diese Möglichkeit. Hatte sie eine Realisierungschance? Wenn ja, warum?

4. Die Überreichung der „befristeten Démarche" an Serbien wurde von Österreich-Ungarn zeitlich genau überlegt. Warum geschah das erst einen knappen Monat nach dem Attentat von Sarajewo, und hätte vielleicht ein früheres Ultimatum Serbien zum bedingungslosen Einlenken gezwungen?

5. Mit der wohl fingierten Meldung eines Gefechts bei Temes Kubin begründete Österreich-Ungarn die Absendung seiner Kriegserklärung an Serbien. Wozu war eine derartige Fiktion überhaupt gut?

6. Der österreichisch-ungarische Generalstabschef Franz Conrad von Hötzendorf wollte Anfang Juli 1914 „über Serbien herfallen“, um eine Art Rachefeldzug zu führen. Das Ministerium des Äußern lehnte das jedoch entschieden ab. Hätte ein rasch begonnener Krieg gegen Serbien aber nicht vielleicht einen Weltkrieg verhindert?

Rolf Steininger

12. NOVEMBER 1918 BIS 13. MÄRZ 1938: STATIONEN AUF DEM WEG ZUM „ANSCHLUSS"

„Als Führer und Kanzler der deutschen Nation und des Reiches melde ich vor der Geschichte nunmehr den Eintritt meiner Heimat in das Deutsche Reich!"[1]

Mit diesen Worten beendete Adolf Hitler am Mittag des 15. März 1938 – einem Dienstag – die „Befreiungskundgebung" auf dem Heldenplatz in Wien, wo sich weit über hunderttausend Menschen eingefunden hatten. Hitlers „Vollzugsmeldung vor der Geschichte" vom Balkon der neuen Hofburg wurde von der Menge mit nicht endenwollendem Jubel und „Sieg-Heil!"-Rufen beantwortet. Vor aller Welt sichtbar war Österreich „Heim ins Reich" geholt worden, schien ein alter Wunsch, der besonders seit dem Ende des Ersten Weltkrieges mit Nachdruck geäußert worden war,[2] in Erfüllung gegangen zu sein. Insbesondere diese Vorgeschichte, die im Herbst 1918 beginnt, ist für das Verständnis des März 1938 wichtig; sie zeigt, daß dieser März nicht im luftleeren Raum stattfand, daß von den Nazis bewußt auf etwas aufgebaut wurde und Kontinuitäten hergestellt wurden, die in dieser Form allerdings gar nicht bestanden – etwa wenn man Hitler bei seinem Besuch in Innsbruck am 5. April 1938 die Dokumente der Tiroler Anschlußabstimmung vom 24. April 1921 überreichte und er als Vollender dieser Politik gefeiert wurde.

„Heim ins Reich!", „Ein Volk, ein Reich!", „Großdeutschland unsere Zukunft!" – so und ähnlich lauteten schon 1918/19 die Parolen in Österreich, das damals noch „Deutschösterreich" hieß. Von jenem Zeitpunkt an blieb das Thema Anschluß in irgendeiner Weise dann auch auf der Tagesordnung und beherrschte – manchmal stärker, manchmal schwächer – die österreichische Politik. Auf dem Weg zum März 1938 lassen sich sechs Stationen relativ gut fixieren, nämlich:

1. die sozialistische Anschlußeuphorie 1918/19 in Österreich;
2. die Anschluß- (oder besser) Zusammenschlußbewegungen in den österreichischen Bundesländern 1921;
3. Anschlußpropaganda und praktische Angleichungspolitik in den zwanziger Jahren;
4. das deutsch-österreichische Zollunionsprojekt 1931;
5. Hitler an der Macht: Die „schnelle Lösung“ 1933/34;
6. die evolutionäre Lösung der „geistigen Durchdringung“ Österreichs mit dem Anschluß im März 1938.[3]

Diese Stationen, auf die im folgenden eingegangen wird, standen im Zeichen politischer und wirtschaftlicher Zweckmäßigkeitserwägungen; bei den Stationen 1 bis 3 war Österreich, bei Station 4 schon Deutschland der drängende Partner, und bei den Stationen 5 und 6 war von österreichischen Anschlußwünschen – zumindest auf offizieller, d. h. Regierungsebene – nichts mehr zu spüren.

Station 1: Die sozialistische Anschlußeuphorie 1918/19

Der 12. November 1918 bleibt in der Geschichte Österreichs ein denkwürdiges Datum. An diesem Tag verabschiedeten die im Jahre 1911 gewählten Reichsratsabgeordneten des deutschen Siedlungsgebietes der Habsburger Monarchie, die sich am 21. Oktober in Wien zur „Provisorischen Nationalversammlung für Deutschösterreich“ konstituiert hatten, eine neue Verfassung; in Artikel 1 wurde der neue Staat „Deutschösterreich“ – dem u. a. auch die sudetendeutschen Gebiete angehören sollten – zu einer demokratischen Republik erklärt, und in Artikel 2 wurde bestimmt: „Deutschösterreich ist ein Bestandteil der Deutschen Republik“,[4] mit anderen Worten: der neue Staat hielt sich schon in seiner Geburtsstunde für lebensunfähig, ein Makel, den er in den folgenden Jahren nicht mehr los wurde; es war jener Staat entstanden, „den keiner wollte“.[5]

Der sozialdemokratische Staatskanzler Karl Renner bekannte sich an jenem 12. November im Parlament in einer leidenschaftlichen Rede zur deutschen Einheit. Er beklagte das Schicksal des deutschen Volkes und erklärte u. a.:

„Das Volk, dessen Stolz es immer war, das Volk der Dichter und Denker zu heißen, ist im Augenblick tief gebeugt. Aber gerade in dieser Stunde soll unser deutsches Volk in allen Gauen wissen: Wir sind ein Stamm und eine Schicksalsgemeinschaft.“[6]

Otto Bauer, intellektueller Führer der Sozialdemokraten und für auswärtige Angelegenheiten zuständiger Staatssekretär, teilte den einstimmig gefaßten Beschluß vom 12. November am nächsten Tag dem Volksbeauftragten Hugo Haase in Berlin mit. In dem Telegramm hieß es u. a., Deutschösterreich habe „seinen Willen kundgetan, sich mit den anderen deutschen Stämmen, von denen es vor 52 Jahren [Königgrätz bzw. Sadowa 1866, R. St.] getrennt wurde, wieder zu vereinigen. Wir bitten Sie, in direkte Verhandlungen mit uns über die Vereinigung Deutschösterreichs mit der deutschen Republik [...] einzutreten.“

Gleichzeitig bat er um schnelle Lieferung von Kohle und Lebensmitteln und sprach die Hoffnung aus, „daß die alten [...] parteigenössischen Beziehungen, die uns verbinden, es nun erleichtern werden, die engste und dauernde Verbindung zwischen Deutschland und Deutschösterreich herzustellen“.[7]

Außerdem wurde beschlossen, den Historiker Hartmann, einen Sohn des Abgeordneten der Paulskirche aus dem Jahre 1848, als Gesandten nach Berlin zu schicken, um dort „Verständnis und Eifer für den Anschluß“ zu wecken.[8] Drei Tage später wurde auch dem amerikanischen Präsidenten Woodrow Wilson mitgeteilt, daß Deutschösterreich „die enge staatsrechtliche Verbindung mit Deutschland wieder herstellen will, die vor 52 Jahren durch das Schwert zerrissen ist“, und die Hoffnung geäußert, daß er diese Bestrebungen unterstützen würde. Vier Monate später, am 12. März 1919 wurde der Beschluß vom 12. November von der Konstituierenden Nationalversammlung „feierlich wiederholt, bestätigt und bekräftigt“; in einer programmatischen Rede bezeichnete Otto Bauer“ die „Vereinigung Deutschösterreichs mit der großen deutschen Republik [...] heute wieder als unser Programm“.[9]

Was waren die Gründe für diese Politik? Karl Renner hat 1945, als erster Kanzler auch der Zweiten Republik, eine Antwort auf diese Frage gegeben; 1918, so seine Interpretation, habe die Angst vor Hunger und Arbeitslosigkeit jeden an den Anschluß als einzig mögliche Lösung denken lassen: „Österreichs wirtschaftliche Lage verstehen, bedeutet, die Bewegung für den Anschluß zu verstehen.“[10] Die Sozialdemokraten waren damals von der Notwendigkeit großer Wirtschaftsräume überzeugt. Ein Land, das keine Kohle habe, nicht ausreichend Lebensmittel im eigenen Land erzeugen könne, auch keine größere Exportindustrie besitze, könne nicht selbständig existieren, so Otto Bauer im Juli 1919; ein solches Land würde im Dienste fremder Kapitalisten ein Leben der Knechtschaft, der Not und des Elends führen. Davor könne Deutschösterreich nichts anderes bewahren als die Vereinigung mit Deutschland.[11]

Unbestritten ist, daß es in den Jahren nach Kriegsende Hunger und Not gab. Das Elend der neuen Zeit aber versperrte den Blick dafür, daß die Republik nicht ganz so arm war, wie viele Menschen damals glaubten: 12 Prozent der Bevölkerung der alten Doppelmonarchie lebten in ihr, aber rd. 30 Prozent der industriellen Kapazität waren hier angesiedelt; Wien war das Finanzzentrum des Habsburgerreiches gewesen – und in Wien gab es immer noch viel Geld.[12] Für die Anschlußeuphorie der Sozialdemokraten[13] gab es neben den wirtschaftlichen denn auch noch andere Gründe; es ging um die Schaffung einer Einheitsfront mit den deutschen Sozialdemokraten, genauso wie es in einem Wahlaufruf vom Februar 1919 hieß: „Wir wollen uns mit dem *roten* Deutschland vereinen. Vereinigung mit Deutschland bedeutet jetzt Vereinigung mit dem Sozialismus.“[14]

Neben den Sozialdemokraten begeisterten sich nur noch die Deutschnationalen in ähnlicher Weise für den Anschluß. Beide führten den Wahlkampf zur Nationalversammlung unter den o. g. Parolen und errangen damit 69 bzw. 25 Sitze, gegenüber 63 der christlichsozialen Partei. Die Christlichsozialen waren alles andere als begeistert beim Thema Anschluß, schon gar nicht an das von den Sozialdemokraten gefeierte rote Deutschland. Am 12. November war es zwar zu jenem einstimmigen Parlamentsbeschluß gekommen, aber man hatte dabei unter dem Druck von Revolutionsdrohungen der „Roten Garde“ und der Straße gestanden. Immerhin verzeichnet das Protokoll der Sitzung Rufe wie: „Es wird hereingeschossen!“, und der Pressechef des Staatsrates, Brügel, erhielt einen Schuß ins Auge.[15]

In dem am 25. Dezember 1918 in der *Reichspost,* der Zeitung der Christlichsozialen, veröffentlichten Wahlprogramm wurde denn auch der Anschluß bezeichnenderweise nicht erwähnt.[16] An einer in ganz Deutschösterreich veranstalteten Anschlußkundgebung am 11. Mai 1919 beteiligten sich die Christlichsozialen – der Parteizugehörigkeit nach immerhin die Mehrheit der österreichischen Bevölkerung *außerhalb* Wiens – nicht.

Die Entscheidung Wiens vom 12. November wurde in Berlin mit Zurückhaltung aufgenommen, war doch schon am 9. November aus Bern bekanntgeworden, daß die Entente bei einem Anschluß Deutschland härtere Friedensbedingungen auferlegen würde. Bei der Besprechung des o. g. Telegramms von Bauer wurde daher in der Sitzung der Volksbeauftragten am 15. November beschlossen, „wegen der internationalen Gesamtlage auf die Angliederungsfrage nicht einzugehen“.[17] Entsprechend war die Reaktion in Wien. Man war „enttäuscht, daß die Anschlußfrage nicht erwähnt wurde. Hiesige Presse aller Parteien zurückhaltend, bespricht Antwort fast gar nicht“, berichtete der deutsche Botschafter von Wedel.[18]

Als Hartmann auf der Reichskonferenz am 25. November 1918 mit den Worten: „Als Vertreter des österreichischen

Volkes strecke ich dem deutschen Volke die Bruderhand entgegen, mit der Bitte einzuschlagen", um die Aufnahme Deutschösterreichs in das Deutsche Reich bat, erhob der Staatssekretär des Äußeren, Solf, sofort Einspruch. Er warnte davor, mit einem solchen Schritt den Friedensverhandlungen vorzugreifen und so den dringend benötigten Frieden zu gefährden; er könne dafür nicht die Verantwortung übernehmen.

Die Worte von Solf wirkten „wie ein kalter Wasserstrahl". Auch Friedrich Ebert, so Oberst von Haeften, einer der Teilnehmer, „wies die dargebotene Bruderhand zurück"; damit hatte „dieser geschichtlich bedeutsame Vorgang, der dem Weltkrieg einen geschichtlichen Sinn für Deutschland gegeben hätte, ein klägliches Ende gefunden".[19]

Nicht so allerdings in der deutschen Öffentlichkeit. Am 17. Januar 1919 forderte die gesamte Presse den Anschluß, am 5. Februar sprachen sich alle Parteien für den Anschluß aus.[20] In dieser Stimmung kam Bauer am 21. Februar nach Deutschland, um in Berlin und Weimar Besprechungen mit Außenminister Brockdorff-Rantzau zu führen. Er erhielt jetzt den Eindruck, daß Deutschösterreich im Reich „mit brüderlicher Gesinnung willkommen geheißen" und „die herzlichste Bereitwilligkeit zu brüderlicher Hilfe" finden würde.[21] Am 2. März endeten die Gespräche mit der Unterzeichnung eines geheimen Protokolls, in dem festgelegt wurde, wie „mit tunlichster Beschleunigung" der Zusammenschluß der beiden Staaten durchzuführen war. Demnach sollte Deutschösterreich als „selbständiger Gliedstaat" mit gewissen Sonderrechten (u. a. Wien als gleichberechtigte zweite Hauptstadt, zeitweise Aufenthalt des Reichspräsidenten dort) dem Reich angeschlossen werden; verschiedene paritätisch besetzte Kommissionen sollten die Angleichung der Rechts-, Handels-, Verkehrs-, Unterrichts- und Sozialpolitik vorbereiten.

Der entscheidende Schritt wurde dann aber von deutscher Seite mit Blick auf die Friedenskonferenz in Paris nicht getan. Die französische Haltung war bekannt; sie steigerte sich zu einer geradezu leidenschaftlichen Ablehnung des Anschlußgedankens. Kein französischer Politiker wollte dem geschlagenen Deutschland eine Gebietserweiterung und eine Zunahme seiner Bevölkerung um 6½ Millionen Menschen zubilligen.[22]

Im Friedensvertrag von Versailles legten die Sieger dann auch in Artikel 80 die Unabhängigkeit Österreichs und die Unantastbarkeit seiner Grenzen fest. Die deutsche Delegation protestierte zwar und erklärte, Deutschland habe „nie die Absicht gehabt und wird sie nie haben, die deutschösterreichische Grenze zu verschieben“[23], und forderte das Selbstbestimmungsrecht auch für Deutschland; die Gegenseite nahm diese Erklärung aber lediglich „zur Kenntnis“; am 28. Juni 1919 wurde der Friedensvertrag unterzeichnet.

Zwei Monate später, am 2. September, wurde Karl Renner in Saint Germain der Entwurf des Friedensvertrages mit Österreich mit einem auf fünf Tage befristeten Ultimatum übergeben. In Artikel 88 wurde auch hier ein Anschlußverbot ausgesprochen:

„Die Unabhängigkeit Österreichs ist unabänderlich, es sei denn, daß der Rat des Völkerbundes einer Änderung zustimmt. Daher übernimmt Österreich die Verpflichtung, sich, außer mit Zustimmung des genannten Rates, jeder Handlung zu enthalten, die mittelbar oder unmittelbar oder auf irgendeinem Wege [...] seine Unabhängigkeit gefährden könnte.“[24]

Die österreichische Nationalversammlung nahm den Vertrag am 6. September 1919 unter Protest an; und da an einen Anschluß offensichtlich nicht mehr zu denken war, wurde sechs Wochen später, am 21. Oktober 1919, nicht nur die Namensänderung „Deutschösterreich“ in „Republik Österreich“ beschlossen, sondern auch „in Durchführung des Staatsvertrages von St. Germain die bisherige Bestimmung ›Deutschösterreich ist ein Bestandteil des Deutschen Reiches‹ außer Kraft gesetzt“.[25]

Für die junge Republik gab es in jenen Wochen des Chaos und der Resignation ein Erfolgserlebnis: in Südkärnten. Dort waren zwei Tage nach dem Waffenstillstand zwischen Österreich-Ungarn und den Alliierten jugoslawische Einheiten eingedrungen. Mehrmalige Proteste Österreichs bei den Alliierten gegen das militärische Vorgehen seines jugoslawischen Nachbarn blieben jedoch erfolglos. Der neue jugoslawische SHS-Staat (Serben, Kroaten und Slowenen) stellte immer größere Gebietsansprüche.

Am 5. Dezember 1918 beschloß die Kärnter Landesversammlung den bewaffneten Widerstand gegen die eingedrungenen Truppen. Der Kärntner Abwehrkampf sollte auf Kärntner Seite rund 270 (auf jugoslawischer etwa 250) Menschenleben kosten. Anfang Mai waren die jugoslawischen Einheiten auf ein kleines Gebiet südlich von Eisenkappl zurückgedrängt. Doch dann rückten starke slawische Verbände auf breiter Front vor. Die Kärntner Abwehr brach zusammen. Jugoslawische Truppen marschierten am 6. Juni 1919 in Klagenfurt ein. Die Kärntner Einheiten zogen sich zurück. Anders als in den übrigen deutschsprachigen Gebieten hatte der Alliierte Rat in Paris eine Volksabstimmung in Kärnten beschlossen. Ende Juli 1919 räumten die jugoslawischen Verbände nach mehrmaliger Aufforderung der Alliierten Klagenfurt und zogen sich hinter die Demarkationslinie zurück.

Für die Volksabstimmung wurden zwei Zonen festgelegt. In der südlichen Zone A überwog laut Ergebnis der Volkszählung von 1910 das slowenisch-sprachige Element (79 Prozent). Die Nadelöhrzone B mit der Landeshauptstadt Klagenfurt und eine überwiegend deutschen Mehrheit sollte nur dann abstimmen, wenn die Abstimmung in der Zone A zugunsten Jugoslawiens ausgehen sollte. Die Zone A unterstand jugoslawischer, die Zone B österreichischer Verwaltung.

Als Termin für die Volksabstimmung war der 10. Oktober 1920 festgelegt worden. In den Wochen vor diesem Termin erreichte die Agitation auf beiden Seiten ihren Höhepunkt und tausende Flugblätter überschwemmten die Abstimmungsgebiete. Die Volksabstimmung selbst verlief dann erstaunlich ruhig. Bemerkenswert war die hohe Wahlbeteiligung, nahezu 96 Prozent. Von denen in der Zone A Befragten sprachen sich knapp über 22.000 (59 Prozent) für den Verbleib bei Österreich aus, rund 15.200 Stimmen oder knapp 41 Prozent entfielen auf Jugoslawien. Am 18. November war die Südkärntner Zone A wieder bei Österreich. Aufgrund dieses Ergebnisses unterblieb die geplante Volksabstimmung in der überwiegend deutschsprachigen Zone B.

Station 2: Die Anschlußbewegung in den österreichischen Bundesländern und die Genfer Protokolle

Hatte schon Otto Bauer durch seinen demonstrativen Rücktritt am 25. Juli 1919 das Scheitern seiner Anschlußpolitik eingestanden, so schien durch die Annahme des Friedensvertrages und durch das Gesetz vom 21. Oktober das Thema Anschluß erledigt zu sein. Aber der Schein trog. Die „Republik Österreich“, ein Staat, entstanden nach dem Motto „L'Autriche, c'est ce qui reste“[26], war jetzt mit den erzwungenen Gebietsabtretungen (Südtirol, Kanaltal an Italien, Teile der Steiermark und Kärntens an Jugoslawien, das sudetendeutsche Siedlungsgebiet an die Tschechoslowakei) in den Augen weitester Kreise seiner Bewohner erst recht nicht lebensfähig, und für all jene, die an diesen Staat nicht glauben wollten, schien jetzt erst recht der Anschluß, trotz Artikel 88, der einzig mögliche Weg aus dem immer größer werdenden Elend zu sein. Dabei verlagerte sich die Anschlußbewegung weitgehend auf die Länder, vor allem auf Tirol, Salzburg und die Steiermark.

Angesichts der in den folgenden Monaten immer unerträglicher werdenden wirtschaftlichen Lage, in der es zu zahlreichen Hungerdemonstrationen kam[27], wurde die Bundesregierung zunächst am 1. Oktober 1920 von der Nationalversammlung aufgefordert, innerhalb von sechs Monaten eine

Volksabstimmung über den Anschluß durchzuführen. Mit Drohungen, insbesondere einer Hungerblockade und einer scharfen Note von Clemenceau vom 17. Dezember gelang es Frankreich, diese Volksabstimmung zu verhindern. Am 10. Februar 1921 brachte dann der Deutschnationale Dinghofer im österreichischen Parlament einen Gesetzentwurf für eine Volksbefragung ein, wonach über folgende Fragen abgestimmt werden sollte: „Soll die Bundesregierung beim Rat des Völkerbundes um die Zustimmung zum Anschluß der Republik Österreich an das Deutsche Reich ansuchen?“[28]

Obwohl gegen dieses Vorgehen ein Einwand der ehemaligen Ententemächte nicht möglich schien, da im Friedensvertrag der Anschluß auf diesem Wege für zulässig erklärt worden war, versuchten die Alliierten unter Führung Frankreichs mit fast allen Mitteln, diese Abstimmung zu verhindern. Man wollte auf jeden Fall die Diskussion eines österreichischen Ansuchens um Anschluß im Völkerbund vermeiden, da das Prestige des Völkerbundes bei dem zu erwartenden „Nein“ Frankreichs einen Stoß erleiden würde, der vielleicht seine Existenz in Frage gestellt hätte.

Als die Länderregierungen sahen, daß die Zentralregierung unter dem Druck der Sieger nicht frei handeln konnte, beschlossen sie, die Abstimmung länderweise vorzunehmen. Aber auch dagegen protestierten die Alliierten scharf. Am 14. April 1921 verlangte der französische Gesandte in Wien, Lefèvre-Pontalis, vom christlichsozialen Bundeskanzler Michael Mayr, einem Abgeordneten aus Tirol, die „auf den Anschluß hinzielenden Umtriebe wirkungslos zu machen“, andernfalls werde jegliche Hilfe für Österreich eingestellt.[29] Bundesregierung und Landesregierungen erhoben Einspruch, und am 24. April fand in Tirol die vom Landtag beschlossene Abstimmung trotzdem statt, bei der 98,5 Prozent der abgegebenen Stimmen für den „Zusammenschluß“ waren und in deren Gefolge an der Grenze bei Kufstein und Scharnitz – und später auch bei Salzburg – die Grenzbalken beseitigt wurden.[30] Dem folgten entsprechende Beschlüsse der Landtage von Salzburg und der Steiermark, Volksabstimmungen durchzuführen, falls nicht ein bundesweites Plebiszit stattfände. Offenbar um weitere Länderabstimmungen zu verhindern, wurde der o. g. Entwurf zum Gesetz erhoben, worauf die Pressionen der Alliierten noch massiver wurden. Paris war zum Äußersten entschlossen, es wurde mit der Einstellung der Anleiheverhandlungen und sogar mit der Aufteilung des Landes unter seine Nachbarn gedroht. Mayr gelang es zwar, daß die Abstimmung in Salzburg nur „privat“ durchgeführt wurde – 98,8 Prozent der Teilnehmer, 73 Prozent der Wahlberechtigten stimmten für den Anschluß[31] –, die christlichsoziale Landesregierung der Steiermark blieb jedoch bei ihrem Vorhaben, worauf Mayr am 1. Juli 1920 zurücktrat.[32] Damit war offenbar geworden, daß eine andere Politik betrieben werden mußte, sollte der Staat nicht in eine noch größere Krise geraten.

Blickt man auf die Anschlußbewegung in den Ländern, vor allen Dingen in Tirol und Salzburg, so wird deutlich, daß die Motive anders aussahen als die von Wien ausgehende Bewegung unmittelbar nach Kriegsende. Es waren Länder mit konservativen Mehrheiten, die weder mit den Wiener noch mit den deutschen Sozialisten etwas im Sinn hatten. „Anschluß“ unter dem Banner des Sozialismus war kein Thema mehr. Deutschland war nicht sozialistisch geworden, und in Bayern war die Räterepublik Episode geblieben; von daher bot sich angesichts der andauernden wirtschaftlichen Notlage der wirtschaftliche „Zusammenschluß“ mit diesem Land an, wobei das Wort „Anschluß“ jetzt tunlichst vermieden wurde. Und man wollte los vom „roten, verjudeten“ Wien! Und im übrigen hielt man von dieser „Republik Österreich“ gar nichts. Das wird nirgends so deutlich wie in einem Brief, den Richard Steidle, der einflußreiche Führer der Tiroler Heimatwehr (wie in Tirol die Heimwehr hieß), der 1940 im KZ Buchenwald umkommen sollte, am 25. Mai 1921 an Bundeskanzler Mayr schrieb. Entscheidend für die Haltung der Tiroler Bevölkerung war seiner Meinung nach

„vor allem der Wunsch, endlich einmal von der ganz verhaßten Wiener Wirtschaft, mit der die Leute nichts mehr zu schaffen haben wollen, loszukommen. Diese Stimmung nimmt gerade in den religiös- und nationaltirolisch orientierten Kreisen schon geradezu gehässige Dimensionen an, und ich treffe immer mehr Leute, die unverhohlen dieser Meinung Ausdruck geben.“

Steidle beendete seinen Brief mit einem Wunsch, der an Deutlichkeit nichts zu wünschen übrig ließ, der aber auch erkennen läßt, warum dieser Staat in den nächsten Jahren im Inneren gar nicht zur Ruhe kommen konnte:

„Eigentlich“ so Steidle, „hätte ich Dir das alles gar nicht sagen sollen, weil ich von meinem persönlichen Standpunkte aus nichts sehnlicher wünsche, als daß endlich dieser unmögliche Staat sich mit Gestank auflöst und Tirol von Wien frei wird.“[33]

Österreich löste sich nicht „mit Gestank“ auf; nach einem einjährigen Zwischenspiel mit Johannes Schober als Kanzler übernahm im Mai 1922 Prälat Ignaz Seipel, „die stärkste nichtsozialistische Persönlichkeit, die seit langem im Hintergrund wirkte“,[34] die Regierung. Der Christlichsoziale Seipel war zweifelsohne kein Freund des Anschlusses, auch wenn er öffentlich niemals dagegen Stellung nahm. Ihm ging es um die Stabilisierung Österreichs ohne Anschluß. Als er die Führung des Landes übernahm, gab es mehr als 20 Prozent Arbeitslose, die Inflation war auf dem Höhepunkt[35], ein völliger Zusammenbruch stand bevor, „das Ende Österreichs schien nahe“, wie dies Goldinger formuliert hat.[36]

Seipels Taktik war es, die Sieger für die weitere Entwicklung verantwortlich zu machen, sie aber gleichzeitig von dem Erhalt Österreichs als einer europäischen Notwendigkeit zu überzeugen. In einer aufrüttelnden Note bat er am 7. August 1922 den britischen Premierminister Lloyd George um eine Anleihe für Österreich. Sollte sie nicht gewährt werden, dann müsse seine Regierung

„das österreichische Parlament einberufen und in Übereinstimmung mit ihm erklären, daß weder die gegenwärtige Regierung noch irgendeine andere in der Lage ist, die Verwaltung des Landes weiterzuführen. Sie würde sich ferner gezwungen sehen, vor dem österreichischen Volke und der ganzen öffentlichen Meinung die Mächte der Entente für den Zusammenbruch eines der ältesten

Zentren der Zivilisation im Herzen Europas verantwortlich zu machen und die künftigen Geschicke Österreichs in die Hände dieser Mächte zu legen.“[37]

Am Ende der Bemühungen stand eine Anleihe des Völkerbundes über 650 Mio. Goldkronen, unter Bedingungen, die heutzutage Entwicklungsländern auferlegt werden. Seipel akzeptierte diese Bedingungen in den „Genfer Protokollen“, die am 4. Oktober 1922 unterzeichnet wurden. In Protokoll Nr. 1 verpflichtete sich die Republik Österreich, für die nächsten zwanzig Jahre,

„gemäß dem Wortlaut des Artikels 88 des Vertrages von St. Germain, ihre Unabhängigkeit nicht aufzugeben; sie wird sich jeder Handlung und jeder wirtschaftlichen oder finanziellen Bindung enthalten, welche geeignet wäre, diese Unabhängigkeit direkt oder indirekt zu beeinträchtigen.“

Österreich behielt jedoch seine Freiheit in bezug auf Zolltarife, Handels- und Finanzabkommen „und allgemeinen, hinsichtlich aller sein Wirtschaftssystem und seine Handelsbeziehungen betreffenden Angelegenheiten“.

Für die späteren Ereignisse ist besonders interessant, daß sich Großbritannien, Frankreich, Italien und die Tschechoslowakei ihrerseits verpflichteten, „die politische Unabhängigkeit, die territoriale Integrität und die Souveränität Österreichs“ zu erhalten.[38]

Zweifelsohne mußte Österreich enorme Opfer für diese Finanzhilfe bringen. Aber offensichtlich war dies der einzig gangbare Weg zur Sanierung des Landes. Das sahen selbst die Großdeutschen ein und billigten Seipels Politik. Anders die Sozialdemokraten, die seit Juli 1920 in der Opposition waren. Was ein Christlichsozialer als „Großtat“ des Kanzlers bezeichnete,[39] war für sie „Landesverrat“, wofür Seipel nur Verachtung verdiene.[40]

Station 3: Anschlußpropaganda und praktische Angleichungspolitik in den zwanziger Jahren

Mit der Sanierungsarbeit, die nun mit Hilfe der Völkerbundanleihe begann, verlor der Anschluß in weiten Kreisen der Bevölkerung zunächst an Aktualität, da mit seiner Verwirklichung auf absehbare Zeit nicht zu rechnen war. Das änderte sich dann wieder ab etwa 1925, als sich die wirtschaftliche Lage erneut verschlechterte.[41] Selbst die Großdeutschen, für die der Anschluß doch vor allem ein ideologisches und nationales Postulat war, stellten das wirtschaftliche Moment nun in den Vordergrund und forderten den Anschluß als eine „handelspolitische und wirtschaftliche Notwendigkeit". In einer vom Parteitag 1925 beschlossenen Resolution hieß es, man sei sich bewußt, „daß die Stabilisierung unserer heimischen Wirtschaft nicht ohne Vereinigung mit dem deutschen Wirtschaftsgebiet erreicht werden kann".[42]

Seit dem Jahre 1925 wurde auch die Propaganda von „Arbeitsgemeinschaften" und „Volksbünden" organisiert, die von der Wiener Regierung toleriert[43] und von der Reichsregierung finanziell unterstützt wurden. Es gab die „Österreichisch-deutsche Arbeitsgemeinschaft" und ihr Pendant in Deutschland, die „Deutsch-österreichische Arbeitsgemeinschaft für das Reich", in denen sich Intellektuelle und Politiker zusammengeschlossen hatten; sie beschäftigten sich in erster Linie „wissenschaftlich" mit der Anschlußproblematik, publizierten eine Fülle von Schriften, gaben eigene Zeitschriften heraus, veranstalteten ab 1929 „Österreichische Wochen" und gewannen einen nicht zu unterschätzenden Einfluß.

Daneben gab es die Massenverbände: den „Österreichisch-deutschen Volksbund Berlin" und den „Österreichisch-deutschen Volksbund Wien", die bald mehrere hunderttausend Mitglieder zählten und die Anschlußpropaganda in der breiten Öffentlichkeit betrieben. Eine der eindrucksvollsten Veranstaltungen war das 10. Deutsche Sängerbundfest 1928 in Wien, auf dem dessen Präsident u. a. erklärte:

„Unsere Seele dürstet nach diesem Großdeutschland, aber unser Verstand sagt uns, daß wir nur Vorbereitungsarbeit leisten können. Dieser Arbeit wollen wir uns unterziehen mit der Kraft und Begeisterung, die aus dem deutschen Liede fließt.“[44]

Als dritte Organisation ist die „Delegation für den österreichisch-deutschen Wirtschaftszusammenschluß“ zu nennen, die 1927 gegründet wurde und der sich innerhalb kurzer Zeit mehr als 140 Verbände aus fast allen Gebieten der Wirtschaft anschlossen. Die Forderung nach dem wirtschaftlichen Zusammenschluß wurde in der Folgezeit von weiten Kreisen der Industrie immer lauter erhoben, u. a. vom Handelskammertag, der Kohle- und Eisenindustrie (der Vorsitzende der Schwerindustrie, Apold: „Der Anschluß ist für uns eine wirtschaftliche Notwendigkeit allerersten Ranges. Und wir müssen ihn erreichen!“[45]), dem Bauernbund, der niederösterreichischen Landwirtschaftskammer. Gleichzeitig schritt die Penetration der österreichischen Wirtschaft mit deutschem Kapital ohne großes Aufheben voran – das beste Beispiel hierfür war die 1926 erfolgte Übernahme der Alpine Montanwerke durch die Vereinigten Stahlwerke –, wenn auch nicht in dem Ausmaß, wie bisher angenommen.[46]

Daneben wurde auf den Gebieten Verkehr, Kultur und Recht praktische Angleichungspolitik betrieben. So wurden schon 1925 der Visazwang aufgehoben und Vereinbarungen im gegenseitigen Postverkehr getroffen, 1926 sogar die feldgrünen Uniformen des Bundesheeres durch feldgraue – die Farbe der Reichswehruniform – ersetzt. 1927 wurde ein Gesetz über Vormundschafts- und Nachlaßwesen beschlossen, 1930 ein Abkommen über die gegenseitige Anwendung von Patenten unterzeichnet.

Im selben Jahr wurde auch das Versicherungswesen beider Länder vereinheitlicht. Ein Jahr vorher war eine gemeinsame Eisenbahnverkehrsordnung beschlossen worden; gemeinsam arbeitete man an der Modernisierung und Neufassung des Strafgesetzbuches. 1928 begannen die Regierungen, einen österreichisch-deutschen Beamtenaustausch zu organisieren; im selben Jahr fand die Rektorenkonferenz der deutschen und österreichischen Universitäten in Frankfurt statt; bald darauf erkannten die Universitäten Wien und Berlin ihre Diplome als gleichwertig an.

Bei allen Aktivitäten blieb entscheidend, daß diese Politik *politisch* im Sinne eines Anschlusses nicht wirksam wurde. Zum einen ließen die bestehenden Verträge und die Politik Seipels dies gar nicht zu, zum anderen war der Anschluß zu diesem Zeitpunkt kein vorrangiges Ziel deutscher Politik, auch wenn man es als Fernziel keineswegs aus den Augen verlor.[47] Den größeren Rahmen für dieses Thema aus deutscher Sicht beschrieb Gustav Stresemann, 1923 bis 1929 Außenminister, im Januar 1925 in einer geheimen Vorlage für das Kabinett. Als Ziel „deutschen Hoffens" nannte er

> „die Schaffung eines Staates, dessen politische Grenzen alle deutschen Volksteile umfaßt, die innerhalb des geschlossenen deutschen Siedlungsgebietes in Mitteleuropa leben und den Anschluß an das Reich wünschen".

Dies war nichts anderes als das Mitteleuropakonzept aus dem Ersten Weltkrieg, zumal in diesem mitteleuropäischen Reich „neben unseren Volksgenossen auch Angehörige fremder Nationen unter deutsche Staatshoheit gestellt werden" würden, weil dieses Reich anders nicht zu verwirklichen sei.[48]

Wie die Militärs dachten, machte eine Studie des Truppenamtes, d. h. des Generalstabes der Reichswehr, vom März 1926 deutlich, in dem der „Anschluß Deutschösterreichs" (!) als dritte Etappe vorgesehen war, und zwar nach Etappe eins: „Befreiung des Rheinlandes und des Saargebietes" und Etappe zwei: „Beseitigung des Korridors und Wiedergewinnung Polnisch-Oberschlesiens", aber immerhin noch vor der „Beseitigung der entmilitarisierten Zone".[49]

Auf dem Weg zurück zur Großmacht verlor man in Berlin jedenfalls Österreich nicht aus den Augen. Dabei wurde auch alles vermieden, was der Anschlußbewegung in Österreich selbst schaden konnte; so weigerte sich die Reichsregierung, die Brennergrenze anzuerkennen und machte auch keinerlei Äußerungen über Südtirol, die auf eine Billigung der Verhältnisse dort schließen ließen.

Station 4: Das Zollunionsprojekt 1931

Eine Aktivierung der deutschen Österreichpolitik setzte dann unter Stresemanns Nachfolger, Julius Curtius, ein. Mehrere Gründe kamen zusammen:

1. Die weitere Verschlechterung der österreichischen Wirtschaftslage, vor allen Dingen in der Textil-, eisen- und metallverarbeitenden Industrie; gegen Ende 1929 wurden auch die Elektro-, Leder- und Schuhindustrie und die chemische Industrie von dem Rückschlag erfaßt; gleichzeitig verschärfte sich die Preis- und Absatzlage der Landwirtschaft. 1930 breiteten sich die Depression und die durch den 1929 erfolgten Zusammenbruch der Bodenkreditanstalt verursachte Krise weiter aus. Fast alle Zweige der Industrie schränkten nun ihre Produktion ein, was wiederum zu einem starken Anstieg der Arbeitslosigkeit führte.[50] Nach Meinung von Johannes Schober, seit September 1929 wieder Kanzler, war Österreich nicht in der Lage, Finanzen und Wirtschaft aus eigener Kraft zu sanieren; Hilfe konnte nur der Anschluß an ein größeres, benachbartes Wirtschaftsgebiet bringen.[51] Daß dies das Deutsche Reich und nicht etwa die vom tschechoslowakischen Außenminister angestrebte Donauföderation sein sollte, dafür wollte Curtius sorgen.
2. Der wachsende Einfluß der Heimwehr in Österreich. Die Heimwehr war eine militante, antimarxistische Bewegung, Sammelbecken aller nationalistischen und konservativen Kräfte, deren politischer Einfluß ständig wuchs und die die demokratische, als „rot“ empfundene Republik ablehnte und durch einen autoritären Staat ersetzen wollte. Die Gefahr, die sich daraus für die Anschlußbewegung

ergeben konnte, war klar: So berichtete der deutsche Gesandte in Wien, Lerchenfeld, am 21. November 1929 nach Berlin, ein vollständiger Sieg der Heimwehr sei gleichzusetzen mit der Errichtung einer halbfaschistischen Diktatur; dies wiederum würde bedeuten, daß sich Österreich dann fest an den italienisch-ungarischen Block binden werde. Dadurch würde die Entwicklung der deutsch-österreichischen Beziehungen sehr ernsthaft bedroht.[52]

3. Briands Europaplan. Der französische Außenminister Aristide Briand hatte auf der Völkerbundtagung im September 1929 die Schaffung eines „lien fédéral“ zwischen den Völkern Europas vorgeschlagen; dieses föderative Band sollte als ein „lien de solidarité“ die europäischen Staaten verbinden.[53]

Bei einer Realisierung dieses Plans wäre der politische und territoriale Status quo in Europa festgeschrieben worden, was gleichzeitig das Ende deutscher Revisionspolitik und deutscher Großmacht bedeutet hätte. Genau dies wollte man in Berlin durch die Eingliederung in die vorgeschlagene neue europäische Ordnung nicht gefährden lassen. Kanzler Brüning machte am 8. Juni 1930 im Kabinett klar, was Deutschland haben mußte, nämlich einen „ausreichenden natürlichen Lebensraum“.[54] Und Curtius stellte fest, die deutsche Antwort werde „für die Aktion Briands ein Begräbnis erster Klasse werden, müsse andererseits der deutschen Außenpolitik als Plattform für die weitere Verfolgung ihrer politischen und wirtschaftlichen Ziele dienen“.[55]

Gemeint war damit der Aufbau einer deutschen Großmachtstellung im Donauraum. Das Sprungbrett dafür war logischerweise Österreich. Der „Zusammenschluß mit Österreich“, so eine Aufzeichnung des Auswärtigen Amts vom 7. Juli 1930,

> „sollte die vordringlichste Aufgabe der deutschen Politik sein, denn von einem zu Deutschland gehörenden Österreich aus könnte in ganz anderer Weise, als dies jetzt möglich ist, die Entwicklung im Südosten im Interesse Deutschlands beeinflußt und gelenkt werden“.[56]

Der erste Schritt dazu sollte die Zollunion sein. Man erwartete, daß sich die Tschechoslowakei, Ungarn, Jugoslawien und Rumänien gezwungenermaßen anschließen würden; würden dann noch die wirtschaftlichen Beziehungen zu den baltischen Staaten verbessert, hätte man Polen wie in einem Schraubstock und könnte es dazu bringen, wirtschaftliche Hilfe gegen politische Konzessionen, d. h. Revision der Ostgrenze, einzutauschen.[57]

Dem ganzen Unternehmen sollte dabei ein „paneuropäisches Mäntelchen“ umgehängt werden, wie es Staatssekretär v. Bülow vom Auswärtigen Amt im Januar 1931 formulierte.[58]

Dem Drängen der deutschen Seite – vor allen Dingen von Curtius – konnte sich Schober kaum entziehen. Die Verhandlungen wurden dann zwar bis zum Abschluß eines Vertragsentwurfes unter äußerster Geheimhaltung geführt, aber eine Indiskretion machte dieser Geheimhaltung dann ein Ende und führte zur überstürzten Bekanntgabe des Projekts am 21. März 1931. Zu vermuten ist, daß die undichte Stelle in Wien war, denn – und das ist höchst interessant – jetzt, wo zum erstenmal mit dem wirtschaftlichen Zusammenschluß wirklich Ernst gemacht werden sollte, formierte sich auf österreichischer Seite Widerstand: in der Maschinenindustrie, der chemischen Industrie, der Schwerindustrie, bei den Konfektionsherstellern, bei der Land- und Forstwirtschaft, ja selbst bei den Klavierbauern. Überall wies man jetzt auf das eigene Technologiedefizit und die daraus resultierenden strukturellen Nachteile gegenüber der deutschen Industrie hin.[59]

Noch immer ist die Frage nicht zu klären, ob es in den folgenden Wochen ein Zusammenspiel zwischen diesen Kreisen, Christlichsozialen und der französischen Regierung gegeben hat. Frankreich fühlte sich jedenfalls – zu Recht – von der deutschen Regierung hintergangen und zog jetzt alle Register – bis zum Ultimatum an die österreichische Regierung –, um das Projekt zu Fall zu bringen. Zur politischen Vertrauenskrise kam ab Mai 1931 die Bankenkrise in Österreich und Deutschland. Im September 1931 wurde von deutscher und österreichischer Seite dann offiziell der Verzicht auf das Projekt ausgesprochen.

In Österreich stellten die Vorgänge um das Projekt das Anschlußproblem, so Renner später, „in gefährlicher Weise wieder auf die Tagesordnung und rüttelten die nationalen Leidenschaften wieder auf, wovon die Hitlerbewegung am meisten profitieren sollte". Eine parlamentarische Mehrheitsregierung war schon bald nicht mehr möglich, und schließlich büßte der Völkerbund „in den weitesten Kreisen der Bevölkerung Österreichs die wohlerworbenen Sympathien ein".[60]

In Deutschland wurde die innenpolitische Krise, in der sich die Republik befand, durch das Projekt erheblich verstärkt; Weimar hat diese Krise nicht mehr überwinden können. Hinzu kamen die außenpolitischen Konsequenzen. Das ganze Unternehmen war „wirklich der Sündenfall der deutschen Außenpolitik, eine Herausforderung des europäischen Staatensystems und eine schlecht kalkulierte dazu".[61] Der Gedanke der internationalen Zusammenarbeit und die Ideen von Genf wurden endgültig zu Grabe getragen. Eine Entwicklung setzte ein, die für alle beteiligten Mächte schon nach kurzer Zeit verhängnisvoll werden sollte. Das Zollunionsprojekt war auf diesem Weg der Entfremdung von „geschichtlicher Bedeutung"[62] und „setzte die europäische Explosion in Gang".[63] Für Deutschland hieß das Hitler, für Österreich Dollfuß.

Station 5: Hitler an der Macht – Das Scheitern der „schnellen Lösung" 1933/34

Mit der Machtergreifung der Nazis 1933 kam auf deutscher Seite zu den bereits genannten politischen, wirtschaftlichen und militärischen Überlegungen in der Anschlußfrage ein neues Element hinzu: der völkisch-national „überhöhte" Rassegedanke. Bereits auf der ersten Seite von „Mein Kampf" hatte Hitler gefordert:

„Deutschösterreich muß wieder zurück zum großen deutschen Mutterlande, und zwar nicht aus Gründen irgendwelcher wirtschaftlicher Erwägungen heraus. Nein, nein: Auch wenn diese Vereinigung, wirtschaftlich gedacht, gleichgültig, ja selbst wenn sie schädlich wäre, sie müßte dennoch stattfinden. *Gleiches Blut gehört in ein gemeinsames Reich.* [Herv. R. St.]"[64]

Genau dies war die Linie, auf der sich bis März 1938 die NS-Propaganda bewegte; damit wurde – erfolgreich – überdeckt, daß gerade dieser Aspekt in der NS-Anschlußpolitik einen immer geringer werdenden Stellenwert besaß. In Hitlers Weltmachtskonzept kam dem Anschluß Österreichs letztlich fast ausschließlich militärstrategisch-ökonomische Funktion zu. Das wird nirgends so deutlich wie in der berühmten Rede vom 5. November 1937 vor den Oberbefehlshabern der Wehrmachtteile, in der er seinen „unabänderlichen Entschluß" bekanntgab, „spätestens 1943 bis 1945 die deutsche Raumfrage zu lösen". Österreich wurde hier auf eine Stufe mit der Tschechoslowakei gesetzt; Hitler nannte als erstes Ziel, „die Tschechei und gleichzeitig Österreich niederzuwerfen"; es gehe um den „Angriff auf die Tschechei und Österreich".[65]

Der Anschluß war die erste Voraussetzung für die Schaffung „Großdeutschlands", und das wiederum war eine der Voraussetzungen für die Realisierung des außenpolitischen Programms.

1933/34 unternahm Hitler den Versuch – offensichtlich in der Hoffnung, die Dynamik der NS-Bewegung ausnützen zu können – den Anschluß auf schnellstem Wege herbeizuführen. Er ernannte den Landesinspekteur der NSDAP in Wien, Theodor Habicht, zu seinem „Sonderbeauftragten" für Österreich, und von nun an waren Terroranschläge der österreichischen Nationalsozialisten an der Tagesordnung. Als der seit März 1933 autoritär regierende Engelbert Dollfuß – das Parlament hatte sich selbst ausgeschaltet[66] – den bayerischen

Justizminister und Reichsjustizkommissar Frank im Mai 1933 aus Österreich auswies, reagierte Hitler mit der sog. Tausend Mark-Sperre: jeder Deutsche, der fortan nach oder durch Österreich reisen wollte, mußte vorher die extrem hohe „Gebühr" von 1000 Reichsmark zahlen. Diese Maßnahme traf zwar den österreichischen Fremdenverkehr schwer[67], aber Hitlers Erwartungen, wie er sie im Kabinett am 26. Mai 1933 formuliert hatte, erfüllten sich nicht, nämlich: „Diese Maßnahme wird voraussichtlich zum Zusammenbruch der Regierung Dollfuß und zu Neuwahlen führen. Diese Neuwahlen werden die innere Gleichschaltung Österreichs ergeben, auch ohne daß ein äußerer Anschluß nötig ist [...]. Der Kampf wird noch in diesem Sommer entschieden werden."[68]

Dollfuß reagierte im Juni mit einem Betätigungsverbot für die NSDAP.[69] NS-Wirtschaftskrieg und Terror gingen verstärkt weiter, aber der von Hitler erhoffte Erfolg blieb aus. Für einen Anschluß unter NS-Bedingungen waren die Großdeutschen zu haben, nicht aber Sozialdemokraten und Christlichsoziale, die nun den Anschlußparagraphen aus ihren Programmen strichen. Zu einer gemeinsamen Abwehrfront und einem österreichischen Identitätsbewußtsein kam es dennoch nicht, weil das Land zu diesem Zeitpunkt schon in unversöhnliche „Lager" gespalten war und Dollfuß ein Regime etablierte, das bewußt die Konsequenzen aus dieser Situation zog, die schon im Juli 1927 mit dem Brand des Justizpalastes ihren ersten Höhepunkt erreicht hatte.[70]

1977 schrieb die Wiener *Arbeiter-Zeitung in* einem Rückblick auf jene Ereignisse:

„Der 15. Juli 1927 hat mehr Menschenleben gekostet als die Revolution von 1918/19 und nicht viel weniger als der Februar 1934. Er ist das Schlüsselereignis der Ersten Republik, die Wende zwischen Demokratie und Faschismus. An diesem blutigen Freitag ging mehr in Trümmer als der Justizpalast: die Arbeiterklasse verlor ihr Vertrauen in den Rechtsstaat, die Sozialdemokratie den Glauben an die Allmacht ihrer Organisation. Die Ausschaltung des Parlaments 1933, die Auflösung der Sozialdemokratie 1934 waren nur noch die letzten Konsequenzen dieser großen Niederlage der jungen Demokratie.“[71]

Im Februar 1934 standen in viertägigen, bürgerkriegsähnlichen Kämpfen Heimwehr, Militär und Polizei gegen bewaffnete sozialdemokratische Arbeiter Österreichs; es gab Hunderte von Toten, neun Arbeiter wurden hingerichtet. Diese Ereignisse blieben unvergessen, der Schatten der Hingerichteten lag von nun an über allem, was kam. Auf dem Weg zur Umgestaltung des Staates nach faschistischem Vorbild – gegen das vage Versprechen des italienischen Diktators Mussolini, Österreichs Unabhängigkeit mit Waffengewalt zu verteidigen – leistete Dollfuß ganze Arbeit. Nun wurden die Sozialdemokratische Partei, die Freien Gewerkschaften, die Arbeitersport- und Kulturvereinigungen aufgelöst und deren Vermögen beschlagnahmt.[72] Dollfuß führte jetzt einen Zweifrontenkrieg: gegen Nationalsozialisten und Sozialdemokraten. Im „Ständestaat“, der nun aufgebaut wurde, waren nahezu zwei Drittel der Bevölkerung von jeder Mitgestaltung ausgeschlossen, während im NS-Reich die „Volksgemeinschaft“ propagiert wurde. Mit einer solchen Politik war die Überwindung der Anschlußidee zum Scheitern verurteilt, zumal, wie Gerhard Botz betont, „das Bild vom eigenständig österreichischen Menschen als dem besseren Deutschen immer noch dem Deutschnationalismus verbunden war und von hier aus, wie in den letzten Jahren des Ständestaates tatsächlich geschehen, nationalsozialistisch unterhöhlbar“.[73]

Hitlers Versuch einer „schnellen Lösung“ endete mit dem Putsch der österreichischen Nationalsozialisten am 25. Juli 1934. Auch wenn es keinen Befehl Hitlers zum Putsch gibt, die letzte Verantwortung lag bei ihm. Der Putsch war schlecht organisiert, und nach dem Massaker an der SA im Deutschen Reich am 30. Juni trugen die schweren Spannungen zwischen SA und SS in Österreich erheblich zum Scheitern bei. Dollfuß fiel zwar den Putschisten zum Opfer, der Putsch selbst aber brach angesichts der entschlossenen Haltung der Regierung und des Bundesheeres nach wenigen Stunden zusammen. Die deutsche Reichsregierung distanzierte sich von den Vorgängen – nicht zuletzt unter dem Eindruck von Mussolinis Entscheidung, vier Divisionen in Richtung Brenner und eine in Richtung Kärnten in Marsch zu setzen.[74]

Station 6: Die „evolutionäre Lösung“ bis zum Einmarsch der Wehrmacht am 12. März 1938

Die Ereignisse in Österreich mit Mussolinis „Wacht am Brenner“ überzeugten Hitler davon, daß die Zeit für einen Anschluß noch nicht reif war. In dieser Situation plädierte Franz von Papen – jetzt Sondergesandter Hitlers im Wien – daher für eine „evolutionäre“ Lösung dieser Frage, für die „geistige Durchdringung“[75] Österreichs; das Land sollte von innen heraus unterhöhlt werden.[76]

Kurt von Schuschnigg, Nachfolger von Dollfuß, spielte dieser Politik nachgerade in die Hand. Er unternahm nichts, um die „Lager“ zu versöhnen und das politisch gespaltene Land zusammenzuführen; er verfolgte bewußt einen „deutschen Weg“, mit Österreich als zweitem deutschen Staat, und seine Wirtschaftspolitik sorgte dafür, daß Österreich das Land in Europa mit der relativ höchsten Arbeitslosenzahl blieb. Außenpolitisch orientierte er sich dabei mehr und mehr nach Italien. Ob Papens „Evolutionstheorie“ allein jemals zum Erfolg geführt hätte, kann bezweifelt werden. Mitentscheidend waren jedenfalls die außenpolitische Isolierung und die wachsende Abhängigkeit von Mussolini, in die sich Schuschnigg manövrierte. Mit jedem Schritt, mit dem sich Mussolini den Westmächten entfremdete und Hitler annäherte (Überfall auf Abessinien, Spanischer Bürgerkrieg), ließ dessen Interesse an einem unabhängigen Österreich nach und wurde Schuschniggs Spielraum enger. So gab Mussolini Anfang 1936 Berlin zu verstehen, daß er bei einer Garantie der Brennergrenze nichts gegen einen Vertrag einzuwenden habe, bei dem Österreich „so als formell unbedingt selbständiger Staat praktisch ein Satellit Deutschlands“ würde.[77]

Gleichzeitig riet er Schuschnigg zu einem Abkommen mit Hitler, um damit das Verhältnis zwischen Deutschland und Österreich zu verbessern. Das Ergebnis war das von Papen schon lange forcierte „vertrauliche Gentleman's Agreement“ vom 11. Juli 1936. Schuschnigg verpflichtete sich

1. „Die Außenpolitik der österreichischen Bundesregierung unter Bedachtnahme auf die friedlichen Bestrebungen der Außenpolitik der deutschen Reichsregierung zu führen“, wobei weder geklärt wurde, was „Bedachtnahme“ hieß, noch was mit „friedlich“ gemeint war;
2. österreichische Nationalsozialisten „zur Mitwirkung an der politischen Verantwortung“ heranzuziehen;
3. Pressepolemik und Propaganda gegen Deutschland einzustellen;
4. eine Amnestie durchzuführen.

Schuschnigg war sich im klaren darüber, was er da unterschrieb, aber es ging ihm darum, „Zeit zu gewinnen und im Augenblick vom deutschen Druck etwas entlastet zu werden“,[78] zumal Hitler als Gegenspieler bestätigte, daß

> „Deutschland weder die Absicht noch den Willen (hat), sich in die österreichischen inneren Verhältnisse einzumengen, Österreich etwa zu annektieren oder anzuschließen“.[79]

Tatsächlich aber hatte Hitler mit diesem Abkommen den entscheidenden Fuß in die österreichische Tür bekommen: mit Glaise-Horstenau saß schon bald ein Nationalsozialist am Tisch des österreichischen Ministerrates, und die rd. 17.000 amnestierten Nationalsozialisten verstärkten nun den Kampf der „Bewegung“ gegen das „System“, während das Land außenpolitisch ohne Schutz dastand, als es im Herbst 1936 zur „Achse Berlin-Rom“ kam. Damals entstand das makabre Scherzwort, diese Achse sei der Spieß, an dem Österreich braun gebraten werde.[80]

Im Herbst 1936 begann auf deutscher Seite mit dem Vierjahresplan die Phase der direkten Kriegsvorbereitung. In diesem Zusammenhang wurde Österreich immer wichtiger, nicht etwa aus den von Hitler auf Seite 1 von „Mein Kampf“ genannten und bereits zitierten, sondern aus strategischen und ökonomischen Gründen; nicht von ungefähr war es dann Hermann Göring, als Beauftragter für den Vierjahresplan verantwortlich für die Aufrüstung, der nun zur treibenden Kraft für einen schnellen Anschluß wurde.

In Österreich lockten 600.000 Arbeitslose, unter ihnen zehntausende hochqualifizierte Facharbeiter, zahlreiche neue Produktionskapazitäten und wichtige Rohstoffe, insbesondere Eisenerz, Holz, Erdöl, Magnesit. Vor allen Dingen aber lockten Geld- und Devisenvorräte, die angesichts der eigenen katastrophalen Devisenlage dringend benötigt wurden. So verfügte die deutsche Reichsbank Ende 1937 nur noch über Devisen im Wert von rd. 90 Mio. Reichsmark, während die deutsche Beute im März 1938 mit umgerechnet rund 1,4 Mrd. Reichsmark geradezu gigantisch war. Statt das Geld für Arbeitsbeschaffungsmaßnahmen zu verwenden und so die Arbeitslosen und Ausgesteuerten für den Staat zu gewinnen, hatte die Schuschnigg-Regierung der Währungsstabilität absoluten Vorrang eingeräumt und Devisen angehäuft.[81] Mit dieser Beute, so Schausberger,

„erhalten Dimension und Bedeutung der deutschen Anschluß-Forcierung um die Jahreswende 1937/38 erst ihr wirkliches weltpolitisches Gewicht: Das Deutsche Reich konnte mit dem Gewinn Österreichs seine kritische wirtschaftliche Situation überwinden sowie Tempo und Vorsprung der Rüstung durch mindestens neun Monate aufrechterhalten."[82]

Ende 1937 befand sich Österreich innen- und außenpolitisch in einer fast hoffnungslosen Lage: Hitler hatte von Mussolini bei dessen Besuch in Berlin im September 1937 freie Hand im Hinblick auf Österreich erhalten; auch von den Briten war keine Hilfe zu erwarten, nachdem Lord Halifax – Vorsitzender des Geheimen Rates, Vertrauter von Premierminister Chamberlain und schon bald Außenminister – am 19. November 1937 Hitler zu verstehen gegeben hatte, daß bei Danzig, Österreich und der Tschechoslowakei England nur daran interessiert sei,

„daß diese Änderungen im Wege friedlicher Evolution zustandegebracht würden und daß Methoden vermieden würden, die weitergehende Störungen [...] verursachen könnten“[83],

während im Innern die 5. Kolonne der nach wie vor illegalen Nationalsozialisten ihre Aktivitäten verstärkte.

Die Ablösung der Generäle Blomberg und Fritsch und der Wechsel an der Spitze des Auswärtigen Amts (Neurath wurde durch Ribbentrop ersetzt) Anfang Februar 1938 machten deutlich, daß Hitler entschlossen war, den ersten Schritt auf jenem Weg zu gehen, den er in der o. g. Rede vom 5. November 1937 aufgezeigt hatte, und dabei notfalls auch Gewalt anzuwenden; Hitler war nunmehr unumschränkter Herrscher über die Wehrmacht.

In Österreich ist diese Entwicklung damals nicht erkannt worden – übrigens auch nicht von den Gegnern dieser Politik im Reich –, sonst wäre Schuschnigg wohl kaum zu jenem Treffen mit Hitler am 12. Februar in Berchtesgaden bereit gewesen, das Papen und die österreichischen Nationalsozialisten eingefädelt hatten. Wenn der österreichische Kanzler gehofft hatte, bestehende Differenzen klären und Zeit gewinnen zu können, so gab es für ihn ein böses Erwachen. Hitler diktierte dem sowieso nicht besonders nervenstarken Schuschnigg ein auf drei Tage befristetes Ultimatum, die österreichische Außen-, Militär-, Wirtschafts – und Pressepolitik der deutschen anzupassen, den Nationalsozialisten Betätigungsfreiheit und Amnestie zu gewähren und einen ihrer Gemäßigten, Seyß-Inquart, zum Innenminister mit unbeschränkter Polizeikompetenz zu ernennen. Für den Fall der Ablehnung drohte er mit dem Einmarsch der Wehrmacht – ein Bluff, da dafür die Vorbereitungen noch nicht begonnen hatten.

Schuschnigg kapitulierte, zumal auch von außen keine Hilfe zu erwarten war. Dies war im Grunde schon der Anfang vom Ende, das dann doch schneller als erwartet kam. Der Anschluß lag damals „in der Luft“; wenige Tage nach Berchtesgaden setzte eine starke Kapitalflucht ins Ausland ein. Am 20. Februar hielt Hitler eine besonders in Österreich mit

Spannung erwartete Rede, die zum erstenmal im österreichischen Rundfunk übertragen wurde – auch ein Ergebnis von Berchtesgaden. Hitler erwähnte die Unabhängigkeit Österreichs dabei allerdings mit keinem Wort, wies vielmehr darauf hin, wie unerträglich es für eine Weltmacht sei, an ihrer Seite Volksgenossen zu wissen, denen aus ihrer Sympathie oder ihrer Verbundenheit mit dem Gesamtvolk, seinem Schicksal und seiner Weltauffassung fortgesetzt schwerstes Leid zugefügt werde.

Entsprechend war die Reaktion; in vielen Teilen Österreichs folgten der Hitler-Rede nationalsozialistische Demonstrationen und Freudenkundgebungen.

„In Wien wurde vom Rathaus die rotweißrote Fahne gerissen und die Hakenkreuzfahne gehißt, in Graz fühlten viele bereits ‚das Dritte Reich ausgebrochen', und die österreichische Exekutive, jetzt unter Befehl von Seyß-Inquart, schritt nicht ein."[84]

Am 24. Februar reagierte Schuschnigg; in einer großangelegten Rede vor der Bundesversammlung erklärte er es als seine erste Pflicht, die „unversehrte Freiheit und Unabhängigkeit des österreichischen Vaterlandes zu erhalten [...]. Wir wissen genau, daß wir bis zu jener Grenze gehen konnten und gingen, hinter der ganz klar und eindeutig ein: Bis hierher und nicht weiter steht. [...] Bis in den Tod rotweißrot! Österreich!"[85]

Dies konnte auch so aufgefaßt werden, daß für den Erhalt der Unabhängigkeit Österreichs gekämpft werden sollte. Es gab jetzt Demonstrationen für diesen Weg – und entsprechende NS-Gegendemonstrationen.

In Linz nahm Seyß-Inquart am 2. März – mit Hitler-Gruß – eine Parade der verbotenen SA ab; die Veranstaltung wurde zu einer NS-Demonstration, die mit Sprechchören „Ein Volk, ein Reich", „Sieg Heil!" und „Deutschland erwache, Juda verrecke!" endete.[86] Ähnliche Demonstrationen folgten im ganzen Land; die Lage wurde von Tag zu Tag kritischer. In einer verzweifelten Aktion versuchte Schuschnigg, die Initiative zurückzugewinnen und löste damit den letzten Akt dieses Dramas selbst aus. Mit dem einstigen Kampfruf des Tiroler Freiheitshelden Andreas Hofer, „Mander, 's ischt Zeit!“ verkündete er am 9. März in Innsbruck auf einer Versammlung der Vaterländischen Front die Abhaltung einer Volksbefragung am Sonntag, dem 13. März. Die Parole sollte lauten: „Für ein freies und deutsches, unabhängiges und soziales, für ein christliches und einiges Österreich!“ Auch jetzt noch hatte es Schuschnigg für notwendig gehalten, was auch von vielen seiner Anhänger bedauert wurde, von einem „deutschen“ Österreich zu sprechen.

Die ganze Aktion kam jedoch zu spät, war angesichts der Politik der vergangenen vier Jahre ein Verzweiflungsschritt und wurde, wie der italienische Außenminister Ciano notierte, dann auch die „Bombe“, dazu bestimmt, Schuschnigg „in der Hand zu explodieren“;[87] nicht umsonst hatte Mussolini vor einem solchen Schritt gewarnt.

Es ist müßig, darüber zu spekulieren, was wohl geschehen wäre, wenn die Abstimmung stattgefunden hätte.[88] Hitler und seine Paladine, die wußten, wie das Ergebnis von Volksabstimmungen in Diktaturen auszusehen hatten, befürchteten wohl zu Recht, daß Schuschnigg eine Mehrheit zustandebekommen hätte, auch wenn – oder wohl gerade weil – es keine Wählerlisten gab (seit acht Jahren hatten keine allgemeinen Wahlen mehr stattgefunden).

Der 10., 11. und 12. März waren dann von besonderem Chaos, Kompetenz- und Entscheidungswirrwarr in Wien gekennzeichnet, wobei der 11. März zum entscheidenden Tag wurde. Die Chronologie der wichtigsten Ereignisse ist inzwischen weitgehend bekannt; sie stellt sich in Kurzfassung folgendermaßen dar:[89] am Vormittag des 10. März reagierte Hitler auf Schuschniggs Rede: er befahl, das „Unternehmen Otto“, d. h. den Einmarsch in Österreich, für den 12. März vorzubereiten; um 18.30 Uhr wurde der entsprechende Mobilisierungsbefehl erteilt; Glaise-Horstenau, der sich zufällig in Deutschland aufhielt, wurde beauftragt, sofort nach Wien zurückzukehren und Schuschnigg ultimativ aufzufordern, die Volksbefragung zu verschieben. Ein Erfolg dieser Befragung schien sicher, als sich am Morgen des 11. März das Zentralkomitee der Revolutionären Sozialisten mit folgendem Aufruf an die österreichischen Arbeiter wandte:

„Arbeiter, Genossen! Die Volksabstimmung Schuschniggs stellt euch vor die Entscheidung, entweder mit Ja zu stimmen oder dem Hitlerfaschismus zur Macht zur verhelfen. Ein Sieg des Hitlerfaschismus bedeutete nicht nur die blutige Unterdrückung und grenzenlose Ausbeutung der österreichischen Arbeiter, sondern auch eine Bedrohung der ganzen Welt. Die österreichischen Arbeiter können daher die Frage Schuschniggs nicht mit Nein beantworten. [...] Der kommende Sonntag ist nicht der Tag, an dem wir mit dem österreichischen Faschismus abrechnen und dem autoritären Regime die Verbrechen vorhalten, die es seit dem Februar 1934 an den Arbeitern begangen hat, indem wir gegen Schuschnigg stimmen. Am kommenden Sonntag stimmen wir gegen den Hitlerfaschismus. An diesem Tag muß die gesamte Arbeiterklasse mit Ja stimmen."[90]

Dem folgten an diesem Tag gleich drei Ultimaten der österreichischen Nationalsozialisten in Wien – jeweils nach Rücksprachen mit Berlin:

1. Um 10.00 Uhr wurde Schuschnigg von Seyß-Inquart und Glaise-Horstenau unter Androhung ihres Rücktritts – was den Bruch des Berchtesgadener Abkommens bedeutet und Hitler den offiziellen Grund zum militärischen Einschreiten gegeben hätte – aufgefordert, die Volksbefragung abzusetzen; Schuschnigg akzeptierte um 11.30 Uhr.
   Um 13.00 Uhr unterzeichnete Hitler die Weisung Nr. 1 für den Einmarsch am 12. März. Darin hieß es u. a.:

   „Ich beabsichtige, wenn andere Mittel nicht zum Ziele führen, mit bewaffneten Kräften in Österreich einzurücken, um dort verfassungsmäßige Zustände herzustellen und weitere Gewalttaten gegen die deutschgesinnte Bevölkerung zu unterbinden. Den Befehl über das gesamte Unternehmen führe ich [...]. Das Ziel für das Heer ist zunächst die Besetzung von Oberösterreich, Salzburg, Niederösterreich, Tirol, die schnelle Besitznahme von Wien und die Sicherung der österreichisch-tschechischen Grenze [...]. Es liegt in unserem Interesse, daß das ganze Unternehmen ohne Anwendung von Gewalt in Form eines von der Bevölkerung begrüßten friedlichen Einmarsches vor sich geht [...]. Sollte es aber zu Widerstand kommen, so ist er mit größter Rücksichtslosigkeit durch Waffengewalt zu brechen.“[91]

2. Wenige Minuten nach 13.00 Uhr folgte dann das auf 17.30 Uhr befristete zweite Ultimatum von Seyß-Inquart: Rücktritt des Kabinetts und Neubildung durch ihn.

Fast gleichzeitig begann in den Städten und Ländern die Machtübernahme durch die Nazis; das alte Regime brach nahezu widerstandslos zusammen. Als in dieser Situation diplomatische Anfragen in Paris, London und Rom deutlich machten, daß von dort keine Hilfe zu erwarten war, trat Schuschnigg um 16.00 Uhr zurück. Dem folgte wenig später das

3. Ultimatum, diesmal an Bundespräsident Miklas: bis 19.30 Uhr Ernennung von Seyß-Inquart zum neuen Bundeskanzler, andernfalls Einmarsch der deutschen Truppen. Während Miklas sich noch weigerte, das Ultimatum anzunehmen, kapitulierte Schuschnigg endgültig; er verabschiedete sich um 20.00 Uhr über den Rundfunk von seinen Landsleuten und gab Ultimatum und Einmarschdrohung bekannt:

   „Der Herr Bundespräsident beauftragt mich, dem österreichischen Volk mitzuteilen, daß wir der Gewalt weichen. Wir haben, weil wir um keinen Preis, auch in ernster Stunde nicht, deutsches Blut zu vergießen gesonnen sind, unserer Wehrmacht den Auftrag gegeben, für den Fall, daß der Einmarsch durchgeführt wird, ohne Widerstand sich zurückzuziehen. [...] Gott schütze Österreich!“[92]

Das Bundesheer wurde angewiesen, daß bei einem Einmarsch deutscher Truppen „kein Schuß abzugeben“ sei und sich „die eigenen Truppen nach Osten zurückzuziehen hätten“.

Unabhängig von der Frage, wie sich die Truppen in Vorarlberg und Tirol „nach Osten“ zurückziehen sollten, lauten die viel interessanteren und oft gestellten Fragen: „Warum ist kein Befehl zum militärischen Widerstand gegeben worden?“ und „Was wäre dann geschehen?“ Die zweite Frage kann der Historiker nicht beantworten; die erste Frage kann ernsthaft wohl nur so beantwortet werden, daß in der konkreten Situation jenes 11./12. März unmittelbar vor bzw. nach der Machtübernahme der Nationalsozialisten jede politische Grundlage für einen solchen Befehl bzw. für dessen Durchführung fehlte; und im übrigen wollte diese österreichische Führung kein „deutsches Blut" vergießen. In der Diskussion um möglichen Widerstand ist hier oftmals der Wunsch der Vater des Gedankens. Es gab keinen politischen Willen für einen solchen Schritt, es gab keine funktionsfähige Regierung mehr, die Truppe war von „illegalen Elementen", sprich Nationalsozialisten, durchsetzt, und die Nationalsozialisten hatten praktisch schon die Macht im Lande übernommen.

In den Bundesländern übernahmen inzwischen die Nationalsozialisten die Macht – allen voran Tirol, das als erstes Land um 21 Uhr die Vollzugsmeldung nach Wien schickte. Um 23 Uhr wurde Seyß-Inquart dann von Miklas zum neuen Bundeskanzler ernannt. Obwohl der Sieg der österreichischen Nationalsozialisten damit vollständig war, änderte dies nichts an der von Hitler um 20.45 Uhr unterzeichneten Weisung Nr. 2, am 12. März bei Tagesanbruch mit dem Einmarsch zu beginnen; die letzte Ungewißheit auf Seiten Hitlers wurde am späten Abend beseitigt, als aus Rom mitgeteilt wurde, Mussolini habe nichts gegen die Aktion.[93]

Jubel und Begeisterung der Österreicher beim Einmarsch der deutschen Truppen am Vormittag des 12. März übertrafen alle Erwartungen auf deutscher Seite und trugen mit zu Hitlers Entschluß bei, den Anschluß Österreichs sofort und vollständig durchzuführen, ohne die zunächst beabsichtigte Übergangsregelung abzuwarten. Seyß-Inquart blieb es vorbehalten, als letzten Akt seiner zweitägigen Kanzlerschaft am 13. März das Gesetz über die „Wiedervereinigung Österreichs mit dem Deutschen Reich" zu unterzeichnen, in dem der Artikel 1: „Österreich ist ein Land des Deutschen Reiches" in fataler Weise an das Jahr 1918 erinnerte, obwohl doch alles ganz anders war.

Neben Begeisterung, Jubel, Zustimmung, Hoffnung auf bessere Zeiten und viel Opportunismus gab es damals auch Österreicher, die mit dem, was da geschah, nicht einverstanden waren – auch wenn sie weitgehend unbemerkt blieben, denn Himmlers Schergen griffen schnell zu; was blieb, waren die Jubelbilder und Hitler auf dem Heldenplatz. Und wo noch Skepsis war, wurde diese in den Wochen bis zur Volksabstimmung am 10. April unter einem bisher nicht dagewesenen Propagandafeldzug begraben – nicht ohne Zutun der Österreicher selbst. So begrüßten es die katholischen Bischöfe, „daß durch das Wirken der nationalsozialistischen Bewegung die Gefahr des alles zerstörenden gottlosen Bolschewismus abgewehrt wurde“, und wollten „dieses Wirken für die Zukunft mit ihren besten Segenswünschen (begleiten)“; Kardinal Innitzer unterzeichnete mit „Heil Hitler“.[94] Karl Renner erklärte am 2. April: „Obschon nicht mit jenen Methoden, zu denen ich mich bekenne, errungen, ist der Anschluß nunmehr doch vollzogen, ist geschichtliche Tatsache; und diese betrachte ich als wahrhafte Genugtuung für die Demütigungen von 1918 und 1919, für St. Germain und Versailles. [...] Als Sozialdemokrat und somit als Verfechter des Selbstbestimmungsrechtes der Nationen, als erster Kanzler der Republik Österreich werde ich mit ›Ja‹ stimmen.“[95] Wer sollte als Katholik oder Sozialist bei solchen „Vorgaben“ noch mit „Nein“ stimmen? Entsprechend war denn auch das Ergebnis. Auf die Frage: „Bist Du mit der am 13. März 1938 vollzogenen Wiedervereinigung Österreichs mit dem Deutschen Reich einverstanden und stimmst Du für die Liste unseres Führers Adolf Hitler?“[96] gab es in Österreich 4.453.772 = 99,73 Prozent Ja-Stimmen, 11.929 Nein-Stimmen und 5.776 ungültige Stimmzettel (in Deutschland 44.362.667 = 99,02 Prozent Ja-, 440.429 Nein-Stimmen; die Abstimmung galt gleichzeitig als Wahl zum Reichstag). Dabei ist wohl davon auszugehen, daß es Wahlfälschungen im großen Stil nicht gab – dies war unter den gegebenen Umständen in der Tat auch gar nicht nötig.

Bei vielen Österreichern trat die Ernüchterung dann aber schon bald ein. Hitler hatte die österreichischen Nazis nie besonders gemocht, und so übernahmen Nazis aus dem „Altreich" führende Positionen in Österreich; und daß im ersten Flugzeug, das am 12. März in Wien um 4.30 Uhr landete, u. a. Heinrich Himmler, Reichsführer SS und Chef der deutschen Polizei, und SS-Gruppenführer Reinhard Heydrich, Chef des Sicherheitsdienstes (SD), gewesen waren, hatte auch seine Bedeutung: bis Dezember befanden sich rd. 21.000 Menschen in „Schutzhaft"; es gab systematischen Terror, Racheakte und schlimme antisemitische Ausschreitungen – auch nur möglich, weil der Antisemitismus Tradition hatte und tief saß. „Mit nackten Händen", so erinnerte sich ein Augenzeuge, „mußten Universitätsprofessoren die Straßen reiben, fromme bärtige Juden wurden in den Tempel geschleppt und von johlenden Burschen gezwungen, Kniebeugen zu machen und im Chor ‚Heil Hitler' zu schreien. Man fing unschuldige Menschen auf der Straße wie Hasen zusammen und schleppte sie, die Abtritte der SA-Kasernen zu fegen; alles, was krankhaft schmutzige Haßphantasie in vielen Nächten sich orgiastisch ersonnen, tobte sich am hellen Tage aus."[97]

Der Name Österreich und die Traditionen des Landes wurden schon bald ausgelöscht; aus Österreich wurde erst die „Ostmark", dann „Alpen- und Donaugaue"; von der Höhe seiner reichen Kultur sank es in Provinzialismus ab. Dies wollte von jenen, die am 10. April mit „Ja" gestimmt hatten, wohl niemand, genausowenig wie sie Krieg wollten. Die meisten Österreicher taten in diesem Krieg zwar ihre „Pflicht" bis zum bitteren Ende, aber für viele galt auch das, was der Sozialdemokrat und spätere österreichische Bundespräsident Adolf Schärf nach eigenen Angaben einem Vertreter des deutschen Widerstandes im Frühjahr 1943 sagte: „Der Anschluß ist tot, die Liebe zum Deutschen Reich ist den Österreichern ausgetrieben worden."[98]

1 Max Domarus (Hrsg.), Hitler. Reden und Proklamationen 1932–1945, Bd. 1, Triumph, 2. Halbband 1935–1938, Wiesbaden 1973, S. 824.

2 Die Wurzeln des Anschlußproblems reichen bis ins 19. Jahrhundert zurück, als es um die großdeutsche oder kleindeutsche Lösung der deutschen Frage ging – die im Jahre 1866 mit dem Sieg der Preußen über die Österreicher bei Königgrätz vorläufig beantwortet wurde. Aus Platzgründen kann dies hier nicht erörtert werden. Vgl. hierzu bes. die Beiträge von Fritz Fellner und Michael Derndarsky, in: Heinrich Lutz/Helmut Rumpler (Hrsg.), Österreich und die deutsche Frage im 19. und 20. Jahrhundert, Wien 1982, S. 33–59 und S. 92–116, sowie Norbert Schausberger, Wurzelzonen der Anschlußfrage im 19. Jahrhundert, in: *Österreich in Geschichte und Literatur* 23 (1979), S. 121–147. Die österreichischen Sozialdemokraten knüpften am Ende des Ersten Weltkrieges bewußt an diesem Punkt an. So forderte ihr intellektueller Führer, Otto Bauer, auf dem Parteitag am 31. 10. 1918, „den Anschluß dort zu suchen, wo wir ihn finden können, wo wir von Natur aus hingehören und wo man uns nur künstlich vor Jahrzehnten abgetrennt hat – beim Deutschen Reich“. Zitiert bei Ludwig Brügel, Geschichte der österreichischen Sozialdemokratie, Bd. 5, Wien 1925, S. 363. Vgl. auch Anm. 13.

3 Eine ähnliche „Phasen“-Einteilung bei Gerhard Botz, Der 13. März und die Anschlußbewegung, Wien 1978, S. 9, sowie Ders., Das Anschlußproblem (1918–1945) – Aus österreichischer Sicht, in: Robert A. Kann/Friedrich E. Prinz (Hrsg.), Deutschland und Österreich. Ein bilaterales Geschichtsbuch, Wien – München 1980, S. 179–198, hier S. 184, und Ulrich Kluge, Der österreichische Ständestaat 1934–1938, Wien – München 1984, S. 127. Vgl. zu unserem Thema auch den profunden Aufsatz von Andreas Hillgruber, Das Anschlußproblem (1918–1945) – Aus deutscher Sicht, in: Kann/Friedrich, Deutschland und Österreich, S. 161–178.

4 Es hieß weiter in Artikel 2: „Besondere Gesetze regeln die Teilnahme Deutschösterreichs an der Gesetzgebung und Verwaltung des Deutschen Reiches sowie die Ausdehnung des Geltungsbereiches von Gesetzen und Einrichtungen der Deutschen Republik auf Deutschösterreich.“ Vgl. Staatsgesetzblatt für den Staat Deutschösterreich, 1918, Nr. 45, S. 4 f.

5 Vgl. Hellmut Andics, Der Staat, den keiner wollte. Österreich 1918 bis 1938, Wien 1962.

6 Das Protokoll verzeichnet hier: „Die Versammlung erhebt sich. Stürmischer, langanhaltender Beifall und Händeklatschen im Saal und auf den Galerien.“

7 Vgl. Dokument 1.

8 Vgl. Heinz von Paller, Der großdeutsche Gedanke, Leipzig 1928, S. 111.

9 Ebd., S. 144.

10 Karl Renner, Denkschrift über die Geschichte der Unabhängigkeitserklärung Österreichs und die Einsetzung der provisorischen Regierung der Republik, Wien 1945, S. 18 f.

11 Vgl. Otto Bauer, Acht Monate auswärtige Politik, Wien 1919.

12 Vgl. hierzu auch Eduard März, Österreichische Bankenpolitik in der Zeit der großen Wende 1913–1923, Wien 1981.

13 Zur Gesamtproblematik vgl. die Beiträge von Helmut Konrad, Rudolf Kropf und Hanns Haas, in: Helmut Konrad (Hrsg.), Sozialdemokratie und „Anschluß“. Historische Wurzeln, Anschluß 1918 und 1938, Nach-

wirkungen (Schriftenreihe des Ludwig Boltzmann-Instituts für Geschichte der Arbeiterbewegung 9), Wien – München – Zürich 1978.

14 Karl Stadler, Hypothek auf die Zukunft. Die Entstehung der österreichischen Republik 1918–1921, Wien – Frankfurt – Zürich 1968, S. 68. Anzumerken ist dabei allerdings, daß die Sozialdemokraten auch dann weiter für den Anschluß waren, als klar war, daß es kein sozialistisches Deutschland geben würde.

15 Vgl. den offiziellen Bericht des Wiener Polizeipräsidenten Johannes Schober v. 12. 11. 1918 und den Bericht eines Augenzeugen; beide abgedruckt bei Rudolf Neck (Hrsg.), Österreich im Jahre 1918. Berichte und Dokumente, München 1968, S. 146 ff. bzw. 137 ff.

16 Dafür wurde zum Kampf gegen die „jüdische Herrschaft" aufgerufen (Punkt 7).

17 Vgl. Dokument 2.

18 Vgl. Dokument 4.

19 Oberst von Haeften über das Auftreten von Hartmann auf der Reichskonferenz. Vgl. Dokument 5.

20 Vgl. Hermann Ullmann, Antriebe und Quellen der Anschlußbewegung, in: Staat und Volkstum (1926), S. 15 ff.

21 Bericht Bauers über die Verhandlungen in Deutschland. Stenographisches Protokoll der 3. Sitzung der Konstituierenden Nationalversammlung für Deutschösterreich am 12. 3. 1919.

22 Für diese Haltung gibt es zahlreiche Zeugnisse. So erklärte Außenminister Pichon schon am 29. 12. 1918, man werde die Macht Deutschlands entscheidend reduzieren und ihm die Möglichkeit nehmen, sich an den Österreichern für das schadlos zu halten, was es unwiderruflich verloren habe (Paller, Der großdeutsche Gedanke, S. 141). Für die Militärs blieb Deutschland auch nach der Niederlage noch für lange Zeit „wegen seiner materiellen und geistigen Verfassung und seiner zahlenmäßigen Überlegenheit über die demokratischen Länder Westeuropas eine furchtbare Bedrohung für die Zivilisation". (Note von Marschall Foch an die alliierten Mächte, 10. 1. 1919; abgedruckt bei J. Hohlfeld (Hrsg.), Dokumente der Deutschen Politik, Bd. 3, S. 8 ff.) In Deutschösterreich selbst agierten der französische Gesandte Allizé und der französische Oberst Vyx mit diplomatischen und militärischen Intrigen und der Errichtung von eigenen Nachrichtenagenturen gegen den Anschluß; vgl. Walter Goldinger in: Heinrich Benedikt (Hrsg.), Geschichte der Republik Österreich, München 1954, S. 96.

23 Walter Schücking, Kommentar zum Friedensvertrag, Berlin 1920, S. 465.

24 Abgedruckt bei Paller, Der großdeutsche Gedanke, S. 150.

25 Staatsgesetzblatt für den Staat Deutschösterreich, 1919, Gesetz Nr. 484.

26 So soll Clemenceau gesagt haben.

27 Nur durch Lebensmittelsendungen aus verschiedenen Ländern und durch zahlreiche andere Hilfsaktionen, insbesondere für Kinder, die das „Internationale Komitee für Reliefkredite" organisierte, wurde Österreich vor dem Schlimmsten bewahrt. Vgl. hierzu Gustav Gratz/Richard Schüller, Der wirtschaftliche Zusammenbruch Österreich-Ungarns. Die Tragödie der Erschöpfung, Wien – New Haven 1930.

28 Abgedruckt bei Friedrich F. G. Kleinwaechter/Heinz Paller (Hrsg.), Die

Anschlußfrage in ihrer kulturellen, politischen und wirtschaftlichen Bedeutung, Wien – Leipzig 1930, S. 80.

29 Ebd., S. 81.

30 Vgl. hierzu Hermann Kuprian, Tirol und die Anschlußfrage 1918 bis 1921, in: Thomas Albrich/Klaus Eisterer/Rolf Steininger (Hrsg.), Tirol und der Anschluß. Voraussetzungen, Entwicklungen, Rahmenbedingungen 1918–1938 (Innsbrucker Forschungen zur Zeitgeschichte 3), Innsbruck 1988, S. 43–74.

31 Zur Erinnerung an diese Abstimmung wurde 1923 am Rathaus der Stadt Salzburg eine Gedenktafel errichtet, „in unerschütterlicher Zuversicht, daß die verlorene Einheit des Vaterlandes wieder errungen werde“, wie die Inschrift besagte. Nach Kriegsende, wahrscheinlich schon 1945, wurde die Gedenktafel entfernt. Freundliche Mitteilung von Dr. J. Gassner vom Salzburger Museum Carolino Augusteum.

32 Bereits am 11. 5. 1919 hatte in Vorarlberg eine Abstimmung stattgefunden, in der es um den Anschluß an die Schweiz gegangen war. Von 58.449 Wahlberechtigten hatten 41.208 (= 80,8 Prozent) folgende Frage mit „Ja“ beantwortet: „Wünscht das Vorarlberger Volk, daß der Landesrat der Schweizerischen Bundesregierung die Absicht des Vorarlberger Volkes, in die schweizerische Eidgenossenschaft einzutreten, bekanntgebe und mit der Bundesregierung in Verhandlungen eintrete?“ Vgl. hierzu den Beitrag von Werner Dreier, Vorarlberg und die Anschlußfrage 1918–1938, in: Albrich u. a. (Hrsg.), Tirol, S. 183–220.

33 Vgl. Kuprian, Tirol und die Anschlußfrage, S. 65.

34 So Goldinger, in: Benedikt, Geschichte, S. 122.

35 Die Krone sank auf den 15.000sten Teil ihres Goldwertes; so kostete z. B. ein Brot, für das man früher eine halbe Krone hatte zahlen müssen, jetzt 6600 Kronen.

36 In: Benedikt, Geschichte, S. 126.

37 Memorandum der österreichischen Regierung an die in London versammelten Entente-Staatsmänner; abgedruckt bei Gerhard Anschütz u. a. (Hrsg.), Handbuch der Politik, Bd. 6, Berlin 1926, S. 417 ff. Brief des österreichischen Gesandten in London, Franckenstein, an Lloyd George; ebd., S. 173 f.

38 Text der Protokolle im Bundesgesetzblatt für die Republik Österreich vom 3. 12. 1922, S. 842.

39 So der Generaldirektor der neuen Wiener Bankgesellschaft, Wilhelm König, am 6. 10. 1922 in der *Reichspost*.

40 Vgl. auch die weiteren Ausführungen von Bauer und Renner bei Kurt Schuschnigg, Dreimal Österreich, Wien 1938, S. 85 f.

41 Allein in den ersten vier Monaten des Jahres 1925 meldeten 699 Betriebe Konkurs an. Vgl. Survey of International Affairs 1925, London 1926, S. 198.

42 Vgl. Margaret M. Ball, Post-War German-Austrian Relations. The Anschluß Movement 1918–1936, Stanford 1937, S. 59 f.

43 Im Koalitionsvertrag war der Großdeutschen Partei ausdrücklich volle Freiheit in der Anschlußpropaganda zugebilligt worden. Vgl. Adam Wandruszka, in: Benedikt, Geschichte, S. 387.

44 Zitiert bei Paller, Der großdeutsche Gedanke, S. 133.

45 Ebd., S. 246.

46 Vgl. hierzu Franz Mathis, Deutsches Kapital in Österreich vor 1938, in: Albrich u. a. (Hrsg.), Tirol, S. 435–452.
47 So wurden dann auch die o. g. Anschlußorganisationen insgeheim finanziert. Vgl. dazu Winfried R. Garscha, Die deutsch-österreichische Arbeitsgemeinschaft. Kontinuität und Wandel deutscher Anschlußpropaganda und Angleichungsbemühungen vor und kurz nach der nationalsozialistischen „Machtergreifung“, Wien – Salzburg 1984.
48 Aufzeichnung Stresemanns, 13. 1. 1925; zit. bei Fritz Fischer, Bündnis der Eliten. Zur Kontinuität der Machtstrukturen in Deutschland 1871–1945, Düsseldorf 1979, S. 76, und Hillgruber, Anschlußproblem, S. 164.
49 ADAP (B), Bd, I/1, Göttingen 1966, S. 727 ff. und Hillgruber, Anschlußproblem, S. 164.
50 Vgl. hierzu den Bericht des österreichischen Instituts für die Konjunkturforschung: Die Entwicklung der österreichischen Wirtschaft 1923–1932, Wien 1933.
51 So in seiner Rede auf der 2. Haager Konferenz; Vgl. *Schulthess' Europäischer Geschichtskalender* 1930, S. 442.
52 Wien: Bericht vom 21. 11. 1929; Innsbruck: Bericht vom 30. 1. 1930. Vgl. F. G. Stambrook, The German-Austrian Customs Union Project of 1931. A Study of German Methods and Motives, in: *Journal of Central European Affairs* 31 (1961), S. 21. Vgl. auch Walter Wiltschegg, Die Heimwehr, Eine unwiderstehliche Volksbewegung?, Wien 1985.
53 Text der Rede in G. Suarez, Briand. Sa vie – son œuvre – avec son journal, Bd. 6, Paris 1952, S. 326 f. Der Plan wurde am 17. Mai 1930 den Regierungen von 26 Ländern zur Stellungnahme bis zum 15. Juli zugesandt.
54 Akten der Reichskanzlei; Brüning I, S. 281.
55 Ebd., S. 283.
56 Zitiert bei W. Ruge/W. Schumann, Die Reaktion des deutschen Imperialismus auf Briands Europaplan, in: *Zeitschrift für Geschichtswissenschaft* 20 (1972), S. 64.
57 Staatssekretär v. Bülow am 19. 4. 1931. Vgl. Stambrook, German-Austrian Customs-Union, S. 43 f.; vgl. auch Peter Krüger, Die Außenpolitik der Republik von Weimar, Darmstadt 1985, S. 532, und die Arbeiten von Hans-Jürgen Schröder zu diesem Thema, u. a. Die deutsche Südosteuropapolitik und die Reaktion der angelsächsischen Mächte 1929–1933/34, in: Josef Becker/Klaus Hildebrand (Hrsg.), Internationale Beziehungen in der Weltwirtschaftskrise 1929–1933, München 1980, S. 343–360.
58 ADAP (B), Bd. XVI, S. 434–437, hier S. 436.
59 Vgl. hierzu Frank Wittendorfer, Industrie, Banken, Politiker und Verbände in Österreich im Widerstand gegen die Wirtschaftspolitik des Jahres 1931. Dargestellt am Beispiel des deutsch-österreichischen Zollunionsprojektes, phil. Diss. Innsbruck 1986.
60 Karl Renner, Österreich von der Ersten zur Zweiten Republik, Wien 1953 (nachgelassene Werke, Bd. II.), S. 100.
61 Krüger, Außenpolitik, S. 533.
62 Oswald Hauser, Der Plan einer deutsch-österreichischen Zollunion von 1931 und die europäische Föderation, in: *Historische Zeitschrift* 179 (1955), S. 92.
63 So der damalige amerikanische Präsident Herbert Hoover, der das Pro-

jekt in seiner Bedeutung mit dem Attentat von Sarajewo 1914 verglich. Herbert Hoover, Memoiren, deutsche Ausgabe, Bd. III, Die große Wirtschaftskrise 1929–1941, Mainz 1954, S. 67. Zum Zollunionsprojekt jetzt Rolf Steininger, „... Der Angelegenheit ein paneuropäisches Mäntelchen umhängen ...“. Das deutsch-österreichische Zollunionsprojekt von 1931, in: Michael Gehler/Rainer F. Schmidt/ Harm-Hinrich Brandt/Rolf Steininger (Hrsg.), Ungleiche Partner? Österreich und Deutschland in ihrer gegenseitigen Wahrnehmung. Historische Analysen und Vergleiche aus dem 19. und 20. Jahrhundert (Historische Mitteilungen der Ranke-Gesellschaft, Beiheft 15), Stuttgart 1996, S. 441–478.

64 Adolf Hitler, Mein Kampf, 548–552. Auflage, München 1940, S. 1.

65 ADAP (D), Bd. I, S. 52 („Hoßbach-Protokoll“). Vgl. auch Hillgruber, Anschlußproblem, S. 171.

66 In der Sitzung am 4. März hatten nacheinander sowohl Präsident Renner als auch die Vizepräsidenten ihre Ämter niedergelegt, um in ihrer jeweiligen Fraktion mitstimmen zu können.

67 Siehe hierzu den Beitrag von Josef Nussbaumer, Die Tausend-Mark-Sperre vom Mai 1933 und der Tiroler Fremdenverkehr, in: Albrich u. a. (Hrsg.), Tirol, S. 307–330.

68 ADAP (D), Bd. I, S. 483 f.

69 Zuvor war schon das Zeigen der Hakenkreuzfahne verboten worden; der „Hitler-Gruß“ wurde mit zwei Monaten Gefängnis bestraft.

70 Das Wiener Landesgericht hatte am 14. Juli 1927 drei Frontkämpfer freigesprochen, die am 30. Januar 1927 im burgenländischen Schattendorf zwei Angehörige des Republikanischen Schutzbundes der Sozialdemokraten erschossen hatten, obwohl der Staatsanwalt die Geschworenen aufgefordert hatte, die Angeklagten schuldig zu sprechen, wenn auch „die moralische Verantwortung für die Ereignisse auf dem Schutzbund laste“. Bei den Demonstrationen am 15. 7. 1927 gab es 89 Tote, 660 Schwer-, 1000 Leichtverletzte.

71 Beilage zur *Arbeiter-Zeitung*, 26. 7. 1977.

72 Vgl. hierzu: Das Jahr 1934: 12. Februar. Protokoll des Symposiums in Wien am 5. Februar 1974, hrsg. v. Ludwig Jedlicka/Rudolf Neck (Wissenschaftliche Kommission des Theodor-Körner-Stiftungsfonds und des Leopold-Kunschak-Preises zur Erforschung der österreichischen Geschichte der Jahre 1927–1938), Wien 1975, sowie den Beitrag von Wolfgang Maderthaner in diesem Band.

73 Botz, Anschlußproblem, S. 188.

74 Zum Juliputsch siehe vor allem: Gerhard Jagschitz, Der Putsch. Die Nationalsozialisten im Juli 1934 in Österreich, Graz 1975. Ferner: Österreich 1927–1938. Protokoll des Symposiums in Wien 23.–28. 10. 1972, hrsg. v. Ludwig Jedlicka/Rudolf Neck, Wien 1973 (darin in erster Linie die Beiträge von Karl Stuhlpfarrer, Österreichs außenpolitische Lage 1934; Ludwig Jedlicka, Die Ära Schuschnigg; Gerhard Jagschitz, Bundeskanzler Dollfuß und der Juli 1934); Gottfried-Karl Kindermann, Hitlers Niederlage in Österreich. Bewaffneter NS-Putsch, Kanzlermord und österreichischer Abwehrsieg von 1934, Hamburg 1984, sowie den Beitrag von Gerhard Jagschitz in diesem Band.

75 Hans-Adolf Jacobsen, Nationalsozialistische Außenpolitik 1933–1938, Frankfurt – Berlin 1968, S. 436; Hillgruber, Anschlußproblem, S. 169;

Norbert Schausberger, Der Anschluß, in: Erika Weinzierl/Kurt Skalnik (Hrsg.) Österreich 1918–1938. Geschichte der Ersten Republik, Bd. 1, Graz – Wien – Köln 1983, S. 518.

76 Franz Müller, Franz von Papen und die deutsche Österreichpolitik in den Jahren 1934–1938, in: Albrich, u. a. (Hrsg.), Tirol, S. 357–384.

77 Mussolini am 6. 1. 1936 gegenüber Botschafter Ulrich v. Hassell. Vgl. Esmonde Robertson, Zur Wiederbesetzung des Rheinlandes 1936, in: *Vierteljahrshefte für Zeitgeschichte* 10 (1962), S. 189.

78 Schausberger, Anschluß, S. 518.

79 ADAP (D), Bd. I, S. 231 ff.

80 Vgl. Schausberger, Anschlußpolitik, S. 141. Zum Juli-Abkommen vgl. Das Juliabkommen von 1936. Vorgeschichte, Hintergründe und Folgen. Protokoll des Symposiums in Wien am 10. und 11. Juni 1976, hrsg. v. Ludwig Jedlicka/Rudolf Neck, Wien 1977 und den Beitrag von Dieter A. Binder in diesem Band.

81 Vgl. Dieter Stiefel, Utopie und Realität: Die Wirtschaftspolitik des Ständestaates, in: Albrich u. a. (Hrsg.), Tirol, S. 403–434.

82 Schausberger, Anschluß, S. 522 f. Zu dieser Thematik die detaillierte Arbeit von Norbert Schausberger, Der Griff nach Österreich. Der Anschluß, Wien – München 1978. Zur Gesamtproblematik: Anschluß 1938. Protokoll des Symposiums in Wien am 14. und 15. März 1978, hrsg. v. Rudolf Neck/Adam Wandruszka, Wien 1981. Vgl. auch Dietmar Petzina, Die deutsche Wehrwirtschaftsplanung und der Anschluß Österreichs, in: Albrich u. a. (Hrsg.), Tirol, S. 453–480.

83 ADAP (D), Bd. I, S. 47–52.

84 Schausberger, Anschluß, S. 530.

85 Vgl. *Keesings Archiv der Gegenwart* 1938, S. 3439–3444.

86 Vgl. Franz Danimann (Hrsg.), Finis Austriae. Österreich, März 1938, Wien – München – Zürich 1978, S. 49.

87 Graf Ciano, Tagebücher 1937/38, Hamburg 1949, S. 123.

88 In fast allen Arbeiten über den Anschluß wird darauf verwiesen, daß in verschiedenen entlegenen Kleingemeinden Österreichs die von Schuschnigg angesetzte Volksbefragung tatsächlich abgehalten worden sei, weil man von den Ereignissen am 11. und 12. März noch nichts gewußt habe, und daß im Vergleich zum 10. April völlig diametrale Ergebnisse erzielt worden seien, einmal 100 Prozent für ein unabhängiges Österreich und einmal 100 Prozent für den Anschluß. Als erster hat davon Kurt Schuschnigg, Im Kampf gegen Hitler. Die Überwindung der Anschlußidee, Wien 1969, S. 313, berichtet und dabei die Tiroler Gemeinde Tarrenz genannt. Solche Abstimmungen haben *nachweislich nicht stattgefunden;* dennoch hält sich diese Legende hartnäckig, weil nützlich, vgl. kritisch auch Michael Gehler, Zwischen Anspruch und Wirklichkeit. Zur Rolle der Medien und Propaganda im Gau Tirol-Vorarlberg nach dem Anschluß, in: *Tiroler Heimat,* Bd. 53 (1989), Innsbruck 1990, S. 105–133, hier S. 108 f.

89 Ausführliche Darstellung bei Schausberger, Anschluß, S. 534, und Erwin Schmidl, März '38. Der deutsche militärische Einmarsch in Österreich, Wien 1987.

90 Zitiert bei Danimann, Finis Austriae, S. 53 f.

91 IMT, Bd. XXXIV, S. 336.

92 *Wiener Zeitung,* 12. 3. 1938.

93 Hitlers emphatische Antwort, er werde ihm dies „nie vergessen. Nie, nie, nie, was immer geschehen mag“. (IMT, Bd. XXXI, S. 368 f.), führte zu dem Gerücht, Mussolini habe Hitler als „Morgengabe“ die Rückgabe Südtirols zugesagt.

94 Faksimile in: Anschläge. Politische Plakate in Deutschland 1900–1970, hrsg. v. F. Arnold, Ebenhausen 1972, Nr. 110.

95 *Neues Wiener Tagblatt,* 2. 4. 1938.

96 Politische Plakate, Nr. 111.

97 Stefan Zweig, Die Welt von gestern, Frankfurt/M. 1949; zit. n. Joachim Fest, Hitler. Eine Biographie, Berlin – Frankfurt 1973, S. 755. Vgl. auch den Beitrag von Thomas Albrich in diesem Band.

98 Adolf Schärf, Erinnerungen aus meinem Leben, Wien 1963, S. 267.

Dokument 1

Telegramm des österreichischen Unterstaatssekretärs Otto Bauer an den Volksbeauftragten Haase vom 13. 11. 1918

Indem ich Sie zur Übernahme Ihres neuen Amtes in so geschichtlicher Stunde herzlichst beglückwünsche, teile ich Ihnen mit, daß die provisorische Nationalversammlung Deutsch-Österreichs einstimmig beschlossen hat, Deutsch-Österreich für eine demokratische Republik zu erklären, die ein Bestandteil der großen deutschen Republik ist und bleiben soll. Durch diesen Beschluß seiner provisorischen Vertretung hat Deutsch-Österreich seinen Willen kundgetan, sich mit den anderen deutschen Stämmen, von denen es vor 52 Jahren gewaltsam getrennt wurde, wieder zu vereinigen. Wir bitten Sie und die deutsche Regierung, diese Bestrebungen des deutschen Volkes in Österreich zu unterstützen und in direkte Verhandlungen mit uns über die Vereinigung Deutsch-Österreichs mit der deutschen Republik und über die Teilnahme an der Gesetzgebung und Verwaltung des deutschen Reiches einzutreten. Wir bitten Sie, uns Gelegenheit zu geben, uns mit Ihnen über alle Fragen der Friedensverhandlungen ins Einvernehmen zu setzen und diese Verhandlungen in engster Freundschaft miteinander zu führen. Wir bitten Sie schließlich, auch unserer schweren augenblicklichen Not Ihre Aufmerksamkeit zu schenken. Da sich die neuen slawischen nationalen Staaten, die aus dem Zusammenbruch Österreichs hervorgegangen sind, gegen uns vollständig absperren, leiden wir bittere Not an Kohle und Lebensmitteln. Das deutsche Volk in Österreich und insbesondere die deutschen Arbeiterklassen sind überzeugt, daß die neue Regierung der deutschen Republik uns in diesen Stunden der Not beistehen wird. Was wir brauchen, ist an zuständiger Stelle bekannt. Wir bitten Sie, Ihren Einfluß dafür einzusetzen, daß wir die unentbehrliche Aushilfe an Kohle und Lebensmitteln rasch und schnell bekommen. Ich hoffe, daß die alten freundschaftlichen und parteigenössischen Beziehungen, die uns verbinden, es uns erleichtern werden, die engste und dauernde Verbindung zwischen Deutschland und Deutsch-Österreich herzustellen.

Mit herzlichen Grüßen Otto Bauer

Wolffs Telegraphisches Büro, 14. 11. 1918.

Dokument 2

Die Antwort Haases an Bauer vom 15. 11. 1918

Ihre Glückwünsche erwidere ich namens des Rates der Volksbeauftragten der deutschen Republik auf das wärmste. In Erinnerung an unsere freundschaftlichen und parteigenössischen Beziehungen ist es mir eine besondere Freude, daß wir berufen sind, an leitender Stelle für das Wohl des deutschen Volkes zu wirken. Der Rat der Volksbeauftragten ist gern bereit, mit Ihnen alle Fragen der Friedensverhandlungen zu erörtern und diese Verhandlungen in engster Freundschaft mit Ihnen zu führen. Wir erwarten zu diesem Zweck Vertreter von Deutsch-Österreich in Berlin. Wir empfinden die Not unserer Brüder in Deutsch-Österreich aufs schmerzlichste. Wir brauchen nicht zu versichern, daß wir den besten Willen haben, ihnen zu helfen. Wir werden sofort an zuständiger Stelle festzustellen suchen, ob und in welcher Weise dies möglich ist.

Die Freiheit, 17. 11. 1918, Nr. 5.

Dokument 3

Telegramm des deutschen Botschafters in Wien an das Auswärtige Amt vom 17. 11. 1918

Die Antwort der deutschen Regierung auf Telegramm des Dr. Bauer hat hier enttäuscht, da die Anschlußfrage nicht erwähnt wurde. Schwarz-Gelbe, die zielbewußt arbeiten, sollen darauf hinweisen, man sei in Deutschland nicht willkommen. Hiesige Presse aller Parteien zurückhaltend, bespricht Antwort fast gar nicht. Anschlußerklärung war übereilt. Ich hatte vergeblich gewarnt und vorgeschlagen, die Frage der Entscheidung der Konstituante vorzubehalten, aber die Sozialdemokraten waren nicht zu halten, während die Nationalen die Bedenken zwar einsahen, aber nicht wagten, bei Abstimmung zu widersprechen. Halte eine gewisse Zurückhaltung unsererseits für richtige Politik, darf aber zur Erwägung stellen, ob nicht unsere Presse das Thema des Anschlusses freundlich besprechen könnte, was zu nichts binden, unsere hiesigen so leicht verzagten Freunde aber ermutigen und Wühlarbeit der Klerikalen abschwächen würde.

Wedel

Politisches Archiv des Auswärtigen Amts, Österreich, Nr. 95, Bd. 25.

Dokument 4

Oberst von Haeften über das Auftreten des Deutsch-Österreichischen Gesandten auf der Reichskonferenz am 25. 11. 1918

Den politischen Höhepunkt der Konferenz bildete zweifellos das Auftreten des österreichischen Gesandten Dr. Ludo Hartmann, der unaufgefordert bald nach Beginn der Versammlung erschien und im Anschluß an Eberts Begrüßungsworte die Bitte der neuen sozialistischen österreichischen Regierung übermittelte, den neuen Staat Österreich als Glied der neuen deutschen Republik in das einige Deutsche Reich aufzunehmen. „Als Vertreter des österreichischen Volkes strecke ich dem deutschen Volke die Bruderhand entgegen mit der Bitte einzuschlagen."

Sofort erhob Staatsekretär Dr. Solf hiergegen Einspruch und warnte davor, durch einen solchen Schritt den späteren Friedensverhandlungen vorzugreifen und so den dringend benötigten baldigen Frieden zu gefährden. Eine solche, von Deutschland einseitig herbeigeführte Regelung der österreichischen Frage würde unter keinen Umständen die Zustimmung der Entente finden und zweifellos ein großes Erschwernis für den Frieden bedeuten. Als Staatssekretär des Äußeren könne er hierfür die Verantwortung nicht übernehmen.

Jeder der Anwesenden, der überhaupt in der Lage war, die große geschichtliche Bedeutung des Hartmann'schen Antrages zu erkennen, fühlte unmittelbar, daß er einen geschichtlichen Augenblick von hohem nationalen Schwung und nationaler Bedeutung miterlebte: die großdeutsche Lösung schien endlich Wirklichkeit werden zu sollen. Das große Unglück, das über Deutschland gekommen schien, konnte eine geschichtliche Deutung erhalten. Um so enttäuschender wirkten die Solf'schen Worte, die bar jeder nationalen Erhebung in ihrer nüchternen Geschäftsmäßigkeit wie ein kalter Wasserstrahl wirkten. Jetzt kam alles auf Eberts Haltung an. Aber ähnlich wie in den Tagen der Abdankungsfrage auf den Prinzen Max, so sollte sich auch jetzt der Solf'sche Defaitismus auf Ebert auswirken. Anfänglich schien er zustimmen zu wollen, aber Solfs Worte machten ihn nur zu bald schwankend. Er schloß sich der ablehnenden Haltung Solfs an und wies die dargebotene Bruderhand zurück. Damit hatte dieser geschichtlich bedeutsame Vorgang, der geeignet war, die Konferenz aus dem geistigen Tiefstand ihres bisherigen Verlaufes zu geschichtlicher Höhe zu erheben und zugleich dem Weltkrieg einen geschichtlichen Sinn für Deutschland gegeben hätte, ein klägliches Ende gefunden.

Gewiß war es außer jedem Zweifel, daß die Vereinigung Österreichs mit dem Deutschen Reiche auf der späteren Friedenskonferenz keinesfalls die Zustimmung Frankreichs gefunden haben würde. Aber ebenso fraglich erscheint es, ob auch die Vereinigten Staaten und England, wenn dieses bedeutsame Problem durch die Initiative beider Völker einmal eine solche Lösung gefunden hatte, aus Rücksicht auf die öffentliche Meinung in ihren Ländern nachträglich dagegen Einspruch gewagt haben würden. Aber selbst wenn dies der Fall gewesen wäre, so wäre der völker- und staatsrechtlich erfolgte Zusammenschluß aller deutschen Völker in Europa, wenn er einmal, wenn auch nur für kurze Zeit, geschichtliche Tatsache war, für alle Zeit auf jede spätere österreichische Lösung von entscheidendem Einfluß gewesen, dies um so mehr, wenn diese natürliche, dem nationalen und dem rassischen Empfinden beider blutsverwandter Völker entsprechende Lösung durch Machtspruch der Feinde Deutschlands verhindert worden wäre. Das wäre zweifellos für jede endgültige Lösung nicht nur von großer psychologischer, sondern auch von völkerverbindender Bedeutung gewesen.

Militärarchiv Koblenz, Nachlaß Haeften, unveröffentlichte Erinnerungen.

Dokument 5

Der Einmarsch

a) Telephonische Anweisung von Generalfeldmarschall Göring an Staatssekretär Keppler in Wien, 11. 3. 1938, 20.48 Uhr

Göring: „. . . Nun passen Sie auf: die Hauptsache ist, daß sich jetzt Inquart der ganzen Regierung bemächtigt, Rundfunk besetzt hält . . . Nun passen Sie auf:

Folgendes Telegramm soll der Seyß-Inquart hersenden: Schreiben Sie es auf: Die provisorische österreichische Regierung, die nach der Demission der Regierung Schuschnigg ihre Aufgabe darin sieht, Ruhe und Ordnung in Österreich wieder herzustellen, richtet an die deutsche Regierung die dringende Bitte, sie in ihrer Aufgabe zu unterstützen und ihr zu helfen, Blutvergießen zu verhindern. Zu diesem Zweck bittet sie die deutsche Regierung um baldmöglichste Entsendung deutscher Truppen.[1]

Keppler: „Also es marschieren die SA und SS durch die Straßen; es ist aber sehr ruhig . . .“

Göring: „Also passen Sie auf: Die Grenzen muß er besetzen lassen, damit die da nicht mit dem Vermögen abschieben.“

Keppler: „Jawohl!“

Göring: „Und dann, vor allen Dingen führt er ja jetzt auch die Außenpolitik.“

Keppler: „Ja, da haben wir noch niemand.“

Göring: „Ja, das ist ja egal. Die muß jetzt der Seyß-Inquart führen, und der muß jetzt ein paar Leute berufen. Er soll die Leute berufen, die wir ihm vorgeschlagen haben. Er soll jetzt eine provisorische Regierung bilden. Es ist ganz egal, was der Bundespräsident sagt.“

Keppler: „Ja, die tun ja auch nichts!“

Göring: „Nein, nein, soll jetzt die Regierung bilden, wie er sie vorgehabt hat und das dem Ausland mitteilen.“

Keppler: „Ja!“

Göring: „Er ist ja der einzige, der noch Gewalt in Österreich hat. . . . Also unsere Truppen überschreiten heute die Grenze.“

Keppler: „Ja!“

Göring: „Gut! Und das Telegramm möchte er möglichst bald schikken. . . . Also bitte, legen Sie ihm das Telegramm vor und sagen Sie ihm, er braucht das Telegramm ja gar nicht zu schicken, er braucht nur zu sagen: Einverstanden . . .! Rufen Sie mich zu diesem Zweck an, entweder beim Führer oder bei mir. Also macht es gut! Heil Hitler!“

b) Ferngespräch zwischen Generalmajor Bodenschatz und Staatssekretär Keppler, 11. März 1938, 21.00 Uhr

Bodenschatz: „Ich brauche dringend das Telegramm!“

Keppler: „Sagen Sie dem Generalfeldmarschall, daß Seyß-Inquart einverstanden wäre!“

---

1 Diesen Text veröffentlichte die deutsche Presse am 12. 3. 1938 mit der Behauptung, Seyß-Inquart habe von sich aus das Telegramm abgeschickt.

Bodenschatz: „Das ist hervorragend. Ich danken Ihnen! . . . Also Seyß-Inquart ist einverstanden?“

Keppler: „Jawohl!“

Ursachen und Folgen, IX, S. 652 f.

Dokument 6

Aus der Proklamation Adolf Hitlers an das deutsche Volk

Berlin, den 13. März 1938.

[...] Als in Deutschland die Nation dank dem Siege der nationalsozialistischen Idee wieder den Weg zu dem stolzen Selbstbewußtsein eines großen Volkes fand, begann in Österreich eine neue Leidenszeit bitterster Prüfungen. Ein Regime, dem jeder legale Auftrag fehlte, versuchte, seine von der überwältigenden Mehrheit des österreichischen Volkes abgelehnte Existenz durch brutalste Mittel des Terrors, der körperlichen und wirtschaftlichen Züchtigung und Vernichtung aufrechtzuerhalten. So konnten wir es als großes Volk erleben, daß mehr als sechs Millionen Menschen unserer eigenen Herkunft von einer ziffernmäßig kleinen Minorität unterdrückt wurden, die es einfach verstanden hatte, sich in den Besitz der hierzu notwendigen Machtmittel zu bringen. Der politischen Entrechtung und Knebelung entsprach ein wirtschaftlicher Verfall, der in furchtbarem Gegensatz stand zur Blüte des neuen Lebens in Deutschland.

Wer konnte es diesen unglücklichen Volksgenossen verdenken, daß sie ihre Blicke sehnsüchtig nach dem Reiche richteten? Nach jenem Deutschland, mit dem ihre Vorfahren durch so viele Jahrhunderte verbunden waren, mit dem sie einst im schwersten Krieg aller Zeiten Schulter an Schulter fochten, dessen Kultur ihre Kultur war, zu der sie selbst auf so vielen Gebieten höchste eigene Werte beigesteuert hatten?

Diese Gesinnung unterdrücken hieß nichts anderes, als Hunderttausende von Menschen zu tiefstem Seelenleid verdammen.

Allein, wenn vor Jahren dieses Leid noch geduldig ertragen wurde, dann war mit dem steigenden Ansehen des Reiches der Wille, die Unterdrückung zu beseitigen, immer heftiger geworden. [...]

Das Deutsche Reich duldet es aber nicht, daß in diesem Gebiet von jetzt an noch Deutsche verfolgt werden wegen ihrer Zugehörigkeit zu unserer Nation oder ihres Bekenntnisses zu bestimmten Auffassungen. Es will Ruhe und Ordnung. Ich habe mich daher entschlossen, den Millionen Deutschen in Österreich nunmehr die Hilfe des Reiches zur Verfügung zu stellen. Seit heute morgen marschieren über alle Grenzen Deutsch-Österreichs die Soldaten der deutschen Wehrmacht!

Panzertruppen, Infanterie-Divisionen und die SS-Verbände auf der Erde und die deutsche Luftwaffe im blauen Himmel werden – selbst gerufen von der neuen nationalsozialistischen Regierung in Wien – der Garant dafür sein, daß dem österreichischen Volk nunmehr endlich in kürzester Frist die Möglichkeit geboten wird, durch eine wirkliche Volksabstimmung seine Zukunft und damit sein Schicksal selbst zu gestalten. Hinter diesen Verbänden aber steht der Wille und die Entschlossenheit der ganzen deutschen Nation!

Ich selbst als Führer und Kanzler des deutschen Volkes werde glücklich sein, nunmehr wieder als Deutscher und freier Bürger jenes Land betreten zu können, das auch meine Heimat ist.

Die Welt aber soll sich überzeugen, daß das deutsche Volk in Österreich in diesen Tagen Stunden seligster Freude und Ergriffenheit erlebt. Es sieht in den zu Hilfe gekommenen Brüdern die Retter aus tiefster Not!

Es lebe das nationalsozialistische Deutsche Reich! Es lebe das nationalsozialistische Deutsch-Österreich!

Adolf Hitler.

Ursachen und Folgen, XI, S. 659.

Dokument 7

Ansprache von Bundeskanzler Seyß-Inquart am 13. März 1938 in Linz beim Willkommensgruß für Hitler

Mein Führer! In einem für das deutsche Volk und in seinen Fernwirkungen für die Gestaltung der europäischen Geschichte bedeutsamen Augenblick begrüße ich Sie und mit mir die ganze Heimat, mein Führer und Reichskanzler, zum ersten Male wieder in Österreich. Die Zeit ist da, in der trotz Friedensdiktat, Zwang, Mißgunst und Unverstand einer ganzen Welt endgültig Deutsch zu Deutsch gefunden hat. Heute steht das deutsche Volk einmütig und endgültig zusammen, um jeden Kampf und jedes Leid als ein Volk zu bestehen. Der Weg war schwer, hart und opfervoll. Er führte über die erschütterndste Niederlage des deutschen Volkes, aber gerade aus ihr erwuchs die große herrliche Idee der unteilbaren Schicksalsgemeinschaft, das Bewußtsein des einen lebendigen Volkes, die Idee des Nationalsozialismus! Sie, mein Führer, haben Volksnot und Volksleid als Sohn dieser Grenzmark erfahren. Aus diesem Wissen erwuchs in Ihnen der große Gedanke, alles einzusetzen, um das deutsche Volk aus dieser seiner schwersten Niederlage herauszuführen. Sie haben es heraufgeführt! Sie sind der Führer der deutschen Nation im Kampf um Ehre, Freiheit und Recht! Jetzt haben wir Österreicher uns für alle Zeit frei und offen, stolz und unabhängig zu dieser Führung bekannt, indem wir zugleich in feierlicher Weise den Artikel 88 des Friedensvertrages als unwirksam erklären!

Des Reiches gewaltige Wehr rückt unter dem Jubel Österreichs in unser Land ein. Österreichs Soldaten begrüßen deutsche Graue, nicht uns zum Trutz, sondern zur klaren, endgültigen Bestätigung, daß das deutsche Volk in seiner Gesamtheit angetreten ist, um deutsches Recht vor aller Welt zu sichern und für alle Zeiten zu schützen! Das volksdeutsche Reich der Ordnung, des Friedens und der Freiheit der Völker ist unser Ziel, und wir stehen an der Schwelle seines Anbruches, und Adolf Hitler ist sein Führer!

Mein Führer! Wir Österreicher danken Ihnen! Ich kann nur schlicht und als einfacher Mann, aber aus dem Herzen von Millionen Österreichern sagen: Wir danken Ihnen! Wir haben immer mit Ihnen gekämpft in der Bestimmung und Haltung, die uns in dieser Grenzmark zukommt, ausdauernd bis zur äußersten Duldung. Ich glaube, wir haben bis zuletzt einen guten Kampf geführt. Jetzt aber grüßen wir Sie mit dem Jubel aller deutschen Herzen. Heil mein Führer!

Ursachen und Folgen, XI, S. 660 f.

Dokument 8

Rede Adolf Hitlers in Linz am 13. März 1938

Deutsche, deutsche Volksgenossen und Genossinnen, Herr Bundeskanzler! Ich danke Ihnen für Ihre Begrüßungsworte: Ich danke aber vor allem Euch, die Ihr hier angetreten seid und die Ihr Zeugnis ablegt dafür, daß es nicht der Wille und der Wunsch einiger weniger ist, dieses große volksdeutsche Reich zu begründen, sondern daß es der Wunsch und Wille des deutschen Volkes ist. Möchten doch an diesem Abend hier einige unserer bekannten internationalen Wahrheitsforscher die Wirklichkeit nicht nur sehen, sondern später auch zugeben. Als ich einst aus dieser Stadt auszog, trug ich in mir genau dasselbe gläubige Bekenntnis, das mich heute erfüllt. Ermessen Sie meine innere Ergriffenheit, nach so langen Jahren dieses gläubige Bekenntnis in Erfüllung gebracht zu haben.

Wenn die Vorsehung mich einst aus dieser Stadt heraus zur Führung des Reiches berief, dann muß sie mir damit einen Auftrag erteilt haben, und es kann nur ein Auftrag gewesen sein, meine teure Heimat dem deutschen Reich wiederzugeben. Ich habe an diesen Auftrag geglaubt, habe für ihn gelebt und gekämpft, und ich glaube, ich habe ihn jetzt erfüllt. Ihr alle seid Zeugen und Bürgen dafür. Ich weiß nicht, an welchem Tage Ihr gerufen werdet, ich hoffe, es ist kein ferner. Dann habt Ihr einzustehen mit Eurem eigenen Bekenntnis, und ich glaube, daß ich vor dem ganzen deutschen Volk dann mit Stolz auf meine Heimat werde hinweisen können. Es muß dieses Ergebnis dann der Welt beweisen, daß jeder weitere Versuch, dieses Volk zu zerreißen, ein vergeblicher sein wird.

So, wie Ihr dann verpflichtet sein werdet, für diese deutsche Zukunft Euren Beitrag zu geben, so ist ganz Deutschland bereit, auch seinen Beitrag zu leisten, und es leistet ihn schon am heutigen Tage. Sehen Sie in den deutschen Soldaten, die aus allen Gauen des Reiches in diesen Stunden einmarschieren, opferbereite und opferwillige Kämpfer für des ganzen großen deutschen Volkes Einheit, für des Reiches Macht, für seine Größe und für seine Herrlichkeit jetzt und immerdar.

Deutschland Sieg Heil!

Ursachen und Folgen, XI, S. 661.

Literatur

Albrich, Thomas/Eisterer, Klaus/Steininger, Rolf (Hrsg.), Tirol und der Anschluß. Voraussetzungen, Entwicklungen, Rahmenbedingungen (Innsbrucker Forschungen zur Zeitgeschichte 3), Innsbruck 1988.

Botz, Gerhard, Der 13. März und die Anschlußbewegung, Wien 1978.

Ders., Die Eingliederung Österreichs in das Deutsche Reich: Planung und Verwirklichung des politisch-administrativen Anschlusses, 1938–1940, Wien 1988.

Das Jahr 1934: 12. Februar. Protokoll des Symposiums in Wien am 5. Februar 1974, hrsg. v. Ludwig Jedlicka/Rudolf Neck (Wissenschaftliche Kommission des Theodor Körner-Stiftungsfonds und des Leopold Kunschak Preises zur Erforschung der österreichischen Geschichte der Jahre 1927–1938), Wien 1975.

Das Juliabkommen von 1936. Vorgeschichte, Hintergründe und Folgen. Protokoll des Symposiums in Wien am 10. und 11. Juni 1976, hrsg. v. Ludwig Jedlicka/Rudolf Neck, Wien 1977.

Dreier, Werner, Vorarlberg und die Anschlußfrage 1918–1938, in: Albrich u. a. (Hrsg.), Tirol, S. 183–220.

Garscha, Winfried R., Die deutsch-österreichische Arbeitsgemeinschaft. Kontinuität und Wandel deutscher Anschlußpropaganda und Angleichungsbemühungen vor und kurz nach der nationalsozialistischen »Machtergreifung«, Wien – Salzburg 1984.

Jagschitz, Gerhard, Der Putsch. Die Nationalsozialisten im Juli 1934 in Österreich, Graz 1975.

Kann, Robert A./Prinz, Friedrich E. (Hrsg.), Deutschland und Österreich. Ein bilaterales Geschichtsbuch, Wien – München 1980.

Kindermann, Gottfried-Karl, Hitlers Niederlage in Österreich. Bewaffneter NS-Putsch, Kanzlermord und österreichischer Abwehrsieg von 1934, Hamburg 1984.

Kluge, Ulrich, Der österreichische Ständestaat 1934–1938, Wien – München 1984.

Konrad, Helmut (Hrsg.), Sozialdemokratie und „Anschluß“. Historische Wurzeln, Anschluß 1918 und 1938, Nachwirkungen (Schriftenreihe des Ludwig Boltzmann-Instituts für Geschichte der Arbeiterbewegung 9), Wien – München – Zürich 1978.

Lutz, Heinrich/Rumpler, Helmut (Hrsg.), Österreich und die deutsche Frage im 19. und 20. Jahrhundert, Wien 1982.

Müller, Franz, Ein „Rechtskatholik“ zwischen Kreuz und Hakenkreuz: Franz von Papen als Sonderbevollmächtigter Hitlers in Wien 1934–1938, Frankfurt/M. – Bern – New York – Paris 1990.

Österreich 1927–1938. Protokoll des Symposiums in Wien 23.–28. 10. 1972, hrsg. v. Ludwig Jedlicka/Rudolf Neck, Wien 1973 (darin in erster Linie die Beiträge von Karl Stuhlpfarrer, Österreichs außenpolitische Lage 1934; Ludwig Jedlicka, Die Ära Schuschnigg; Gerhard Jagschitz, Bundeskanzler Dollfuß und der Juli 1934).

Reichhold, Ludwig, Kampf um Österreich. Die Vaterländische Front und ihr Widerstand gegen den Anschluß 1933–1938. Eine Dokumentation, Wien 1984.

Schausberger, Norbert, Anschluß 1938. Protokoll des Symposiums in Wien am 14. und 15. März 1978, hrsg. v. Rudolf Neck/Adam Wandruszka, Wien 1981.

Ders., Der Griff nach Österreich. Der Anschluß, Wien – München 1978.

Ders., Wurzelzonen der Anschlußfrage im 19. Jahrhundert, in: *Österreich in Geschichte* und *Literatur 23* (1979), S. 121–147.

Schmidl, Erwin A., März '38. Der deutsche militärische Einmarsch in Österreich, Wien 1987.

Schreiber, Horst, Die Machtübernahme. Die Nationalsozialisten in Tirol 1938/39 (Innsbrucker Forschungen zur Zeitgeschichte 10), Innsbruck 1994.

Stadler, Karl, Hypothek auf die Zukunft. Die Entstehung der österreichischen Republik 1918–1921, Wien – Frankfurt – Zürich 1968.

Steininger, Rolf, Die Anschlußbestrebungen Deutschösterreichs und das Deutsche Reich 1918/1919, in: Arbeitskreis für regionale Geschichte (Hrsg.), „Eidgenossen helft euren Brüdern in der Not!“ Vorarlbergs Beziehungen zu seinen Nachbarstaaten 1918–1922, Feldkirch 1990, S. 65–83.

Ders., „. . . Der Angelegenheit ein paneuropäisches Mäntelchen umhängen . . .“. Das deutsch-österreichische Zollunionsprojekt von 1931, in: Michael Gehler/Rainer F. Schmidt/Harm-Hinrich Brandt/Rolf Steininger (Hrsg.), Ungleiche Partner? Österreich und Deutschland in ihrer gegenseitigen Wahrnehmung. Historische Analysen und Vergleiche aus dem 19. und 20. Jahrhundert (Historische Mitteilungen der Ranke-Gesellschaft, Beiheft 15), Stuttgart 1996, S. 441–478.

Fragen

1. Wie läßt sich die Anschlußeuphorie 1918/19 erklären?
2. Otto Bauer scheiterte 1919 mit seiner Anschlußpolitik. Hat er Fehler gemacht?
3. Was sind die Gründe für die Anschlußbewegung in den Bundesländern?
4. Wollte man in Österreich später wirklich noch den Anschluß oder waren das nur Lippenbekenntnisse? Welchen Stellenwert hat in diesem Zusammenhang das gescheiterte Zollunionsprojekt von 1931?
5. War der Kampf von Dollfuß und Schuschnigg gegen Hitler-Deutschland von vornherein aussichtslos? Wenn ja, warum? Hat Schuschnigg Fehler gemacht?
6. Wie beurteilen Sie die Rolle der Großmächte beim „Anschluß“ 1938?
7. Läßt sich die Anschlußbewegung nach dem Ersten Weltkrieg mit dem Anschluß 1938 vergleichen? Gab es Kontinuitäten?
8. 1943 hieß es in der „Moskauer Deklaration“, Österreich sei das erste freie Land gewesen, das der typischen Angriffspolitik Hitlers zum Opfer gefallen sei. Was läßt sich dazu sagen?
9. Wie beurteilen Sie die Rolle der katholischen Kirche beim „Anschluß“?
10. Versuchen Sie eine Periodisierung und Differenzierung der verschiedenen Stationen auf dem Weg zum „Anschluß“.

Wolfgang Maderthaner

12. FEBRUAR 1934: SOZIALDEMOKRATIE UND BÜRGERKRIEG

1. Der Weg in die Krise

Die Erste Republik ist in den Jahren der Großen Depression nach 1929, in denen von vornherein angelegte Strukturschwächen und krisenhafte Entwicklungstendenzen in einem bis dahin nicht vorstellbaren Ausmaß potenziert wurden, destabilisiert und schließlich destruiert worden. Die tiefgreifenden ökonomischen und psychologischen Umwälzungen der Krisenjahre betrafen alle Schichten und Klassen der Gesellschaft und haben zu einer wesentlichen Veränderung des politischen und kulturellen Lebens geführt.

Nach dem Zerfall der Habsburgermonarchie waren Industrie und Gewerbe des neuentstandenen Kleinstaates von sechs Siebentel ihrer alten, zollgeschützten Absatzgebiete abgeschnitten. Das Ende des historisch gewachsenen Wirtschaftsgebietes der Donaumonarchie mit seinem hohen Grad an regionaler Arbeitsteilung bedeutete die Trennung der Rohstoffvorkommen von den Verarbeitungsbetrieben und die Auflösung der Zusammenhänge zwischen den verschiedenen Stufen des Produktionsprozesses. Sobald die Exportprämie der Inflation der unmittelbaren Nachkriegszeit mit der Stabilisierung des Geldwertes beseitigt war, setzte ein enormer Schrumpfungsprozeß des städtischen und industriellen Sektors der Volkswirtschaft ein.[1] Ein Prozeß, der durch die Auswirkungen der Weltwirtschaftskrise in den Jahren nach 1929 mit ihrem Gefolge von Einfuhrverboten, Schutzzöllen, Kontingentverträgen, Zahlungsbeschränkungen etc. noch dramatisch verschärft wurde.

Die Krise traf die Volkswirtschaft mitten in einem Prozeß der Umstrukturierung und führte zu einem „retrogressiven“ Strukturwandel. Die industrielle Produktion fiel von 1929 bis zum Tiefpunkt 1933 um beinahe 40 Prozent, in der Eisenindustrie, einem zentralen wirtschaftlichen Leitsektor, war der Auftragsbestand bis November 1932 auf ganze 8 Prozent der Normalbeschäftigung zurückgegangen. War die Arbeitslosigkeit in den relativ guten Konjunkturjahren 1927–29 bei durchschnittlich 9 Prozent gelegen, so betraf sie am konjunkturellen Tiefpunkt über 700.000 Menschen (das sind über 38 Prozent), von denen Ende 1934 nur noch 40 Prozent eine reguläre oder eine Notstandsunterstützung bezogen. Somit war ein Drittel der Gesamtarbeiterschaft ständig aus dem Produktionsprozeß ausgeschlossen. Noch dramatischer stellt sich die Situation bei den Industriearbeitern, einer traditionellen Kernschicht der sozialdemokratischen Arbeiterbewegung, dar. Hier waren anfangs 1934 44,5 Prozent arbeitslos, ein beträchtlicher Teil der noch in Arbeit stehenden (1933: 28 Prozent) war gezwungen, Kurzarbeit zu verrichten.[2] Der massenhaften Arbeitslosigkeit und den Reallohnverlusten entsprach ein dramatischer Rückgang der Konsumnachfrage; von 1929 bis 1934 sank die monatliche Lohn- und Gehaltsumme in Wien um 44 Prozent von 158 auf 89 Millionen Schilling, die Zahl der Beschäftigten von 636.000 auf 439.000.[3]

Die Bevölkerung ganzer ehemals blühender Industrieregionen pauperisierte, strukturelle Dauerarbeitslosigkeit wurde zur Massenerscheinung, das soziale Gewicht der organisierten Arbeiterschaft innerhalb der österreichischen Gesellschaft wurde zunehmend geringer.[4] Zermürbt durch jahrelange Arbeitslosigkeit, perspektivlos und zunehmend resigniert, erlahmte ihre Widerstandskraft gegenüber autoritären Experimenten der politischen Rechten. Ein immer krasserer Widerspruch entstand zwischen dem zähen Festhalten der Arbeiterbewegung an den sozialen Errungenschaften der Revolution der Jahre 1918/20 und ihrer ständig kleiner werdenden politischen und gesellschaftlichen Machtstellung. Die totale Entmachtung der Arbeiterbewegung, die Gleichschaltung der Gewerkschaften, der weitgehende Abbau von sozialen Rechten wurde so zu einer immer deutlicheren, erfolgversprechenden Krisenlösungsstrategie der Regierung. Lohndruck und Beseitigung des Sozialsystems sollten ohne den „Störfaktor“ einer immer noch mächtigen parlamentarischen Opposition die wirtschaftliche Konkurrenzfähigkeit wiederherstellen. Unter Ausnützung der reaktionären Konjunktur dieser Jahre durchbrach die Regierung die parlamentarisch-demokratischen Formen ihrer Herrschaft in dem Moment, als Hitler die Macht in Deutschland erobert hatte.

Man habe, wie der für die Kontrolle der Staatsfinanzen zuständige Völkerbundkommissär und nachmalige holländische Nationalsozialist Rost von Tonningen seinem Tagebuch anvertraute, zusammen mit dem Kanzler Engelbert Dollfuß und dem Präsidenten der Notenbank Viktor Kienböck die Ausschaltung des Parlaments für notwendig gehalten, da dieses Parlament die Rekonstruktionsarbeit sabotierte.[5]

Unter dem Druck der ökonomischen Krise hatten sich bedeutende Differenzierungsprozesse innerhalb der bürgerlichen und der bäuerlichen Schichten vollzogen. Seit dem Weltkrieg waren große Kapitalien entwertet und zerstört worden, so in der Inflationsperiode die Rentnerkapitalien; mit der Geldwertstabilisierung begannen sich die Schieber- und Spekulationsgewinne zu zersetzen. Die Industrie steckte in einer Art Dauerkrise: Die Vernichtung des Sparkapitals und die Entblößung von ihren Betriebskapitalien in der Phase der Hyperinflation haben ihre Probleme nachhaltig verschärft, die Kreditzinsen hielten sich nach der Stabilisierung auf einem exorbitant hohen Niveau. Unter den Industrienationen war Österreich das einzige Land mit schrumpfendem industriellen Output: Bis 1933 war der Export auf 57 Prozent seines Volumens aus dem Jahr 1920 gesunken.[6] Die fehlende Selbstfinanzierungskraft der Industrie sowie ihre dauerhafte Schwäche haben wesentlich zur Zerstörung der Gesellschaft beigetragen.

Der Industriekrise folgte die Krise des in der Inflationszeit gewaltig aufgeblähten österreichischen Bankwesens. War das Verhältnis von Banken und Industrie schon vor dem

Weltkrieg von einer besonders ausgeprägten einseitigen Abhängigkeit gekennzeichnet gewesen, wurde dies noch weiter akzentuiert. Die Industrie war bei den Banken schwer verschuldet, diese selbst oft unfreiwillig zu Haupteigentümern ihrer industriellen Debitoren geworden. Die mit der Währungsstabilisierung virulent werdende Bankenkrise konnte zunächst durch eine Konzentration der Defizite bei einer immer kleiner werdenden Zahl von Großbanken zwar verschleiert werden, der Zusammenbruch der Creditanstalt (CA) 1931 allerdings gab den Anstoß für den Ausbruch einer weltweiten Kreditkrise. Die CA war die größte mitteleuropäische Bank, seit der Übernahme der „Bodenkredit" kontrollierte sie 70 Prozent der Industrie- und Großhandelsunternehmungen. Ihre Sanierung machte die Beteiligung von Staat und Nationalbank erforderlich, die Regierung übernahm die Haftung für alle in- und ausländischen Einlagen, die Verlustsumme belief sich auf mehr als 10 Prozent des Bruttonationalprodukts von 1931.[7] Die Folgen der CA-Krise auf dem Währungssektor, am Kreditmarkt, in der Produktionssphäre und für die Staatsfinanzen waren fatal. Sie führten zu wirtschaftspolitischen Maßnahmen, die ihrerseits eine Verschärfung der Krise und eine noch schnellere Drehung der Deflationsspirale bewirkten.[8]

Die Reorganisation des österreichischen Bankwesens unter der Führung der Nationalbank kam 1934 zum Abschluß, womit (mit Ausnahme der Länderbank) sämtliche Wiener Großbanken unmittelbar der Kontrolle der Nationalbank, und damit des Staates, unterstanden. Die Abhängigkeit der Großindustrie von den nunmehr vom Staat (zu einem geringeren Teil auch von Auslandskapital) beherrschten Banken hat ihre Machtstellung schwer erschüttert.[9] Natürlich vermochte sie weiter Einfluß auf die Regierungsmaßnahmen auszuüben, ausgedrückt etwa im Inhalt der Notverordnungen in Angelegenheiten des Arbeitnehmerschutzes oder der Sozialversicherungen. Aber der einseitig agrarische Kurs in der Wirtschaftspolitik oder auch zünftlerische Vorstöße gegen die Warenhäuser oder die Brotfabriken deuteten an, daß das

Bank- und Industriekapital seine führende Rolle im bürgerlichen Lager zu verlieren begann.

Zugleich hat die Krise breite bürgerliche und bäuerliche Bevölkerungssegmente verelendet. Der drastische Einbruch in der Konsumnachfrage ließ die Anzahl von gerichtlichen Ausgleichen und Konkursen bei Gewerbe- und Handelsbetrieben 1932 auf mehr als das Doppelte gegenüber 1929 steigen. Preis- und Absatzkrise hatten die Verschuldung bäuerlicher Betriebe, obwohl 1924 durch inflationäre Aufzehrung praktisch getilgt, sprunghaft ansteigen lassen; bis 1933 betrug sie mehr als die Hälfte der jährlichen Marktproduktion. In diesem Jahr waren etwa im Bundesland Salzburg an die 80 Prozent der Betriebe von zwangsweiser Eintreibung ihrer Verpflichtungen in der einen oder der anderen Form bedroht.[10] Seit 1929 vollzog sich ein Reagrarisierungsprozeß, die Förderungspolitik der Regierung zielte aber vornehmlich auf die getreideproduzierende Bauernschaft des Flachlandes ab. Anders stellte sich die Lage im Westen des Bundesgebietes dar. Hier dominierte der klein- und mittelbäuerliche Betrieb auf eher niedrigem technischen Niveau mit geringer Produktspezialisierung. Verelendungsprozesse kamen hier infolge der Krise auf den Märkten für Zucht- und Nutzvieh, Milchprodukte und Holz schneller und drastischer zum Tragen. Die verarmenden Schichten des Mittelstandes und der Bauern in den Alpenländern, abhängig vom deutschen Fremdenverkehr und dem kaufkräftigen deutschen Agrarmarkt, suchten ebenso wie die schutzzollbedürftigen Industrien den Anschluß an Deutschland. Nach dem Scheitern des deutsch-österreichischen Zollunionsplans von 1931 stellten sie zunehmend die Basis des österreichischen Nationalsozialismus. Dessen soziale Grundlage war die erbitterte und rebellische Stimmung der verelendenden Massen des Kleinbürgertums, der Bauernschaft und großer Teile der traditionell deutschnationalen, antiklerikalen und antihabsburgischen Intelligenz.[11]

Damit aber war die bürgerliche Rechte in zwei einander bekämpfende Fraktionen zerfallen. Sobald die Großdeutschen die Regierung verließen und sich von den Christlichsozialen trennten, brachen jene nationalen Trennlinien innerhalb des österreichischen Bürgertums auf, wurde jener Gegensatz erneut relevant, der seine Entwicklung seit einem Jahrhundert bestimmt hatte: der Gegensatz zwischen Deutschnationalen und Legitimisten (Anhänger der Habsburger bzw. Verfechter einer Restauration). Im Augenblick der „nationalen Revolution“ in Deutschland lag die Staatsmacht in Österreich in den Händen der legitimistischen und anschlußfeindlichen Fraktion. Sie hätte, um den Nationalsozialismus wirksam mit parlamentarisch-demokratischen Mitteln bekämpfen zu können, die Koalition mit der Sozialdemokratie eingehen müssen, von der sie aber ein jahrzehntelanger, erbittert geführter Kulturkampf trennte. Bereits die Landtags- und Gemeinderatswahlen im April 1932 hatten alarmierende Stimmenverluste für die etablierten Parteien zugunsten der Nazis gebracht. Im Parlament wurde die Koalition mit der Heimwehr eingegangen, was die denkbar knappste Mehrheit von nur einer Stimme ergab und zu einem krisenanfälligen, von Zufällen jeglicher Art abhängigen parlamentarischen Regieren zwang. Die Regierung Dollfuß griff zu den Mitteln der Diktatur.

2. Radikalisierung des politischen Klimas und Aufstieg der Heimwehren

Die eigentlichen Sieger des 15. Juli 1927 (Brand des Justizpalastes in Wien) waren die Heimwehrverbände gewesen, deren aktives Eingreifen zur raschen Unterbindung und Zerschlagung des von der sozialdemokratischen Parteileitung ausgerufenen vierundzwanzigstündigen Generalstreiks und unbefristeten Verkehrsstreiks wesentlich beigetragen hatte. Entstanden in der unmittelbaren Nachkriegszeit als Grenzschutz in den Bundesländern Kärnten und Steiermark, hatten sie sich unter Einfluß von militanten Organisationen der bayerischen Rechten in kurzer Zeit zu bürgerlichen und bäuerlichen antimarxistischen Wehrverbänden entwickelt.[12] Als soziale Protestbewegung jener Schichten und gesellschaftlichen Gruppierungen, die von Deprivilegierung akut bedroht waren, gelang ihnen zunächst allerdings die Rekrutierung von Kadern und Anhängern in einem relevanten Ausmaß nur dort, wo sie auf ungebrochene konservative und antimodernistische Traditionsbestände zurückzugreifen vermochten – so etwa die Tiroler Heimatwehr unter Führung ihres Stabschefs, des geflüchteten deutschen Majors Waldemar Pabst, der in die Ermordung Rosa Luxemburgs und Karl Liebknechts verwickelt gewesen und später zu einer Zentralfigur des Kapp-Putsches geworden war.[13]

In der Zeit der Regierung Seipel II nahm die Heimwehr, zumindest in Ansätzen, den Charakter einer Massenbewegung an. Seipel hatte die Wahlen vom 27. April 1927 mit dem von ihm geführten Bürgerblock verloren und schien dessen politische Vorherrschaft, sollte es zu einer ernsthaften Konfrontation mit einer ständig stärker werdenden Sozialdemokratie kommen, im Rahmen der parlamentarischen Demokratie auf Dauer nicht garantieren zu können. Er setzte auf eine Verfassungsrevision und die Heimwehr, deren militärisches, vor allem aber auch politisch-symbolisches Mobilisierungspotential er für diese Zwecke zu instrumentalisieren suchte. Der österreichische Bankenverband, der Großgrundbesitz, die von deutschem Kapital beherrschte Alpine Montan und andere Industriegesellschaften subventionierten die Heimwehr großzügig, seit 1928, neben Ungarn, auch das faschistische Italien Mussolinis mit bedeutenden Geldmitteln und umfangreichen Waffenlieferungen.[14] Unter diesen Umständen war der quantitative Zulauf beträchtlich, allerdings setzten sich die Mannschaften zunehmend aus „Deklassierten aller Klassen“ zusammen. Wie überhaupt die soziale Basis der Heimwehr überaus heterogen war und von einer akuten Gefährdung ihres sozialen Status unmittelbar betroffene Angehörige der traditionellen und neuen Mittelschichten ebenso umfaßte wie überschuldete Bauern, Arbeitslose und – vor allem im Machtbereich der Alpine Montan – um ihre materielle Existenz bangende Arbeiter. In den Führungsstäben waren Vertreter der Intelligenz ebenso präsent wie demobilisierte und beschäftigungslose Weltkriegsoffiziere und in einem immer bedeutenderen Ausmaß grundbesitzende Adelige.[15] Geeint hat sie ihre gemeinsame militante Ablehnung der demokratischen Republik, ihr Kampf um die Zerstörung der politischen Macht der organisierten Arbeiterschaft und die Einschränkung der sozialen Vorherrschaft eines großteils mit Spekulations- und Schiebergeschäften in der Inflationszeit aufgestiegenen neuen Großbürgertums. Auf dieser Basis gelang unter den Rechtsanwälten Dr. Richard Steidle und Dr. Walter Pfrimer die Vereinigung der bisher selbständigen und rivalisierenden Heimwehrgruppierungen im Oktober 1927.

Unter ständigen Putsch- und Staatsstreichdrohungen, unter Berufung auf das „Notrecht des Volkes“ und unter Hintansetzung des „Fetischs der Legalität“ wurde eine qualitative Änderung der Verfassung von 1920 angestrebt, die allerdings erst unter der erneuten Kanzlerschaft von Polizeipräsident Johannes Schober – der als einer der Hauptverantwortlichen für die blutigen Vorfälle im Juli 1927 der Heimwehr auch als persönlicher Garant für ihre Intentionen erschien – zum bestimmenden Thema der österreichischen Innenpolitik wurde. Der von Schober am 18. Oktober 1929 vorgelegte Verfassungsentwurf sah im wesentlichen eine umfangreiche Ausdehnung der Kompetenzen des nunmehr in einer Volkswahl zu bestimmenden Bundespräsidenten (bis hin zu einem Notverordnungsrecht) sowie die Abschaffung des Status von Wien als Bundesland vor, was zu einer zentralen Schwächung der Sozialdemokratie in ihrer wichtigsten Bastion geführt hätte. Daneben waren die Wiedereinführung von Adelsprivilegien und Zensur, insbesondere in Theater und Kino, die Beseitigung der Geschworenengerichte, die Etablierung eines Ständerates, die Erweiterung von Polizeibefugnissen und eine Reihe anderer tendenziell autoritärer Verfassungsänderungen vorgesehen.[16] Schober allerdings sollte sich nicht als ein Mann der Heimwehr erweisen.

In langwierigen Verhandlungen mit einer von der eben erst einsetzenden Weltwirtschaftskrise in ihren gesellschaftlichen Machtstellungen noch kaum angeschlagenen Sozialdemokratie konnte ein Kompromiß erzielt werden, der nicht den von der Heimwehr angestrebten autoritären Staat, sondern ein gemischt präsidial-parlamentarisches Regierungssystem etablierte.[17]

Die Niederlage im Verfassungsstreit ließ die aus ihrer heterogenen sozialen Struktur resultierenden Gegensätze innerhalb der Heimwehr in aller Schärfe zutage treten. Fortgesetzte Einigungsbestrebungen fanden ihren Ausdruck in einer Führertagung am 18. Mai 1930 in Korneuburg, auf der alle Heimwehrverbände auf einen antiparlamentarischen Kurs festgelegt werden sollten und der „westliche Parlamentarismus" sowie der „Parteienstaat" verworfen wurden. Auf berufständischer Grundlage sollte die „Selbstverwaltung der Wirtschaft", an deren Spitze eine „starke Staatsführung" vorgesehen war, verwirklicht werden. Die Stände sollten den „Notwendigkeiten der Volksgemeinschaft eingeordnet", die „Zersetzung unseres Volkes durch den marxistischen Klassenkampf und liberal-kapitalistische Wirtschaftsgestaltung" überwunden werden.[18]

Hinter diesen im „Korneuburger Eid" formulierten Prinzipien traten Positionen zutage, wie sie der Wiener Soziologe und Nationalökonom Othmar Spann und seine Schüler entwickelt und die in einer engen ideologischen und personellen Verflechtung zwischen Spann-Kreis und Heimwehrführung ihren Ausdruck gefunden hatten.[19] Spann hatte unter Rückgriff auf den deterministischen Realismus der älteren Scholastik und unter konkreter Bezugnahme auf den romantischen Antiliberalismus eines Adam Müller seine teleologische Ganzheitsmetaphysik in Reaktion auf die Bedingungen und Konsequenzen der modernen Industriegesellschaft entwickelt.[20] Beeinflußt von den unmittelbaren Nachkriegsereignissen entwarf er in seinem Werk „Der wahre Staat"[21] die Konzeption einer berufsständischen Gliederung des gesellschaftlichen Aufbaus, die auf den Erhalt bestehender Eigentumsverhältnisse vor den sozialen Ansprüchen einer offensiv agierenden Arbeiterbewegung abzielte. Kartelle und Gewerkschaften sollten zu beruflichen, sich selbst verwaltenden Zwangsverbänden zusammengeschlossen, der sozialdemokratische Machtzuwachs in der Republik durch eine dezentralisierte Ständeordnung und die Übertragung staatlicher Hoheitsrechte auf eben diese Zwangsverbände neutralisiert werden. Die geänderte politische Lage veranlaßte Spann und seinen Kreis gegen Ende der zwanziger Jahre zu einer einschneidenden Änderung dieser Konzeption und zu einer Modifizierung entsprechend der sozialen Struktur der Heimwehrbewegung: die Wiedereinführung einer staatlichen, autoritären Instanz, den Wirtschaftsständen übergeordnet zur Überwindung ökonomischer Widersprüche in der ständischen Gesellschaft.[22] Die übergeordnete Führungsrolle war der Heimwehr zugedacht, die sich als „Staatsstand" konstituieren sollte. Das Modell Spanns abstrahierte weitgehend von der sozialen Realität einer modernen industriellen Gesellschaft. Auch stellte sein hochkomplexes Werk natürlich keine konkrete Handlungsanleitung dar. Vielmehr hat sich seine vage Begriffsbildung, die Kompliziertheit seiner Argumentation und die Nebulosität seiner Sprache im Bewußtsein der Heimwehrführer in eher vulgärer Form niedergeschlagen und zu einem vordergründigen, gegen „die Linke" gerichteten Feindbild verdichtet.[23]

3. Die Etablierung des autoritären „Ständestaates"

Vor dem Hintergrund von Deindustrialisierungs- und Reagrarisierungsprozessen, einer fortgesetzten Schwächung moderner Gesellschaftssegmente wie Industrie, Finanzkapital und Arbeiterschaft, waren die bürgerlichen und bäuerlichen Massen gespalten und herrschaftsunfähig geworden. In das dieserart entstehende Machtvakuum drangen „neue" Schichten vor: die zentrale Bürokratie, die, der parlamentarischen Kontrolle entledigt, eine enorme Machtausweitung erfuhr; der vorwiegend aristokratische Großgrundbesitz via Führungspositionen in den paramilitärischen Heimwehren; schließlich die klerikale Hierarchie. Die allgemeine Destabilisierung des Landes in den Krisenjahren hat die Demokratie funktionsunfähig gemacht und im Prinzip vorkapitalistischen Schichten den Zugang zur Errichtung einer „ständischen" Diktatur eröffnet. Sie konnten ein aufbrechendes Machtvakuum umso eher auffüllen, als das politische System Österreichs in seiner Gesamtheit stark von vormodernen Strukturen durchsetzt war. Ein System, das auf Honoratiorentum, Intervention und Intrige basierte, in dem Parteien, Verbände und Genossenschaften die gesellschaftliche Integration ihrer Klientel sicherstellten, dem allgegenwärtige Korruption nicht nur sozial verträglich, sondern geradezu selbstverständlich war. Das gesellschaftliche Krisenszenario hat durchgehend präsente, in der Phase der (relativ) funktionierenden parlamentarischen Demokratie jedoch in den Hintergrund getretene konservative Utopien erneut aktualisiert.

Wenn die Ständeideologie in den Rang einer gleichsam offiziellen Staatstheorie erhoben wurde, so nicht zuletzt auch deshalb, weil die katholische Kirche dieses Gedankengut der aristokratischen Romantik – als deren Verbündete sie im Kampf gegen die bürgerliche Revolution aufgetreten war – entnommen und zu dem ihren gemacht hatte. In bewußtem Gegensatz zur formalen, parlamentarischen Demokratie stehend, stellte das autoritäre Regime dieser die Idee einer berufsständischen Verfassung, also die allen antidemokratischen bürgerlichen Strömungen gemeinsame Verfassungsidee entgegen. Nun stützte sich der Austrofaschismus auf jene sozialen Schichten, die als „Erbe der altösterreichischen Überlieferung" (Otto Bauer) gelten konnten und stand daher in Konkurrenz zum Nationalsozialismus und dessen Annexionsintentionen. Seine Verfassungskonzeption konnte und durfte somit nicht jene des Nationalfaschismus sein; sein Ziel war die Verwirklichung einer katholischen berufsständischen Verfassung, konkretisiert nach den Soziallehren der

Kirche. Wenngleich die päpstliche Enzyklika – deren überaus scharfe und pointierte Kapitalismuskritik in der Tradition des älteren „christlichen Sozialismus" steht – dem faschistischen Korporationensystem zubilligt, zur „friedlichen Zusammenarbeit der Klassen", zur „Zurückdrängung der sozialistischen Organisationen und Bestrebungen" und zum „regelnden Einfluß eines eigenen Behördenapparates" geführt zu haben, wird doch der totalitäre Herrschaftsanspruch des faschistischen Staates mit Bestimmtheit zurückgewiesen. Vielmehr führt sie das Subsidiaritätsprinzip ein, fordert die freie Selbstverwaltung der Berufsverbände und nähert sich so dem Prinzip der „industriellen" Demokratie, der „Wirtschaftsdemokratie".[24] Die Erörterung von Fragen „technischer Art" allerdings lehnt sie ebenso ab wie sie keinerlei konkrete Anleitung für den Aufbau einer ständischen Ordnung gibt. Sie behandelt die Wirtschaftsverfassung der Gesellschaft, von der Staatsform, von Begründung und Aufbau von Staatsgewalt sieht sie gänzlich ab. Als Kompilation berufsständischer Ideologien verschiedensten Ursprungs und sozialen Gehalts war sie demnach offen für die unterschiedlichsten Interpretationszugänge.

Sobald Dollfuß – der bis zu seinem Regierungsantritt durchaus in der demokratischen Tradition der christlichsozialen Bauernschaft stand – mit den parlamentarisch-demokratischen Formen gebrochen hatte, geriet er unter den bestimmenden Einfluß der Heimwehren und des politischen Katholizismus, der mit seinem Organisations- und Vereinsgeflecht allein dem Regime eine gewisse Massenbasis zu stellen imstande war. Unter diesem Druck verstärkte sich die autoritäre Dynamik; sie wurde durch den italienischen Einfluß, dem sich Dollfuß unterworfen hatte, um die Unterstützung gegen das Dritte Reich zu erkaufen, weiter intensiviert – war es doch der italienische Faschismus, der vor allem die Heimwehren subventionierte. In einem Brief vom 1. Juli 1933 hatte Mussolini Dollfuß nachhaltig gedrängt, ein Programm von „effektiven und wesentlichen internen Reformen in entschieden faschistischem Sinne durchzuführen", der Sozialdemokratie „in ihrer Felsenfestung Wien einen Schlag (zu) versetzen“ und die Säuberungsaktion auf „alle Zentren“ auszudehnen, die im „Gegensatz zum Autoritätsprinzip des Staates zersetzende Tendenzen verfolgen“.[25]

Am 18. August 1933 traf Dollfuß Mussolini in Riccione, wobei ihm „eine große politische Rede“ für die ersten Septembertage nachdrücklich empfohlen wurde, in der die Unabhängigkeit und Erneuerung Österreichs, der „diktatoriale Charakter“ des Regimes, die Einsetzung eines Regierungskommissärs für die Gemeinde Wien und das Projekt einer Verfassungsreform auf „faschistischer Basis vom politischen, wirtschaftlichen und sozialen Gesichtspunkt“ angekündigt werden sollten.[26] Tatsächlich hat Dollfuß im Rahmen der Feiern anläßlich des 250. Jahrestages der Befreiung Wiens von der türkischen Belagerung am 11. September eine große programmatische Rede am Wiener Trabrennplatz gehalten.[27] In dieser Rede klangen alle jene Punkte an, die späterhin zu zentralen Legitimationsmustern des „Austrofaschismus“ werden sollten: die Schaffung einer „neuösterreichischen“, gegen das Dritte Reich und dessen Annexionsgelüste gerichteten Identität, der Rekurs auf eine romantisierende „Reichsidee“ und das Konstrukt einer spezifisch österreichischen, katholisch-abendländischen „deutschen Mission“[28], die Unterdrückung der selbständig organisierten sozialdemokratischen Arbeiterbewegung ebenso wie jene des „heidnischen“ preußischen Nationalfaschismus und die Schaffung eines „sozialen, christlichen, deutschen Staates Österreich auf ständischer Grundlage, unter starker, autoritärer Führung“. Der Ständestaat wurde als ein aus der Geschichte abgeleiteter, in die Zukunft weisender göttlicher Auftrag interpretiert, verstanden als ein rückwärtsgewandter Gegenentwurf zu den Konsequenzen der modernen Industriegesellschaft, der Moderne insgesamt. Getragen von einer spezifisch katholischen Sehnsucht nach Klassenharmonie und Konfliktfreiheit, von feudalen Reminiszenzen und antimodernistischen Affekten, verwachsen mit althergebrachten Vorstellungen eines gottverordneten Oben und Unten, versehen mit vagem antikapitalistischem Sentiment. Es ist die Sehnsucht nach der organischen, naturrechtlichen Gesellschaft mit ihrer unhinterfragten sozialen Hierarchisierung.[29] Immer wieder hat Dollfuß in seinen Reden das Bild gemeinsamen Zusammenarbeitens und Zusammenlebens von Bauer und Knecht, die nach getaner Arbeit aus der gemeinsamen Schüssel essen und gemeinsam zum Rosenkranz niederknien, bemüht. Parlamentarische Demokratie, autonome Arbeiterorganisationen und konkurrierende Massenparteien hatten in diesem Weltbild keinen Platz, der Gesellschaftsvertrag im Sinne der Aufklärung erhielt das Stigma der Blasphemie.

In einem „kalten“ Staatsstreich vom 4. März 1933 (Auflösung des Parlaments durch Bundeskanzler Dollfuß) hatte sich das Regime gleichsam absolutistische Regierungsgewalt angeeignet. Von März 1933 an wurden unter permanentem Verfassungsbruch rund 300 Verordnungen aufgrund eines kriegswirtschaftlichen Ermächtigungsgesetzes aus dem Jahr 1917 erlassen. Der Verfassungsgerichtshof wurde ausgeschaltet.[30] Die Notverordnungen liefen auf eine Demontage der allgemeinen Freiheitsrechte und der Sozialgesetzgebung hinaus, zerstörten ihrem Charakter nach aber auch entwicklungsfähige Ansätze berufsständischer Selbstverwaltung von vorneherein: die Entrechtung der Berufsvertretung der Eisenbahner, die Aufhebung der frei gewählten Personalvertretung bei Post und Fondskrankenkassen sowie in den Bundesbetrieben, die Unterstellung der Arbeiterkammern unter Staatskontrolle, Unterhöhlung der Autonomie der Sozialversicherung, zentralbehördliche Kontrolle der paritätisch besetzten Industriellen Bezirkskommissionen etc. In der raschen, seriellen Form der Notverordnungen, in ihrer Kumulierung, in der Kombination von integrierenden und regressiven Maßnahmen entwarf der von einem religiösen Sendungsbewußtsein durchdrungene Dollfuß von sich das Bild eines kompromißlosen und resoluten Krisenmanagers.[31]

Die Pressefreiheit und das Versammlungsrecht wurden stark eingeschränkt, über die *Arbeiter-Zeitung* wurde die Vorzensur verhängt. Die Rechtsprechung über politische Delikte wurde der Polizei übertragen, die Schwurgerichtsbarkeit weitgehend unwirksam gemacht und die unabhängige Jurisdiktion schrittweise zum Assistenzorgan autoritärer Machtansprüche umfunktioniert. Wiewohl jeder dieser Schritte mit der Notwendigkeit eines verschärften Vorgehens gegen die Nationalsozialisten gerechtfertigt wurde, wurden sie sofort und in erster Linie gegen die sozialdemokratische Arbeiterbewegung in Anwendung gebracht. Bereits am 30. März 1933 erfolgte die Auflösung des Republikanischen Schutzbundes, des sozialdemokratischen Wehrverbandes, der allerdings sofort in anderer Form reorganisiert wurde. Von Gewerkschaften und Unternehmern rechtsgültig abgeschlossene Kollektivverträge wurden aufgehoben und die Herabsetzungen der Löhne angeordnet. Die Arbeitslosenunterstützung wurde erheblich reduziert, für verschiedene Kategorien gänzlich gestrichen. Für eine Reihe von Industriezweigen wurde ein Streikverbot erlassen, jeder Streik mit Freiheitsstrafen bedroht. Am 11. November 1933 trat für Mord, Brandstiftung und boshafte Sachbeschädigung das Standrecht in Kraft, um am 12. Februar 1934 durch Notverordnung um den Tatbestand des „Aufruhrs" erweitert zu werden. „Anhaltelager" zur Internierung politischer Gegner wurden eingerichtet.[32] Nicht zuletzt wurde gegen das „Rote Wien" ein finanzieller Vernichtungsfeldzug geführt. Man sei gegenwärtig darauf bedacht, schrieb Dollfuß an Mussolini am 22. Juli 1933, den „Marxisten" die finanziellen Mittel, die sie sich durch ihren übermächtigen Einfluß in der Gemeinde Wien verschafft hätten, „recht einschneidend zu verringern". Noch am Tag von Dollfuß' Abreise nach Riccione beschloß der Ministerrat, der Gemeinde Wien eine Lastenabgabe von 36 Mio. Schilling, rückwirkend vom 1. Jänner 1933, aufzuerlegen. Die Regierung, so Dollfuß resumierend, halte unerschütterlich an ihrem Ziel fest, „die marxistische Mentalität, marxistische Formen und Organisationen zu überwinden und diese durch einen über den Klassen stehenden Staatspatriotismus und durch berufsständischen Aufbau unter weitgehender Ingredienz einer mit starker Autorität ausgestatteten Regierung zu ersetzen".[33]

4. Die sozialdemokratische Partei in der Defensive

Die Sozialdemokratie stand dem autoritären Notverordnungskurs macht- und konzeptlos gegenüber, ihre Politik nahm mehr und mehr attentistische, schließlich fatalistische Züge an. Seit sie 1920 aus der Koalition ausgeschieden war, hatte sich ihre Führung auf eine strikte und fundamentale Oppositionspolitik festgelegt. Ein Angebot Seipels im Jahre 1931 zum Eintritt in eine Konzentrationsregierung hatte sie aus offensichtlichen Gründen abgelehnt. Einen über die engeren Parteigrenzen hinausgehenden Kooperationswillen hatte sie aber darin erkennen lassen, daß mit Ausnahme des ersten allen weiteren sieben Gesetzen zur CA-Sanierung auf Kosten eines kurzfristigen Popularitätsgewinns mit der Begründung zugestimmt wurde, widrigenfalls wäre die gesamte Industrie des Landes zusammengebrochen.[34] Ihre eigentlichen Energien aber konzentrierte sie auf ihr auch international anerkanntes kommunales Aufbauwerk in Wien, dessen Status als Bundesland bis zu Beginn der dreißiger Jahre eine weitgehende Finanzhoheit garantierte. Dem Wiener Experiment eines munizipalen Sozialismus sollte auch landesweit Vorbildcharakter zukommen, war es doch die einzige Umsetzungsmöglichkeit der austromarxistischen Theorie im staatlich-öffentlichen Bereich. Der Wiener Kommunalpolitik wurde so ein entscheidender Stellenwert in der Erlangung sozialistischer Hegemonie auf gesamtstaatlicher Ebene zugewiesen. Durch den Aufbau eines munizipalen Sozialismus konnte die österreichische Sozialdemokratie ihre Bindung an ein aktives und radikales Reformprogramm bei gleichzeitiger Anerkennung der Grenzen ihres reformistischen und an der unbedingten Erhaltung der parlamentarisch-demokratischen Republik orientierten Kurses aufrechterhalten. Die Sozialdemokratie verwaltete als erste sozialistische Partei eine Stadt mit mehr als einer Million Einwohner, und das „Rote Wien“ war das erste praktische Beispiel einer langfristigen sozialistischen Strategie zur Umformung einer gesamten metropolitanen Infrastruktur. Die kommunalen Reformstrategien zur Wohnungspolitik und zum Fürsorgewesen galten, neben der Schulreform Otto Glöckels, schon Zeitgenossen als das Kernstück des „Roten Wien“.

Die Gemeindeverwaltung von Wien wurde in der sozialdemokratischen Internationale und in der ganzen Welt als Vorbild für sozialdemokratische Gemeindepolitik angesehen. Galt die österreichische Sozialdemokratie aufgrund ihrer organisatorischen Stärke ohnedies als die „Musterpartei der Internationale“, wurde diese Einschätzung seit der Übernahme der Verwaltung einer Millionenstadt durch die sozialdemokratische Partei wesentlich verstärkt. Nirgendwo gelang eine solch vollständige Erfassung der Arbeiterschaft, und dies galt in ganz besonderem Maß für die Wiener Parteiorganisation, die sich stolz als „größte Parteiorganisation der Welt“ bezeichnen konnte. 1932 betrug der Anteil der in der SDAP Organisierten 25 Prozent der Bevölkerung, bei den Männern 38,8, bei den Frauen 14,2 Prozent. Von den 648.496 Mitgliedern der Partei in ganz Österreich im Jahre 1929 waren 400.484 in der Wiener Sozialdemokratie organisiert. Der Anteil der Parteimitglieder unter zwanzig Jahren war dreimal so hoch wie in der – überalteten – SPD zur gleichen Zeit; 57 Prozent der Wiener SDAP waren unter vierzig. Bei Wahlen lag die Partei in Wien stets nahe der Zweidrittelmehrheit, 1927 erreichte sie in Wien mit 59,87 Prozent der abgegebenen Stimmen (gegenüber 42,32 Prozent in Gesamtösterreich) ein überdurchschnittliches Ergebnis. Nach parteiinternen Berechnungen haben von 1923 bis 1930 rund 80 Prozent der Arbeiter bei den Parlaments- und Gemeinderatswahlen sozialdemokratisch gewählt.[35]

Die kommunale Fürsorgepolitik, die als „Wiener System“ Berühmtheit erlangen sollte, ist eng mit dem Wirken des Anatomen Julius Tandler verbunden. Als notwendige Ergänzung für die Sozial- und Arbeitsgesetzgebung der Koalitionszeit konzipiert, konzentrierte sie sich bald auf die Jugendfürsorge. Tandler ging überdies – in Ablehnung der traditionellen Wohltätigkeit – von der gesellschaftlichen Verpflichtung zur und dem individuellen Recht auf Sozialfürsorge aus. Ab 1922 wurde ein dichtes Netz fürsorglicher Institutionen und Maßnahmen aufgebaut. Die Mehrzahl dieser Einrichtungen zielte auf eine Hebung der Geburtenrate und auf die Verbesserung der Sozialisationsbedingungen in den Familien der unteren Schichten ab. Über fürsorgerische Intervention und ärztliche Beratung von Frauen und Müttern sollten höhere Standards im Bereich der Säuglings- und Kinderpflege, der Hygiene, des elterlichen Erziehungsverhaltens und damit ein höheres familiales Reproduktionsniveau durchgesetzt werden. Insgesamt zeigt so das „Wiener System", trotz der unleugbaren riesengroßen Fortschritte und trotz seiner Popularität, jene Verbindung von Fürsorge und Repression, von Disziplinierung und Überwachung, wie sie „moderne" Fürsorgesysteme allgemein charakterisiert.[36]

Die Erfolge des Rathaussozialismus allerdings waren sichtbar, am deutlichsten in der Wohnbaupolitik. Am 21. September 1923 beschloß der Wiener Gemeinderat kurz vor den anstehenden Parlamentswahlen ein auf fünf Jahre berechnetes Wohnbauprogramm, wobei ab 1924 jährlich 5000 Kleinwohnungen errichtet werden sollten. Bereits 1927 war dieses Plansoll erfüllt, und am 27. Mai dieses Jahres wurde der weitere Bau von jährlich 6000 Wohnungen und 5257 Siedlungshäusern beschlossen; 10,8 Prozent aller Wiener wohnten darin. Die Gemeinde vermeinte in gigantischen Superblocks – den sogenannten „Volkswohnpalästen" – die Lösung der Arbeiterwohnfrage gefunden zu haben. Auch garantierte eine Maximalverbauung von 40 Prozent der Grundstücke gegenüber der erlaubten „Spekulationsverbauung" der alten Zinskasernen von 85 Prozent die Anlage geräumiger, begrünter und lichtdurchfluteter Innenhöfe. In beinahe allen Höfen befanden sich Sozial- und Gemeinschaftseinrichtungen, die Wohnungen selbst waren, trotz ihrer Kleinheit, durchaus großzügig ausgestattet. In der Finanzierung wurden völlig neue Wege beschritten, Finanzstadtrat Hugo Breitner führte direkte Steuern ein. Die Wohnbausteuer war zweckgebunden und unterlag ebenso wie die Verbrauchssteuern einer extremen Progression. Erst als mit den entscheidenden Änderungen des Jahres 1932 die Wohnbausteuer ihren ursprünglichen Charakter praktisch verloren hatte, wurden die Wohnbauinvestitionen ihrem Ertrag angepaßt. Mit dem neuen Steuersystem, finanzpolitische Voraussetzung für die gesamte Kommunalpolitik der Zwischenkriegszeit, setzte die Gemeinde eine Umstrukturierung ihrer Volkswirtschaft in Gang, mit dem Ziel einer Ausweitung des kommunalen Sektors und einer Erhöhung der lokalen industriellen Investitionen zu Lasten des Luxuskonsums und des ausländischen Anlagemarkts.[37]

Das sozialdemokratische Politikkonzept war an eine pädagogisch formulierte Veränderung des Individuums gebunden, an die Schaffung und Vorwegnahme eines „Neuen Menschen“ innerhalb der bestehenden Verhältnisse im Rahmen einer Strategie eines „antizipatorischen Sozialismus“. Es wurde ein komplexes und überaus dichtes Netz von Neben-, Kultur- und Vorfeldorganisationen aufgezogen, gleichsam ein globales alltagskulturelles „Aussteigersystem“, ein „Staat im Staat“, der das Leben des einzelnen in einen historischen und existentiellen Sinnzusammenhang stellen und ihm Sicherheit, Selbstbewußtsein und Zukunftsgewißheit vermitteln sollte.

Diese Strategie des umfassenden Aufbaus eines gegenkulturellen Netzwerks hat vor allem im Roten Wien eine erstaunlich adäquate Umsetzung erfahren. In dem Ausmaß aber, in dem sich die politischen Verhältnisse verschlechterten und die Umgestaltung der Wirtschaftsordnung in eine ferne, wenngleich auch nachgerade determinierte sozialistische Zukunft projiziert wurde, ist dem subjektiven Faktor „sozialistische Lebensreform“ übergroße Bedeutung zugeschrieben worden. Es sollte zudem nicht übersehen werden, daß wichtige Aspekte dieser scheinbar autochthonen Arbeiterkultur mit ihren oft sehr rigiden Zügen nichts anderes waren als Ausdruck einer sich international entwickelnden modernen Industriekultur oder auch popularisierte Versionen ehemals reformbürgerlicher Ansätze.[38] Und: Sollte das

Arbeiterleben in seiner Gesamtheit erfaßt und verändert werden, so verlangte dies Führung von oben, Interventionen und bürokratische Eingriffe. Trotz aller durchaus ernsthaften Ambitionen zur Demokratisierung der inneren Organisationsstrukturen (wie sie etwa im Parteistatut von 1926 ihren Ausdruck fanden) zeigt auch die österreichische Sozialdemokratie Merkmale, wie sie die modernen sozialistischen Massenparteien insgesamt kennzeichneten: oligarchische Tendenzen und hierarchischen Organisationsaufbau, Willensbildung von oben nach unten. Nun gab es zwischen dem kulturellen Verhalten, den Auffassungen und Bedürfnissen der politischen Eliten und jenen der Basis massive, wenn nicht unüberbrückbare Unterschiede, und so bestimmte sich die Wiener Kommunalpolitik der Zwischenkriegszeit nicht nur in Übereinstimmung, sondern auch in Differenz und konfliktueller Spannung zum propagierten Leitbild des „neuen Menschen". Es stellte dies für die Sozialdemokratie ein umso schwerwiegenderes Problem dar, als eben die Verbindung von Kultur und Politik ein zentrales Moment ihrer Strategie war. Diese Dichotomie zwischen Führung und Massenbasis wurde auch im kulturellen Experiment des „Roten Wien" niemals aufgehoben; historisch gewachsene und existierende Arbeiter-Subkulturen sowie popularkulturelle Formen wurden eher bekämpft denn integriert.[39]

Über eine ständige Mobilisierung der von den Nebenorganisationen erfaßten Massen wurde das Leitbild des schönen, starken, gebildeten, kollektiven Neuen Menschen propagiert[40] – zelebriert in ästhetisch verfeinerten Massenaufmärschen und kunstvoll überhöhten Massenfestspielen. Die disziplinierten Massen symbolisierten gleichzeitig Stärke und Beschränkung, Drohung und Zähmung, sie waren Symbol für revolutionären Idealismus ebenso wie für die puritanische Nüchternheit des Industriezeitalters. Das Scheitern der österreichischen Sozialdemokratie der Zwischenkriegszeit liegt nicht zuletzt darin begründet, daß sie schlußendlich der von ihr selbst erzeugten Massensuggestion erlag, indem sie ihre sich ständig verringernde gesellschaftliche und politische Macht durch die Stärke und Schönheit des inszenierten Rituals zu kompensieren versuchte und schließlich scheinrevolutionäres Pathos an die Stelle konkreter Aktionen setzte.

Das Linzer Programm von 1926 hatte die Partei zudem auf eine Strategie der „defensiven Gewalt“ festgelegt. Für den Fall – und dies war als Bedingung formuliert –, daß die bürgerlichen Parteien einen auf demokratischem Weg errungenen sozialistischen Sieg mit Waffengewalt brechen wollten, müßte die Sozialdemokratie die Republik im Bürgerkrieg und kurzfristig mit den „Mitteln der Diktatur“ des Proletariats sichern. Diese Diktatur dürfe jedoch keinesfalls gegen die Demokratie gerichtet sein, sie müsse vielmehr ihrer Wiedererrichtung dienen.[41] Es war eine heftig umstrittene Passage, eine Kompromißformel, die vor allem auf die weitere Integration des linken Parteiflügels abzielte. Die Konzeption der defensiven Gewalt bestimmte die Reorganisation des Republikanischen Schutzbundes nach dem Desaster des 15. Juli 1927 als disziplinierte und tendenziell entpolitisierte Parteiarmee ebenso wie sie in ihrer propagandistischen Auswertung durch die bürgerlichen Parteien nicht unwesentlich zur Polarisierung der politischen Lager beitrug.

Je mehr der Parteivorstand vor dem Notverordnungskurs des autoritären Regimes zurückwich, desto unruhiger wurde die sozialdemokratische Basis in Wien und den großen Industrieregionen. Auf einem überaus turbulent verlaufenden außerordentlichen Parteitag im Oktober 1933, der nur mehr in einer Atmosphäre der „Halblegalität“ abgehalten werden konnte, wurde die defaitistische Politik des Parteivorstandes, vor allem aber Otto Bauer selbst von der Linken massiv angegriffen. Es gelang dem Vorstand, eine Kompromißlösung durchzubringen, die die Ausrufung des Generalstreiks, der den Bürgerkrieg bedeuten mußte, in vier Fällen vorsah; und zwar wenn 1. die Regierung rechts- und verfassungswidrig eine faschistische Verfassung oktroyierte; 2. die Regierung die verfassungsmäßige Gemeinde- und Landesverwaltung des „Roten Wien“ rechts- und verfassungswidrig absetzte und die Verwaltung Wiens einem Regierungskommissär übertrüge; 3. die Regierung die Parteivertretung auflöste; 4. die Gewerkschaften aufgelöst oder gleichgeschaltet würden.[42]

Man wollte den Bürgerkrieg nur riskieren, wenn er unabwendbar und unvermeidlich geworden war und versuchte durch das Angebot immer weiterreichender, schließlich an Selbstaufgabe grenzender Konzessionen eine drohende Katastrophe zu verhindern. Kontaktiert wurden als demokratisch bekannte christlichsoziale Politiker, um Dollfuß auf diese Weise vom kompromißlosen Kampf gegen die Sozialdemokratie abzubringen und es ihm zu ermöglichen, mit vereinter Kraft gegen den Nationalsozialismus vorzugehen. Dem Bundeskanzler wurde übermittelt, daß die Sozialdemokratie bereit wäre, der Regierung außerordentliche Vollmachten verfassungsgemäß zuzubilligen, sofern diese Vollmachten unter der Kontrolle eines engeren Parlamentsausschusses und des Verfassungsgerichtshofes gehandhabt würden. Im Gegenzug sollte der Partei ihre Bewegungsfreiheit, das Versammlungsrecht und die Pressefreiheit garantiert werden. Noch am Vormittag des 12. Februar konferierten Vertreter des rechten Parteiflügels, der von den Niederösterreichern geführt wurde, mit christlichsozialen Politikern.[43] Dollfuß, der vom italienischen Unterstaatssekretär Fulvio Suvich am 26. Jänner 1934 erneut daran erinnert worden war, daß ein entschiedenes Vorgehen nicht weiter hinausgeschoben werden könne, reagierte nicht. So blieb auch Otto Bauers in der Februarnummer des theoretischen Organs *Der Kampf* formuliertes, letztmögliches Kompromißangebot ohne jegliche Resonanz:

„Die Arbeiterklasse kann gewiß nicht die kleinbürgerliche Illusion teilen, daß die ‚berufsständische' Organisation eine ‚neue Gesellschaftsordnung' begründen, die Klassengegensätze aufheben könnte. Aber die Arbeiterklasse braucht darum den Aufbau berufsgenossenschaftlicher Organisationen nicht bedingungslos abzulehnen. [...] Gerade durch die Verständigung mit dem Kleinbürgertum und der Bauernschaft über eine wirtschaftsdemokratische berufsgenossenschaftliche Selbstverwaltung kann die Arbeiterklasse im Kleinbürgertum und in der Bauernschaft Bundesgenossen gewinnen gegen eine antidemokratische ‚korporative' Zwangs- und Herrschaftsorganisation nach italienischem Vorbild, die die Vernichtung der politischen Demokratie, die Aufrichtung einer faschistischen Diktatur bedeuten würde."[44]

5. Der Weg in den 12. Februar 1934

Ab 24. Jänner 1934 wurde über direkten Auftrag des Innenministers, Vizekanzlers und „Führers" der Wiener Heimwehren, Major a. D. Emil Fey, mit systematischen Hausdurchsuchungen in sozialdemokratischen Parteiheimen, in öffentlichen Amtsgebäuden, in denen Sozialdemokraten führend tätig waren, und in Privatwohnungen begonnen. Die Auffindung größerer Waffenvorräte in Schwechat lieferte Fey den Vorwand, die großangelegten Waffensuchen schließlich auch auf Wien auszudehnen und unter anderem die sozialdemokratische Parteizentrale an der Rechten Wienzeile am 8. Februar von einem starken Aufgebot der Polizei besetzen zu lassen. Im Gefolge der Waffensuche kam es zu umfangreichen Verhaftungen von Funktionären des Schutzbundes, die de facto dessen gesamten technischen Ausschuß betrafen, so u. a. den militärischen Leiter, Major a. D. Alexander Eifler und Hauptmann a. D. Rudolf Löw. Bis 10. Februar waren alle Bezirks- und Kreisführer des Wiener Schutzbundes, insgesamt an die 200 Personen in Haft. In einem Kommuniqué vom 11. Februar sprach Fey von einem „bewiesenen Komplott marxistisch-bolschewistischer Verbrecher" und kündigte am selben Tag, in der Euphorie einer Gefechtsübung des Heimatschutzes in Strebersdorf/Langenzersdorf an, man werde morgen an die Arbeit gehen und ganze Arbeit leisten.[45]

Ende Jänner 1934 hatten Bataillone der auf einer dezidiert faschistischen Programmatik stehenden Heimwehren Innsbruck besetzt, die Absetzung der verfassungsmäßigen Landesregierung, die Übergabe der Verwaltung an Heimwehrkommandanten, die Auflösung der Sozialdemokratischen und die Selbstauflösung der Christlichsozialen Partei sowie die Absetzung der sozialdemokratischen Gemeindeverwaltungen gefordert. Die Staatsgewalt blieb, obwohl die Tiroler Heimatwehr nicht mehr als 800 Mann aufgeboten hatte, untätig. In den folgenden Tagen rückten bewaffnete Heimwehrformationen in anderen Landeshauptstädten ein und stellten überall dieselben Forderungen; nach größerem italienischen Vorbild schien sich ein „Marsch auf Wien" abzuzeichnen. Am 10. Februar bot die oberösterreichische Heimwehr ihre Mannschaften in Linz und Steyr auf und richtete ein Ultimatum an den Landeshauptmann. Einen Tag davor war der oberösterreichischen Schutzbundleitung unter Richard Bernaschek ein Geheimerlaß des Landessicherheitsdirektors bekannt geworden, der eine Erfassung aller sozialdemokratischen Vertrauenspersonen und deren Internierung in „Anhaltelagern" vorsah. Bernaschek ordnete am Sonntag, dem 11. Februar, als stündlich mit der Verhaftung des Landesparteivorstandes gerechnet werden mußte, die Bewaffnung des Schutzbundes an und teilte dem Parteivorstand in Wien mit, daß er auf jede weitere Provokation mit Waffengewalt reagieren werde.[46] Als in den Morgenstunden des 12. Februar Polizeieinheiten eine Waffensuche im Hotel „Schiff" in Linz durchführen wollten, entwickelte sich schnell ein heftiger Kampf, der auf Industriegebiete in Oberösterreich, Steiermark und Tirol übersprang. In Wien tagte der Rest des Exekutivkomitees des sozialdemokratischen Parteivorstandes in einer Privatwohnung in Gumpendorf und beschloß nach stürmisch und äußerst kontrovers verlaufener Sitzung die Ausrufung des Generalstreiks und die Mobilisierung des Schutzbundes mit einer Stimme Mehrheit. Die ehemals so mächtige Partei – die nach den Ergebnissen der letzten Wahlen 80 Prozent der Arbeiterschaft, 60 Prozent der Bevölkerung Wiens, die überwiegende Mehrheit der städtischen und industriellen Bevölkerung Österreichs überhaupt repräsentierte, die in ihren Reihen 600.000 Mitglieder organisierte, die über ein dichtes Netz von Druckereien und Printmedien verfügte – konnte eine einigermaßen ausreichende Verbreitung des Generalstreikaufrufes jedoch nicht mehr bewerkstelligen. Zwei Funktionäre der Sozialistischen Arbeiterjugend, Franz

Olah und Bruno Kreisky, vervielfältigten den stark gekürzten Aufruf auf einer Abziehmaschine der Gewerkschaft der Bau- und Holzarbeiter.[47]

Um 11 Uhr 46 blieben die Wiener Straßenbahnzüge stehen, die Arbeiter der Elektrizitätswerke hatten das Zeichen zum Generalstreik gegeben. In ganz Wien erloschen die elektrischen Lampen; so auch im Stephansdom, wohin sich der Kanzler und die Regierung zur Feier eines Festgottesdienstes begeben hatten.

Dem am Abend des 12. Februar 1934 zwischen 18 und 21 Uhr 15 außerordentlich zusammengetretenen Ministerrat der Regierung Dollfuß/Fey stellte sich die aktuelle Situation alles andere denn beruhigend dar: Von Regierungsseite wurden jedenfalls „umfangreiche Gegenmaßnahmen“ eingeleitet, Bundesheereinheiten zur Assistenzleistung in die Kampfgebiete entsandt, in Wien war die Innere Stadt zerniert und das Rathaus besetzt. „Zahlreiche sozialdemokratische Führungspersönlichkeiten“, darunter der Vorsitzende des Bundesrates, General a. D. Theodor Körner, waren bereits in Haft.

Der im Heeresministerium tagende Ministerrat beschloß die sofortige Auflösung der Sozialdemokratischen Partei (die bei den letzten Wahlen immerhin 41 Prozent der gültigen Stimmen erhalten hatte), die Auflösung aller sozialdemokratischen Vereine und der Freien Gewerkschaften, die Beschlagnahme ihrer Vermögen und die Sperre der Arbeiterbank; die Konsumvereine wurden gleichgeschaltet.[48] In den folgenden Tagen und Wochen durchlief eine Verhaftungswelle das Land, die tausende kleine Funktionäre und Mitarbeiter betraf, die überwiegend an den Kämpfen nicht teilgenommen hatten und oft auch nur in einem mittelbaren beruflichen oder persönlichen Verhältnis zur Sozialdemokratie standen. Allein in Wien waren „aus Anlaß der Februarunruhen“ bis Mitte März 1934 insgesamt 7823 Personen über kürzere oder längere Zeit inhaftiert, wobei eine über den Rahmen einer bereits institutionalisierten Rechtswillkür hinausgehende Vergeltungsjustiz verheerende, über Jahrzehnte nachwirkende massenpsychologische Effekte zeitigte.[49]

Aufgelöst wurden durch Ministerratsbeschluß auch der Landtag und der Gemeinderat Wiens, gleichzeitig mit der Enthebung des Bürgermeisters und des Stadtsenats sowie der Einsetzung eines Bundeskommissärs.

Die Maßnahmen der Regierung wurden koordiniert und einem seit lange entwickelten, immer wieder überarbeiteten und adaptierten Einsatzplan entsprechend gesetzt, die Kämpfe waren Folge und Ausdruck planmäßiger Aktionen der Staatsgewalt. Und wenn so das Gesetz des Handelns von allem Anfang an bei den Regierungstruppen und den mit ihnen verbündeten bürgerlichen Wehrverbänden lag, war man von Umfang, Ausmaß und Entschlossenheit der militärischen Reaktion des Republikanischen Schutzbundes mehr als überrascht. Man hatte ihn längst für demoralisiert, demobilisiert und schon vor der militärischen Auseinandersetzung für besiegt gehalten.

Der seit beinahe einem Jahr illegalisierte Schutzbund war auf eine militärische Auseinandersetzung vorbereitet. Nach dem 15. Juli 1927, als es in einem spontanen Aufruhr der Wiener Arbeiterschaft zu einem fundamentalen Bruch der Parteidisziplin gekommen war, wurde er unter Führung von Julius Deutsch, dem ersten Heeresminister der Republik, und Alexander Eifler systematisch diszipliniert, militarisiert und entpolitisiert. Es entstand ein wohlorganisiertes Parteiheer, das in seinen besten Zeiten 80.000 Mann zur Sicherung der demokratischen Legalordnung zu mobilisieren imstande war, das aber auch ein von den Massen der Parteimitgliedschaft weitgehend getrenntes Eigenleben zu entwickeln begann.[50] Für den Fall einer bürgerkriegsähnlichen Auseinandersetzung war ein offensives, den militärischen Überraschungseffekt ausnützendes Vorgehen vorgesehen. Die ganze Aktion dürfe, so Stabschef Eifler, in keinem Fall länger als 24 Stunden andauern. Er und Deutsch orientierten sich an einem nach rein militärischen Regeln geführten Guerillakrieg: Das Waffenmonopol verblieb beim Schutzbund, „Freischärler“ – überwacht von einer gestaffelten Befehlshierarchie und angeleitet durch Aktionspläne, die bis ins Detail ausgearbeitet waren – folgten militärtechnischen Imperativen. Davon funktional getrennt blieben die Massen der sympathisierenden Bevölkerung, denen die Rolle einer „Reserve“ zugedacht war, die also Kundschafterdienste, Ablenkungsmanöver, Sicherungsdienste etc. ausführen sollten. Gemäß den Aktionsplänen hätte der Wiener Gürtel besetzt, wichtige strategische Punkte eingenommen respektive gesprengt und vom Gürtel aus die Eroberung der Innenstadt in konzertierter Aktion versucht werden sollen. Ähnliche Pläne nach dem gleichen grundlegenden Prinzip lagen für die meisten Städte und Industrieregionen des Landes vor. In seinen letzten Direktiven vor seiner Verhaftung am 3. Februar hat Eifler diese Pläne allerdings insofern modifiziert, als der Schutzbund für 12 Stunden die Entwicklung des Generalstreiks beobachten und erst nach einem Eingreifen der Regierungstruppen die offene militärische Konfrontation suchen sollte.[51]

Diesem Konzept einer „geistlosen Militarisierung“, der offenen Auseinandersetzung mit einem an Zahl, moderner Ausrüstung und militärischer Ausbildung überlegenen Gegner trat General a. D. Theodor Körner vehement entgegen. Es könne nicht darauf ankommen, der staatlichen Exekutive und dem Heer in einem von vorneherein zum Scheitern verurteilten Versuch gleichsam eine Konkurrenzunternehmung entgegenzustellen, vielmehr müßten kleine, mobile, politisch und militärisch hochgebildete Gruppen selbstbewußt und selbständig tätig werden. Das zentrale Moment des Bürgerkriegs und des Straßenkampfs seien „einzelne bewaffnete Männer, die kommen, schießen und verschwinden“, die einzig mögliche Kampfform jene der passiven Verteidigung gemäß der Devise „Offensive im Geist, Defensive in der Handlung.“ Immer aber könne der Schutzbund den Impuls der Massenaktion nur aufnehmen, deren verstärkender und steuernder Bestandteil sein; das im Bürgerkrieg zu erreichende Kampfziel müsse politisch aber stets durch die demokratische Legalordnung bestimmt bleiben, also in der Wiederherstellung der demokratischen Verfassung bestehen.[52]

Der Regierung waren die Aktionspläne des Schutzbundes, jedenfalls in groben Zügen, seit dem Verrat des Kreiskommandanten Wien-West, Eduard Korbel, in der ersten Februarwoche 1934 vermutlich auch im Detail bekannt. Der staatliche Gewaltapparat war nach sorgfältig vorbereiteten Kampfplänen für den Fall eines sozialdemokratischen Aufstandes auf seinen Einsatz im Bürgerkrieg vorbereitet worden. Parallel zum Militarisierungsprozeß der Wehrverbände seit dem Juli 1927 wurde etwa die Wiener Polizei reorganisiert und speziell für Bürgerkriegszwecke eine in zwölf Kompanien gegliederte, mit Infanteriewaffen ausgerüstete und vom Bundesheer ausgebildete „Alarmabteilung“ aufgestellt. Zur effizienten Führung des Straßenkampfes waren drei für diese Zwecke besonders geeignete Panzerwagen tschechischer Bauart erworben worden.[53] Wesentliche Teile der Kampfpläne der Regierung liefen auf die rasche und wirkungsvolle Koordination von Kampfhandlungen der Exekutive und des Bundesheeres hinaus, um auf diese Weise von vornherein die Initiative an sich zu reißen. Hauptträger der Kämpfe sollten dann die Einheiten der Polizei und des „Freiwilligen Schutzkorps“ sein – wobei letztere, zu einer Art Hilfspolizei umfunktioniert und aus staatlichen Waffenbeständen ausgerüstet, praktisch ident mit den Heimwehren waren. Die übrigen bürgerlichen Wehrverbände – wie „Ostmärkische Sturmscharen“, „Christlich-deutscher Turnerbund“, „Reichsbund“ und „Freiheitsbund“ blieben von untergeordneter Bedeutung bzw. wurden überwiegend zu Assistenzleistungen herangezogen. Die Entscheidung in den Kampfhandlungen aber führte der Einsatz des Bundesheeres herbei, das unter Berufung auf die im Wehrgesetz verankerte „Assistenzpflicht“ angefordert und von Bundeskanzler Dollfuß in seiner Eigenschaft als Heeresminister befehligt wurde. Das Heer hatte zum Zeitpunkt der Kämpfe einen Gesamtstand von ca. 25.000 Mann, von denen in Wien an die 4000 einsetzbar waren. Es hat schwere Artillerie und Haubitzen eingesetzt und damit Gemeindewohnanlagen, in denen sich Schutzbündler verschanzt hatten, unter Feuer genommen – so etwa den Karl-Marx-Hof durch eine motorisierte Gebirgskanonenbatterie von der Hohen Warte aus.[54] Neben dem (letztendlich entscheidenden) militärischen Aspekt kam dem Artilleriebombardement symbolhafter Wert zu; die Verbreitung von Ansichtskarten mit den zerstörten Wohnhausanlagen, einst der ganze Stolz des sozialdemokratischen kommunalen Reformwerks, war ein zentraler Teil der Regierungspropaganda in den Wochen unmittelbar nach den Februarereignissen.

Die Revolte des Richard Bernaschek in Linz war der Auftakt für einen Verzweiflungsakt der Schutzbündler, den sie, noch ehe er begann, bereits verloren hatten. Auch dies ein Akt von symbolischer Bedeutung, eines Ringens um Selbstbehauptung und Selbstachtung, einer Initiative gegen den expliziten Willen des Parteivorstandes; ein Kampf nicht zuletzt gegen den permanenten Verfassungsbruch und die schleichende, zuletzt offen betriebene Illegalisierung der Sozialdemokratie.

In den Abendstunden des 12. Februar war der Generalstreik zusammengebrochen. Er wäre in Zeiten, in denen mehr als ein Drittel der ganzen Arbeiterschaft ohne Arbeit war, auch unter günstigeren politischen Rahmenbedingungen kaum durchzuhalten gewesen. Es hatte sich sehr schnell gezeigt, daß jene Strategie, die den Schutzbund gleichsam zu einem Berufsheer einer politischen Partei gemacht hatte, Schiffbruch erleiden mußte. Die Massen der Arbeiterbevölkerung, so sehr sie auch mit den kämpfenden Truppen sympathisieren mochten, griffen in keiner Weise in die Kämpfe ein. Die Nichtbefolgung des Generalstreikappells durch die Eisenbahner erwies sich dabei als besonders entscheidend. Einst Avantgarde der österreichischen Arbeiterbewegung, war ihr Personalstand seit dem Beginn der dreißiger Jahre von mehr als 100.000 auf 58.000 Mann gesenkt worden; seit ihrem letzten Streik, unmittelbarer Auslöser der Parlamentskrise vom März 1933, war zudem ihre Personalvertretung zerschlagen worden.[55] So konnte das Bundesheer ungehindert seine Artilleriegeschütze und Panzerfahrzeuge transportieren, so konnte eine am zweiten Kampftag eingetretene Munitionskrise auf seiten des Bundesheeres durch Munitionstransporte aus Ungarn mühelos behoben werden. Der Generalstabsbericht des Bundesheeres merkt denn auch lapidar an, daß es unverständlich sei, warum die Führer der Sozialdemokratie an den Erfolg ihres „anscheinend unentbehrlichen Allheilmittels" geglaubt hätten.[56]

Die Regierungstruppen brachten – neben schwerer Artillerie – Panzerfahrzeuge, Panzerzüge und Flugzeuge des „Österreichischen Heimatschutzfliegerkorps" des Flughafens Aspern zum Einsatz. Ihr entscheidender Vorteil aber lag in der Kommunikation und in der Propaganda. Rundfunk und Sendestationen, militärisch stark besetzt, waren in den Händen der Regierung geblieben, die Versuche des Schutzbundes, dem durch Kurzwellensender entgegenzuwirken, blieben erfolglos. So konnten seit Beginn der Kämpfe Berichte über die Niederlage des Schutzbundes in Permanenz gesendet werden, das später nicht eingehaltene Amnestieangebot von Dollfuß wurde halbstündlich wiederholt. Um 14 Uhr verkündete das Radio das Standrecht und daß die Bundesregierung unter Bereitstellung des gesamten Machtapparates alle Maßnahmen getroffen hätte, um die „planmäßigen Anschläge bolschewikischer Elemente im Keim zu ersticken". Erstes Opfer des Standrechtes war der 43jährige Schuhmacher Karl Münichreiter, Vater von drei Kindern. An zwei Stellen schwer verwundet, wurde er auf einer Tragbahre in den Gerichtssaal gebracht, innerhalb einer Stunde zum Tode verurteilt und drei Stunden später gehenkt. Das zweite Todesurteil wurde gegen den 35jährigen Ingenieur Georg Weissel, Kommandant der Floridsdorfer Feuerwehr, ausgesprochen. Justizminister Schuschnigg rechtfertigte die Hinrichtungen mit Verweis auf das dringend nötige abschreckende Beispiel. Ab 16. Februar folgte eine ganze Serie standgerichtlicher Todesurteile, die aber aufgrund massiver internationaler Proteste nur mehr zu einem geringen Teil ausgeführt wurden. Bis

21. Februar, als Standrecht und Todesstrafe aufgehoben wurden, waren 140 Schutzbündler abgeurteilt, von einigen Dutzenden Todesurteilen aber waren acht vollstreckt worden.[57] Im Falle Koloman Wallischs, der die Hirtenberger Waffenschieberaffäre aufgedeckt hatte, muß sogar von einem Justizmord gesprochen werden. Er wurde nach mehrtägiger Flucht in den steirischen Bergen aufgegriffen, die Anklage warf ihm vor, „irgendwie durch eine Kommandoführung" in die Kampfhandlungen eingegriffen zu haben. Das Leobener Standgericht erkannte ohne die Anhörung von Zeugen der Verteidigung „ohne Zweifel" Wallischs Schuld, er wurde am 19. Februar, dem Tag des Prozesses, kurz vor Mitternacht gehenkt.[58]

Bereits am Samstag, dem 17. Februar 1934, hatte die *Neue Freie Presse* „vollständige Ruhe" gemeldet.

1 Vgl. Hans Kernbauer/Fritz Weber, Von der Inflation zur Depression. Österreichs Wirtschaft 1918–1934, in: Emmerich Tálos/Wolfgang Neugebauer (Hrsg.), Austrofaschismus. Beiträge zur Politik, Ökonomie und Kultur 1934–1938, Wien 1984, S. 1–30.

2 Daten nach Fritz Weber, Die Weltwirtschaftskrise und das Ende der Demokratie in Österreich, in: Erich Fröschl/Helge Zoitl (Hrsg.), Der 4. März 1933. Vom Verfassungsbruch zur Diktatur, Wien 1984, S. 38 f.

3 Otto Bauer, Wirtschaftsentwicklung und Klassenkämpfe im faschistischen Österreich, in: *Der Kampf. Internationale Revue* 2 (1935), Nr. 6, S. 519.

4 Vgl. Siegfried Mattl, Stagnation und gesellschaftliche Krise. Das österreichische Beispiel, in: Wolfgang Maderthaner/Helmut Gruber (Hrsg.), Chance und Illusion/Labor in Retreat. Studien zur Krise der westeuropäischen Gesellschaft in den dreißiger Jahren/Studies on the Social Crisis in Interwar Western Europe, Wien – Zürich 1988, S. 29–67.

5 Zit. n. Grete Klingenstein, Die Anleihe von Lausanne, Wien – Graz 1965, S. 98.

6 Weber, Weltwirtschaftskrise, S. 42.

7 Kernbauer/Weber, Österreichs Wirtschaft, S. 16 ff.

8 Ebd., S. 23.

9 Karl Ausch, Als die Banken fielen. Zur Soziologie der politischen Korruption, Wien 1968.

10 Mattl, Stagnation, S. 41, 45.

11 Vgl. Jürgen Falter/Dirk Hänisch, Wahlerfolge und Wählerschaft der NSDAP in Österreich von 1927 bis 1932. Soziale Basis und parteipolitische Herkunft, in: *Zeitgeschichte* 15 (1988), Heft 6, S. 223–224. Zum Problem der sozialen Basis des Nationalsozialismus in Österreich siehe Ernst Hanisch, Bäuerliches Milieu und Arbeitermilieu in den Alpengauen. Ein historischer Vergleich, in: Rudolf G. Ardelt/Hans Hautmann (Hrsg.), Arbeiterschaft und Nationalsozialismus in Österreich, Wien – Zürich 1990, S. 583–598.

12 Dazu grundlegend Ludger Rape, Die österreichischen Heimwehren und die bayerische Rechte 1920–1923, Wien 1977.

13 Vgl. Hans Mommsen, Theorie und Praxis des österreichischen Ständestaates 1934 bis 1938, in: Das geistige Leben Wiens in der Zwischenkriegszeit, hrsg. v. Peter Heintel/Norbert Leser/Gerald Stourzh/Adam Wandruszka, Wien 1981, S. 188.

14 Lajos Kerekes, Abenddämmerung einer Demokratie. Mussolini, Gömbös und die Heimwehr, Wien – Frankfurt – Zürich 1966, S. 21.

15 Johann Hirsch, Zur Soziologie des Austrofaschismus, in: *Der Kampf* 22 (1929), Heft 5, S. 222 ff.

16 Vgl. Friedrich Austerlitz, Die Lüge der Verfassungsrevision, in: *Der Kampf* 22 (1929), Heft 10, S. 441–449.

17 Dazu allgemein Manfred Matzka (Hrsg.), Sozialdemokratie und Verfassung, Wien – München – Zürich 1985.

18 Zit. n. Manfred Jochum, Die erste Republik in Dokumenten und Bildern, Wien 1983.

19 Klaus-Jörg Siegfried, Universalismus und Faschismus. Das Gesellschaftsbild Othmar Spanns. Zur politischen Funktion seiner Gesellschaftslehre und Ständestaatskonzeption, Wien 1974.

20 Vgl. Wolfgang Maderthaner, Legitimationsmuster des Austrofaschismus, in: Richard Saage (Hrsg.), Das Scheitern diktatorischer Legitimationsmuster und die Zukunftsfähigkeit der Demokratie, Berlin 1995, S. 159–178.

21 Othmar Spann, Der wahre Staat. Vorlesungen über Abbruch und Neubau der Gesellschaft, Leipzig 1923[2].

22 Othmar Spann, Hauptpunkte der universalistischen Staatsauffassung, in: *Nationalwirtschaft* 3 (1929/30), S. 1 ff.

23 Zur weiteren Entwicklung und innerorganisatorischen Ausdifferenzierung der Heimwehr, insbesondere das Ausscheren des schwerindustriellen, obersteirischen Flügels um den Putschisten Pfrimer sowie das Verhältnis zwischen dem von Starhemberg geführten aristokratischen und dem monarchistisch-legitimistischen Flügel unter Fey siehe Kerekes, Abenddämmerung, S. 121 ff., sowie C. Earl Edmondson, The Heimwehr and February 1934: Reflexions and Questions, in: Anson Rabinbach (ed.), The Austrian Socialist Experiment. Social Democracy and Austromarxism 1918–1934, Boulder – London 1985, S. 39–45.

24 Zum gesamten Problemkreis siehe Alois Riedelsperger/Emmerich Tálos (Hrsg.): Zeit-Gerecht. 100 Jahre katholische Soziallehre in Österreich, Steyr 1991.

25 Geheimer Biefwechsel Mussolini – Dollfuß, Wien 1949, S. 18 f.

26 Ebd., S. 32.

27 Dollfuß an Österreich. Eines Mannes Wort und Ziel, hrsg. von Edmund Weber, Wien 1935, S. 30 ff.
28 Vgl. Anton Staudinger, Zur „Österreich"-Ideologie des Ständestaates, in: Das Juliabkommen von 1936. Vorgeschichte, Hintergründe und Folgen, Wien 1977, S. 198–240.
29 Ernst Hanisch, Der politische Katholizismus als ideologischer Träger des „Austrofaschismus", in: Tálos/Neugebauer, Austrofaschismus, S. 53–73.
30 Peter Kostelka, Der Verfassungsbruch aus rechtsdogmatischer Sicht, in: Fröschl/Zoitl, Verfassungsbruch, S. 123–135.
31 Mattl, Stagnation, S. 57.
32 Peter Huemer, Verfassungsbruch 1933/34, in: Fröschl/Zoitl, Verfassungsbruch, S. 105–122.
33 Geheimer Briefwechsel, S. 26.
34 *Arbeiter-Zeitung*, 29. 5. 1931.
35 Wolfgang Maderthaner, Die österreichische Sozialdemokratie 1918–1934. Die größte Parteiorganisation der Welt, in: Das Rote Wien 1918–1934, Wien 1993, S. 28–42.
36 Gerhard Melinz, Von der „Wohltäterei" zur Wohlfahrt. Aspekte kommunaler Sozialpolitik 1918–1934, in: Das Rote Wien, S. 104–120.
37 Gottfried Pirhofer, Die Roten Burgen. Zur Dialektik des Sozialen im Urbanen, in: Das Rote Wien, S. 92–102.
38 Wolfgang Maderthaner, Kommunalpolitik im Roten Wien. Ein Literaturbericht, in: *Archiv für Sozialgeschichte* 25 (1985), S. 239–250.
39 Helmut Gruber, Socialist Party Culture and the Realities of Working-Class in Red Vienna, in: Rabinbach, Austrian Socialist Experiment, S. 223–246.
40 Vgl. ders., Red Vienna. Experiment in Working Class Culture 1919–1934, New York – Oxford 1991.
41 Protokoll des sozialdemokratischen Parteitages 1926. Abgehalten in Linz vom 30. Oktober bis 3. November 1926, Wien 1929, S. 176.
42 Verein für Geschichte der Arbeiterbewegung (VGA), Altes Parteiarchiv, Mappe 66, Außerordentlicher Parteitag Oktober 1933.
43 Everhard Holtmann, Zwischen Unterdrückung und Befriedung. Sozialistische Arbeiterbewegung und autoritäres Regime 1933–1938, Wien 1978.
44 Otto Bauer, Klassenkampf und „Ständeverfassung". Wirtschaftliche Basis und politischer Überbau, in: *Der Kampf* 27 (1934), Nr. 1, S. 12.
45 *Neue Freie Presse*, 12. 2. 1934.
46 Karl R. Stadler/Inez Kydal, Richard Bernaschek. Odyssee eines Rebellen, Wien 1976.
47 Zu einer Darstellung aus sozialdemokratischer Sicht – zugleich auch ein faszinierendes Dokument der Kritik an der eigenen Politik – siehe die wenige Tage nach den Februarereignissen verfaßte Broschüre Otto Bauers, Der Aufstand der österreichischen Arbeiter, Prag 1934.
48 Protokoll des Ministerrates der Ersten Republik. Kabinett Dr. Engelbert Dollfuß, Bd. 5, Wien 1984, S. 580 ff.
49 Everhart Holtmann, Politische Tendenzjustiz während des Februaraufstandes 1934, in: Das Jahr 1934: 12. Februar, Wien 1975, S. 45–57.
50 Finbarr McLoughlin, Der Republikanische Schutzbund und gewalttätige politische Auseinandersetzungen in Österreich 1923–1934, phil. Diss. Wien 1990.

51 Vgl. Richard Saage, Wehrhafter Reformismus. Zur Körner-Rezeption Ilona Duczynskas, in: Helmut Konrad/Wolfgang Maderthaner, Neuere Studien zur Arbeitergeschichte, Bd. 2, Wien 1984, S. 411–438.

52 Frank Hampel, Zwischen Guerilla und proletarischer Selbstverteidigung. Clausewitz – Lenin – Mao Zedong – Che Guevara – Körner, Frankfurt/M. 1989, S. 245 ff.

53 Kurt Peball, Die Kämpfe in Wien im Februar 1934, Wien 1983, S. 14 ff.

54 Ebd., S. 7 ff.

55 Bauer, Aufstand, S. 18 f.

56 Der Februar-Aufruhr 1934. Das Eingreifen des österreichischen Bundesheeres zu seiner Niederwerfung, Wien 1935, S. 32.

57 Hans Safrian, Standgerichte als Mittel der Politik im Februar 1934 in Wien, in: Karl R. Stadler (Hrsg.), Sozialistenprozesse. Politische Justiz in Österreich 1870–1936, Wien 1986, S. 269–302.

58 Rudolf Neck, Koloman Wallisch 1934, in: Stadler, Sozialistenprozesse, S. 303–315.

Dokument 1

Erklärung der Linken am sozialdemokratischen Parteitag 1933 (Auszug)

Die Politik der Parteiführung seit dem März dieses Jahres ist eine Politik des Abwartens, eine Taktik, die sich alle Termine, alle Kampfsituationen vom Gegner vorschreiben läßt. Diese Taktik ist falsch. Die Regierung hat in den letzten Monaten ihre Taktik selbst den politisch Blinden zu erkennen gegeben. Nicht einen stürmenden, sondern einen schleichenden Faschismus haben wir abzuwehren. [...]

Die Taktik, die sagt: Heute nicht, morgen nicht, aber wenn die Regierung das und das tun wird, werden wir den Generalstreik proklamieren, ist falsch. Erstens wird die Regierung nicht das und das tun und zweitens ist der Generalstreik nicht ein Allheilmittel; er ist die letzte Steigerung vieler wachsender Klassenkampfaktionen, Streikbewegungen, Arbeitslosenkundgebungen usw. Eine Partei, die den Kampf will, muß jede Teilaktion weitertreiben, die Front von Woche zu Woche verbreitern, immer größere Massen mobilisieren, die Ruhe und Ordnung mit immer heftigeren Stößen erschüttern und so die Entscheidung herbeiführen. Das ist nicht geschehen. Der Bergarbeiterstreik in der Steiermark, von den Nazis angezettelt, hat uns die Möglichkeit gegeben, die Klassenfront mit allen Bergarbeitern herzustellen, den Streik auf alle Bergwerksgebiete auszudehnen, die Hakenkreuzler zu entlarven und die Führung zu übernehmen. Die Parteiführung hat diese Möglichkeit nicht ausgenützt, sozialdemokratische Mandatare haben vermittelnd eingegriffen, anstatt die Bewegung weiterzutreiben. Ähnlich war es in Kematen; die Arbeiter von Kematen haben allen Genossen ein Beispiel gegeben, doch wie es scheint haben auch dort höhere Funktionäre vermittelnd eingegriffen und der Streik wurde abgebrochen, ohne zu einem Erfolg geführt zu haben. Aber solange diese alten Methoden sich nicht grundsätzlich ändern, ist die Generalstreikparole nicht ernstzunehmen, ist alle Aktivität nur eine Scheinaktivität. Wir dürfen nicht länger warten, wir müssen zum Angriff übergehen, wenn die Arbeiterschaft nicht an der Sozialdemokratie verzweifeln und in tödliche Indifferenz versinken soll.

Wir müssen zum Angriff übergehen mit einem klaren Forderungsprogramm, mit einem Ultimatum an die Regierung. Unsere Minimalforderungen haben zu lauten: Aufhebung aller Notverordnungen, Wiederherstellung aller Arbeiterrechte. Unterstützung für alle Arbeitslosen. Auflösung und Entwaffnung aller faschistischen Formationen. Wenn die Regierung unsere Forderungen nicht erfüllt, muß der Sturz der Regierung und die Wahl einer Regierung der Arbeiter und Bauern unser unmittelbares Kampfziel sein.

Um diese Politik des revolutionären Widerstandes gegen den Faschismus mit der nötigen Festigkeit durchführen zu können, muß die Partei sich nicht nur im Prinzip, sondern auch in der Organisation den neuen Kampfnotwendigkeiten anpassen.

Wir schlagen also vor, der Kerntruppe der Bewegung, den Arbeitern und Arbeitslosen organisatorisch besondere Rechte einzuräumen und zu diesem Zweck Arbeiterräte in die Parteiorganisationen einzubauen. Diese Arbeiterräte sind von den Betrieben, den Arbeitslosen und den Ordnerformationen zu wählen. Diesen Arbeiterräten ist die unmittelbare Kontrolle über die Parteiführung zu übertragen; ihre Beschlüsse haben der Partei die politische Linie und die taktischen Maßnahmen vorzuzeichnen. Um den Arbeitslosen die nötige Mitbestimmung zu sichern, müssen unverzüglich in allen Bezirken und bei allen Gewerkschaften Arbeitslosenkomitees gewählt werden; diese Arbeitslosenkomitees entsenden ihre Delegierten nicht nur in den Arbeiterrat, sondern auch in alle Körperschaften der Partei und Gewerkschaften: Nur wenn die Führung der Partei von unten, an den Massen der Arbeiterschaft emporwächst und den Massen unmittelbar verantwortlich bleibt, ist die Bürgschaft für die höchste Kampfkraft der Arbeiterklasse gegeben. Für uns ist die notwendige Umgestaltung der Partei keine Personalfrage, sondern eine Frage der prinzipiellen Neuorientierung mit allen ihren organisatorischen Konsequenzen. [...]

Wir sind überzeugt, im Namen der proletarischen Kerntruppe unserer Partei zu sprechen. Hört auf die Stimme dieser Kerntruppe, mißachtet nicht ihre Forderungen. Wir sind eine Minderheit vor dem Parteitag, wir sind eine Mehrheit in dem besten und aktivsten Teil der Arbeiterschaft. Noch ist in Österreich nichts verloren, noch ist der Kampf zu gewinnen, wenn wir alle revolutionären Energien der Partei mobilisieren. Es liegt uns nichts daran, gegen die Partei recht zu behalten. Es liegt uns alles daran, mit der Partei zu siegen.

Verein für Geschichte der Arbeiterbewegung (Wien), Altes Parteiarchiv, Mappe 66, Außerordentlicher Parteitag 1933.

Dokument 2

Parteitagsrede von Otto Bauer am 14. 10. 1933 (Auszug)

Gibt es noch eine Möglichkeit einer Entwirrung der Verfassungskrise, in der sich Österreich befindet, gibt es noch eine Möglichkeit einer friedlichen Entwirrung auf verfassungsmäßigem Weg? [...]

Man redet von diktatorischen Vollmachten für den Bundespräsidenten oder für die Regierung, von der dauernden Aufhebung der Freiheitsrechte, von der Beseitigung der Demokratie, während man am Anfang nur über die Geschäftsordnungsreform und den Länder- und Ständerat gesprochen hat. Wer sich diese Entwicklung vergegenwärtigt, wie die Regierung selbst die Verhandlungen immer wieder hinausschob, und wer sich vergegenwärtigt, wie die Ziele der Reaktion immer höher gesteckt wurden, der wird nicht gerade optimistisch sein bei der Beurteilung der Frage, ob eine friedliche und verfassungsmäßige Entwicklung noch möglich ist [...].

Die Bauernschaft beginnt zu fühlen, daß Diktatur nichts anderes bedeutet, als die Wiederkehr der Herrschaft der großen Herren, der Aristokraten und Bürokraten in Österreich. [...] Und wenn es überhaupt noch eine Möglichkeit geben sollte, zu einer friedlichen und verfassungsmäßigen Entwirrung zu kommen, so würde diese Möglichkeit ausschließlich auf einer Verständigung zwischen der Arbeiterpartei und der Bauernschaft beruhen. (Lebhafter Beifall)

Ob das noch möglich ist, weiß ich nicht. Die Diktatur hat ihre eigenen Gesetze. Von dem Tag, wo das Parlament verschwunden und die Demokratie ausgeschaltet ist, werden alle gesellschaftlichen Kräfte nacheinander ohnmächtig und nur die Diktatur, die über die Gewaltmittel verfügt, hat noch zu reden. Ich weiß also nicht, ob sich die Bauernorganisationen im bürgerlichen Lager heute überhaupt noch durchsetzen können.

Gibt es eine Möglichkeit der Verständigung, wenn sie es noch könnte?

[...] Man soll uns nicht mit Illusionen über ein Pluralrecht kommen: Es gibt keine Diskussion für uns über das allgemeine und gleiche Wahlrecht. [...]

Sehen Sie, Genossen, ich höre es nicht ungern, wenn in Konferenzen und Versammlungen junge und alte Genossen nach Kampf rufen, wenn sie dem Parteivorstand und der Parteivertretung Vorwürfe machen, daß sie nicht schon längst das Signal zum Kampf gegeben haben, wenn sie fordern, daß der Kampf endlich beginnen sollte. Denn wieviel Mangel an Erkenntnis darin auch oft steckt, was der Kampf wirklich bedeutet, so ist dieser Ruf nach dem Kampf doch immerhin ein Symptom der Kampffähigkeit, der Kampflust, des Kampfwillens der Arbeiterklasse. [...]

Was ist denn dieser Kampf, nach dem wir rufen? [...]

Diese Frage des Kampfes ist nicht eine Frage des Mythos, sondern eine Frage der Taktik und Strategie der Arbeiterbewegung und nicht etwa in fernen Zeiten, sondern das alles kann in wenigen Wochen und Monaten blutige Aktualität und Realität sein. Weichen wir nicht den Problemen aus, indem wir aus strategischen Problemen mythologische machen! (Zwischenrufe: Sehr richtig!)

Wenn wir von jenem Endkampf reden, so bedeutet das zunächst, wie wir alle wissen, Generalstreik. [...]

Wir wissen und wir können uns annäherungsweise vorstellen, welche Form ein Generalstreik gegen einen faschistischen Gegner hat, der alle Mittel – vor allem das Mittel der Pistole auf die Brust der Streikenden in den lebensnotwendigen Betrieben – sowie das Mittel des Standrechts und des Galgens gegen diejenigen, die zu streiken versuchen, anwenden würde. [...]

Der Generalstreik führt unweigerlich zur gewaltsamen Auseinandersetzung [...]

Ein solcher Kampf um Tod und Leben, bei dem es nicht nur um das Leben von tausenden Menschen, sondern um die Existenz der österreichischen Arbeiterbewegung überhaupt für viele Jahre geht, kann nur dann gewagt werden, wenn große Ereignisse die Leidenschaft des Volkes, die Wut des Volkes weit über die Reihen der politisch interessierten Minderheit hinaus derart aufwühlen (lebhafter Beifall), daß der Zorn der Millionen eben stärker ist als die Bajonette von 20.000 oder 30.000 Mann, die man uns entgegenstellen kann.

[...] Da ist eine Regierung, hinter der [...] vielleicht nicht einmal ein Viertel des Volkes steht, in Wirklichkeit demnach eine Regierung, die sich auf nichts stützt als auf die nackte Gewalt. [...] Das Militär ist gegen uns, das ist zunächst sicher; ob es auch gegen die Nazis ist, weiß ich nicht. Die Regierung verfügt über die Polizei, die Gendarmerie, nicht zu Hundert Prozent, aber zum großen Teil.

In so einer Situation, in der der Gegner alles tun zu können glaubt, in der er glaubt, diese ganze österreichische Partei, diese alte kampfgewohnte Arbeiterschaft einfach um alles bringen zu können, ihr morgen auch das gleiche Wahlrecht mit einem Federstrich nehmen zu können, bloß weil er über ein paar hundert Maschinengewehre verfügt, in so einer Zeit hat der Weg zum Faschismus gar keine Grenzen mehr, wenn sie nicht in der Erkenntnis liegt: an einem bestimmten Punkt ist die Grenze gegeben, und wer sie überschreitet, muß dann damit rechnen, daß die österreichische Arbeiterschaft ohne alle anderen Rücksichten und Erwägungen kämpfen wird.

[...] Wir sind die ganze Zeit durch den Gedanken gehemmt geworden, daß wir nicht einem, sondern zwei Gegnern gegenüberstehen. [...]

Das hat den Gegner irregeführt, die Herren glauben, daß wir den Kampf nicht führen werden. Wenn auch wir das glaubten, wäre Österreich verloren, dann ginge Österreich den Weg zum Faschismus unaufhaltsam weiter. Wenn es zum Kampf kommt, dann könnte der Kampf auch, wie immer er ausgeht, den herrschenden Klassen verdammt kostspielig werden. Wenn ich früher gesagt habe, daß es gewiß auch eine Möglichkeit der friedlichen Entwirrung durch eine Verständigung mit der Bauernschaft gibt, so bin ich überzeugt, daß diese friedlichen Elemente in der Bauernschaft und im Bürgertum durch nichts so gestärkt werden könnten, als durch die Erkenntnis, daß man gewisse Grenzen nicht überschreiten darf, wenn man nicht eine Katastrophe herbeiführen will.

Welches aber sind die Grenzen?

Der erste Fall wäre die Erfüllung der alten Heimwehrforderung nach Aufhebung der Rechte Wiens und Einsetzung eines Regierungskommissärs im Rathaus. [...] Wir haben einen zweiten Fall aufgestellt, der nicht weniger aktuell ist: Dieser Fall ist der Angriff auf die Gewerkschaften. Ich glaube nicht, daß Herr Dollfuß die Absicht hat, an einem Tag sämtliche österreichische Gewerkschaften aufzulösen oder gleichzuschalten. [...] Sie haben einen Teilangriff gemacht, und ich will auch da wieder nicht ungerecht sein und sagen, daß sie sich die richtige Stelle dazu ausgesucht haben. Die Genossen kennen die Vorgänge bei den Bundesbahnen. [...]

Die Auflösung der Partei – wir werden uns doch nicht eine so gewaltige, so große, so ruhmreiche Partei einfach auflösen lassen: das würde der Moment sein, da mit dem Kampfe auf der ganzen Front eingesetzt werden müßte. Oder wenn die Herren eine faschistische Verfassung, die das gleiche Wahlrecht aufheben will, die Souveränität des Volkswillens aufhebt und von oben her oktroyieren sollte, so wäre dies der Fall, in dem die Arbeiterschaft sich zur Wehr setzen muß. [...]

Gewiß, wir kennen die Schwere eines solchen Entscheidungskampfes, [...] aber es gibt Fälle, wo an nichts mehr gedacht werden darf, wo gekämpft werden muß [...] Die österreichische Arbeiterschaft kann Selbstbeherrschung üben, weil sie nicht wünscht, daß diese Kämpfe in diesem Land damit enden, daß die braunen Hemden ihr zum Trutz die Diktatur aufrichten. [...] Es können Provokationen verschiedenster Art den Kampf auslösen. Das kann natürlich niemand voraussagen. Wir wollten nach beiden Seiten, der Arbeiterschaft und der Regierung gegenüber, sagen: Grenzen gibt es; hütet euch, sie zu überschreiten: Ich glaube nicht, daß wir taktisch heute einen anderen Beschluß fassen können [...].

Ich weiß, es gibt Genossen, die andere Vorstellungen haben. Die meinen: ja, da überläßt man doch dem Dollfuß die Regierung, die Initiative; wenn sie diesen vier Dingen nur ausweichen, dann wird kein Kampf entbrennen und man gibt ihnen dadurch gewissermaßen einen Freibrief für anderes. Ich weiß, es gibt Genossen, die meinen, [...] man müßte Forderungen stellen; wenn das oder jenes nicht geschieht, dann werden wir an dem oder dem Tag um 12 Uhr Mittag in den Streik gehen. [...] Aber ich wünsche gar nicht, den Herren die Mitteilung zu machen, die für sie von außerordentlichem Wert wäre, für Maßregeln, die sie dann treffen würden. [...]

Nicht leichtfertig über den Kampf reden!

[...] Wenn der Gegner wirklich aus diesem Österreich einen faschistischen Staat machen will, wenn er diese österreichische Sozialdemokratie, die soviel für dieses Land seit Jahrzehnten und, ich darf wohl sagen, soviel auch in der Welt bedeutet, wirklich zerstören und vernichten wollte: Dann keine Sentimentalitäten, keine Weichheit mehr. Dann in den Kampf gehen, aber mit der Erkenntnis, was dieser Kampf bedeutet. Dann muß man wissen, daß das ein anderer Kampf ist als alle Kämpfe vorher, daß es kein Pardon mehr gibt und keine Rücksicht, daß es keine andere Entscheidung gibt, als zu siegen oder unterzugehen und für lange Zeit zu verschwinden! (Stürmischer Beifall).

Verein für Geschichte der Arbeiterbewegung (Wien), Altes Parteiarchiv, Mappe 66, Außerordentlicher Parteitag 1933.

Dokument 3

Mussolini an Dollfuß

Persönlich

Rom, 1. Juli 1933

[...] Ich habe Eure Exzellenz bereits wissen lassen, daß die italienische Hilfe, in was immer für einer Eventualität, sich nicht mindern werde, und ich habe soweit wie möglich den Wünschen Rechnung zu tragen getrachtet, welche mir von Eurer Exzellenz jeweilig ausgedrückt wurden.

[...] Ich bin auch froh zu wissen, daß die Heimwehren, auf die Eure Exzellenz, wie ich es immer geglaubt habe, hauptsächlich zählen sollte, ihrer Aufgabe gut entsprechen und sich vollkommen in die Politik, die Eure Exzellenz entwickeln, eingefügt haben.

Das Interesse, mit welchem ich die Lage in Österreich verfolge, gestattet mir, Ihnen einige meiner Ideen über die zukünftige Entwicklung der Campagne auseinanderzusetzen, und dies auch in Beziehung auf die Hilfe, welche unser Land Österreich gewährt.

Ich bin mir vollkommen bewußt, daß Eure Exzellenz gegen die verbrecherischen Attentate, die in letzter Zeit in Österreich verübt und den Nationalsozialisten angelastet worden sind, in der energischten Weise reagieren und die notwendigen Maßnahmen ergreifen müssen, selbst wenn es, falls nötig – und ich würde wünschen, daß man es vermeiden könnte –, auch zum Belagerungszustand kommen sollte.

Ich bin indes der Ansicht, daß gerade weil Eure Exzellenz gezwungen sind, diese strenge polizeiliche Aktion durchzuführen, sich die Notwendigkeit in diesem Augenblick mehr denn je aufdrängt, ein Programm von effektiven und wesentlichen internen Reformen in entschieden faschistischem Sinne durchzuführen. Dies erscheint mir zweckmäßig, einerseits um der Behauptung vorzubeugen, Österreich mache lediglich die Unterdrückungspolitik gegen eine Bewegung, die sich wohl oder übel mit einer nationalen Flagge umhüllt, andererseits um die Jugend – auf welche die nationale Front unbedingt zählen muß – mit dem Glanz einer Idee heranzuziehen, die imstande wäre, das Versprechen einer Zukunft für Österreich darzustellen.

[...] Ich verschließe mich nicht den Gründen der Opportunität, welche Eure Exzellenz veranlaßt haben, bis heute gegen die Sozialdemokratische Partei nicht jene entschlossene Haltung einzunehmen, die in Ihrem Programm für den internen Aufbau Österreichs enthalten ist. Trotzdem glaube ich, daß die Besorgnisse parlamentarischer Natur heute in die zweite Linie rücken müssen. Auch bezüglich der geplanten Verfassungsreform denke ich, daß jene Partei angesichts der größeren Gefahr des Nazismus und im Interesse der Möglichkeit einer raschen Wiederherstellung eines normalen politischen Lebens in Österreich genötigt sein wird, wie auch immer in der von Eurer Exzellenz vorgezeichneten Linie zu marschieren. Wenn anstatt dessen auch weiterhin der Sozialdemokratischen Partei gegenüber mit Nachsicht vorgegangen wird, so erscheint mir die viel größere und konkretere Gefahr zu entstehen, daß damit den Nazi die Waffe des Antimarxismus in die Hand gegeben und ihnen gestatten wird, sich in einem Moment als Retter der Lage aufzuspielen. Daß diese Waffe, die gefürchtetste, in ihren Händen sich abstumpfe und der Nazismus daher aus Österreich ganz und gar verschwinde, hängt von Eurer Exzellenz ab. Ich bin überzeugt davon, daß, sobald Eure Exzellenz an alle gesunden nationalen Kräfte Österreichs appellierend, der Sozialdemokratischen Partei in ihrer Felsenfestung Wien einen Schlag versetzen und ihre Säuberungsaktion auf alle Zentren ausdehnen würde, die im Gegensatz zum Autoritätsprinzip des Staates zersetzende Tendenzen verfolgen, dann auch viele, die heute in den Reihen der Nazi tätig sind, in den Kreis der nationalen Front herübergezogen werden würden. [...]

(gez.) Mussolini

Geheimer Briefwechsel, Mussolini-Dollfuß, bearbeitet von Karl Hans Sailer, Wien 1949.

Dokument 4

Dollfuß an Mussolini

22. Juli 1933

Euer Exzellenz

[...] Was die von Eurer Exzellenz betonte Notwendigkeit der baldigen Einführung innerer Reformen im Sinne einer berufsständischen und autoritären Verfassung betrifft, so teile ich durchaus die Auffassung Eurer Exzellenz, daß die auf die Erzielung einer festen staatlichen Autorität gerichtete Tätigkeit der österreichischen Bundesregierung auch nicht für einen Augenblick einen Stillstand erleiden darf. Wie Eurer Exzellenz aus unseren Gesprächen bekannt ist, beschäftige ich mich seit langem konstruktiv mit diesem Gedanken. Ich bin daher seit dem mit der Parlamentskrise vom März l. J. eingetretenen Anbruch der gegenwärtigen Phase der österreichischen Innenpolitik unablässig bemüht, den Boden für die Aufrichtung des meiner Überzeugung nach meinem Lande am besten zusagenden straffen Autoritätsregimes vorzubereiten. Es ist klar, daß zunächst viel Schutt, der sich in den Jahren seit dem Bestande der Republik angehäuft hat, weggeräumt werden muß. [...]

Die erfreuliche Popularisierung dieser grundlegenden Ideen scheint mir ein untrügliches Zeichen dafür zu sein, daß der Marxismus in Österreich so weit zurückgedrängt ist, wie man es sich noch vor einem halben Jahr überhaupt nicht zu erhoffen gewagt hätte. Ohne die aggressive Tätigkeit der Nationalsozialisten gegen die Selbständigkeit Österreichs wäre der Erfolg freilich heute schon ein noch größerer. Die Regierung hält unerschütterlich an ihrem dahingehenden Ziel fest, die marxistische Mentalität, marxistische Formen und Organisationen zu überwinden und diese durch einen über den Klassen stehenden Staatspatriotismus und durch berufsständischen Aufbau unter weitgehender Ingredienz einer mit starker Autorität ausgestatteter Regierung zu ersetzen. In dieser Beziehung sind wir auch fest entschlossen, sobald es die Verhältnisse zulassen, den Marxisten ihre Machtpositionen, die sie noch in Händen haben, zu nehmen. Gegenwärtig sind wir darauf bedacht, ihnen die finanziellen Mittel, die sie sich durch ihren übermächtigen Einfluß in der Gemeinde Wien verschafft haben, recht einschneidend zu verringern.

Auf der anderen Seite richten wir unser besonderes Augenmerk darauf, durch eine intensive vaterländische Propaganda einen österreichischen Patriotismus, der in der Nachkriegszeit nicht bestanden hat und bis vor wenigen Monaten kaum für möglich gehalten worden ist, zu erwecken. Hier darf ich auf die Tätigkeit der auch von Eurer Exzellenz im sehr geschätzten Schreiben berührten „Vaterländischen Front" hinweisen, über deren mir wichtig erscheinende Organisation ich mich Eure Exzellenz in großen Zügen zu informieren erlaube. Die „Vaterländische Front" wird auf dem Führerprinzip aufgebaut, Führer der Front bin ich selbst. Die „Vaterländischen Front" bezweckt den überparteilichen Zusammenschluß aller heimattreuen Österreicher zur friedlichen, kulturellen und wirtschaftlichen Entwicklung eines freien, selbständigen österreichischen Staates. Die Aufnahme in die „Front“ ist daher selbstverständlich auch an das Verbot der Zugehörigkeit zu einer Klassen- und Kulturkampf verfechtenden Organisation sowie an die Verpflichtung geknüpft, alles beizutragen, um Meinungsverschiedenheiten zwischen den Angehörigen der „Front“ zu vermeiden und gegebenenfalls überbrücken zu helfen. Diese letzte Bedingung sowie der überparteiliche Charakter der „Front“ schließen jede Parteipolitik innerhalb der „Front“ aus, ebenso wie auch jeder Angehörige der „Front“ nicht als Angehöriger einer Partei, sondern als Patriot seinen Beitritt zu vollziehen und sich in der „Front“ zu betätigen hat. Der Ausschluß von Verfechtern des Klassen- und Kulturkampfes schließt naturgemäß auch die Aufnahme von Sozialdemokraten und Kommunisten aus.

Eine höchst anerkennenswerte Unterstützung bei der Erweckung auf Festigung heimattreuer Gesinnung in der Bevölkerung finde ich bei den Heimwehren und ihren Führern. Mein Verhältnis zu diesen ist, wie Eurer Exzellenz bereits aus meinen mündlichen Darlegung bekannt, ein ausgezeichnetes, und ich freue mich, sagen zu können, daß meine Absichten bei den Exponenten dieser Bewegung vollem Verständnis und loyaler Unterstützung begegnen. Besonders anerkennenswert sind ihre feste Haltung und ihre energische Aktivität gegenüber dem Nationalsozialismus. [...]

Was diesen letzteren betrifft, so sind die Hoffnungen der Nationalsozialisten, wie Eurer Exzellenz sehr wohl bekannt ist, seit einem halben Jahre der österr. Regierung immer wieder eine mit 3–4 Wochen begrenzte Lebensdauer gegeben haben, heute wohl als gescheitert zu betrachten. Es ist selbstverständlich, daß die Bekämpfung dieser Bewegung weitergeht, und daß ein Zusammenarbeiten mit einer solchen Bewegung, die sich anarchistischer Mittel bedient, nicht in Frage kommen kann. Bei diesem Anlasse drängt es mich, Eurer Exzellenz für die rückhaltlose Hilfsbereitschaft, die Eure Exzellenz mir in dieser Frage bisher bewiesen haben, herzlichst zu danken.

Euer Exzellenz ganz ergebener D.

Geheimer Briefwechsel, Mussolini-Dollfuß, bearbeitet von Karl Hans Sailer, Wien 1949.

Dokument 5

Bundeskanzler Dr. Dollfuß zu unterbreitende Erwägungen [anläßlich der Zusammenkunft mit Mussolini in Riccione am 19. und 20. 8. 1933].

1. Diese dritte Reise nach Italien – plötzlicher und aufsehenerregender als die vorangehenden – darf die Dinge nicht auf dem heutigen statischen Punkte belassen, sondern muß den Anfang einer neuen Entwicklung (wörtlich: neuen Laufes, Kurses) in der inneren und äußeren Politik Österreichs kennzeichnen. Andernfalls wird die Reise zwecklos und daher schädlich gewesen sein.

2. Nach Wien zurückgekehrt, muß Dollfuß eine große politische Rede für die ersten Tage September ankündigen, daß heißt am Vorabend des angekündigten Putsches. Dieser Rede muß eine Reihe von Handlungen vorangehen, der Art, daß sie die deprimierte Moral der Österreicher aufrütteln und erheben kann, und zwar:

a) sofortige Stärkung der Regierungszusammensetzung durch Eintritt neuer Elemente (Steidle, Starhemberg), die der gegenwärtigen Regierung den Charakter einer Regierung aus Überresten des alten Regimes nehmen sollen;
b) Fusion aller Kräfte und aller Fronten in eine einzige nationale Front mit dem Schlagwort: Unabhängigkeit Österreichs und Erneuerung Österreichs;
c) betonter diktatorialer Charakter der Regierung;
d) Regierungskommissär für die Gemeinde Wien;
e) Propaganda großen Stils.

Für die Rede:
Hinsichtlich der inneren Politik:

a) das Projekt der österreichischen Verfassungsreform in der Rede ankündigen und im Laufe des September herausbringen; die Reform soll auf faschistischer Basis vom politischen, wirtschaftlichen und sozialen Gesichtspunkt sein;
b) durch den Bundespräsidenten die Reform gutheißen lassen und im Jahre 1934 zu einer Volksbefragung plebiszitären Charakters schreiten, mit der Formel: Unabhängigkeit nach außen und Erneuerung im Innern;
c) erklären, daß jedem Versuch der Gewaltanwendung entgegengetreten und ein solcher unterdrückt werden wird.

Hinsichtlich der äußeren Politik:

a) Erklärung der Freundschaft gegenüber allen Nachbarn und daher auch gegenüber Deutschland und Inanspruchnahme der historischen und unersetzlichen Funktionen eines unabhängigen Österreich;
b) Anerkennung der besonderen Beziehungen mit Ungarn und Italien;
c) Möglichkeit und Nützlichkeit eines Zusammenarbeitens mit der Kleinen Entente auf wirtschaftlichem Gebiet;
d) Ankündigung der Möglichkeit einer Zusammenkunft zu dritt (Italien, Österreich, Ungarn), um auf allen Gebieten die Beziehungen zwischen den drei Staaten zu vertiefen.

Geheimer Briefwechsel, Mussolini-Dollfuß, bearbeitet von Karl Hans Sailer, Wien (1949).

Literatur

Bottomore, Tom/Goode, Patrick, Austromarxism, Oxford 1978.

Botz, Gerhard, Gewalt in der Politik. Attentate, Zusammenstöße, Putschversuche, Unruhen in Österreich 1918–1938, München 1983.

Buttinger, Josef, Am Beispiel Österreichs. Ein geschichtlicher Beitrag zur Krise der sozialistischen Bewegung, Köln 1953.

Duczynska, Ilona, Der demokratische Bolschewik, München 1975.

Edmondson, C. Earl, The Heimwehr and Austrian Politics 1918–1936, Athens (Georgia) 1978.

Frei, Alfred G., Rotes Wien. Austromarxismus und Arbeiterkultur. Sozialdemokratische Wohnungs- und Kommunalpolitik 1919–1934, Berlin 1984.

Fischer, Ernst, Erinnerungen und Reflexionen, Reinbek 1969.

Fröschl, Erich/Zoitl, Helge (Hrsg.), Der 4. März 1933. Vom Verfassungsbruch zur Diktatur, Wien 1984.

Fröschl, Erich/Zoitl, Helge (Hrsg.), Der 12. Februar 1934. Ursachen, Fakten, Folgen, Wien 1984.

Gedye, G. E. R., Die Bastionen fielen. Wie der Faschismus Wien und Prag überrannte, Wien o. J. (Fallen Bastions. The Central European Tragedy, London 1946).

Gruber, Helmut, Red Vienna. Experiment in Working-Class Culture 1919–1934, New York – Oxford 1991.

Gulick, Charles A., Österreich von Habsburg zu Hitler, 5 Bde., Wien o. J. (Austria from Habsburg to Hitler, 2 vols, Berkeley – Los Angeles 1948).

Huemer, Peter, Sektionschef Robert Hecht und die Zerstörung der Demokratie in Österreich, München 1975.

Jelavich, Barbara, Modern Austria. Empire and Republic 1800–1980, Cambridge 1987.

Das Jahr 1934: 12. Februar, Wien 1975.

Kitchen Martin, The Coming of Austrian Fascism, London 1980.

Kluge, Ulrich, Der österreichische Ständestaat 1934–1938. Entstehung und Scheitern, Wien 1984.

Konrad, Helmut/Maderthaner, Wolfgang (Hrsg.), Neuere Studien zur Arbeitergeschichte, 3 Bde, Wien 1984.

Kreisky, Bruno, Zwischen den Zeiten. Erinnerungen aus fünf Jahrzehnten, Berlin 1986.

Lewis, Jill, Fascism and the Working-Class in Austria 1918–1934. The Failure of Labor in the First Republic, New York – Oxford 1991.

Löw, Raimund/Mattl, Siegfried/Pfabigan, Alfred, Der Austromarxismus. Eine Autopsie. Drei Studien, Frankfurt/Main 1988.

Maderthaner, Wolfgang/Gruber, Helmut (Hrsg.), Chance und Illusion/Labor in Retreat. Studien zur Krise der westeuropäischen Gesellschaft in den dreißiger Jahren/Studies on the Social Crisis in Interwar Western Europe, Wien – Zürich 1988.

Maimann, Helene/Mattl, Siegfried (Hrsg.), Die Kälte des Februar. Österreich 1933–1938, Wien 1984.

Pauley, Bruce F., Der Weg in den Nationalsozialismus. Ursprünge und Entwicklung in Österreich, Wien 1988.

Rabinbach, Anson, Vom Roten Wien zum Bürgerkrieg, Wien 1989 (The Crisis of Austrian Socialism. From Red Vienna to Civil War, Chicago 1983).

Ders., (ed.), The Austrian Socialist Experiment. Social Democracy and Austromarxism, Boulder – London 1985.

Das Rote Wien 1918–1934, Wien 1993.

Spender, Stephen, Vienna, London 1935.

Sperber, Manes, Die vergebliche Warnung. Lebenserinnerungen 1918–1933, Wien 1975.

Stiefel, Dieter, Die große Krise in einem kleinen Land. Österreichs Finanz- und Wirtschaftspolitik 1929–1938, Wien – Köln – Graz 1988.

Tálos, Emmerich/Neugebauer, Wolfgang (Hrsg.), Austrofaschismus. Beiträge zur Politik, Ökonomie und Kultur 1934–1938, Wien 1984.

Weinzierl, Ulrich (Hrsg.), Februar 1934. Schriftsteller erzählen, Wien – München 1984.

Zweig, Stefan, Die Welt von gestern. Erinnerungen eines Europäers, Frankfurt/Main 1981.

Fragen

1. Die Erste österreichische Republik ist im Gefolge der Weltwirtschaftskrise ab 1929 destabilisiert und schließlich zerstört worden.
   Benenne zentrale Bestimmungsfaktoren und konkrete Auswirkungen von Industrie-, Banken- und Agrarkrise.

2. Der eigentliche politische Nutznießer der dramatischen Ereignisse rund um den Justizpalastbrand im Juli 1927 waren die Heimwehrverbände.
   Woher rekrutierten sie ihre soziale Basis, was waren die wesentlichen Elemente ihrer Ideologie und inwieweit standen diese im Zusammenhang mit den Theorien des Wiener Soziologen und Nationalökonomen Othmar Spann?

3. Welche sozialen Trägerschichten standen hinter dem Konzept der Errichtung einer „ständischen" Diktatur und wofür steht der Terminus „Austrofaschismus"?

4. Der von einem missionarischen Sendungsbewußtsein erfüllte Bundeskanzler Dollfuß verkündete im September 1933 in einer großen programmatischen Rede am Wiener Trabrennplatz die Prinzipien eines autoritären gesellschaftlichen Neuaufbaus nach berufsständischen Mustern.
   Was verstand Dollfuß unter dem „Ständestaat" und welche konkreten Maßnahmen wurden seit Ausschaltung des Parlaments zu seiner Realisierung und zu einem gesellschaftlichen Krisenmanagement gesetzt?

5. Die österreichische Sozialdemokratie konzentrierte ihre politischen Energien vor allem auf ihr Aufbauwerk in der Gemeinde Wien. In einem weltweit beachteten kommunalen Experiment unternahm sie den Versuch einer umfassenden sozialen Modernisierung und einer radikal-demokratischen Umgestaltung einer gesamten metropolitanen Infrastruktur. Was waren die Eckpfeiler dieser

Politik und was verstehen wir unter dem Konzept eines „antizipatorischen Sozialismus“?

6. Seinen politisch-programmatischen Ausdruck fand der Austromarxismus in dem in seinen wesentlichen Grundzügen von Otto Bauer verfaßten „Linzer Programm“ aus dem Jahre 1926. Es legte die Sozialdemokratie nicht nur auf Parlamentarismus und Eroberung der Macht in demokratischen Wahlen fest, sondern auch auf eine Strategie der „defensiven Gewalt“. Welche konkreten politischen Auswirkungen zeitigte diese Konzeption und worin liegen ihre zentralen Schwachstellen begründet?

7. Der spätere Bundespräsident General a. D. Theodor Körner hat die nach dem Juli 1927 unternommene Reorganisation des Republikanischen Schutzbundes stets als „geistlose Militarisierung“ abgelehnt.
   Referiere die wesentlichen Grundzüge der sogenannten „Körner-Eifler-Debatte“.

8. Benenne einige der zentralen Gründe für das rasche Scheitern der militärischen Revolte des Schutzbundes im Februar 1934.

Dieter A. Binder

DER „CHRISTLICHE STÄNDESTAAT" ÖSTERREICH 1934–1938

In seiner Analyse des partiellen Schutzbundaufstandes vom Februar 1934 hielt Otto Bauer wenige Tage nach dem Ende der Kämpfe fest:

„Dem österreichischen Faschismus fehlt eine [...] faschistische Gewaltorganisation. Er hat dafür – die Vaterländische Front. Das ist ein Sammelsurium von jüdischen Bourgeois, die den Antisemitismus Hitlers fürchten, von monarchistischen Aristokraten, klerikalen Kleinbürgern, von Heimwehren, die täglich gegen Dollfuß meutern und an Dollfuß Erpressung verüben, an Ostmärkischen Sturmscharen, die gegen die Heimwehren organisiert werden, von einem großen Troß armer Teufel, dessen eine Hälfte Nazi und dessen andere Hälfte Sozialdemokraten sind, die beide das rotweißrote Bändchen nur tragen, um eine Arbeitsstelle nicht zu verlieren oder eine Arbeitsstelle zu bekommen. Eine solche Spottgeburt ohne Feuer ist keine ausreichende Stütze einer dauerhaften Diktatur. Zwischen den christlichsozialen Bauern und Kleinbürgern auf der einen, den die Heimwehr kommandierenden Aristokraten auf der anderen Seite bestehen schroffe Gegensätze [...] Die faschistische Diktatur kann sehr wohl noch mit dem Kampf der Faschisten gegeneinander enden. Der Zerfall der austrofaschistischen Front in zwei gegeneinander kämpfende Gruppen kann uns sehr bald Gelegenheit bieten, wenn wir nur da sein, bereit sein, stark genug sein werden, diese Gelegenheit auszunützen. Aber selbst wenn die austrofaschistische Front nicht zerfällt [...] steht dem Austrofaschismus noch ein gefährlicher Feind entgegen. Der Massenhaß, den die blutige Niederwerfung des Aufstandes erzeugt hat, wird den Nationalsozialismus stärken. Die Auflösung unserer Partei, unserer Jugendorganisationen vor allem, hat Dämme niedergerissen, die bisher noch der Ausbreitung der braunen Flut im Wege gestanden sind. Es kann noch eine Stunde kommen, in der die Sieger von heute, vom Nationalsozialismus bedroht, Hilfe und Rettung bei den Besiegten suchen werden."[1]

Auch zeichnet Bauer den Weg, den die Regierung von Engelbert Dollfuß ab dem März 1933 gegangen ist, nach:

„Eine Bande gewalttätiger Männer, hinter der nur eine kleine Minderheit des Volkes steht, führt den Kampf gegen die Sozialdemokratie und gegen den Nationalsozialismus zugleich, das heißt gegen mindestens siebzig Prozent des Volkes.“[2]

Aus den in den beiden zitierten Aussagen getroffenen Befunden zieht er seine Schlüsse:

„Ob die Diktatur an den Klassengegensätzen in ihrem eigenen Lager oder ob sie am Gegensatz zwischen dem Austrofaschismus und dem Nationalsozialismus scheitert, ob sie ihre Rettung in der Verständigung mit Hitler oder in der Wiedereinsetzung der Habsburger suchen wird – ihre Tage sind gezählt. Auf die Dauer werden nicht dreißig Prozent des Volkes über siebzig Prozent, nicht das Dorf über die Großstadt, nicht der Klerikalismus über ein zu zwei Drittel nicht klerikales Volk die Diktatur ausüben können.“[3]

Bauer analysierte die Situation in verschiedenen Bereichen treffend. Zunächst definierte er die Regierung als eine fragile Koalition, der ein gewaltiges Spannungspotential innewohnte. Er sprach ihr die Fähigkeit ab, sowohl Nationalsozialismus als auch Austromarxismus gleichermaßen zu neutralisieren, da sie auf Dauer nicht gegen zwei Drittel der Bevölkerung regieren könne. Das Versagen der Parteileitung – was er nicht eingestand – und die beklagte Zerschlagung der Parteiorganisationen im Februar durch die Regierung – was er betonte – ließen Bauer überdies eine gefährliche Tendenz erkennen: die Hinwendung der enttäuschten Linken zum Nationalsozialismus über den Antiklerikalismus.[4] Die Regierung setzte sich aus heterogenen Kräften zusammen. Wirtschafts- und Agrarkrise polarisierten die politischen Interessen; der Versuch des Prälaten und Bundeskanzlers Ignaz Seipel, in der Tradition Luegers die Christlichsozialen als „moderne Volkspartei“ zu etablieren und so eine solide antimarxistische Basis für die Regierung zu schaffen, scheiterte an der „reaktionär“ ausgerichteten Bürgerblocksvariante sowie an Widerständen innerhalb der eigenen Partei. Die divergierenden standespolitischen Sonderinteressen traten zunehmend in den Vordergrund und verstärkten die Kleingruppenbildung innerhalb des antimarxistischen Lagers.[5] Ein vergleichbarer Vorgang läßt sich auch innerhalb des Austromarxismus beobachten; die Flügelbildung in der Partei konnte auch durch den Revolutionsmythos nicht mehr verhindert werden. Der dramatische Mitgliederverlust der freigewerkschaftlichen Organisation und der Parteimitglieder in den einzelnen Bundesländern sowie das Desaster bei den Wahlen in den Bundesländern 1932 machten deutlich, daß der sozialdemokratische Monopolanspruch auf Vertretung der Arbeiterschaft und darüber hinaus das hohe Organisationspotential der SDAP nicht mehr gegeben waren.[6] Je knapper die Regierungsmehrheit wurde, umso mehr war die Beteiligung des in sich zerstrittenen faschistischen Potentials der Heimwehr notwendig. Je defensiver die SDAP agierte, umso entschiedener glaubte die Regierungskoalition auf eine Verfassungsänderung hinarbeiten zu können. Diese Entwicklung wurde durch die Geschehnisse um den 12. Februar 1934 gestoppt, der durch ein „Zusammenspiel“ aktionistischer Linker und faschistischer Heimwehrleute die letzte Chance auf eine realpolitische Verständigungspolitik verbaute, wie sie vom Christlichsozialen Leopold Kunschak eingefordert worden war. Hierin liegt auch das Versagen der Regierung, die nicht erkennen wollte oder konnte, daß die partiellen Kampfhandlungen nicht der „Aufstand der österreichischen Arbeiter“ bzw. der Parteileitung der SDAP war. Die Zerschlagung ihrer Organisationen und die Verfolgung ihrer Funktionäre führten erst zu jenem Zweifrontenkrieg zwischen Regierung gegen NSDAP und SDAP, der den Staatswiderstand gegen den Nationalsozialismus entscheidend schwächen mußte.

Das Verbot der NSDAP im Sommer 1933 fiel sowohl zeitlich als auch formal in die Phase des Staatsstreiches auf Raten, wurde aber als Notwehrmaßnahme angesichts des Wirtschafts-, Propaganda- und Untergrundkrieges des Deutschen Reiches gegen Österreich international wie auch innerösterreichisch von der SDAP als gerechtfertigt angesehen. Die österreichische Regierung befand sich angesichts Hitlers Doppelfunktion als deutscher Kanzler und innerösterreichischer Oppositionsführer durchaus in einer ähnlichen Konstellation wie die preußische Justiz im Hinblick auf ein an die Reichsregierung herangetragenes Verbot der NSDAP[7]. Das ebenfalls verhängte Verbot der KPÖ hatte keine weiteren Imageprobleme mit sich gebracht, da diese Partei im öffentlichen Bewußtsein kaum ins Gewicht fiel und international nicht als Bewahrerin der Demokratie angesehen wurde. Ihr Verbot dürfte eine ähnliche, nahezu „selbstverständliche Akzeptanz" besessen haben, wie Verbote regionaler KP-Gruppen während der Ära des Kalten Krieges. Erst unter dem Eindruck der Februarereignisse kam es 1934 zu Imageproblemen der Regierung im westlichen Ausland, doch stabilisierte sich die Regierung wieder erstaunlich rasch. Nicht zuletzt machte die Ermordung von Engelbert Dollfuß durch die nationalsozialistischen Putschisten am 25. Juli 1934 deutlich, daß sich Österreich tatsächlich in einem Abwehrkampf gegenüber einem terroristischen System befand.

In der Analyse Karl Renners findet dies seinen Ausdruck, indem er schreibt, daß das,

„was die Weltmächte 1934 als Schutz gegen den Anschluß ansahen und begeistert begrüßten, geradezu seine stärkste Förderung geworden ist. Es sind nicht Österreichs Fehler allein, die den Verlust unserer Selbständigkeit verursacht haben, es sind dies vor allem die Selbsttäuschungen von Genf, Paris und London, die Dollfuß ahnungslos umjubelten."[8]

Dollfuß, so Renner, unternahm

„im Vertrauen auf die Zusage Mussolinis, Österreich vor einer Annexion durch Deutschland gegebenenfalls auch militärisch zu schützen, seinen Staatsstreich gegen den Willen der übergroßen Mehrheit des Volkes und benützte ihn, um nicht nur das Land einer undemokratischen Ständeordnung zu unterwerfen, sondern diese Ordnung zugleich mit extrem klerikalen Einrichtungen auszustatten, welche nebst der Arbeiterschaft die bürgerliche Intelligenz erbitterte. Kein Wunder, daß vor allem die Wirtschaftslosen [sic!] Hitlers System weitaus dem Dollfußschen System vorzogen und daß die Arbeiterklasse nicht gesonnen war, zur Aufrechterhaltung des Staates, der sie völlig entrechtet und beraubt hatte, auch nur einen Finger zu rühren. So kam es, daß gut zwei Drittel des Volkes Hitler vor Schuschnigg den Vorzug gaben!"[9]

Das Ideenkonglomerat, das die Grundlage der Maiverfassung 1934 bildete, umfaßte ausgehend von der unterentwikkelten parlamentarischen Kultur neben der Forderung nach einer Beschneidung des Parlamentarismus vor allem die Übernahme der Gesetzgebung durch einen wirtschaftlichständischen Vertretungskörper. Diese Ideen, lediglich plakativ vorgetragen und kaum ernsthaft ausformuliert und schon in die Diskussion um die Verfassungsreform 1929 eingeworfen, erlangten aber keine realpolitische Bedeutung. Dem ständisch-autoritären Lehrgebäude Othmar Spanns wurde die Enzyklika „Quadragesimo anno“ zur Seite gestellt, um damit das bürgerliche Theoriedefizit zu substituieren. Durch die Interpretation Seipels und die wohlwollende Haltung des Vatikans, der sich nicht gegen eine derartige Interpretation wandte, „entstand für weite christlichsoziale Kreise [...] die Fiktion, daß ein radikal ständischer Umbau im Sinne der höchsten Autorität des politischen Katholizismus, nämlich des Papstes, war.“[10] Mit dem Abschluß des Konkordates zu Pfingsten 1933 schien der Kirche die Sicherung ihrer Ansprüche gewährleistet, was zur Abberufung der Priester aus der Politik führte. Den einstigen Stützen von Thron und Altar war zwar der Thron abhanden gekommen, um so mehr meinte man aber für den Altar gesorgt zu haben. Die „enge Verflechtung von Kirche und Staat, die zwangsläufig an die Symbiose von Thron und Altar in der Ära des Neoabsolutismus“[11] und darüber hinaus erinnern mußte, wurde angesichts des Kulturkampfes seit 1918 als Erleichterung empfunden. Der autoritäre Führungsstil behagte durchaus fortschrittlichen kirchlichen Kreisen, sah man doch nun auch Parallelen zwischen Kirche und Staat: „Das Spezifische“ der Katholischen Aktion seit Pius XI. „ist die strenge und straffe Unterordnung unter die Hierarchie“.[12] Das faschistische Italien und die dort entwickelte Organisationsform der Katholischen Aktion dienten dabei als Vorbild. Sie konnte in Analogie zum österreichischen Modell adaptiert werden.

„Die Katholische Aktion hat die Fähigkeit, sich restlos den Zeitforderungen anzupassen. Manchen Vereinen, die an überlieferten Organisationsformen und Bräuchen festhielten, fällt dies allerdings sehr schwer. Auch der Übergang vom demokratischen Kurs zum autoritären, der sich wie im öffentlichen Leben, so in der Katholischen Aktion bemerkbar macht, vollzieht sich nicht ohne Schwierigkeit".[13]

Wie der Übergang zu verstehen war, wurde deutlich ausgesprochen:

„Das also ist das Reichsgrundgesetz der katholischen Jugend von dem einen obersten Führer, seinem Zeichen und seinem Reich, Reichsgrundgesetz ist es aber deshalb für die Jugend, weil diese Gedanken nicht bloß dem Führerideal der Katholischen Jugend entsprechen, sondern auch dem Führer- und Einheitsgedanken der ganzen Katholischen Aktion und der mit der Jugend unzertrennlich verbundenen Pfarrgemeinden."[14]

Zusammenfassend hielt der Wiener Domkapitular Rudolf Blüml fest:

„Der Gläubige sieht aber auch, wie dieses Gottesreich in beständigem und unerbittlichem Kampfe in einem bis ans Ende der Zeiten dauernden Weltkrieg gegen das Teufelsreich steht, und er reiht sich freudig ein in die acies ordinata der militia Christi, folgt begeistert, ob nun als Offizier (als Priester) oder als ‚Mann der Doppelreihe' (als Laie), den Kommandorufen des Generalissimus der göttlichen Armee: ‚Hinein in die himmlisch-vaterländische Front, die den Einbruch der satanischen Armee ins Reich Gottes abwehren will! Hinaus aus der Defensive, in die Offensive! Heraus aus der katholischen Reaktion in die Katholische Aktion.'"[15]

„Der Zeitgeist", so ein weiterer Interpret des Anliegens, „ist nun heute einmal aufs Totale, aufs Ganze gerichtet und tut am liebsten dort mit, wo totale Ideen in totalen Formen Gewähr für entschiedene, allgemeine Neugestaltung bieten".[16] Während für viele so der Weg aus den Reihen der Fronleichnamsprozession in die Reihen der SA vorgezeichnet wurde, blieb für eine kleinere Gruppe der Weg in den Widerstand auch nach dem März 1938 offen. Dies wurde am besten sichtbar in der Jugendfeier vom 7. Oktober 1938 im und vor dem Stephansdom. Der entschiedene Antinationalsozialismus einzelner Führungseliten des Ständestaates, etwa größere

Blöcke des Cartellverbandes der katholischen Studentenverbindungen (CV), die auch während der NS-Herrschaft in der überwiegenden Mehrheit in ihrer Position verharrten und den Weg in den Widerstand fanden, wurde diesen Gruppen spätestens ab 1948/49 wiederum übel genommen, denn deren Erinnerung konnte die „Aussöhnung" mit den „Ehemaligen" auf parteipolitischer wie auch auf kirchlicher Ebene gefährden.[17]

Zielten die ersten Revisionsüberlegungen zur Verfassung noch im Sinne der seinerzeitigen Verfassungsreformvorschläge auf die Abschaffung des Bundesrates (der durch eine ständische Vertretungskörperschaft ersetzt werden sollte) und auf eine Geschäftsordnungsreform des Nationalrates ab, so änderte sich mit der Zunahme des politischen Einflusses aus Italien auf die österreichische Innenpolitik die Zielrichtung: Eine Verfassung auf rein ständischer Grundlage unter autoritärer Führung zeichnete sich seit dem Herbst 1933 ab. Letztlich konnte sich seit Jänner 1934 unter der tätigen Mithilfe des faschistischen Heimwehrideologen Odo Neustädter-Stürmer jenes Modell durchsetzen, das die letzten Reste parlamentarischer Normen ablegte und in der Schaffung von vier Beratungskammern und „einer Abstimmungskörperschaft ohne Möglichkeit der Gesetzesinitiative", dem Bundesrat, in der Verfassung vom 1. Mai 1934 gipfelte.[18] Die daneben installierte Länderkammer war föderalistisches Beiwerk ohne realpolitische Effizienz. Sie statuierte eine Pseudointegration der Länderinteressen in der Ständeverfassung, so daß die Repräsentanten der Länderpolitik letztlich Schachfiguren im politischen Alltag der Bundesregierung waren, was sich nach dem Berchtesgadener Diktat vom 12. Februar 1938, euphemistisch als „Abkommen" bezeichnet, besonders deutlich zeigen sollte.[19]

Mit dem schleichenden Staatsstreich in der Folge der „Selbstausschaltung" des Nationalrates vom März 1933 begann in Österreich eine semidiktatorische Phase mit einer „zunehmenden partiellen Faschisierung"[20], wobei der Heimwehrfaschismus in der Regierung seinen Durchbruch anstrebte. Nach dem partiellen Schutzbundaufstand vom Feber 1934 und dem nationalsozialistischen Putschversuch vom Juli 1934 konnte sich in Österreich jene semifaschistisch-autoritäre Diktatur etablieren, die sich mit Hilfe der Rumpfsitzung des Nationalrates vom 30. April 1934 und der „scheinlegalen“ Installierung der „Mai-Verfassung“ die Aura der Legitimität zu verschaffen suchte. Dieser „Rückfall“ in einen partiellen „Parlamentarismus“ kann mit der gleichzeitigen Ratifizierung des Konkordates im Zusammenhang gesehen werden, wobei die angewandten Praktiken bei der Installierung der Verfassung letztlich auch den Bestand des Konkordates nach 1945 in Frage stellten.[21] Mit dem Zurückdrängen der Heimwehrfaschisten ab Oktober 1935 kam es zu jener „partiellen Defaschisierung“, die einen potentiellen Verbände-Pluralismus vorstellbar machte, der in einem eigentümlichen Kontrast zu den diktatorischen Formen des Regierungsbürokratismus stehen mußte; Hanisch warnt in diesem Kontext vor einer absoluten Lösung des „Ständestaates“ vom zeitgenössischen Faschismus ebenso wie von einer Lösung des „Ständestaates“ von den „Traditionen des spezifisch österreichischen Autoritarismus“, denn beide Linien blieben auch nach 1936 deutlich erhalten.[22]

Auffallend an dieser Entwicklung ist, daß weder die Heimwehren noch Dollfuß in der Lage waren, eine charakteristische faschistische Massenorganisation aufzubauen, die – ähnlich der NSDAP – zu einer moderneren „Volkspartei“ hätte ausgebaut werden können. Dieses Mobilisierungsdefizit scheint in Relation zur Inhomogenität des Regierungslagers und zur gewaltsamen Unterdrückung des Austromarxismus und des Nationalsozialismus durch die monokratische Regierung zu stehen. Das Bemühen um die Anhänger- und Sympathisantenmassen dieser Lager setzte erst nach der direkten gewaltsamen Konfrontation des Staates mit den beiden Gruppen ein.[23] So blieb die von oben im Zuge des kalten Staatsstreiches dekretierte „Massenbewegung“, die Vaterländische Front, eine bürokratische Organisationshülse der Regierung ohne Eigendynamik und Eigengewicht.[24] Nicht der

Führer der Vaterländischen Front vom Juli 1934 bis Mai 1936, Ernst Rüdiger von Starhemberg, konnte nach der Ermordung von Dollfuß seinen Führungsanspruch durchsetzen, sondern Schuschnigg, der ähnlich wie Dollfuß die Meinungsverschiedenheiten unter den Exponenten des Heimwehrfaschismus zu nutzen wußte.

Die Bürokratisierungstendenzen blieben nach Verfassungsbruch, endgültiger Beseitigung der Demokratie und Einführung der Sondergerichtsbarkeit wie Polizeijustiz bestimmend. Im Hinblick auf den prononcierten Katholizismus der ständestaatlichen Repräsentation scheint hier eine Gleichsetzung von „absolutistischem Gottesgnadentum“ und „staatstragender Bürokratie“ leitmotivisch intendiert worden zu sein. Im Rahmen der nach rückwärts gewandten Utopie eines sozialen Ausgleichs innerhalb zünftischer und ständischer Konfliktlösungsmodelle setzte sich in einem bestimmten Maß ein bürokratischer kammerstaatlicher Pluralismus durch, der Eingang in die Zweite Republik finden sollte und erst in den achtziger und neunziger Jahren obsolet zu werden scheint. In der Konfliktsituation des Abwehrkampfes gegen den Nationalsozialismus erlag die Regierung der Versuchung einer Grenzziehung nach links. Damit verlor sie im Kampf gegen Hitler aber jenes Potential, das sich angesichts der direkten Bedrohung im März 1938 im Zuge der Volksbefragung von Schuschnigg als erstaunlich mobilisierbar erwies.[25]

Der Austromarxismus war seit den frühen dreißiger Jahren in der Defensive. Sein rückwärtsgewandter Revolutionsmythos verlor seine integrative Kraft, weder das Taktieren des Parteivorstandes noch der partielle Schutzbundaufstand vermochte die Abwendung bestimmter Anhängergruppen zu verhindern.[26] Die aktivistischen Minoritäten gingen den Weg zum Kommunismus bzw. jenen zur anderen „Bewegung“, dem Nationalsozialismus.[27] Der Arbeiteranteil innerhalb der illegalen NSDAP stieg mit 18 bis 31 Prozent zwischen 1934 und 1937 charakteristisch an.[28] Ausschlaggebend war hier wohl die Zerschlagung der Arbeiterorganisationen im Zuge des Feber 1934, während im Bereich der Eisenbahn- und Postbeamten und der Privatangestellten nationale Gewerkschaften schon vorher den Eintritt in die NSDAP erleichterten.[29] Eine regionale Besonderheit war etwa der Sozialismus in Kärnten, der sozial, deutschnational, antiklerikal und voller Mißtrauen gegen einen von „Juden" formulierten Austromarxismus Wiener Prägung war. Dieses Phänomen machte „in einigen Gegenden Österreichs die Trennlinie zwischen Sozialismus und Nationalsozialismus so undeutlich, daß der Wechsel (und die Rückkehr 1945) überhaupt nicht als entscheidender Bruch in individuellen Biographien empfunden wurde".[30] Der gemeinsame Haß auf das unterdrückende Dollfuß-Schuschnigg-Regime ließ zeitweise jenes symbiotische Verhältnis entstehen, das ideologische Grenzen bagatellisierte (auch nach 1945) und gemeinsame Positionen überbetonte, während die Verdammung jener, die mit der Regierung kooperierten, denunziatorisch weitergereicht wurde.[31] Der Nationalsozialismus bot sich als säkularisierter Glaubensersatz, Hoffnungsträger und Rächer an:

„Es pfeift von allen Dächern: für heut die Arbeit aus,
es ruhen die Maschinen, wir gehen müd nach Haus.
Daheim ist Not und Elend, das ist der Arbeit Lohn,
Geduld verratne Brüder, schon wanket Judas Thron.

Geduld und ballt die Fäuste! Sie hören nicht den Sturm,
sie hören nicht sein Brausen und nicht die Glock' im Turm,
sie hören nicht den Hunger, sie hören nicht den Schrei:
Gebt Raum der deutschen Arbeit! Für uns die Straße frei!

Ein Hoch der deutschen Arbeit, voran die Fahne rot!
Das Hakenkreuz muß siegen, vom Freiheitslicht umloht!
Es kämpfen deutsche Männer für eine neue Zeit.
Wir wolln nicht ruhn noch rasten,
eh Deutschland ganz befreit!"[32]

Die sozialrevolutionär-agitatorische Haltung dieses „Wiener Jungarbeiterliedes" der NSDAP wurde 1938 entsprechend herausgestellt. Es schien in der demonstrativen Wiedereinstellung gemaßregelter linker Straßenbahner und Magistratsbeamter in Wien durch den neuen nationalsozialistischen Bürgermeister eine „Folgerichtigkeit“ aufzuweisen. Die gemeinsame Basis im „Sozialismus“, in der Verfolgungszeit und im Antiklerikalismus wurde hierbei unterstrichen.

Betonte der Nationalsozialismus gegenüber den umworbenen Linken den nationalen Sozialismus und spezifizierte man gleichsam den „klassischen“ Genossen zum „Volksgenossen“, so appellierte er auf der anderen Seite an den Antimarxismus der nichtsozialistischen Bevölkerungsschichten. Der fulminante Einsatz der angesprochenen lagerüberschreitenden Phänomene, wie Antiklerikalismus, Antimarxismus, Deutschnationalismus, „nationaler“ Sozialismus und Antisemitismus, ermöglichte die Penetration unterschiedlichster Gruppen und vereinigte diese zumindest zeitweise im Anschlußtaumel und in der Hoffnung auf eine Besserung der wirtschaftlichen Situation.[33] Trotz aller Differenziertheit erwarteten diese heterogenen Gruppen von einem Anschluß nicht nur eine Besserung der katastrophalen wirtschaftlichen Situation, sondern auch einen Zusammenschluß gleichberechtigter Partner.

Die doppelte Frontstellung – gegen den Nationalsozialismus und Marxismus – prägten das Regime Dollfuß/Schuschnigg in vielfacher Hinsicht. Es steht wohl außer Frage, daß es gerade sie war, die in den Augen der päpstlichen Diplomatie dem ganzen ständestaatlichen Gepräge erst einen Sinn gab. Es scheint aber auch evident, daß sich der Unterdrückungsmechanismus des Regimes tatsächlich in gleicher Weise gegen rechts und links wandte, wobei das ursprünglich gegen den nationalsozialistischen Terror entwickelte Instrumentarium erst mit Verzögerung gegen den Austromarxismus zum Einsatz kam.[34] Die Zahlen der im Anhaltelager Wöllersdorf inhaftierten Nationalsozialisten und Linken (Austromarxisten und Kommunisten) bestätigen dies ebenso, wie die der politischen Häftlinge insgesamt für das Jahr 1934.[35] Beträchtliche Reduktionen im Bereich der nationalsozialistischen und der sozialistischen Häftlinge widerspiegeln letztlich die Versuche seitens der Regierung Schuschnigg zur politischen Kurskorrektur.

Schuschniggs Handlungsspielraum waren aber aus außen- und innenpolitischen Gründen enge Grenzen gesetzt. Mit seiner Ernennung zum Bundeskanzler am 30. Juli 1934 übernahm er eine „Koalitionsregierung der militanten Verbände“ und der Konkursmasse der Christlichsozialen. Starhemberg wurde Vizekanzler und trat als Bundesführer an die Spitze der Vaterländischen Front, in der Schuschnigg wiederum als sein Stellvertreter figurierte. Letztlich verweilte aber Starhemberg in der Pose des strahlenden Führers der Heimwehren, was sich auch in seiner Kontroverse mit Schuschnigg ausdrückte. Während Starhemberg eine Abrüstung seiner Heimwehr, die Schuschnigg seit 1935 systematisch einforderte[36], strikte ablehnte und diese nur „über seine Leiche“ zulassen wollte[37], konnte Schuschnigg 1936 im Herbst angesichts des realen Bedeutungsverlustes dieses Potentials Starhemberg zu einem Zeitpunkt ausschalten, als seine eigene Position denkbar schlecht war.[38] Charakteristisch für diese Situation war überdies, daß der nach der Ermordung von Dollfuß in die Steiermark abgeschobene Karl Maria Stepan[39], der erst kurz das Amt des Generalsekretärs der Vaterländischen Front innegehabt hatte, bereits glaubte, wieder bundespolitisch aktiv werden zu können. Stepan schlug Starhemberg vor, Bundespräsident zu werden, während Miklas, „das schwankende Rohr im Winde“, abtreten sollte.[40] Schuschnigg, so die Überlegung, könnte sich ohne Miklas nicht halten. Stepan dürfte aber für die Zeit nach Schuschnigg durchaus eine passende Lösung für das Amt des Bundeskanzlers vorgeschwebt sein. Losgelöst von der Ideenwelt charismatischer steirischer Stichwortlieferanten für die Bundespolitik, machte dieser Vorgang deutlich, wie inhomogen die Regierung letztlich blieb, bzw. daß Schuschnigg eine entscheidende Festigung seiner eigenen Position mit der Ausschaltung Starhembergs und der Auflösung der eigenständigen Wehrverbände 1936 gelang.

Eine Neuorientierung der österreichischen Außenpolitik sollte 1935 auch durch eine Regierungsumbildung und damit verbundenen innenpolitischen Änderungen signalisiert werden. An die Stelle des Heimwehrfaschisten Neustädter-Stürmer trat der Grazer Univ.-Prof. Josef Dobretsberger als Sozialminister in die Regierung ein, der eine Aussöhnungspolitik nach links forcieren sollte.[41] Gleichzeitig mit Neustädter-Stürmer schied auch Emil Fey aus der Regierung aus, da er sich weder gegen Starhemberg noch gegen Schuschnigg durchzusetzen vermocht hatte.[42]

Wie Richard und Hans Schmitz, wie Ferdinand Degenfeld-Schönburg muß Dobretsberger zu den Exponenten des „christlichen Solidarismus“ gezählt werden. Er versuchte die Position des Gewerkschaftsbundes (Einheitsgewerkschaft) im Sinne der Christlichen Arbeiterbewegung zu stärken, indem er sich deutlich von seinem Vorgänger abhob, der als Chefideologe des Heimwehrfaschismus die Auffassung vertreten hatte, daß die konsequente Verwirklichung des Ständemodells jede Differenzierung des Volkes in Interessensgruppen (Klassen) beseitigen müßte. Dieser Haltung erteilte nun Dobretsberger eine deutliche Abfuhr:

„Es gibt viele, die meinen, daß der Gewerkschaftsbund im Ständestaat keinen Platz hätte. Ich selbst bin der Überzeugung, daß es ein absolut falscher Gedanke ist. Auch im Ständestaat muß es eine geschlossene Arbeiterschaft geben, weil sonst die Arbeiterschaft, die an sich immer der schwächere Teil war, vollständig unterdrückt und in den Hintergrund gedrängt würde.“[43]

Für Dobretsberger waren die Stände eben nur eine verfassungsrechtliche Kategorie, letztlich „eine Repräsentation des Staatsvolkes zur Ersetzung der parlamentarischen Demokratie und zur Ermöglichung eines ‚neuen Liberalismus‘“.[44] Innerhalb dieser Position hatte die Gewerkschaft ihren Platz, und auf dieser Ebene fanden die Christliche Arbeiterbewegung und deren Gewerkschaftsfunktionäre zu jenem ausgezeichneten Verhältnis mit Dobretsberger, das „die realpolitische Identifikation mit dem Sozialminister“[45] ermöglichte. Alfred Maleta[46] charakterisierte diese Situation drastisch: „Einerseits war ‚Dobretsberger als Sozialminister‘ unser oberster Chef und hatte daher als Kontrollorgan Sitz und Stimme in der Zentrale des Gewerkschaftsbundes. Andererseits entwickelte sich der ‚Aufpasser' in der Praxis zu einem Helfer und Beschützer unserer Autonomiebestrebungen."[47] Dobretsberger betonte in diesem Konnex seine guten Kontakte zu Leopold Kunschak und Johann Staud.[48] Diese Haltung war aber nur möglich, solange Schuschnigg aus außen- und innenpolitischen Überlegungen zu einer Versöhnungspolitik gegenüber der politisch organisierten Arbeiterschaft bereit war, ohne jedoch vom grundsätzlich gewählten staatlichen Modell abzuweichen. Am 7. November 1935 kündigten Dobretsberger und sein Staatssekretär Theodor Znidaric Gesetze an, die eindeutig den Interessen und Vorstellungen der links- und gewerkschaftlich orientierten Arbeiterschaft entgegenkamen: verschärfte Überwachung der Arbeiterschutzbestimmungen, der Kollektivverträge und die freie Wahl der Betriebsvertrauensleute. Mit dieser Ankündigungspolitik startete die Regierung jene „Versöhnungsoffensive", die in der Weihnachtsamnestie für die noch einsitzenden Februarkämpfer ihren deutlichen Ausdruck finden sollte. „Die verschiedenen, vorerst nur als Versprechungen und Schubladenpläne des Sozialministers greifbaren arbeiterfreundlichen Initiativen", aber auch einzelne konkrete Maßnahmen der Regierung im Spätherbst 1935

„lassen erkennen, daß sich das autoritäre Regime erstmals zu Konzessionen aufraffte, die an Forderungen der illegalen Linken orientiert, eine begrenzte Rückkehr zu demokratischen Strukturen in Aussicht stellten. Die ‚Versöhnungsoffensive' blieb jedoch im Frühjahr 1936 ohne größeren politischen Geländegewinn stecken. Der von Dobretsberger erhoffte Durchbruch zum sozialen Ständestaat scheiterte insbesondere am neuerlichen, ‚nationalen' Kurswechsel des Regimes, der die ‚Versöhnungsoffensive' auf breiter Front wieder abbremste, bevor sie sich voll entfaltet hatte."[49]

Den Anlaß für das Ausscheiden Dobretsbergers aus der Regierung Schuschnigg bildete charakteristischerweise der Phönix-Skandal:[50] Dobretsberger wandte sich im Zuge der Sanierungsbemühungen der Versicherungsgesellschaften durch die Regierung gegen die Aufkündigung des geltenden Kollektivvertrages für die Privatversicherungsangestellten;

als Minister kritisierte er nicht nur das Zustandekommen dieses Gesetzes, das Finanzmittel freimachen sollte, sondern auch das Nichtbefassen der betroffenen Gewerkschafter mit dem geplanten Vorgang. Er machte im Ministerrat deutlich, daß er – wenn er auch nicht der Bundesregierung Schwierigkeiten machen wollte – „die Sozialpolitik der Regierung anders aufgefaßt“ hätte; nunmehr könnte er „sich des Eindrucks nicht erwehren, daß man es mit arbeitsrechtlichen Fragen nicht ernst“ meinte.[51] Dobretsberger schied aus dem Kabinett aus, wobei insgesamt die Regierungsumbildung vom 14. Mai 1936 und der vorangegangene Skandal – trotz diverser Gerüchte war Dobretsberger eines der kaum belasteten Regierungsmitglieder, da er lediglich ein günstiges Mietverhältnis in einem Phönix-Objekt besaß[52] – die Entwicklung hin zum Juliabkommen und der damit verbundenen politischen Katastrophe für den Ständestaat beschleunigten.

Alfred Maleta charakterisiert Dobretsbergers Eintreten für die Gewerkschaft und deren Anliegen als Verhüllung einer „innere(n), intellektuelle(n) Bruchlinie. Er war zwar nach Herkunft und Überzeugung ein Anhänger der Christlichsozialen Partei; aber in seinem Wirtschafts- und Sozialdenken ein zutiefst ‚Manchester-Liberaler‘.“[53] Aus dieser Polarität resultierte – so Maleta – das kühle Verhältnis des Ministers zum Ständestaat, den er „verteidigte“, aber gleichzeitig mit „jeder Formulierung“ in Frage stellte.[54] Slapnicka[55] beurteilt ihn ähnlich: Dobretsberger

> „zeigte sich als Sozialminister und auch in der Zeit der Wirtschaftskrise als Realist. Er zeigte vor allem die Grenzen der Sozialpolitik auf, bei deren Überschreitung nicht nur der Wirtschaft schwerer Schaden erwachse, sondern auch der sozialpolitische Gewinn ins Gegenteil umschlägt. Er warnte vor jeder Überspitzung der Sozialpolitik; sozialpolitische Maßnahmen, die sich produktionshemmend auswirken, seien ein schlechter Dienst an die Arbeiterschaft.“

Dobretsberger wurde gerade wegen seiner Sozialpolitik vom Rüstungsindustriellen und Heimwehrförderer Fritz Mandl heftigst angegriffen. Diese Angriffe und seine Ablehnung einer „nationalen Aussöhnung", d. h. einer Annäherung an Deutschland, waren die Gründe für sein Ausscheiden aus der Regierung gewesen.[56] Das bestimmende Bewußtsein seiner Tätigkeit war die notwendige Basisverbreiterung der Regierung nach links, wie sie innerhalb des Regierungslagers von einzelnen alten Christlichsozialen, christlichen Gewerkschaftern, aber auch von bürgerlichen und bäuerlich konservativen Kreisen vertreten wurde, die sich einig im „katholisch-patriotischen Antinationalsozialismus"[57] wußten. Doch blieben die Ergebnisse von Aussöhnungsversuchen wie der Sozialen Arbeitsgemeinschaft weit hinter den Erwartungen zurück, teils wegen des Mißtrauens der Linken, teils wegen des offenkundigen Desinteresses Schuschniggs und seiner Funktionäre nach dem Juliabkommen von 1936 mit dem Deutschen Reich.

Die Terroraktionen der Nationalsozialisten ließen mit der Niederschlagung des Juliputsches 1934 nach[58], die illegale Tätigkeit, die hauptsächlich in Propaganda[59] und Unterstützung für die Angehörigen der inhaftierten oder geflohenen Nationalsozialisten bestand, beanspruchte aber weiterhin den Sicherheitsapparat, blieb jedoch für die Regierung ungefährlich. Positionskämpfe unter den Nationalsozialisten, Differenzen in Fragen der Taktik, wie persönliche Zwistigkeiten im Halbdunkel der Illegalität beeinträchtigten die Schlagkraft der Nationalsozialisten, auch sie mußten wie die Revolutionären Sozialisten erkennen, daß das verhöhnte Regime mit all seinen Schwächen erstaunlich ausdauernd im Kampf gegen sie war.

Während einzelne Regierungsfunktionäre eine Gesprächsbasis herzustellen versuchten, um die Aussöhnung mit „betont" nationalen Kreisen im Sinne einer Basisverbreiterung einzuleiten und dabei den Denkfehler begingen, daß man die „idealistischen Deutschnationalen" integrieren und die „aggressiven Nationalsozialisten" isolieren könnte, betrieben Wirtschaftskreise, die sich schon in den zwanziger Jahren als Retter der Vaterlandes jenseits der Demokratie sahen, eine Politik, die man im Hinblick auf ihre Affinität zum Deutschen Reich als eine Ex- und Importabteilung von Walhalla bezeichnen könnte.[60] In Anbetracht der katastrophalen Wirtschaftssituation[61] verlangte man den Ausgleich mit Hitler, um so als Trittbrettfahrer an der deutschen Wiederaufrüstung partizipieren zu können. Franz von Papen, Hitlers „Botschafter in besonderer Mission“ im Status eines Gesandten vertrat mit seinem Konzept der „evolutionären Lösung“ einen gemäßigten Standpunkt, in dem er die nationalsozialistische Bewegung als „trojanisches Pferd“ instrumentalisierte, um diese an die Macht zu bringen.[62] So hatte Papen von Beginn an ganz gezielt „Brückenköpfe“ in nationalen katholischen Kreisen gefunden, deren „Reichsträumerei“ und Antimarxismus ihre Anfälligkeit für den Nationalsozialismus erhöhten und sie der Wirkung nach mit deutschen „Konkordatsnazis“ vergleichbar macht. Der Wiener Pastoraltheologe Michael Pfliegler wandte sich 1933/34 dem „Brückenbau nach rechts“ zu, während sein journalistischer Wegbegleiter Anton Böhm die Christlichsozialen schon 1933 zur Koalition mit den Nationalsozialisten aufrief.[63] Ihnen standen zwar Leute gegenüber wie der Wiener Vizebürgermeister Ernst Karl Winter, der für eine Volksfront von ganz links bis zu den österreichloyalen, antinationalsozialistischen und faschistischen Heimwehren eintrat.[64] Hier ist auch Dietrich von Hildebrand zu nennen[65], der in seiner Zeitschrift *Der Christliche Ständestaat*[66] vehement gegen die Brückenbauer und Antisemiten in der *Schöneren Zukunft* oder gegen Bischof Hudals Bemühungen, den Nationalsozialismus „katholisch zu unterwandern“[67], vom Leder zog, doch Kanzler Schuschnigg, der sichtlich unter dem Druck der Repräsentanten des liaisonbereiten österreichischen Kapitals stand, ließ sich vom „deutschen“ Weg des Juliabkommens nicht mehr abbringen. Diese Entscheidung war umso unverständlicher, als er gerade in dieser Phase seinen vehementesten „Koalitionspartner“, Fürst Ernst Rüdiger Starhemberg, endgültig ausbooten konnte, nachdem dieser international mit einem Glückwunschtelegramm an Mussolini im Zusammenhang mit dem italienischen Abessinienfeldzug negatives Aufsehen erregt hatte.[68] Zweifellos muß die Entfernung Starhembergs aus der Regierung und die bald darauf folgende Auflösung seiner Heimwehr – so Ludwig Jedlicka – auch unter dem „Aspekt des 11. Juli 1936 gesehen werden, weil Starhemberg in konsequenter Weise seit dem Jahre 1934, Hitler mißtrauend, in der Mission Papens in Österreich den Anfang einer gefährlichen Infiltration erahnte".[69]

Das bereits erwähnte Abkommen vom 11. Juli 1936 zwischen dem Deutschen Reich und Österreich war janusköpfig. Es sollte den deutsch-österreichischen Konflikt als bilaterales Problem beseitigen, gleichzeitig aber auch die innere Befriedung Österreichs vorantreiben. Es stellte der Form nach eine Art Nichteinmischungspakt dar, zu dem sich Deutschland jetzt freiwillig bereitfand[70], nicht freudig, sondern aus den Bedürfnissen seiner augenblicklichen Lage heraus. Die Selbständigkeit Österreichs wurde feierlich anerkannt und die innenpolitische Gestaltung in beiden Staaten als innere Angelegenheit des jeweiligen anderen Landes bezeichnet. Dazu kamen Verabredungen, das sogenannte Gentlemen-Agreement[71], die nicht veröffentlicht wurden und sich auf die bei allen Verhandlungen immer so schwer lösbaren Details bezogen. Pressefragen (eine vergleichbare Haltung nahm Ende 1937 auch die Tschechoslowakei ein, die einem „Pressefrieden" zustimmte, der das faktische Ende für kritische deutsche und österreichische Exilorgane bedeutete)[72], worüber schon seit einem Jahr gewisse Vereinbarungen bestanden, die Zusicherung einer Amnestie für Nationalsozialisten mit Ausnahme der schwersten Fälle, die Stellung der Reichsdeutschen in Österreich und die Vertiefung der kulturellen Beziehungen wurden darin geregelt. Entscheidend wurde aber Punkt IXb des Agreements, in dem sich der Bundeskanzler verpflichtete, mindestens zwei Vertreter der „nationalen Opposition", die sein Vertrauen genossen, in die Regierung aufzunehmen. In der Folge kam es zu einer Teilintegration der „nationalen" Kräfte in die „Volkspolitischen Referate" der Vaterländischen Front.[73] Sie boten aber kaum Möglichkeit zur Basisverbreiterung der Regierung, sondern fungierten als legale Organisationshilfen der „Illegalen". Die wirtschaftlichen Absprachen bewirkten wohl die Aufhebung der vom Deutschen Reich im Juni 1933 gegenüber Österreich verhängten Tausend-Mark-Sperre und beendeten den seit drei Jahren durchgeführten Boykott, öffneten aber auch der reichsdeutschen Penetration des österreichischen Wirtschaftslebens endgültig Tür und Tor.

Das Geheimabkommen widersprach dem offiziell vermittelten Bild vom Nichteinmischungspakt nicht nur in jenen Bereichen, in denen auf Bildung der österreichischen Bundesregierung und österreichischen Justiz (Amnestieregelungen) Einfluß genommen wurde, sondern auch in jenen Bereichen, die der kulturellen und wirtschaftlichen Zusammenarbeit dienten. So gesehen, war es ein Richtlinienpapier für das trojanische Pferd in Österreich. Dieses verfügte über ein exzellentes finanzielles Verteilernetz, sodaß reichsdeutsche Gelder direkt an österreichische Nationalsozialisten gezahlt werden konnten. Daneben finanzierte man reichsdeutsche Bürger und reichsdeutsche Wirtschaftsinteressen in Österreich mittels Krediten. Die reichsdeutsche Penetration des politischen Lebens und die damit verbundene Einbindung österreichischer Wirtschaftsbetriebe in deutsche Wirtschaftsplanungen ermöglichten der nationalsozialistischen Reichsregierung direkten Zugriff auf innere Vorgänge. Die durch das Juli-Abkommen gebrochenen Dämme führten zu einer währungspolitisch bedenklichen Ausweitung der bilateralen Handelsbeziehungen wie zum reichsdeutschen Plan zur Bildung einer Währungsunion: Als Vorstufe diente die Einbeziehung Österreichs in das Verrechnungsverkehrssystem. Verbunden mit dem so forcierten Außenhandel stieg die reichsdeutsche Verschuldung in Österreich. Hier setzte allerdings dann der Widerstand Viktor Kienböcks als Präsident der Österreichischen Nationalbank ein, der die Sicherung der Währung in einer engen Verknüpfung mit dem Westen zu erhalten suchte. Er hatte wirtschaftliche und ideologische Vorbehalte gegen eine weitere wirtschaftliche Verflechtung.[74]

Der am 9. September 1936 zum Beauftragten des Vierjahresplanes ernannte Hermann Göring kalkulierte zunehmend die österreichischen Wirtschaftsressourcen in seine deutschen Wirtschaftsplanungen mit ein. Neben der strategischen Verbesserung der deutschen Lage – gemeinsame Grenze mit Italien, direkter Zugang zum südosteuropäischen Raum, Umklammerung der Tschechoslowakei, Rekrutierungspotential für mindestens acht bis zehn Divisionen – ergab sich im wirtschaftlichen Bereich eine drastische Stärkung der Eisen- und Stahlindustrie. Die forcierte Ausbeutung der Erzvorkommen in der Steiermark und in Kärnten konnte die devisenintensiven Eisenerzimporte um knapp fünfzig Prozent reduzieren, und aus den Magnesit- und Graphitlagern eröffnete sich gar die Aussicht auf Überschüsse für den Export.[75] Ähnliche Überlegungen kreisten um die Ausbeutung der Erdöllagerstätten, die reichen Holzbestände und das Energiepotential im Wasserkraftbereich. Ebenso wurde an das Potential unter den österreichischen Arbeitslosen gedacht, deren Facharbeiter und Ingenieure als von großer Bedeutung für die Rüstungsindustrie angesehen wurden. Gleiches galt für die freien Industriekapazitäten Österreichs, insbesondere die Edelstahlproduktion.

Im Abwehrkampf gegen den Nationalsozialismus erkannten die Dollfuß- und Schuschnigg-Regierungen die Notwendigkeit, an die Stelle des lagerübergreifenden Deutschnationalismus und seines Anschlußdenkens eine österreichische Identität zu setzen, die aus einem historisch abgeleiteten Selbstverständnis eines „neuen Österreich“ auch entsprechendes neues Selbstbewußtsein bewirken sollte.[76] Dabei setzte man weniger auf die bereits in der Monarchie artikulierten Diskussionsansätze[77], sondern entwickelte in der Tradition der österreichischen Staatsgeschichtsschreibung eine „deutschösterreichische Reichsgeschichte“[78], in der das bestehende Österreich gleichsam als „besserer deutscher Staat“ Traditions- und Hoffnungsträger des katholischen Habsburgermythos sein sollte. Zu Leitbildern dieses historischen Bewußtseins wurden Maria Theresia, die ungeschützt ihr Land gegen den „räuberischen Preußen“ Friedrich II. verteidigen mußte, Graf Starhemberg, der Wien und damit Europa gegen die „Ungläubigen" hatte halten können, und Prinz Eugen, der Europa endgültig von dieser Gefahr befreit hatte.[79] Bei dieser Betonung des Katholischen sahen jedoch die protestantischen Gemeinden die Gefahr einer neuen „Gegenreformation", die angesichts der Polizeimaßnahmen gegen die früh und stark auftretenden Nationalsozialisten in den vormals kryptoprotestantischen Gebieten auch schon deren Umsetzung zu erkennen glaubten; Hanisch bezieht das Bild der Gegenreformation auf den repressiven Charakter des Gesamtstaates und erklärt daraus den Nationalsozialismus als Bündelung der „revolutionären und reformatorischen Tradition des Volkes", was dessen Selbstdarstellung sehr entgegenkommt.[80] Nach 1945 sah Adolf Schärf in der Entfernung belasteter nationalsozialistischer Hochschullehrer wiederum einen Akt der „Gegenreformation" an den österreichischen Hochschulen, was aber eher schon dem später ausformulierten Stück „gemeinsamen Weges" entsprach.[81] Es ist auffallend, daß sich das ständestaatliche Regime innerhalb einer demonstrativ rückwärtsgewandten, antimodernistischen und antiliberalen Weltsicht, zögerlich, aber immerhin schrittweise, an die Multikulturalität der österreichischen Moderne anzunähern begann, indem angesichts der verschiedenartigen kulturellen Einflüsse innerhalb der vormals habsburgischen Lande dem Konstrukt des „einigen deutschen Volkes" nun ein österreichischer Sonderweg gegenübergestellt wurde.[82] Dieser spiegelte sich teilweise in der Minderheitenpolitik und Einbeziehung religiöser Kleingruppen (Juden) in die staatliche Verwaltung und Selbstdarstellung wider.[83] Dennoch blieb man über weite Strecken im „provinziellen Mief"[84] einer „vaterländischen Blut- und Bodenmystik" innerhalb der Kulturpolitik stecken. Dies erleichterte auch den Übergang vom „österreichischen Staatsdichter" zum nationalsozialistischen „Kulturschaffenden" als „Träger einer öffentlichen Sendung, (als) Mitstreiter und Mitvollzieher des Staatswillens" im Dritten Reich.[85] Über diese Entwicklung können auch nicht die heimatlosen Bürgerlichen hinwegtäuschen, die im ständestaatlichen Österreich eine ihnen gerechte Entfaltungs- und Lebensmöglichkeit fanden, wie Max Reinhardt[86] oder Carl Zuckmayer[87], und Zeugnis für den Ständestaat als Exilland für Gegner des Nationalsozialismus ablegten, oder die, wie Franz Werfel, den spärlichen Salons der Regierungskreise Licht verliehen.[88] Wenngleich die SDAP auf ihrem außerordentlichen Parteitag im Herbst 1933 den Anschlußparagraphen angesichts der nationalsozialistischen Bedrohung aus ihrem Parteiprogramm suspendierte, erbitterte auch deren Anhängerschaft dieses neue Österreichbewußtsein, da, wie Karl Kraus es formulierte[89], Karl Marx bei Vater Jahn Turnunterricht genommen hatte, und man die Betonung der Eigenständigkeit Österreichs vielfach mit dem Beginn einer Restauration der Habsburger gleichsetzte. Schon Seipel wurde von Karl Renner verdächtigt, daß er sich nicht vom alten Österreich lösen könne, während für Renner die Zukunft eindeutig determiniert war:

„Keine geographische, ethnische, ökonomische Gewalt, keine Macht der Welt, kein Diktat einer Siegerkoalition kann die Grundtatsache unseres Daseins ändern: Wir sind ein großer Stamm der großen deutschen Nation, nicht mehr, aber auch nicht weniger! Wir sind keine Nation, waren es nie und können es niemals werden!“[90]

Bei aller Inkonsequenz innerhalb der antinationalsozialistischen Regierungskoalition war aber gerade das Instrumentarium der österreichischen Identitätsfindung für intellektuelle Schichten und jüngere Anhänger der Regierung ein politisch relevantes Mobilisierungsinstrumentarium, das naturgemäß dort, wo es oktroyiert wurde, sich als stumpf erweisen mußte. Im Zuge ihrer Volksfrontstrategie griffen auch die Kommunisten in die Diskussion mit ein und sahen in dieser Haltung die lagerübergreifende Schiene der potentiellen innerösterreichischen Antihitlerkoalition.[91] Aus der Sicht Otto Bauers blieb dies auch nach dem im März und April 1938 vollzogenen Anschluß eine der Todsünden der Kommunisten. Sie „hatten ihre Entscheidung schon geraume Zeit vor der Annexion durch die absonderliche Konstruktion vorbereitet, daß die Österreicher gar nicht Deutsche, sondern eine besondere Nation seien“. Sie hätten „nach der Annexion die

Parole Schuschniggs ‚Rot-Weiß-Rot bis in den Tod‘ aufgenommen und nicht gezögert, gemeinsam mit den Legitimisten, Vaterländischen, Klerikalen die Losreißung Österreichs vom Reich, die Wiederherstellung eines unabhängigen Österreichs, als Kampfziel zu proklamieren“.[92] Unter Berufung auf Engels' kritische Prüfung der normativen Kraft des Faktischen heißt es bei Bauer schließlich:

> „Aber die Parole, die wir [die Sozialisten] der Fremdherrschaft der faschistischen Satrapen aus dem Reiche entgegensetzen, kann nicht die reaktionäre Parole der Wiederherstellung der Unabhängigkeit Österreichs sein, sondern nur die revolutionäre Parole der gesamtdeutschen Revolution.“[93]

Wie Joseph Roth wenige Monate vor dem Ende des Ständestaates befürchtet hatte,[94] wurde Schuschniggs Parole von diesem selbst nicht realisiert, da er nicht bereit war, „deutsches Blut zu vergießen“, wie er bei seiner Abschiedsrede über den österreichischen Rundfunk am Abend des 11. März 1938 verkündete.

Im außenpolitischen Bereich war Schuschniggs Erbe einer weitgehenden Integration Österreichs in die seit 1929 von Italien und Ungarn betriebene wirtschaftspolitische Blockbildung, die letztlich in den Römer Protokollen vom März 1934 kulminierte. Schon wegen der finanziellen Notwendigkeiten suchte Österreich unter Dollfuß weiterhin seine Position innerhalb des Völkerbundes zu festigen, wobei Dollfuß mit einer Internationalisierung des deutsch-österreichischen Konfliktes spekulierte. Schuschnigg übernahm von seinem Vorgänger Kontakte zu Großbritannien und Frankreich, die gemeinsam mit Italien Österreichs Unabhängigkeit diplomatisch stützen helfen sollten. Während Italien und Deutschland mittels ihrer fünften Kolonnen direkt in die österreichische Innenpolitik eingriffen, blieben Frankreich und Großbritannien an Österreichs Eigenständigkeit interessiert. Die blutige Niederschlagung des 12.-Februar-Aufstandes 1934 bewirkte zumindest einen kurzfristigen Imageverlust in der öffentlichen Meinung dieser beiden Länder.

Schuschniggs dem Legitimismus gewogene Einstellung und seine daraus resultierende Gesetzgebung im Hinblick auf Teile des Habsburgervermögens, aber auch die Kontakte der Regierung zu Thronfolger Otto von Habsburg, wie auch die Aktivitäten der Legitimisten innerhalb des „Traditionsreferates“ der Vaterländischen Front[95] nährten die Ängste der Kleinen Entente, während der am 2. Oktober 1935 von Italien vom Zaun gebrochene Abessinienkrieg den Kanzler in einen außenpolitischen Sachzwang ersten Ranges manövrierte. Schuschniggs Außenpolitik blieb in der italienischen Bündnispolitik eingebettet. War dieses Korsett 1933/34 noch ein aktiver Schutz gegenüber dem Deutschen Reich, so verlor es bereits dort an Bedeutung, wo Italien eine internationale Eskalation des deutsch-österreichischen Konfliktes, etwa durch eine Anrufung des Völkerbundes, hintertrieb. In dem Augenblick, als Italien im Abessinienkonflikt selbst international isoliert war und politisch und wirtschaftlich Rückendeckung bei Deutschland suchen mußte, trug es indirekt zur internationalen Isolierung Österreichs bei, indem sich Schuschniggs Diplomaten im Völkerbund nicht gegen den italienischen Angriff auf Abessinien stellen konnten.[96] Damit verlor Österreich in Genf und vor allem bei den Westmächten das bisherige Wohlwollen. Wirtschaftliche Hilfe in Form von Zahlungsstundungen angesichts fälliger Verpflichtungen aus der Haftung für die Creditanstalt wurde nun nicht mehr gewährt.[97] In konsequenter Verfolgung seines Donauraumdenkens trachtete Benito Mussolini nunmehr Österreich erneut „viribus unitis“ in einen um Deutschland erweiterten Pakt zu führen. Schuschniggs Mentalreservation gegen eine allzuenge Bindung an Italien im Unterschied zu seinem Vorgänger, kam angesichts der realen außenpolitischen Möglichkeiten Österreichs kaum zum Vorschein. Die westliche Karte, die Dollfuß durchaus auch zu spielen in der Lage gewesen war, wurde ein immer schwächerer Talon. Am 27. September 1934 erneuerten die Großmächte in Genf ihre Erklärung vom 17. Februar 1934, in der sie die Aufrechterhaltung der Unabhängigkeit Österreichs hervorgehoben hatten. Weiterführende Garantieerklärungen und Vertragswerke in Richtung eines Donaupaktes scheiterten an den „reichsdeutschen“ Querschüssen ebenso wie an den Ängsten und Sonderinteressen der Kleinen-Entente-Staaten, wenngleich zu beobachten war, daß man seitens der Westmächte die stille Wiederaufrüstung Österreichs angesichts der deutschen Wiederaufrüstung zu akzeptieren begann. Mit der gemeinsamen Erklärung Großbritanniens, Frankreichs und Italiens auf der Konferenz von Stresa vom 14. April 1935, gegenseitige Konsultationen bei einer Verletzung der Integrität Österreichs vorzunehmen, konnte die Politik der beschränkten Internationalisierung nochmals punkten. Die verstärkten Kontakte zur Tschechoslowakei blieben aber angesichts der Annäherung Jugoslawiens, Ungarns und Italiens an das Deutsche Reich seit 1935/36 ein allzu schwacher Ersatz für den drohenden Verlust des britischen Interesses an Österreichs Souveränität.[98] Angesichts des österreichischen Verhaltens im Völkerbund bei der Verurteilung Italiens im Abessinienkonflikt gewannen die österreichkritischen Stimmen in London, die bereits in der Folge des Februar 1934 artikuliert worden waren, langsam die Oberhand, umso mehr als der deutsch-österreichische Konflikt einem Familienstreit zu entsprechen und durch das Juliabkommen 1936 beigelegt schien. Die Akzeptanz der deutschen Wiederaufrüstung, das deutsch-britische Flottenabkommen 1935 und die letztlich hingenommene Remilitarisierung des Rheinlandes seit 1936 bildeten den Auftakt einer internationalen Kollaboration mit dem Nationalsozialismus, die unter dem Titel der „Appeasement-Politik“ das Faktum des Anschlusses noch vor dessen Vollzug zur Kenntnis nahm und die Tschechoslowakei mit dem Münchner Abkommen militärisch wehrlos machte. Der staatliche Widerstand Österreichs gegen den Nationalsozialismus erlebte in dieser Phase der internationalen Kollaboration mit Hitler aber auch jene Isolierung Österreichs, die einen militärischen Widerstand zwecklos erschienen ließ. Jene westlichen Diplomaten, die wie George Messersmith,[99] US-Gesandter in Wien und exzellenter Kenner der nationalsozialistischen Politik, Österreichs staatlichen Widerstand gegen Hitler-Deutschland zu würdigen wußten und grundsätzlich für eine internationale Isolierung Deutschlands eintraten, scheiterten letztlich an der isolationistischen bzw. auf Appeasement ausgerichteten Stimmung in ihren eigenen Ländern.

Als Erbe der Dollfußschen Absprachen und Verträge akzeptierte Schuschnigg schließlich in Rom am 11. November 1934 auch ein militärisches Geheimabkommen zwischen den Staaten des Römer Protokolls, das für den Fall eines jugoslawischen Angriffes ein gemeinsames Oberkommando vorsah. Sechs Tage später wurde schließlich auch zwischen Italien und Österreich ein Vertrag abgeschlossen, der den österreichischen Aufrüstungsinteressen entsprach. Am 7. März 1936 ließ Hitler seine Wehrmacht in das entmilitarisierte Rheinland einrücken, ohne daß ihm Frankreich militärischen Widerstand entgegensetzte, was den deutschen Diktator in größte Schwierigkeiten gebracht hätte. Österreich schritt daraufhin am 1. April zur Verkündigung einer „allgemeinen Bundesdienstpflicht“, womit es die militärischen Klauseln des Vertrages von Saint-Germain umging. Die diplomatischen Proteste, die dagegen vorgebracht wurden, waren kaum mehr ernst gemeint und taten daher keine Wirkung. Die Wiederbewaffnung Österreichs war ja schon seit langem vom Ausland, vor allem von Italien, unterstützt worden. Freilich hatte Österreich nicht unbeträchtliche diplomatische Schwierigkeiten zu überwinden gehabt, seit es auf der Genfer Abrüstungskonferenz an der Wende der Jahre 1932/33 seinen Wunsch nach militärischer Gleichberechtigung vorgebracht hatte. Aber erst 1935 begann die personelle und materielle Aufrüstung des Bundesheeres – Italien übernahm durch Sachlieferungen und finanzielle Unterstützungen etwa drei Fünftel der Kosten – stärkere Fortschritte zu verzeichnen.[100] Die Einführung der einjährigen Bundesdienstpflicht – am 12. Februar 1938 wurde sie noch auf 18 Monate ausgeweitet – ermöglichte bis zum März 1938 die Schaffung eines Ist-Standes von 61.000 Mann „mit sehr hohem Ausbildungsniveau“[101], die Mobilmachungsstärke des Bundesheeres belief sich insgesamt auf 127.000 Mann. Die

Auflösung der Heimwehr am 10. Oktober 1936 schuf die Möglichkeit zur Überführung der noch verbliebenen regierungsnahen Wehrgruppen, die sich im Dezember 1935 zur „Freiwilligen Miliz – Österreichischer Heimatschutz“ zusammengeschlossen hatten, in die „Frontmiliz“.[102] Mit der Unterstellung unter das militärische Kommando im Juli 1937 schuf man so eine Milizarmee, die für Grenz- und Raumschutz vorgesehen war. 1938 umfaßte die Miliz rund 101.000 Mann. Gerade unter ihnen befand sich auch eine größere Anzahl jüngerer Gefolgsleute der Regierung, die die kampflose Kapitulation 1938 schwer ertragen konnte. Zusammen mit den weiteren verfügbaren militärisch geschulten Einheiten – Exekutive (58.000 Mann), Heeresarbeiter und Rekruten (24.000 Mann) – war eine Mobilmachungsstärke von 310.000 Mann erreicht worden.[103] Die Frage des Fortbestandes der Wehrverbände führte zu Verzögerungen, auch waren die finanziellen Mittel beschränkt. Ein Versuch, von Italien eine Rüstungsanleihe zu erhalten, schlug fehl. Von der versprochenen Lieferung österreichischer Beutegeschütze aus dem Ersten Weltkrieg blieb der größte Teil aus. Doch waren bei der Anlage von Befestigungen gegenüber dem Deutschen Reich Fortschritte zu bemerken, die es dem österreichischen Generalstabschef Alfred Jansa ermöglichten, für den Fall eines deutschen Einmarsches einen Abwehrplan (Fall DR) mit dem Ziel zu erstellen, durch eine hinhaltende Kampfführung den Großmächten entsprechende Zeit für Entschlüsse und Vorkehrungen zu schaffen. Die Traun- und die Ennslinie sollten auf jeden Fall gehalten werden. In Wien hatte man allen Grund, sich militärisch tunlichst auf eigene Füße zu stellen, wußte man doch, daß Italien nicht mehr so wie früher bereit war, allein über die Selbständigkeit Österreichs zu wachen. Frankreichs Haltung hing, wie man wußte, von der Frage ab, wie London im Ernstfall reagieren würde. Mit einem energischen Eingreifen war aber dort nicht mehr zu rechnen. Damit fehlte dem Jansa-Plan der politische Vollzugsrahmen.

Der durch das Juliabkommen erhöhte halblegalisierte Aktionsradius der österreichischen Nationalsozialisten, die steigende wirtschaftliche Annäherung Österreichs an Deutschland, das erhöhte deutsche Interesse an Österreichs Wirtschafts- und Personalressourcen im Hinblick auf die deutsche Rahmenplanung innerhalb des Vierjahresplanes und schließlich das Auseinanderdriften gemäßigter und radikaler Nationalsozialisten in Österreich verstärkten den Druck auf Schuschniggs Regierung. Der Druck wurde noch durch die Haltung Italiens verschärft, das bei der letzten Zusammenkunft der Römerprotokoll-Staaten vom 9. bis 12. Jänner 1938 in Budapest Österreich und Ungarn zum Austritt aus dem Völkerbund und zum Beitritt zum Antikominternpakt (Berlin-Rom-Tokio) zu bewegen versuchte. Schuschnigg bemühte sich daher – schlecht beraten und unter entsprechender Mithilfe Papens –, eine Entspannung der Situation durch eine direkte Begegnung mit Hitler herbeizuführen. Die päpstliche Enzyklika „Mit brennender Sorge" war eben nicht konstitutionelles Element des Ständestaates.[104] Schuschnigg hoffte auf eine neue deutsche Bestätigung der österreichischen Unabhängigkeit im Gegenzug für die von deutscher Seite verlangten Zugeständnisse. Hitler, durch die Ablöse der Wehrmachtsspitze und seinen Erfolg in der Fritsch-Blomberg-Krise innenpolitisch gestärkt, wollte aber keinen Ausgleich, sondern diktierte im Berchtesgadener Abkommen vom 12. Februar 1938 die totale Unterwerfung Österreichs, obgleich Schuschnigg darauf verwies, daß über Ministerernennungen und Amnestien nicht er, sondern nur der Bundespräsident verfügen könne. Hitlers Katalog umfaßte folgende Punkte:

1. die außenpolitische Absprache- und Koordinationsverpflichtung,
2. die Übernahme des österreichischen Sicherheitswesens durch den Nationalsozialisten Arthur Seyß-Inquart,
3. die freie Betätigung der NSDAP innerhalb der Vaterländischen Front,
4. die Amnestie für alle Nationalsozialisten,
5. die Enthebung des Generalstabschefs des österreichischen Bundesheeres, Feldmarschalleutnants Jansa

6. den Austausch von Offizieren bis zu jeweils 50 Mann, sowie eine enge Kontaktpflege zwischen Bundesheer und Wehrmacht, und
7. die Intensivierung der wirtschaftlichen Kooperation.[105]

Die Annahme der Bestimmungen des Diktats kamen einer Kapitulation gleich, da Österreich damit gleichsam auf „evolutionärem Wege eines Druckkochtopfes“ in kürzester Zeit dem Einfluß Hitlers gänzlich erliegen mußte. Selbst bei einer strikten Einhaltung aller Punkte konnten die Vertrauensleute Hitlers in der österreichischen Regierung, die zwar formal dem Bundeskanzler unterstanden, de facto aber in staats- und hochverräterischer Beziehung zu Berlin standen, mit einer Rücktrittsdrohung jederzeit die Bundesregierung erpressen. Die schrittweise einsetzende Erfüllung des Diktats und dessen Wirkung in der Öffentlichkeit mobilisierten die österreichischen Nationalsozialisten, die nun zum Endkampf rüsteten, während man seitens der deutschen Regierung die weitere Umsetzung des Diktats vorantrieb. Anfang März verlangte man eine scharfe Devisenbewirtschaftung „zur Vermeidung der Kapitalflucht“, um ein Abfließen des Geldes von – durch die Nationalsozialisten – politisch und „rassisch“ gefährdeten Personen ins Ausland zu verhindern.[106] Seyß-Inquart forderte nun den Posten eines Landeshauptmannes in der Steiermark und die von Stellvertretern in allen Bundesländern für die NSDAP ein.[107] Was am 9. März 1938 folgte, war dann der verzweifelte Versuch Schuschniggs, eine Art antinationalsozialistisches *levée en masse* zu erzwingen, indem er zu einer kurzfristig angesetzten Volksbefragung „Für ein freies und deutsches, unabhängiges und soziales, für ein christliches und einiges Österreich!“ am 13. März 1938 aufrief.[108] Maßnahmen gegen Teile der österreichischen Nationalsozialisten und die Abhalfterung einzelner Gegenspieler als Bauernopfer für die nationalsozialistische Öffentlichkeit, wie z. B. jene Stepans und Gorbachs,[109] sollten ihm dabei etwas Rückenfreiheit verschaffen. Erstmals verdichteten sich die Gespräche mit den Gewerkschaftsfunktionären und Sozialisten zu konkreten Aktionen, wenngleich selbst in dieser Situation Schuschnigg überaus zurückhaltend gegenüber diesen linken Funktionären blieb.[110] Aber diese innenpolitische Mobilisierung kam zu spät. Während noch österreichische Patrioten und Antinationalsozialisten von rechts bis links für Schuschniggs Volksbefragung Parolen schrieben, Plakate klebten und Flugzettel streuten, verschärfte die deutsche Regierung ihren Druck auf Österreich. Zur politischen kam die militärische Erpressung[111], wie auch dem deutschen Einmarsch die partielle innerösterreichische Machtübernahme durch die Nationalsozialisten vorausging. Dem Staatswiderstand folgten Anpassungsstrategien der Institutionen und einzelner Persönlichkeiten. Gerade jene wurden nun verfolgt, die den Staatswiderstand verinnerlicht als ihr persönliches Anliegen angesichts des drohenden Nationalsozialismus über all die Jahre getragen hatten oder an diesem erst im Zuge der Mobilisierung der Massen für die Volksbefragung Schuschniggs teilnahmen. Der erste Transport nach Dachau am 1. April 1938 spricht eine deutliche Sprache.

„Der größte Teil der zum Abgange bestimmten Schutzhäftlinge bestand aus höheren Beamten des ehemaligen Bundeskanzleramtes, Ministern, (dem) Bürgermeister von Wien, Beamten der Polizeidirektion und des Generalinspektorates, des Heimatdienstes, der Vaterländischen Front, der Gendarmerie und Kaufleuten, aus der jüdischen Rasse stammend. [...] Der Abtransport hinterließ bei allen SWB (Sicherheitswachebeamten) einen gewissen psychischen Eindruck, hervorgerufen durch das Dabeisein der eigenen ehemaligen hohen und höchsten Vorgesetzten.“[112]

1 Otto Bauer, Der Aufstand der österreichischen Arbeiter. Seine Ursachen und seine Wirkungen, Prag 1934, zit. n. Otto Bauer, Werkausgabe, Bd. 3, Wien 1976, S. 995.

2 Bauer, Aufstand, S. 970.

3 Ebd., S. 997.

4 Dieses Phänomen hat Karl Renner mehrmals vor 1938 und nach 1945 thematisiert. Vgl. Fritz Weber, Karl Renner über die sozialdemokratischen Bemühungen um einen Kompromiß mit Dollfuß. Das Aufgeben der

„Anschluß“-Orientierung und die soziale Basis des Austrofaschismus. Bemerkungen zu einem „Memorandum“ aus dem Jahre 1936, in: *Zeitgeschichte* 11 (1983/84), S. 253–266; Karl Renner, Denkschrift über die Geschichte der Unabhängigkeitserklärung Österreichs und die Einsetzung der provisorischen Regierung der Republik, Wien 1945, S. 15: „Vom Klerikofaschismus des Rechts und Vermögens beraubt, wendete sich die Arbeiterbewegung vom eigenen Staat resigniert ab und gelangte zu dem Entschluß, wenn schon Faschismus unvermeidlich sei, doch die deutsche antiklerikale Lesart der italienischen kirchlich orientierten vorzuziehen. Das bedeutete außenpolitisch, daß die Masse der Arbeiterschaft die vier Jahre später folgende Annexion ohne Widerspruch über sich ergehen und sich bald auch durch die blendenden Anfangserfolge Hitlers fangen ließ.“ Weiters Maximilian Liebmann, Vom 12. Februar 1934 über den Antiklerikalismus zum Nationalsozialismus, in: *Neues Archiv für die Geschichte der Diözese Linz* 3 (1984/85), S. 49–55; Dieter A. Binder, Zum Antiklerikalismus in der Ersten Republik, in: *Christliche Demokratie* 9 (1991/92), S. 369–389.

5 Vgl. die Analyse von Gerhard Botz, Der „4. März 1933“ als Konsequenz ständischer Strukturen, ökonomischer Krisen und autoritärer Tendenzen, in: Erich Fröschl/Helge Zoitl (Hrsg.), Der 4. März 1933. Vom Verfassungsbruch zur Diktatur, Wien 1984.

6 Jürgen W. Falter/Dirk Hänisch, Wahlerfolge und Wählerschaft der NSDAP in Österreich 1927 bis 1932. Soziale Basis und parteipolitische Herkunft, in: *Zeitgeschichte* 15 (1987/88), S. 223–244.

7 Die Nationalsozialistische Deutsche Arbeiterpartei als staats- und republikfeindliche, hochverräterische Verbindung (Preußische Denkschrift 1930), abgedr. in: Robert M. W. Kempner, Der verpaßte Nazi-Stopp, Frankfurt/M. – Berlin – Wien 1983, S. 17–135. Das Ergebnis dieser Untersuchung schließt auf der Basis des deutschen Strafrechtes. „Danach ist die NSDAP eine staatsfeindliche Verbindung [...], die die Bestrebungen verfolgt, die verfassungsmäßig festgestellte republikanische Staatsform zu untergraben. Ihre Betätigung stellt sogar ein hochverräterisches Unternehmen im Sinne des § 86 StGB dar.“ Es kann davon ausgegangen werden, daß die NSDAP/Landesleitung Österreich zum Zeitpunkt ihres Verbotes in Österreich, wahrscheinlich aber auch schon vor Hitlers Machtergreifung und damit auch vor dem März 1933 einem vergleichbaren Täterbild nach österreichischem Strafrecht entsprochen hat.

8 Renner, Denkschrift, S. 16 f.

9 Ebd., S. 16.

10 Helmut Wohnout, Regierungsdiktatur oder Ständeparlament? Gesetzgebung im autoritären Österreich (Studien zu Politik und Verwaltung 43), Wien – Köln – Graz 1993, S. 428. Weiters Ulrich Kluge, Der österreichische Ständestaat 1934–1938. Entstehung und Scheitern, Wien 1984.

11 Erika Weinzierl, Österreichs Identität. Kirche und Politik seit 1918, in: *Jüdisches Echo* 42 (1993), S. 59. Die Abberufung der Priesterpolitiker versetzte der Christlichsozialen Partei den „Todesstoß“, der „Beschluß der Bischofskonferenz vom 30. November 1933, die Priester aus der Politik zurückzuziehen, entzog der Partei einen wichtigen Teil der Elite“. Andere Maßnahmen führten dazu, daß mit dem direkten Eingriff der

Hierarchie in dominante katholische Vereinsstrukturen die Partei nicht nur ohne Führungselite, sondern auch ohne Organisation dastand, so daß Otto Enders Aussage, „Der Bischof hat die Christlichsoziale Partei umgebracht", durchaus ihre Berechtigung hatte. Vgl. Ernst Hanisch, Der Politische Katholizismus als ideologischer Träger des „Austrofaschismus", in: Emmerich Tálos/ Wolfgang Neugebauer (Hrsg.), „Austrofaschismus". Beiträge über Politik, Ökonomie und Kultur 1934–1938 (Österreichische Texte zur Gesellschaftskritik 18), Wien 1984, S. 60.

12 Maximilian Liebmann, Zeitgeschichtliche Betrachtung der Katholischen Verbände, in: Das Laienapostolat im Lichte des Konzils, Wien 1967, S. 43. Weiters Maximilian Liebmann, Vom Ende des Ersten Weltkrieges bis zu Pius XII, in: Josef Lenzenweger/Peter Stockmeier/ Karl Amon (Hrsg.), Geschichte der Katholischen Kirche, Graz – Wien – Köln 1986, S. 430 ff., 518.

13 Leopold Engelhard, Der Neuaufbau der Katholischen Aktion in Wien und die bisherigen Erfahrungen, in: Katholische Aktion und Seelsorge. Referate der vierten Wiener Seelsorgertagung vom 2.–4. Jänner 1935, Wien 1935, S. 39.

14 Ferdinand Bruckner, Die Jugendfrage, in: Aktion, S. 78.

15 Rudolf Blüml, Wesen und Aufbau der Katholischen Aktion, in: Aktion, S. 19 f.

16 Bruckner, Die Jugendfrage, in: Aktion, S. 81.

17 Maximilian Liebmann, Das Laienapostolat bewegt die Diözese, in: Karl Amon/Maximilian Liebmann, Kirchengeschichte der Steiermark, Graz – Wien – Köln 1993, S. 309–416. Es ist charakteristisch, daß man etwa in der Steiermark den vom Nationalsozialismus ermordeten Priestern der Diözese nach 1945 kein Denkmal errichtet hat. Erzogen im Gegensatz zu den antiklerikalen, deutschnationalen und häufig staatsilloyalen Burschenschaften verstand sich der CV in Österreich stets als Stütze von Thron und Altar. Die Loyalität dem Thron gegenüber übertrug man auf den Staat, dem man diente. Damit verband sich in zunehmendem Ausmaß die Staatsloyalität mit dem Österreichbewußtsein, so daß der Schritt in den Antinationalsozialismus konsequent durchgehalten wurde. Nach 1945 waren die CVer zwar in der Regel mit dem Gütesiegel des Antinationalsozialismus und häufig auch der Verfolgung durch den Nationalsozialismus ausgezeichnet, man warf ihnen aber ihre antidemokratische Vergangenheit (CV^2F) vor, bzw. unterstellte ihnen unterentwickeltes Demokratieverständnis. Vgl. Oscar Pollak, Gegen den „inneren Nazi" (*Sozialistische Hefte* 14), Wien 1946; weiters Wolfgang Kos, Zur Entnazifizierung der Bürokratie, in: Sebastian Meissl/Klaus-Dieter Mulley/ Oliver Rathkolb (Hrsg.), Verdrängte Schuld. Verfehlte Sühne, Wien – München 1986, S. 69.

18 Wohnout, Regierungsdiktatur, S. 428.

19 So wurde z. B. Karl Maria Stepan, der bereits kurz vor der Ermordung von Dollfuß gegen Schuschnigg Stellung bezogen hatte und der nach dem Juliputsch seine Position als Generalsekretär der Vaterländischen Front auf Ministerrang aufgewertet wissen wollte, kurzerhand in die Steiermark zurückgeschickt und als Landeshauptmann von Schuschnigg ins politische Ausgedinge gestellt. Als harter und überzeugter Antinationalsozialist mußte er, der immer seine Bereitschaft, gegen Schuschnigg

auftreten zu wollen, signalisiert hatte, unter dem Druck der Straße und auf einen Befehl Schuschniggs hin nach dem Berchtesgadener Diktat als Landeshauptmann abtreten. Zur Position Stepans vgl. Dieter A. Binder, Karl Maria Stepan, in: Ders., Verlorene Positionen des christlichen Lagers, Wien 1992, S. 9–34.

20 Gerhard Botz, Gewalt in der Politik. Attentate, Zusammenstöße, Putschversuche, Unruhen in Österreich 1918–1938, München 1983, S. 232–246. Die Terminologie und die Periodisierung von Botz wird hier bewußt übernommen, da er sich deutlich von zeitgenössischen Kampfbegriffen abwendet und seine Aussagen quellenkritisch fundiert.

21 Hier wirkten überdies auch die alten antiklerikalen Traditionen der linken und deutschnationalen Gruppierungen nach, die allerdings nach 1945 nicht mehr die organisierte Parteistruktur besaßen. Das Abklingen des Antiklerikalismus erleichterte das demonstrative Bekenntnis der Katholischen Kirche zu einer „freien Kirche in einer freien Gesellschaft“ im „Mariazeller Manifest“ und den damit demonstrativ verbundenen Rückzug aus der Tagespolitik, wenngleich weiterhin zweifellos etwa auf die Rekrutierung von ÖVP-Mandataren kirchliche Stellen direkt Einfluß nahmen. Vgl. Liebmann, Laienapostolat, S. 411–413; Franz Horner/Paul M. Zulehner, Kirchen und Politik, in: Herbert Dachs/Peter Gerlich/Herbert Gottweis/Franz Horner/Helmut Kramer/Volkmar Lauber/Wolfgang C. Müller/Emmerich Tálos (Hrsg.), Handbuch des politischen Systems Österreichs, Wien 1991, S. 442.

22 Botz, Gewalt, S. 235; Ernst Hanisch, Der lange Schatten des Staates. Österreichische Gesellschaftsgeschichte im 20. Jahrhundert, Wien 1994, S. 314 f.

23 Die „Aktion Winter“ und die Errichtung der „Sozialen Arbeitsgemeinschaft“ (1935) innerhalb der Vaterländischen Front waren entsprechende organisatorische Signale für die linke Arbeiterschaft. Vgl. Everhard Holtmann, Zwischen Unterdrückung und Befriedung. Sozialistische Arbeiterbewegung und autoritäres Regime in Österreich 1933–1938 (Studien und Quellen zur Zeitgeschichte 1), Wien – München 1978. Die Signale in Richtung „nationale Opposition“ waren vorerst stets personenbezogen und erst in zweiter Linie organisatorischen Inhalts. Walter Goldinger/Dieter A. Binder, Geschichte der Republik Österreich 1918–1938, Wien – München 1992, S. 234, 255–257.

24 Zur Geschichte der Vaterländischen Front vgl. Irmgard Bärnthaler, Die Vaterländische Front. Geschichte und Organisation, Wien – Frankfurt – Zürich 1971; Ludwig Reichhold, Kampf um Österreich. Die Vaterländische Front und ihr Widerstand gegen den Anschluß 1933–1938. Eine Dokumentation, Wien 1985.

25 Bereits im Februar artikulierten Wiener Arbeiter deutlich ihre Bereitschaft, auf seiten der Regierung gegen die nationalsozialistische Erpressungspolitik auftreten zu wollen, wobei man mit dieser Bereitschaft die Erwartung verband, wiederum eine freiere Organisationsform zu erhalten.

26 Dies wird besonders deutlich im Zeitraum zwischen dem Frühjahr 1933 und dem Februar 1934. Vgl. Anson Rabinbach, Vom Roten Wien zum Bürgerkrieg (Sozialistische Bibliothek 2), Wien 1989. Weiters Ulrike Weber-Felber, Wege aus der Krise, Freie Gewerkschaften und Wirtschafts-

politik in der Ersten Republik (Ludwig Boltzmann Institut für Geschichte der Arbeiterbewegung, Materialien 56), Wien – Zürich 1990, S. 215–222.

27 Zum Verhältnis SDAP Anhängerschaft – KP siehe Holtmann, Unterdrückung, S. 207 ff. Zum Verhältnis SDAP Anhänger – NSDAP vgl. Rudolf G. Ardelt/Hans Hautmann (Hrsg.), Arbeiterschaft und Nationalsozialismus in Österreich. In memoriam Karl R. Stadler (Veröffentlichung des Ludwig-Boltzmann-Instituts für Geschichte der Arbeiterbewegung), Wien – Zürich 1990.

28 Gerhard Botz, Arbeiterschaft und österreichische NSDAP-Mitglieder (1926–1945), in: Ardelt/Hautmann (Hrsg.) Arbeiterschaft, S. 29–48.

29 Hans Schafranek, NSDAP und Sozialisten nach dem Februar 1934, in: Ardelt/Hautmann (Hrsg.), Arbeiterschaft, S. 91–128.

30 Helmut Konrad, Das Werben der NSDAP um die Sozialdemokraten 1933–1938), in: Ardelt/Hautmann, Arbeiterschaft, S. 73–89. Wie groß auch in Wien der Anteil der Übertritte zu den Nationalsozialisten war, sieht man aus der Tatsache, daß „die Nazis im Sommer 1934" selbst hier, wo „die Arbeiterschaft sich noch am ehesten resistent gegenüber den braunen Lockungen erwies", durchaus eine eigene „3.000 Mann starke ‚SA-Brigade 5' aus ehemaligen Sozialdemokraten, vorwiegend Schutzbündlern" aufstellen konnten. Manfred Marschalek, Untergrund und Exil. Österreichs Sozialisten zwischen 1934 und 1945 (Sozialistische Bibliothek 3), Wien 1990, S. 32. Charakteristischerweise nimmt in diesem Buch die Darstellung des Zeitraumes von 1934 bis 1938 220 Seiten ein, die Zeit von 1938 bis 1945 aber nur 23 Seiten.

31 Zur Bagatellisierung ideologischer Grenzen s. Schafranek, NSDAP, S. 117, der die Berichterstattung in der illegalen *Arbeiter-Zeitung* vom 5. August 1934 heranzieht, um derlei „Töne" mit „fatalen Erinnerungen an die Schlageter-Taktik der KPD 1923" zu vergleichen. Zur Verdammung jener, die mit der Regierung kooperierten vgl. Kos, Entnazifizierung, S. 52–72. Weiters Dieter A. Binder, Zur Funktion des Dollfuß-Bildes in der sozialdemokratischen Propaganda, in: *Christliche Demokratie* 10 (1993), S. 47–57.

32 Singend wollen wir marschieren. Liederbuch des Reichsarbeitsdienstes, Potsdam o. J., 3. Auflage, S. 69 f.

33 Selbst die antidemokratische Einstellung wurde als alle Lager umfassende Grundhaltung zur Penetrationslinie; so verabschiedete die Reichskonferenz der Revolutionären Sozialisten gegen die „reformistischen und demokratischen Illusionen" innerhalb des eigenen Lagers den Beschluß: „Die Parole ‚Demokratische Republik' lehnt [die Partei] ab, weil diese Losung nicht geeignet ist, die Massen für den Freiheitskampf gegen die Diktatur zu mobilisieren und überdies keine reale Perspektive als unmittelbares Ziel des Freiheitskampfes darstellt." DÖW, Akt 7523, auszugsweise zitiert in: Holtmann, Zwischen Unterdrückung und Befriedung, S. 292 f.

34 Dieter A. Binder, The Corporate State versus National Socialism. Some Aspects of Austria's Resistance, in: Kenneth Segar/John Warren (Ed.), Austria in the Thirties: Culture and Politics, Riverside 1991, S. 68.

35 Gerhard Jagschitz, Die Anhaltelager in Österreich, in: Ludwig Jedlika/Rudolf Neck (Hrsg.), Vom Justizpalast zum Heldenplatz. Studien und Dokumentationen 1927–1938, Wien 1975, S. 128–151, bes. S. 131 ff.

36 „Schuschniggs Linie gegenüber der Heimwehr verlief seit dem Jahre 1935 ziemlich eindeutig. *Zug um Zug trieb er sie bis zum Schachmatt des 10. Oktober 1936,*“ vgl. Walter Wiltschegg, Die Heimwehr. Eine unwiderstehliche Volksbewegung?, Wien – München 1985, S. 322, Hervorhebung im Orginal; Ludwig Jedlicka, Die Auflösung der Wehrverbände und Italien 1936, in: Ludwig Jedlicka/Rudolf Neck (Hrsg.), Das Juliabkommen von 1936 (Wissenschaftliche Kommission, Veröffentlichungen 4), Wien – München 1977, S. 104–118.

37 Ernst Rüdiger Starhemberg bei den Heimwehrführerversammlung am 4. Oktober 1936, teilweise abgedruckt in Wiltschegg, Heimwehr, S. 97. Zur Person vgl. weiters Ludwig Jedlicka, Ernst Rüdiger, Fürst Starhemberg und die politische Entwicklung in Österreich im Frühjahr 1938, in: Jedlicka/Neck, Justizpalast, S. 174–182.

38 Bärnthaler, Front, S. 108 f.

39 Binder, Positionen, S. 17 f.

40 Bärnthaler, Front, S. 110. Zu Miklas vgl. Hilde Verena Lang, Wilhelm Miklas, in: Jedlicka/Neck, Justizpalast, S. 192–204. Weder hier noch in dem Sammelband von Friedrich Weissensteiner (Hrsg.), Die österreichischen Bundespräsidenten, Wien 1982, wird auf das Arrangement Miklas' mit der nationalsozialistischen Obrigkeit – ähnlich wie bei Karl Renner – eingegangen. Mit der Übertragung seiner Funktionen auf den Bundeskanzler entging er zwar der „Notwendigkeit“, das Bundesgesetz über die Vereinigung Österreichs mit dem Deutschen Reich selbst zu unterschreiben, ermöglichte aber damit eine scheinlegale Lösung. Er selbst biederte sich den Nazis an: „... so will ich mich, auch jetzt in großer Schicksalsstunde, als Deutscher dem eigenen innersten Empfinden gehorchend und nicht zuletzt auch dem Appell der österreichischen Erzbischöfe folgend, nicht vom deutsch-österreichischen Volke trennen, wenn es sich zur Wiedervereinigung mit dem Deutschen Reich bekennt“. Damit blieb er ein wohlversorgter „elder statesman“ mit entsprechenden Bezügen und einem Dienstauto bei offiziellen Anlässen.

41 Zur Person Dobretsbergers vgl. Dieter A. Binder, Josef Dobretsberger, in: Ders., Positionen, S. 35–58.

42 Odo Neustädter-Stürmer (3. November 1885–19. März 1938) opponierte zusammen mit Emil Fey (23. März 1886–16. März 1938) gegen Starhemberg; beide begingen angesichts der nationalsozialistischen Machtübernahme Selbstmord, obwohl sie durchaus zeitweise eine spürbare Annäherungspolitik gegenüber dem Nationalsozialismus betrieben hatten. Zu den Personen vgl. Wiltschegg, Heimwehr, S. 219–231 (Fey) und 356 f. (Neustädter-Stürmer).

43 Anton Pelinka, Stand oder Klasse? Die Christliche Arbeiterbewegung Österreichs 1933 bis 1938, Wien 1972, S. 107.

44 Ebd., S. 241.

45 Ebd., S. 250.

46 Zur Position Maletas vgl. Alfred Maleta, Bewältigte Vergangenheit. Österreich 1932–1945, Graz – Wien – Köln 1981.

47 Ebd., S. 54.

48 Interview Josef Dobretsbergers durch K. Freistadt am 11. 12. 1965. DÖW 2905.

49 Holtmann, Unterdrückung, S. 224.

50 Isabella Ackerl, Der Phönix-Skandal, in: Jedlicka/Neck, Juliabkommen, S. 241–279.
51 Ackerl, Phönix-Skandal, S. 243; Hans Peintner interpretierte den Abgang Dobretsbergers als einen Akt des Hinauswurfes, „weil er ein gerechtes soziales Gesetz eingebracht" habe. Sicherheitsdirektor für Vorarlberg an Bundeskanzleramt, Bregenz 22. 2. 1937. DÖW 7168.
52 Ackerl, Phönix-Skandal, S. 247; Viktor Matejka, Anregung ist alles, S. 149–158.
53 Maleta, Vergangenheit, S. 154.
54 Zu Dobretsbergers „Ständestaat-Reflexion" vgl. Josef Dobretsberger, Vom Sinn und Werden des neuen Staates, Wien 1936; Ders., Sozialpolitik im neuen Staat, Wien 1936; Ders., Die wirtschaftspolitischen Aufgaben des neuen Staates, Wien 1937; Ders., Katholische Sozialpolitik am Scheideweg, Graz – Wien 1948. Zur Kontroverse um die letzte Schrift Dobretsbergers vgl. Binder, Antiklerikalismus, S. 45–47.
55 Harry Slapnicka/Josef Dobretsberger, in: Harry Slapnicka, Oberösterreich – Die politische Führungsschicht 1918–1938 (Beiträge zur Zeitgeschichte Oberösterreichs 3), Linz 1976, S. 66–68.
56 Binder, Dobretsberger, S. 50, Anm. 28.
57 Holtmann, Unterdrückung, S. 230.
58 Gerhard Jagschitz, Zwischen Befriedung und Konfrontation. Zur Lage der NSDAP in Österreich 1934 bis 1936, in: Jedlicka/Neck, Juliabkommen, S. 156–187.
59 Gustav Spann, Die illegale Flugschriftenpropaganda der österreichischen NSDAP vom Juliputsch 1934 bis zum Juliabkommen 1936, in: Jedlicka/Neck, Juliabkommen, S. 188–197.
60 Diesen Terminus prägte in einem anderen, aber durchaus vergleichbaren Kontext Karl Kraus, in: *Die Fackel* 437/442 (Oktober 1916), S. 119.
61 Zur Wirtschaftssituation vgl. Norbert Schausberger, Ökonomisch-politische Interdependenzen im Sommer 1936, in: Jedlicka/Neck, Juliabkommen, S. 280–298; weiters Dieter Stiefel, Die große Krise in einem kleinen Land. Österreichs Finanz- und Wirtschaftspolitik 1929–1938 (Studien zu Politik und Verwaltung 26), Wien – Köln – Graz o. J.; Zur sozialen Implikation vgl. Ernst Bruckmüller, Sozialgeschichte Österreichs, Wien – München 1985, S. 500–503.
62 Norbert Schausberger, Zur Vorgeschichte der Annexion Österreichs, in: Heinz Arnberger/Winfried R. Garscha/Christa Mitterrutzner (Hrsg.), „Anschluß" 1938. Eine Dokumentation, Wien 1988, S. 6 f.; Franz Müller, Ein „Rechtskatholik" zwischen Kreuz und Hakenkreuz. Franz von Papen als Sonderbevollmächtigter Hitlers in Wien 1934–1938, Frankfurt/Main – Bern – New York – Paris 1990.
63 Vgl. Maximilian Liebmann, Theodor Innitzer und der Anschluß. Österreichs Kirche 1938, Graz – Wien – Köln 1988.
64 Zur Person Winters vgl. Robert Holzbauer, Ernst Karl Winter und die Legitimisten, in: Arnberger/Garscha/Mitterrutzner, Anschluß, S. 27–36; Karl Hans Heinz, E. K. Winter, Ein Katholik zwischen Österreichs Fronten 1933–1938 (Dokumente zu Alltag, Politik und Zeitgeschehen 4), Wien – Köln – Graz 1984; zum Verhältnis Dobretsberger – Winter vgl. Binder, Dobretsberger.
65 Zur Person des deutschen Emigranten in Wien, Dietrich von Hildebrand,

vgl. Rudolf Ebneth, Die österreichische Wochenschrift „Der Christliche Ständestaat“. Deutsche Emigration in Österreich 1933–1938 (Veröffentlichungen der Kommission für Zeitgeschichte. B: Forschungen 19), S. 35–42; weiters Paul Stöcklein, Einspruch gegen den Zeitgeist. Begegnungen und Reflexionen aus den Jahren 1930 bis 1990, Bonn 1992, S. 93–107. Der Sohn Hildebrands, Franz von Hildebrand, wurde nach der Flucht der Familie aus Österreich in Marseille einer der engsten Mitarbeiter Varian Frys, wobei er für die konservativen Flüchtlinge zuständig war. Varian Fry, Auslieferung auf Verlangen. Die Rettung deutscher Emigranten in Marseille 1940/41, München 1986, bes. S. 41 (Titel der amerikanischen Erstausgabe: Surrender on Demand, New York 1945).

66 Neben der Arbeit Ebneths, Wochenschrift, vgl. auch Klaus Weiß, Walter Mehring als Mitarbeiter der Wochenschrift „Der Christliche Ständestaat“. Ein Beitrag zur Literatur des Exils, in: Maximilian Liebmann/Dieter A. Binder, Hanns Sassmann zum 60. Geburtstag. Festgabe des Hauses Styria, Graz – Wien – Köln 1984, S. 379–407.

67 Zu dieser Kontroverse vgl. Ebneth, Wochenschrift, S. 102 f.; zu Hudal vgl. auch Maximilian Liebmann, Bischof Hudal und der Nationalsozialismus – Rom und die Steiermark, in: *Geschichte und Gegenwart* 7 (1988), S. 263–280.

68 Jedlicka, Auflösung, S. 111.

69 Ebd., S. 118. Aus der Sicht des amerikanischen Gesandten in Wien hörte sich dies so an: „He is not a clever man, but he is a master of intrigue, with not the slightest regard of truth.“ „The German Legation [...] is more and more the center of the Nazi propaganda.“ „His (Papens) activities are upsetting and subversive, and I have never known of a diplomatic representative who could get away with what he does.“ Messersmith an Philipps, 6. 6. 1935 und 12. 9. 1935, Washington.

70 Vgl. Karl Stuhlpfarrer, Austrofaschistische Außenpolitik – ihre Rahmenbedingungen und ihre Auswirkungen, in: Tálos/Neugebauer, Austrofaschismus, S. 279.

71 Vgl. Dokument 1. Es ist charakteristisch, daß der erste vollständige Abdruck dieses Dokuments im Schmidt-Prozeß-Protokoll erfolgt ist. Angesichts der Prozeßführung hat man den Eindruck, daß man die politische Fehlentscheidung des Juliabkommens mit Schmidt kriminalisieren wollte. Der Hochverratsprozeß gegen Dr. Guido Schmidt vor dem Wiener Volksgerichtshof, Wien 1947, S. 480–482; Zur „ballhausinternen“ Stimmung in bezug auf den Senkrechtstarter Guido Schmidt vgl. Max Löwenthal, Doppeladler und Hakenkreuz. Erlebnisse eines österreichischen Diplomaten, Wort und Welt 1985, S. 119 f.

72 Hans-Albert Walter, Deutsche Exilliteratur 1933–1950, Bd. 2, Europäisches Appeasement und überseeische Asylpraxis, Stuttgart 1984, S. 19.

73 Bärnthaler, Front, S. 141–153. Bei der Ankündigung der Gründung im Februar 1937 betonte Schuschnigg die „gleichen Grundsätze wie die der SAG (Sozialen Arbeitsgemeinschaft)“, womit die doppelte Befriedungsstrategie offen ausgesprochen wurde.

74 Karl Stuhlpfarrer, Der deutsche Plan einer Währungsunion mit Österreich, in: Rudolf Neck/Adam Wandruszka, Anschluß 1938 (Wissenschaftliche Kommission, Veröffentlichungen 7), Wien – München 1981, S. 271–

294, bes. S. 282. Kienböck wandte sich gegen die Politik seines Regierungskollegen Guido Schmidt, da er – was Berlin wußte – den Zusammenbruch der deutschen Konjunktur absah und den damit verbundenen Währungsverfall nicht nach Österreich importiert wissen wollte.

75 Vgl. dazu Norbert Schausberger, Der Griff nach Österreich. Der Anschluß, Wien – München 1978; in unmittelbarer Nähe zum Juliabkommen vgl. Schausbergers Aufsätze, Interdependenzen, Vorgeschichte.

76 Vgl. dazu Anton Staudinger, Zur „Österreich"-Ideologie des Ständestaates, in: Jedlicka/Neck, Juliabkommen, S. 198–240; Ders., Austrofaschistische „Österreich"-Ideologie, in: Tálos/Neugebauer, Austrofaschismus, S. 287–316; Ders., ‚Austria' – The Ideology of Austrofascism, in: Segar/Warren, Austria, S. 1–24; Anton Staudinger arbeitet in diesem Aufsatz primär die „deutsche" Komponente heraus. Wesentlich differenzierter ist das Bild bei Friedrich Heer, Der Kampf um die österreichische Identität, Wien – Köln – Graz 1981, S. 321–442.

77 Vgl. Viktor Suchy, Die „österreichische Idee" als konservative Staatsidee bei Hugo von Hofmannsthal, Richard von Schaukal und Anton Wildgans, in: Friedhelm Aspetsberger, Staat und Gesellschaft in der modernen österreichischen Literatur, Wien 1977. Markus Mayr, Leopold von Andrians „Österreich im Prisma der Idee". Ein Beitrag zur Diskussion um die österreichische Identität, in: *Geschichte und Gegenwart* 8 (1989), S. 96–126. Andrian mischte sich aber über die Zeitschrift Hildebrands *Der Christliche Ständestaat* auch zwischen 1934 und 1938 heftig in die Diskussion ein. In diesem Umfeld ist auch der kommunistische Ansatz zur Österreich-Diskussion festzuhalten. Alfred Klahr, Zur nationalen Frage in Österreich, in: *Weg und Ziel* 37 (1979), S. 23. (Neudruck der Ausgabe vom März und April 1937).

78 Einen modifizierten Ansatz dazu entwickelte ab 1923 Ernst Karl Winter. Vgl. Heer, Kampf, S. 398.

79 Vgl. die unsäglich simple Umsetzung derartiger Gedankengänge in der politischen Propaganda des Ständestaates am Beispiel des Plakates „Seid stolz darauf, Österreicher zu sein!", in: Jedlicka, Justizpalast, Tafel 28. Eine andere Variante bietet die Reihe „Bücher der Heimat"; Heinrich Mayer, Wie Österreich seine Bahnen baute, Bd. 1; Josef Marhold, Die Weltreise der „Novara", Bd. 2; Wilhelm Deutsch, Heldensöhne der Heimat, Bd. 3; Karl Tanzer, Österreichs Erfinder, Bd. 4; alle Wien 1934. Hierher gehört auch das Behelfslesebuch „Der Österreicher hat ein Vaterland", Wien 1935. Ähnlich inhaltlich gestaltet, wenn auch ungleich umfangreicher ist der Band von Joseph August Lux, Das goldene Buch der Vaterländischen Geschichte für Volk und Jugend von Österreich. Mit einem Geleitwort von Unterrichtsminister Dr. Kurt Ritter von Schuschnigg, Wien 1934. Diesen prächtig gestalteten in rot-weiß-rot gebundenen Band ziert als Schmuckspruch „Österreich über alles". Gleichsam in die Tiefen der Symbolforschung dringt Konrad Josef Heilig mit seinem Band „Österreichs neues Symbol. Geschichte, Entwicklung und Bedeutung des Kruckenkreuzes, Wien 1934."

80 K. Aebi/Th. Bertheau/H. Glarner (Hrsg.), Die Gegenreformation in Neu-Österreich. Ein Beitrag zur Lehre vom katholischen Ständestaat, Zürich 1936; Karl Schwarz, Kirche zwischen Kruckenkreuz und Hakenkreuz, in: *Amt und Gemeinde* 36 (1985), S. 95–98 u. 109–121; Gerhard Peter

Schwarz, Ständestaat und Evangelische Kirche von 1933 bis 1938. Evangelische Geistlichkeit und der Nationalsozialismus aus der Sicht der Behörden von 1933 bis 1938 (Dissertationen der Karl-Franzens-Universität Graz 76), Graz 1987; Liebmann, Innitzer, S. 205–207; Heer, Kampf, S. 399; Hanisch, Der lange Schatten, S. 318.

81 BSA-Protokoll 1948, zit. n. Ute Kremsmayer, Instrumentalisierte Intelligenz. Sozialdemokratie und Intellektuelle, in: *Österreichische Zeitschrift für Politikwissenschaft* 4 (1989), S. 361–372; zum Umfeld vgl. Binder, Funktion, S. 54 f.

82 In der Umsetzung konnte dies aber dann durchaus dümmlich und biologistisch, frömmelnd und volksaufklärerisch klingen: Siehe Dokumentenanhang II. Zum aktuellen wissenschaftlichen Ansatz der Diskussion vgl. Moritz Csáky, Die Pluralität als Kriterium der österreichischen Identität, in: *Christliche Demokratie* 7 (1989), S. 373–380.

83 So zeigte die Regierung durchaus Bereitschaft, den Vorstellungen etwa der Kärntner Slowenen entgegenzukommen, waren diese doch in einer der am stärksten nationalsozialistisch und antiklerikal eingestellten Regionen Österreichs eindeutig katholisch und regimetreu. Letztlich scheiterte aber auch hier eine konkrete Umsetzung an der „nationalen Opposition“. Der Hinweis auf das jüdische Österreich ist kein Versuch, den latenten Antisemitismus innerhalb des Ständestaates zu relativieren. Vgl. Helmut Wohnout, Die Janusköpfigkeit des autoritären Österreich. Katholischer Antisemitismus in den Jahren vor 1938, in: *Geschichte und Gegenwart* 13 (1994), S. 3–16.

84 Dobretsberger umschrieb das Klima 1947 rückblickend in einem Brief an Ernst Karl Winter als „allzu provinzlerisch“, Binder, Dobretsberger, S. 44.

85 Vgl. dazu Klaus Amann, Literaturbetrieb 1938–1945. Vermessung eines unerforschten Gebietes, in: Emmerich Tálos/Ernst Hanisch/Wolfgang Neugebauer (Hrsg.), NS-Herrschaft in Österreich 1938–1945 (Österreichische Texte zur Gesellschaftskritik 36), Wien 1988, S. 283–299; Klaus Amann/Albert Berger (Hrsg.), Österreichische Literatur der dreißiger Jahre, Wien – Köln – Graz 1985; Franz Kadrnoska (Hrsg.), Aufbruch und Untergang. Österreichische Kultur zwischen 1918 und 1938, Wien – München – Zürich 1981; Alfred Pfoser u. Gerhard Renner, „Ein Toter führt uns an!“ Anmerkungen zur kulturellen Situation im Austrofaschismus, in: Tálos/Neugebauer, Austrofaschismus, S. 223–245.

86 Gisela Prossnitz, Salzburg, ‘Perhaps the Last Existing Sanctuary from the Political World’. The Salzburg Festival in the Thirties, in: Segar/Warren, Austria, S. 234–252.

87 Carl Zuckmayer, Als wärs ein Stück von mir, Frankfurt/M. 1966, S. 37–124.

88 Zu diesem Umfeld vgl. Dieter A. Binder, Beiträge zur österreichischen Identitätsfindung. Am Beispiel Karl Kraus’ und Joseph Roths, in: *Christliche Demokratie* 7 (1989), S. 215–231; Edda Fuhrich-Leisler, ‘The Miracle of Survival’. The Theater in der Josefstadt under Ernst Lothar (1935–1938), in: Segar/Warren, Austria, S. 219–233; weiters Bertha Zuckerkandl, Österreich. Intime Erinnerungen 1892–1942, Wien – München 1981.

89 *Die Fackel* 876/884 (Oktober 1932), S. 11.

90 Karl Renner, Die Illusion vom gestrigen Tag, in: *Arbeiter Zeitung*, 9. 2. 1930, S. 2 f.
91 Vgl. Klahr, Frage.
92 Otto Bauer, Nach der Annexion, in: *Der Sozialistische Kampf/La Lutte Socialiste* 1(1938), S. 2 ff., zit. n. Otto Bauer, Werkausgabe, Bd. 9, Wien 1980, S. 854.
93 Bauer, Annexion, S. 860.
94 „Dieser Alpenmensch (d. i. Kurt von Schuschnigg), der von Österreich nichts versteht, wird Österreich verraten, weil er nicht will, daß Deutsche auf Deutsche schießen." Zit. n. David Bronsen, Joseph Roth. Eine Biographie, München 1981, S. 499. Zum Terminus „Alpenmensch" im Kontext von Österreichbewußtsein bei Roth vgl. Binder, Beiträge, S. 225.
95 Helmut Wohnout, Das Traditionsreferat der Vaterländischen Front. Ein Beitrag über das Verhältnis der legitimistischen Bewegung zum autoritären Österreich 1933–1938, in: *Österreich in Geschichte und Literatur* 36 (1992), S. 65–82.
96 Stuhlpfarrer, Außenpolitik, S. 278.
97 Goldinger/Binder, Geschichte, S. 247.
98 Zur Entwicklung der britischen Politik vgl. Siegfried Beer, Der „unmoralische" Anschluß. Österreichpolitik und Appeasement 1931–1934, Wien – Köln – Graz 1988.
99 George S. Messersmith war zunächst Generalkonsul in Berlin (ab 1930) und ab April 1934 Gesandter in Wien. Dieter A. Binder, Zur Außenpolitik der Ära Schuschnigg. Anmerkungen des US-Gesandten in Österreich George S. Messersmith, in: *Geschichte und Gegenwart* 13 (1994); weiters David K. Adams, Messersmith Appointment to Vienna in 1934, in: *Delaware History* 18 (Summer 1978), S. 24 ff.; Kenneth Moss, George S. Messersmith and Nazi Germany, The Diplomacy of Limits in Central Europe, in: Kenneth Paul Jones (Hrsg.), U.S. Diplomats in Europe, 1919–1941, Santa Barbara – Oxford 1983.
100 Ludwig Jedlicka, Ein Heer im Schatten der Parteien, Graz – Köln 1955, bes. S. 128–152; Peter Broucek, Heerwesen, in: Erika Weinzierl/Kurt Skalnik (Hrsg.), Österreich 1918–1938. Geschichte der Ersten Republik, Bd. 1, Graz – Wien – Köln 1983, S. 209–224; Erwin A. Schmidl, März 1938. Der deutsche Einmarsch in Österreich, Wien 1987, bes. S. 43–68; Erwin Steinböck, Österreichs militärisches Potential im März 1938, Wien – München 1988.
101 Broucek, Heerwesen, S. 221.
102 Steinböck, Österreichs Potential, S. 41–52.
103 Ebd., bes. S. 117–178.
104 „Mit brennender Sorge" wurde in Österreich von Regierungsseite nur im Hinblick auf den Antikommunismus rezipiert.
105 Zum Ablauf siehe das Gedächtnisprotokoll in Kurt von Schuschnigg, Ein Requiem in Rot-Weiß-Rot. „Die Aufzeichnungen des Häftlings Dr. Auster", Zürich 1946, S. 37–52.
106 Hier engagierte sich Göring, der als Beauftragter für den Vierjahresplan sehr konkrete Vorstellungen hatte, was ihm die „Heimholung" Österreichs in die Kasse spielen sollte. Norbert Schausberger, Der Anschluß und seine ökonomische Relevanz, in: Neck/Wandruszka, An-

schluß, S. 245–270; Dietmar Petzina, Die deutsche Wirtschaftsplanung und der Anschluß Österreichs, in: Thomas Albrich/Klaus Eisterer/Rolf Steininger (Hrsg.), Tirol und der Anschluß (Innsbrucker Forschungen zur Zeitgeschichte 3), Innsbruck 1988, S. 453–480.

107 Damit wurde klar, daß die NSDAP sich auch nicht mehr formal an die „verfassungsmäßige" Beschränkung zu halten gedachte.

108 Gerhard Botz, Schuschniggs geplante „Volksbefragung" und Hitlers „Volksabstimmung" in Österreich. Ein Vergleich, in: Neck/Wandruszka, Anschluß, S. 220–243.

109 Vgl. Binder, Positionen; weiters Robert Kriechbaumer, Alfons Gorbach. Ein Mann des Ausgleiches, Wien 1987.

110 Holtmann, Unterdrückung, S. 274–302; Marschalek, Untergrund, S. 221–226.

111 Seit dem Herbst 1935 gab es einen Planungsauftrag für den „Sonderfall Otto" in der deutschen Wehrmachtsführung. Dennoch verlief die militärische Besetzung Österreichs nicht ohne Pannen. Schausberger, Griff, S. 398–408 u. 567–577.

112 Bericht der Kriminalpolizeileitstelle Wien, 1. April 1938. DÖW 532, abgedr. in: Arnberger/Garscha/Mitterrutzner, Anschluß, S. 534–537, hier S. 534 f.

Dokument 1

Das Juliabkommen von 1936

I. Vertrauliche mündliche Erklärungen

Der Vertreter des Deutschen Reiches erklärt:

I. Die Deutsche Reichsregierung ist zur Anbahnung normaler wirtschaftlicher Beziehungen zwischen dem Deutschen Reich und Österreich unter Beiseitelassen aller politischen Momente bereit. Diese Bereitschaft bezieht sich auch auf den kleinen Grenzverkehr, insbesondere aber auf den Einkauf von Holz und Vieh, auch hinsichtlich der bisher absichtlich aus diesem Verkehr ausgeschlossenen Gebiete (zum Beispiel Mühlviertel). Hinsichtlich des Touristenverkehrs werden die Behinderungen der Mitglieder des Deutschösterreichischen Alpenvereines bei Besuch der den reichsdeutschen Sektionen gehörenden Hütten sogleich beseitigt werden.

II. Alle Behinderungen des gegenseitigen künstlerischen Austausches werden beseitigt; desgleichen jene des Absatzes von Werken beiderseitiger Autoren auf dem Gebiete des anderen Teiles, insoweit sie den Gesetzen des Bezugslandes entsprechen.

Der Bundeskanzler teilt mit, daß das Zustandekommen des in Rede stehenden Modus vivendi zur Folge hätte, daß er bereit wäre,

1. eine weitreichende politische Amnestie durchzuführen, von der diejenigen ausgenommen werden sollen, die schwere gemeine Delikte begangen haben;

2. die Außenpolitik der österreichischen Bundesregierung unter Bedachtnahme auf die friedlichen Bestrebungen der Außenpolitik der deutschen Reichsregierung zu führen. Hierdurch werden die Römer-Protokolle ex 1934 und deren Zusätze ex 1936 sowie die Stellung Österreichs zu Italien und Ungarn als den Partner dieser Protokolle nicht berührt;

3. mit dem Zwecke, eine wirkliche Befriedung zu fördern, in dem geeigneten Zeitpunkt, der für nahe Zeit in Aussicht zu nehmen ist, Vertreter der bisherigen sogenannten nationalen Opposition in Österreich zur Mitwirkung an der politischen Verantwortung heranzuziehen, wobei es sich um Persönlichkeiten handeln wird, die das persönliche Vertrauen des Bundeskanzlers genießen und deren Auswahl er sich vorbehält.

Gentlemen-Agreement

In der Überzeugung, daß der von beiden Seiten geäußerte Wunsch, die Beziehungen zwischen dem Bundesstaate Österreich und dem Deutschen Reiche wieder normal und freundschaftlich zu gestalten, eine Reihe von Vorbedingungen seitens beider Regierungen erfordert, wird nachfolgendes vertrauliches Gentlemen-Agreement von beiden Regierungen gebilligt:

I. Regelung der Behandlung der Reichsdeutschen in Österreich und der österreichischen Staatsangehörigen im Reiche.

Die in beiden Ländern bestehenden Vereinigungen ihrer Staatsangehörigen sollen in ihrer Tätigkeit nicht behindert werden, solange sie den in ihren Statuten festgelegten Richtlinien gemäß den geltenden Gesetzen entsprechen und sich nicht in innerpolitische Angelegenheiten des anderen Staates einmischen, noch insbesondere Staatsangehörige des anderen Staates durch Propaganda zu beeinflussen trachten.

II. Gegenseitige kulturelle Beziehungen.

Sämtliche für die Bildung der öffentlichen Meinung maßgeblichen Faktoren beider Länder sollen der Aufgabe dienen, die gegenseitigen Beziehungen wieder normal und freundschaftlich zu gestalten. Aus dem Gedanken der Zugehörigkeit beider Staaten zum deutschen Kulturkreise verpflichten sich beide Teile, sogleich von jeder aggressiven Verwendung im Funk-, Film-, Nachrichten- und Theaterwesen gegen den anderen Teil Abstand zu nehmen. Ein schrittweiser Abbau der gegenwärtig bestehenden Behinderungen im Austauschverkehr wird auf Grund vollkommener Reziprozität in Aussicht genommen. Bezüglich des Absatzes von Werken beiderseitiger Autoren auf dem Gebiete des anderen Teiles werden – insoweit sie den Gesetzen des Bezugslandes entsprechen – alle Behinderungen beseitigt.

III. Presse.

Beide Teile werden auf die Presse ihres Landes in dem Sinne Einfluß nehmen, daß sie sich jeder politischen Einwirkung auf die Verhältnisse im anderen Lande enthalten und ihre sachliche Kritik an den Verhältnissen im anderen Lande auf ein Maß beschränken, das auf die Öffentlichkeit des anderen Landes nicht verletzend wirkt. Diese Verpflichtung bezieht sich auch auf die Emigrantenpresse in beiden Ländern.

Seitens beider Teile wird der allmähliche Abbau der Verbote hinsichtlich des Importes der Zeitungen und Druckerzeugnisse des anderen Teiles nach Maßgabe der jeweils durch dieses Übereinkommen erzielten Entspannung im gegenseitigen Verhältnis in Aussicht genommen. Zugelassene Zeitungen sollen sich in ihrer allfälligen Kritik an innerpolitischen Zuständen des anderen Landes ganz besonders streng an den im ersten Absatz festgelegten Grundsatz halten.

Die österreichische Bundesregierung erklärt sich bereit, mit sofortiger Wirksamkeit nachstehende in Deutschland erscheinende Zeitungen zur Einfuhr, beziehungsweise Verbreitung in Österreich zuzulassen:

„Berliner Börsen-Zeitung“,
„Berliner Tageblatt“,
„Deutsche Allgemeine Zeitung“,
„Leipziger Neueste Nachrichten“,
„Essener National-Zeitung“.

Die deutsche Regierung erklärt sich bereit, mit sofortiger Wirksamkeit nachstehende in Österreich erscheinende Zeitungen zur Einfuhr, beziehungsweise Verbreitung in Deutschland zuzulassen:

„Amtliche Wiener Zeitung“,
„Neues Wiener Journal“,
„Volkszeitung“,
„Grazer Tagespost“,
„Linzer Tagespost“.

IV. Emigrantenfrage.

Beide Teile treffen sich in dem Wunsche, durch wechselseitiges Entgegenkommen zu einer ehemöglichen befriedigenden Lösung des Problems der österreichisch nationalsozialistischen Emigration im Reiche beizutragen.

Die österreichische Bundesregierung wird die Prüfung dieser Frage ehemöglichst in Angriff nehmen und das Ergebnis einer aus Vertretern der zuständigen Ministerien zu bildenden gemischten Kommission behufs Durchführung bekanntgeben.

V. Hoheitszeichen und Nationalhymnen.

Jede der beiden Regierungen erklärt, die Staatsangehörigen des anderen Teiles hinsichtlich des Zeigens der Hoheitszeichen ihres

Vaterlandes im Rahmen der gesetzlichen Vorschriften den Angehörigen dritter Staaten gleichzustellen.

Das Absingen der Nationalhymnen wird – abgesehen von offiziellen Gelegenheiten – den Staatsangehörigen des anderen Teiles in ausschließlich von diesen Staatsangehörigen besuchten geschlossenen Veranstaltungen gestattet.

VI. Wirtschaftliche Beziehungen.

Die deutsche Reichsregierung ist zur Anbahnung normaler wirtschaftlicher Beziehungen zwischen dem Deutschen Reiche und Österreich unter Beiseitelassen parteipolitischer Momente bereit, und diese Bereitschaft bezieht sich auch auf die Wiedereinrichtung des kleinen Grenzverkehrs. Diskriminationen von Personen und Gebieten, soweit sie nicht aus rein wirtschaftlichen Erwägungen begründet sind, werden nicht vorgenommen werden.

VII. Reiseverkehr.

Die anläßlich der zwischen beiden Staaten entstandenen Spannungen beiderseits verfügten Beschränkungen im Reiseverkehr werden aufgehoben. Diese Vereinbarung hat keinen Bezug auf die durch die Devisenschutzgesetzgebung beider Länder bedingten Einschränkungen.

Um unerwünschten Begleiterscheinungen vorzubeugen, verständigen sich beide Länder vorläufig über von Zeit zu Zeit progressive Höchstkontingente, in denen Verwandte, Geschäftsreisende, Kranke und Sporttreibende (insbesondere Mitglieder des Deutsch-österreichischen Alpenvereines) wie bisher bevorzugte Behandlung erfahren sollen.

VIII. Außenpolitik.

Die österreichische Bundesregierung erklärt, daß sie bereit ist, die Außenpolitik der österreichischen Bundesregierung unter Bedachtnahme auf die friedlichen Bestrebungen der Außenpolitik der deutschen Reichsregierung zu führen. Es besteht Einverständnis, daß beide Regierungen über die sie gemeinsam betreffenden Fragen der Außenpolitik jeweils in einen Meinungsaustausch eintreten werden. Hierdurch werden die Römer-Protokolle ex 1934 und deren Zusätze ex 1936 sowie die Stellung Österreichs zu Italien und Ungarn als den Partnern dieser Protokolle nicht berührt.

IX. Österreichische Erklärung zur Innenpolitik im Zusammenhang mit dem abgeschlossenen Modus vivendi.

Der österreichische Bundeskanzler erklärt, daß er bereit ist:

a) Eine weitreichende politische Amnestie durchzuführen, von der diejenigen ausgenommen werden sollen, die schwere, gemeine Delikte begangen haben.

In diese Amnestie sollen auch noch nicht abgeurteilte oder verwaltungsmäßig bestrafte Persönlichkeiten dieser Art eingeschlossen sein.

Diese Bestimmungen werden sinngemäß auch für Emigranten Anwendung finden.

b) Mit dem Zwecke, eine wirkliche Befriedung zu fördern, in dem geeigneten Zeitpunkte, der für nahe Zeit in Aussicht genommen ist, Vertreter der bisherigen sogenannten „nationalen Opposition in Österreich“ zur Mitwirkung an der politischen Verantwortung heranzuziehen, wobei es sich um Persönlichkeiten handeln wird, die das persönliche Vertrauen des Bundeskanzlers genießen und deren Auswahl er sich vorbehält. Hierbei besteht Einverständnis darüber, daß die Vertrauenspersonen des Bundeskanzlers mit der Aufgabe betraut sein werden, nach einem mit dem Bundeskanzler zuvor festgelegten Plan für die innere Befriedung der nationalen Opposition und ihre Beteiligung an der politischen Willensbildung in Österreich zu sorgen.

X. Behandlung von Anständen und Beschwerden.

Für die Behandlung von Anständen und Beschwerden, die sich im Zusammenhange mit dem vorstehenden Gentlemen-Agreement ergeben könnten, sowie um eine fortschreitende Entspannung im Rahmen vorstehender Abmachungen zu gewährleisten, wird ein von je drei Vertretern der beiderseitigen Außenämter zusammengesetzter Ausschuß eingesetzt. Er hat die Aufgabe, sich in regelmäßiger Fühlungnahme über die Auswirkungen der Vereinbarungen sowie deren etwa erforderlichen Ergänzungen auszusprechen.

Wien, den 11. Juli 1936

Der Hochverratsprozeß gegen Dr. Guido Schmidt vor dem Wiener Volksgerichtshof, Wien 1947, S. 480–482.

Dokument 2

Charakterisierung aus dem Jahre 1934

Österreichische Geschichte lehrt mit eindringlicher Deutlichkeit, daß sich in wechselvollen Geschicken seit Anbeginn unserer Zeitrechnung in konstanter Linie ein charaktervolles Staatswesen und eine Kulturnation herausgebildet hat, die mit den Besten aller Welt in Einklang lebt als das Herzstück der allseitig menschlichen, also katholischen Kultur, die nicht das Heil im bloß technischen Fortschritt sucht, sondern im metaphysischen, in der Gottverbundenheit und in der Würde und Schönheit der Qualitätsarbeit, die allein ihre wirtschaftliche und seelische Wohlfahrt bedeuten.

Vaterländisch österreichische Geschichte lehrt, daß es ein österreichisches Staatsvolk gibt, eine österreichische Kulturnation und einen österreichischen Menschen, wie sehr ihn auch eine alldeutsche völkische Ideologie leugnen möchte. Aus dem Zusammenleben mit vielen Völkern, ihren Mischungen und Legierungen seit der keltoromanischen Zeit mit dem deutschen Wesen in Österreich hat sich ein konstanter musischer Typus herausentwickelt, daß man mit Fug und Recht von einer österreichischen Rasse, zumindest von einer österreichischen Nation reden kann. In seinem Idealtypus kann man eine glückliche Vereinigung aller Kultureigentümlichkeiten Europas vereinigt finden: die persönliche Freiheit Englands, die leichte, heitere Grazie Frankreichs, sogar die Etiquette Spaniens, den musikalischen und architektonischen Genius, der schier italienisch anmutet, das feurige Temperament der Ungarn, die Talente und Musikalität der Slawen, auch ihre Melancholie, dies alles harmonisiert und vertieft durch den deutschen Grundton. Vaterländisch österreichische Geschichte lehrt, daß es eine österreichische Idee als begründete Geschichtsauffassung gibt, die die gesamtdeutsche Kultur mit einschließt, ja deren Herz ist, aber mit dem viel zu eng gefaßten sogenannten ‚Ostmarkberuf‘ nicht erschöpft ist. Der österreichische Beruf ist kultureller und völkerverbindender Art, er entspringt eigenen Wurzeln aus blutmäßiger, vielseitiger Veranlagung seines geschichtlich gewordenen Volkstums; er ist um seiner selbst willen da und unbegrenzt. Österreichische Geschichte lehrt vor allem, daß es ein geschichtliches Zwangsgesetz gibt, das ein völkerverbindendes, friedenstiftendes, ausgleichendes Liebesgesetz ist, durch das Österreich groß und schön geworden ist, deswegen es immer wieder geliebt, gehaßt und umkämpft war.

Die Weltsäulen, auf denen Österreich beruhrt, ragen aus dem ewigen Seinsgrund auf als der Doppelpfeiler von Glaube und Vaterland. Aus dem Seinsgrund schöpft es seine geheimnisvolle Lebenskraft, seine Wunder, seine ewigen Werte, aus denen es aufgebaut ist. Davon künden seine Kunstmäler, seine Helden und Heiligen, seine großen geschichtlichen Augenblicke, die immer vaterländische, religiöse Augenblicke sind. In diesem ewigen Grund wurzelt sein metaphysisches und geschichtliches Zwangsgesetz, seine Kulturmacht und seine Unabhängigkeit und Freiheit als Lehen Gottes nach dem Weihewort des Schutzheiligen Leopold, das Bekenntnis der babenbergischen und habsburgischen Herrscher und seiner großen Männer bleibt, und Unterpfand seiner Größe und universellen Sendung auch in der Zukunft ist:

Österreich gehorcht Gott und dem Heiligen Vater
und sonst niemandem auf der Welt!

Joseph August Lux, Das goldene Buch der Vaterländischen Geschichte für Volk und Jugend von Österreich, Wien 1934, S. 340 f.

Literatur

Albrich, Thomas/Eisterer, Klaus/Steininger, Rolf (Hrsg.), Tirol und der Anschluß. Voraussetzungen, Entwicklungen, Rahmenbedingungen 1918–1938 (Innsbrucker Forschungen zur Zeitgeschichte 3), Innsbruck 1988.

Amann, Klaus/Berger, Albert (Hrsg.), Österreichische Literatur der dreißiger Jahre, Wien – Köln – Graz 1985.

Ardelt, Rudolf G./Hautmann, Hans (Hrsg.), Arbeiterschaft und Nationalsozialismus in Österreich. In memoriam Karl R. Stadler (Veröffentlichung des Ludwig-Boltzmann-Instituts für Geschichte der Arbeiterbewegung), Wien – Zürich 1990.

Arnberger, Heinz/Garscha, Winfried R./Mitterrutzner, Christa (Hrsg.), „Anschluß“ 1938. Eine Dokumentation, Wien 1988.

Aspetsberger, Friedhelm, Staat und Gesellschaft in der modernen österreichischen Literatur, Wien 1977.

Bärnthaler, Irmgard, Die Vaterländische Front. Geschichte und Organisation, Wien – Frankfurt – Zürich 1971.

Bauer, Otto, Der Aufstand der österreichischen Arbeiter. Seine Ursachen und seine Wirkungen, Prag 1934.

Binder, Dieter A., Dollfuß und Hitler. Über die Außenpolitik des autoritären Ständestaates in den Jahren 1933/34, Graz 1979.

Ders., Verlorene Positionen des christlichen Lagers, Wien 1992.

Botz, Gerhard, Gewalt in der Politik. Attentate, Zusammenstöße, Putschversuche, Unruhen in Österreich 1918–1938, München 1983.

Bruckmüller, Ernst, Sozialgeschichte Österreichs, Wien – München 1985.

Dachs, Herbert/Gerlich, Peter/Gottweis, Herbert/Horner, Franz/Kramer, Helmut/Lauber, Volkmar/Müller, Wolfgang C./Tálos, Emmerich (Hrsg.), Handbuch des politischen Systems Österreichs, Wien 1991.

Dobretsberger, Josef, Katholische Sozialpolitik am Scheideweg, Graz – Wien 1948.

Ebneth, Rudolf, Die österreichische Wochenschrift „Der Christliche Ständestaat“. Deutsche Emigration in Österreich 1933–1938 (Veröffentlichungen der Kommission für Zeitgeschichte. B: Forschungen 19), Mainz 1976.

Fröschl Erich/Zoitl, Helge (Hrsg.), Der 4. März 1933. Vom Verfassungsbruch zur Diktatur, Wien 1984.

Goldinger, Walter/Binder, Dieter A., Geschichte der Republik Österreich 1918–1938, Wien – München 1992.

Hanisch, Ernst, Der lange Schatten des Staates. Österreichische Gesellschaftsgeschichte im 20. Jahrhundert, Wien 1994.

Heer, Friedrich, Der Kampf um die österreichische Identität, Wien – Köln – Graz 1981.

Heinz, Karl H./Winter, Ernst K., Ein Katholik zwischen Österreichs Fronten 1933–1938 (Dokumente zu Alltag, Politik und Zeitgeschehen 4), Wien – Köln – Graz 1984.

Der Hochverratsprozeß gegen Dr. Guido Schmidt vor dem Wiener Volksgerichtshof, Wien 1947.

Holtmann, Everhard, Zwischen Unterdrückung und Befriedung. Sozialistische Arbeiterbewegung und autoritäres Regime in Österreich 1933–1938 (Studien und Quellen zur Zeitgeschichte 1), Wien – München 1978.

Jedlicka, Ludwig, Ein Heer im Schatten der Parteien, Graz – Köln 1955.

Ders./Neck, Rudolf (Hrsg.), Das Juliabkommen von 1936 (Wissenschaftliche Kommission, Veröffentlichungen 4), Wien – München 1977.

Jedlicka, Ludwig/Neck, Rudolf (Hrsg.), Vom Justizpalast zum Heldenplatz. Studien und Dokumentationen 1927–1938, Wien 1975.

Kadrnoska, Franz (Hrsg.), Aufbruch und Untergang. Österreichische Kultur zwischen 1918 und 1938, Wien – München – Zürich 1981.

Lenzenweger, Josef/Stockmeier, Peter/Amon, Karl (Hrsg.), Geschichte der Katholischen Kirche, Graz – Wien – Köln 1986.

Liebmann, Maximilian, Theodor Innitzer und der Anschluß. Österreichs Kirche 1938, Graz – Wien – Köln 1988.

Marschalek, Manfred, Untergrund und Exil. Österreichs Sozialisten zwischen 1934 und 1945 (Sozialistische Bibliothek 3), Wien 1990.

Meissl, Sebastian/Mulley, Klaus-Dieter/Rathkolb, Oliver (Hrsg.), Verdrängte Schuld. Verfehlte Sühne. Entnazifizierung in Österreich 1945–1955, Wien – München 1986.

Müller, Franz, Ein „Rechtskatholik“ zwischen Kreuz und Hakenkreuz. Franz von Papen als Sonderbevollmächtigter Hitlers in Wien 1934–1938, Frankfurt/Main – Bern – New York – Paris 1990.

Neck, Rudolf/Wandruszka, Adam, Anschluß 1938 (Wissenschaftliche Kommission, Veröffentlichungen 7), Wien – München 1981.

Pelinka, Anton, Stand oder Klasse? Die Christliche Arbeiterbewegung Österreichs 1933 bis 1938, Wien 1972.

Rabinbach, Anson, Vom Roten Wien zum Bürgerkrieg (Sozialistische Bibliothek 2), Wien 1989.

Reichhold, Ludwig, Kampf um Österreich. Die Vaterländische Front und ihr Widerstand gegen den Anschluß 1933–1938. Eine Dokumentation, Wien 1985.

Schausberger, Franz, im Parlament, um es zu zerstören! Das „parlamentarische“ Agi(ti)eren der Nationalsozialisten in den Landtagen Wien, Niederösterreich, Salzburg und Vorarlberg nach den Landtagswahlen 1932 (Schriftenreihe des Forschungsinstitutes für politisch-historische Studien der Dr. Wilfried-Haslauer-Biliothek Salzburg 1), Wien 1995.

Schausberger, Norbert, Der Griff nach Österreich. Der Anschluß, Wien – München 1978.

Schmidl, Erwin A., März ’38. Der deutsche Einmarsch in Österreich, Wien 1987.

Schwarz, Gerhard Peter, Ständestaat und Evangelische Kirche von 1933 bis 1938. Evangelische Geistlichkeit und der Nationalsozialismus aus der Sicht der Behörden von 1933 bis 1938. Evangelische Geistlichkeit und der Nationalsozialismus aus der Sicht der Behörden von 1933 bis 1938 (Dissertationen der Karl-Franzens-Universität Graz 76), Graz 1987.

Segar, Kenneth/Warren, John (Ed.), Austria in the Thirties. Culture and Politics, Riverside 1991.

Steinböck, Erwin, Österreichs militärisches Potential im März 1938, Wien – München 1988.

Stiefel, Dieter, Die große Krise in einem kleinen Land. Österreichs Finanz- und Wirtschaftspolitik 1929–1938 (Studien zu Politik und Verwaltung 26), Wien – Köln – Graz 1988.

Tálos, Emmerich/Neugebauer, Wolfgang (Hrsg.), „Austrofaschismus“. Beiträge über Politik, Ökonomie und Kultur 1934–1938 (Österreichische Texte zur Gesellschaftskritik 18), Wien 1984.

Weber-Felber, Ulrike, Wege aus der Krise. Freie Gewerkschaften und Wirtschaftspolitik in der Ersten Republik, Ludwig Boltzmann Institut (Materialien zur Geschichte der Arbeiterbewegung, Materialien 56), Wien – Zürich 1990.

Wohnout, Helmut, Regierungsdiktatur oder Ständeparlament? Gesetzgebung im autoritären Österreich (Studien zu Politik und Verwaltung 43), Wien – Köln – Graz 1993.

Fragen

1. Otto Bauer spricht von zwei Drittel des Volkes, die in Opposition zur Regierung stehen. Über die Regierung schreibt er, daß sie an den inneren „Klassengegensätzen" zerbrechen werde. Segmentieren Sie die Opposition und die Regierung. Benützen Sie dazu Bauers Analyse „Der Aufstand der österreichischen Arbeiter" (Vgl. das Quellenzitat auf S. 203).

2. Das Verbot der NSDAP erfolgte nach dem Verfassungsbruch der Regierung. Hätte es auch unter rechtsstaatlichen Bedingungen diese Abwehrmöglichkeit gegeben? Welche Rolle spielte die NSDAP vor dem März 1933?

3. Renner und Bauer sprechen vom Antiklerikalismus als Bindeglied zwischen SDAP und NSDAP. Gab es darüber hinaus noch ein Zusammenwirken der beiden Lager im Untergrund? Wären hier auch Fragen des lagerübergreifenden Deutschnationalismus, der grundsätzlichen Anschlußbereitschaft und Elemente des Antikapitalismus und Antiliberalismus zu prüfen? Die gemeinsam erlebte Unterdrückung durch den „Ständestaat" führte auch zu partiellen Annäherungen im Widerstand gegen diesen Staat. Welche historische Relevanz hatten Kreiskys Diktum vom „gemeinsamen Haß" und die Selbstdarstellung der NSDAP als „linke" Partei?

4. Charakterisieren Sie den „Ständestaat" als radikalste Ausformung des politischen Katholizismus. Beachten Sie in diesem Kontext die sozialreformerischen Ansätze der katholischen Kirche, den postulierten Willen zur politischen Macht als Gegengewicht zum „Marxismus", die antiliberalen, antidemokratischen Tendenzen und die Faszination des Faschismus als Leitbild für die innerkirchliche Strukturreform.

5. Zur Chronologie der „ständestaatlichen" Ära: Lassen der Staatsstreich auf Raten zwischen der „Selbstausschal-

tung" des Nationalrates und den Februarkämpfen, die Maiverfassung und die Ermordung von Engelbert Dollfuß, Schuschniggs Regierungsstil, das Juliabkommen 1936 und die unterschiedlichen Strömungen der Versöhnungspolitik ab 1934 Periodisierungsversuche sinnvoll erscheinen?

6. „Versöhnungspolitik nach links" – Taktik oder ernsthafter Versuch zur Basisverbreiterung im Abwehrkampf gegen den Nationalsozialismus? Finden sich Ansätze dazu bereits in der Gesprächsbasis zwischen Regierung und Opposition vor dem Februar 1934? Wie weit lassen sich spätere Bemühungen als Zweckagitation oder grundsätzliche Bereitschaft zur Befriedung und Aussöhnung definieren?

7. Das Juliabkommen, der „Brückenbau nach rechts", Versöhnungspolitik gegenüber den „nationalen" Kräften – Was ist davon innere Befriedung, wo beginnt die schleichende Machtübernahme durch die NS-Bewegung? Kann das geheime Zusatzprotokoll auch als Rahmenpapier für einen „nationalen" Staatsstreich interpretiert werden?

8. Österreichische Identität versus Anschlußdenken! Österreich als historische eigenständige Größe, als zweiter besserer deutscher Staat, als Mischung von katholischem Triumphalismus, josephinischer Beamtendiktatur und habsburgischem Legitimismus bilden ein vielfach verknüpftes Band, dessen einzelne Fäden nahtlos auch in den nationalsozialistischen „Kultur- und Sendungsbetrieb" eingeflochten werden konnten. Charakterisieren Sie die einzelnen Strömungen, die Janusköpfigkeit, aber auch die originellen Neuansätze des Ständestaates!

9. Charakterisieren Sie das „ständestaatliche" Österreich zwischen Staatswiderstand und Staatskollaboration sowohl in innen- als auch in außenpolitischer Hinsicht.

10. Die deutsche Außenpolitik stand in ihrer Anschlußplanung in einer bis ins wilhelminische Reich zurückgehen-

den Kontinuität. Die aggressive Stiländerung in der Verfolgung des Zieles berief sich aufs „gemeinsame Blut“. Welche anderen Faktoren spielen aber eine zunehmend wichtigere Rolle?

(1) Erzherzog Karl 1916 bei den Tiroler Standschützen (mit seiner Gemahlin und Otto von Habsburg).

(2) In Ehrfurcht erstarrt – von Siegeszuversicht keine Spur: Erzherzog Karl bei den Tirolern.

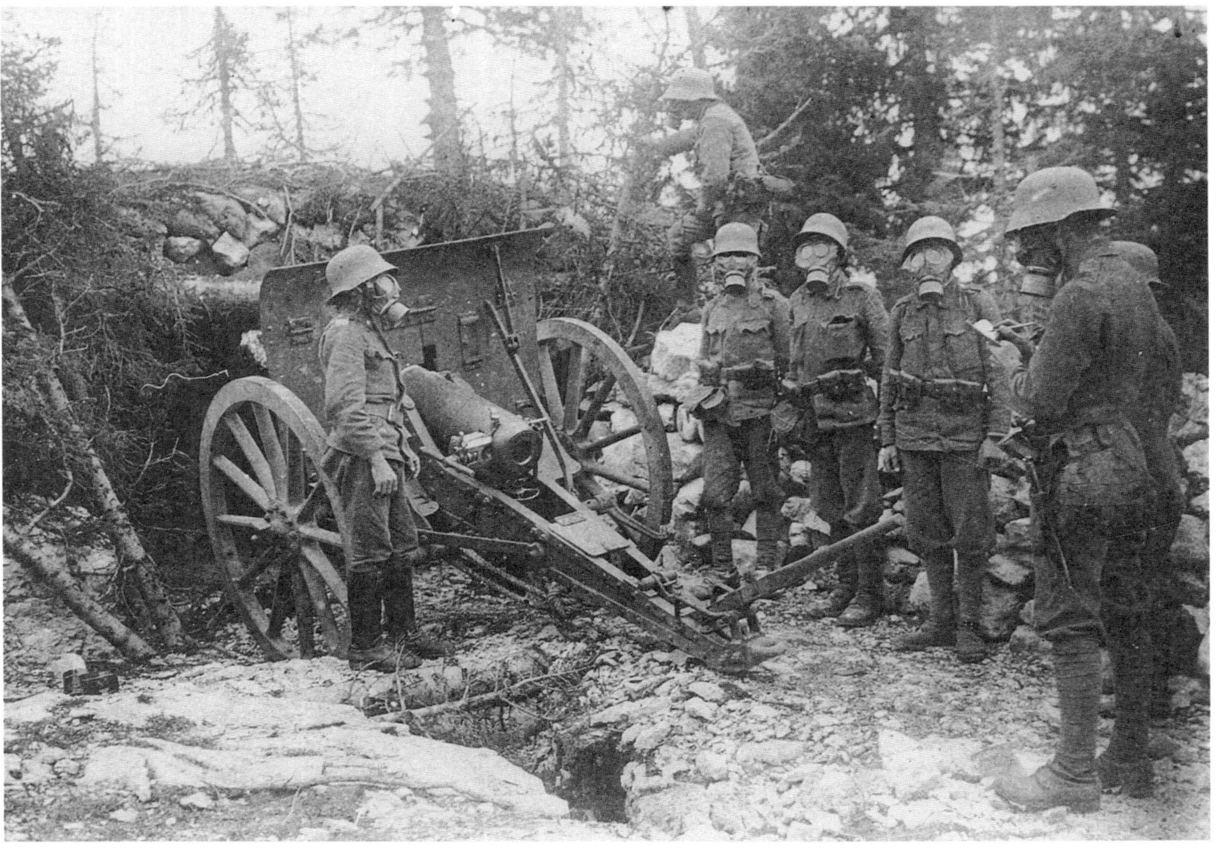

(3) In Erwartung eines Gasangriffs.

(4) Die Truppe löst sich auf.

(5) 24. April 1921: In Tirol wird über den Anschluß an das Deutsche Reich abgestimmt. Plakat des bekannten Künstlers Leo Sebastian Humer.

(6) Heim ins Reich! Eine jener Parolen im Zusammenhang mit der Abstimmung in Tirol 1921.

(7) Außerordentlicher Parteitag der Sozialdemokratie im Oktober 1933. (v. l. n. r.): Fritz Adler, Otto Bauer, Karl Kautsky.

(8) „Der große (Hitler) und der kleine Kanzler (Dollfuß)". Diese Nazi-Propagandakarte führte zu einem heftigen Notenwechsel, ehe sie nach der Ermordung von Dollfuß aus dem Verkehr gezogen wurde.

(9) Der Dollfußkult bekam blasphemische Züge schon zu Lebzeiten des Bundeskanzlers, der dieses „Vater unser" ausdrücklich am 17. November 1933 genehmigt hatte.

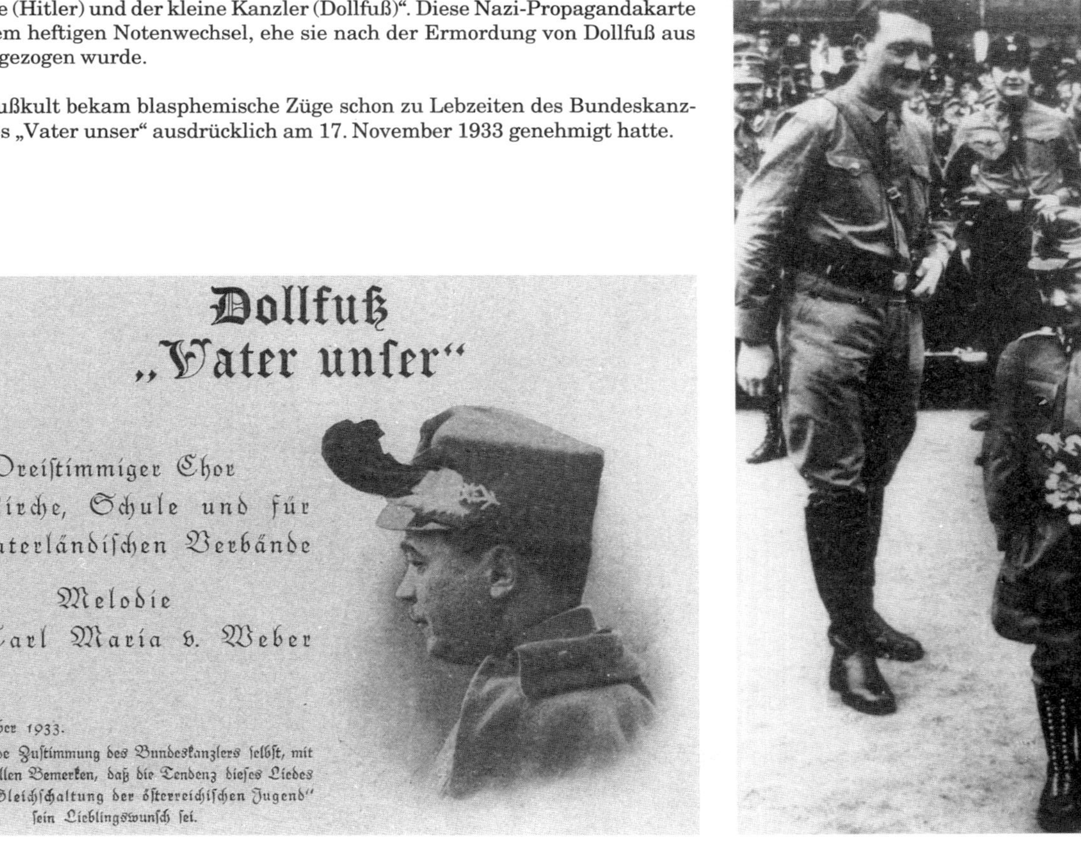

(10) Im Februar 1934: Erstürmung des Schlingerhofes in Floridsdorf.

(11) Inszenierung des Ständestaates: Der Bundesleiter der Vaterländischen Front, Karl Maria Stepan, spricht am

(12) Februar 1934: Beschießung des Karl-Marx-Hofes von der Hohen Warte aus.

(13) Die Reichsbrücke in Wien.

Österreicher und Österreicherinnen!

Unser Führer ist einem bestialischen Mordverbrechen zum Opfer gefallen! Unser Führer Dollfuß ist tot!

Wir neigen uns vor dem entseelten Körper dessen, der sein Herzblut für Österreich gegeben hat.

Wir wollen ihm schwören:

Das große Ziel, das Du als Kanzler und Führer uns gewiesen — wir wollen und werden es erreichen mit all unserer Kraft!

Vorwärts,
Österreicher und Österreicherinnen!

Für das freie deutsche Österreich unseres Heldenkanzlers!

Die Vaterländische Front.

(14) Plakat der „VF“ nach dem Mord an Dollfuß.

(15) Der Landeshauptmann von Steiermark schreitet, eingerahmt von Soldaten des österreichischen Bundesheeres und begleitet von Repräsentanten unterschiedlichster „Waffengattungen“ (Uniformen der k. u. k. Armee, der Polizei, der Wehrverbände des Ständestaates), hinter dem „Himmel“ während der Fronleichnamsprozession 1935.

(16) 22. Juni 1936: Hans Nelböck ermordet Moritz Schlick. Der Attentäter unmittelbar nach der Tat

(17) Der „Vorfall" in der „Illustrierten Kronen Zeitung".

(18) 9. März 1938: Schuschnigg trifft in Innsbruck ein, wo er am Abend eine Volksbefragung für Sonntag, den 13. März, ankündigt

Volk von Österreich!

Zum erstenmal in der Geschichte unseres Vaterlandes verlangt die Führung des Staates ein offenes Bekenntnis zur Heimat.

Sonntag, der 13. März 1938 ist der Tag der Volksbefragung.

Ihr alle, welchem Berufsstand, welcher Volksschichte Ihr angehört, Männer und Frauen im freien Österreich, Ihr seid aufgerufen, Euch vor der ganzen Welt zu bekennen; Ihr sollt sagen, ob Ihr den Weg, den wir gehen, der sich die soziale Eintracht und Gleichberechtigung, die endgültige Überwindung der Parteienzerklüftung, den deutschen Frieden nach innen und außen, die Politik der Arbeit zum Ziele setzt, - ob Ihr diesen Weg mitzugehen gewillt seid!

Die Parole lautet:

„Für ein freies und deutsches, unabhängiges und soziales, für ein christliches und einiges Österreich!
Für Friede und Arbeit und die Gleichberechtigung aller, die sich zu Volk und Vaterland bekennen."

Das ist das Ziel meiner Politik.

Dieses Ziel zu erreichen, ist die Aufgabe, die uns gestellt ist, und das geschichtliche Gebot der Stunde.

Kein Wort der Parole, die Euch als Frage gestellt ist, darf fehlen. Wer sie bejaht, dient dem Interesse aller und vor allem dem Frieden!

Darum, Volksgenossen, zeigt, daß es Euch ernst ist mit dem Willen, eine neue Zeit der Eintracht im Interesse der Heimat zu beginnen; die Welt soll unseren Lebenswillen sehen; darum, Volk von Österreich, stehe auf wie ein Mann und stimme mit

Ja!

Front-Heil! Österreich!

Schuschnigg.

(19) Aufruf zur Volksbefragung.

(21) Nach dem Anschluß: Die berüchtigten „Reibpartien" in Wien. Juden werden gezwungen, mit bloßen Händen Gehsteige zu säubern.

(22) Die SA verschärft den „Kampf gegen die Juden". Wie hier in Innsbruck werden überall im Lande jüdische Geschäfte beschmiert.

(23) Wie in vielen Orten Österreichs sind jetzt auch in St. Anton in Tirol Juden „unerwünscht“.

Mit Freude und aufrichtiger Genugtuung nimmt das ganze deutsche Volk von der einheitlichen Stellungnahme der Bischöfe Österreichs zur Wahl Kenntnis.

Die Erklärung ist geeignet, einen Schlußstrich unter die Vergangenheit zu ziehen. Sie beweist, daß in dieser, für das deutsche Volk und seine Zukunft so ereignisreichen Zeit auch die katholische Kirche den Weg zum neuen Staate finden will. Der Nationalsozialismus, der das unverrückbare Ziel der Einigung aller Deutschen verfolgt, wird glücklich sein, auch auf diesem Gebiet den Hader und damit die Zerrissenheit unseres Volkes beenden zu können.

So soll zum ersten Male in unserer Geschichte am 10. April 1938 die ganze deutsche Volksgemeinschaft ohne Rücksicht auf Stämme, Länder, Klassen und Konfessionen geschlossen zur Wahlurne treten und vorbehaltlos ihr

aussprechen!

Herausgegeben vom Beauftragten des Führers für die Volksabstimmung Gauleiter Bürckel. Verantwortlich Karl Gerland, Wien.

(24) Aufruf zur Volksabstimmung am 10. April 1938.

(25/26) Innsbruck im Festschmuck: Man erwartet den

EIN VOLK EIN REICH EIN FÜHRER

Die Bischöfe Österreichs schrieben für die Wahl an Gauleiter Bürckel

Der Erzbischof von Wien

Wien, am 18. März 1938.

Sehr geehrter Herr Gauleiter.

Beigeschlossene Erklärung der Bischöfe übersende ich hiemit. Sie ersehen daraus, daß wir Bischöfe freiwillig und ohne Zwang unsere nationale Pflicht erfüllt haben. Ich weiß, daß dieser Erklärung eine gute Zusammenarbeit folgen wird.

Mit dem Ausdruck ausgezeichneter Hochachtung

und Heil Hitler!

+ Th. Kard. Innitzer

Vorwort und Erklärung Seite 2 und 3.

Schriftleitung: Wien, I., Fleischmarkt 3 · Verwaltung, Anzeigenannahme und Kleiner Anzeiger: I., Schulerstraße 16

Volks-Zeitung

Bei Störungen durch höhere Gewalt oder Streiks können Ersatzansprüche nicht berücksichtigt werden. Die „Kleine Volks-Zeitung" kann nur durch die Verschleißstellen bezogen werden.

Nr. 92 des 84. Jahrg. der V.-Z. · Wien, Sonntag, 3. April 1938 · Laufende Nummer 29799

Seite 4 — Nr. 92 · Kleine Volks-Zeitung · Sonntag, 3. April 1938

Der frühere österreichische Staatskanzler Dr. Renner stimmt am 10. April mit „Ja"

Einer unserer Mitarbeiter hatte gestern Gelegenheit, den gewesenen Staatskanzler Doktor Karl Renner zur bevorstehenden Volksabstimmung zu befragen, und dieser beantwortete die an ihn gerichteten Fragen wie folgt:

„Sind Herr Staatskanzler bereit, über Ihre Stellung zur Volksabstimmung sich zu äußern?"

„Ich habe als erster Kanzler Deutschösterreichs am 12. November 1918 in der Nationalversammlung den Antrag gestellt und zur nahezu einstimmigen Annahme gebracht: ‚Deutschösterreich ist ein Bestandteil der Deutschen Republik.' Ich habe als Präsident der Friedensdelegation zu Saint-Germain durch viele Monate um den Anschluß gerungen — die Not im Lande und die feindliche Besetzung der Grenzen haben die Nationalversammlung und so auch mich genötigt, der Demütigung des Friedensvertrages und dem bedingten Anschlußverbot uns zu unterwerfen. Trotzdem habe ich seit 1919 in zahllosen Schriften und ungezählten Versammlungen im Land und im Reich den Kampf um den Anschluß weitergeführt. Obschon nicht mit jenen Methoden, zu denen ich mich bekenne, errungen, ist der Anschluß nunmehr doch vollzogen, ist geschichtliche Tatsache, und diese betrachte ich als wahrhafte Genugtuung für die Demütigungen von 1918 und 1919, für Saint-Germain und Versailles. Ich müßte meine ganze Vergangenheit als theoretischer Vorkämpfer des Selbstbestimmungsrechtes der Nation wie als deutschösterreichischer Staatsmann verleugnen, wenn ich die große geschichtliche Tat des Wiederzusammenschlusses der deutschen Nation nicht freudigen Herzens begrüßte."

„Waren Herr Kanzler nicht Freund einer Donaukonförderation?"

„Dazu bemerke ich: Schon in der ersten Sitzung der provisorischen Nationalversammlung wurde die Alternative gestellt: Wir sind bereit, mit den befreiten Donauvölkern über eine Verbindung zu verhandeln — wollen diese eine solche nicht oder nur unter Bedingungen, die wider unsre Ehre sind, so wollen wir zum Reich zurückkehren. Die unmittelbare Antwort auf die gestellte Alternative gaben die Nachbarn durch die gewaltsame Besetzung deutscher Gebiete und mit der Untergrabung unserer Wirtschaftsgeltung. Oesterreich gab am 12. November 1918 die würdige Antwort, indem es den Anschluß verkündete. Das zweitemal wurde die Alternative weniger von Oesterreich aus, als von den Großmächten aufgeworfen. Die Idee der sogenannten Donauraumpolitik wurde nach dem Friedensschluß vielfach erörtert. Sie sollte Oesterreich eine ne... schaft... Zuk... Ausw... er... einzigen positiven Schritt zu ihrer Verwirklichung getan, ja man hat sie zum Schluß durch lächerliche, legitimistische Treibereien absurd gestaltet, so daß auch der wärmste Freund der Donauraumpolitik von dieser zweiten Alternative sich abkehren mußte.

Nun ist diese zwanzigjährige Irrfahrt des österreichischen Volkes beendigt, es kehrt geschlossen zum Ausgangspunkt, zu seiner feierlichen Willenserklärung vom 12. November zurück. Das traurige Zwischenspiel des halben Jahrhunderts 1866 bis 1918 geht hiemit in unserer tausendjährigen, gemeinsamen Geschichte unter."

„Wie werden also Sie und Ihre Gesinnungsgenossen stimmen?"

„Ich habe keinen Auftrag, für die letzteren zu sprechen, kann aber erklären:

Als Sozialdemokrat und somit als Verfechter des Selbstbestimmungsrechtes der Nationen, als erster Kanzler der Republik Deutschösterreich und als gewesener Präsident ihrer Friedensdelegation zu Saint-Germain werde ich mit Ja stimmen."

Das Echo der Bischofserklärung

Außerordentliches Interesse der Katholiken aller Länder

London, 2. April. Welch außerordentliches Interesse der zustimmende Aufruf der österreichischen Bischöfe anläßlich der Volksabstimmung in Oesterreich in England erregt hat, beweist die neueste Nummer der „Catholic Times". Das Blatt gibt die Meldung als Hauptmeldung auf der ersten Seite in größter Aufmachung wieder und überschreibt sie „Die Bischöfe Oesterreichs unterstützen das nationalsozialistische Regime; sie erkennen freudig an, daß es Großes für Deutschland erreicht und den Bolschewismus abgewendet hat." Die Handlungen der Nationalsozialisten seien daher von den Bischöfen mit Zustimmung gesehen und gesegnet worden.

Aber nicht nur in England, sondern bei den Katholiken aller Staaten hat die Erklärung der österreichischen Bischöfe größte Beachtung gefunden. Sie wird sicherlich manchen Katholiken, der bisher durch eine mißgünstige Presse einseitig unterrichtet war, zum Nachdenken veranlassen und viel dazu beitragen, daß weite Kreise des Auslandes ihr durch Juden und Emigranten gebildetes Urteil über den Nationalsozialismus einer gründlichen Revision unterziehen.

Großzügige soziale Maßnahmen

Ausbau der Wiener städtischen Fürsorge

Anläßlich des Ueberganges zur Markwährung hat der Bürgermeister der Stadt Wien Dr.-Ing. Neubacher auch großzügige Verfügungen auf dem Gebiet der Gewährung von Fürsorgeunterstützungen getroffen. Schon für den Monat April wurden die untersten Stufen der Erhaltungs- und Pflegebeiträge bis zu 50 v. H. aufgewertet. So werden beispielsweise die bisher niedrigsten Erhaltungsbeiträge von zwölf Schilling automatisch auf zwölf Reichsmark erhöht. Ferner werden Personen, die ein Leb... al... trag erh... die Fürsorgeämter um 50 v. H. erhöht worden ist.

Von besonderer Bedeutung ist die Anordnung des Bürgermeisters, daß bei Wegfall der Voraussetzungen für Dauerunterstützungen, also bei Wiederbezug der Arbeitslosenunterstützung, bei Arbeitsantritt und so weiter, die Unterstützungen nicht sofort einzustellen, sondern durch ein bis zwei Monate weiter zu verleihen sind, damit die Bedürftigen sich rascher wirtschaftlich erholen können.

Der Mehraufwand al... dieser V... fügungen ist ... Schilling zu be...

(28/29) Die Bischöfe Österreichs sprechen sich für den Anschluß aus, genauso wie der Sozialist und ehemalige Staatskanzler Renner. Wer sollte bei dieser Vorgabe am 10. April noch mit „Nein" stimmen?

So mußt Du abstimmen

für den Führer und Großdeutschland

Volksabstimmung und Großdeutscher Reichstag

Stimmzettel

Bist Du mit der am 13. März 1938 vollzogenen

Wiedervereinigung Österreichs mit dem Deutschen Reich

einverstanden und stimmst Du für die Liste unseres Führers

Adolf Hitler?

Ja

Nein

Am Wahltag Deinen Wahlausweis nicht vergessen! Neben dem von der Stimmbehörde zugestellten Wahlausweis mußt Du eines der nachstehenden Dokumente mitbringen: Erkennungskarte, Tauf-, Geburts- oder Trauungsschein, Heimatschein, Reisepaß, amtliche Legitimationen jeder Art, Arbeitsbücher, Gewerbeschein, Lizenzen, Diplome usw.

Mit der Einzeichnung eines Kreuzes in den größeren Kreis mit der Überschrift Ja gibst Du dem Führer Dein

Ja

zum Wiederaufbau Österreichs!
zur Beschaffung von Arbeit u. Brot
für hunderttausende Volksgenossen!
zur Beseitigung von Elend u. Not!

(30) Ein großer Kreis, damit niemand Ja und Nein ver-

(31) 30. April 1938: Bücherverbrennung in Salzburg

(32) 25. April 1938: Universität Wien.

(33) NS-Kundgebung in der Provinz

(34) 10. Juni 1939: Hitler in der Wiener Staatsoper. Auf dem Programm: „Der Friedenstag“ von Richard Strauss.

(36) Sammellager: Rund 75.000 Südtiroler verlassen nach der Option ihre Heimat.

(35) Ansprache des Präfekten Giuseppe Mastromattei am 5. November 1939 in Brixen.

Gerhard Jagschitz

25. JULI 1934: DIE NATIONALSOZIALISTEN IN ÖSTERREICH

Die Geschichte Österreichs an einer Kette von „Schicksalsjahren“ (1918/1934/1938) aufreihen zu wollen, kann Strukturen, Mentalitäten, die Dialektik historischer Prozesse und Differenzierungen der verschiedenen Ereignisebenen nicht erklären. Der 25. Juli 1934 ist ein gutes Beispiel für weit zurückreichende Entwicklungen, mittelfristige Dynamisierungen und kurzfristige Einflüsse, die weder Zwangsläufigkeit noch Zufall als Erklärungsmodell zulassen, vielmehr eine wechselseitige Bedingtheit und Beeinflussung bis zur Kulmination aller Schnittpunkte in einem Ereignis. Um den 25. Juli 1934 erklären zu können, müssen die Entwicklung der NSDAP in Österreich, die politische Kultur des Landes, die außen- und innenpolitische Eskalation, die konkreten Vorbereitungen, die Durchführung in Wien und in den Bundesländern sowie die Liquidation und die „Vermarktung“ des Putsches untersucht werden. Mehr als bei anderen Fragestellungen beeinflussen die persönlichen Wertungen und Haltungen sowie die jeweilige Politik die Literatur, die Brüche der österreichischen Geschichte vom Ständestaat zum Nationalsozialismus und zur Demokratie bedeuteten auch jeweils einen radikalen Wandel in der Interpretation des Geschehens des 25. Juli.

1. Die NSDAP in Österreich

Die Entwicklung der NSDAP in Österreich weist eine Reihe von Sonderformen und strukturellen Spezifika auf, die Ursachen für eine Inhomogenität, für Reibungsverluste und letztlich für eine nie gelungene Angleichung des „österreichischen“ an den reichsdeutschen Nationalsozialismus waren.

Direkter Vorläufer war die 1903 in der nordböhmischen Stadt Aussig gegründete „Deutsche Arbeiterpartei“[1], die sich als antimarxistische, antifeudale und antiklerikale Gewerkschaftsbewegung verstand. Kleine Wahlerfolge (1906 zwei Landtagsmandate in Mähren, 1911 drei Abgeordnete bei den Reichsratswahlen) und eine nur langsame organisatorische Entwicklung mit dem Schwerpunkt im böhmischen und mährischen Gebiet, wurden durch den Ersten Weltkrieg unterbrochen. 1918 gab sich die Partei einen neuen Namen: „Deutsche Nationalsozialistische Arbeiterpartei“ (DNSAP) und verstärkte mit einigen Programmpunkten den „sozialistischen“ Charakter der Partei. Diese Profilierung als soziale Reformpartei führte bald zu ideologischen Konflikten mit der unter Führung Adolf Hitlers stehenden aufstrebenden Münchner NSDAP, und auch viele zu Hitler übergelaufene Funktionäre bewahrten aus dieser Haltung kritische Distanz. Die Ambivalenz ist am ehesten im Schicksal des Rechtsanwalts Walter Riehl sichtbar.[2] Maßgeblich am Aufbau des Nationalsozialismus in der österreichisch-ungarischen Monarchie beteiligt, wurde er 1918 Geschäftsführer und Rivale Hitlers, versank mit einer Splittergruppe in politische Bedeutungslosigkeit, trat 1930 der Hitler-Bewegung bei, wurde 1932 Gemeinderat in Wien, doch ein Jahr später aus der Partei ausgeschlossen. 1933 distanzierte er sich vom nationalsozialistischen Terror und regte die Aufnahme gemäßigter Nationalsozialisten in die Regierung Dollfuß an, bot sich 1938 wieder – allerdings vergeblich – Hitler an, wurde verhaftet und entkam nur infolge einer gewichtigen Intervention dem Konzentrationslager.

Die Trennung des böhmisch-mährischen und deutschösterreichischen Teils der DNSAP und der gescheiterte Versuch, die nationalsozialistischen Parteien Deutschlands, Österreichs und der Tschechoslowakei unter österreichischer Führung zusammenzufassen, führte zu Führungs- und Richtungsstreitigkeiten, strukturellen Schwächen und sinkender politischer Bedeutung. Hitler, der 1921 den Vorsitz der NSDAP im Deutschen Reich übernommen hatte, erhob zunehmend – und nur kurz vom Putsch des Jahres 1923 und seinen Folgen unterbrochen – die Forderung nach bedingungsloser Unterstellung der Länderorganisationen unter seine Führung. In Verfolgung dieses Konzepts wurde 1926 eine „NSDAP Österreichs – Hitlerbewegung" gegründet, die sich direkt Hitler unterstellte. Einige Personen und Ortsgruppen der alten österreichischen DNSAP schlossen sich der neuen Partei an. Darunter waren auch einige Personen – wie Josef Leopold, Alfred Proksch und Hermann Reschny –, die beim Juliputsch eine führende Rolle spielen sollten.

Die folgenden Jahre sind durch Führungsstreitigkeiten, ein Stagnieren der Organisation und Mitgliederzahlen sowie ein auffallendes Desinteresse Hitlers gekennzeichnet. Infolge der fehlenden Führungsstruktur verlagerte sich die Parteiarbeit hauptsächlich auf die Ortsgruppenleitungen und Gauleitungen, was zur Ausprägung jenes Paradoxons führte, daß eine formal streng zentralistische, ja einem „Führerwillen" untergeordnete Partei in Österreich zahlreiche größere und kleinere Autokraten hervorbrachte, deren Disziplinierung eine Quelle ständiger Konflikte war und in einigen Fällen – wie etwa beim Wiener Gauleiter Alfred Eduard Frauenfeld – überhaupt nicht gelang. Die zahlreichen unkontrollierbaren und unbeeinflußbaren kleineren und größeren Machtkreise bewirkten jene strukturelle Schwäche der Partei, die eine der Ursachen für das teilweise Scheitern des Juliputsches war.

Anfang der Dreißigerjahre erfolgte schließlich der Umschwung und der Beginn des steilen Aufstiegs der Partei. Bewirkt wurde dies durch organisatorische Reformen, personelle Veränderungen, die Verbreiterung der sozialen Basis und eine aggressive Propaganda nach modernen Werbeprinzipien unter Heranziehung differenzierter Werbemittel. Mit Juli 1931 wurden eine Organisationseinheit „Land Österreich" und eine Landesleitung gebildet[3], eine Hierarchisierung, Straffung, Bürokratisierung und die Schaffung zielgruppenorientierter Teilorganisationen ergaben ein wirksames zentralistisches Instrument. Der Wiesbadener Theo Habicht wurde 1931 zum Landesgeschäftsführer, ein Jahr später zum Landesinspekteur ernannt und erlangte bald die uneingeschränkte Kontrolle über die Partei. Zwei Spannungselemente hatten direkten Einfluß auf den Ablauf des Juliputsches. Zum einen setzte Habicht eine Reihe von reichsdeutschen Funktionären in wichtige Positionen, was zu Konflikten mit Vertretern einer eigenständigen österreichischen Parteientwicklung führte und diese bis zu Verweigerung und passiver Resistenz bewog. Zum anderen ständige Differenzen zwischen Anhängern eines spontanen, auch eine legale Basis verlassenden Aktivismus und den meisten Funktionären an den Schaltstellen der Parteibürokratie, die eine kontrollierte, gezielte öffentliche Parteiarbeit propagierten. Ein Aktivismus ohne ausreichende Prüfung der Logistik und der Ressourcen war aber eine weitere Ursache für den Verlauf des Putsches.

Die NSDAP wurde in dieser Phase zu einer Sammelbewegung völkischer, deutschnationaler, bündischer, groß- und kleindeutscher, katholisch-romantischer, antisemitischer, antimarxistischer, antiparlamentarischer, autoritärer, ständisch-korporativer und jugendlich-aktivistischer Strömungen. Ihre einigende Kraft erhielt sie aber erst durch einen dominierenden politischen Führer, eine klar erscheinende Ideologie und Programmatik[4] und ein markantes politisches Realisationsmodell. Der ökonomische Wandel und insbesonders die Wirtschaftskrise führten zunächst Selbständige (besonders Handwerker), Bauern, Angestellte und öffentlich Bedienstete, ab dem Beginn der Dreißigerjahre auch Akademiker, Freiberufler und Studenten zur Partei, schließlich ab 1932/33 in steigender Zahl Angehörige der Arbeiterschaft.[5]

Markant für die Phase des Aufstiegs der Partei war die technisch und inhaltlich höchst wirkungsvolle Propaganda. Bis zum Beginn der Dreißigerjahre hatte die Partei ein dichtes Netz an Tages-, Wochen- und Regionalzeitungen aufgebaut, das zum Rückgrat des Aufbruchs wurde. Dazu wurden noch Auto, Flugzeug, Tonfilm, Radio und Schallplatte in den Dienst der Propaganda gestellt. Ergänzt wurde dies durch eine massive Plakat- und Flugblattpropaganda. Die Propaganda war beweglich und originell und wurde als Instrument des politischen Angriffs verstanden, das andere Methoden wirkungsvoll ergänzen sollte, ihre Finanzierung erfolgte auch durch beträchtliche Summen aus dem Deutschen Reich. Gegenüber der Regierung betrieb die Partei eine konsequente Oppositionspolitik, die jedoch nicht nur die tagespolitischen Kämpfe gegen Mißwirtschaft, Machtmißbrauch, Führungs- und Orientierungslosigkeit oder soziale Inkompetenz umfaßte, sondern die Grundwerte der Demokratie insgesamt in Frage stellte. Hauptgegner waren darüber hinaus die marxistischen Parteien – Sozialdemokraten und Kommunisten –, gegen die nicht nur argumentiert oder polemisiert, sondern auch mit Diffamierungen und Gewalttätigkeiten vorgegangen wurde.

Nach den Erfolgen Hitlers im Deutschen Reich wurde ab etwa 1930/31 die Propaganda auf die Mobilisierung der Massen und die Eroberung der Straßen abgestimmt, Massenversammlungen und Aufmärsche uniformierter Formationen sollten Macht, Bedeutung und Dynamik signalisieren. Dieses Konzept bedingte aber auch den Aufstieg der militärischen Wehrformationen der Partei, der „Sturmabteilungen“ (SA) und „Schutzstaffeln“ (SS). War zunächst die SA als Saalschutz und bei Auseinandersetzungen auf der Straße eingesetzt und hatte die SS als Führer- und Rednerschutz quasipolizeiliche Befugnisse, so begannen bald die Differenzen zwischen beiden Formationen, die in einem regelrechten Machtkampf mündeten, der mit der Liquidierung der Führungsschichte der SA in der sogenannten „Röhm-Revolte“ im Juni 1934 mit dem Sieg der SS endete. Die Rivalitäten zwischen SA und SS hatten weitreichende Auswirkungen auf die Vorbereitung und Durchführung des Juliputsches und führten letztlich direkt zu seinem Scheitern. Neben der politischen Agitation bestanden in der NSDAP immer Elemente der „individuellen“ und „organisierten“ Gewalt.[6] Aus den militärischen Wirren um den Zusammenbruch der deutschen und österreichisch-ungarischen Monarchie – besonders aus den Freikorps und dem „Bund Oberland“ – waren völkische, nationale, antimarxistische („rechte") radikale militante Gruppen und Grüppchen entstanden,[7] die sich allmählich unter dem Dach der NSDAP einfanden und Gewalt als politisches Mittel befürworteten. Diese Desperado- und Haudegenmentalität, aus der einzelne Attentate (z. B. auf Bundeskanzler Seipel 1924) und Morde (z. B. an Hugo Bettauer 1925) entstanden, führte einerseits zu geheimen Terrorzellen, andererseits bildete sie die Basis der „organisierten Gewalt". Diese – hauptsächlich getragen von der SA und ihren Vorläufern, der „Ordnertruppe" und des „Vaterländischen Schutzbundes" – manifestierte sich in Saalschlachten, Straßenkrawallen und Zusammenstößen mit politischen Gruppen. Sie war jedoch immer ein von der Partei gebilligtes Mittel des Kampfes um die Straße und führte auch zur Schaffung des notwendigen Blut- und Märtyrermythos einer „Bewegung" auf dem Weg zur Macht. Als Mittel staatspolitischer Auseinandersetzung wurde sie aber erst eingesetzt, als sich Habicht entschied, auch auf diese Weise die Regierung unter Druck zu setzen und zu einem Rücktritt zu zwingen. Von hier war der Schritt zum Terrorismus nicht mehr weit.

Der Aufschwung der Partei zeigt sich auch in den Wahlergebnissen. Hatte die NSDAP bei den letzten Nationalratswahlen der Ersten Republik im Jahr 1930 nur 111.627 Stimmen und kein Mandat erreicht, so erhielt sie bei Landtagswahlen 1932 in Salzburg sechs, in Niederösterreich acht, in Wien fünfzehn und in Vorarlberg zwei Mandate, sie entsandte vier Vertreter in den Bundesrat. Bei den letzten demokratischen Wahlen in Österreich zu einigen Gemeinderäten in Tirol und Niederösterreich erreichte die NSDAP im Durchschnitt 20–25 Prozent der Stimmen, in Zwettl und Innsbruck waren es sogar 41 Prozent.[8] Dies weist aber auf eine sehr unterschiedliche Verteilung der Anhängerschaft hin. In großen Teilen Kärntens, Salzburgs und Tirols sowie im nördlichen Niederösterreich war der Einfluß groß, in Vorarlberg, im Burgenland und in Teilen Niederösterreichs und der Steiermark war er gering. Dazu kam, daß die Anhänger- und

Wählerschaft nicht ident mit einer entsprechenden Organisationsdichte war, so daß die unterschiedliche Teilnahme am Juliputsch in erster Linie vom Grad der Organisation (neben dem Umfang der Bewaffnung) abhängig war.

Charakteristisch für den Aufstieg der NSDAP war aber auch, daß sie nahezu alle bestehenden politischen Organisationen und kulturellen Gruppierungen, die in wesentlichen Teilbereichen mit der Programmatik und den Zielen der Partei übereinstimmten, vereinnahmen konnte. Sie zog nichtbürgerliche und nichtmarxistische Wehrverbände an sich, übernahm alle Anschlußvereinigungen, vereinnahmte völkische, alldeutsche und deutschnationale Gruppierungen, brach in die Großdeutsche Partei ein (mit der 1933 ein Kampfbündnis geschlossen wurde) und schloß 1931 mit dem Steirischen Heimatschutz ein Kampfbündnis, als dessen Folge der nationale Flügel der Heimwehr zur NSDAP überlief.[9] 1934 ging auch der Landbund ein Bündnis mit der Partei ein. So trat das nationale Lager in einer bis dahin nie gekannten Geschlossenheit unter Führung der NSDAP der seit Mai 1932 bestehenden Regierung Dollfuß gegenüber.

Es war das Ziel Habichts, mit Hilfe des seit Jänner 1933 nationalsozialistischen Deutschen Reiches und des von ihm ausgeübten massiven politischen Drucks mit eigenen lautstarken Manifestationen einen Machtwechsel oder zumindest eine Beteiligung der Nationalsozialisten an der Regierung zu erreichen. Es scheint jedoch, daß nur sehr geringe politische Arbeit geleistet wurde; das Konzept war vielmehr, in offener Herausforderung die Regierung zum Einlenken zu bringen. Auf die Beseitigung demokratischer Einrichtungen und Rechte, eine Notverordnungsregierung und ein System polizeilicher und administrativer Repression durch die Regierung wußte die Führung der NSDAP zunächst keine Antwort. Man entschied sich zwar für die Verschärfung des politischen Drucks, jedoch noch nicht für den systematischen Terror. Dennoch kam es ab dem Juni 1932 zu einer steigenden Zahl einzelner Terrorakte, wie Tränengasanschlägen, ab dem Juni 1933 setzte eine Terrorwelle größeren Stils mit einzelnen Mordanschlägen, Böller- und Sprengstoffattentaten ein.[10] Obwohl die Regierung schon länger Maßnahmen gegen die NSDAP vorbereitet hatte, bot ihr ein Attentat gegen eine Abteilung Christlichdeutscher Turner bei Krems am 19. Juni 1933, bei welchem zwei Nationalsozialisten zwei Handgranaten auf die marschierenden Hilfspolizeieinheiten warfen und einen Mann töteten und 30 verletzten, den Anlaß, die NSDAP noch am selben Tag zu verbieten. Die Parteiorganisation war durch zahlreiche Hausdurchsuchungen und Verhaftungen bereits geschwächt, Habicht wenige Tage vorher ausgewiesen worden. Das Verbot traf die Partei unvorbereitet, doch gelang ihr in der Illegalität sehr rasch der Aufbau eines schlagkräftigen Apparats.

2. Die politische Kultur in Österreich

Nach dem Auseinanderbrechen der österreichisch-ungarischen Monarchie war die Lage für die junge Deutschösterreichische Republik äußerst labil. Es gab Konflikte um die Grenzen, die am 12. November 1918 proklamierte Zugehörigkeit zum Deutschen Reich wurde im Vertrag von St. Germain wieder aufgehoben. Dennoch blieb die Anschlußfrage für mehr als zwei Jahrzehnte die zentrale Frage der österreichischen Außenpolitik.[11] Bei zwei Abstimmungen im Jahr 1921 in Tirol und Salzburg votierten die Wähler mit 98 bzw. 99 Prozent für den Anschluß, und nahezu alle politischen Parteien nahmen die Forderung nach einem Anschluß an das Deutsche Reich in ihr Programm auf. 1922 in den Genfer Protokollen und 1932 in Zusammenhang mit der Lausanner Anleihe wurde das Anschlußverbot bekräftigt, 1931 war ein Zollunionsplan vom Haager Schiedsgericht untersagt worden. Dennoch verfolgten sowohl die Weimarer Republik als auch die österreichischen Regierungen eine verdeckte Anschlußpolitik, was sich in politischen Konsultationen, dem Versuch zur Durchdringung Österreichs mit reichsdeutschem Kapital, Förderung von Anschlußvereinen und eine weitgehende Rechtsangleichung manifestierte. Die außenpolitische Isolierung Österreichs nach dem Ersten Weltkrieg konnte erst durch den Abschluß eines Freundschafts- und Schiedsgerichtsvertrages mit Italien im Jahr 1930 durchbrochen werden, womit die dominierende Stellung des faschistischen Italien und Mussolinis in Österreich eingeleitet wurde. Der Einfluß erfolgte auf zwei Ebenen: einmal über die Heimwehrbewegung in Österreich, die auf einen faschistischen Kurs einschwenken sollte und mit erheblichen finanziellen Mitteln ausgestattet wurde, zum anderen direkt über die österreichischen Regierungen, vor allem die Regierung Dollfuß. Das Ziel der italienischen Außenpolitik war dabei nur vordergründig eine österreichische Unabhängigkeit, tatsächlich sollte Österreich als Puffer und Faustpfand für die schwierige Neuordnung des Verhältnisses mit dem Deutschen Reich dienen.

Der außenpolitischen Labilität entsprach eine ebensolche innenpolitische. Obwohl die Sozialdemokraten und Christlichsozialen von 1918 bis 1920 in einer Koalition verbunden waren, kam es zu keinem gemeinsamen Staatsbegriff, vielmehr blieb der Dualismus bestehen. Die Sozialdemokraten, die dominierend an der Gründung der Republik beteiligt waren, allerdings von Revolution mehr redeten, als sie konsequent durchzuführen, vermeinten, an dem gesellschaftlichen und staatlichen Übergangszustand festhalten und die revolutionären Errungenschaften gegen Faschismus und Bourgeoisie verteidigen zu müssen. Die Konservativen vermeinten ihr Weltbild gegen Bolschewismus und Antichrist verteidigen zu müssen und fühlten sich nicht für die Republik verantwortlich. Als die Christlichsozialen aber ab 1920 die Staatsverantwortung trugen, entwickelten sie Positionen eines Staatsreformismus, einer nachträglichen Änderung der Ordnung, ja die Ideologie einer Art „Gegenreformation“ gegen das System von 1918. Sie entwarfen demokratie- und verfassungskritische Konzepte und autoritäre ständestaatliche Modelle. Im Gegensatz zur Zweiten Republik hatte die Erste keine Modelle politischer Konfliktregelung entwickelt, so daß nach dem Bruch der Koalition der Stil einer scharfen Konfrontation die politische Kultur im Lande prägte.

Weitere Merkmale dieser Kultur waren starke außerparlamentarische Kräfte und die Anerkennung von Gewalt als Mittel politischer Auseinandersetzung. Träger war vor allem die Heimwehr, die aus den Orts-, Bauern- und Flurwehren der Kriegs- und Nachkriegszeit entstanden war. Sie vertrat ein nationales, antimarxistisches und antidemokratisches Programm, im „Korneuburger Eid" von 1930 forderte sie die Beseitigung des Parlamentarismus und Parteienstaates, einen streng autoritären Ständestaat und die Überwindung der liberal-kapitalistischen Wirtschaftsordnung. Ihr stand der sozialdemokratische „Republikanische Schutzbund" gegenüber, der ebenso wie andere Wehrverbände militärisch organisiert, diszipliniert und mit umfangreichen Waffenbeständen versehen war. Diese Waffen ließen sich jederzeit für einen Bürgerkrieg hervorholen. Die Wehrverbände waren zum Teil in spektakuläre Gewalttaten involviert (Brand des Justizpalastes 1927, Pfrimer-Putsch 1931), die der Bevölkerung ein steigendes Gefühl der Unsicherheit vermittelten.

Verschärfend wirkte die wirtschaftliche Lage. Mit dem Wegfall industrieller und landwirtschaftlicher Kapazitäten sowie Rohstoffvorkommen durch die Bildung der Nachfolgestaaten der Monarchie war die deutschösterreichische Wirtschaftsstruktur erheblich geschwächt. Daraus entstand die verbreitete Meinung, daß Österreich nicht lebensfähig sei. Bestimmte Industriezweige konnten nicht einmal die Produktionsergebnisse der Vorkriegszeit erreichen, das Außenhandelsbilanzpassivum war außerordentlich hoch, und die Inflation führte zur Verarmung breiter Mittelschichten. Wohl gelang eine Währungssanierung, doch wurde sie mit einer hohen Arbeitslosigkeit erkauft, wozu noch die einschneidenden Maßnahmen der Völkerbundkontrolle in Österreich kamen. Die Auswirkungen der Weltwirtschaftskrise und Bankenzusammenbrüche machten die Versuche der Sanierung der Gesamtwirtschaft zunichte.

In einer unübersichtlichen Gesamtsituation wurde im Mai 1932 der damalige Landwirtschaftsminister Engelbert Dollfuß mit der Regierungsbildung betraut.[12] Er galt als Agrartechnokrat[13], wurde dem nationalen und ständischen Flügel der Christlichsozialen Partei zugeordnet und hatte sich als militanter Anschlußbefürworter profiliert.[14] Er übernahm die Koalition mit dem Landbund, mußte sich aber verstärkt auf die Heimwehr stützen, da die Großdeutschen eine Regierungsbeteiligung ablehnten. Gegenüber der Opposition im Parlament hatte die Regierung nur eine Stimme Mehrheit. Zunächst suchte er sich der Umklammerung durch die Heimwehr dadurch zu entziehen, daß er die beiden Rivalen, den mächtigen Wiener Heimwehrführer Emil Fey und den Bundesführer Ernst Rüdiger Starhemberg, gegeneinander ausspielte. Er ernannte Fey zum Vizekanzler, ersetzte ihn aber im Mai 1934 durch Starhemberg, während er Fey zum Sicherheitsminister bestellte. Damit war Fey einerseits in seinem Ehrgeiz getroffen, andererseits hatte er ein sensibles Ressort inne. Tatsächlich sollte er deswegen beim Juliputsch eine wichtige Rolle spielen.

Die zunehmenden wirtschaftlichen Schwierigkeiten, einige außenpolitische Pannen, die politische Radikalisierung, eine wirkungsvolle sozialdemokratische Opposition, das Anwachsen der Nationalsozialisten und ihre Angriffe auf die Regierung und die parlamentarische Ohnmacht ließen bei Dollfuß und einem Großteil der Christlichsozialen Partei ein immer klarer formuliertes Demokratieunbehagen wachsen. Dazu kam noch, daß sowohl die Christlichsozialen als auch die Heimwehr und der Landbund erhebliche Verluste bei Neuwahlen befürchteten. Die Zielrichtung eines stärkeren Einbaus ständischer Elemente in die Verfassung war durch die Thesen des Nationalökonomen Othmar Spann (dessen Student Dollfuß nach dem Krieg war) und zweier päpstlicher Sozialenzykliken „Rerum novarum" und „Quadragesimo anno" gegeben. In diesem Sinn war der 4. März 1933 zwar Zufall, als alle drei Präsidenten des Nationalrates ihren Rücktritt erklärten, Dollfuß benützte aber das Ereignis unter dem Vorwand der „Selbstausschaltung“ des Parlaments zu einem Staatsstreich mit der Beseitigung des Nationalrats und einiger demokratischer Kontrollinstanzen sowie der Regierung mit Hilfe von Notverordnungen.

3. Die außen- und innenpolitische Eskalation

Mit der „Machtübernahme“ Hitlers im Jänner 1933 schien es zunächst, als ob die Politik der Partnerschaft, die Dollfuß gegenüber der Weimarer Republik eingeschlagen hatte, fortgesetzt werden sollte. Dies entsprach einerseits der außenpolitischen Ausrichtung Hitlers, mit Italien „um Österreich herum“ zu einer Annäherung zu kommen, andererseits dem Bestreben Österreichs, jede Spannung zu vermeiden. Die Eskalation begann, als Hitler – in ständiger Mischung von Partei- und Staatspolitik – Zugeständnisse an eine Forderung nach dem Rücktritt der Regierung Dollfuß knüpfte, um der NSDAP in Österreich die Übernahme der Macht zu ermöglichen. Die Entscheidung Hitlers, mit dem Mittel des diplomatischen Drucks die österreichische Regierung zu destabilisieren, führte zu einer raschen Verschlechterung der Beziehungen.[15] Verschärfend wirkte die Betrauung Habichts mit der Funktion des Chefberaters des Reichskanzlers in der Österreichfrage, der nun die Eskalation auf parteipolitischer Ebene mit der Staatsmacht des Deutschen Reiches absichern konnte. Diese Position Habichts war aber für die Dynamik der Putschvorbereitungen von maßgeblicher Bedeutung. Als weiterer „Scharfmacher“ betätigte sich der bayerische Justizminister Hans Frank, der in einer Reihe von nationalsozialistischen Kundgebungen in Österreich die Regierung provozierte. Eine weitere Station war die Entscheidung der deutschen Regierung, für die Erteilung eines Sichtvermerks für Österreich eine Gebühr von 1000 Reichsmark einzuheben. Diese sogenannte „Tausendmarksperre“ sollte Österreichs Fremdenverkehrswirtschaft schädigen. Die Ausweisung des österreichischen Presseattachés aus Berlin, Grenzkonflikte und eine antiösterreichische Pressekampagne veranlaßten die österreichische Regierung, im Februar 1934 den Völkerbund mit dem Konflikt mit dem Deutschen Reich zu befassen, sie erreichte jedoch nur unverbindliche Erklärungen.

Der Bitte des Kanzlers Dollfuß an Mussolini, die österreichische Position zu unterstützen, entsprach dieser zwar mit der Ankündigung, bei einem Einfall der aus österreichischen Emigranten im Deutschen Reich gebildeten „Österreichischen Legion“ mit italienischen Truppen in Österreich einzumarschieren, versuchte aber darüber hinaus auf Dollfuß einzuwirken, das Verhältnis zum Deutschen Reich zu normalisieren. Mit dem Abschluß der „Römischen Protokolle“ im März 1934 zwischen Ungarn, Italien und Österreich wurde zwar eine Anerkennung der außenpolitischen Selbständigkeit Österreichs durch das Deutsche Reich angestrebt, gleichzeitig aber auch Österreich eines außenpolitischen Spielraums beraubt. Die Rücksicht auf Italien veranlaßte Hitler jedoch im März 1934, eine neue Österreichpolitik zu propagieren, Habicht ein Rede- und Propagandaverbot zu erteilen, die Entscheidung wieder auf die diplomatische Ebene zu verlegen und offen dem Konzept eines Anschlusses oder einer Gleichschaltung abzuschwören. Mit diesem „evolutionären“ Weg hatte Habicht aber die Möglichkeit eines offiziellen Einflusses auf die Österreichpolitik verloren und war damit empfänglich für andere Vorgangsweisen geworden. Bei einem Treffen zwischen Mussolini und Hitler in Stra bei Venedig im Juni 1934 wurden gemeinsame Vorstellungen zur Bereinigung der Differenzen des Deutschen Reiches mit Österreich entwickelt, einer Ablösung von Dollfuß stimmte Mussolini nicht zu. Es gibt Hinweise, daß Dollfuß auf Meldungen von Spannungen zwischen Hitler und Röhm mit diesem Kontakte aufgenommen hatte. Die Niederschlagung der sogenannten „Röhm-Revolte“ am 30. Juni 1934 bedeutete auch eine Enttäuschung für die Hoffnung, eine Politik neben Hitler betreiben zu können.

In enger Verbindung zu außenpolitischen Konzeptionen stand die eigentliche Parteiarbeit, die auf eine militante Konfrontation mit der österreichischen Regierung ausgerichtet wurde. Mit dem Verbot der NSDAP in Österreich flüchteten zahlreiche Gauleiter und andere Parteiführer nach München, so daß die Österreichpolitik der Partei zentral von dort aus geleitet wurde, auch die Landesleitung Österreich wurde dorthin verlegt und unter die Leitung von Habicht gestellt. Ebenso wurde die Führung der SA unter SA-Obergruppenführer Hermann Reschny und der SS unter SS-Standartenführer Bigler nach München überstellt. Von München aus wurde der Kampf der illegalen NSDAP gegen die Regierung geleitet, Propagandaaktionen und eine illegale Presse sollten zunächst das Rückgrat der Parteiarbeit bilden. Zu diesem Zweck wurden auch erhebliche Propagandamittel im Deutschen Reich hergestellt, nach Österreich geschmuggelt und dort verteilt. Man kann zwei Ebenen der illegalen Arbeit unterscheiden: die „ideologische" und die „militärische" Organisation. Die ideologische Organisation war im wesentlichen die Fortsetzung der politischen Information, betrieb Zeitungs-, Zeitschriften- und Flugblattpropaganda, persönliche Werbung und übernahm die notwendigen organisatorischen Arbeiten. Sie erhielt Zuwachs durch Unzufriedene, hatte aber keine straffe Führung und blieb weitgehend von der Verfolgung durch die Exekutive verschont. Die „militärische" Organisation war straff geführt, bestand aus der SA, der SS und verschiedenen Terrorgruppen, die ihre Bewaffnung und die in verschiedenen Depots gelagerten erheblichen Sprengmittel zentral aus dem Deutschen Reich erhielten. Obwohl die österreichische Exekutive die Terrortätigkeit besonders überwachte, gelang es nur, einzelne Depots aufzufinden, jedoch konnte die Terrororganisation niemals lahmgelegt werden.

Obwohl die etwa 4000 Mann (Zahl vom August 1933) der „Österreichischen Legion" straff militärisch geschult, teilweise auch auf Sprengstoffaktionen vorbereitet und in der Nähe der österreichischen Grenze Waffen- und Munitionsdepots angelegt wurden, war die Legion – mit Ausnahme einzelner Aktivisten – nicht der eigentliche Träger des Terrors, sondern nur ein willkommenes außenpolitisches Druckmittel gegen Österreich. Der Mann, der neben dem diplomatischen und propagandistischen Kampf auch terroristische Methoden gegen die österreichische Regierung einsetzte, war einmal mehr Habicht. Obwohl Hitler im August 1933 Terrorakte gegen Österreich verbot, unternahm er nichts gegen Habicht, der dieses Instrument als Mittel seiner Politik ausbaute. Anschläge im Juni, Juli und August 1933 trugen noch den Charakter von Einzelunternehmen, doch wurden sie meist von jenen Nationalsozialisten durchgeführt, die schon vor dem Parteiverbot in Anschläge verwickelt waren. Darüber hinaus handelten manche Gauleiter, SA- oder SS-Führer, als wären sie Kommandanten einer Privatarmee. Im Herbst 1933 wurden erstmals serienweise Papierböller eingesetzt und die schweren Anschläge verstärkt. Mit 31. Dezember 1933 begann jedoch eine große Sprengstoff- und Böllerwelle, allein bis 8. Jänner 1934 wurden 140 Anschläge festgestellt.[16] Sie dauerte bis Februar 1934, als Habicht einen „Waffenstillstand" verkündete und dafür von Hitler kaltgestellt wurde. Dennoch flammte die Terrorwelle im Mai 1934 wieder auf und dauerte bis zum Juli des Jahres an. Die Anschläge sollten eine allgemeine Unsicherheit hervorrufen, die Exekutive diskreditieren, die Wirtschaft – besonders den Fremdenverkehr – beeinträchtigen und die Regierung stürzen. Sie zielten gegen öffentliche Gebäude, Telefonzellen, Verkehrs- und Energieeinrichtigungen und Wasserleitungen, waren jedoch auch gegen Wohnhäuser von Politikern und Funktionären der Vaterländischen Front gerichtet. Außerdem gab es noch eine Reihe, teilweise spektakulärer Morde. Die Terroristen waren durchwegs Spezialisten, die Sprengstoffe und Waffen größtenteils reichsdeutscher Herkunft. Trotz ständiger Beschlagnahmen riß der Nachschub an Waffen, Munition und Sprengstoffen nicht ab, die über die Grenze geliefert und in Österreich auf verschiedene Depots verteilt wurden. Dort lagen sie für den Fall einer bewaffneten Aktion der Nationalsozialisten bereit.

Das sichtbarste Zeichen der illegalen Tätigkeit war die vielfältige Propaganda, ob durch illegale Zeitungen, Flugblätter, Schmierereien oder sonstige – oft auffallende – Aktivitäten. Ergänzt wurde die illegale Arbeit noch durch eine Unterwanderung zahlreicher Vereine, jedoch auch der Beamtenschaft, Polizei und Justiz.

Nach der Ausschaltung des Parlaments im März 1933 hatte die Regierung begonnen, mit Notverordnungen demokratische Grund- und Freiheitsrechte einzuschränken, die politische Opposition in ihrer Tätigkeit zu behindern oder zu verbieten, Wahlen abzuschaffen und politische Gegner aus dem öffentlichen Dienst zu entfernen.[17] Bei dieser Gelegenheit wurde auch eine größere Zahl von Nationalsozialisten aus dem Bundesheer entlassen, darunter viele, die später als Mitglieder der SS-Standarte 89 beim Putsch im Bundeskanzleramt teilnahmen. Die Straffung des Sicherheitsapparates, die Schaffung einer Hilfspolizei aus regierungstreuen Wehrverbänden, die Errichtung von Anhaltelagern, die Verhängung des Standrechts und die Einführung der Todesstrafe richteten sich gleichermaßen gegen Sozialdemokraten wie gegen Nationalsozialisten, führten jedoch in zunehmendem Maß zu einer Verhärtung der Ablehnung der Regierungspolitik durch einen großen Teil der Bevölkerung.

Die Regierung handelte dabei durchaus ambivalent. Denn während die polizeilichen und sonstigen repressiven Maßnahmen verstärkt wurden, verhandelten Regierungsvertreter, Vertreter der Wehrverbände (oft ohne voneinander zu wissen) und politische Funktionäre mit verschiedenen nationalsozialistischen Repräsentanten.[18] Ein derartiger Verhandler war auch Emil Fey, der ab Mitte Juli 1934 die Kontakte zu den Nationalsozialisten so intensivierte, daß diese schon ein Zerbrechen der Regierungskoalition erwarteten.

Der Zweifrontenkrieg der Regierung gegen die sozialdemokratische und nationalsozialistische Opposition führte bei den Sozialdemokraten zu einer Haltung, keine weiteren Einschränkungen der militärischen und politischen Handlungsfähigkeit hinnehmen zu können. Daraus entstand die Eruption des Februar 1934, die zu einem regelrechten Bürgerkrieg führte. Der Sieg der Regierung war nur äußerlich, denn einerseits standen die Sozialdemokraten von da an politisch abseits, und andererseits fehlte dadurch ein wichtiger Verbündeter im Kampf gegen den Nationalsozialismus. Als Folge des Februars 1934 lief ein Teil der Arbeiterschaft zu den Nationalsozialisten über[19], die sich nun als einzige starke Kraft gegen die Regierung präsentieren konnten.

4. Die Vorbereitung des Putsches

Es wäre verfehlt, die NSDAP als monolithische Organisation zu sehen und die Putschvorbereitungen auf eine zentrale Planung zurückzuführen. Vielmehr stellten verschiedene Parteiformationen und -funktionäre verschieden ernst gemeinte und verschieden wirkungsvolle Überlegungen für die Änderung der politischen Situation in Österreich mit Hilfe eines Putsches an. Die kreuz und quer laufenden Linien, die ständigen Bestrebungen, andere Funktionäre aus dem eigenen Spiel herauszuhalten, immer wieder wechselnde Machtlinien und unterschiedlicher Zugriff zu materiellen Mitteln führten einerseits zu Koalitionen, andererseits zum Abseitsstehen von Personen und Formationen. Diese Inhomogenität ist ein wesentliches Charakteristikum des ganzen Putschunternehmens. Genau genommen kann man überhaupt nicht von einem Putsch, sondern besser von mehreren Putschunternehmen sprechen, die mitunter lose verzahnt, mitunter völlig unkoordiniert abliefen.

Mit Hilfe eines Putsches die Macht zu übernehmen, war spätestens seit dem Hitler-Putsch von 1923 ein ständig präsentes Modell, es widersprach nicht der Konzeption auf dem Weg zur Macht. Die ersten konkreten Überlegungen für Österreich kamen aus dem Bereich der SA, die nach dem Parteiverbot Alarmpläne für die einzelnen Orte ausarbeitete, die auch eine örtliche Machtübernahme durch Besetzung von Verwaltungs- und Gendarmerieposten vorsahen. Der Grad der Einsatzbereitschaft war jedoch sehr unterschiedlich, da die Bewaffnung nur gebietsweise erfolgte, die Bestände durch die Behörden auch dauernd dezimiert wurden, Befehlshierarchien durch Verhaftungen oder Flucht unterbrochen waren und die Bereitschaft zum Kampf nicht bei jedem Nationalsozialisten gleich ausgeprägt war. Die große Bedeutung ergab sich vor allem durch die Fähigkeit des Führers der österreichischen SA, Hermann Reschny, die SA aus dem Einfluß der Landesleitung (Habicht) herauszuhalten. Für Oktober 1933 wurde ein Einfall der österreichischen Legion vorbereitet, doch schließlich verschoben. Am 12. Februar 1934 fanden Beratungen statt, ob auch die SA bei den ausbrechenden Kämpfen eingreifen sollte, doch wurde die Entscheidung wieder verschoben. Eine ernsthafte Vorbereitung erfolgte für den 15. März, doch wurde Hitler über die geheimen Pläne Reschnys informiert, ließ ihn holen und verbot ihm alle weiteren Aktionen.

Ein in der Konzeption völlig anderer Plan entstand im Juli 1933 unter nationalsozialistischen Mitgliedern der Wiener Polizei. Demnach sollte eine kleine Zahl von Exekutivangehörigen den Ministerrat gefangennehmen und damit die Front der Regierung von innen aufrollen. Durchgeführt sollte die Aktion von der Alarmabteilung werden. Erschwert wurde die Planung durch die Versetzung eines Großteils der Nationalsozialisten von der Alarmabteilung in andere Dienststellen, dennoch wurde die Vorbereitung detaillierter fortgesetzt. Etwa 70 Mann Militär und ehemalige Angehörige der Alarmabteilung sollten im Bundeskanzleramt einrücken und die Regierung gefangennehmen, andere Gruppen sollten die Polizeidirektion, die Marokkanerkaserne, den Runkfunksender am Bisamberg und das Stadtkommando besetzen, es sollte eine provisorische Regierung eingesetzt und die Forderung nach sofortigen Neuwahlen erhoben werden. Gauleiter Frauenfeld sollte in der Nähe des Bundeskanzleramtes das Geschehen abwarten und dann mit der gefangenen Regierung verhandeln. Damit waren Grundzüge des tatsächlichen Ablaufs bereits entwickelt. Wegen geringer Erfolge bei Werbungen unter Bundesheersoldaten und Polizisten für das Unternehmen nahm die Gruppe Kontakt mit dem ehemaligen Gemeinderat der NSDAP und Kriminalbeamten Konrad Rotter auf, der eine eigene nationalsozialistische Polizeigruppe aufgestellt hatte, aus der nun Teilnehmer für das Unternehmen rekrutiert wurden. Von Rotter stammte die Erweiterung des Planes, auch den Bundespräsidenten gefangen zu nehmen. Das Unternehmen wurde zunächst für September 1933 vorgesehen, dann auf Oktober und schließlich auf November verschoben. Aus außenpolitischen Rücksichten wurde der Plan auf unbestimmte Zeit ausgesetzt und schließlich nach dem Februar 1934 wegen der Stärke der Regierung abgesagt.

Doch Rotter überspielte die vorbereitende Polizeigruppe, ohne ihr Wissen bot er Reschny und Habicht den Plan an und denunzierte die bisherigen Protagonisten als unzuverlässig. Habicht überspielte aber nun seinerseits Rotter, denn er verbot ihm weitere Vorbereitungen, begann aber selbst Maßnahmen und Verhandlungen zur Durchführung des Putschplans. Für Habicht kam diese Idee gerade zur richtigen Zeit, denn Hitler hatte ihn wegen der mangelnden Erfolge weitgehend ausgeschaltet, und mit diesem Paukenschlag hoffte er, die verlorene Position wieder erringen zu können. Habicht suchte nun Verbündete und fand sie einerseits im ehemaligen christlichsozialen Unterrichtsminister Anton Rintelen, der, von Dollfuß entmachtet, tief in seiner Eitelkeit getroffen, grollend als Botschafter in Rom saß, und im ehemaligen Vizekanzler Winkler, der im September 1933 mit dem Landbund aus dem Kabinett Dollfuß ausgeschieden war. Rintelen war als Kanzler und Nachfolger Dollfuß' vorgesehen, Winkler sollte wieder ein Ministeramt erhalten. Zum politischen Kopf des Unternehmens entwickelte sich rasch der Mitarbeiter Habichts Otto Gustav Wächter, der in der Folge alle politischen Verhandlungen führte und den Putsch diplomatisch und außenpolitisch abzusichern suchte.

Es ist eine Streitfrage, ob Hitler vom Putsch wußte oder ihn sogar anordnete. Die wahrscheinlichste Interpretation ist eine passive Zustimmung. Denn am 6. Juni 1934 hatte Habicht eine Unterredung mit Hitler, in der er ihm vom Plan des österreichischen Bundesheeres berichtete, den Sturz der Regierung vorzubereiten und um die Entscheidung bat, ob sich die Partei anschließen sollte. Hitler bekräftigte für die Partei das nach wie vor bestehende Putschverbot, genehmigte aber die Teilnahme der NSDAP an einer eventuellen neuen Regierung. Durch diese Täuschung hatte Habicht nun sichergestellt, daß Hitler nichts gegen die vermeintlichen Putschvorbereitungen des Heeres unternahm und konnte sich außerdem auf einen Führerbefehl berufen. Doch Hitler war mißtrauisch, erkundigte sich bei Reschny und der Wehrmacht, ob ein Bundesheer-Putsch möglich sei. Als alle diese Möglichkeit für ausgeschlossen hielten, mußte er den Trick Habichts durchschaut haben, doch blieb er abwartend, um im Falle des Erfolges die Ernte einbringen, im Falle des Mißerfolges aber sich als von Habicht Getäuschter hinstellen zu können. Habicht beharrte in späteren Gesprächen allerdings darauf, daß Hitler den Putsch persönlich angeordnet hatte.[20] Es war aber das Bestreben Habichts, nach außen die Aktion als rein österreichische Initiative darzustellen, weshalb er die Fiktion vom Aufstand des Bundesheeres und der Polizei aufrechterhielt.

In der ganzen Planung fehlte nur mehr ein Stein, nämlich die durchführende Einheit. Diese wurde in der SS-Standarte 89 gefunden, denn ab Anfang Juni 1934 war deren Führer Fridolin Glass in die Vorbereitung eingebunden. Die SS-Standarte 89 war ein bunt zusammengewürfelter Haufen aus entlassenen und aktiven Heeresangehörigen, ehemaligen Angehörigen der Freikorps Oberland und Roßbach, der Deutschen Wehr und einigen Polizeibeamten. Sie waren erst im März pauschal in die SS überführt worden, da es jedoch eine globale Aufnahme in die SS nicht gab, waren die Mitglieder streng genommen gar nicht SS-Angehörige. Die von Glass forcierte Überführung rief Spannungen zur SA und zur älteren SS-Standarte 11 in Wien hervor, was mit ein Grund für die fehlende Einbindung bei der Durchführung des Putsches war. Glass nahm für sich die militärische Leitung des Putschunternehmens in Anspruch. Am 16. Juli 1934 fand die abschließende Besprechung des Putsches in München statt, von Reschny kam bei dieser Gelegenheit eine vage Zusicherung einer Teilnahme der SA.

Läßt schon die überhastete Vorbereitung – von den ersten konkreten Vorbesprechungen bis zum Putsch war es nur ein Monat – die Rolle der Hauptakteure fragwürdig erscheinen, so deckt eine Analyse der Vorbereitung der Aktion die Leichtfertigkeit der Verschwörer auf. Glass, der sich als genialer Stratege fühlte, obwohl er nicht einmal Gefreiter beim Bundesheer war, wachte eifersüchtig über das Monopol seiner SS-Standarte 89, von der aber auch nur etwa die Hälfte eingeweiht war; es gab keine Klarheit über den tatsächlichen Umfang der Unterstützung durch Polizei und Bundesheer, die SA war in die Planungen nicht eingebunden, zwischen allen Formationen herrschte Mißtrauen, und die politische Absicherung stand auf schwankenden Beinen.

Am 23. Juli traf Rintelen in Wien ein, wurde von Finanzminister Buresch mit Informationen aus dem Kabinett versehen und träumte von einem nationalen österreichischen Kabinett, in das er Habicht gar nicht aufnehmen wollte. Zwei seltsame Offiziere bekräftigten ihre Fähigkeit, das gesamte Bundesheer lahmlegen zu können, und in einer Badehütte in Klosterneuburg kam es zum letzten Appell der SS-Standarte 89. Der Zeitpunkt des Losschlagens wurde für den 24. Juli festgelegt. Als aber die Verschiebung des Ministerrates auf den 25. Juli 1934 bekannt wurde, gelang es noch im letzten Moment, die Verschwörer zurückzurufen und die Durchführung um einen Tag zu verschieben.

Der österreichischen Staatspolizei und den Sicherheitsbehörden waren Putschvorbereitungen schon lange zur Kenntnis gelangt. Doch waren die Meldungen sehr widersprüchlich, und zu angegebenen Terminen fand kein Putsch statt. Es scheint daher, daß die Polizei auf Grund zahlreicher falscher Alarme die Warnungen vor dem tatsächlichen Putsch auch nicht mehr ernst nahm. Die konkreteste Warnung kam von der SA. Reschny hatte Ende Mai/Anfang Juni 1934 von Plänen gehört, Hitler informiert und war von ihm autorisiert worden, den Putsch mit allen Mitteln zu verhindern, da er ihn nicht billige. Reschny ließ darauf über einen Mittelsmann die Namen, Photos und Personalangaben aller an der Vorbereitung des Putsches Beteiligten an den Generaldirektor für die öffentliche Sicherheit und den Sekretär des Heimwehr-Ministers Neustädter-Stürmer übermitteln, doch erfolgte nur eine Routinebehandlung der Information, Warnungen an die Regierungsmitglieder gab es keine. Auch über außenpolitische Kanäle eingelangte Warnungen blieben ohne Folgen. Bürokratische Unterlassung sollte auch am 25. Juli ein deutliches Merkmal des Geschehens werden.

5. Der Putsch in Wien

Es ist erstaunlich, daß trotz der dilettantischen Vorbereitung und Durchführung das Putschunternehmen in Wien – zumindest anfänglich – ein Erfolg wurde. Dazu haben wohl in erster Linie Versäumnisse, Unterlassungen und passive Resistenz der Exekutive beigetragen. Trotz aller vorangegangener Warnungen – auch jener am 24. Juli an den Leiter des Sicherheitsdienstes im Bundeskanzleramt – hatte erst der Verrat des in die Putschvorbereitungen eingeweihten Polizeirevierinspektors Dobler Gegenmaßnahmen der Regierung ausgelöst. Dobler hatte über Mittelsmänner Fey eine Warnung zukommen lassen, doch verging durch Prüfungen, Rückfragen und Verzögerungen wertvolle Zeit. Fey hatte seit 10 Uhr 30 Kenntnis vom Putschplan, entsandte aber erst einen Kriminalbeamten zur Beobachtung des Ballhausplatzes, alarmierte eine Einheit des Wiener Heimatschutzes und brachte erst um 12 Uhr 10 seine Informationen Dollfuß im Ministerrat zur Kenntnis, worauf dieser den Ministerrat unterbrach und die Minister in ihre Büros sandte. Aus diesem Grund waren nur Dollfuß, Fey und der für Sicherheitsangelegenheiten zuständige Staatssekretär Karwinsky im Bundeskanzleramt, als die Putschisten eintrafen.

Diese hatten inzwischen in einer Turnhalle in der Siebensterngasse Uniformen des Bundesheeres angezogen und Waffen erhalten. Über die genaue Zahl der Putschisten besteht Unklarheit, die Angaben schwanken zwischen 144 und 154. Hier kam es bereits zu ersten Pannen: Das Umkleiden dauerte zu lange, der Lastwagen mit Munition blieb stehen, während die Putschisten auf Lastwagen zum Bundeskanzleramt fuhren, und Glass wurde vor der Abfahrt verhaftet und gelangte daher nicht ins Bundeskanzleramt. Zwischen 12 Uhr 53 und 12 Uhr 55 fuhren ein Personenwagen und vier Lastwagen mit den Putschisten ins Bundeskanzleramt ein, die restlichen Lastautos blieben am Ballhausplatz stehen, die Putschisten eilten ins Gebäude. Im Hof war gerade die Übergabe der Ehrenwache im Gange, man ließ sich durch die Putschisten im Ritual nicht stören, bis die Soldaten verhaftet wurden. Gleichzeitig verteilten sich die Putschisten nach einem Plan im Haus und begannen mit Verhaftungen, während das Tor geschlossen und ein Maschinengewehr in der Einfahrt in Stellung gebracht wurde.

War in der ersten Phase die Unterlassung das Charakteristikum, so war in der zweiten Phase eine deutliche Überforderung des Polizeiapparates zu bemerken. Der im Auftrag der Regierung Schuschnigg verfaßte Untersuchungsbericht stellte ein Verschulden der leitenden Funktionäre der Polizeidirektion Wien fest, die verspätete und unzulängliche Vorkehrungen anordneten und zu einem Zeitpunkt mit Erhebungen begannen,als bereits Abwehrmaßnahmen notwendig gewesen wären.

Um das Geschehen im Bundeskanzleramt bestehen einige Kontroversen:

1. Die Rolle Feys. Schon in zeitgenössischen Pamphleten wurde Fey erhebliche Mitschuld, ja sogar die Abgabe des tödlichen Schusses zugeschrieben.[21] Es ist eine verspätete Abgabe der Warnung, eine teilweise Sympathie mit den Putschisten und ein versuchter Druck auf Dollfuß festzustellen, mehr jedoch nicht.
2. Der Tod Dollfuß'. Bis heute herrscht keine eindeutige Klarheit über die genauen Umstände des Todes. Dollfuß

trafen zwei Schüsse, wovon einer als Durchschuß vom Hals zur Achsel unbedingt tödlich war, der zweite war ein Halssteckschuß, jedoch nicht lebensgefährlich. Der Putschist Planetta hat zugegeben, einen Schuß auf Dollfuß abgegeben zu haben, ist sich eines zweiten aber nie sicher gewesen. Sowohl bei der Tataufnahme, als auch bei den unzulänglichen medizinischen Untersuchungen wurde vieles verschleiert und verschlampt. Eine These wäre möglich, daß Planetta einen Schuß abgab, dieser aber nicht tödlich war und ein anderer Putschist auf den am Boden Liegenden den zweiten tödlichen Schuß abgab. Dollfuß starb um etwa 15 Uhr 45.

3. Die Frage des freien Geleits. Etwas nach 17 Uhr wurden Minister Neustädter-Stürmer und Staatssekretär Zehner vom Rumpfministerrat zum Ballhausplatz gesandt, um den Putschisten ein Ultimatum zu stellen. Es wurden den Putschisten freies Geleit und der Abtransport an die deutsche Grenze zugesichert, wenn sie sich innerhalb von 20 Minuten ergeben würden. Der eingetroffene deutsche Gesandte sollte die Abmachung garantieren. Die Regierung stellte sich aber auf den Standpunkt, daß das freie Geleit daran gebunden war, daß kein Mensch getötet wurde, der Tod des Kanzlers sei nicht bekannt gewesen.[22] Tatsächlich gab Neustädter-Stürmer zu, ihm sei während der Verhandlungen der Tod des Kanzlers bekannt geworden, er habe aber aus Staatsräson nicht darüber gesprochen.[23] Unter Berufung auf den Tod des Kanzlers ließ die Regierung alle Putschisten verhaften.

Während die Aktion im Bundeskanzleramt begann, besetzte eine Gruppe von Putschisten das Sendehaus der Rundfunkanstalt in der Johannesgasse. Die Putschisten zwangen den Rundfunksprecher zur Durchsage einer Erklärung über den Rücktritt der Regierung Dollfuß und die Übernahme der Regierungsgeschäfte durch Rintelen. Wenige Minuten nach der Besetzung des Hauses liefen die polizeilichen Maßnahmen an, die Polizei nahm das Gebäude unter Feuer, während die Putschisten aus den Fenstern schossen. Insgesamt wurden zwei Polizisten, zwei Besucher und ein Putschist getötet, 13 Putschisten wurden festgenommen.

Die fehlenden Führer – auch im Rundfunk waren nicht alle Putschisten ins Gebäude gelangt –, die innere Orientierungslosigkeit, die fehlende Vorbereitung auf den Ablauf und die raschen Gegenmaßnahmen führten schon nach wenigen Stunden zum Zusammenbruch. Polizei und Heimatschutz besetzten schon ab 13 Uhr 30 den Ballhausplatz und zernierten das Bundeskanzleramt, das Bundesheer traf erst nach 15 Uhr ein.[24] Zwischen 14 Uhr und 14 Uhr 30 trafen die restlichen Minister zu einem Rumpfministerrat zusammen und begannen die Abwehr zu organisieren. Minister Schuschnigg wurde vom Bundespräsidenten, dessen Verhaftung ebenfalls gescheitert war, mit dem Vorsitz betraut.

6. Der Putsch in den Bundesländern

Die Ereignisse in den Bundesländern lassen sich nur in einen losen Zusammenhang mit den Ereignissen in Wien bringen. Über die Motive Reschnys, beim Habicht-Putsch nicht mitzumachen, gibt es keine Anhaltspunkte, ebenso scheint es, als ob es keine zentrale Anordnung für die Aufstandsbewegungen in den Bundesländern gab, sondern in einzelnen Gebieten Führer eigenmächtig die Aktionen auslösten. Der Putschplan für die Bundesländer ist als „Kollerschlager Dokument" bekannt geworden, weil dieser Plan bei einem Kurier in Kollerschlag beschlagnahmt wurde. Der Plan machte Angaben über die politischen Voraussetzungen und das methodische Vorgehen im Falle einer nationalsozialistischen Machtergreifung. Auf den mit einem Codewort bekanntgegebenen Rücktritt Dollfuß' sollten die öffentlichen Ämter besetzt, die Funktionäre verhaftet werden und die SA die Macht übernehmen. Tatsächlich war das Scheitern des Putsches in Wien schon am Abend des 25. Juli in den Bundesländern bekannt, die Exekutive nahm auch gleich vorbeugend zahlreiche Verhaftungen von bekannten Nationalsozialisten vor.

Dennoch brachen schon am 25. Juli und an den folgenden Tagen in verschiedenen Gebieten Österreichs Kämpfe aus. Entscheidend waren die Radikalität der jeweiligen militärischen Führer, die Funktionsfähigkeit der Befehlslinie, die Bewaffnung, der Ausbildungsgrad und die Disziplin der Kämpfer. Kämpfe in größeren Gebieten fanden nur in der Steiermark und in Kärnten statt, begrenzte Gefechte gab es in Oberösterreich und Salzburg, in den anderen Bundesländern kam es nur zu unbedeutenden militärischen Aktionen.[25]

In der Steiermark wurden die Kämpfe von der SA und dem Steirischen Heimatschutz, in manchen Gebieten auch von der SS, in der Ost- und Südsteiermark zusätzlich von den vom Landbund aufgestellten Bauernwehren geführt. In vielen Orten der Steiermark kam es zu Demonstrationen, Hakenkreuzfahnen wurden gehißt, in einigen wurden Gendarmerieposten besetzt und Heimwehrangehörige entwaffnet. Die heftigsten Gefechte mit Heimwehr- und Bundesheereinheiten fanden im unteren Murtal, in der Weststeiermark, im oberen Murtal und am Pyhrnpaß statt, in einigen Orten – wie Bad Aussee, Mitterndorf, Admont, Weiz und Ilz – gab es heftige Kämpfe. SA-Einheiten besetzten ohne Kampf Radkersburg.

In Kärnten waren die Kämpfe heftiger und ausgedehnter als in anderen Bundesländern, sie brachen erst am Nachmittag des 26. Juli vor allem im Lavanttal, im Zollfeld, im oberen Gurktal, in Feldkirchen und im oberen Drautal aus. Kleinere Gefechte gab es im Metnitztal, in Millstatt, in Arnoldstein, Bleiburg und Griffen. Viele Orte wurden von Nationalsozialisten besetzt, nach dem Mißlingen jedoch wieder geräumt. Nachdem die militärische Niederlage offenkundig wurde, traten die Putschisten in den Morgenstunden des 30. Juli mit allen Kraftwagen und der gesamten Bewaffnung nach Jugoslawien über.

In Oberösterreich gab es mit Ausnahme der Ereignisse am Pyhrnpaß bei Kollerschlag keine bedeutenden Kämpfe. Am Pyhrnpaß wurden Bundesheereinheiten mit gut bewaffneten

Aufständischen in heftige Kämpfe verwickelt, während in Kollerschlag ein Überfall einer kleinen Patrouille von Legionären erfolgte. Unruhen gab es auch im Salzkammergut, im Raum Kirchdorf an der Krems, und in Gmunden begannen am 26. Juli Unruhen. Am 27. Juli hatte sich im allgemeinen die Lage beruhigt.

In Salzburg gab es nur Gefechte am Mandlingpaß, in Liefering und in Lamprechtshausen, in einigen kleineren Orten gab es Aufruhrhandlungen, am 27. Juli wurde in Salzburg das Standrecht verhängt. In Tirol kam es zu keinen Aktionen. Im Burgenland gab es nur einen Fall eines dilettantischen Kriegsspiels mit einem Gefecht um das Zollhaus Minihof-Liebau. In Niederösterreich hielten Putschisten am Semmering Bereitschaft.

Mit 30. Juli war der Putschversuch in ganz Österreich liquidiert. 52.820 Angehörige der Wehrverbände waren als Schutzkorps aufgeboten, daneben kämpften noch verschiedene andere Wehrformationen und das Bundesheer. Insgesamt wurden 23 Angehörige des Bundesheeres, vier der Bundespolizei, zehn der Gendarmerie und einer der Zollwache, 56 der Heimwehr, 6 der Ostmärkischen Sturmscharen, drei des Freiheitsbundes und ein Christlichdeutscher Turner getötet. Zusammen mit den Zivilkämpfern ergaben sich auf Seiten der Regierung 107 Tote. Die Aufständischen verloren 102 Mitglieder der SA, sieben der SS, drei der HJ, neun des Steirischen Heimatschutzes, acht der Bauernwehren und vier nicht zugeordnete Tote.[26] Mit den Selbst- und Fememorden, den Hingerichteten sowie den getöteten Unbeteiligten kostete der 25. Juli insgesamt 269 Tote und 430 bis 660 Verletzte.

7. Die politische Liquidation des Putsches

Die Regierung errichtete als erste Maßnahme zur Aburteilung der Teilnehmer am Juliputsch einen Militärgerichtshof, die minder Beteiligten wurden in Anhaltelager eingewiesen.

Die Aufrührer aus dem Bundeskanzleramt wurden zunächst in der Marokkanerkaserne untergebracht, wo die Suche nach dem Mörder Dollfuß' begann. Hastig wurden die Verfahren vor dem Militärgericht durchgeführt, die ersten Angeklagten waren die Führer des Unternehmens, Planetta und Holzweber, beide wurden zum Tod verurteilt und hingerichtet. In den folgenden Monaten fanden zahlreiche Militärgerichtsprozesse statt, wobei auch einige Todesurteile verhängt wurden. Als weitere Maßnahmen wurden Vermögensbeschlagnahmen, Entlassungen, Gewerbestillegungen und Strafbeträge für bekannte Nationalsozialisten (auch wenn sie nicht am Putsch beteiligt waren) angewandt.

Hitlers Reaktion war infolge der ungünstigen Optik für das Deutsche Reich sehr heftig. Er ordnete die sofortige Abberufung des deutschen Gesandten Rieth an; Putschisten, die die Grenze überschritten, sollten verhaftet werden. Vizekanzler Papen sollte als Sonderbevollmächtigter Hitlers zur Normalisierung der Beziehungen mit Österreich beitragen. Auf der Ebene der Parteiorganisation erkor Hitler Habicht zum Sündenbock, enthob ihn aller Ämter, löste die Landesleitung Österreich auf und verbot den politischen Führern, nach Österreich hineinzuarbeiten. Auch die militärischen Stäbe wurden aufgelöst. Ein Flüchtlingshilfswerk sollte die Betreuung der Österreicher im Reich übernehmen. Die Anstifter des Juliputsches versuchten, sich vor den Parteistellen zu rechtfertigen, doch wurden die Verfahren unterbrochen. 1938 wurden sie wieder aufgenommen und eine Historische Kommission des Reichsführers SS zur Untersuchung der Verschuldensfrage eingesetzt.[27] Da jedoch zahlreiche höchste Parteifunktionäre, ja Hitler selbst in die Vorbereitungen verwickelt waren, verfaßte man einen ausgeglichenen Endbericht und ließ die Angelegenheit ruhen.

Beide Seiten versuchten politisches Kapital aus den Geschehnissen zu schlagen. Dollfuß wurde zum „Märtyrer der gerechten Sache“ stilisiert, überall entstanden Dollfuß-Büsten, Dollfuß-Plätze und Dollfuß-Gedenkstätten, es schien, als ob ein Teil der Politik aus der Mythisierung des Kanzlers

Kraft für die Überlebenden schöpfen wollte. Doch die Realpolitik hält sich nicht an Mythen, weswegen die politische Illusion, die mit dem Dollfußkult verbunden war, der realen Bedrohung durch den Imperialismus des nationalsozialistischen Deutschen Reichs nicht gewachsen war. Die Nationalsozialisten stilisierten ihre Toten ebenfalls als Märtyrer, nach dem „Anschluß" entstanden Plätze nach den Namen der Hingerichteten, die „Helden" wurden in die übliche Blutmythologie des Nationalsozialismus eingebaut, die Opfer sollten Garanten für den Sieg des Nationalsozialismus sein. Die publizistische Vermarktung des Putschmythos, die jährlichen Gedenkmärsche und Weihefeiern waren aber ebenso die Ursachen für eine Illusion, die im konkreten Herrschafts- und Terrorsystem und schließlich im Inferno des Zweiten Weltkriegs endete.

1 Ferdinand Burschofsky, Beiträge zur Geschichte der deutschnationalen Arbeiterbewegung in Oesterreich, Bd. 1, Hohenstadt 1915, S. 50 f.; A. Ciller, Vorläufer des Nationalsozialismus, Geschichte und Entwicklung der nationalen Arbeiterbewegung im deutschen Grenzland, Wien 1932, S. 37 ff.; Bruce F. Pauley, Der Weg in den Nationalsozialismus. Ursprünge und Entwicklung in Österreich, Wien 1988, S. 35 ff.

2 Alexander Schilling, Dr. Walter Riehl und die Geschichte des Nationalsozialismus, Leipzig 1933; Rudolf Brandstötter, Dr. Walter Riehl und die Geschichte der nationalsozialistischen Bewegung in Österreich, phil. Diss. Wien 1969.

3 Das Dienstbuch der NSDAP, Oesterreichs Hitlerbewegung, Linz 1932, S. 17 ff.

4 Gerhard Jagschitz, Die Nationalsozialistische Partei, in: Handbuch des politischen Systems Österreichs. Erste Republik 1918–1933, hrsg. v. Emmerich Tálos, Herbert Dachs, Ernst Hanisch, Anton Staudinger, Wien 1995, S. 231–244, hier S. 236 ff.

5 Zur Sozialstruktur der Partei: Gerhard Botz, Strukturwandlungen des österreichischen Nationalsozialismus 1904–1945, in: Politik und Gesellschaft im alten und neuen Österreich. Festschrift für Rudolf Neck zum 60. Geburtstag, hrsg. v. Isabella Ackerl, Walter Hummelberger, Hans Mommsen, Bd. 2, Wien 1981, S. 163–193; Ders., Arbeiterschaft und österreichische NSDAP-Mitglieder (1926–1945) in: Arbeiterschaft und Nationalsozialismus in Österreich. In memoriam Karl R. Stadler, hrsg. v. Rudolf G. Ardelt, Hans Hautmann, Wien 1990, S. 29–48; Pauley, Na-

tionalsozialismus, S. 49 ff.; Michael Gehler, Korporationsstudenten und Nationalsozialismus in Österreich. Eine quantifizierende Untersuchung, in: *Geschichte und Gesellschaft* 20 (1994), Heft 1, S. 1–28.

6 Gerhard Botz, Gewalt in der Politik, Attentate, Zusammenstöße, Putschversuche, Unruhen in Österreich 1918 bis 1938, München 1983, S. 113 ff., 186 ff.

7 Ludger Rape, Die österreichischen Heimwehren und die bayerische Rechte 1920–1923, Wien 1977, S. 351 ff.

8 Gerhard Jagschitz, Der Putsch. Die Nationalsozialisten 1934 in Österreich, Graz – Wien – Köln 1976, S. 28.

9 Bruce F. Pauley, Hahnenschwanz und Hakenkreuz. Der steirische Heimatschutz und der österreichische Nationalsozialismus 1918–1934, Wien 1972, S. 127 ff.

10 Das Braunbuch. Hakenkreuz gegen Österreich, hrsg. v. Bundeskanzleramt, Wien 1933, S. 8 f. (Kapitel: Die nationalsozialistische Mord- und Terrorwelle in Österreich).

11 Die Anschlußfrage in ihrer kulturellen, politischen und wirtschaftlichen Bedeutung, hrsg. v. Friedrich F. G. Kleinwächter und Heinz von Paller, Wien – Leipzig 1930, S. 35 ff.; Norbert Schausberger, Der Griff nach Österreich. Der Anschluß, Wien – München 1979[2], S. 29 ff.

12 Franz Schausberger, Letzte Chance für die Demokratie. Die Bildung der Regierung Dollfuß I im Mai 1932. Bruch der österreichischen Proporzdemokratie, Wien – Köln – Weimar 1993, S. 86 ff.

13 James William Miller, Engelbert Dollfuß als Agrarfachmann. Eine Analyse bäuerlicher Führungsbegriffe und österreichischer Agrarpolitik 1918–1934 (Böhlaus zeitgeschichtliche Bibliothek 10), Wien – Köln 1989.

14 Es gibt keine wissenschaftliche Biographie Dollfuß'. Biographische Skizzen: Hugo Hantsch, Engelbert Dollfuß, in: Gestalter der Geschicke Österreichs, Studien der Wiener Kath. Akademie, Bd. 2, Innsbruck – Wien – München 1962, S. 611–623; Gerhard Jagschitz, Engelbert Dollfuß 1892 bis 1934, in: Die österreichischen Bundeskanzler. Leben und Werk, hrsg. v. Friedrich Weissensteiner und Erika Weinzierl, Wien 1983, S. 190–216.

15 Dieter Ross, Hitler und Dollfuß. Die deutsche Österreich-Politik 1933–1934, Hamburg 1966, S. 13 f.; Dieter Anton Binder, Dollfuss und Hitler. Über die Außenpolitik des autoritären Ständestaates in den Jahren 1933/34 (Dissertation der Universität Graz 43), Graz 1979, S. 113 ff.

16 Ministerratsprotokolle 915 vom 8. 1. 1934. Protokoll des Ministerrates der Ersten Republik, Abteilung VIII, 20. Mai 1932 bis 25. Juli 1934, Bd. 5, Kabinett Dr. Engelbert Dollfuß, 3. November 1933 bis 16./17. Februar 1934, Wien 1984, S. 398 ff.; Der braune Terror in Österreich, Wien 1934, S. 15 ff.

17 Peter Huemer, Sektionschef Robert Hecht und die Zerstörung der Demokratie in Österreich, Wien 1975, S. 157 ff.

18 Jagschitz, Putsch, S. 54 ff.

19 Helmut Konrad, Das Werben der NSDAP um die Sozialdemokraten 1933–1938, in: Arbeiterschaft und Nationalsozialismus, S. 73–89, hier S. 82 f.; Hans Schafranek, NSDAP und Sozialisten nach dem Februar 1934, in: Ebd., S. 91–128.

20 Aussage Dr. Günther Altenburg, 10. 10. 1969. Österreichisches Institut für Zeitgeschichte Wien, Personalmappe Altenburg.

21 Fritz Kreisler, Wer hat Dollfuß ermordet? Eine kriminalistisch-politische Betrachtung über den 25. Juli 1934, Bodenbach a. d. E. 1934.
22 Kurt Schuschnigg, Im Kampf gegen Hitler. Die Überwindung der Anschlußidee, Wien – München – Zürich 1969, S. 161.
23 Ministerratsprotokoll 957 vom 26. 7. 1934, Allgemeines Verwaltungsarchiv – Republikarchiv, Ministerrats-Protokolle K 177.
24 Die Juli-Revolte 1934. Das Eingreifen des österreichischen Bundesheeres zu ihrer Niederwerfung. Nur für den Dienstgebrauch. Im Auftrag des Bundesministeriums für Landesverteidigung als Manuskript gedruckt, Wien 1936.
25 Wolfgang Etschmann, Die Kämpfe in Österreich im Juli 1934 (Militärhistorische Schriftenreihe 50), Wien 1984; Harald Walser, Der Juli-Putsch 1934 in Tirol, in: Thomas Albrich/Klaus Eisterer/Rolf Steininger (Hrsg.), Tirol und der Anschluß. Voraussetzungen, Entwicklungen, Rahmenbedingungen 1918–1938 (Innsbrucker Forschungen zur Zeitgeschichte 3), Innsbruck 1988, S. 331–356; Michael Gehler, Tirol zur Zeit des Juli-Putsches der Nationalsozialisten im Jahre 1934, in: Historische Blickpunkte. Festschrift für Johann Rainer, Zum 65. Geburtstag dargebracht von Freunden, Kollegen und Schülern (Innsbrucker Beiträge zur Kulturwissenschaft 25), Innsbruck 1988, S. 159–172.
26 Jagschitz, Putsch, S. 167.
27 Die Erhebung der österreichischen Nationalsozialisten im Juli 1934. Akten der Historischen Kommission des Reichsführers SS, Wien – München – Zürich 1984.

Dokument 1

Vernehmung des Vorstands des staatspolizeilichen Büros im Bundeskanzleramt Hofrat Bruno Hantsch, 28. 7. 1934

Mittwoch, den 25. Juli laufenden Jahres – es dürfte meines Erinnerns zwischen 12 Uhr 30 und 12 Uhr 45 gewesen sein – hat mich Herr Staatssekretär Karwinsky vom Ballhausplatz, wie ich annahm, aus dem Ministerrat, telefonisch angerufen. Er teilte mir mit, dass zufolge einer ihm durch Herrn Bundesminister Fey zugekommenen Information in einer Turnhalle in der Siebensterngasse als Sicherheitswache und Militär uniformierte Personen unter bedenklichen Begleitumständen sich versammelt hätten. Es sei von diesen Leuten angeblich eine Aktion gegen das BKA. geplant. Der Herr Staatssekretär habe hinsichtlich des Gebäudes Ballhausplatz bereits dem Herrn Polizeipräsidenten die nötigen Aufträge erteilt. Er beauftragte mich, zunächst unter Vermeidung jedweder Beunruhigung der Beamtenschaft die erforderlichen Sicherungsmassnahmen für das Gebäude Herrengasse zu treffen. Schliesslich beauftragte er mich, über besondere Vorfälle und Begebenheiten ihm in das Arbeitszimmer des Herrn Bundeskanzlers telefonisch zu berichten.

Gemäss der Weisung des Herrn Staatssekretärs entsendete ich sofort Herrn Min.O.Koär. Dr. Hantschk zur Portierloge mit dem Auftrage, die den Sicherungsdienst versehenden Beamten anzuweisen, eine äusserst rigorose Kontrolle der in das BKA. Einlass begehrenden Personen durchzuführen, Autos die Einfahrt zu verwehren und gegebenenfalls das Tor schliessen zu lassen,

Dr. Hantschk hat mir den Vollzug dieses Auftrages in kürzester Frist gemeldet.

Vom Bestreben geleitet, mich über den vom Herrn Staatssekretär nur kurz angedeuteten Sachverhalt näher zu informieren, habe ich Hofrat Dr. Presser telefonisch angerufen und ihn gefragt, was eigentlich in der Siebensterngasse vorgehe. Hofr. Dr. Presser hat mich dahin informiert, dass auf Grund der dem Herrn Polizeipräsidenten durch den Herrn Staatssekretär zugekommenen Mitteilungen eine grössere Anzahl von Beamten in die Siebensterngasse entsendet worden sei, um dort den Sachverhalt zu klären. Hofr. Dr. Presser hat mir, wie ich vermute, in diesem Zusammenhang, möglicherweise aber auch im Verlauf eines zweiten Telefongespräches mitgeteilt, dass die Polizeidirektion aus verlässlicher Quelle Nachricht erhalten habe, der zufolge ein Anschlag auf die Person des Herrn Bundeskanzlers am Michaelerplatz geplant sei. Er habe deshalb dortselbst weitgehende Sicherheitsvorkehrungen getroffen. In der weiteren Folge begab ich mich in das Dienstzimmer der Herren Dr. Pamer und Dr. Walterskirchen und habe vom geöffneten Fenster aus die Vorgänge auf der Strasse und im Besonderen auf dem Michaelerplatz beobachten wollen. Tatsächlich konnte ich feststellen, dass ein Autotaxi (?) visavis dem Gebäude des BKA Herrengasse 7 hielt, dem 4 oder 5 Herren in Zivil entstiegen, die ich deshalb als Kriminalbeamte ansprechen konnte, weil einer dieser Herren mir aus seiner vorübergehenden Dienstleistung in Salzburg bekannt war. Diese Herren begaben sich in raschem Tempo auf den Michaelerplatz.

Ich möchte noch ergänzend bemerken, dass ich Hofr. Dr. Presser auch um eine entsprechende Verstärkung des Sicherheitsdienstes im BKA Herrengasse 7 dringend gebeten habe, was er mich [sic!] auch zusagte. Eine Mitteilung über die Art der Verstärkung ist mir nicht zugekommen. In der weiteren Folge erhielt ich einen Anruf des Herrn Pol. Präsidenten Dr. Seydel, der mir lediglich die Worte zurief: „Ich kann Dir nur sagen, ~~dass~~ es tut sich Verschiedenes! In einem späteren Zeitpunkte, die genaue Zeit ist mir nicht mehr erinnerlich, wendete sich der Polizei-Präsident auf telefonischem Wege an mich mit der Frage, ob ich nicht wüsste, wer das BKA Ballhausplatz besetzt habe, sowie der Frage, ob dies Regierungstreue oder regierungsfeindliche Elemente seien. Diese Frage konnte ich nicht beantworten. Während der Zeit, innerhalb welcher ich die Gespräche mit der Polizeidirektion Wien führte, versuchte ich mehrmals, eine Verbindung mit Herrn Staatssekretär Karwinsky zu erhalten, jedoch meldete sich die Hauszentrale am Ballhausplatz nicht, was ich zunächst mir mit einer Ueberbelastung der dortigen Leitungen erklärte. Die erste nähere Nachricht über die Vorgänge in der Siebensterngasse und am Ballhausplatz erhielt ich von Kb. Bez.Insp. Marek, doch dürften diese erst in der Zeit zwischen 4 und 5 Uhr erfolgt sein,

Um $^{1}/_{2}$ 3 Uhr begab ich mich in die Abteilung 6, um von den Fenstern, die auf den Ballhausplatz Aussicht gewähren, die Vorgänge dortselbst beobachten zu können. Ich wurde jedoch alsbald zum Herrn Justizminister Dr. Berger berufen, der mich beauftragte, mich ihm zur Verfügung zu stellen. Soweit der Herr Minister die im

Zuge der Ereignisse notwendigen Verfügungen nicht persönlich getroffen hat, habe ich selbe über erhaltenen Auftrag durchgeführt.

Vorgelesen, geschlossen und gefertigt.

Vor:

Allgayer m. p. Hofrat Bruno Hantsch m. p.

Österreichisches Staatsarchiv, Archiv der Republik – Allgemeines Verwaltungsarchiv. Bundeskanzleramt – Inneres, Präsidium. Juli-Putsch 1934 (Protokolle, Berichte).

Dokument 2

Vernehmung des Staatssekretärs für das Sicherheitswesen Carl Karwinsky, 7. 8. 1934

Dem Herrn Minister Fey stand am 25. Juli 1934 in seiner Eigenschaft als Generalstaatskommissär keinerlei Befugnis zu einer direkten Einflussnahme in Angelegenheit des öffentlichen Sicherheitsdienstes zu. Der Wirkungskreis des Generalstaatskommissärs war damals und ist auch heute noch nicht gesetzlich geregelt.

Als anlässlich der letzten Kabinettsumbildung unter dem verewigten Bundeskanzler Dr. Dollfuss die Funktion eines Generalstaatskommissärs geschaffen wurde, fanden beim Herrn Bundeskanzler mehrfache Besprechungen über den künftigen Wirkungskreis des Generalstaatskommissärs statt.

Ich erinnere mich insbesonders an zwei jedes Mal mehrere Stunden währende Besprechungen, bei deren einer ausser dem Bundeskanzler der Vizekanzler, Min. Fey und ich anwesend waren, während bei der zweiten der Bundeskanzler, Minister Fey, ich und zeitweise Bundeskommissär Dr. Fleisch teilnahmen.

Bei dieser zweiten Besprechung legte Minister Fey einen schriftlichen Entwurf vor, welcher die Befugnisse des Generalstaatskommissärs auf Grund der ersterwähnten Besprechung, die tags vorher stattgefunden hat, umschreiben sollte.

Im Gegensatze zu den Besprechungen am Vortage enthielt dieser schriftliche Entwurf unter anderem einen Passus, wonach dem Generalstaatskommissär eine direkte Einflussnahme auf die Angelegenheiten des Sicherheitswesens zustehen solle. Ich verlangte die Streichung dieser Bestimmung mit der Begründung, dass es meiner

Meinung nach gerade in Angelegenheiten des Sicherheitsdienstes unerlässlich sei, dass es nur *eine* oberste Stelle geben darf, welche zu Verfügungen auf dem Gebiete des Sicherheitswesens berufen sei, da sonst die unteren Instanzen nicht wüssten, wer ihr Herr sei, wodurch eine straffe und eindeutige Führung dieses Dienstes schwer gefährdet werden würde.

Der verewigte Bundeskanzler trat dieser Meinung bei und nach langwierigen Verhandlungen willigte schliesslich auch Major Fey in die Streichung des vorerwähnten Passus ein.

Es stand daher von jenem Zeitpunkt an unzweifelhaft fest, dass direkte Verfügungen auf dem Gebiete des Sicherheitswesens vom Generalstaatskommissär nicht getroffen werden dürften, sondern dass er sowie anderen Ressorts gegenüber auch auf dem Gebiete des Sicherheitswesens nur nach vorher erzieltem Einvernehmen mit dem Leiter des Ressorts irgendwelche Verfügungen hätte treffen dürfen.

Österreichisches Staatsarchiv, Archiv der Republik – Allgemeines Verwaltungsarchiv. Bundeskanzleramt – Inneres, Präsidium. Juli-Putsch 1934 (Protokolle, Berichte).

Dokument 3

Vernehmung des Polizeipräsidenten von Wien Dr. Eugen Seydel, 1. 8. 1934

Am Unglückstage, einige Minuten vor $^{1}/_{2}1$ Uhr mittags (~~an~~ die genaue Zeit habe ich nicht vermerkt) rief Herr Staatssekretär Karwinsky mich vom Ballhausplatz telefonisch an und teilte mir Folgendes mit:

1.) Herr Bundesminister Fey habe eine Nachricht gebracht, der zufolge in der „nächsten Zeit“ grosse Ueberraschungen seitens der Nazi zu gewärtigen seien.

2.) beauftragte mich Herr Staatssekretär Karwinsky rascheste Erhebungen in folgender Angelegenheit durchzuführen: Es sei Nachricht hier, dass in der Siebensterngasse in der Turnhalle Uniformierte seien, es heisst Wachebeamte und Heeresangehörige. Vor dem Lokal befanden sich Lastautos. Es solle auch auf oder abgeladen werden.

Herr Staatssekretär Karwinsky fügte bei, ich hätte auch festzustellen, ob nicht etwa dieses Lokal einem der Wehrverbände zugewiesen worden sei.

Ich rief sofort telephonisch den Chef der Staatspolizei Hofrat Dr. Presser an und beauftragte ihn mit der sofortigen Durchführung des ersten Teiles der Erhebungen mit dem Bemerken, dass unverzüglich unter der Leitung eines verlässlichen Konzeptsbeamten eine Anzahl von Kriminalbeamten selbstverständlich per Auto in die Siebensterngasse geschickt werden. Hofr. Dr. Presser erklärte in raschen Sätzen ungefähr folgendes:

„Herr Präsident, ich werde das raschestens veranlassen, vorher aber muss ich noch rasch Aufträge geben, die unbedingt wichtiger sind als das, was mir eben aufgetragen wurde. Ich kann nur kurz melden, dass wir aus verlässlicher Quelle Nachricht erhalten haben, auf den Herrn Bundeskanzler solle auf dem Michaelerplatz oder in der Herrengasse bei seiner Rückkehr aus dem Bundeskanzleramt ein Attentat verübt werden. Sobald ich die erforderlichen Weisungen erteilt habe, werde ich das andere sofort durchführen."

Inzwischen stellte ich bei Hofr. Dr. Pichler fest, dass das Lokal in der Siebensterngasse keinem Wehrverband überlassen worden sei, sondern dass es sich offenbar um die Turnhalle des Deutschen Turnerbundes handle.

Ich berichtete hierüber Herrn Staatssekretär Karwinsky umgehend, der auf die Dringlichkeit der Erhebungen in der Siebensterngasse aufmerksam machte und weiters den Auftrag gab, eine unauffällige Verstärkung der Uniformierten (Sicherheitswache) in der Umgebung des Ballhausplatzes rasch durchzuführen.

Ich berief telefonisch den in der Polizei-Direktion anwesenden Generalinspektor Dr. Manda zu mir, der unverzüglich erschien und die erforderlichen Weisungen erhielt. Ich stellte fest, dass auf Grund des bezüglichen Befehles des Generalinspektors der Sicherheitswache der Stellvertreter der Sicherheitswachabteilung Innere Stadt Polizeikommissär Dr. Springer mit einigen Wachebeamten zum Bundeskanzleramt mittels Motorrades abgefahren ist. Wie die traurigen Ereignisse gezeigt haben, war Dr. Springer, nachdem er nach seiner Meldung die Umgebung des Bundeskanzleramtes mehrmals umfahren hatte, ohne etwas Bedenkliches wahrzunehmen, in die Hauseinfahrt des Bundeskanzlers eingetreten und suchte sich dort durch Rücksprache mit Kriminalbeamtenoberinspektor Dr. Göbel über die Situation zu informieren.

Auf weiteren dringlichen Anruf des Herrn Staatssekretärs, ob ich bezüglich Siebensterngasse noch keine Meldung erstatten könne, bemerkte ich, dass ich noch keine Antwort habe, Hofrat Dr. Presser habe gemeldet, dass Polizeirat Dr. Penn der Stellvertreter des Leiters der Kriminalbeamtenabteilung bei der Bundespolizeidirektion, mit der raschesten Durchführung der Amtshandlung betraut worden sei. Staatssekretär Karwinsky gab nun den Auftrag, dass Dr. Penn das Resultat seiner Erhebungen ihm persönlich ehestens zu berichten habe. Er seinerseits habe in Erfahrung gebracht, dass ungefähr 30 uniformierte Wachebeamte und Heeresangehörige dort gesichtet worden seien. Der dorthin geschickte Krim.Beamte Marek sei verhaftet worden. Es gehe etwas Besonderes vor, es müssten unbedingt verlässliche Leute geschickt werden.

Ich gab schon von allem Anfang an der Erwägung Raum, ob nicht der besonderen Raschheit halber die Erhebung direkt durch das Koat Neubau zu erfolgen hätte, hatte mich jedoch zur Durchführung der Amtshandlung von der Zentrale aus entschlossen, weil sie die absolute Gewähr der genaueren Durchführung bot und überdies den der Polizei wiederholt gemachten Vorwurf entkräften würde, dass die Koate nicht mit der entsprechenden Gründlichkeit oder gar unter einer gewissen politischen Beeinflussung arbeiten. Als ich nach $^{3}/_{4}1$ mittags noch ohne eine Meldung war, ersuchte ich den eben in meinem Büro erschienen Vizepräsidenten Dr. Skubl doch auch unmittelbar Erhebungen durch das Koat. Neubau durchführen zu lassen, welchem Ersuchen der genannte Funktionär, der sofort in sein Arbeitszimmer zurückging, entsprochen hat.

Etwas später erfuhr ich auf Grund der Wahrnehmungen der Wache, dass auf dem Ballhausplatz und in dessen Umgebung keine besonderen Wahrnehmungen gemacht worden seien. Eine weitere Meldung (von wem ist mir nicht erinnerlich) besagte, dass inzwischen Militär und Polizei in Lastautos in das Bundeskanzleramt eingefahren und somit eine Sicherung gegeben sei, die Tore des Bundeskanzleramtes seien gesperrt worden. Durch Hofr. Dr. Presser wurde mir berichtet, dass in der Siebensterngasse von dem zur Amtshandlung entsendeten Polizeirat Dr. Penn ein Auto mit Munition beschlagnahmt worden sei und ich ehestens über Details würde informiert werden. Zwischen 1 Uhr und $^{1}/_{4}2$ Uhr erschien Hauptmann Bürgmann vom Wiener Heimatschutz in meinem Büro und teilte mir mit, er sei auch auf Grund eines Avisos zum Ballhausplatz geeilt und habe erfahren, dass Militär in das Gebäude eingefahren sei und die

Tore geschlossen seien. Er sei daher – was seine ursprüngliche Absicht gewesen sei-, nicht mehr in das Haus gelangt. Er meinte, da werde ja alles in Ordnung sein. Abermals nach einer kurzen Spanne Zeit wurde mir plötzlich gemeldet, dass Wachebeamte auf dem Ballhausplatz oder in dessen Umgebung den Stabshauptmann Thun und eine Anzahl von Sicherheitswachebeamten im Namen des neuen Polizeipräsidenten Dr. Steinhäusl und des neuen Generalinspektors Dr. Gotzmann aufgefordert hätten, ihre Waffen abzuliefern. Hiemit war die Situation blitzartig in der Richtung geklärt, dass eine illegale Aktion vorliege, der mit allen gebotenen Kräften raschestens Einhalt getan werden müsse. Es setzte eine umfassende Gegenaktion durch unverzügliche Ausschickung der Alarmabteilung und Entsendung des Hofrates Dr. Humpel zum Ballhausplatz ein. Es war klar, dass die auf Lastautos im Bundeskanzleramt eingedrungenen unformierten Personen eine Ueberrumpelung durchgeführt hatten.

Besondere Hervorhebung verdient, dass der früher erwähnte Polizeikommissär Dr. Springer der den Krieg mitgemacht hat und ein äusserst schneidiger Polizeioffizier ist, die Putschisten ebenso für echtes Militär bezw. Wachmannschaft hielt, wie in der Siebensterngasse der mit der dortigen Amtshandlung betraute Polizeirat Dr. Penn, der nach einer nachträglichen Meldung diesem Transport in der Siebensterngasse begegnet war. Beweis hiefür ist auch der Umstand, dass Dr. Penn ihm weder selbst nachgefahren ist, noch die Verfolgung eingeleitet hat, vielmehr die früher erwähnten Feststellungen in der Siebensterngasse durchführte. Es stellte sich später ja auch heraus, dass unter den 148 festgenommenen Putschisten 106 ehemalige Heeresangehörige, die zumeist sechs Jahre oder länger gedient hatten, sich befanden. Ausschlaggebend für das Gelingen der Täuschung so zahlreicher Polizeiorgane war zweifellos auch der Umstand, dass der Transport von Personen in Offizierskleidung- darunter einem vermeintlichen Stabsoffizier befehligt war.

Abgesehen von dieser gelungenen Täuschung wurde die nicht rechtzeitige Verwendung eines entsprechenden Polizeiapparates dadurch verursacht, dass nach den vorliegenden Mitteilungen von einer „Aktion“ insbesonders einer bewaffneten Aktion gegen das Bundeskanzleramt nicht die Rede war. Aus diesem Grunde musste der „Michaelerplatzaktion“ der Vorzug gegeben werden. Die weitere Untersuchung hat auch tatsächlich ergeben, dass auf dem Michaelerplatz ein zweifellos mit dem grossen Putschplan im Zusammenhang stehender Anschlag, an dem der geflüchtete Rechtsanwalt

Dr. Wächter und der verhaftete Ing. Blaschke beteiligt waren, in Vorbereitung begriffen war. Wäre die Bundespolizeidirektion schon von den zahlreichen Personen, die um die geplante Aktion schon früher Näheres wußten, verständigt worden, hätte das furchtbare Unglück selbstverständlich vermieden werden können.

Dr. Eugen Seydel m.p.

Österreichisches Staatsarchiv, Archiv der Republik – Allgemeines Verwaltungsarchiv. Bundeskanzleramt – Inneres, Präsidium. Juli-Putsch 1934 (Protokolle, Berichte).

Dokument 4

Begleitbrief Heydrichs
vom 9. Dezember 1938
zur Übersendung der Akte
an den Reichsführer SS
Heinrich Himmler

Geheim

An den
Reichsführer SS,

Berlin SW 11
Prinz Albrecht Str. 8.

Betr.: Historische Kommission des RF SS.
Vorg.: Befehle RF SS vom 25. und 27. 4. 1938.
Anl.: 4

I. Sachstand:

Der Reichsführer SS hat mit Befehlen vom 25. und 27. 4. 1938 die Bildung einer Kommission angeordnet, die sich aus Vertretern des SD-Hauptamtes, des SS-Hauptamtes, des SS-Gerichtes und des Geheimen Staatspolizeiamtes zusammensetzen und folgende Aufgaben durchführen sollte:

1.) Die Ereignisse bei der Erhebung vom 25. Juli 1934 in Österreich zu klären, dabei die Schuldigen sowohl auf nationalsozialistischer wie auf gegnerischer Seite festzustellen.

2.) Die Personen festzustellen und festzusetzen, welche für die gegen SS-Männer in Österreich gerichteten schweren Bestrafungen verantwortlich sind.

Den Vorsitz dieser im Juni d.Js. gebildeten Kommission hat SS-Gruppenführer Koppe geführt. Die praktische Arbeit hat SS-Standartenführer Dr. Six als Geschäftsführer der Kommission geleitet. Er hat ein aus Führern und Männern seines Dienstbereiches gebildetes Arbeitskommando in Wien eingesetzt. Die Arbeiten dieses Kommandos erstrecken sich auf folgende 4 Hauptaufgaben:

1.) Untersuchung über die Ereignisse bei der Erhebung vom 25. Juli 1934 in Österreich.

2.) Feststellung und Festsetzung der Personen, welche die Verantwortung für die gegen SS-Männer gefällten schweren Kerker- und Todesstrafen tragen.

3.) Untersuchung über die letzten politischen Ereignisse in Österreich für März 1938.

4.) Feststellung der kriminellen und verfassungsrechtlichen Verfehlungen Schuschniggs.

Die Tätigkeit des Arbeitskommandos hat bisher zu folgendem Ergebnis geführt:

1.) Untersuchung über die Ereignisse bei der Erhebung vom 25. Juli 1934 in Österreich.

Von den wesentlichen Problemen ist nur eines noch nicht vollständig geklärt, die Frage, wer den zweiten Schuß auf Dollfuss abgegeben hat. Die hierzu nötigen Untersuchungen können erst jetzt durchgeführt werden, nachdem der Reichsführer-SS dem SS-Mann, der u. U. als Täter in Betracht kommt, Straffreiheit zugesichert und genehmigt hat, dass die SS-Männer, die bei der Erschiessung zugegen waren, im Beisein hoher SS-Männer in ein Kreuzverhör genommen werden. Ausserdem ist für Aufklärung dieser Frage noch eine Durchröntgung der Leiche Dollfuss notwendig.

Daneben sind noch einige kleinere Probleme zu untersuchen, z. B. der Plan einer Aktion gegen Dollfuss auf dem Michaelerplatz in Wien, das Verhalten des SS-Untersturmführers Hudel bei der Juli-Erhebung.

Alle übrigen Probleme sind geklärt. Hierüber liegt ein Bericht des SS-Untersturmführers Patzschke vor (Anl. I).

2.) Feststellung und Festsetzung der Personen, welche die Verantwortung für die gegen SS-Männer gefällten schweren Kerker- und Todesstrafen tragen.

a) Schuldige im Zusammenhang mit dem Militärgerichtshofverfahren gegen Holzweber und Planetta.
Es ist festgestellt, dass dieses Verfahren nicht ordnungsgemäss durchgeführt wurde, und dass daher verschiedene daran Beteiligte (Richter, Staatsanwälte) sich strafbar gemacht haben.
b) Schuldige im Zusammenhang mit dem Militärgerichtshofverfahren, welche sich gegen die übrigen im Bundeskanzleramt festgenommenen Nationalsozialisten richteten.
Gegen diese muss besonders vorgegangen werden, da sie dafür verantwortlich sind, dass das den Nationalsozialisten gegebene Versprechen des freien Geleites gebrochen wurde. Das Problem des freien Geleites ist durch die Untersuchungen des Arbeitskommandos tatsächlich und rechtlich völlig geklärt.
c) Schuldige im Zusammenhang mit dem Militärgerichtshofverfahren, welche sich gegen alle übrigen an der Juli-Erhebung Beteiligten richteten, und Schuldige im Zusammenhang mit Strafverfahren gegen die ausserhalb der Juli-Erhebung verurteilten SS-Männer.
Die Polizei- und Gerichtsakten sind im wesentlichen durchgesetzt.

3.) Untersuchung über die letzten politischen Ereignisse in Österreich vor März 1938.

Die Feststellungen des Arbeitskommandos sind in dem geschichtlichen Bericht des SS-Untersturmführers Rossberg (Anlage II und III) enthalten.

4.) Feststellung der kriminellen und verfassungsrechtlichen Verfehlungen Schuschniggs.

Das dem Arbeitskommando vorliegende Material ist bearbeitet, und es sind darauf gewisse Anklagepunkte bereits zusammengestellt. Weiteres Material, welches für eine umfassende Betrachtung wesentlich ist, befindet sich noch bei anderen Dienststellen in Österreich. Zu einer abschließenden Beurteilung ist notwendig
a) die Herbeischaffung des bei anderen Dienststellen befindlichen Materials,
b) eine Untersuchung auf breiterer Basis, insbesondere Vernehmungen führender Personen des Systems – Schmitz, Seitz u. a. – und aus der Umgebung Schuschniggs,
c) nach alledem eine eingehende Vernehmung Schuschniggs.

[...]

2. Rehabilitierung Planettas.

Durch die Untersuchungen des Arbeitskommandos der Kommission ist der Hauptbelastungszeuge im Holzweber-Planetta-Prozess, der tschechische Türhüter Hedvicek, des Meineides einwandfrei überführt (vergl. Bericht I S. 59). Hedvicek muss also dem Gericht übergeben werden, und es ist zu erwarten, dass er wegen Meineids verurteilt werden wird. Ein gegen Hedvicek durchgeführtes Meineidverfahren wird, da bereits im Frühjahr ds. Js. in der österreichischen Presse die Wiederaufnahme des Holzweber-Planetta-Prozesses mehrfach angekündigt wurde, mit Sicherheit zur Folge haben, dass die Öffentlichkeit die Wiederaufnahme dieses Verfahrens erwarten wird. Es ist anzunehmen, dass das Wiederaufnahmeverfahren die Verurteilung Planettas wegen Mordes aufheben wird. Die Aufhebung der Verurteilung wegen Mordes würde zur Rehabilitierung Planettas nicht genügen, da dieser nicht allein wegen Mordes, sondern auch wegen Hochverrats verurteilt wurde. Allerdings war das Urteil insoweit ebenfalls nicht formell begründet; denn es ist durch die Untersuchungen des Arbeitskommandos einwandfrei festgestellt, dass die Regierung, gegen die sich die Erhebung vom Juli 1934 richtete, nicht verfassungsmäßig fungierte. Das Vorgehen der Nationalsozialisten war daher kein Hochverrat. Zu der Frage des Hochverrats müsste auch in dem Wiederaufnahmeverfahren schon deshalb Stellung genommen werden, weil die von diesem Verfahren nicht zu trennende Anklage gegen Holzweber sich allein auf den Vorwurf des Hochverrats gründete.

Ein Wiederaufnahmeverfahren Holzweber-Planetta schließt die Gefahr in sich, dass die u. U. heikle Frage des zweiten auf Dollfuss abgegebenen Schusses vor dem Gericht und in der Öffentlichkeit erörtert werden könnte. Doch könnte dieses durch Besprechungen mit der Staatsanwaltschaft verhindert werden.

Das Wiederaufnahmeverfahren Holzweber-Planetta würde eine Stellungnahme dazu notwendig machen, ob auch die anderen Verfahren, zumindest soweit sie sich gegen die im Bundeskanzleramt festgenommenen Nationalsozialisten richteten, wieder aufgenommen werden sollen. Gegen die Wiederaufnahme dieser Verfahren spricht vor allem, dass hier eine sehr grosse Zahl von Prozessen durchgeführt werden müsste. Aus diesem Grunde würde sich die Einrichtung einer besonderen Justizstelle notwendig machen.

3. Untersuchung über die Erhebung des 25. Juli 1934.
   a) Durchröntgung der Leiche Dollfuss'.
      Aus dem Bericht über „Die Erhebung der österreichischen Nationalsozialisten im Juli 1934" (Anl. I) geht hervor, dass die Untersuchung über die Erschiessung Dollfuss' eine Durchröntgung der Leiche Dollfuss' erfordert. Nach dem Gutachten des Leiters des Instituts für gerichtliche Medizin in Wien, Professor Dr. Werkgartner, der 1934 die gerichtsärztlichen Untersuchungen in der Sache Dollfuss durchführte, ist mit der Möglichkeit zu rechnen, dass sich durch die Durchröntgung das bisher vermisste zweite Geschoss auffinden läßt. Es könnte u. U. aus der Art und der Grösse des Geschosses festgestellt werden, wer den zweiten Schuss auf Dollfuss abgab.
   b) Gegenüber den vielen Veröffentlichungen über die Erhebung vom 25. Juli 1934 von gegnerischer (marxistischer und vaterländischer) Seite besteht noch keine zusammenfassende Darstellung, welche vom nationalsozialistischen Standpunkt aus ein Bild der Erhebung gibt.

III. Weitere Arbeit.

Es wird vorgeschlagen:

1.) RFSS genehmigt, dass das Arbeitskommando der Historischen Kommission des Reichsführers-SS neben der Erledigung der Nebenprobleme und der Durchführung des Kreuzverhörs der bei der Erschiessung Dollfuss' anwesenden Zeugen folgende restliche Aufgaben durchführt:
   a) Die Übergabe des Materials gegen den Hauptbelastungszeugen vom Holzweber-Planetta-Prozess, Hetvicek [sic!], an die Staatsanwaltschaft,
   b) Die Durchröntgung der Leiche Dollfuss'.
   c) Zur Rehabilitierung der verurteilten Nationalsozialisten wird vorgeschlagen:
      entweder die Verurteilung des Hetvicek [sic!] oder im Anschluss daran allein die Wiederaufnahme des Verfahrens Holzweber-Planetta genügen zu lassen.
2.) RFSS genehmigt, dass die Berichte Anl. I–IV über die politische Entwicklung in Österreich in der Zeit von 1918 bis März 1938 und über die Erhebung der österreichischen Nationalsozialisten

im Juli 1934 in einer auf die Öffentlichkeit zugeschnittenen Darstellung zusammengefasst und als Buch herausgegeben werden, um der Nachwelt ein Zeugnis über die letzte politische Entwicklung in Österreich vor der Machtübernahme zu geben und ein Dokument zu schaffen, aus welchem die Stellungnahme der Partei zu den Ereignissen vom 25. Juli 1934 hervorgeht.

IV. Ausser an Reichsleiter Bormann wurden die Denkschriften übersandt an

1. Generalfeldmarschall Göring
2. Reichsminister Dr. Lammers
3. Reichsminister von Ribbentrop
4. Gauleiter Bürckel
5. Reichsstatthalter Seiß-Inquart [sic!]
6. alle Amtschefs

Ausserdem sollen die Denkschriften erhalten sämtliche Mitglieder der Historischen Kommission.

[Heydrich m. p.]

Österreichisches Institut für Zeitgeschichte Wien, Bestand 25. Juli 1934. Auch gedruckt in: Die Erhebung der österreichischen Nationalsozialisten im Juli 1934. Wien 1984.

Dokument 5

Die Ereignisse am Nachmittag des 25. Juli 1934 am Ballhausplatz und im Landesverteidigungsministerium

Besetzung des Bundeskanzleramtes –
Erschiessung Dollfuss'

12.50 Uhr, noch ehe der Kriminalinspektor Göbel im Bundeskanzleramt auf die Anweisung Karwinskys hin etwas veranlasst hatte, marschierte die zur Ablösung bestimmte Wachtruppe vom Minoritenplatz her in das offene Tor des Bundeskanzleramtes. Bevor die Ablösung vor sich gehen konnte, bogen die Wagen der Nationalsozialisten, von der Löwelstrasse her kommend, in das Tor des Bundeskanzleramtes ein. Die dort stehenden Kriminalbeamten liessen die Wagen einfahren. Sie haben später glaubhaft erklärt, dass sie annahmen, die Mannschaften auf den Lastwagen seien zur Verstärkung der Wache gekommen. Die mit den Lastkraftwagen eingefahrenen Nationalsozialisten führten die ersten Maßnahmen zur Besetzung des Bundeskanzleramtes, ohne besonderen Widerstand zu finden, durch. Sie sprangen nach der Einfahrt sofort von den Wagen und zwangen mit gezogenen Pistolen alle Personen, die ihnen begegneten, die Hände zu erheben und sich nach Waffen durchsuchen zu lassen. Sie erklärten den anwesenden Beamten, daß die Aktion „im Namen des Bundespräsidenten" durchgeführt werden müsse. Holzweber nahm persönlich den Kommandanten der Ehrenwache, die vormittags Dienst getan hatte, Vizeleutnant Babka, fest. Andere Nationalsozialisten verhafteten den Kommandanten der ablösenden Wache und die beiden Wachmannschaften selbst. Auch der von der Polizeidirektion zur Beobachtung des Bundeskanzleramtes entsandte Polizeikommissär wurde gestellt. Die in den unteren Räumen verhafteten Personen wurden in einem Hof des Gebäudes versammelt und unter Bewachung gesetzt.

Als die Nationalsozialisten im Bundeskanzleramt eintrafen, befanden sich Dollfuss, Fey und Karwinsky noch immer im Arbeitszimmer Dollfuss'. Kurz nach 12.50 Uhr hörte Karwinsky das Motorengeräusch der einfahrenden Lastkraftwagen und er trat deshalb an das Fenster. Er glaubte zunächst, die angeforderte Polizeiverstärkung laufe ein, doch sah er nun, an der seltsamen Zusammensetzung von Polizei und unordentlich uniformiertem Militär, daß es sich nicht um reguläre Organe handelte. Er wollte seine Beobachtung Dollfuss zurufen, als der Heimatschutzführer, Hauptmann Mayer, in das Zimmer trat und mitteilte, es seien „Bewaffnete" in das Haus eingedrungen. Dollfuss, Fey und Karwinsky gingen schnell vom Arbeitszimmer Dollfuss' in den anschliessenden Säulensaal, um von dessen Fenstern hinabzusehen. Indessen war der Lärm von den Vorgängen in den unteren Räumen und der heraufstürmenden Gruppen der Nationalsozialisten zu hören. Noch ehe Dollfuss an die Fenster des Säulensaales getreten war, meldete der zu seiner Bewachung gehörende Kriminalbeamte Steinberger das Eindringen von „Soldaten". Dollfuss sagte darauf verwundert: „So, Soldaten?" und blieb unschlüssig stehen. Jetzt kam der Türhüter Hedvicek in das Säulenzimmer. Mit den Worten „Herr Bundeskanzler, schnell" fasste er Dollfuss' rechte Hand mit seiner linken und eilte mit ihm zurück in die Richtung des Arbeitszimmers. Hedvicek hatte schon früher dem Kriminalbeamten Steinberger gegenüber geäussert, er werde, wenn der Kanzler einmal bedroht werden sollte, diesen durch eine geheime Wendeltreppe ins Freie führen. Diese Treppe befindet sich neben einem Raum, zu dem man vom Säulensaal aus durch das Arbeitszimmer Dollfuss' in das sogenannte Eckzimmer gelangt. Hedvicek wollte in jenem Augenblick Dollfuss vom Säulensaal aus zu der geheimen Wendeltreppe bringen.

Für die Besetzung der oberen Stockwerke des Bundeskanzleramtes waren von den Nationalsozialisten mehrere Gruppen eingeteilt worden. Die Festnahme des Ministerrates war der Gruppe Holzweber zugedacht. Diese Gruppe lief deshalb, nachdem sie das erste Stockwerk erreicht hatte, in Richtung des rechts des Treppenhauses liegenden Ganges dem Ministerratszimmer zu, in der Absicht, den Ministerrat, welchen man dort anzutreffen glaubte, zu verhaften. Planetta führte eine andere Gruppe zum ersten Stockwerk. Es ist nicht festgestellt, welchen Auftrag Planetta durchzuführen hatte. Wahrscheinlich wollte er mit seiner Gruppe die nach dem Ballhausplatz zu liegenden Zimmer besetzen. Er lief deshalb sofort vom Treppenhaus einen kleinen rechtswinklig abbiegenden Gang entlang zum Eckzimmer. Hier trafen er und die im folgenden Männer mit dem fliehenden Dollfuss und Hedvicek zusammen. Im Eckzimmer ist Dollfuss erschossen worden.

Der Militärgerichtshof verurteilte später Planetta als „Mörder" Dollfuss'. Die Nachprüfung der Begründung dieses Urteiles hat ergeben, daß auf Grund der Beweisfeststellungen des Militärgerichtshofes ein solches Urteil nicht ergehen durfte, und daß selbst die Beweise, die der Militärgerichtshof als festgestellt ansah, falsch waren. Eine volle Klarheit über die Erschiessung Dollfuss' hat die Untersuchung noch nicht erbracht, eines ist aber mit einer an Gewißheit grenzenden Wahrscheinlichkeit anzunehmen: daß Planetta nicht mit Überlegung auf Dollfuss schoß.

Für die Aufklärung der Ereignisse im Eckzimmer kommen die Zeugnisse und übrigen Äusserungen folgender Personen in Betracht:

1. Planetta,
2. Dollfuss,
3. die Kameraden Planettas, die mit ihm ins Eckzimmer traten,
4. Hedvicek,
5. andere Personen, die im Eckzimmer anwesend waren.

Es konnte nicht festgestellt werden, daß die Vorgänge im Eckzimmer von anderen Räumen aus gesehen werden konnten. Schussgeräusche, die vom Eckzimmer herrühren konnten, hörten verschiedene Personen in anderen Räumen. Auch deren Zeugnisse sind zur Klärung heranzuziehen.

Diese Aussagen werden deshalb wiedergegeben:

1. Planetta
Angaben vor der Polizeidirektion Wien, Sicherheitsbüro, am 27. Juli 1934

„[...] ich nahm mir eine Steyrpistole Muster 19. Meine Waffe war bereits geladen und gesichert, 7 Schuss im Magazin und eine im Lauf. Ich lief den Gang weiter nach rechts und kam dann zu einer offenen Tür, der genau gegenüber ich im Raum ein Fenster sah. Der Raum zwischen Fenster und Tür war ganz hell, während der übrige Teil des Raumes links verdunkelt schien. Wie ich durch die Türe hineinlief, sah ich niemand in diesem Raum. Ich lief zuerst zu der rechts neben dem Fenster befindlichen Tür und rüttelte an derselben, dabei hatte ich in der Rechten die Pistole. Ich fühlte, daß die Türe versperrt sei, hörte jetzt aber etwas in dem Zimmer, in dem ich mich befand und zwar in dem verdunkelten Teil, drehte mich rasch um, die Pistole schussbereit in der Hand haltend und sah nun als ersten auf mich einen sehr grossen Mann zueilen. Ich wandte mein Hauptaugenmerk diesem Manne zu, merkte aber, daß noch zwei andere Leute im Zimmer seien und zwar der eine glaublich gerade in der Tür, die in den anschliessenden Raum links führt (gegenüber der versperrten Tür). Die dritte Person befand sich zwischen dem grossen Mann, der auf mich zukam und zwischen dem Mann in der Tür. Ich sah eigentlich nur einen Schatten, wandte auch mein ganzes Augenmerk in erster Linie den mir zunächst befindlichen grossen Mann zu, der auf mich zukam. Die Pistole anlegend schrie ich „Hände hoch“, mein ganzes Augenmerk dem grossen Mann zuwendend. Ich sah auch noch, wie der grosse Mann im Begriff war, die Hände in die Höhe zu geben, im selben Moment kam an meinen Arm, den ich mit der Pistole in der Hand gegen den grossen Mann in Anschlag brachte, als ich ihn gerade nach aufwärts hob, eine andere Person, der ich bisher gar kein Augenmerk geschenkt hatte und die ich auch jetzt nur eigentlich dadurch bemerkte, daß diese Person dadurch, daß sie zwischen mir und das Fenster trat, einen Schatten verursachte. Im selben Moment also verspürte ich diese Person an meinem Körper irgendwie ankommen, ob dadurch, daß diese Person mich anstieß oder daß ich durch das Heben des Armes mit der Pistole an sie anstieß, weiß ich nicht. Durch diese körperliche Berührung wurde aus meiner Pistole ein Schuß ausgelöst. Wieso weiss ich eigentlich nicht, vielleicht dadurch, daß ich zusammengefahren bin und dabei mit dem Mittelfinger, den ich am Züngel hatte, an diesen andrückte. Ich hatte nämlich den Zeigefinger, wie ich es beim Militär gewohnt war, entlang des Laufes angelegt und den Mittelfinger am Züngel. Jetzt erst, nachdem der Schuß losgegangen war, sah ich eigentlich die zweite Person näher und sah, wie sie zu Boden fiel. Ich kann mich nicht erinnern, daß ich auf diese Person überhaupt bei dieser Gelegenheit einen zweiten Schuss abgegeben habe, kann aber auch nicht sagen, daß es vollkommen ausgeschlossen ist. Ich war derart aufgeregt in dieser ganzen Situation, zumal ich auch den grossen Mann vor mir wusste und auch einen dritten früher gesehen hatte, daß ich eben nicht mehr genau weiss, was ich in dem Augenblick tat und ob ich ein zweites Mal geschossen habe. Wie ich auf den grossen Mann nun hinsah, sah ich, daß er schon die Hände hoch hatte und sah auch schon weitere Leute von uns im Zimmer. Daraufhin wandte ich mich erst der Person zu, die mit dem Rücken am Boden lag und nun erkannte ich in dieser Person erst den Bundeskanzler. Wenn ich nun, wie gesagt, zugebe, daß ich es war, der auf den Bundeskanzler geschossen hat, so bestreite ich doch, wie ja aus meiner Schilderung der ganzen Sachlage hervorgeht, daß ich die Absicht gehabt hatte, den Bundeskanzler oder überhaupt auch nur diese Person, die ich ja nur gleichsam als Schatten sah und von der ich keine Ahnung hatte wer es sei, mit Absicht erschossen, beziehungsweise auch nur absichtlich auf sie geschossen zu haben. Ich bleibe dabei, daß der Schuss gegen meine Absicht nur infolge meiner Aufregung beziehungsweise das Erschrecken (Zusammenfahren) oder infolge der Berührung mit der von mir nur als Schatten gesehenen Person auslöste. Als ich [...] den Kanzler vor mir am Boden liegen sah, war ich ganz betroffen, ich sprach dann etwas zu ihm. Jedenfalls fragte ich ihn, ob ich ihn getroffen habe, worauf er sagte „Ich weiss es nicht“. Da ich nicht wusste, ob ich ihn wirklich getroffen habe, sagte ich ihm „So stehen Sie auf“ oder irgend etwas, worauf er sagte „Das kann ich nicht“. Jetzt erst sah ich, daß glaublich auf der rechten Seite vorn an der Brust Blut floß. Auf das eilte ich sofort aus dem Zimmer, ging die Stiege hinunter um Verbandszeug zu holen [...].“

2. Dollfuss

Bericht der Oberwachmänner Rudolf Messinger und Johann Greifeneder an die Generaldirektion für die öffentliche Sicherheit in Wien vom Jahre 1934

„Gegen 13.45 Uhr wurde von den Militaristen, die das Bundeskanzleramt besetzt hatten, Umfrage gehalten, ob jemand einen Notverband anlegen könne. Wir meldeten uns freiwillig und wurden unter Bedeckung in das erste Stockwerk geführt, wo bei einem Fenster Herr Bundeskanzler Dr. Engelbert Dollfuss in tiefster Bewusstlosigkeit und stark blutend am Boden lag [...] Wir legten einen Notverband an, betteten den Schwerverletzten auf einen Diwan und labten ihn mit kalten Umschlägen und Kölnischwasser. Dadurch kam der Herr Bundeskanzler wieder zum Bewusstsein [...] Als wir Dr. Engelbert Dollfuss verbunden und auf das Sofa gebettet hatten und er durch kalte Umschläge und Kölnischwasser aus der Bewußtlosigkeit wieder zu sich gekommen war, kam der aufrührerische Major zu ihm und es entspann sich folgendes Gespräch: „Herr Bundeskanzler haben mich rufen lassen und was wünschen Sie?“ Herr Bundeskanzler frug sodann, wie es den übrigen Regierungsmitgliedern gehe. Der Major gab zur Antwort, daß auch dem Herrn Bundeskanzler nichts geschehen wäre, wenn er sich nicht gewehrt hätte. Der Bundeskanzler gab zur Antwort: „Ich war doch Soldat [...].“

Aussagen des Polizeirayonsinspektors Johann Greifeneder vor der Historischen Kommission des Reichsführers SS vom 7. September 1938

„[...] Es dauerte [...] nicht lange, daß der Kanzler dann wieder zum Bewusstsein kam. Er begann bald zu sprechen und war sichtlich über die ganzen Vorgänge nicht im Klaren. Ich glaube mich an seine Worte zu erinnern: ‚Kinder was ist denn da los, da kommen ein Major und ein Hauptmann und mehrere Militaristen herein und haben auf mich geschossen‘. Ich schloss aus diesen Worten, daß mehrere gegen Dollfuss geschossen hätten, zumal ich damals alle drei Schussverletzungen für Einschüsse hielt. Eine bestimmte Person hat er nicht bezeichnet [...] Dollfuss erkundigte sich bei Hudl nach dem Befinden mehrerer Minister und im Verlaufe dieser Unterredung machte Hudl die Bemerkung, daß Dollfuss auch wohlauf sein könnte, wenn er sich nicht gewehrt hätte. Dollfuss reagierte darauf mit den Worten: ‚Ich war ja Soldat'. Ich schloss aus diesen Worten, der Kleine habe Mut gehabt und sich den Soldaten entgegengestellt [...]."

Aussagen des Polizeirayons-Inspektors Rudolf Messinger vor der Historischen Kommission des Reichsführers SS vom 7. September 1938

„[...] Nach etwa 10 Minuten kam Dollfuss zu sich [...] Hudl sagte: ‚Sie haben mich rufen lassen, Herr Bundeskanzler und was wünschen Sie?' Dollfuss erkundigte sich zunächst nach dem Ergehen der übrigen Regierungsmitglieder, worauf Hudl zur Antwort gab, daß sich die anderen Minister wohlauf befinden, und dass auch ihm (dem Bundeskanzler) nichts geschehen wäre, wenn er sich nicht gewehrt hätte. Dollfuss gab darauf zu Antwort: ‚Ich war doch Soldat'. Ich habe daraus geschlossen, und auch mein Kamerad Greifeneder, daß sich Dollfuss unbedingt zur Wehr gesetzt hatte, oder daß es zu einem Kampf gekommen war. Wenn ich dieses in meinem damaligen Bericht nicht klarer und besser zum Ausdruck gebracht habe, so muß ich sagen, daß ich damals unter dem Druck gestanden habe und es mir nicht getraut habe, dieses schriftlich niederzulegen [...]."

Österreichisches Institut für Zeitgeschichte Wien, Bestand 25. Juli 1934. Auch gedruckt in: Die Erhebung der österreichischen Nationalsozialisten im Juli 1934, Wien 1984.

Literatur

Botz, Gerhard, Gewalt in der Politik. Attentate, Zusammenstöße, Putschversuche, Unruhen in Österreich 1918 bis 1938, München 1983.

Die Erhebung der österreichischen Nationalsozialisten im Juli 1934. Akten der Historischen Kommission des Reichsführers SS, Wien – München – Zürich 1984.

Etschmann, Wolfgang, Die Kämpfe in Österreich im Juli 1934 (Militärhistorische Schriftenreihe 50), Wien 1984.

Jagschitz, Gerhard, Der Putsch. Die Nationalsozialisten 1934 in Österreich, Graz – Wien – Köln 1976.

Das Jahr 1934: 25. Juli. Protokoll des Symposiums in Wien am 8. Oktober 1974 (Wissenschaftliche Kommission des Theodor-Körner-Stiftungsfonds und des Leopold-Kunschak-Preises zur Erforschung der österreichischen Geschichte der Jahre 1927 bis 1938, Veröffentlichungen 2), Wien 1975.

Die Juli-Revolte 1934. Das Eingreifen des österreichischen Bundesheeres zu ihrer Niederwerfung. Nur für den Dienstgebrauch. Im Auftrag des Bundesministeriums für Landesverteidigung als Manuskript gedruckt (Wien) 1936.

Kindermann, Gottfried K., Hitlers Niederlage in Österreich. Bewaffneter NS-Putsch, Kanzlermord und Österreichs Abwehrsieg von 1934, Hamburg 1984.

Pauley, Bruce F., Der Weg in den Nationalsozialismus, Ursprünge und Entwicklungen in Österreich, Wien 1988.

Ders., Hahnenschwanz und Hakenkreuz, Der steirische Heimatschutz und der österreichische Nationalsozialismus 1918–1934, Wien 1972.

Protokolle des Ministerrates der Ersten Republik, Abteilung VIII, Kabinett Engelbert Dollfuß, 7 Bde, hrsg. v. Rudolf Neck u. a., Wien 1980–1986.

Schausberger, Franz, Ins Parlament, um es zu zerstören! Das „parlamentarische" Agi(ti)eren der Nationalsozialisten in den Landtagen Wien, Niederösterreich, Salzburg und Vorarlberg nach den Landtagswahlen 1932 (Schriftenreihe des Forschungsinstitutes für politisch-historische Studien der Dr. Wilfried-Haslauer-Bibliothek Salzburg 1), Wien 1995.

Veiter, Theodor, „Das 34er Jahr". Bürgerkrieg in Österreich, Wien – München 1984.

Fragen

1. Welches Verhältnis hatte Hitler zu der Parteiorganisation in Österreich von 1925 bis 1933?
2. Gewalt wurde als politisches Mittel in der NSDAP anerkannt. Welche Entwicklung läßt sich hier feststellen?
3. Welche ideologische und politische Position nahm der autoritäre „Ständestaat“ bis 1934 gegen den Nationalsozialismus ein?
4. Zwischen dem Parteiverbot der NSDAP 1933 und dem Juliputsch 1934 ist eine deutliche Eskalation in der Beziehung zwischen Regierung und NSDAP festzustellen – welche Tendenzen lassen sich herausarbeiten?
5. Neben der Inhomogenität der NSDAP gab es auch eine Inhomogenität der Regierung – Wie beurteilen Sie vor diesem Hintergrund den Ausgang des Putsches? Warum war dieser teilweise erfolgreich?
6. Welche Unterschiede gab es zwischen dem Putsch in Wien und jenem in den Bundesländern?
7. Wie wurde der Putsch in Österreich niedergeschlagen, und wie ging das Deutsche Reich damit nach dem Anschluß um?

Thomas Albrich

VOM VORURTEIL ZUM POGROM: ANTISEMITISMUS VON SCHÖNERER BIS HITLER

Vorbemerkung

„Die Christen, die keinen Christusglauben mehr haben, werden die wüthendsten Feinde der Juden sein. Wenn das Christenvolk kein Christentum und kein Geld mehr hat, dann, Ihr Juden, laßt Euch eiserne Schädel machen, mit den beinernen werdet Ihr die Geschichte nicht überleben.“[1]

Weniger als 100 Jahre später erfüllte sich die schreckliche Prophezeiung des Flugblattes aus dem Revolutionsjahr 1848: Zwischen 1938 und 1945 wurden die nunmehr knapp 200.000 österreichischen Juden unter maßgeblicher Beteiligung von Österreichern bis auf wenige Ausnahmen vertrieben oder ermordet.[2] Diese Katastrophe kam allerdings nicht wie ein plötzliches Naturereignis über Österreichs Juden, denn weder der „alte“ Antijudaismus noch der „neue“ Antisemitismus waren Erfindungen der Nationalsozialisten.[3] Unabhängig von den unterschiedlichen Interpretationsansätzen zur Genesis der „Endlösung“ – entweder als ein von Hitler bereits früh festgelegter „dämonischer“ Plan oder als eine durch die innere Dynamik rivalisierender Herrschaftsträger prozeßhafte Radikalisierung der Verfolgungsmaßnahmen[4] – konnten nach dem „Anschluß“ im März 1938 in Österreich längst vorhandene antisemitische Vorurteile mobilisiert werden.

Entscheidend für das Schicksal der österreichischen Juden nach dem „Anschluß“ sollte sein, daß sich die wesentlichen Elemente der nationalsozialistischen „Judenpolitik“ mit den über ein halbes Jahrhundert in der österreichischen Innenpolitik und Publizistik immer wieder erhobenen Forderungen nach Ausgrenzung der Juden aus der österreichischen

Gesellschaft deckten. Es ist daher nicht verwunderlich, daß die partielle Übereinstimmung in weiten Teilen der österreichischen Bevölkerung mit dem Nationalsozialismus in keinem Bereich so stark war wie bei seiner antisemitischen Politik.

Antisemitismus war und ist kein einheitliches Phänomen, antisemitische Äußerungen und Aktionen lassen sich in ihren Motiven und Intentionen auf keinen Generalnenner bringen. Daher stehen im folgenden die Wirkungsgeschichte und Instrumentalisierung antisemitischer Vorurteile im Vordergrund, weniger ihre Entstehung und die meist ebenso fragwürdigen wie unscharfen Differenzierungsversuche in „religiös", „wirtschaftlich", „nationalistisch" oder „rassistisch" motivierte Einstellungen. Schon seit dem ausgehenden 19. Jahrhundert vermischten sich Elemente des religiös motivierten und von der katholischen Kirche gepflegten „christlichen" Antijudaismus zunehmend mit Versatzstücken des sich entwickelnden „modernen" rassistischen Antisemitismus. Je nach politischer oder religiöser Einstellung, sozialer Lage oder wirtschaftlichen Interessen wurden unterschiedliche Begründungen für antijüdische Haltungen herangezogen. Trotz unterschiedlichem Vokabular blieb die Zielrichtung weitgehend identisch: Ausgrenzung und Diskriminierung der jüdischen Bevölkerung. Der Antisemitismus entwickelte sich schon vor 1900 zu einem latenten, bisweilen auch offen artikulierten gesellschaftlichen Grundkonsens, vor dem in Krisenzeiten, wie in der Zwischenkriegszeit, nicht einmal die Sozialdemokratie oder Antifaschisten anderer politischer Lager immun waren. Vom ausgehenden 19. Jahrhundert bis zum „Anschluß" im März 1938 wird die Krisentheorie[5] als wesentliche Erklärung für das Ansteigen von offenem Antisemitismus uneingeschränkt bestätigt, zeichnet sich ein enger Zusammenhang zwischen politisch-ökonomischen Krisen und antisemitischen Wellen deutlich ab.

Da antisemitische Ressentiments an die Instinkte Angst, Neid und Haß appellieren und nicht auf rationalen Urteilen, sondern auf oft tiefverwurzelten Vorurteilen basieren, konnten diese in unterschiedlichsten Zusammenhängen reflexartig aktiviert und politisch instrumentalisiert werden. Juden kam für alle vermeintlichen und tatsächlichen gesellschaftlichen Fehlentwicklungen eine „Sündenbockfunktion“ zu: sie wurden zum Synonym für das Böse, für die als Bedrohung empfundenen Phänomene der Moderne – Glaubensfreiheit, Säkularisierung, Atheismus, Demokratie, Liberalismus, Sozialismus, Kommunismus und Kapitalismus bis hin zur angeblichen „freimaurerisch-bolschewistischen Weltverschwörung“.[6]

Die Nationalsozialisten, der radikalste Auswuchs dieser latent antisemitisch eingestellten politischen Kultur, haben bei all ihren Maßnahmen – bis zur Deportation – nur die Reden der Antisemiten in die Tat umgesetzt. Erst der Endpunkt der Radikalisierung, die „Endlösung“, der Massenmord an den Juden, war ein spezifisches Produkt der NS-Herrschaft. „Zwar ist Auschwitz in der historischen Chronologie eindeutig ein Phänomen der Zeit nach 1938 – die Straßen dorthin waren aber schon längst vorher gebaut.“[7]

1. Vom Antijudaismus zum Antisemitismus

a) Die Entwicklung des antisemitischen Grundkonsenses vor 1914

Ausgangspunkt antijüdischer Agitation war, ausgehend vom Toleranzpatent Kaiser Josephs II. und der französischen Revolution, der fast hundertjährige Kampf um die staatsbürgerliche Gleichberechtigung der Juden.[8] Erst nach 1860 wurden Juden schrittweise zu ihnen bislang verwehrten Berufen zugelassen, konnten Mitglieder des Herrenhauses werden und durften Grund und Boden erwerben. Das Staatsgrundgesetz vom Dezember 1867 und der liberale Verfassungsstaat brachten ihnen dann de jure die volle bürgerliche Gleichberechtigung und ermöglichten ihren Aufstieg in Staat, Wirtschaft, Wissenschaft und Kunst.[9]

Mit der staatsbürgerlichen Gleichstellung gingen einschneidende demographische Veränderungen in der jüdischen Bevölkerung im heutigen Österreich einher: Aufgrund jahrhundertelanger gesetzlicher Diskriminierung lebte die große Mehrheit der etwa 1,3 Millionen Juden Cisleithaniens in Galizien und der Bukowina. Durch die nunmehr erlaubte Zuwanderung aus diesen Teilen der Monarchie erhöhte sich die jüdische Bevölkerung Wiens von rund 40.000 im Jahre 1869 auf rund 175.000, d. h. 8,6 Prozent der Wiener Bevölkerung, im Jahre 1910.[10] Auch die Herkunft der jüdischen Zuwanderer veränderte sich: Waren es ursprünglich nur deutschsprachige Juden, vornehmlich aus den böhmischen Ländern, so setzte sich bis 1900 die jüdische Bevölkerung Wiens bereits zu einem Viertel aus Einwanderern aus dem Nordosten der Monarchie und aus Ungarn zusammen.[11]

Außerhalb Wiens bestanden vor 1867 nur die jüdischen Gemeinden des Burgenlandes, und seit Anfang des 17. Jahrhunderts die knapp 500 Mitglieder umfassende isolierte Landjudengemeinde in Hohenems in Vorarlberg.[12] In anderen Teilen des heutigen Österreich hatten sich nur vereinzelt jüdische Familien niederlassen dürfen. Auch nach 1867 hielt sich die Zuwanderung in die österreichische Provinz in Grenzen: Zu keinem Zeitpunkt vor 1938 lebten mehr als 10 Prozent der jüdischen Bevölkerung Österreichs in den heutigen Bundesländern.[13]

Bis um 1880 wurden deutschsprechende Juden als „Deutschösterreicher“ erachtet. Aufgrund ihrer starken Identifizierung mit der deutschen Kultur und dem Hause Österreich wurden sie von Angehörigen nationaler Minderheiten, die sich unterdrückt fühlten, sogar als Komplizen der Unterdrücker gesehen. Die rasch fortschreitende Nationsbildung unter den slawischen Völkern der westlichen Reichshälfte, die Gründung des Deutschen Kaiserreiches und Pläne eines föderalistischen Umbaus der Monarchie politisierten den ethnisch-sprachlichen Konflikt. Aus dem Liberalismus entwickelte sich nun einerseits ein Deutschnationalismus, ein partieller Nationsbildungsprozeß der Deutschsprachigen mit

Blick auf eine „deutsche Nation", verbunden mit einer spürbaren Abkehr vom Reichspatriotismus, andererseits lieferte er die Begründung für den Versuch, gegen die sich emanzipierenden nichtdeutschen Nationen die eigene privilegierte Stellung in der Habsburgermonarchie zu verteidigen.[14]

Mit der Politisierung des ethnischen Konfliktes tauchte bald die Frage auf: Sind Juden Deutsche? Für die Altliberalen waren sie es, für die Deutschnationalen nicht. Die Juden gerieten nun zwischen die Fronten des Nationalitätenkonfliktes. Während die Deutschnationalen sich mit rassistischen Argumenten gegen die ethnisch mehr oder weniger gleichen Juden abzugrenzen versuchten, benutzte der Antisemitismus der kleinen Nationen der Monarchie als wichtigstes Argument, daß sich die Juden als Deutsche verstünden. Daraus enstand in Mitteleuropa eine „Zweigleisigkeit des Antisemitismus".[15] Nun eröffnete sich das komplexe Agitationsfeld des Antisemitismus, wurden die Juden aus dem deutschnationalen Bereich – beispielsweise den Turnvereinen – ausgestoßen, wurde Antisemitismus zum politischen Programm. Zuerst reagierten akademische Eliten auf die wachsende jüdische Konkurrenz und erhoben schon 1875 die Forderung nach einem *numerus clausus* für jüdische Ärzte, der in der Folgezeit ähnliche für andere Bereiche folgten.[16]

Ab 1878 wurden jüdische Mitglieder zum Austritt aus den Burschenschaften gezwungen oder zogen selbst die Konsequenzen: Victor Adler, Heinrich Friedjung oder Theodor Herzl sind die namhaftesten Opfer dieser Entwicklung. Der Großteil der akademischen „wehrhaften Vereine" beschloß dann 1896, Juden keine „Satisfaktion" mehr zu geben, ein Grundsatz, der im „Waidhofener Prinzip" seinen Niederschlag fand, dessen allgemeine Durchsetzung vor allem in Deutschland jedoch nie gelang. Trotz allem bildeten die „deutsch-arischen" Burschenschaften bis in die NS-Zeit die Speerspitze des „modernen" Antisemitismus, der ab Ende des 19. Jahrhunderts den entscheidenden Unterschied zwischen Liberalen und Deutschnationalen darstellte.[17]

Im deutschnationalen Lager war neben den Burschenschaften und der radikal rassistisch-antisemitischen und antiklerikalen Gruppe um Georg Ritter von Schönerer,[18] die den Anschluß an das Deutsche Reich anstrebten, auch eine gemäßigtere breite katholische Fraktion vorhanden, die an der Existenz des Habsburgerreichs festhielt und den eigenen „deutschen" Besitzstand mit aller Macht verteidigte. Im Antisemitismus, in der Ablehnung der Sozialdemokratie sowie der Abwehr der „Fremdvölkischen" im Zeichen des Nationalitätenkampfes waren ideologische Übereinstimmungen beider Richtungen gegeben. Obwohl der radikale Flügel – die Schönerianer – politisch keine Massenbewegung bildeten und sich in Wien auch nicht durchsetzen konnten, bereitete Schönerer dennoch in seinem Wirkungsbereich, bei den Intellektuellen und akademischen Eliten, den Weg für Hitler und gab auch den in den Mittelschichten schlummernden diffusen Ängsten ein Feindbild: die Juden.[19]

Schönerers Anfangserfolge veranlaßten Karl Lueger[20], auch den politischen Aufstieg seiner Christlichsozialen mittels konfessionell und wirtschaftlich motivierter antisemitischer Agitation voranzubringen. Seine Gefolgschaft rekrutierte sich in erster Linie aus dem an den Folgen der Industrialisierung und der wirtschaftlichen Krise unter Existenzangst und Konkurrenzneid leidenden Wiener Mittelstand. Besonders das Handwerk, im Zuge der Anpassungskrise sozial in die Ecke gedrängt, adaptierte in den achtziger Jahren den Antisemitismus quasi als Klassenbewußtsein, was zumindest in Wien politisch in die Gründungsgeschichte der Christlichsozialen Partei einfloß.[21] Diese „Volkstümlichkeit" des Wiener Antisemitismus hatte jedoch bis zum Holocaust immer ganz konkrete materielle Triebkräfte, da die jüdische Bevölkerung Wiens in den Augen der Antisemiten ein genügend großes wirtschaftliches Zielpotential darstellte.[22] Daher konnte Luegers pragmatischer, religiös-kulturell verbrämter wirtschaftlicher Antisemitismus zum Integrationsinstrument seiner katholischen Kleinbürgerbewegung werden. Auf akademischem Boden waren es die nichtschlagenden katholischen Verbindungen, die sich mit dem politischen Katholizismus der Christlichsozialen Luegers identifizierten, wodurch auch katholische Eliten für den neuen Antisemitismus empfänglich wurden.[23]

Gegen den sich ausbreitenden Antisemitismus führten nicht nur Juden, wie der Wiener Oberrabbiner Adolf Jellinek, der aus Galizien stammende Rabbi und spätere Reichsratsabgeordnete Josef Samuel Bloch oder der Journalist Nathan Birnbaum, einen vergeblichen publizistischen Kampf.[24] Auch der 1891 von prominenten Nichtjuden gegründete „Verein zur Abwehr des Antisemitismus“ konnte nicht verhindern, daß antisemitische Hetze das politische Klima in Wien nachhaltig veränderte und breite Schichten mit einem Judenhaß verseuchte, den später auch der junge Hitler in sich aufsog.[25]

Was den Vordenkern und Predigern des modernen Antisemitismus im Deutschen Reich vor dem Ersten Weltkrieg versagt blieb[26], gelang Schönerer und Lueger in Österreich: der politische Durchbruch.[27] Nur vier Jahre nach ihrer Gründung erreichten die Christlichsozialen und die mit ihnen verbündeten Deutschnationalen bei den Gemeinderatswahlen 1895 in Wien, wo über 90 Prozent der Juden des Gebietes des heutigen Österreich lebten, mit einem antisemitischen Programm die absolute Mehrheit. Kaiser Franz Joseph versprach den Wiener Juden seinen persönlichen Schutz und weigerte sich innerhalb von zwei Jahren viermal, Luegers Wahl zum Bürgermeister zu bestätigen, was ihm bei Antisemiten den Ruf eines „Judenkaisers“ einbrachte. Nach Luegers neuerlichem Sieg bei den Reichsratswahlen 1897 gab der Kaiser nach; Lueger war somit der erste Bürgermeister Europas, der mit einer antisemitischen Allianz siegreich war.[28] Während Luegers Christlichsoziale die Stadt von 1895 bis 1919 regierten, gelang Schönerers Rassenantisemitismus der Durchbruch zur Massenbewegung nicht. Die Schönerianer blieben vor allem wegen ihrer antihabsburgischen und antiklerikalen Linie bis 1918 eine Randgruppe.[29]

Trotz der politischen Erfolge der Antisemiten und aller Widerstände schien der gesellschaftliche Aufstieg und wirtschaftliche Erfolg vieler Juden das Konzept der Assimilation zu bestätigen: 1890 betrug der Anteil der Juden unter den Wiener Studenten bereits rund ein Drittel, in den freien Berufen – bei Rechtsanwälten, Ärzten, Journalisten – etwa die Hälfte, und Juden spielten zudem eine dominierende Rolle in Wissenschaft und Kunst.[30] Eine Minderheit manifestierte ihre Assimilation zudem durch den Austritt aus dem Judentum.[31] Sogar in der Armee konnten Juden in die höchsten Positionen gelangen und stellten im Ersten Weltkrieg einen überproportionalen Anteil an Offizieren – und auch an Opfern.[32] Politisch orientierte sich die jüdische Bevölkerung aufgrund des Verschwindens der Liberalen und des zunehmenden Antisemitismus bei Konservativen und Deutschnationalen an der Sozialdemokratischen Partei. Juden befanden sich schon seit den Anfängen in führenden Positionen der Arbeiterbewegung, sowohl in der Partei wie in den Gewerkschaften, und spätestens nach dem Ersten Weltkrieg war die SDAP auch für bürgerliche Juden die einzige wählbare Partei.[33]

War eine verstärkte Assimilation die Mehrheitsreaktion der jüdischen Bevölkerung auf den Deutschnationalismus und Antisemitismus vor der Jahrhundertwende, so reagierte eine Minderheit mit dem Gegenkonzept eines „jüdischen Nationalismus“, dem Zionismus. Dieser war jedoch nicht nur eine Antwort auf den Antisemitismus oder einen den Juden von außen aufgezwungenen „Volkscharakter“, sondern ganz im Sinne anderer Nationalbewegungen des 19. Jahrhunderts auch ein positives Bekenntnis zur nationalen Eigenständigkeit. Theodor Herzl verhalf dieser Idee mit seinem Buch „Der Judenstaat“ 1896 und dem von ihm ein Jahr später organisierten 1. Zionistenkongreß in Basel schließlich zum politischen Durchbruch.[34]

Trotz seiner Wiener Wurzeln blieb der Zionismus als politische Bewegung eine Minderheitenposition im österreichischen Judentum. Die überwältigende Mehrheit setzte weiterhin auf die Assimilation und wurde nicht zuletzt durch die „Schutzfunktion" des Kaisers, der konsequent alle gesetzlichen Maßnahmen verhinderte, die den Juden schaden konnten, das politische Scheitern Schönerers und das scheinbare Abflauen des Antisemitismus in der Phase wirtschaftlicher Prosperität nach der Jahrhundertwende darin bestätigt. In der von Nationalitätenkonflikten geschüttelten Donaumonarchie schienen die Juden die einzigen „echten Österreicher" zu sein.[35] Allerdings zeigten schon die nächsten Krisen, der Erste Weltkrieg und die Gründungsjahre der Ersten Republik, wie unsicher der Status gesellschaftlicher Emanzipation und Assimilation der österreichischen Juden trotz aller Beweise staatsbürgerlicher Loyalität immer noch war.

b) Der Erste Weltkrieg als Katalysator des Antisemitismus

Obwohl die österreichischen Juden den Kriegsbeginn im Sommer 1914 mit Jubel begrüßten und bei einem Sieg der Monarchie vor allem eine Verbesserung der Lage der Juden im Zarenreich erwarteten, wurden sie angesichts der vernichtenden Niederlagen der k. u. k. Armee in Galizien im Herbst 1914 zu den ersten zivilen Kriegsopfern.[36] Den „Ostjuden" schlugen von Anfang an die Vorurteile und die Verachtung deutschösterreichischer Truppenteile entgegen, wie folgende Tagebucheinträge eines Offiziers der Tiroler Kaiserjäger verdeutlichen:

> „Wir marschieren durch Lemberg, durch grausliche Juden [...] schreckliches Judenpack überall im Wege, die Säuglinge kugeln wie Spanferkel im Straßenschmutz [...] Eine ekle (sic) Rasse. [...] Die Juden rühren keinen Finger, sie laufen nur [...] in den Tempel und beten, sonst machen sie nichts als Geschäfte. Eine verfluchte, feige, gewinnsüchtige Bande!"[37]

Die Armee reagierte auf ihre Niederlage – offiziell aus militärischer Notwendigkeit – mit gewalttätigen Exzessen, Plünderungen, Vertreibungen, Zwangsumsiedlungen, Massenhinrichtungen und der Schleifung Hunderter Dörfer im Frontgebiet. Schon bald befand sich die Hälfte der jüdischen Bevölkerung Galiziens – rund 400.000 Menschen – auf der Flucht bzw. wurde zwangsevakuiert. Ihre Wohnungen wurden von der einheimischen Bevölkerung geplündert oder sogar übernommen, und die noch nicht evakuierten Juden von der vorrückenden russischen Armee systematisch vertrieben.[38]

Im Zuge dieser Flüchtlingswelle erreichten im Herbst und Winter 1914/15 nicht weniger als 150.000 Personen, meist Juden, die Reichshauptstadt, denen bei ihrer Ankunft Fremdenfeindlichkeit und Antisemitismus entgegenschlug. Es fehlte jegliches Verständnis für ihre Anwesenheit, da der Bevölkerung das militärische Debakel, die Zwangsevakuierungen und Zerstörungen im Frontgebiet verschwiegen worden waren. Die Flüchtlinge waren, neben den schlechten Ernährungs- und Wohnbedingungen sowohl in Wien als auch in den von der Außenwelt isolierten und bewachten „Flüchtlingslagern", laufend Schikanen der Behörden ausgeliefert. Sie wurden mit dem Vorwurf konfrontiert, sich dem Militärdienst zu entziehen und, ohne zu arbeiten, Fürsorgeunterstützung zu erschleichen. Die perfide Logik rassistischer und fremdenfeindlicher Gesinnungen führte dazu, daß man ihnen auch die Schuld am eigenen Elend und an den hygienischen Verhältnissen, in denen Krankheit und Ungeziefer gediehen, zuschob. Sie wurden explizit als Überträger von Syphilis bezeichnet und ganz im Geiste der NS-Maßnahmen der Jahre nach 1938 verbot man jüdischen Flüchtlingen „aus hygienischen Gründen" die Benutzung von Straßenbahnen, den Besuch von Badeanstalten und das Verlassen ihrer Aufenthaltsorte. Bei der vorbeugenden Seuchenbekämpfung wurden unwürdige und die religiösen Gefühle verletzende Zwangsmaßnahmen ergriffen und schon 1915 befürchtete man Pogrome, sollte bekannt werden, daß auch nur ein Flüchtling Träger epidemischer Krankheiten wäre. Als sich die soziale und ökonomische Lage im Hinterland verschlechterte, wurden die Juden nicht mehr nur als Schuldige für ihre eigene, sondern auch als Sündenböcke für die allgemeine Not diffamiert. Der Begriff „Ostjude" wurde bis Kriegsende zum Synonym für „Preistreiber“ und „Wucherer“ und das Wort von der „Besetzung Wiens“ durch „galizische Eindringlinge“ zählte zu den Gemeinplätzen antisemitischer Agitation.[39]

Mit dem Hinweis auf die drohende Arbeitslosigkeit, die Seuchengefahr und den befürchteten „mitbestimmenden Einfluß auf die Zusammensetzung zahlreicher Körperschaften“ betrieb der Wiener Bürgermeister Richard Weiskirchner schon Anfang 1915 die Abschiebung der Flüchtlinge. Diese würden sich zudem „dem Empfinden und der Denkungsweise der Wiener Bevölkerung nicht anpassen“ und die Stadt der Gefahr aussetzen, „ihr charakteristisches Gepräge und ihre Eigenart einzubüßen“.[40]

Nach der Rückeroberung weiter Teile Galiziens und der Bukowina im Herbst 1915 repatriierte man sofort Tausende Flüchtlinge. Dadurch sank die Zahl staatlich unterstützter Flüchtlinge in Wien von ursprünglich fast 150.000 bis zum Herbst 1915 auf 77.000; im Mai 1916 waren es nur noch 20.000. Wurde ein Ort zur Rückkehr freigegeben, dann verlor der Flüchtling die staatliche Unterstützung, wobei die Bereitschaft zur Heimkehr aufgrund der schlechten Lebensverhältnisse in Wien meist sehr groß war.[41]

In der zweiten Kriegshälfte verschärfte sich die Lage der Flüchtlinge dramatisch: Die Brussilow-Offensive im Sommer 1916 löste eine neuerliche Fluchtwelle Richtung Wien aus, wodurch die Zahl der unterstützten jüdischen Flüchtlinge bis Mai 1917 wieder auf rund 40.000 stieg. Je länger der Krieg dauerte, desto schwächer wurde angesichts des Zerfalls der Zentralgewalt auch deren Schutzfunktion. Nach Wiedereröffnung des Parlaments und der teilweisen Aufhebung der Zensur erfüllte seit Herbst 1917 der Antisemitismus, von deutschnationalen und christlichsozialen Gemeindepolitikern und Zeitungen mit beachtlichem demagogischem Geschick verwendet, erneut seine Funktion als politisch nutzbares Ablenkungsmittel. Je größer das Elend der Bevölkerung wurde, desto mehr wuchs die Aggression gegenüber Flüchtlingen. Dem Feindbild „Jude“ wurden Konturen verliehen, wobei der Bezug zur Realität dabei immer mehr verloren ging und die Argumentation der „Ostjudenhetze" der Nachkriegszeit sich immer deutlicher abzeichnete.[42]

Schon kurz nach Wiedereröffnung des Parlaments machten im Sommer 1917 die deutschösterreichischen Parteien den Antisemitismus im Reichsrat zu ihrem Hauptprogramm. Für die sich im Sommer 1918 endgültig abzeichnende militärische Niederlage und die ausweglose Versorgungslage brauchte man Sündenböcke: die Juden, in erster Linie die „Ostjuden". Sie wurden nun als „Kriegsgewinnler", „Schieber" und „Spekulanten" für alle Not verantwortlich gemacht und die Verfehlungen einzelner Juden wurden von Antisemiten generalisierend auf die gesamte jüdische Gemeinde übertragen. Die Welle des Antisemitismus erreichte mit Massendemonstrationen anläßlich der sogenannten „Deutschen Volkstage" – Loyalitätskundgebungen der Christlichsozialen und Alldeutschen für den Kaiser – im Juni 1918 ihren Höhepunkt. In Wien nannte bei dieser Gelegenheit ein Redner einen Pogrom als Mittel, den kranken Staat zu heilen.[43]

Als sich die Monarchie aufzulösen begann, wuchs für die bislang von Repatriierungsaktionen ausgenommenen rund 25.000 jüdischen Flüchtlinge in Wien erneut die Gefahr von Pogromen. Bezirksvertretungen drohten mit „Selbsthilfe" gegen „volksfremde Elemente" und gegen die „galizische Moral und Ausbeutung". Auch außerhalb Wiens wurde die Lage immer bedrohlicher: In einzelnen Gemeinden kam es zu Ausschreitungen, zur Streichung von Brotrationen und Unterstützungszahlungen. Als Juden stigmatisiert und zudem zu „Ausländern" geworden, waren sie nun von der Ausweisung bedroht. Teilweise wurden Flüchtlinge sogar in Eigeninitiative des Landes verwiesen[44], obwohl in Krakau und Lemberg schon vor Kriegsende Pogrome stattfanden, denen dann im Zuge der kriegerischen Ereignisse um die polnische Staatsgründung, der polnisch-ukrainischen Kämpfe und des polnisch-sowjetischen Krieges 1920/21 die bis dato brutalsten Ausschreitungen gegen Juden folgen sollten. Während jüdische Flüchtlinge in diese Gebiete zwangsrepatriiert wurden, ergriffen gleichzeitig viele erneut die Flucht nach Österreich, wo sie nicht mehr als Kriegsflüchtlinge anerkannt und keinen Anspruch auf Unterstützung durch die staatliche Fürsorge hatten.[45]

2. Antisemitismus in der Zwischenkriegszeit

a) Rahmenbedingungen: Das Erbe der Monarchie

Durch den Zusammenbruch der Monarchie veränderten sich die politischen Rahmenbedingungen für die Juden der neuen Republik „Deutsch-Österreich“ entscheidend. Den Kaiser als verläßlichen Schutzherrn der Minderheit gab es nicht mehr, die Sicherung der im Friedensvertrag von Saint Germain und der in der Verfassung verankerten Minderheitenrechte blieb bis zum „Anschluß“ in der Hand von Regierungen, in denen Parteien mit explizit antisemitischer Programmatik – Christlichsoziale, Großdeutsche sowie das Bündnis „Heimatblock“ von Landbund und Heimwehr – an der Macht waren.[46] Für die nach Kriegsende rund 200.000 Juden, neben den Kärntner Slowenen die einzige Minderheit im neuen „deutschen“ Bundesstaat Österreich, blieb im Ernstfall einzig der Schutz der Signatarstaaten des Friedensvertrages als internationales Korrektiv.

Bereits 1918 sind alle Spielarten des Antisemitismus, vom moderaten Verbalantisemitismus der Christlichsozialen bis hin zum radikalen Rassismus der äußersten Rechten, mit fließenden Übergängen voll entwickelt.[47] In diesem nationalistischen und antisemitischen Klima wurden dann die Mitläufer und Mörder der NS-Zeit sozialisiert, haben sie ihren Judenhaß internalisiert. Die Erste Republik übernahm nicht nur alle Varianten des Antisemitismus, sondern auch eine antisemitisch durchsetzte politische Elite, hervorgegangen aus der deutsch-österreichischen Studentenschaft der Monarchie.[48] Dazu gehörten sowohl führende Politiker wie Leopold Kunschak, Ignaz Seipel und Engelbert Dollfuß, als auch

Kirchenmänner wie Kardinal Innitzer oder die Bischöfe Gföllner, Hudal und Kamprath. Diese Eliten waren für die Tradierung und teilweise sogar für die Radikalisierung antisemitischer Vorurteile vor 1938 verantwortlich.[49]

Antisemitismus bildete nicht nur im sozial heterogenen rechten politischen Lager das traditionelle Verbindungsglied, sondern es gab auch eine Art populistischen Konkurrenzantisemitismus, der das gesamte politische Spektrum der Ersten Republik erfaßte. In der einen oder anderen Form griffen vor 1938 alle Parteien auf antisemitische Klischees als Waffe im politischen Tageskampf zurück, wodurch ein antisemitischer Konsens entstand, der die breite Akzeptanz antijüdischer Maßnahmen der Nationalsozialisten begreifbarer macht. Wie sich zeigte, war auch Österreichs Linke nicht frei von derartigen Einstellungen.

b) Die Krise der Nachkriegszeit: „Ostjuden hinaus"

Das Trauma des verlorenen Krieges, die politische Unsicherheit und wirtschaftliche Krise führten zu einem spürbaren Ansteigen nationalistisch-fremdenfeindlicher und antisemitischer Strömungen im neuen Staat. Obwohl sich der aggressive Antisemitismus nicht nur auf die rund 25.000 jüdischen Flüchtlinge aus Galizien und der Bukowina beschränkte, waren diese als schwächste Gruppe zweifellos das Hauptziel. Dabei erreichte das Ausmaß der Hetze quer durch alle Bereiche des politischen Lebens eine neue Qualität, lenkten nun christlichsoziale und deutschnationale Demagogen mit unglaublicher Konsequenz die durch Not und Elend der Nachkriegszeit bedingten Aggressionen in der Bevölkerung auf diese leicht faßbare Gruppe der „Ostjuden".

Wie schon während des Krieges gab die antisemitische Propaganda den nunmehr zu „Ausländern" erklärten und nahezu recht- und schutzlosen altösterreichischen Flüchtlingen in Wien die Schuld an allen aktuellen Schwierigkeiten. Sogar seriöse katholische und nationale Blätter begannen 1919, soziale Ängste mit Phantasiezahlen von bis zu 300.000 Flüchtlingen zu mobilisieren und stilisierten so das „Ostjudenproblem“ zur „Schicksalsfrage der Republik“ hoch.[50] Die „Ostjuden“ hätten sich vor dem Militärdienst gedrückt, sich am Krieg maßlos bereichert und seien Schuld an der militärischen Niederlage[51], an der herrschenden Versorgungskrise, der Wohnungsknappheit, dem „Schieberunwesen“[52] und der Hyperinflation. Sie wurden zum Katalysator der Angst der katholisch-konservativen Bevölkerung vor antiklerikalem Sozialismus und der angeblich geplanten „jüdischen Weltherrschaft“ im Zeichen des Bolschewismus.[53]

Organisatorisches Sammelbecken und „überparteiliche“ Klammer des christlichsozialen und deutschnationalen Antisemitismus war der im August 1919 gegründete „Deutschösterreichische Schutzverein Antisemiten-Bund“. Hier waren all jene vertreten, die Not und Elend breiter Bevölkerungsschichten, Angst vor politischer Unsicherheit und sozialem Abstieg dazu nutzen wollten, die Politik in undemokratische, antisozialistische oder antiliberale Bahnen zu lenken. Vier Jahrzehnte politischen Antisemitismus wurden in Forderungsprogramme gegossen, die in mancher Hinsicht die Radikalität der Nationalsozialisten vorwegnahmen bzw. sogar noch übertrafen. Die Gefahr dieser Bewegung lag in ihrem parteiübergreifenden Charakter und der dadurch gegebenen Möglichkeit, daß führende Politiker des bürgerlichen und deutschnationalen Lagers in breiter Front auf Bundes- und Landesebene die antisemitische Programmatik in den gesetzgebenden Körperschaften massiv vertreten und ihnen damit einen Anschein von Legitimität und Legalität geben konnten.[54] Gerade dieser Umstand verstärkte die Akzeptanz von Forderungen nach Ausgrenzung der Juden aus der österreichischen Gesellschaft, wenngleich diese Forderungen bis 1938 keine staatliche Anerkennung bzw. gesetzliche Verankerung fanden.

Herausragende Figur unter den „Vorkämpfern“ in der „Ostjudenfrage“ war der christlichsoziale Arbeiterführer Leopold Kunschak.[55] Unter der Parole „Ostjuden hinaus“ wurde die

Regierung mit Pogromdrohungen unter Druck gesetzt, die Flüchtlinge auszuweisen. Bei den Antisemitenkrawallen im Herbst 1919 zeigte sich eine neue bedrohliche Dimension und Qualität des Antisemitismus, ein „Antisemitismus der Tat“: Die jüdische Bevölkerung sah sich erstmals mit gewalttätigen Übergriffen gegen Eigentum und Leben durch uniformierte Nationalsozialisten, Studenten und paramilitärisch organisierte Frontkämpfer konfrontiert.[56] Trotz dieser teilweise gewalttätigen Auseinandersetzungen und Attacken auf Juden wurde die Tätigkeit des Antisemitenbundes von den Behörden nicht unterbunden, konnte weiterhin Haß gepredigt werden.

Ganz im Geiste dieser Programmatik verglich Kunschak „Ostjuden“ mit Heuschrecken, die das Land kahlfressen[57] und forderte im April 1920 im Parlament, Juden, die nicht freiwillig in ihre Heimat zurückkehren wollten, „unverzüglich in Konzentrationslager“ zu internieren.[58] Auch der spätere Bundeskanzler Engelbert Dollfuß betätigte sich als Student 1920/21 aktiv als Redner des Antisemitenbundes[59] und der „Staatsvertragskanzler“ Julius Raab, Baumeister in St. Pölten und damals niederösterreichischer Heimwehrführer, bezeichnete noch 1930 den Austromarxisten Otto Bauer als „Saujud“.[60]

Zwar lehnte die Sozialdemokratische Partei ideologisch den Antisemitismus ab, stand für jüdische Mitglieder immer offen und hatte während der Ersten Republik prominente jüdische Politiker[61] in wichtigen Ämtern, trotzdem war sie für antisemitische Stimmungen anfällig. Dies zeigte sich sowohl in der Haltung gegenüber ostjüdischen Kriegsflüchtlingen als auch in ihrer antisemitisch gefärbten Propaganda gegen jüdische Kapitalisten. Dadurch schürten die Sozialdemokraten bei ihren Anhängern antijüdische Ressentiments, was von den jüdischen Parteiführern toleriert wurde, die ihre eigene Herkunft herunterspielten, um der Partei den „Vorwurf“ zu ersparen, sie sei eine „Judenschutztruppe“, „verjudet“ und würde nur jüdische Interessen vertreten.[62]

Diese populistische Anbiederung der Sozialdemokratie an die antijüdische Stimmung erreichte mit dem implizit gegen jüdische Kriegsflüchtlinge gerichteten Ausweisungserlaß des sozialdemokratischen niederösterreichischen Landeshauptmanns Albert Sever im September 1919 einen Höhepunkt. Mit wenigen Ausnahmen sollten alle, die sich vor dem 1. August 1914 nicht dauernd in Deutschösterreich aufgehalten und keine Heimatberechtigung im jetzigen Staatsgebiet hatten, innerhalb von zehn Tagen das Land verlassen. Der Erlaß erwies sich als undurchführbar, da einerseits die Ausweisung ehemals österreichischer Staatsbürger rechtlich nicht gedeckt war, andererseits die zuständigen Politiker aus Angst vor einem Reputationsverlust im Ausland und den damit verbundenen wirtschaftlichen und politischen Folgen vor einer Massenausweisung zurückschreckten. Obwohl nicht exekutiert, heizte der „Sever-Erlaß“ die antisemitische Stimmung auf, stärkte die reaktionären Kräfte und gab die wegen ihrer ungeklärten Staatsangehörigkeit von Diskriminierung und Abschiebung bedrohten jüdischen Flüchtlinge dem Druck der Öffentlichkeit preis.[63]

Quer durch alle Parteien wurde den altösterreichischen Juden das Recht auf Integration abgesprochen. Ausdruck dieser Einstellung war die Formulierung des „Optionsparagraphen“ im Staatsbürgergesetz von 1920, die bewußt so gewählt wurde, daß galizischen und bukowinischen Juden der Nachweis eines Rechtsanspruchs nur schwer gelingen konnte. Möglich wurde dies durch die rassistische Auslegung des Artikel 80 des Friedensvertrages von St. Germain, der eine Zugehörigkeit „nach Rasse und Sprache“ als Grundlage des Optionsrechtes festlegte.[64] Hatte schon im Juli 1920 Sever gefordert, diesen Artikel so auszulegen, daß jüdische Flüchtlinge aus dem Osten der ehemaligen Monarchie und aus Ungarn vom Optionsrecht ausgeschlossen waren, so verstärkte sich die antisemitische Einheitsfront zu Jahresende noch deutlicher, als sich abzeichnete, das Innenministerium könnte einzig das Kriterium „Sprache“ bei der Bearbeitung der Optionsansuchen heranziehen: Nun intervenierten christlichsoziale Abgeordnete mit einer parlamentarischen Anfrage, da nach diesem Kriterium die „ausnahmslos" deutschsprechenden „Ostjuden" nicht abgewehrt werden könnten, daß aber niemend behaupten dürfe

„daß die Ostjuden unserer Rasse angehören, beziehungsweise die Mehrheit der österreichischen Bevölkerung zur jüdischen Rasse gezählt werden muß. So weit ist es Gott sei Dank doch noch nicht gekommen."[65]

Im Jänner 1921 folgten mehrere deutschnationale Abgeordnete mit einer ähnlichen Anfrage und ersuchten den Innenminister, „alles vorzukehren, dass die Gesuche von Ostjuden im Sinne der klaren Bestimmungen des Friedensvertrages von St. Germain abschlägig beschieden werden".[66] Der außerparlamentarische Arm der Antisemiten, der Antisemitenbund, erhöhte den Druck und verstieg sich im Februar bis zum Pogromaufruf:

„[...] So ein Pogrom braucht nicht einmal blutig zu verlaufen, denn wenn nur ein Dutzend Juden einmal an den Laternenpfählen baumelt, dann verschwinden die übrigen [...] von selbst nach Galizien und Ungarn, woher sie gekommen sind."[67]

Höhepunkt der politischen Tätigkeit des Antisemitenbundes war ein dreitägiger internationaler Antisemitentag in Wien im März 1921, an dem 62 Verbände und Klubs teilnahmen, denen insgesamt rund 400.000 Mitglieder angehörten.[68] In diesem Klima forderte schließlich das Plenum des Nationalrats die Regierung auf, in der Frage des Optionsrechts „der Forderung der Rassezugehörigkeit zur Mehrheit der österreichischen Bevölkerung gebührend Rechnung zu tragen".[69] Diese antisemitischen Machtdemonstrationen ermutigten auch den großdeutschen Innenminister Leopold Waber, die administrativen Schikanen gegen die jüdischen Flüchtlinge fortzusetzen. In seiner halbjährigen Amtsperiode wurden nahezu alle von Juden eingereichten Optionsansuchen für eine österreichische Staatsbürgerschaft mit teilweise offen rassistischen Begründungen abgelehnt. Ausgrenzung, so wurde signalisiert, war gesellschaftsfähig geworden. Allerdings kam man weder durch den Sever-Erlaß noch durch die antisemitische Optionspraxis des Innenministeriums dem deklarierten Ziel näher, die jüdischen Flüchtlinge aus Österreich zu vertreiben.[70]

c) Versuchte Ausgrenzung der österreichischen Juden

Kernpunkt des Programms des Antisemitenbundes war die Erklärung der Juden zur „Nation". Damit konnte nicht nur die Abschiebung der „Ostjuden" begründet werden, darauf bauten auch alle anderen Ausgrenzungsversuche, die allerdings nicht neu waren: Ein *numerus clausus* an Universitäten und in Berufen mit hohem jüdischen Prozentanteil, also für Ärzte, Rechtsanwälte, Journalisten,[71] wie auch die „Trennung der christlich-deutschen von den jüdischen Mittelschulen". Was Antisemiten schon in der Monarchie erfolglos gefordert hatten, fand sich nunmehr in Gesetzesanträgen christlichsozialer Parlamentarier, die auf eine gesetzlich verankerte Ungleichheit der jüdischen Bevölkerung abzielten. Bis 1938 stand all diesen Versuchen allerdings die österreichische Verfassung entgegen.[72] In einigen Bereichen konnten sich die Antisemiten durchsetzen: Schon seit dem ausgehenden 19. Jahrhundert hatten immer mehr Vereine, vor allem Burschenschaften und Turnvereine, mittels „Arierparagraphen" jüdische Mitglieder ausgeschlossen. In der Zwischenkriegszeit folgte eine Reihe von Massenorganisationen, die keine Juden aufnahmen bzw. diese ausschlossen.[73]

Die politisch und sozial keineswegs homogene jüdische Bevölkerung Österreichs reagierte unterschiedlich auf diese neue Gefahr des sich ausbreitenden Rassismus und Deutschnationalismus. Während die assimilationswillige Mehrheit, seit 1886 in der „Union deutsch-österreichischer Juden" organisiert, auf ihren in der Verfassung garantierten Schutz vertraute, die Krise durchstehen und weiterhin die Integration in die österreichische Gesellschaft ohne jede Art von Privilegien oder Sonderrechten absichern wollte, verkörperte die zionistische Minderheit die Antithese zur Assimilation.[74]

Das Konzept der Assimilation baute auf die Akzeptanz und den Schutz der christlichen Mehrheitsgesellschaft. Der Druck der Antisemiten nach Ende des Ersten Weltkrieges zwang nun offenbar die bereits eingesessenen Wiener Juden zu einer deutlichen Abgrenzung von den neu eingetroffenen ostjüdischen Flüchtlingen. So kann das Verhalten der SDAP gegenüber den ostjüdischen Flüchtlingen in Wien auch als ein Zugeständnis an die eigene jüdische Wählerschaft, die ihre bereits erreichte gesellschaftliche Position und Assimilation durch die Flüchtlinge gefährdet sah, interpretiert werden. Die „Ostjuden" waren für die bereits etablierten Wiener Juden ein „Bauernopfer" gegenüber ihrer antisemitischen Umgebung. Diese innerjüdische Ablehnung gegen nichtassimilierte „Ostjuden" überdauerte in Wien auch den Holocaust, wie die sogenannten jüdischen Displaced Persons bis in die fünfziger Jahre schmerzlich erfahren mußten.[75]

Bei der assimilierten Mehrheit der jüdischen Bevölkerung Österreichs traf auch der Zionismus und die Gründung einer zionistischen Partei nach dem Ersten Weltkrieg unter Robert Stricker als offensive Reaktion auf die vorherrschende antisemitische Grundstimmung und Abkehr vom Konzept der Assimilation auf Ablehnung.[76] Sie sah die Gefahr, daß die zionistische Proklamation einer „jüdischen Nation" Antisemiten – in scheinbarer Übereinstimmung mit den Zionisten[77] – den Vorwand zu einer Ausgrenzung der jüdischen Bevölkerung unter „positiven" Vorzeichen lieferte. In dieser Logik forderten Leopold Kunschak und der Antisemitenbund die Anerkennung der Juden als „Nation", um so deren Rechte einzuschränken.[78]

Auch auf dem Lande hatte der Antisemitismus einen starken Rückhalt mit einigen, allerdings erst kursorisch erforschten regionalen Eigenheiten.[79] Aufgrund der geringen jüdischen Bevölkerungszahl, in der Zwischenkriegszeit lebten nur rund 15.000 der über 190.000 österreichischen Juden außerhalb Wiens, konnte nicht von einer „jüdischen Übermacht“ gesprochen werden. Daher bot sich dem Länderantisemitismus die Projektion auf Wien, der Haß auf die Metropole, als Ersatz für reale Konflikte an.[80]

Gerade weil am Beginn der Republik Christlichsoziale aus den Ländern die Politik dominierten, die am sensibelsten auf die von Kriegsmüdigkeit, Haß auf die Wiener Wirtschaftszentralen, Antisemitismus und Antimonarchismus geprägte Stimmung der ländlichen Bevölkerung reagierten, gediehen auch die Anschlußbewegungen in den westlichen Bundesländern zu machtvollen Demonstrationen gegen die Wiener Zentrale. Schon im November 1918 wird in Vorarlberg der wahre Feind und der Grund für die Ablehnung der Metropole und des von dort ausgehenden „Bolschewismus“ publizistisch an den Pranger gestellt:

„Nicht der Kaiser in Eckartsau ist uns im Wege, sondern die Juden bei der Regierung in Wien, bei allen Ämtern und in allen Zentralen sind uns ein Dorn im Auge. [...] Deshalb schaudert uns von Wien aus regiert zu werden. [...] Los von Wien! Dieser Ruf wird, es ist kein Wunder, Tag für Tag lauter und in weitesten Kreisen erhoben.“[81]

Aus der Sicht antisemitisch denkender Provinzpolitiker wuchs Wien zu einem bedrohlichen, „verjudeten Moloch“ heran. Der Antagonismus zwischen Provinz und Metropole war gleichzeitig eine politische Auseinandersetzung zwischen katholischem Konservatismus und antiklerikalem Sozialismus, zwischen Heimwehr und Schutzbund. Das „rote Wien“ der Zwischenkriegszeit – 1930 lebten 60 Prozent aller Mitglieder der SDAP in Wien[82] – war aus dieser Perspektive gleichzeitig das „jüdische Wien“.

Auch die jüdischen Bewohner in den Bundesländern, vielleicht mit Ausnahme des Burgenlandes, sahen sich im katholisch-konservativen Umfeld im Vergleich zu Wien eher einem direkten Druck der Antisemiten ausgesetzt, wenngleich hier das distanzierte Verhältnis von Nichtjuden zu Juden noch viel stärker auf einer langen christlichen Tradition antijüdischer Vorstellungen und Bilder beruhte und konkrete ökonomische Interessen eine eher untergeordnete Rolle spielten.

Gab es schon keine „eigenen“ Juden, wollte man in einigen Gegenden auch keine „fremden“: Knapp 60 Gemeinden und Fremdenverkehrsverbände erklärten nach dem Ersten Weltkrieg Juden zu unerwünschten Personen und machten ihnen den Aufenthalt als Feriengäste unmöglich. Proteste jüdischer Organisationen fruchteten meist wenig.[83]

Obwohl die antisemitisch geprägten Konflikte zwischen Provinz und Metropole bzw. zwischen rechtem und linkem Lager weiterbestanden, schwächte die einsetzende wirtschaftliche Erholung und politische Stabilisierung den politischen Antisemitismus nachhaltig. 1923 ist die „Nachkriegszeit“ beendet, wird das Zwangsbewirtschaftungssystem bei den letzten Lebensmitteln abgeschafft und 1924 die Hyperinflation durch die Einführung der Schilling-Währung unter Kontrolle gebracht.[84]

Nach einer letzten großen Demonstration Anfang 1923 vor dem Wiener Rathaus, in der sich christlichsoziale und deutschnationale Politiker für Gesetze „gegen die Diktatur des Judentums“ aussprachen, verlor auch der Antisemitenbund an Einfluß, was nicht zuletzt ein Jahr später zum Austritt der Nationalsozialisten führte. Ein vorerst letztes Aufflackern der radau-antisemitischen Bewegung erfolgte in Wien nach der Ermordung des jüdischen Journalisten und Schriftstellers Hugo Bettauer im März 1925 im August, als die im „Völkisch-antisemitischen Kampfausschuß“ vereinigten Organisationen Unruhen rund um den XIV. Zionistischen Weltkongreß anzettelten.[85] Danach folgte bis Anfang der dreißiger Jahre eine relativ ruhige Zeit. Verantwortlich dafür waren einerseits die Konsolidierung der Wirtschaft sowie die Spaltung und Mißerfolge der extremen politischen Rechten. Das Thema war jedoch nicht erledigt: Im November 1926 wird der „Kampf gegen die Übermacht des zersetzenden jüdischen Einflusses“ in das neue Parteiprogramm der Christlichsozialen Partei aufgenommen, und nicht nur die deutschnationale, sondern auch die katholische Presse agitierte weiter gegen die Juden. Auch an den Universitäten, in Vereinen und Verbänden war das gewaltbereite antisemitische Potential weiterhin präsent.[86] Schon geringe Anlässe genügten, wie beispielsweise der Halsmann-Prozeß in Innsbruck 1928, um latent vorhandene antisemitische Grundeinstellungen reflexartig zu aktivieren.[87] Eine neuerliche Radikalisierung antisemitischer Agitation in Österreich kam erst im Gefolge der Weltwirtschaftskrise und der sich abzeichnenden Krise der Demokratie.

4. „Austrofaschismus“: Antisemitismus im Zeichen des Aufstiegs des Nationalsozialismus

Wegbereiter für die politische Radikalisierung und den Aufschwung der NSDAP in Österreich 1932/33 waren sowohl der Aufstieg Hitlers in Deutschland als auch die ökonomische und politische Krise im Lande. Immer deutlicher war seit Anfang der dreißiger Jahre die Bereitschaft zur Abkehr vom Parlamentarismus geworden. Die Problemlösungskompetenz des demokratischen Systems wurde von weiten Teilen der Bevölkerung in Frage gestellt, die antidemokratische Grundstimmung durch die Gewaltbereitschaft der paramilitärischen Wehrverbände weiter verstärkt. Einfache Lösungen und Schlagworte waren gefragt, Sündenböcke rasch gefunden. Antisemitismus und die Forderung nach dem Anschluß an das Deutsche Reich konnten diese Bedürfnisse scheinbar befriedigen und wurden von der NSDAP bis zum Parteiverbot im Juni 1933 konsequent und mit Erfolg an die Spitze ihrer politischen Agitation gestellt. Erneut zeigte sich, wie leicht in einer politisch-ökonomischen Krise latenter Antisemitismus in Aktivismus umschlägt.[88]

Schon ab 1931 verschärften extremistische Antisemiten ihre Aktionen und besonders ab Herbst 1932 wurden wieder Juden Opfer gewalttätiger Attacken und Übergriffe an der Wiener Universität. Nach Ausschreitungen im Frühjahr 1933 und dem Bombenanschlag auf den Juwelier Norbert Futterweit im Juni 1933 durch Mitglieder des Wiener NS-

Studentenbundes[89] wurde die Autonomie der Universitäten von der Regierung Dollfuß praktisch beseitigt und die bereits nationalsozialistisch infiltrierte „Deutsche Studentenschaft" verboten. Damit sollte dem Antisemitismus die radikale Spitze genommen werden.[90]

Während auf der einen Seite die antisemitische und anschlußorientierte Stoßrichtung der NSDAP der Großdeutschen Volkspartei ihre Existenzgrundlage entzog und im Mai 1933 zu deren Selbstauflösung führte, hatten die anderen Parteien aufgrund der Popularität antisemitischer Agitation nicht den Mut, dagegen entsprechend aufzutreten. Im Gegenteil, große Teile der katholischen Intelligenz waren geistige Trägerschichten dieses Antisemitismus. Gerade die Christlichsozialen hatten, unterstützt von der katholischen Kirche, ihre Klientel seit Kriegsende propagandistisch mit einem gegen Wien und die Sozialdemokratie gerichteten Antisemitismus indokriniert und konnten nicht plötzlich eine einschneidende Kurskorrektur vornehmen. Welchen dominierenden Stellenwert in der politischen Kultur der Christlichsozialen der Antisemitismus einnahm, verdeutlicht der Umstand, daß vor 1933 die Hälfte der Artikel zu jüdischen Themen in der katholischen bzw. christlichsozialen Presse antijüdisch waren, während projüdische gänzlich fehlten.[91] Trotz der Gefahr, daß ein radikaler Antisemitismus zwangsläufig dem Nationalsozialismus in die Hände spielte, verstärkte sich bis zum Februar 1934 sogar die antimarxistisch motivierte antisemitische Agitation und setzte sich im „Ständestaat" bis 1938 fort.[92]

Gerade in der Krise der Demokratie zeigte sich, daß bei zahlreichen Repräsentanten des politischen Katholizismus Antifaschismus und eine demokratische Grundeinstellung mit antisemitischen Positionen Hand in Hand gehen konnten. Neben Kunschak galt dies vor allem für den letzten Parteiobmann der Christlichsozialen, Emmerich Czermak, der in einer Ende 1933 publizierten Schrift die Taufe als Assimilationsmittel grundsätzlich ablehnte, da man sein Volkstum nicht ändern könne. Zudem forderte er die Errichtung konfessioneller Schulen für jüdische Kinder sowie einen *numerus clausus* für Juden in akademischen Berufen und öffentlichen Positionen. Bezüglich einer globalen Lösung der „Judenfrage" verfocht Czermak sogar einen „Madagaskarplan", also die Idee, alle Juden nach Madagaskar umzusiedeln, da ihm Palästina dafür räumlich zu klein und nur für eine vorläufige „Teillösung" geeignet schien. Zufrieden registrierte Czermak, daß die Nationalsozialisten in Deutschland „den größten Wert darauf (legen), den deutschen Juden das Verbleiben zu erschweren" und „die Gesamtheit der Juden aus dem reichsdeutschen Gebiet" entfernen wollten. Im Gegenzug hob Julius Streichers antisemitisches Hetzblatt *Der Stürmer* im November 1933 die Bedeutung Czermaks und seiner Position hervor. Die politische Gegnerschaft des aufkommenden „Austrofaschismus" mit dem Nationalsozialismus schloß – wie das Beispiel zeigt – die Übereinstimmung in der „Judenfrage" nicht aus.[93]

Im „Ständestaat" konnte Czermak dann seine Rassethesen, die sich nur unwesentlich von jenen gemäßigter Nationalsozialisten unterschieden, sowohl öffentlich als auch innerhalb des CV ohne offenen Widerspruch propagieren,[94] da nach der Ausschaltung der Sozialdemokratie die alten antisemitischen Forderungen nach Ausgrenzung der Juden aus der Gesellschaft wieder Konjunktur hatten. Allerdings war die Frage der Behandlung der Juden in den Augen der ausländischen Öffentlichkeit einer jener Punkte, in denen Österreich sich vom nationalsozialistischen Deutschland unterschied und der seine Unabhängigkeit rechtfertigte. Die staatsbürgerlichen Rechte der Juden wurden in der neuen ständischen Verfassung vom Mai 1934 zwar nicht beschnitten, charakteristisch für den Ständestaat war jedoch die tiefe Diskrepanz zwischen ihrer formalrechtlichen Gleichberechtigung und einer weitgehend tolerierten Diskriminierung, einem „schleichenden Antisemitismus"[95] im Alltag. Die autoritäre Regierung verurteilte offiziell antisemitische Aktivitäten, konnte jedoch eine korrekte und faire Behandlung der jüdischen Minderheit bzw. ein Ende antisemitischer Äußerungen innerhalb des Regierungslagers und auf der unteren Verwaltungsebene nicht durchsetzen. Besonders in der Vaterländischen Front und bei den Wehrverbänden wurden weitgehende antisemitische Ressentiments geduldet, die Medien durften ungehindert antisemitische Forderungen erheben, und antisemitische Literatur, sofern sie nicht zu offener Gewalt aufrief, ungehindert verkauft werden.[96]

Während es Dollfuß verstand, den Antisemitismus in den eigenen Reihen einigermaßen unter Kontrolle zu halten, wurde Schuschnigg durch sein nicht eindeutiges Auftreten vielfach als offen für antijüdische Maßnahmen eingeschätzt. Nachdem sich Schuschnigg im Herbst 1934 über die verheerenden außenpolitischen Folgen der Duldung antisemitischer Agitation klargeworden war, gelang es ihm, die neue judenfeindliche Welle abzubremsen. Die österreichische Regierung sah sich bezüglich der Lage der Juden immer wieder diplomatischem Druck des westlichen Auslandes ausgesetzt und somit gezwungen, gegen antijüdische Vorgangsweisen untergeordneter Dienststellen einzuschreiten.

Trotz allem waren die Unterschiede zwischen dem „autoritären“ Österreich und dem „totalitären“ Deutschen Reich augenscheinlich: Während in Deutschland zur selben Zeit die systematische Entrechtung der jüdischen Bevölkerung begann, gab es in Österreich zwar derartige Versuche, jedoch keine konkreten staatlichen Maßnahmen. Zwar wurde die Idee der Separation der jüdischen Schuljugend in getrennten Schulklassen, die zwangsläufig zur Ghettoisierung führen würde, nach Protesten der Kultusgemeinde, internationaler jüdischer Organisationen sowie westeuropäischer Staaten *ad acta* gelegt, in anderen Bereichen wurde die Forderung nach einem *numerus clausus* zwischen 1934 und 1938 zumindest in Ansätzen realisiert. So verfügte die Wiener Stadtverwaltung nach dem Februar 1934 zahlreiche Entlassungen jüdischer Gemeindebediensteter, die allerdings mit deren Betätigung in der Sozialdemokratischen Partei begründet wurden. Somit konnte man gleichzeitig Juden und Sozialdemokraten säubern. Am stärksten fühlbar wurde die Diskriminierung im Bereich der Anstellung junger Ärzte an den Wiener Spitälern. Bis 1936/37 kam es Schritt für Schritt zur Kaltstellung nahezu aller jüdischen Jungärzte und zum fast vollständigen Ausschluß von Ausbildungsplätzen für Fachärzte. Auch bei der Anwaltskammer übertrug die Regierung nach Protesten des Verbandes „deutsch-arischer" Rechtsanwälte die Führung einem Nicht-Juden und ersetzte die meisten jüdischen Mitglieder des Kammerausschusses.[97]

Wie ungünstig die Lage der Juden in Österreich zwischen 1933 und 1938 insgesamt war, kann auch aus dem Umstand ersehen werden, daß bis zum „Anschluß" nur rund 2500 jüdische Flüchtlinge aus Deutschland in Österreich Zuflucht suchten, obwohl sich schon 1935 rund 65.000 deutsche Staatsbürger als Opfer rassistischer Verfolgung im Exil befanden. Diese Flüchtlinge erhielten in Österreich keine staatliche Unterstützung; die Flüchtlingsbetreuung wurde mit ausländischen Spenden von der Israelitischen Kultusgemeinde Wien getragen.[98]

Sowohl Dollfuß als auch sein Nachfolger Schuschnigg waren sich der starken antijüdischen Ressentiments innerhalb des politischen Katholizismus bewußt und versuchten, einen möglichst neutralen Kurs zu steuern, um so die „jüdische Frage" aus der politischen Diskussion herauszuhalten, internationale Schwierigkeiten zu vermeiden, den Nationalsozialisten den Wind aus den Segeln zu nehmen, die eigene katholische Klientel nicht vor den Kopf zu stoßen und gleichzeitig die jüdische Bevölkerung weiter bei der Stange zu halten. Gerade für diese wurde die Unabhängigkeit Österreichs zunehmend zur Überlebensfrage, dementsprechend auch die Unterstützung des „Ständestaates" durch die Kultusgemeinde bis zum März 1938. Als Schuschnigg angesichts der wachsenden Bedrohung durch Hitler seinen Entschluß zur „Volksabstimmung" bzw. „Volksbefragung" faßte, überreichte die Wiener Kultusgemeinde noch am 10. und 11. März insgesamt 800.000 Schilling als Wahlspende an die Vaterländische Front.[99]

Noch krasser als in der Christlichsozialen Partei war die ambivalente Haltung der katholischen Kirche gegenüber dem Antisemitismus.[100] Die engagiertesten Gegner des Nationalsozialismus im katholischen Lager waren exponierte Antisemiten. Während sich Kardinal Innitzer wiederholt gegen Diskriminierungen jeder Art aussprach, nahm der Linzer Diözesanbischof Gföllner eine dezidiert antisemitische Position ein. Ein Beispiel hierfür ist sein berüchtigter Hirtenbrief vom 23. Jänner 1933, dessen Angriffe der Vergötterung der arischen Rasse durch die Nationalsozialisten und zugleich dem angeblich internationalen jüdischen Weltgeist und gottfremden Einfluß der Juden galten. Ganz auf der Linie der von ihm bekämpften Nationalsozialisten beschwor er den Zusammenhang zwischen Judentum und Kapitalismus bzw. Bolschewismus:

> „Das entartete Judentum im Bunde mit der Weltfreimaurerei ist auch vorwiegend Träger des mammonistischen Kapitalismus und vorwiegend Begründer und Apostel des Sozialismus und Kommunismus, der Vorboten und Schrittmacher des Bolschewismus."[101]

Das Bemühen um Toleranz für das Judentum war sowohl in der katholischen als auch der protestantischen Kirche Österreichs der Zwischenkriegszeit bestenfalls eine Minderheitenposition. Am bekanntesten wurde neben Richard Coudenhove-Kalergi und Wilhelm Börner Irene Harand.[102] Sie gründete 1933 den „Weltverband gegen Rassenhaß und Menschennot", die „Harand-Bewegung", publizierte die Zeitschrift *Gerechtigkeit*, erhielt jedoch kaum Unterstützung von jüdischer Seite und blieb politisch völlig irrelevant.[103]

Zwar legte man von katholischer Seite parallel zum Aufstieg des Nationalsozialismus zunehmend Wert darauf, sich vom Rassenantisemitismus zu distanzieren, Antisemitismus als solcher blieb aber für weite Teile der Kirche eine Selbstverständlichkeit. Zudem verschwammen die Grenzen zwischen „religiösem" und „rassischem" Antisemitismus, wurde rassischer Antisemitismus mit religiösen Argumenten bemäntelt. Gerade beim niederen Klerus und an der religiösen

Basis spielte ein tiefverwurzelter Antijudaismus eine starke Rolle.[104]

Eine gewisse Bedeutung erlangten in diesem Zusammenhang die sogenannten katholisch-nationalen „Brückenbauer", eine durchaus einflußreiche Gruppe katholischer Intellektueller, die sich für ein aktives Bündnis von katholischer Kirche und Nationalsozialismus einsetzte.[105] Sie sahen u. a. im Antisemitismus einen gemeinsamen Berührungspunkt.[106] Bekanntester Vertreter war Bischof Alois Hudal, der Direktor der „Anima" in Rom. In seinem 1936 erschienenen Buch „Die Grundlagen des Nationalsozialismus" bezeichnete er die Rassegesetze im Deutschen Reich als Akt der „Notwehr", der „das eigene Volkstum [...] gegen eine Überflutung fremder Elemente schützt [...], auch wenn solche Gesetze dem modernen Rechtsstaat nicht entsprechen".[107]

Zu einer neuerlichen Welle antisemitischer Äußerungen kam es im März 1936 nach dem Auffliegen des sogenannten Phönix-Skandals, als nach dem Tod ihres jüdischen Generaldirektors Dr. Wilhelm Berliner die Phönix-Versicherung in Konkurs gehen mußte. Das Bekanntwerden von Bestechungen und Parteienfinanzierungen so gut wie aller politischen Gruppen, Rücktritte und Selbstmorde machten daraus den größten politischen Skandal der dreißiger Jahre. Kirchenvertreter oder Politiker wie Kunschak zögerten nicht, in ihren Reden und Ansprachen sofort wieder einem verschärften Antisemitismus das Wort zu reden.[108] Führend tätig war erneut Kunschak und seine Christliche Arbeiterbewegung. Im März 1936 erklärte er:

„Entweder man löst die Judenfrage rechtzeitig nach den Eingebungen der Vernunft und der Menschlichkeit, oder sie wird gelöst werden in Form des vernunftlosen Tieres, in der es seinen Feind angeht, in Formen wildgewordenen und ungebändigten Instinktes."[109]

Angesichts derartiger Aussagen ist es nicht verwunderlich, daß die Christliche Arbeiterbewegung bis mindestens 1936 geheime finanzielle Unterstützung durch das nationalsozialistische Deutschland für „die Weiterführung ihres Kampfes gegen das Judentum" erhielt.[110] Der Antisemitismus der Christlichsozialen unterschied sich „weder in der Zeichnung des Feindbildes noch in der Funktion wesentlich vom völkisch-antiklerikalen, nationalsozialistischen Antisemitismus".[111]

Vom Phönix-Skandal bis zum März 1938 übten die Gesandten Großbritanniens, Frankreichs und der USA immer wieder sanften Druck auf die österreichische Regierung aus, um die antisemitischen Ressentiments unter Kontrolle zu halten und keine wie immer gearteten Ausschreitungen zu dulden. An den existierenden Diskriminierungen änderte dies allerdings nichts mehr. Im Spätherbst 1937 erreichte die Stimmungsmache gegen die Juden durch die Agitation des Gewerbebundes einen neuerlichen Höhepunkt. Wie jedes Jahr in der Vorweihnachtszeit wurde die Kampagne „Christen, kauft bei Christen" durchgeführt und diesmal organisierte man unter Patronanz des Wiener Vizebürgermeisters Richard Schmitz erstmals auch eine Ausstellung zu diesem Thema. Schuschnigg protestierte und machte den Vizebürgermeister öffentlich auf die Unvereinbarkeit seines Amtes mit antisemitischer Propaganda aufmerksam. Offenbar als „Vergeltungsmaßnahme" für Proteste gegen diese Ausstellung wurden Ende 1937 die Fenster zahlreicher jüdischer Geschäfte in mehreren Wiener Bezirken eingeschlagen. Im Februar 1938 kam es erstmals zu einem Brandanschlag auf ein jüdisches Bethaus. Diese Ausschreitungen waren Vorboten dessen, was wenige Wochen später über die Wiener Juden hereinbrechen sollte.[112]

3. Vom „Anschluß" zum Novemberpogrom

a) Entrechtung, Enteignung und Vertreibung

Im März 1938 ging die Saat des österreichischen Antisemitismus auf: Den ersten pogromartigen Ausschreitungen der Nacht des 12. März 1938, noch vor der Ankunft der Deutschen Wehrmacht[113], folgte bis 1942 eine stufenweise Radikalisierung, die in Deportation und Massenmord gipfelte, der allerdings, vor dem eigenen Volk verborgen, im eroberten Osten exekutiert wurde.[114] Österreich war ein „Experimentierfeld“ für die NS-Herrschaft und diente 1938/39 als Probe für die „kumulative Radikalisierung“[115], wobei sich schließlich sowohl in der Juden- als auch in der Kirchenpolitik und Verwaltung die radikalere Variante als Vorbild für das „Altreich“ durchsetzte.[116]

In den Wochen bis zu Hitlers „Volksabstimmung“ am 10. April 1938 entluden sich die Neid- und Haßgefühle der Wiener Antisemiten, diente die Judenhatz als Sicherheitsventil für wirtschaftlich-soziale Unruhe, setzten Zehntausende ihre antisemitische Haltung in die Praxis um: Die Palette reichte von Plünderungen, Raubzügen, öffentlichen Beschimpfungen und Demütigungen – wie die sogenannten „Reibpartien“, die mit Zahnbürsten die aufgemalten Schuschnigg-Parolen von Gehsteigen entfernen mußten –, von Erpressungen bis zu willkürlichen Verhaftungen, Mißhandlungen und zum Mord. Eigene ökonomische Interessen konnten nun rasch auf Kosten der Ausgegrenzten befriedigt werden.[117] Die Beute war entsprechend, da sich rund ein Viertel der Wiener Betriebe in jüdischem Besitz befand. Besonders die Kleinhändler, die sich zuvor der Konkurrenz der jüdischen Großwarenhäuser und Großhändler ausgesetzt gesehen hatten, nützten nun die Gelegenheit, diese auszuschalten.[118] Unter dem Motto „Darr Jud muß weg und sein Gerschtl bleibt da“[119] versuchten die „Ariseure“, oft „alte Kämpfer“ der NSDAP, auf Kosten der Juden eine eigene Existenz aufzubauen. „Arisierung“ hieß meist nichts anderes als entschädigungslose Enteignung jüdischen Besitzes.[120]

Angesichts dieser Willkürakte schnellte die Selbstmordrate unter der verzweifelten jüdischen Bevölkerung in die Höhe. Nach anfänglicher Duldung dieser Ausschreitungen und Privatraubzüge zeigten sich die neuen Machthaber schon Anfang April besorgt, daß „in Österreich bereits in erheblichem Ausmaß Vermögenseinziehungen erfolgt“ waren, die nicht kontrolliert werden konnten.[121] Pogrome und individuelle Bereicherung störten die Pläne der NS-Führung in der „Ostmark“. Daher ging man mit einer Reihe von Erlässen und Befehlen dazu über, den „wilden“ Pogrom einzudämmen und die Phase der scheinlegalen antijüdischen Maßnahmen einzuleiten und mit ordnungsstaatlichen Mitteln die „Arisierung des jüdischen Besitzes“ zu verwirklichen. Dazu war es notwendig, „den überschäumenden Radikalismus“ in Wien in geordnete Bahnen zu lenken, da Deutschland ein „Rechtsstaat“ (!) sei. „Pogrome werden keine veranstaltet, auch nicht von Frau Hinterhuber gegen Sarah Kohn im dritten Hof, Mezzanin, bei der Wasserleitung.“[122]

Der staatlich organisierte Raub und Terror der NS-Machthaber ersetzte nun Schritt für Schritt die pogromartigen Ausschreitungen der Anfangsperiode. Nach den „wilden Arisierungen“ der ersten Wochen führte die neu geschaffene „Vermögensverkehrsstelle“ allein in Wien die „Arisierung“ von 26.000 jüdischen Betrieben, einem Viertel aller Wiener Unternehmen, mit einem Betriebskapital von 300 Millionen Reichsmark durch. Dieser organisierte Raub diente der NSDAP zuerst als Versorgungseinrichtung ihrer Mitglieder und Mitläufer, die danach allerdings oft durch Liquidierung der Betriebe einen Teil ihrer „Beute“ verloren. Allein im Frühjahr 1938 wurden 7000 jüdische Geschäfte geschlossen. Insgesamt liquidierte man in Wien 80 Prozent der jüdischen Gewerbebetriebe, erfolgte durch die „Arisierung“, die die wirtschaftliche Existenz Tausender Juden vernichtete, eine „Strukturbereinigung“, wie der Leiter der Arisierungsmaßnahmen in Wien, Dipl. Ing. Walter Rafelsberger, offen darlegte:

> „Die Strukturwandlungen in der gewerblichen Wirtschaft durch die Entjudung bedeuten einen Umschichtungsprozeß von ungeheurem Ausmaß [...] Der große Liquidationssatz und die Umlagerung (Standortverlegungen im Zuge der Arisierung) beseitigten in vielen Sparten die Überbesetzung restlos und schafften in den übrigen bessere Bedingungen.“[123]

Jüdische Großunternehmen wurden rascher arisiert, aber sorgsamer behandelt, ausländischer Besitz bis Kriegsbeginn nicht angetastet. Die radikale Arisierungspolitik wurde erstmals in Wien erprobt und zuerst Ende 1938 auf die übrigen Teile des „Großdeutschen Reiches", im Laufe des Krieges auf den gesamten NS-Machtbereich übertragen.[124] Während im Frühjahr 1939 in Berlin immerhin noch 30 Prozent der selbständigen Juden erwerbstätig waren, betrug ihr Anteil in Wien ein Jahr nach dem „Anschluß" gerade noch 6 Prozent.[125]

Die ökonomische Komponente der Judenverfolgung wurde von den Nationalsozialisten nicht verheimlicht. Schon im April 1938 schrieb der *Völkische Beobachter*, daß bis 1942 „das jüdische Element in Wien ausgemerzt und zum Verschwinden gebracht" werden müsse und „das wirtschaftliche Todesurteil an den Juden vollstreckt werden soll".[126]

Parallel zum Raub jüdischen Vermögens erfolgte die „Entrechtung durch Sonderrecht" – die systematische und auf nationalsozialistischen Rechtsnormen basierende Verdrängung der Juden aus dem öffentlichen Leben. Als Grundlage für die Erhebung der „Rassenzugehörigkeit" diente der sogenannte „Ariernachweis", ein perfides Mittel, sich selbst als „Jude" deklarieren zu müssen, um damit schrittweise vom Bürger zweiter Klasse zum völlig rechtlosen Objekt degradiert zu werden. Dieser Ausgrenzungsprozeß begann schon unmittelbar nach dem „Anschluß": Juden durften weder den Diensteid als Beamte noch den Fahneneid als Soldaten schwören und schieden somit automatisch aus Verwaltung und Heer aus. Juden mußten sich, sofern „versehentlich" aufgenommen, selbst aus den Wählerverzeichnissen streichen, durften also nicht an der Abstimmung vom 10. April 1938 teilnehmen. Wie die Quellen zeigen, waren Denunziationen Tür und Tor geöffnet!

Ab dem 20. Mai 1938 galten die „Nürnberger Rassegesetze" aus dem Jahre 1935 auch in der „Ostmark", im Sommer kam der Kennkartenzwang und die gesetzlich festgelegte Pflicht zum Tragen der diskriminierenden Vornamen „Israel" und „Sara" und, auf Schweizer Initiative, die Kennzeichnung der Reisepässe mit einem roten „J" hinzu.[127] Juden mußten nun beim Umgang mit Behörden „unaufgefordert auf ihre Eigenschaft als Jude" hinweisen und Anfang November erhielten die noch verbliebenen jüdischen Geschäfte hebräische Aufschriften.[128]

Davon betroffen waren sowohl die rund 182.000 Mitglieder der jüdischen Glaubensgemeinschaft als auch bis zu 25.000 christliche Juden[129], die nicht der jüdischen Religionsgemeinschaft angehörten, aber nach den „Nürnberger Rassegesetzen" als Juden galten und damit gravierende Nachteile zu befürchten hatten.[130] Obwohl die Nationalsozialisten vorgaben, ihre rassistischen Wahnvorstellungen auf der Basis „wissenschaftlicher Rassekriterien" – in erster Linie über die Abstammung und die Vererbung von Rassemerkmalen – zu verfolgen, basierten ihre antijüdischen Gesetze und Verfolgungen einzig auf dem Religionsbekenntnis der Betroffenen oder deren Vorfahren. Besonders deutlich wurde dieser Widerspruch bei der Behandlung von „Mischlingen 1. Grades", den „Halbjuden", die je nach Religionsbekenntnis bzw. über ihre Ehepartner als Juden oder Nichtjuden eingestuft wurden.[131]

Außer dem Vermögensentzug, der „Arisierung", bildeten Entlassungen und Berufsverbote weitere Maßnahmen zur Zerstörung der wirtschaftlichen Substanz der jüdischen Bevölkerung. Im öffentlichen Dienst und in einzelnen Sektoren der Privatwirtschaft kam es schon seit März 1938 zu Massenentlassungen. Nach Plänen des „ostmärkischen" Wirtschaftsministers Hans Fischböck sollten alle Wiener Juden sofort ihre Arbeitsplätze an „arische" Arbeitslose verlieren. Tatsächlich erfolgte in der Privatwirtschaft dieser Prozeß aus wirtschaftlichen Überlegungen recht behutsam. Trotzdem erfüllte das Regime schrittweise die alten Forderungen des deutschnationalen und christlichsozialen Antisemitismus: Zuerst wurde ein eigenes jüdisches Schulwesen installiert, bevor nach Ende des Schuljahres 1938/39 auch dieser Unterricht jüdischer Kinder verboten wurde.[132]

Der Zerstörung der wirtschaftlichen Existenzgrundlage folgte die erzwungene Emigration als nächste Stufe. Je erfolgreicher die Enteignung der Juden verlief, desto schwieriger war es, Ausreisemöglichkeiten zu finden. Um die Vertreibung von Juden aus Österreich zu zentralisieren, zu kontrollieren und um eine totale Beraubung der „Auswanderer" zu gewährleisten, richteten die Machthaber im August 1938 unter der Leitung von SS-Obersturmbannführer Adolf Eichmann die „Zentralstelle für jüdische Auswanderung in Wien" ein. Das System baute, wie bei der späteren Vernichtungspolitik, auf die erzwungene Zusammenarbeit zwischen Verfolgern und Verfolgten auf, in diesem Fall zwischen Eichmanns „Zentralstelle" und der unter Kontrolle der Gestapo stehenden Kultusgemeinde. Nach dem später reichsweit angewandten Modell der Wiener Gestapo – einer zu 95 Prozent aus Österreichern bestehenden Truppe[133] – mußten reiche Juden durch Abgaben die Auswanderung der armen finanzieren. Der Erfolg dieses „Wiener Modells" war Grundlage für den folgenden Aufstieg Eichmanns und seiner „ostmärkischen" Helfer in die Schlüsselpositionen des Vernichtungsprozesses.[134]

b) „Der spontane Ausbruch des Volkszorns". Der Novemberpogrom und seine Folgen

Zweifellos trug der von den NS-Behörden reichsweit inszenierte Novemberpogrom, die sogenannte „Reichskristallnacht" vom 9. auf den 10. November 1938, wesentlich zur Massenflucht bei, obwohl es in Wien schon im Oktober zu pogromartigen Ausschreitungen gekommen war.[135] Der Pogrom verlief in Wien heftiger und blutiger als im Altreich: Mindestens 27 Tote und 88 schwerverletzte Juden, persönliche und religiöse Demütigungen, Vergewaltigungen jüdischer Frauen, 42 meist durch Brände zerstörte Synagogen und Bethäuser, Tausende zerstörte und geplünderte jüdische Geschäfte und Wohnungen. Bei der von der Gestapo durchgeführten „Judenaktion" wurden über 6500 Menschen verhaftet, von denen 3700 sofort ins KZ Dachau überstellt wurden.[136]

Die vor den Augen der Öffentlichkeit begangenen Brutalitäten, die Zerstörungen, die brennenden Synagogen, zeigten deutlich die Grenzen der öffentlichen Akzeptanz antijüdischer Maßnahmen.[137] Auch Gestapo, Parteigenossen und Wirtschaftsvertreter waren über die „Skandalszenen" und „Entfesselung niedrigster Instinkte" erschüttert, „die das Ansehen der Partei und des Reiches aufs schwerste schädigen".[138]

Obwohl bis zum November 1938 schon mehr als die Hälfte der jüdischen Bevölkerung aus den Bundesländern entweder geflüchtet, „ausgewandert" oder nach Wien zwangsumgesiedelt worden war, kam es in der Provinz ebenfalls zu gewaltsamen Ausschreitungen. Im Vergleich zur kleinen Zahl der jüdischen Bevölkerung nahm der Pogrom in Innsbruck – auf ausdrücklichen Befehl der Gauleitung exklusiv von einheimischer SS, SA und NSKK durchgeführt – mit drei Ermordeten und einem später an den Folgen der Verletzungen Gestorbenen den brutalsten Verlauf.[139] In den nächsten Wochen erhöhten die Behörden in allen Gauen des ehemaligen Österreich den Druck auf die noch verbliebene jüdische Bevölkerung, entweder „auszuwandern" oder nach Wien zu übersiedeln. Bis zum Herbst 1939 waren die Gaue der „Ostmark" weitgehend „judenrein".

Mit dieser großräumigen Ghettoisierung aller österreichischen Juden in Wien wurde eine weitere Voraussetzung für die Radikalisierung der gesamten Judenpolitik geschaffen. Nach dem Novemberpogrom schloß man Juden generell vom Hochschulstudium, aus künstlerischen Berufen, der Presse, den Berufsorganisationen der Ärzte, Apotheker, Rechtsanwälte und Notare aus, was einem Berufsverbot gleichkam.[140]

Die Ausgrenzung, systematische Beraubung und Vertreibung der jüdischen Bevölkerung wurde weiter vorangetrieben. Die „Arisierung" der noch in jüdischem Besitz verbliebenen Wohnungen führte dann bis Kriegsbeginn im Herbst

1939 zu einer Ghettoisierung der jüdischen Bevölkerung innerhalb weniger Wiener Bezirke. Wie schon im Falle der erzwungenen Auswanderung wurde ein eigenes „Wiener Modell“ zur Abwicklung dieser „Umverteilung“ von insgesamt etwa 70.000 jüdischen Wohnungen an Wiener „Volksgenossen“ entwickelt, das später reichsweit zur Anwendung kam. Gerade in Wien spielten konkrete wirtschaftliche Interessen breiter Schichten eine entscheidende Rolle für die Akzeptanz der NS-Verfolgungsmaßnahmen, diente die Verfolgung, Vertreibung und Vernichtung der Juden sogar als Ersatz für Sozialpolitik[141] und waren „ein wirksamer Motor der Unterstützung der ‚Endlösung‘ von seiten breiter Bevölkerungsteile“.[142] Der Wert des geraubten Eigentums und Vermögens war enorm und betrug nach Berechnungen jüdischer Organisationen auf der Basis der Angaben der Vermögensverkehrsstelle rund 312 Millionen US-Dollar.[143]

Unter diesem Druck des „privaten“ wie auch des pseudo-legalen staatlichen Raubes und Terrors sah die weit überwiegende Mehrheit der österreichischen Juden keinen anderen Ausweg als trotz aller bürokratischer Hürden, die einer legalen Ausreise in den Weg gestellt wurden, möglichst rasch „auszuwandern“. Laut Volkszählung vom Mai 1939 lebten nur noch knapp 95.000 Juden nach der Definition der Rassegesetze in der „Ostmark“, davon gehörten mehr als 84.000 der jüdischen Religionsgemeinschaft an; bis Jahresende 1939 reduzierte sich die Zahl der österreichischen „Glaubensjuden“ durch weitere „Auswanderung“ auf rund 53.000.[144] Es kann davon ausgegangen werden, daß ungefähr zwei Drittel der österreichischen Juden bis Ende 1939 vertrieben wurden[145], mit ihnen auch Spitzenkräfte aus Wissenschaft und Kultur, ein intellektueller Aderlaß, den Österreich bis heute nicht verkraftet hat.[146]

Im Herbst 1939 waren praktisch alle von österreichischen Antisemiten seit dem 19. Jahrhundert immer wieder erhobenen Forderungen nach Ausgrenzung, Beraubung und Vertreibung der jüdischen Bevölkerung in die Tat umgesetzt. Nun eröffnete die Eroberung Polens dem NS-Regime die

Möglichkeit, mit der Deportation, der sogenannten „Umsiedlung“ in den „Osten“, die Voraussetzung für die physische Vernichtung der durch selektive „Auswanderung“ überalterten und ökonomisch bereits ausgepreßten, und somit für das Regime nunmehr unnützen, jüdischen Bevölkerung zu schaffen.

1 Wiener Flugblatt aus dem Jahr 1848, zit. nach Erika Weinzierl, Zu wenig Gerechte. Österreicher und Judenverfolgung 1938–1945, Graz – Wien – Köln 1985[2], S. 19 f.; zum Jahre 1848 vgl. Das Judentum im Revolutionsjahr 1848 (Studia Judaica Austriaca 1), Wien – München 1974.

2 Vgl. Jonny Moser, Österreich, in: Wolfgang Benz (Hrsg.), Dimension des Völkermords. Die Zahl der jüdischen Opfer des Nationalsozialismus, München 1991, S. 67–93.

3 Als bislang umfassendste Zusammenschau mit ausführlicher Bibliographie vgl. Bruce F. Pauley, Eine Geschichte des österreichischen Antisemitismus. Von der Ausgrenzung zur Auslöschung, Wien 1993; weiters John Bunzl/Bernd Marin, Antisemitismus in Österreich. Sozialhistorische und soziologische Studien (Vergleichende Gesellschaftsgeschichte und politische Ideengeschichte der Neuzeit 3), Innsbruck 1983.

4 Zu den Kontroversen zwischen Intentionalisten und Funktionalisten sowie möglichen neuen Erklärungsansätzen vgl. kurz Götz Aly, „Endlösung“. Völkerverschiebung und Mord an den europäischen Juden, Frankfurt/M. 1995, S. 387–400.

5 Über die Wirkung ökonomischer und politischer Krisen auf die Entwicklung des modernen Antisemitismus vgl. Reinhard Rürup, Emanzipation und Antisemitismus. Studien zur „Judenfrage der bürgerlichen Gesellschaft“, Frankfurt/M. 1987, bes. S. 116 ff.

6 Zu traditionellen und modernen antisemitischen Anschuldigungen vgl. Stefan Rohrbacher/Michael Schmidt, Judenbilder. Kulturgeschichte antisemitischer Mythen und antisemitischer Vorurteile, Reinbek b. Hamburg 1991, S. 151–217; Pauley, Geschichte des österreichischen Antisemitismus, S. 30–39.

7 Günter Fellner, Antisemitismus in Salzburg 1918–1938 (Veröffentlichungen des Historischen Instituts der Universität Salzburg 15), Wien – Salzburg 1979, S. 246.

8 Joseph Karniel, Die Toleranzpolitik Kaiser Josephs II. (Schriftenreihe des Instituts für Deutsche Geschichte der Universität Tel Aviv 9), Gerlingen 1985.

9 Einen Überblick für das 19. Jhdt. bietet Wolfgang Häusler, Toleranz, Emanzipation und Antisemitismus. Das österreichische Judentum des bürgerlichen Zeitalters (1782–1918), in: Anna Drabek/Wolfgang Häusler/Kurt Schubert u. a. (Hrsg.), Das österreichische Judentum. Voraussetzungen und Geschichte, Wien – München 1982[2], S. 83–140; umfassend Marsha Rozenblit, Die Juden Wiens 1867–1914. Assimilation und

Identität, Wien – Köln 1989; weiters William O. McCagg jr., A History of Habsburg Jews, 1670–1918, Bloomington/Id. 1989.

10 Zur jüdischen Bevölkerungsentwicklung vgl. Pauley, Geschichte des österreichischen Antisemitismus, S. 55–58.

11 Zur Zuwanderung nach Wien grundlegend Michael John/Albert Lichtblau, Schmelztiegel Wien – einst und jetzt. Zur Geschichte und Gegenwart von Zuwanderung und Minderheiten, Wien – Köln 1993; zur jüdischen Zuwanderung aus Galizien vor 1914 vgl. auch Klaus Hödl, Als Bettler in die Leopoldstadt. Galizische Juden auf dem Weg nach Wien (Böhlaus Zeitgeschichtliche Bibliothek 27), Wien – Köln – Weimar 1994.

12 Dazu Aron Tänzer, Die Geschichte der Juden in Hohenems und im übrigen Vorarlberg, Meran 1905. Unveränderter Nachdruck, Bregenz 1982; Werner Dreier, (Hrsg.), Antisemitismus in Vorarlberg. Regionalstudie zur Geschichte einer Weltanschauung (Studien zur Geschichte und Gesellschaft Vorarlbergs 4), Bregenz 1988.

13 Vom Höchststand von 201.500 nach dem Ersten Weltkrieg sank die Zahl der Juden in Wien bis 1938 auf knapp 170.000 ab. In ganz Österreich lebten zu diesem Zeitpunkt rund 185.000 Glaubensjuden. Im Jahre 1934 hatte sich die jüdische Bevölkerung folgendermaßen verteilt: Gesamtanteil in Österreich: 2,83 Prozent, Anteil in Wien: 9,39 Prozent. Ihr Anteil an der Gesamtbevölkerung in der Provinz variierte zwischen 1,21 Prozent im Burgenland und 0,03 Prozent in Vorarlberg, vgl. Die Ergebnisse der österreichischen Volkszählung vom 22. März 1934 (Statistik des Bundesstaates Österreich, Heft 1), Wien 1935, S. 45.

14 Vgl. dazu kurz Ernst Hanisch, Der lange Schatten des Staates. Österreichische Gesellschaftsgeschichte im 20. Jahrhundert. 1890–1990, Wien 1994, S. 120–123.

15 Zur Entwicklung dieser „Zweigleisigkeit des Antisemitismus“ vgl. kurz Michael John, Migration und Multikulturalität in Österreich. Kontinuitäten und Brüche im 19. und 20. Jahrhundert, in: Ingrid Böhler/Rolf Steininger (Hrsg.), Österreichischer Zeitgeschichtetag 1993. 24. bis 27. Mai 1993 in Innsbruck, Innsbruck – Wien 1995, S. 203 f.

16 Vgl. Robert Hein, Studentischer Antisemitismus in Österreich (Beiträge zur österreichischen Studentengeschichte 10), Wien 1984; für Deutschland Norbert Kampe, Studenten und „Judenfrage“ im Deutschen Reich. Die Entstehung einer akademischen Trägerschicht des Antisemitismus, Göttingen 1987.

17 Zum studentischen Antisemitismus in der „Provinz“ vgl. Michael Gehler, Studenten und Politik. Der Kampf um die Vorherrschaft an der Universität Innsbruck 1918–1938 (Innsbrucker Forschungen zur Zeitgeschichte 6), Innsbruck 1990, bes. S. 93–116; zum Waidhofener Grundsatz S. 104–107.

18 Zu Schönerer vgl. Andrew G. Whiteside, Georg Ritter von Schönerer. Alldeutschland und sein Prophet, Graz – Wien – Köln 1981.

19 Hanisch, Der lange Schatten, S. 122.

20 Zu Lueger vgl. Richard S. Geehr, Karl Lueger. Mayor of Fin de Siècle Vienna, Detroit 1989; kurz Ludwig Reichhold, Karl Lueger. Die soziale Wende in der Kommunalpolitik (Reihe Kurzbiographien Karl von Vogelsang-Institut), Wien 1989.

21 Albert Lichtblau, Antisemitismus und soziale Spannung in Berlin und Wien 1867–1914, Berlin 1994.

22 Steven Beller, Wien und die Juden 1867–1938 (Böhlaus Zeitgeschichtliche Bibliothek 23), Wien 1993.

23 John W. Boyer, Political Radicalism in Late Imperial Vienna. Origins of the Christian Social Movement 1848–1897, Chicago – London 1981; ders., Karl Lueger and the Viennese Jews, in: *Leo Baeck Institute Yearbook* 21 (1981), S. 125–141.

24 Zu den Anfängen der jüdischen Selbstverteidigung vgl. Pauley, Geschichte des österreichischen Antisemitismus, S. 84–90.

25 Zum Verein, seinen Mitgliedern und seiner Wirkung vgl. Wistrich, Jews of Vienna, S. 186 f. und 190.

26 Ein kurzer Vergleich Deutschland – Österreich bei Albert Lichtblau, Differenzen und Gemeinsamkeiten des „modernen Antisemitismus" in Berlin und Wien bis 1914, in: Böhler/Steininger (Hrsg.), Österreichischer Zeitgeschichtetag 1993, S. 261–271.

27 Zur Geschichte des katholisch-christlichsozialen Antisemitismus in der Habsburgermonarchie vgl. Peter G. J. Pulzer, Die Enstehung des politischen Antisemitismus in Deutschland und Österreich 1867–1914, Gütersloh 1966 [engl. Überarbeitung, Cambridge 1988]; kurz Ders., The Development of Political Antisemitism in Austria, in: Josef Fraenkel (Hrsg.), The Jews of Austria, London 1967, S. 429–443.

28 Robert S. Wistrich, The Jews of Vienna in the Age of Franz Joseph, Oxford 1989, S. 205.

29 Dazu ausführlich Whiteside, Georg Ritter von Schönerer; weiters Lothar Höbelt, Kornblume und Kaiseradler. Die deutsch-freiheitlichen Parteien Altösterreichs 1882–1918, Wien 1993.

30 Kampe, Studenten und Judenfrage, S. 61; Weinzierl, Zu wenig Gerechte, S. 21–23.

31 Peter Honigmann, Die Austritte aus dem Judentum in Wien 1868–1914, in: *Zeitgeschichte* 15 (1988), Heft 12, S. 452–466.

32 Erwin A. Schmidl, Juden in der k. (u.) k. Armee, 1788–1918. Jews in the Habsburg Armed Forces, Eisenstadt 1989; Istvan Deak, Pacesetters of Integration. Jewish Officers in the Habsburg Monarchy, in: *Eastern European Politics and Societies* 3 (1989), S. 22–50.

33 Walter Simon, The Jewish Vote in Austria, in: *Leo Baeck Institute Yearbook* 16 (1971), S. 97–121.

34 Zu Herzl und zur Geschichte der zionistischen Bewegung vgl. u. a. Walter Laqueur, Der Weg zum Staat Israel. Geschichte des Zionismus, Wien – Zürich 1975; Connor Cruise O'Brien, Belagerungszustand. Die Geschichte des Zionismus und des Staates Israel, München 1991.

35 Zum scheinbaren Rückgang des Antisemitismus vor dem Ersten Weltkrieg vgl. Pauley, Geschichte des österreichischen Antisemitismus, S. 80–84.

36 Zum jüdischen Flüchtlingsproblem während und nach dem Ersten Weltkrieg vgl. Beatrix Hoffmann-Holter, „Abreisendmachend". Jüdische Kriegsflüchtlinge in Wien 1914–1923, Wien – Köln – Weimar 1995; kurz dies., Jüdische Kriegsflüchtlinge in Wien, in: Gernot Heiss/Oliver Rathkolb (Hrsg.), Asylland wider Willen. Flüchtlinge in Österreich im europä-

ischen Kontext seit 1914 (Veröffentlichungen des Ludwig-Boltzmann-Institutes für Geschichte und Gesellschaft 25), Wien 1995, S. 45–59.

37 Zitate bei Gerhard Oberkofler, Das Tagebuch von Hauptmann Huslig im 2. Tiroler Kaiserjäger-Regiment (29. Juli bis 25. November 1914), in: *Tiroler Heimat* 53 (1985), S. 91 und 95.

38 Zur Lage im Kriegsgebiet und den Maßnahmen der österreichisch-ungarischen Truppen vgl. Walter Mentzel, Weltkriegsflüchtlinge in Cisleithanien 1914–1918, in: Heiss/Rathkolb, Asylland wider Willen, S. 17–44, bes. S. 17–23. Zu den Kriegsflüchtlingen vgl. weiters Hermann J. W. Kuprian, Flüchtlinge, Evakuierte und die staatliche Fürsorge, in: Klaus Eisterer/Rolf Steininger (Hrsg.), Tirol und der Erste Weltkrieg (Innsbrucker Forschungen zur Zeitgeschichte 12), Innsbruck – Wien 1995, S. 277–305.

39 Zitate bei Mentzel, Weltkriegsflüchtlinge, S. 24.; und Hoffmann-Holter, Jüdische Kriegsflüchtlinge, S. 46–52.

40 Zit. n. Mentzel, Weltkriegsflüchtlinge, S. 36.

41 Hoffmann-Holter, Jüdische Kriegsflüchtlinge, S. 50–53.

42 Ebd., S. 46 f.

43 Pauley, Geschichte des österreichischen Antisemitismus, S. 109–112.

44 Mentzel, Weltkriegsflüchtlinge, S. 36; Hoffmann-Holter, Jüdische Kriegsflüchtlinge, S. 52 f.

45 Mentzel, Weltkriegsflüchtlinge, S. 38 f.

46 Zu den antisemitischen Parteiprogrammen vgl. Herbert Rütgen, Antisemitismus in allen Lagern. Publizistische Dokumente zur Ersten Republik. Österreich 1918–1938, phil. Diss. Graz 1989; und Walter Simon, Österreich 1918–1938. Ideologien und Politik, Wien 1984; zu den „Spielarten" des österreichischen Antisemitismus in den einzelnen politischen Gruppierungen der Ersten Republik vgl. einen Überblick bei Pauley, Geschichte des österreichischen Antisemitismus, S. 182–253.

47 Für eine kurze Zusammenfassung zum Antisemitismus in der ersten Republik vgl. Albert Lichtblau, Antisemitismus – Rahmenbedingungen und Wirkungen auf das Zusammenleben von Juden und Nichtjuden, in: Handbuch des politischen Systems Österreichs. Erste Republik 1918–1933, Teil V, hrsg. v. Ernst Hanisch, Wien 1995, S. 454–471, hier S. 459; weiters Wolfgang Häusler, Vom „Antisemitismus des Wortes" zum „Antisemitismus der Tat". Das österreichische Beispiel 1918–1938, in: Hans Otto Horch/Horst Denkler (Hrsg.), Conditis Judaica, Bd. 3, Tübingen 1993, S. 16–54.

48 Zur Entwicklung außerhalb Wiens vgl. Michael Gehler, Vom Rassenwahn zum Judenmord am Beispiel des studentischen Antisemitismus an der Universität Innsbruck von den Anfängen bis in das „Anschluß"-Jahr 1938, in: *Zeitgeschichte* 16 (1989), Heft 8, S. 263–288.

49 Pauley, Geschichte des österreichischen Antisemitismus, S. 211–213; zur Haltung der katholischen Kirche zu Antisemitismus und Judenverfolgung zwischen 1933 und 1945 vgl. Erika Weinzierl, Prüfstand. Österreichs Katholiken und der Nationalsozialismus, Mödling 1988, bes. S. 229–286.

50 „Judenrepublik oder Deutsche Republik – Die Schicksalsfrage der Gegenwart und Zukunft", lautete die Schlagzeile in der *Reichspost*, dem offiziösen Organ der Christlichsozialen, am 26. 9. 1919.

51 Als Beispiel einer antisemitischen Hetzschrift vgl. Edmund Daniek, Das Judentum im Kriege, Wien 1919.

52 Für einen derartigen „Skandal“ vgl. Franz Mathis, „... weil Herr Castiglioni in Österreich eben nicht verfolgt werden darf“. Ein Justizskandal und seine mediale Rezeption, in: Michael Gehler/Hubert Sickinger (Hrsg.), Politische Affären und Skandale in Österreich. Von Mayerling bis Waldheim, Thaur – Wien – München 1995, 1996[2], S. 185–193.

53 Zum Mythos von der jüdischen Weltherrschaft vgl. Pauley, Geschichte des österreichischen Antisemitismus, S. 35–39.

54 Zum Antisemitenbund vgl. Niko Hofinger, „Unsere Losung: Tirol den Tirolern!“ Antisemitismus in Tirol 1918–1938, in: *Zeitgeschichte* 21 (1994), Heft 3/4, S. 83–108, hier S. 85–94. Das Forderungsprogramm des Tiroler Antisemitenbundes von 1919 ist als Dokument 2 im Anhang des vorliegenden Beitrages abgedruckt; weiters Fellner, Antisemitismus in Salzburg 1918–1938, S. 128 ff.

55 Grundlegend zur Christlichen Arbeiterbewegung Anton Pelinka, Stand oder Klasse? Die christliche Arbeiterbewegung Österreichs 1933–1938, Wien 1972.

56 John/Lichtblau, Schmelztiegel Wien, S. 311 ff.; Pauley, Geschichte des österreichischen Antisemitismus, S. 123–126.

57 Zit. n. Hoffmann-Holter, Jüdische Kriegsflüchtlinge, S. 53.

58 Vgl. Anton Staudinger, Christlichsoziale Judenpolitik in der Gründungsphase der österreichischen Republik, in: *Jahrbuch für Zeitgeschichte* 1978, Wien 1979, S. 11–48, hier S. 38 f.

59 1920 brachte er in Regensburg den Antrag ein, „die deutsch-arische Abstammung nachweisbar bis auf die Großeltern“ als Aufnahmebedingung in den Cartellverband einzuführen, vgl. Gerhard Hartmann, Im Gestern bewährt. Im Heute bereit. 100 Jahre Carolina. Zur Geschichte des Verbandskatholizismus, Graz – Wien – Köln 1988, S. 416 f.

60 Alois Brusatti (Hrsg.), Julius Raab. Eine Biographie, Wien 1986, S. 90.

61 So Otto Bauer, Robert Danneberg oder Julius Deutsch.

62 Dieter A. Binder, Der „reiche Jude“. Zur sozialdemokratischen Kapitalismuskritik und zu deren antisemitischen Feindbildern in der Ersten Republik, in: *Geschichte und Gegenwart* 4 (1985), S. 43–53; Robert Wistrich, Sozialdemokratie, Antisemitismus und die Wiener Juden, in: Gerhard Botz/Ivar Oxaal/Michael Pollak (Hrsg.), Eine zerstörte Kultur. Jüdisches Leben und Antisemitismus in Wien seit dem 19. Jahrhundert, Buchloe 1990, S. 169–180.

63 Zur Forderung nach Ausweisung der galizischen Flüchtlinge und zur „Optionsfrage“ kurz Pauley, Geschichte des österreichischen Antisemitismus, S. 126–131.

64 Zur Genesis und den Auswirkungen des Staatsbürgergesetzes vgl. Margarete Grandner, Staatsbürger und Ausländer. Zum Umgang Österreichs mit den jüdischen Flüchtlingen nach 1918, in: Heiss/Rathkolb (Hrsg.), Asylland wider Willen, S. 60–85.

65 Zit. n. ebd., S. 78.

66 Zit. n. ebd., S. 78 f.

67 *Der Eiserne Besen. Ein Blatt der Notwehr*, 20. 2. 1921, zit. n. Mentzel, Weltkriegsflüchtlinge, S. 17 f.

68 Fellner, Antisemitismus in Salzburg 1918–1938, S. 128 ff.

69 Grandner, Staatsbürger und Ausländer, S. 79.
70 Hoffmann-Holter, Jüdische Kriegsflüchtlinge, S. 56.
71 Hein, Studentischer Antisemitismus in Österreich, S. 43.
72 Anton Staudinger, Katholischer Antisemitismus in der Ersten Republik, in: Botz/Oxaal/Pollak (Hrsg.), Eine zerstörte Kultur, S. 247–270.
73 Andrea Wachter, Antisemitismus im österreichischen Vereinswesen für Leibesübungen 1918–1938 am Beispiel ausgewählter Vereine, phil. Diss. Wien 1983; Lichtblau, Antisemitismus, S. 467 f.
74 Zur innerjüdischen Politik der Zwischenkriegszeit vgl. Harriet Pass Freidenreich, Jewish Politics in Vienna, 1918–1938, Bloomington/Id. 1991.
75 Zur Entwicklung und Politik der Israelitischen Kultusgemeinde in der Zweiten Republik vgl. Helga Embacher, Neubeginn ohne Illusionen. Juden in Österreich nach 1945, Wien 1995.
76 Vgl. dazu Robert Stricker, Der jüdische Nationalismus. Die wirksame Abwehr des Antisemitismus, Wien 1929; ders. Jüdische Politik in Österreich. Tätigkeitsbericht und Auszüge aus den im österreichischen Parlament 1919 und 1920 gehaltenen Reden, Wien 1920.
77 Vgl. dazu kurz Francis R. Nicosia, Zionismus und Antisemitismus im Dritten Reich: Folgen für die Zeit nach dem Holocaust, in: Rolf Steininger (Hrsg.), unter Mitarbeit von Ingrid Böhler, Der Umgang mit dem Holocaust. Europa – USA – Israel (Schriften des Instituts für Zeitgeschichte der Universität Innsbruck und des Jüdischen Museums Hohenems 1), Wien – Köln – Weimar 1994, S. 60–76.
78 Vgl. Anhang, Dokument 2.
79 Werner Dreier, „Rücksichtslos und mit aller Kraft". Antisemitismus in Vorarlberg 1880–1945, in: Ders. (Hrsg.), Antisemitismus in Vorarlberg, S. 132–249; Günther Pallaver (Hrsg.), Die Geschichte der Juden in Tirol von den Anfängen im Mittelalter bis in die neueste Zeit, *Sturzflüge* 15/16, Bozen 1986; Hofinger, „Unsere Losung: Tirol den Tirolern!" Fellner, Antisemitismus in Salzburg 1918–1938.
80 Herbert Rütgen, Antisemitismus in allen Lagern. Publizistische Dokumente zur Ersten Republik. Österreich 1918–1938, Graz 1989, S. 396.
81 *Vorarlberger Volksblatt*, 23. 11. 1918, zit. n. Werner Dreier, Vorarlberg und die Anschlußfrage, in: Thomas Albrich/Klaus Eisterer/Rolf Steininger (Hrsg.), Tirol und der Anschluß. Voraussetzungen, Entwicklungen, Rahmenbedingungen (Innsbrucker Forschungen zur Zeitgeschichte 3), Innsbruck 1988, S. 191 f.; als Dokument 1 im Anhang auszugsweise abgedruckt.
82 Hanisch, Der lange Schatten, S. 138.
83 Lichtblau, Antisemitismus, S. 465–467 und 469.
84 Zur Wirtschaftsentwicklung vgl. den Beitrag von Franz Mathis in Band 2.
85 Zu den antisemitischen Demonstrationen von 1919 bis 1923 und zum Zionistischen Weltkongreß 1925 vgl. Pauley, Geschichte des österreichischen Antisemitismus, S. 123–126 und 154–162.
86 Weinzierl, Prüfstand, S. 23–28.
87 Zum Prozeß gegen den jüdischen Studenten, der des Mordes an seinem Vater angeklagt war, vgl. Niko Hofinger, „Man spricht nicht gerne von dem Prozeß, es sind noch zu viele Fremde da." Die Halsmann-Affäre

1928–1930, in: Gehler/Sickinger (Hrsg.), Politische Affären und Skandale in Österreich, S. 194–221.

88 Vgl. dazu Bruce F. Pauley, Politischer Antisemitismus im Wien der Zwischenkriegszeit, in: Botz/Oxaal/Pollak (Hrsg.), Eine zerstörte Kultur, S. 239. Weiters Rütgen, Antisemitismus in allen Lagern.

89 Gerhard Botz, Gewalt in der Politik. Attentate, Zusammenstöße, Putschversuche, Unruhen in Österreich 1918–1938, München 1983, S. 216.

90 Zum Antisemitismus an Österreichs Universitäten vgl. zusammenfassend Pauley, Geschichte des österreichischen Antisemitismus, S. 132–146, 167–177.

91 Walter Hannot, Die Judenfrage in der katholischen Tagespresse Deutschlands und Österreichs 1923–1933 (Veröffentlichungen der Kommission für Zeitgeschichte, Reihe B. Forschungen 51), Mainz 1990, S. 283.

92 Zum Antisemitismus im „Ständestaat" vgl. kurz Helmut Wohnout, Die Janusköpfigkeit des autoritären Österreich. Katholischer Antisemitismus in den Jahren vor 1938, in: *Geschichte und Gegenwart* 13 (1994), Heft 1, S. 3–16; ausführlich Sylvia Maderegger, Die Juden im österreichischen Ständestaat 1934–1938 (Veröffentlichungen des Historischen Instituts der Universität Salzburg 8), Wien – Salzburg 1973.

93 Walter Manoschek, „Aus der Asche dieses Krieges wieder auferstanden". Skizzen zum Umgang der Österreichischen Volkspartei mit Nationalsozialismus und Antisemitismus nach 1945, in: Werner Bergmann/Rainer Erb/Albert Lichtblau (Hrsg.), Schwieriges Erbe. Der Umgang mit Nationalsozialismus und Antisemitismus in Österreich, der DDR und der Bundesrepublik Deutschland (Schriftenreihe des Zentrums für Antisemitismusforschung 3), Frankfurt/Main – New York 1995, S. 49–64, hier S. 52 f.

94 Vgl. Gerhard Popp, CV in Österreich 1864–1938. Organisation, Binnenstruktur und politische Funktion (Schriften des Karl-von-Vogelsang-Instituts 2), Wien – Köln – Graz 1984, S. 201 f.

95 Friedrich Heer, Der Glaube des Adolf Hitler. Anatomie einer politischen Religiosität, München 1968, S. 71.

96 Maderegger, Die Juden im österreichischen Ständestaat, S. 118; Wohnout, Die Janusköpfigkeit des autoritären Österreich, S. 5 ff.

97 Ebd., S. 9 ff.; Maderegger, Die Juden im österreichischen Ständestaat, S. 226 f. und 239; Pauley, Geschichte des österreichischen Antisemitismus, S. 242 f.

98 Oliver Rathkolb, Asyl- und Transitland 1933–1938?, in: Heiss/Rathkolb (Hrsg.), Asylland wider Willen, S. 109–121, hier S. 115.

99 Wohnout, Die Janusköpfigkeit des autoritären Österreich, S. 15.

100 Vgl. dazu Erika Weinzierl, Kirche und Politik, in: Erika Weinzierl/ Kurt Skalnik (Hrsg.), Österreich 1918–1938. Geschichte der Ersten Republik, Band 1, Wien – Graz – Köln 1983, S. 437–496, bes. S. 470 f.

101 Zit. n. Erika Weinzierl, Prüfstand, S. 234; der Hirtenbrief ist auszugsweise im Anhang als Dokument 3 abgedruckt.

102 John Haag, A Woman's Struggle Against Nazism. Irene Harand and Gerechtigkeit, 1933–1938, in: *The Wiener Library Bulletin* 34 (1981), Neue Serie Nr. 53–54, S. 64–72.

103 Pauley, Geschichte des österreichischen Antisemitismus, S. 308–316.

104 Zur Haltung der Kirche vor dem „Anschluß“ vgl. Weinzierl, Prüfstand, S. 23–28 und 229–248.

105 Vgl. zu den Katholisch-nationalen Brückenbauern John Haag, Marginal Men and the Dream of the Reich. Eight Austrian National-Catholic Intellectuals 1918–1938, in: Stein Ugelvik Larsen/Bernt Hagtve/Jan Ketter Myklebust (Hrsg.), Who were the Fascists. Social Roots of European Fascism, Bergen – Oslo – Tromsö 1980, S. 239–248.

106 Zu den wichtigsten Vertretern zählten u. a. der Innsbrucker Universitätsprofessor Oswald Menghin (Unterrichtsminister im Anschlußkabinett Seyss-Inquart) und der katholische Publizist Josef Eberle mit seiner Wochenschrift *Schönere Zukunft*.

107 Alois Hudal, Die Grundlagen des Nationalsozialismus. Eine ideengeschichtliche Untersuchung, Leipzig – Wien 1936, S. 88.

108 Zum Phönix-Skandal vgl. generell Isabella Ackerl, Der Phönix-Skandal, in: Ludwig Jedlicka/Rudolf Neck (Hrsg.), Das Juliabkommen von 1936. Vorgeschichte, Hintergründe und Folgen. Protokoll des Symposiums in Wien am 10. und 11. Juni 1976 (Veröffentlichungen der Wissenschaftlichen Kommission des Theodor-Körner-Stiftungsfonds und des Leopold-Kunschak-Preises zur Erforschung der österreichischen Geschichte der Jahre 1927 bis 1938, Band 4), Wien – München 1977, S. 241–279.

109 Zit. n. Maderegger, Juden im österreichischen Ständestaat, S. 172.

110 Anton Pelinka, Christliche Arbeiterbewegung und Austrofaschismus, in: Emmerich Tálos/Wolfgang Neugebauer (Hrsg.), „Austrofaschismus“. Beiträge über Politik, Ökonomie und Kultur 1934–1938, Wien 1985[3], S. 130.

111 Staudinger, Katholischer Antisemitismus, S. 269.

112 Wohnout, Die Janusköpfigkeit des autoritären Österreich, S. 15.

113 Vgl. Hans Safrian/Hans Witek, Und keiner war dabei. Dokumente des alltäglichen Antisemitismus in Wien 1938, Wien 1988; einen Überblick vom „Anschluß“ bis zum Novemberpogrom bei Herbert Rosenkranz, Entrechtung, Verfolgung und Selbsthilfe der Juden in Österreich, März bis Oktober 1938, in: Gerald Stourzh/Birgitta Zaar (Hrsg.), Österreich, Deutschland und die Mächte. Internationale und österreichische Aspekte des „Anschlusses“ vom März 1938 (Österreichische Akademie der Wissenschaften. Veröffentlichungen der Kommission für die Geschichte Österreichs 16), Wien 1990, S. 367–417.

114 Gerhard Botz, Stufen der Ausgliederung der Juden aus der Gesellschaft. Die österreichischen Juden vom „Anschluß“ zum „Holocaust“, in: *Zeitgeschichte* 14 (1987), Heft 9/10, S. 359–387; Ders., „Ausmerzung“: Von der Ächtung zur Vernichtung: Steigerungsstufen der Judenverfolgung in Österreich nach dem „Anschluß“ (1938–1942), in: *Journal für Sozialforschung* 28 (1988), Heft 1, S. 5–50.

115 Hans Mommsen, Der Nationalsozialismus. Kumulative Radikalisierung und Selbstzerstörung des Regimes, in: Meyers Enzyklopädisches Lexikon, Bd. 16, Stuttgart 1976, S. 785–790.

116 Ernst Hanisch, Fragmentarische Bemerkungen zur Konzeptualisierung der NS-Herrschaft in Österreich, in: Stourzh/Zaar (Hrsg.), Österreich, Deutschland und die Mächte, S. 493–495.

117 Gerhard Botz, Wien vom „Anschluß“ zum Krieg. Nationalsozialistische

Machtübernahme und politisch-soziale Umgestaltungen am Beispiel der Stadt Wien 1938/39, Wien – München 1978.

118 Hanisch, Der lange Schatten, S. 106.

119 Safrian/Witek, Und keiner war dabei, S. 95.

120 Hans Witek, „Arisierung" in Wien. Aspekte nationalsozialistischer Enteignungspolitik 1938–1942, in: Emmerich Tálos/Ernst Hanisch/Wolfgang Neugebauer (Hrsg.), NS-Herrschaft in Österreich 1938–1945, Wien 1988, S. 199–216.

121 Botz, Stufen der Ausgliederung, S. 362.

122 *Der Völkische Beobachter*, Wiener Ausgabe, 26. 4. 1938.

123 Zit. n. Witek, „Arisierung" in Wien, S. 211 ff.

124 Botz, Stufen der Ausgliederung, S. 364 f.

125 Witek, „Arisierung" in Wien, S. 211 f.

126 *Der Völkische Beobachter*, Wiener Ausgabe, 26. 4. 1938.

127 Zu den antijüdischen Maßnahmen bis Herbst 1938 vgl. auch Dokumentationsarchiv des österreichischen Widerstandes (Hrsg.), Widerstand und Verfolgung in Wien, Bd. 3, Wien 1975, S. 194–200, dazu Dokumente Nr. 1–146, ebd. S. 202–277.

128 Botz, Stufen der Ausgliederung, S. 362 f.

129 Raul Hilberg, Opfer, Täter, Zuschauer. Die Vernichtung der Juden 1933–1945, Frankfurt/Main 1992, S. 169.

130 Auch in den Bundesländern erfolgte die systematische Diskriminierung und Vertreibung der jüdischen Bevölkerung: für Oberösterreich vgl. Michael John, Die jüdische Bevölkerung in Linz und ihre Ausschaltung aus dem öffentlichen Leben und der Wirtschaft 1938–1945, in: *Historisches Jahrbuch der Stadt Linz,* Linz 1991, S. 111–168; Waltraud Neuhauser-Pfeifer/Karl Ramsmaier, Vergessene Spuren. Die Geschichte der Juden in Steyr, Linz 1993; Heinrich Marchetti, Ein Beitrag zum österreichischen Kleinstadtjudentum: Die jüdische Gemeinde in Gmunden von ihren Anfängen (1854/67) bis zu ihrem Untergang (1938/39) mit einer allgemeinen Retrospektive und einem Ausblick, in: *Gmundner Chronik,* Bd. 4, S. 429–558; für Niederösterreich Robert Streibel, Plötzlich waren sie alle weg. Die Juden in der „Gauhauptstadt Krems" und ihre Mitbürger, Wien 1991; Friedrich B. Polleroß, 100 Jahre Antisemitismus im Waldviertel, Krems 1983; für Kärnten August Walzl, Die Juden in Kärnten und das Dritte Reich, Klagenfurt 1987; für Tirol vgl. Gad Hugo Sella, Die Juden Tirols. Ihr Leben und Schicksal, Tel Aviv 1979; Gretl Köfler, Tirol und die Juden, in: Albrich/Eisterer/Steininger (Hrsg.), Tirol und der Anschluß, S. 169–182; Dies., Die Verfolgung der Juden, in: Dokumentationsarchiv des österreichischen Widerstandes (Hrsg.), Widerstand und Verfolgung in Tirol 1934–1945, Bd. 1, Wien – München 1984, S. 420–482; für Vorarlberg Dreier, „Rücksichtslos und mit aller Kraft".

131 Zusammenfassung der Nürnberger Rassegesetze bei Raul Hilberg, Die Vernichtung der europäischen Juden. Die Gesamtgeschichte des Holocaust, Bd. 1, Frankfurt/M. 1990, S. 76.

132 Zur Vernichtung der wirtschaftlichen Existenz der Juden und zur antijüdischen Gesetzgebung vgl. auch Widerstand und Verfolgung in Wien, Bd. 3, S. 195 ff., Dokumente Nr. 59–120, ebd., S. 228–262.

133 Wolfgang Neugebauer, Das NS-Terrorsystem, in: Tálos/Hanisch/ Neuge-

bauer (Hrsg.), NS-Herrschaft in Österreich 1938–1945, S. 163–183, hier S. 167; Franz Weiß, Die Gestapo in Wien, in: *Archiv. Jahrbuch des Vereins für Geschichte der Arbeiterbewegung* 1992, S. 210–222, hier S. 215 f.

134 Hans Safrian, Die Eichmann-Männer, Wien – Zürich 1993.

135 Herbert Rosenkranz, Der Novemberpogrom 1938 in Wien, Wien 1988; Ders., Verfolgung, S. 159–167.

136 Zur Bilanz des Pogroms vgl. auch Widerstand und Verfolgung in Wien, Bd. 3, S. 197 f., Dokumente Nr. 148–149, ebd., S. 278 ff.

137 Vgl. dazu Dokument 4 im Anhang.

138 Zitate bei Botz, Wien, S. 400–404 und 535; Herbert Rosenkranz, Verfolgung und Selbstbehauptung. Die Juden in Österreich 1938–1945, Wien – München 1978, S. 159–163.

139 Michael Gehler, Spontaner Ausdruck des „Volkszorns"? Neue Aspekte zum Innsbrucker Judenpogrom vom 9./10. November 1938, in: *Zeitgeschichte* 18 (1990/91), Heft 1, S. 1–21; ausführlicher Ders., Murder on Command. The Anti-Jewish Pogrom in Innsbruck 9th–10th November 1938, in: *Leo Baeck Institute Year Book* XXXVIII (1993), S. 119–153.

140 Zu den Berufsverboten Botz, Stufen der Ausgliederung, S. 363; zum Studienverbot vgl. auch Widerstand und Verfolgung in Wien, Bd. 3, Dokument Nr. 118, S. 261.

141 Zur „sozialpolitischen Bedeutung" der NS-Enteignungs- und Vernichtungspolitik vgl. Gerhard Botz, Nationalsozialismus in Wien. Machtübernahme und Herrschaftssicherung 1938/39, Buchloe 1988[3]; Ders., Wien vom „Anschluß" zum Krieg: Nationalsozialistische Machtübernahme und politisch-soziale Umgestaltung am Beispiel der Stadt Wien 1938/39, Wien 1980[2].

142 Durch diese „Umverteilung" gewannen die NS-Behörden mit einem Schlag mehr Wohnungen, als der intensive soziale Wohnungsbau der Sozialdemokratie zwischen 1919 und 1933 geschaffen hatte. Vgl. Botz, Stufen der Ausgliederung, S. 368 und 370.

143 Vgl. Gustav Jellinek, Die Geschichte der österreichischen Wiedergutmachung, in: Josef Fraenkel (Hrsg.), The Jews of Austria. Essays on Their Life, History and Destruction, London 1967, S. 395–426, hier S. 396.

144 Zu den Zahlen vgl. Moser, Österreich, S 68.

145 Rosenkranz, Verfolgung, S. 105–125 und 168–178.

146 Zur erzwungenen Emigration dieser Personengruppe vgl. den Beitrag von Friedrich Stadler in diesem Band.

Dokument 1

Vorarlberger Volksblatt, 23. 11. 1918

„Die dunklen Gestalten der Semiten haben im Kriege die Christen kulturell und wirtschaftlich schmählich betrogen, hunderte von Millionen aus blutigen Volkskreuzern als Kriegsgewinn eingestrichen, als Unentbehrliche und Enthobene in den Zentralen gearbeitet, als Tachinierer in der Etappe und im Hinterlande die Kriegsjahre verbracht und manchen Ärger der Frontkrieger durch ihren Handel und Wandel erregt: jetzt will der Jude durch sein gewissenloses Treiben gegen Thron und Altar die allgemeine Aufmerksamkeit von seinen Kriegstaten ablenken, in der allgemeinen Verwirrung seinen Mammon in Sicherheit bringen, sowie zu den Kriegsgewinnen Revolutionsgewinne häufen. [...] Nicht der Kaiser in Eckartsau ist uns im Wege, sondern die Juden bei der Regierung in Wien, bei allen Ämtern und in allen Zentralen sind uns ein Dorn im Auge. [...] Deshalb schaudert uns von Wien aus regiert zu werden. [...] Los von Wien! Dieser Ruf wird, es ist kein Wunder, Tag für Tag lauter und in weitesten Kreisen erhoben."

Zit. n. Werner Dreier, Vorarlberg und die Anschlußfrage, in: Thomas Albrich/Klaus Eisterer/Rolf Steininger (Hrsg.), Tirol und der Anschluß. Voraussetzungen, Entwicklungen, Rahmenbedingungen (Innsbrucker Forschungen zur Zeitgeschichte 3), Innsbruck 1988, S. 191 f.

Dokument 2

Flugblatt: Forderungen des Tiroler Antisemiten-Bundes vom 30. November 1919 in Innsbruck:

„Der Tiroler Antisemiten-Bund sieht mit Schmerz auf die entsetzliche, wirtschaftliche und politische Lage unseres deutschen Volkes in Österreich. Er geht von der Überzeugung aus, daß unser Volk nur durch eine gründliche nationale Reinigung und Erhebung einer wahren Selbstbestimmung nach innen und nach außen entgegensehen kann. Der jüdische Zersetzungsgeist wurde im Kriege vom Hinterland an die Front verpflanzt, untergrub das Vertrauen in den Sieg, in die Führung, und führte so die Niederlage und die Katastrophe herbei. Jüdisch-bolschewistische Elemente haben aus der Revolution Nutzen gezogen und haben sich in alle öffentlichen Stellen eingenistet und verbreiten von dort das Gift des Judengeistes. In der Regierung, im Handel, im Gewerbe, in den Universitäten und im Theater und in der Kunst und in der Presse drängt sich das Judentum in der unverschämtesten Weise vor. Das deutsche Volk hat die politische Führung an die Juden verloren und damit seine Selbstbestimmung. Der Tiroler Antisemiten-Bund hat die Absicht, das Volk über seine wahre Lage aufzuklären und ihm jene sittliche Kraft zu geben, geschlossen gegen das glaubens- und rassefremde Element aufzutreten und seinen Machtbereich nur auf die ihm zukommende Zahl einzuschränken. Wir wollen nicht länger zusehen, wie unser Volk von Tag zu Tag immer tiefer sinkt, wie es in seiner schweren Niederlage von der jüdischen Presse belogen, von jüdischen und judenfreundlichen Politikern irre geführt und von jüdischen Händlern ausgesogen wird. Wir sehen die Krankheit der Zeit in dem übermäßigen Einfluß des Judentums und sind entschlossen, gegen diesen Schädling unseres Volkes zu Felde zu ziehen. Als sichtbaren Ausdruck unseres Willens erlauben wir uns, der Regierung einige uns unumgänglich notwendig erscheinende Forderungen der Zeit zu überreichen.

Unsere Forderungen lauten:

1. Erklärung der Judenschaft als Nation.

Als Juden rechnen wir alle diejenigen, bei denen auch nur ein Vorfahre in den letzten drei Geschlechterfolgen Jude gewesen ist.

Der jüdisch-nationale Abgeordnete Robert Stricker selbst hat in der Nationalversammlung die Forderung nach Erklärung der Judenschaft als Nation aufgestellt. Wir begründen sie damit, daß der Judenschaft als rassefremdem Volke nicht jene Macht und jener Einfluß in wirtschaftlicher und politischer Hinsicht zukommen darf, den sie gegenwärtig genießt. Die Judenschaft hat nur den Anspruch auf nationale Minderheitsrechte im Staate. Wir verlangen, daß die Erklärung der Juden als Nation bis zu der am 31. Dezember 1919 stattfindenden provisorischen Volkszählung durchgeführt ist. Die Zusammenfassung der Juden als nationale Minderheit erfordert die Aufhebung und Neufassung des im Jahre 1782 erlassenen Judenemanzipations-Gesetzes, das aus der Zeit des Absolutismus stammt.

2. Das strengste Vorgehen bei der Erteilung des Heimatsrechtes an Juden, Überprüfung aller seit August 1914 erteilten Heimatsrechte und strenge Kontrolle der Einreise.

Wir sind von dem stark schädlichen Einfluß des Judentums auf unsere Bevölkerung so überzeugt, daß wir es für notwendig halten, den Juden den Zugang in unser Land mit allen möglichen Mitteln zu verwehren. Wir glauben uns hiezu umsomehr berechtigt, als auch die Engländer, eine der anerkannt größten Kulturnationen, den Deutschen die Einreise nach England verweigern.

In Innsbruck ist es durch die Errichtung einer Warenbörse doppelt geboten, einen drohenden Zustrom von Juden abzuwehren.

3. Verweigerung von Gewerbekonzessionen und Gewerbeberechtigungen, insbesondere des Vieh- und Holzhandels.

Zur Ausschaltung der stets über Hand nehmenden Schmutzkonkurrenz jüdischer Gewerbetreibender und zum Schutze des heimischen Gewerbes ist es notwendig, bei Erteilung neuer Konzessionen und Gewerbeberechtigungen rassefremde Elemente auszuschließen.

4. Unzulässigkeit des Ankaufes von Grund und Boden und Häusern durch Juden, ebenso von Wasserkräften, von Schürf- und Jagdrechten und deren Pachtung durch Schaffung eines Landesgesetzes; ferner Unzulässigkeit jeder Verkaufsvermittlung durch Juden und Unzulässigkeit der Begebung von Hypotheken an Juden. Schaffung einer Vorkaufspflicht der Gemeinden und des Landes.

In allen nationalen Kämpfen ist es die Grundbedingung, den Bestand an nationalem Bodenbesitz unangetastet zu erhalten. Es war, wie die Geschichte in Rußland, Polen und Ungarn zeigt, stets die Gepflogenheit der Juden, sich an die Bauernschaft heranzumachen und ihnen Grund und Boden, Haus und Hof nach und nach abzulisten. Nationaler Bodenschatz ist unsere erste Pflicht in diesen Zeiten der Volksnot. Unsere Losung ist:

Tirol den Tirolern!

Alle an Juden seit 1. August 1914 erfolgten Verkäufe von Grund und Häusern sind im Wege der Enteignung gegen Entschädigung aufzuheben.

5. Verweigerung der Aufnahme von Juden in die neue Armee.

Die neue Armee soll zum Unterschiede von dem ehemaligen k. u. k. Heere mit seinen vielen Völkern eine einheitliche nationale sein. Sie soll die Pflegestätte nationalen Gedankens werden. Hier darf nicht das Gift zersetzender, rassefremder Denkungsart hineingetragen werden. Im Tirolerkontingent darf kein Jude sein! Hier muß alter, heimatstreuer Tirolergeist herrschen.

Insbesondere verwahren wir uns dagegen, daß das Staatssekretariat für Heerwesen durch Herrn Deutsch besetzt ist, einen Angehörigen jener Rasse, die sich im Kriege zwar nicht an der Front bemerkbar machte, wohl aber im Hinterland durch Bereicherung ihrer Taschen.

6. Bekämpfung des jüdischen Einflusses in der Presse.

Es ist allbekannt, daß der Jude in öffentlicher Meinung macht. Wir verlangen, daß die öffentliche Meinung in Tirol vom jüdischen Geiste unbeeinflußt sei und verwahren uns gegen die jüdische Brunnenvergiftung und politische Falschmünzer in der Presse. Juden dürfen weder Zeitungen besitzen, noch Redakteure sein.

7. Einschränkung des jüdischen Elementes im Schul- und Bildungswesen.

Juden dürfen nicht Lehrer der Jugend in den Volks-, Mittel- und Hochschulen sein. Von Juden abgefaßte Lehr- und Schulbücher sind nicht zuzulassen.

Unsere Hochschule im Besonderen soll in erster Linie unseren Landeskindern dienen. Wir verlangen eine arische Hochschule mit arischen Lehrern und arischen Schülern. Für jüdische Hörer verlangen wir einen numerus clausus. Der im Verhältnis zur jüdischen Bevölkerung im Lande zu stehen hat.

8. Alle seit 1. August 1914 vorgenommenen Familiennamensänderungen von Juden sind rückgängig zu machen und für alle Zukunft zu verbieten.

9. Öffentliche Beamte, Advokaten und Ärzte jüdischer Nationalität haben ihrer Anzahl nach im Verhältnis der jüdischen zur arischen zu stehen.

10. Vom Richterstande, von der Staatsanwaltschaft und von der öffentlichen Verwaltung im Staate sind Juden überhaupt auszuschließen.

Wir geben uns der sicheren Erwartung hin, daß unsere Forderungen ehestens restlos durchgeführt werden, wenn die Erregung in der Bevölkerung, die bis aufs Blut ausgesogen ist, gedämpft werden soll.

Im Falle die Staatsregierung unseren Forderungen Schwierigkeiten in den Weg legen oder deren Erfüllung hinausziehen sollte, fordern wir den Landtag auf, unsere Belange in eigenem Wirkungskreis zu Durchführung zu bringen. Die Parteien aber rufen wir auf, unsere Forderungen moralisch in jeder Hinsicht zu unterstützen und sich nachdrücklich dafür einzusetzen, denn es handelt sich um

Wohl und Wehe unseres Volkes und unseres heißgeliebten Landes Tirol!“

Niko Hofinger, „Unsere Losung: Tirol den Tirolern!“, Antisemitismus in Tirol 1918–1938 in: *Zeitgeschichte* 21 (1994), Heft 3/4, S. 83–108, hier S. 88–90.

Dokument 3

Hirtenbrief von Bischof Johannes Maria Gföllner, Linz, 23. Jänner 1933 (Auszug).

„Zweifellos üben viele gottentfremdete Juden einen überaus schädlichen Einfluß auf fast alle Gebiete des modernen Kulturlebens, Wirtschaft und Handel, Geschäfte und Konkurrenz, Advokaten und Heilpraxis aus, soziale und politische Umwälzungen sind vielfach durchsetzt und zersetzt von materialistischen und liberalen Grundsätzen, die vorwiegend vom Judentum stammen. Presse, Inserate, Theater und Kino sind häufig erfüllt von frivolen und zynischen Tendenzen, die die christliche Volksseele bis ins Innerste vergiften und die ebenso vorwiegend vom Judentum genährt und verbreitet werden. Das entartete Judentum im Bunde mit der Weltfreimaurerei ist auch vorwiegend Träger des mammonistischen Kapitalismus und vorwiegend Begründer und Apostel des Sozialismus und Kommunismus, der Vorboten und Schrittmacher des Bolschewismus. Diesen schädlichen Einfluß des Judentum zu bekämpfen und zu brechen, ist nicht nur gutes Recht, sondern strenge Gewissenspflicht eines jeden überzeugten Christen, und es wäre nur zu wünschen, daß auf arischer und auf christlicher Seite diese Gefahren und Schädigungen durch den jüdischen Geist noch mehr gewürdigt, noch nachhaltiger bekämpft und nicht, offen oder versteckt, gar nachgeahmt und gefördert würden [...] Die moderne Zeit braucht zwar die Juden nicht des Landes zu verweisen, sollte aber in Gesetzgebung und Verwaltung einen starken Damm aufrichten gegen all den geistigen Unrat und die unsittliche Schlammflut, die vorwiegend vom Judentum aus die Welt zu überschwemmen drohen. Dabei sei rückhaltlos zugegeben, daß es auch im Judentum edle Charaktere gibt.“

Erika Weinzierl, Prüfstand. Österreichs Katholiken und der Nationalsozialismus, Mödling 1988, S. 234 f.

Dokument 4

Bericht des SD-Unterabschnitts Wien vom 18. November 1938 über den Verlauf des Pogroms (Auszug)

„Die größeren Aktionen, nämlich gegen die Tempel und Bethäuser, wurden fast ausschließlich durch die SS durchgeführt. Auf besonders gute Tarnung legte man scheinbar keinen besonderen Wert. Der unbefangene Beobachter hatte sofort den Eindruck, daß es sich hier um anbefohlene und organisierte Aktionen handelte.

Die Aktion gegen die Geschäfte und Wohnungen wurde in der Hauptsache von politischen Leitern und SA-Angehörigen durchgeführt, wobei auch die allgemeine SS im Einvernehmen mit den Parteidienststellen vorging. In einigen Bezirken beteiligte sich vereinzelt auch die HJ, welche meistens in roher Weise gegen die Juden vorging, was allgemein sehr ungünstig aufgenommen wurde.

Bei den Tempelzerstörungen war im großen und ganzen ein diszipliniertes Vorgehen festzustellen, wie überhaupt die SS streng ihre Weisungen durchführte. In einigen Fällen wirkte sich das derart aus, daß SS-Angehörige politische Leiter mit vorgehaltener Schußwaffe von Requirierungen und sonstigen Übergriffen zurückhielten. [...]

Jedenfalls würden überraschende Haussuchungen in den SA- und NSKK-Heimen und bei deren Führern Erstaunliches an den Tag bringen. Diese Konfiskationen und sinnlosen Zerstörungen riefen naturgemäß bei der Bevölkerung schärfste Ablehnung hervor.

Die Behandlung der Juden war zum Großteil eine sehr harte und artete meistens in brutale Züchtigung aus.

Das allgemeine Bekanntwerden dieser Einzelheiten wirkte auf die allgemeine Stimmung drückend, wodurch auch die anfänglich günstige Aufnahme der Gesamtaktion gegenwärtig in Mitleidenschaft gezogen wird.“

Kurt Pätzold (Hrsg.), Verfolgung, Vertreibung, Vernichtung. Dokumente des faschistischen Antisemitismus 1933 bis 1942, Leipzig 1984, S. 186 f.

Literatur

Beckermann, Ruth, Die Mazzesinsel. Juden in der Wiener Leopoldstadt 1918–1939, Wien 1984.

Beller, Steven, Wien und die Juden 1867–1938 (Böhlaus Zeitgeschichtliche Bibliothek 23), Wien 1993 [Vienna and the Jews, 1867–1938. A Cultural History, Cambridge 1990].

Binder, Dieter A./Reitter, Gudrun/Rütgen, Herbert (Hrsg.), Judentum in einer antisemitischen Umwelt. Am Beispiel der Stadt Graz 1918–1938, Graz 1988.

Botz Gerhard/Oxaal, Ivar/Pollak, Michael (Hrsg.), Eine zerstörte Kultur. Jüdisches Leben und Antisemitismus in Wien seit dem 19. Jahrhundert, Buchloe 1990.

Botz, Gerhard, Wien vom „Anschluß" zum Krieg. Nationalsozialistische Machtübernahme und politisch-soziale Umgestaltung am Beispiel der Stadt Wien 1938/39, Wien – München 1980[2].

Ders., Wohnungspolitik und Judendeportation in Wien 1938 bis 1945. Zur Funktion des Antisemitismus als Ersatz nationalsozialistischer Sozialpolitik (Veröffentlichungen des Historischen Instituts der Universität Salzburg 13), Wien – Salzburg 1975.

Ders., Nationalsozialismus in Wien. Machtübernahme und Herrschaftssicherung 1938/39, Buchloe 1988[3].

Bunzl, John, Klassenkampf in der Diaspora. Zur Geschichte der jüdischen Arbeiterbewegung, Wien 1975.

Bunzl, John/Marin, Bernd, Antisemitismus in Österreich. Sozialhistorische und soziologische Studien (Vergleichende Gesellschaftsgeschichte und politische Ideengeschichte der Neuzeit 3), Innsbruck 1983.

Dokumentationsarchiv des österreichischen Widerstandes (Hrsg.), Widerstand und Verfolgung in Wien 1934–1945. Eine Dokumentation, 3 Bde., Wien 1975.

Drabek, Anna/Häusler, Wolfgang/Schubert, Kurt u. a. (Hrsg.), Das österreichische Judentum. Voraussetzungen und Geschichte, Wien – München 1982[2].

Dreier, Werner (Hrsg.), Antisemitismus in Vorarlberg. Regionalstudie zur Geschichte einer Weltanschauung (Studien zur Geschichte und Gesellschaft Vorarlbergs 4), Bregenz 1988.

Erb, Rainer (Hrsg.), Die Legende vom Ritualmord. Zur Geschichte der Blutbeschuldigungen gegen Juden, Berlin 1993.

Fellner, Günter, Antisemitismus in Salzburg 1918–1938 (Veröffentlichungen des Historischen Instituts der Universität Salzburg 15), Wien – Salzburg 1979.

Fraenkel, Josef (Hrsg.), The Jews of Austria. Essays on Their Life, History and Destruction, London 1967.

Freidenreich, Harriet Pass, Jewish Politics in Vienna, 1918–1938, Bloomington/Id. 1991.

Gold, Hugo (Hrsg.), Geschichte der Juden in Österreich. Ein Gedenkbuch, Tel Aviv 1971.

Ders. (Hrsg.), Geschichte der Juden in Wien. Ein Gedenkbuch, Tel Aviv 1966.

Hannot, Walter, Die Judenfrage in der katholischen Tagespresse Deutschlands und Österreichs 1923–1933 (Veröffentlichungen der Kommission für Zeitgeschichte, Reihe B. Forschungen 51), Mainz 1990.

Hein, Robert, Studentischer Antisemitismus in Österreich. (Beiträge zur österreichischen Studentengeschichte 10), Wien 1984.

Hilberg, Raul, Opfer, Täter, Zuschauer. Die Vernichtung der Juden. Die Gesamtgeschichte des Holocaust, 3 Bde, Frankfurt/Main 1990.

Hodik, Avshalom/Malina, Peter/Spann, Gustav (Hrsg.), Juden in Österreich 1918–1938, Wien 1982.

Hödl, Klaus, Als Bettler in die Leopoldstadt. Galizische Juden auf dem Weg nach Wien (Böhlaus Zeitgeschichtliche Bibliothek 27), Wien – Köln – Weimar 1994.

Hoffmann-Holter, Beatrix, „Abreisendmachend“. Jüdische Kriegsflüchtlinge in Wien 1914–1923, Wien – Köln – Weimar 1995.

Lichtblau, Albert, Antisemitismus und soziale Spannung in Berlin und Wien 1867–1914, Berlin 1994.

Maderegger, Sylvia, Die Juden im österreichischen Ständestaat 1934–1938 (Veröffentlichungen des Historischen Instituts der Universität Salzburg 8), Wien – Salzburg 1973.

McCagg jr., William O., A History of Habsburg Jews, 1670–1918, Bloomington/Id. 1989.

Mommsen, Hans/Willems, Susanne (Hrsg.), Herrschaftsalltag im Dritten Reich. Studien und Texte, Düsseldorf 1988.

Neuhauser-Pfeifer, Waltraud/Ramsmaier, Karl, Vergessene Spuren. Die Geschichte der Juden in Steyr, Linz 1993.

Pallaver, Günther (Hrsg.), Die Geschichte der Juden in Tirol von den Anfängen im Mittelalter bis in die neueste Zeit, *Sturzflüge* 15/16, Bozen 1986.

Pätzold, Kurt (Hrsg.), Verfolgung, Vertreibung, Vernichtung. Dokumente des faschistischen Antisemitismus 1933 bis 1942, Leipzig 1984.

Pauley, Bruce F., Eine Geschichte des österreichischen Antisemitismus. Von der Ausgrenzung zur Auslöschung, Wien 1993.

Plat, Wolfgang (Hrsg.), Voll Leben und voll Tod ist diese Erde. Bilder aus der Geschichte der jüdischen Österreicher (1190–1945), Wien 1988.

Pulzer, Peter G. J., Die Enstehung des politischen Antisemitismus in Deutschland und Österreich 1867–1914, Gütersloh 1966 [engl. Überarbeitung, Cambridge 1988]

Rohrbacher, Stefan/Schmidt, Michael, Judenbilder. Kulturgeschichte antisemitischer Mythen und antisemitischer Vorurteile, Reinbek b. Hamburg 1991.

Rosenkranz, Herbert, Der Novemberpogrom 1938 in Wien, Wien 1988.

Ders., Verfolgung und Selbstbehauptung. Die Juden in Österreich 1938–1945, Wien – München 1978.

Rozenblit, Marsha, Die Juden Wiens 1867–1914. Assimilation und Identität, Wien - Köln 1989 [The Jews of Vienna, 1867–1914. Assimilation and Identity, Albany/NY 1983].

Rürup, Reinhard, Emanzipation und Antisemitismus. Studien zur „Judenfrage der bürgerlichen Gesellschaft“, Frankfurt/M. 1987.

Rütgen, Herbert, Antisemitismus in allen Lagern. Publizistische Dokumente zur Ersten Republik. Österreich 1918–1938, phil. Diss., Graz 1989.

Safrian, Hans, Die Eichmann-Männer, Wien – Zürich 1993.

Ders./Witek, Hans, Und keiner war dabei. Dokumente des alltäglichen Antisemitismus in Wien 1938, Wien 1988.

Salzer-Eibenstein, Gerhard W. (Hrsg.), Geschichte der Juden in Südost-Österreich. Gedenkschrift, Graz 1988.

Schmidt, Elfriede (Hrsg.), 1938 ... und was dann? Fragen und Reaktionen, Thaur 1988.

Sella, Gad Hugo, Die Juden Tirols. Ihr Leben und Schicksal, Tel Aviv 1979.

Streibel, Robert, Plötzlich waren sie alle weg. Die Juden in der „Gauhauptstadt Krems“ und ihre Mitbürger, Wien 1991.

Tálos, Emmerich/Hanisch, Ernst/Neugebauer, Wolfgang (Hrsg.), NS-Herrschaft in Österreich 1938–1945 (Österreichische Texte zur Gesellschaftskritik 36), Wien 1988.

Tálos Emmerich/Neugebauer, Wolfgang (Hrsg.), „Austrofaschismus“. Beiträge über Politik, Ökonomie und Kultur 1934–1938, Wien 1985[3].

Volkov, Shulamit, Jüdisches Leben und Antisemitismus im 19. und 20. Jahrhundert. 10 Essays, München 1990.

Wachter, Andrea, Antisemitismus im österreichischen Vereinswesen für Leibesübungen 1918–1938 am Beispiel ausgewählter Vereine, phil. Diss., Wien 1983.

Weinzierl, Erika, Prüfstand. Österreichs Katholiken und der Nationalsozialismus, Mödling 1988.

Dies., Zu wenig Gerechte. Österreicher und Judenverfolgung 1938–1945, Graz – Wien – Köln 1985[2].

Whiteside, Andrew G., Georg Ritter von Schönerer. Alldeutschland und sein Prophet, Graz – Wien – Köln 1981.

Wistrich, Robert S., Socialism and the Jews. The Dilemmas of Assimilation in Germany and Austria-Hungary, London 1982.

Ders., The Jews of Vienna in the Age of Franz Joseph, Oxford 1989.

Fragen

1. Welche Auswirkungen hatten die Staatsgrundgesetze von 1867 auf die jüdische Bevölkerung?
2. Wer waren die Träger der antisemitischen Agitation vor 1938 und was waren ihre Hauptforderungen?
3. Wie reagierte die jüdische Bevölkerung auf die antisemitische Herausforderung?
4. Wie äußerten sich antisemitische Haltungen während des Ersten Weltkrieges?
5. Wie stellte sich der antisemitische Konsens in der Ersten Republik dar?
6. Worin unterscheidet sich der Antisemitismus vor und nach dem Ersten Weltkrieg?
7. Erläutern Sie die sogenannte „Krisentheorie“ als Erklärungsmuster für Antisemitismus anhand von Beispielen aus der Monarchie und Ersten Republik.
8. Diskutieren Sie die Stellung der katholischen Kirche zu Judentum und Antisemitismus.
9. Wie stellte sich die Lage der jüdischen Bevölkerung während des „Austrofaschismus“ in Theorie und Praxis dar?
10. Erklären Sie folgende Aussage: „Zwar ist Auschwitz in der historischen Chronologie eindeutig ein Phänomen der Zeit nach 1938 – die Straßen dorthin waren aber schon längst vorher gebaut.“
11. Was versteht man unter der „kumulativen Radikalisierung“ (Hans Mommsen) des NS-Regimes in Österreich nach dem „Anschluß“?
12. Beschreiben Sie die Stufen der Ausgrenzung der jüdischen Bevölkerung zwischen „Anschluß“ und Kriegsbeginn 1939.

Rolf Steininger

23. JUNI 1939: GEHEN ODER BLEIBEN? DIE OPTION IN SÜDTIROL

1. Vorbemerkung

Im Jahre 1939 sollten die Südtiroler dem Bündnis der beiden Diktatoren Hitler und Mussolini geopfert, der „Störfaktor“ Südtirol für die Achse Berlin – Rom beseitigt werden. Die Südtiroler standen vor der Wahl, entweder für die deutsche Staatsbürgerschaft zu optieren, was mit der Aussiedlung aus der angestammten Heimat verbunden war, oder sich für die Beibehaltung der italienischen Staatsbürgerschaft zu entscheiden, mit der Konsequenz, daß sie keinerlei Schutz mehr für ihr Volkstum in Anspruch nehmen konnten. Die bittere Alternative lautete: entweder durch Dableiben dem „Volkstum“ oder durch Gehen der Heimat untreu werden, ins Deutsche Reich übersiedeln oder in der zunehmend „welschen“ Heimat bleiben – unter dem Damoklesschwert, südlich des Po angesiedelt zu werden, wie italienische Verlautbarungen anzudeuten schienen bzw. die deutsche Propaganda vorgab. Die überwältigende Mehrheit der Südtiroler wurde zu „Gehern“, während gleichzeitig die „Dableiber“ von ihnen zu „Verrätern“ erklärt wurden.

Mit der Option begann das wohl leidvollste Kapitel in der Geschichte der Südtiroler, das Jahrzehnt nach 1945 lang ein Tabuthema gewesen ist. Die Emotionen wirken noch heute nach. Wer die Antwort nur in den Geschehnissen jener Monate von Juni/Juli bis Dezember 1939 sieht und die Mehrheit jener 86% Südtiroler, die für Deutschland optierten, pauschal zu „Nazis“ und die Abstimmung zu einem eindeutigen Bekenntnis für Hitler und das Dritte Reich erklärt, liegt falsch und macht sich die Sache zu einfach – was allerdings nicht heißen soll, daß es damals in Südtirol keine überzeugten und fanatischen Nationalsozialisten gegeben hätte. Es gab sie, und sie haben mitgeholfen, eine ganzes Volk propagandistisch einzunebeln und in tiefste Verzweiflung zu stürzen. Die Dinge sind viel komplizierter, einfache Antworten gibt es nicht.

2. Der entscheidende Grund: die faschistische Entnationalisierungspolitik

Begonnen hatte die Tragödie bereits zwanzig Jahre vorher, als Südtirol unter Mißachtung des vom amerikanischen Präsidenten Woodrow Wilson verkündeten Selbstbestimmungsrechtes im Frieden von Saint Germain Italien als Preis für seinen Frontwechsel im Jahre 1915 und als „billige“ Kriegsbeute zugeschlagen wurde. Im September 1919 hieß es für die Südtiroler, Abschied nehmen von Österreich. In der Nationalversammlung in Wien ergriff der Abgeordnete Dr. Eduard Reut-Nicolussi zum letzten Mal das Wort. Was er sagte, sollte zum Vermächtnis werden:

> „Es wird jetzt in Südtirol ein Verzweiflungskampf beginnen um jeden Bauernhof, um jedes Stadthaus, um jeden Weingarten, es wird ein Kampf sein mit allen Waffen des Geistes und mit allen Mitteln der Politik. Es wird ein Verzweiflungskampf deshalb, weil wir – eine Viertelmillion Deutscher – gegen vierzig Millionen Italiener stehen, wahrhaft ein ungleicher Kampf!“[1]

Reut-Nicolussi ahnte, was kommen würde, trotz anderslautender Versprechungen von italienischer Seite. Was Außenminister Tittoni am 27. September 1919 im römischen Parlament erklärte, daß nämlich Italien der Gedanke einer Unterdrückung und Entnationalisierung der nationalen Minderheiten vollkommen fern liege, daß Sprache und kulturelle Einrichtungen geachtet würden, daß in Südtirol niemals ein Polizeiregiment mit Verfolgungen und Willkürherrschaft eingeführt werde, was König Victor Emanuel wenig später noch einmal bestätigte, das alles hatte schon bald keine Bedeutung mehr.

Ein erster Vorgeschmack auf das, was auf die Südtiroler zukam, waren die Ereignisse vom 24. April 1921 in Bozen.

Dieser Tag ist als „Blutsonntag" in die Geschichte Südtirols eingegangen. Mit Totschlägern, Pistolen und Handgranaten bewaffnete „Schwarzhemden" aus den Altprovinzen kamen nach Bozen und überfielen den anläßlich der Bozner Frühjahrsmesse stattfindenden Trachtenumzug; sie töteten den Marlinger Lehrer Franz Innerhofer und verletzten weitere 48 Südtiroler. Als der Faschismus ein Jahr später an die Macht kam, zeigte er schon bald sein wahres Gesicht. Von nun an hieß die Parole: Entnationalisierung der Südtiroler und Italianisierung Südtirols um beinahe jeden Preis. Den ideologischen Unterbau dazu hatte Ettore Tolomei (1865–1952)[2] geliefert, jener fanatische Nationalist, dessen große Stunde jetzt kam, der von der Idee besessen war, daß Italiens Nordgrenze am Brenner verlaufen müsse, und im Kampf um diese Grenze vor grober Geschichtsfälschung nicht zurückschreckte: was für Tolomei ursprünglich „italienisch" gewesen war, mußte seiner Meinung nach wieder italienisch werden, die fremden Eindringlinge mußten assimiliert oder auch vertrieben werden. Er machte aus Südtirol das „Oberetsch", er hatte schon 1906 das *Archivio per l'Alto Adige* gegründet, das in zahlreichen pseudowissenschaftlichen Arbeiten das Recht Italiens auf das *Alto Adige* beweisen sollte; er war es, der die uralten deutschen Ortsnamen durch – oftmals falsches – Übersetzen oder simples Anhängen von italienischen Endungen italianisierte und der im Jahre 1923 ein Programm der totalen Italianisierung verkündete, das ihn in den Augen vieler bis heute zum Totengräber Südtirols stempelte.[3]

In dem Bemühen, die Entnationalisierung voranzutreiben, entwickelten die Faschisten jedenfalls eine erstaunliche Aktivität; ihrem Einfallsreichtum schienen keine Grenzen gesetzt. Die Maßnahmen, Verordnungen, Erlässe und Gesetze folgten Schlag auf Schlag; nur die wichtigsten seien hier kurz genannt. Sie setzten dort ein, wo man die Identität eines Volkes an der Wurzel trifft, bei der Sprache: 1923 wurde Deutsch als Unterrichtssprache in den Schulen verboten und Italienisch eingeführt. Zwischen 1923 und 1929 wurde die deutsche Volksschule stufenweise abgeschafft und durch italienische Schulen ersetzt. Etwa 30.000 Schüler in 324 Schulen waren davon betroffen; aufgelöst wurden auch die deutschen Kindergärten und die höheren Schulen, deutsche Lehrkräfte entweder entlassen oder nach Süditalien zwangsversetzt, italienische Lehrkräfte aus dem Süden angeworben. Das war die Geburtsstunde der sog. „Katakombenschule" (in Erinnerung an die verfolgten Christen im alten Rom), die nachgerade zum Symbol des Südtiroler Widerstandes gegen den Faschismus wurde.[4] Man entwickelte ein weitverzweigtes, verbotenes Geheimschulnetz, in dem Männer und Frauen auf Dachböden, in Kellern und in Scheunen den Kindern deutsch lesen und schreiben beibrachten. Die „Lehrer" mußten mit Geld- und Gefängnisstrafen rechnen, im äußersten Fall mit Verbannung in den Süden Italiens. Die katholische Kirche blieb damals der einzige Träger deutscher Sprache und Kultur: aufgrund der Lateranverträge von 1929 konnte der Religionsunterricht – allerdings außerhalb der Schule – in deutscher Sprache durchgeführt werden. Italienisch wurde Amtssprache in der Verwaltung (1925 auch vor Gericht), deutsche Aufschriften wurden verboten, deutsche Familiennamen italianisiert, die ehemaligen deutschen Tageszeitungen mußten ihr Erscheinen einstellen; das Vereinswesen wurde zerschlagen, statt der einheimischen Bürgermeister kamen italienische Amtsbürgermeister, Inschriften auf Grabsteinen mußten italienisch sein, öffentliche Bauten in italienischem Baustil errichtet werden (1927), 1926 wurde der Grundstein zum – bis heute umstrittenen – Siegesdenkmal in Bozen gelegt.

Zur faschistischen Politik gehörte auch die Zerstörung der Südtiroler Wirtschaft und des Bauerntums: Opfer waren Bauernbund und landwirtschaftliche Zentralkasse, Gewerkschaften und politische Verbände wurden zerschlagen, das Tiroler Höfegesetz außer Kraft gesetzt (1929). Trotz allem: der von Rom erhoffte durchschlagende Erfolg blieb aus. Man hatte die Widerstandskraft der Südtiroler unterschätzt, mit der diese sich gegenüber dem Faschismus behaupteten.

„Mein Haus, mein Hof, meine Burg!“, so lautete die Devise – und die Höfe blieben zum Großteil auch ohne gesetzliche Grundlage erhalten.

In einer zweiten Phase ging es an die Substanz: die massenhafte Zuwanderung von Italienern sollte die Südtiroler auch in ihrer angestammten Heimat zur Minderheit machen. Zahlen sprechen für sich: gab es 1910 rd. 6950 und 1921 20.300 Italiener, so waren es 1939 bereits 80.800 (bei 202.400 bzw. 234.650 deutschsprachigen Südtirolern).

Aus der Erkenntnis der Unzulänglichkeit der bisher praktizierten Methoden griffen die faschistischen Machthaber Anfang der dreißiger Jahre unter dem neuen Präfekten Giuseppe Mastromattei zu schärferen Maßnahmen (Auflösung der katholischen Gesellenvereine, Entfernung des Walther-von-der-Vogelweide-Denkmals vom Hauptplatz in Bozen) und verlagerten gleichzeitig das Gewicht ihrer Italianisierungspolitik auf die industrielle Erschließung und Durchdringung Südtirols. Das Stichwort „Industriezone Bozen“ steht für diese Politik und auch die Art und Weise, wie damit im Herbst 1935 am Südrand der Stadt begonnen wurde: Unmittelbar vor der Ernte wurden rd. 50.000 Obstbäume und Tausende von Weinstöcken abgeholzt. Städtische Großwohnbauten wurden errichtet, und die Zahl der Italiener in der Stadt stieg: von 1600 (1910) auf 48.000 (1939). Parallel dazu war man jetzt verstärkt um die Realisierung der von Tolomei schon seit 1918 erhobenen Forderung nach der „Conquista del suolo“ bemüht. Adriano Colocci Vespucci, ein Mitarbeiter Tolomeis, hatte schon 1919 die Errichtung eines besonderen Kreditinstituts für Südtirol gefordert.

Die Träger der umfassenden und systematisch durchgeführten Bodenerwerbsaktionen in Südtirol waren die staatlich unterstützten Geldinstitute Venetiens, vor allem das „Ente di Rinascita agraria per le tre Venezie“ (E.R.A.). Das „Ente“ wurde zusammen mit anderen Kreditinstituten bereits Anfang der dreißiger Jahre, als sich die Weltwirtschaftskrise auch in Südtirol auszuwirken begann, zu einem schlagkräftigen Instrument der Entnationalisierung. Bis

1939 wurden etwa 350 Höfe, 5 Prozent aller landwirtschaftlichen Betriebe Südtirols, versteigert. Ein Großteil dieser Höfe wurde an Italiener weitervermittelt. 1939 wurden die Einzugsrechte des „Ente" auch auf städtische Objekte erweitert; es erhielt das Recht, städtische Grundstücke, Handelsbetriebe und gewerbliche Betriebe zu enteignen und weiterzuveräußern, sowie Gesellschaften, Konsortien und Institute zu gründen. Selbst die „Ergreifung und Förderung jeder Initiative auf dem Gebiet der Sozialfürsorge sowie der Erziehungs- und Kultureinrichtungen" fiel in ihren Zuständigkeitsbereich.

3. Der „Anschluß" und Südtirol

Nur wer sich klarmacht, was *vor* 1939 geschehen ist, kann verstehen, was 1939 geschehen ist. Während die Heimat unter den Faschisten mehr und mehr „unwirtlich" wurde, blickten viele Südtiroler in der Hoffnung auf Hilfe von Anfang an nach Deutschland, erst recht und immer mehr seit 1933, fasziniert von dem, was Hitler unter dem Motto „Ein Volk – ein Reich – ein Führer" scheinbar Großes vollbrachte: „Volksgemeinschaft", Beseitigung der Arbeitslosigkeit, Rückkehr der Saar („Heute die Saar – wir übers Jahr!") – und dann im März 1938 der Anschluß Österreichs. „Deutsche Männer am Brenner" – im März 1938 waren Jubel, Hochgefühl, Hoffnungen und Erwartungen grenzenlos in Südtirol. Ein neues Zeitalter schien angebrochen, das Ausharren hatte sich scheinbar gelohnt, es schien nur noch eine Frage der Zeit, bis der Führer auch Südtirol „heim ins Reich" holen und die neue Grenze bei Salurn verlaufen würde: so wie die illegalen Nazis in Österreich triumphiert hatten, so hofften die illegalen Nazis in Südtirol, würden auch sie bald triumphieren.

Diese hatten sich am 18. Juni 1933 in der „Südtiroler Heimatfront" organisiert, als sich Vertreter aller noch bestehenden Jugendgruppen auf der Haselburg bei Bozen zusammenfanden. Das war die Geburtsstunde der „Bewegung" in

Südtirol; der Blick war mehrheitlich auf das Dritte Reich ausgerichtet, das Ziel hieß von nun an auch: „Volksgemeinschaft“, „völkisches“ Bekenntnis, Befreiung Südtirols, Verwirklichung des großdeutschen Gedankens. Man nannte sich „Südtiroler Heimatfront“, in der zwar noch eine Minderheit auf der katholischen Weltanschauung bestand und politisch zu Dollfuß tendierte[5], änderte aber Anfang 1934 den Namen in „Völkischer Kampfring Südtirols“ (VKS)[6], der dann aufgrund intensiver politischer Untergrundarbeit und begünstigt durch die Entwicklung in Deutschland mehr und mehr die Führung der Volksgruppe übernahm. Studentische Aktivisten wie Norbert Mumelter, Robert Helm jun. und Karl Nicolussi gaben dabei den Ton an. Daneben agierten die „Alten“ des ehemaligen „Deutschen Verbandes“, die christlichkonservativ und vor allem anti-nationalsozialistisch waren. Sie wurden zwar mehr und mehr zur Seite gedrängt, der Kern um Kanonikus Michael Gamper aber blieb erhalten – und wurde 1939 zum Mittelpunkt der „Dableiber“.

Die Ereignisse um den Anschluß steigerten das Selbstwertgefühl der Südtiroler in ungeahntem Maße: Der „Führer“ würde es den Italienern schon zeigen! Begierig und fast schon als Bestätigung dieses Glaubens wurde das Gerücht aufgenommen, Mussolini würde Hitler Südtirol als „Morgengabe“ für die neue Allianz schenken.[7] Die Begeisterung der Südtiroler war grenzenlos, die wenigsten waren willens und in der Lage, Hitlers schon seit den zwanziger Jahren mehrfach geäußerten und von der NSDAP offiziell bestätigten Verzicht auf Südtirol so zu nehmen, wie er von Hitler tatsächlich gemeint war, nämlich endgültig.[8] Bis zu diesem Zeitpunkt hatten viele diese Tatsache einfach nicht zur Kenntnis genommen und lediglich als taktisches Manöver zur Ablenkung Mussolinis interpretiert. Und offensichtlich sah Mussolini das ähnlich; zumindest konnte man die faschistische Südtirolpolitik der dreißiger Jahre so interpretieren.

Am 11. März 1938 versprach Hitler dem Duce noch einmal feierlich, was auch immer die Folge der bevorstehenden Ereignisse sein werde, er habe eine klare Grenze gegenüber

Frankreich gezogen und ziehe jetzt eine ebenso klare gegen Italien: „Es ist der Brenner. Diesen Entschluß habe ich nicht 1938 gefaßt, sondern gleich nach Ende des großen Krieges, und ich habe nie ein Geheimnis daraus gemacht.“[9] Und wie reagierte VKS-Führer Peter Hofer? Er machte seinen „Kameraden“ klar, daß der Führer jetzt mit der Größe und Macht des zusammengefaßten deutschen Volkes am Brenner stehe und den Glauben und die Verpflichtung zum Kampf für Deutschlands südlichste Grenze ins Unendliche steigere. Es gebe nur noch ein einziges, großes deutsches Reich von den Alpen bis zur Ostsee, das in Kürze Mitteleuropa unangreifbar beherrschen werde. Demgegenüber spiele es

„eine kleine Rolle, daß der Führer gezwungen war, um einen Eingriff aller europäischen Großmächte zu verhindern, Mussolini Zusicherungen wegen der Brennergrenze zu geben. So schmerzlich diese Tatsache für uns ist, kann sie uns die Freude an dem einen größeren Ereignis, der Einheit Deutschlands, nicht rauben.“[10]

Die Ernüchterung kam für etliche am 7. Mai 1938 mit Hitlers Rede in Rom, als dieser erneut klarmachte, daß es sein „unerschütterlicher Wille und sein Vermächtnis an das deutsche Volk“ sei, „die von der Natur aufgerichtete Alpengrenze für immer als eine unantastbare anzusehen“.[11]

Die Reaktion Norbert Mumelters, der die Rede Hitlers miterlebte, zeigte aber schon, wohin die Reise des VKS gehen sollte. Das „Vermächtnis des Führers“ schmetterte Mumelter zwar zunächst „geistig“ zu Boden, aber dann fing er sich wieder; er riß sich zusammen und formulierte, was für ihn der „Endsinn“ war, nämlich: „Für Großdeutschland muß man selbst seine Heimat opfern können.“[12]

4. Das Hitler-Mussolini-Abkommen

Am 23. Juni 1939 kam es in Berlin dann zu jener Vereinbarung, mit der das Schicksal Südtirols besiegelt werden sollte: Nach zwei Stunden waren sich Deutsche und Italiener grundsätzlich einig über eine Umsiedlung der Südtiroler (Dok. 1). „Volkliche Flurbereinigung“ hieß das in jenem unsäglichen, menschenverachtenden Nazi-Jargon (heute würde man wohl – ebenso zynisch – „ethnische Säuberung“ sagen). Federführend war bezeichnenderweise „Reichsführer SS“ Heinrich Himmler, der im Oktober 1939 von Hitler zum „Reichskommissar für die Festigung deutschen Volkstums“ ernannt wurde; neben Südtirol war er jetzt auch für die Umsiedlungs- und Germanisierungsaktionen in den besetzten Ländern Ost- und Südosteuropas zuständig.

Wie konnte es zu jenem 23. Juni kommen? Wer waren die Urheber, wo sind die Hauptverantwortlichen zu suchen? Auf deutscher Seite oder auf italienischer Seite? Eine Frage, die gerade auch nach 1945 im Zusammenhang mit der Forderung nach Selbstbestimmung und der Rückoption von zentraler Bedeutung war – ganz abgesehen von dem moralischen Aspekt des Problems. Es gibt sowohl auf deutscher wie auf italienischer Seite Stimmen, die in einer Umsiedlung der Südtiroler die Lösung des Südtirolproblems sahen – und dies schon lange vor 1939. Austausch und Umsiedlung ganzer Volksgruppen zur Lösung von Minderheitenproblemen und Schaffung übereinstimmender Staats- und Volksgrenzen waren an sich nichts Neues; es war das Ergebnis eines „auf die Spitze getriebenen und bis zur letzten Konsequenz gedachten nationalstaatlichen Prinzips des 19. Jahrhunderts“[13] und Anfang der zwanziger Jahre zwischen Griechenland und der Türkei im großen Stil praktiziert worden, was wiederum die Phantasie so mancher Nationalisten angeregt hatte. Für Südtirol steht auch hier der Name Tolomei; er und sein Mitstreiter Vespucci behaupteten schon 1914, daß das Recht der Nation Vorrang habe vor dem Heimatrecht und daß sich von diesem Prinzip das Recht Italiens ableite,

> „die deutschen Verunreinigungen, welche heute im Gebiet des Alto Adige fast ausschließlich beherrschend sind, auszusiedeln und über den Brenner zurückzujagen. [...] Die 200.000 Deutschen, die Südtirol verunreinigen, müssen die biblische Schuld für die Sünden ihrer Väter tragen.“[14]

Auf der anderen Seite standen die Vertreter des 1905 gegründeten Tiroler Volksbundes, Wilhelm Rohmeder und Michael Mayr – später österreichischer Bundeskanzler –, für die die Trentiner italianisierte Räter oder Germanen waren, mit der Konsequenz einer Eindeutschung italienischer Namen; als natürliche Grenze erschien ihnen der Südabhang der Alpen.

Bizarre Pläne und skurrile Ideen sind *eine* Sache, deren Umsetzung in praktische Politik eine *andere*. Mit Mussolini an der Macht konnte Tolomeis Italianisierungsprogramm umgesetzt werden, aber erst mit Hitler an der Macht wurde die Umsiedlung möglich. Karl Stuhlpfarrer hat den Zusammenhang zwischen NS-Politik und Südtirolfrage treffend folgendermaßen beschrieben:

„Außenpolitische Programmatik, Bündnisüberlegungen, Volkstumsideologie und Lebensraumdogma bildeten die Logik nationalsozialistischer Politik, die mit systemimmanenter Zwangsläufigkeit auf die Umsiedlung der Südtiroler zusteuerte."[15]

Nach dem Anschluß Österreichs lag das Thema Umsiedlung geradezu in der Luft. Wie beim Anschluß selbst war wohl auch hier zunächst Göring die treibende Kraft. Görings Italien-Verbindung bestand seit dem gescheiterten Hitler-Putsch 1923; er kannte das Südtirolproblem, und vor allen Dingen wußte er um die Bedeutung dieses Themas für die italienischen Faschisten.[16] So verwunderte es auch nicht, daß er im Januar 1937 in Rom gegenüber Botschafter Ulrich von Hassell erstmals konkret von einer Lösung des Problems durch Umsiedlung sprach: für das Bündnis mit Italien müsse das Deutschtum in Südtirol geopfert werden. Im März/April 1938 gab es erste Kontaktgespräche zwischen Italienern und Deutschen, wobei interessant ist, daß nicht Ribbentrop oder Himmler, sondern Göring die zentrale Figur auf deutscher Seite war (daneben die Vertreter des Auswärtigen Amts: Staatssekretär Ernst von Weizsäcker und die höchsten Beamten der Italienabteilung, Generalkonsul Max Lorenz und Gesandter Kurt Heinburg). Die italienischen Gesprächspartner waren Außenminister Galeazzo Ciano, der Rassentheoretiker Giovanni Preziosi und die diplomatischen Vertreter in

Berlin: Botschafter Attolico, Botschaftsrat Magistrati und Generalkonsul Renzetti – sämtlich Vertreter einer radikalen Lösung. Ciano notierte damals in sein Tagebuch, man werde den Deutschen andeuten müssen, daß es opportun wäre, ihre Leute wieder aufzunehmen, weil das „Oberetsch“ geographisch ein italienisches Land sei. Und weil man Berge und Flußläufe nicht versetzen könne, müsse man eben die Menschen versetzen.[17]

Beide Seiten waren sich grundsätzlich einig, die Südtirolfrage durch Umsiedlung radikal und endgültig zu lösen[18] – und von daher kommt diesen Sondierungsgesprächen für die weitere Entwicklung ganz besondere Bedeutung zu. Unmittelbares Ergebnis war ein Memorandum von Generalkonsul Lorenz noch vom März, dessen Kernaussage Grundlage der späteren deutschen Politik wurde und blieb: *Totalumsiedlung* der Südtiroler in noch zu eroberndes Siedlungsgebiet im Osten.[19]

Eine ähnlich klare Vorstellung gab es auf italienischer Seite von Anfang an nicht, was manche der Ungereimtheiten im Herbst 1939 erklärt. Nur wenige – darunter allerdings der einflußreiche Polizeichef Bocchini – waren für eine ähnliche Radikallösung, auch wenn sie anfangs aus taktischen Gründen dafür plädierten, wie etwa Ciano oder Mastromattei (dessen Haltung allerdings unklar ist); die meisten wollten nur eine Teilumsiedlung: alles, was nach 5. Kolonne aussah, sollte verschwinden; etwa 10.000 Reichsdeutsche bzw. Ex-Österreicher, dann 20.000 bis 40.000 unerwünschte, besonders „gefährliche“ Südtiroler, Intellektuelle etc., Arbeitslose sowie Arbeiter und Angestellte, die ohne weiteres von Italienern ersetzt werden konnten; mit dem Rest würde man dann schon fertig werden. An eine Aussiedlung der Bergbauern hat wohl niemand gedacht – und an eine massenhafte Entscheidung der Südtiroler für Deutschland erst recht nicht. Wie sollte man auch, schätzte doch selbst der auch für Südtirol zuständige deutsche Generalkonsul in Mailand, Otto Bene, Anfang 1939 die Zahl der Aussiedlungswilligen auf höchstens 1000 bis 2000.[20]

Nach dem Italienbesuch Hitlers im Mai 1938 hatten sich die Gemüter zwar zunächst einmal wieder beruhigt, aber so ganz war das Mißtrauen in Rom gegenüber Hitlers Garantie der Brennergrenze nicht gewichen, hatte er doch im Zusammenhang mit der „Tschechenkrise“ erklärt: „Wir wollen gar keine Tschechen!“ – und dann im März 1939 die „Zerschlagung der Resttschechei“ folgen lassen – ohne Konsultation Mussolinis. Ohne dieses offensichtliche Überschreiten der „volkstumspolitischen Grenzen“ wäre es wohl niemals zu jener unmenschlichen Übereinkunft vom Juni 1939 gekommen, aber jetzt wollte die italienische Regierung auf Nummer Sicher gehen und die Deutschen beim Wort nehmen, zumal sie mit den laufenden Verhandlungen zum „Stahlpakt“ gute Karten in der Hand hatte. Botschaftsrat Magistrati sprach am 5. April 1939 im Auswärtigen Amt vor und schlug als Lösung der Südtirolfrage die Totalumsiedlung vor. Von Anfang an waren auch handfeste wirtschaftliche Interessen im Spiel: Italien wollte das Umsiedlungsvermögen mit den seit dem Anschluß in Österreich eingefrorenen Devisen ablösen, während umgekehrt das Deutsche Reich, das unter katastrophaler Devisenknappheit litt, mit der Ablösung der Vermögen in erster Linie die Einfuhr von Rohstoffen aus Italien und die Löhne der rd. 60.000 italienischen Gastarbeiter im Reich bezahlen wollte.

Bei diesem Punkt sollte es später die größten Schwierigkeiten geben; für Reichsmark und Lire wurde schließlich ein Sonderkurs festgelegt (1 RM = 4,5 Lire; offizieller Kurs 1 RM = 7,63)[21], der allerdings in den Gesprächen im Oktober von Italien auf 1 Mrd. Lire beschränkt wurde; das war, so Leopold Steurer, „nur 1/15 bis 1/20 des geschätzten Vermögens der deutschsprachigen Südtiroler“. Auf den ersten Blick ist die Schlußfolgerung, die Steurer daraus zieht, zwingend, nämlich: „Italien sicherte sich durch diese wirtschaftliche Bestimmung dahingehend ab, daß die Zahl der tatsächlich Abwandernden nicht oder nur kaum die von ihm gewünschte Höchstgrenze überschreiten würde.“[22] Mit anderen Worten: es wäre zu keiner Totalaussiedlung gekommen – m. E. eine zu weitgehende Interpretation. Was den wirtschaftlichen Aspekt der Option angeht, so ist klar, daß Italien auf diesem Umweg nicht eine Provinz kaufen wollte, die ihm 1919 „kostenlos“ zugefallen war; richtig ist auch, daß ab 1940 die Wertfeststellung von Italienern und Südtirolern als Instrument benutzt worden ist, die Umsiedlung zu verzögern; man hätte sie damit letztlich aber wohl nicht verhindern können. Verhindert worden ist sie durch den – aus NS-Sicht – unglücklichen Kriegsverlauf! Wäre der Krieg anders verlaufen, Himmler hätte, davon kann man wohl ausgehen, das Umsiedlungsprogramm durchgezogen, wahrscheinlich genauso, wie er das in Ost- und Südosteuropa bereits praktiziert hatte, ohne Rücksicht auf irgendwelche Reichsmark-Lire-Sonderkurse, finanzielle Beschränkungen oder gar Transportprobleme – und die Südtiroler Bauern wären dann irgendwo im Osten als „Wehrbauern“ angesiedelt worden.

Noch war es nicht soweit, aber spätestens seit Ende Mai 1939 war Himmler zur Totalumsiedlung entschlossen[23]; am 16. Juni wurde er von Hitler offiziell mit der Gesamtplanung des Unternehmens beauftragt.[24] Für Himmler muß das eine faszinierende Aufgabe gewesen sein; alles, was jetzt folgt, trägt seine Handschrift; es wurde ein gigantischer Apparat aufgezogen, Südtirol zum ersten Experimentierfeld des NS-„Menscheneinsatzes“.[25]

5. Die Haltung des VKS

Bis zum 23. Juni 1939 waren „Option“ und „Umsiedlung“ in erster Linie Fragen der deutsch-italienischen Beziehungen – danach wurde es eine Südtiroler Angelegenheit und hier zuallererst eine des VKS. Der Weg führte geradewegs in das wohl leidvollste Kapitel Südtirols und hinterließ eine unübersehbare Spur in die Geschichte des Landes. Die Verantwortung des VKS steht dabei außer Frage, genauso wie die Tatsache, daß sich in seinen Reihen überzeugte Nazis befanden.

Von Leopold Steurer wissen wir, daß im April 1939 eine Abordnung des VKS von Reichsleiter Bormann und SS-Oberführer Behrends in München „in offizieller Weise" darüber informiert wurde, daß Hitler die Frage Südtirol „im Sinne der Aussiedlung" entschieden habe.[26] Der VKS lehnte zunächst die Umsiedlung ab; in den entsprechenden Memoranden hieß es, dies sei der einzige „Befehl Hitlers", dem man nicht Folge leisten würde, auch wenn es ansonsten „in allem bei dem (bliebe), was wir oft und oft erklärt haben, wir verteidigen unerschütterlich Heimat und Volkstum, sonst aber ordnen wir uns in allem und jedem in Treue, Vertrauen und Gehorsam dem Führer unter".[27] Und an anderer Stelle hieß es, es sei „unverständlich, daß man einen solchen Plan überhaupt in Erwägung ziehen kann, obgleich der Grundsatz unzertrennlicher Einheit von Blut und Boden zu den Leitsätzen nationalsozialistischer Weltanschauung gehört". Und weiter: „So muß es klar sein, daß wir den Gedanken der Umsiedlung unbedingt ablehnen."[28] Das klang zumindest nach „Befehlsverweigerung". Als dann die Berliner Vereinbarung bekannt wurde, war die erste Reaktion des VKS ebenfalls Ablehnung; auf einer gemeinsamen Sitzung von Vertretern des DV (Deutscher Verband) und des VKS wurde beschlossen, unter keinen Umständen auszuwandern.[29]

Wenige Tage später kam die Wende des VKS um 180 Grad. Plötzlich hieß es:

„Das deutsche Volk von Südtirol verläßt die alte Heimat und schlägt zur Rettung und Erhaltung seines deutschen Volkstums im Großdeutschen Reich eine neue Heimat auf [sic!], den Ahnen zur Rechtfertigung und der Jugend zur völkischen Verpflichtung. Das Volk von Südtirol hat nicht umsonst zwanzig Jahre lang unter den Fremden gelebt und weiß, daß es nach dem Abschlusse der Umsiedlung in der Landschaft an Eisack und Etsch deutsches Leben nicht mehr geben wird."[30]

Nach Meinung von Steurer war für diesen totalen Schwenk die „germanische Gefolgschafts- und Nibelungentreue" des VKS entscheidend. Ausdrücklich lehnt er es ab, für die Haltungsänderung des VKS die „sizilianische Legende" gelten zu lassen: jenes Gerücht nämlich, daß die Italiener alle jene, die nicht für Deutschland optieren würden, nach Sizilien, Abessinien oder in andere Gegenden, jedenfalls „südlich des Po“, deportieren würden.

Wir wissen aus zahlreichen Zeugnissen, die jetzt auch durch ein Oral-History-Projekt bestätigt worden sind[31], daß dieses Gerücht für sehr viele, wenn nicht die meisten Südtiroler ausschlaggebend gewesen ist bei ihrer Entscheidung zu gehen. Lothar von Sternbach, obwohl ein „Bleiber“, räumt ein: „Die Androhung einer Zwangsumsiedlung nach dem Süden hat mehr Leute zu ‚Gehern‘ gemacht als die Nazipropaganda.“[32] Klaus Eisterer hat die Genesis dieser Legende untersucht und überzeugend dargestellt, daß es sich hier um eine taktische Meisterleistung Berlins handelte: Wo die „Nibelungentreue“ nicht mehr ausreichte, mußte nachgeholfen werden.[33] Generalkonsul Bene hat demnach am 29. Juni als erster von der möglichen Deportation gesprochen, als er die Auslandsdeutschen in Meran offiziell über die Entscheidung von Berlin informierte. Anschließend fiel die Entscheidung des VKS. Bene hat es geschickt verstanden, die Urheberschaft dieses Gerüchts zu verschleiern; tatsächlich wurde sie später fast ausschließlich Mastromattei zugeschrieben, der am 6. Juli zum ersten Mal davon sprach und darin zunächst ebenfalls ein äußerst nützliches Instrument sah, die Umsiedlungsbereitschaft bei den Südtirolern zu steigern.

Die Italiener waren in jenen Wochen „mit völliger Blindheit geschlagen“,[34] setzten ihre Politik der Drohungen und Schikanen fort und ahnten nicht, daß sie dabei waren, eine Lawine loszutreten. Noch im Juli verfügte die Regierung die Entlassung des deutschen Personals in den Amtsstellen und des gesamten weiblichen Personals in Gasthöfen, das durch Männer aus der Lombardei, Ligurien und Piemont ersetzt werden mußte. Sämtliche Touristen mußten Südtirol verlassen, die Besitzer von Tabak- und Zeitungsläden durften mit ihren Kunden nicht mehr deutsch sprechen.[35]

Als die Italiener endlich merkten, was sich anbahnte, daß möglicherweise eine entvölkerte, auch noch für teures Geld gekaufte Provinz zurückbleiben würde, die man selbst nie wieder zu blühendem Leben würde erwecken können, war es schon zu spät. Mastromattei konnte noch so viel dementieren, daß natürlich niemand in den Süden deportiert würde. Seine Dementis bewirkten genau das Gegenteil: Dieser Mann hatte sich in den Augen der Südtiroler dermaßen diskreditiert, daß man ihm nicht ein einziges Wort mehr glaubte. Vielleicht hätte ein klärendes Wort Mussolinis die Sache noch umgebogen; zumindest die „Dableiber“ erhofften das und entsandten aus diesem Grund im November eine Delegation nach Rom. Aber Himmler triumphierte; die Intervention seines persönlichen Adjutanten Wolff hatte Erfolg: Mussolini lehnte einen Empfang der Delegation ab – eine folgenreiche Entscheidung, denn nun standen die Dableiber mit völlig leeren Händen da. Wolff unterzeichnete statt dessen am 17. November ein besonders perfides Abkommen mit Polizeichef Bocchini und [Staatssekretär im Innenministerium] Guido Buffarini-Guidi. Darin wurde den Dableibern zwar das Recht auf Verbleib in Südtirol zugesichert, gleichzeitig aber unmißverständlich klargemacht, daß die Umsiedlung eine „endgültige und vollständige völkische Lösung“ sei, nach deren Abschluß es „eine Frage ethnischer Minderheit im Alto Adige nicht mehr gibt“.[36]

6. Die Entsolidarisierung unter den Südtirolern

Zu diesem Zeitpunkt rollte bereits eine gigantische Propagandawelle über das Land. Einmal entschieden, galt es jetzt für den VKS, dem Führer ein NS-gemäßes Ergebnis melden zu können; dafür hatte man bis zum 31. Dezember 1939 Zeit. Wenn es zu einem solchen Treuebekenntnis kommen würde, dann, so hat wohl manch einer auch gehofft, würde der „Führer“ nicht nur sein Südtiroler Volk, sondern auch noch das Land „heim ins Reich“ holen. Man dachte an die Saar, und nicht umsonst meldete VKS-Führer Peter Hofer Anfang Januar 1940 ein nach oben „korrigiertes" Optionsergebnis nach Berlin: 90,7 Prozent; genauso hatte die Saarbevölkerung 1935 abgestimmt. Die Hoffnung war trügerisch, Himmlers Antwort ernüchternd: Der „Führer" habe sich über den Volksentscheid „gefreut"; er habe die Wahlziffer genau durchgelesen und davon „Kenntnis genommen". Und dann spendete Himmler Lob: „Deutschland ist stolz auf sein Südtiroler Volk", um im gleichen Atemzug alle Hoffnungen auf ein Bleiben im Lande zu zerstören:

> „Ich wiederhole, daß das Südtiroler Volk geschlossen angesiedelt werden wird, und daß die Volksführung des Südtiroler Volkes Gelegenheit haben wird, die Landschaften, die für die Ansiedlung in Frage kommen, kennenzulernen, bevor ein endgültiger Entscheid über die Wahl der Landschaft getroffen wird."[37]

Die Zusicherung des geschlossenen Siedlungsgebietes war eine Trumpfkarte, die der VKS in seiner Propaganda mit Erfolg ausspielte; die Leute glaubten daran, und es schien sie nicht zu stören, daß dieses Gebiet erst von der Wehrmacht erobert und die dortigen Bewohner vertrieben werden mußten. Es sollte allerdings ein schönes Gebiet sein, mindestens so schön wie Südtirol, wo auch noch der vierte Sohn einen eigenen Bauernhof bekommen würde. Zu spät merkten viele, daß es das Land, wo Milch und Honig fließen würde, nicht gab. Rd. 75.000 – für die Italiener „nachrückten" – gingen, ein Aderlaß, der dem Land nach 1945 schwer zu schaffen machte. Die Beskiden in Galizien, das erste Gebiet, das Himmler vorschlug, paßte nicht; so mancher Südtiroler kannte diese Gegend noch aus der Zeit des Ersten Weltkrieges; damit konnte man schlecht Propaganda machen, und so verschwand dieser Plan schleunigst wieder in der Versenkung; die Hoffnungen auf Burgund zerschlugen sich ebenfalls, und so beließ man es bei der Zusage, daß alles mindestens genauso sein würde wie in Südtirol und daß man zusammenbleiben würde.

Die Drohung mit der Zwangsumsiedlung in den Süden und die Zusicherung eines geschlossenen Siedlungsgebietes waren die Hauptwaffen im Propagandakrieg des VKS zwischen

Gehern und Bleibern. Wo die Propaganda ihre Wirkung verfehlte, griffen die Nazis zum Terror. Das übelste Kapitel in der Geschichte Südtirols wurde von den Südtirolern selbst geschrieben! Erst dieser Umstand erklärt, warum die tiefen Wunden, die damals geschlagen wurden, später nur schwer verheilten und immer wieder aufbrachen.

„Deutsch oder walsch! Zusammenbleiben und gemeinsam eine neue Heimat aufbauen!“ Das waren griffige und erfolgreiche Formeln. Dieser Propaganda konnten sich auch diejenigen nicht entziehen, die bis dahin der Politik gegenüber eine eher indifferente Haltung eingenommen hatten. Die Flut von Flugblättern, Hetzschriften und Kettenbriefen drang bis ins kleinste Bergbauerndorf und zielte vor allem auf die Verfemung und Denunziation von Dableibern. „Fliegende Blätter zur Ehre der Deutschtumsverräter“ knöpften sich jeden einzelnen Dableiber eines Ortes der Reihe nach vor und machten auch vor der Privatsphäre nicht halt. Die Dableiber waren die „Walschen“, die eigentlichen „Verräter“. Von Zigeunern und Juden war die Rede und von der Angst vor Arbeit und Kriegsdienst im Dritten Reich. Die Lebensläufe von Dableibern wurden auf „Schwachstellen“ ausgeleuchtet und in die politische Auseinandersetzung eingeflochten. Gewaltandrohung und -anwendung waren an der Tagesordnung. Auf die Fassade eines Dableiber-Gasthauses, in dem ein jüdischer Obsthändler geschlafen hatte, wurde „Hotel Israel“ geschrieben, ein anderer Dableiber mit Jauche überschüttet; so mancher Heustadel ging in Flammen auf, die Kinder der Dableiber wurden mit Steinen beworfen, Fensterscheiben eingeschlagen, Häuser mit Kot und Dreck beschmiert; Freundschaften, Nachbarschaften und Familienverbände wurden zerstört. Friedl Volgger beschreibt das so: „Was die Juden im Dritten Reich waren, war jetzt ein Teil der Südtiroler in den Augen ihrer fanatisierten Landsleute.“[38] In nahezu allen Dörfern wurden Optanten und Dableiberversammlungen abgehalten; tausende Flugblätter, Schmähschriften, Spottgedichte und Kettenbriefe kursierten unter der Südtirolder Bevölkerung. Exemplarisch seien hier zwei zitiert:

Wer sind die Dableiber?
Falsche Christen – Alte Weiber
Egoisten- Hurentreiber
Warme Brüder – Schlechte Pfaffen
Welschbastarden – ein paar Grafen
Einige mit vielen Millionen
Die ihr Geld mit Betrug gewonnen.
Mancher, der vor Angst ums Geld
fleißig zu den Welschen hält.
Manche wollten später starten
und auf Otto Habsburg warten.
Allesamt wann's jemand wundert
sind jedoch nicht acht von hundert.

Wer sind die Abwanderer?
Antichristen – Glaubensfeinde
Kommunisten – feige Schweine
Arme Teufel – wenig Reiche
Landesverräter sondergleichen.
Einige die voll lauter Schulden
die schlechten Zeiten nicht mehr dulden
mit leeren Taschen das Weite suchen
und vor Hunger Hitler rufen.
Bauern ohne Heimatstolz
die Wald besitzen ohne Holz,
das Ruder in das Leere schmeißen.
Von 100 sind es 70 leider,
30 sind jedoch gescheider,
die bleiben fest in ihrem Heim
den Männern gleich von Anno neun.

Wer sind die Abwanderer?
Arbeitsscheue, Wirtshausbummler,
Bierstrategen, Nazitrummer,
Glaubenlose, Kirchenfeinde,
Aufgehetzte, Streitesfreunde,
Deutschbastarden, Baglioten,
Die sprechen von Hottentotten,
Solche, die, o Mißgeschick.
Mit dem Gericht stets in Konflikt,
Freche Mädels, grüne Buben,

Kaum erwachsen den Kinderstuben;
Weiters solche, die dann sagen:
Lieber hungern als in Nudel begraben!
Das sind jene, die mit Behagen
Glauben, man wird ihnen nichts versagen.
Bauern, die in dummen Grolle
Feig verlassen Haus und Scholle,
Aufgehetzt von Lügenmäulern,
stürzen sich ins Abenteuer.
Doch sie alle starten mit froher Natur.
Und bringen nach Polen die deutsche Kultur.
Sie verlassen freudig der Heimat Erde.
Sie! Die angeblich Hofers Erben.
So Dumme gibt's, wenn jemand wundert
laut Statistik 70 von hundert.

Dies war die eine Seite der Medaille; die andere war, daß die Masse der Südtiroler angesichts der Propagandalawine, die über sie hinwegrollte, zutiefst verunsichert war und schweren Herzens und nach großer Seelennot für das nach ihrer Meinung kleinere Übel der deutschen Staatsbürgerschaft und Umsiedlung optierte. Insgeheim hoffte man wohl doch noch auf die Befreiung nach dem „Endsieg". Die Begründung, die der Erzbischof von Trient, Celestino Endrici, im Mai 1940 in einem Schreiben an den Vatikan gab, hat auch nach über 55 Jahren nichts von ihrer Gültigkeit verloren:

„Bei 80 Prozent der Bevölkerung hätten all diese Argumente [der Nazipropaganda] keinen Erfolg gehabt, wenn nicht die ganze Option ein Ausbruch der Reaktion gewesen wäre gegen die Methoden der Regierung, die ihr suggeriert worden sind vom Senator Tolomei und ausgeführt vom Präfekten Mastromattei, Methoden, die heute selbst von italienischen Autoritäten als irrsinnig angesehen werden. Nur dieser Umstand kann die Heftigkeit der Leidenschaft erklären, welche die große Mehrheit der Bevölkerung erfaßt und selbst einfache Bauersleute dazu geführt hat, fremden Agitatoren Gehör zu schenken, dem eigenen Pfarrer ihr Ohr zu verschließen und auf den hundertjährigen Besitz Verzicht zu leisten, von dem sie bisher auch nicht einen Quadratmeter preisgeben wollten."[39]

Die Dableiber wollten der brutalen Lösung der Umsiedlung eine Absage erteilen und alle Folgen auf sich nehmen. Nur: damals standen sie auf verlorenem Posten, hofften wohl auch insgeheim auf irgendeine Wendung des Schicksals (und atmeten auf, als Mussolini an der Seite Hitlers in den Krieg eintrat). Für diese Überzeugung stritten und litten sie; zunächst unter ihren eigenen Landsleuten und dann unter den Deutschen – bis ins KZ Dachau.

8. Die katholische Kirche

„Kirche und Option" ist ein besonderes Thema. Auch hier blieben tiefe Wunden zurück. Der Name des Brixner Fürstbischofs Johannes Geisler wird wohl für immer damit verbunden bleiben. Geisler kam aus Nordtirol, er war ein liebenswürdiger, sehr menschlicher, aber auch ein sehr schwacher Kirchenfürst, der im entscheidenden Moment versagte. Er schwankte anfangs zwischen Zustimmung zur Umsiedlung und ihrer Ablehnung, änderte dann aber seine Haltung, als er mehr und mehr unter den Einfluß seines Generalvikars Alois Pompanin geriet. Pompanin war Ladiner, ein fanatischer Befürworter der Umsiedlung ins Reich und glühender Bewunderer Hitlers.

Mahnende Worte des Papstes, in dieser Frage vorsichtig zu agieren, blieben ungehört; es kam schon bald zum Bruch zwischen dem Bischof und seinem Klerus, dem schon Ende Oktober 1939 ein Propagandaverbot auferlegt wurde. Der Klerus war gegen die Option für das Deutsche Reich; er wies auf die Kirchenverfolgung und die Euthanasie in Deutschland hin – und wurde in diesem Punkt von seinem Bischof der Zensur unterworfen. Als Endrici in seinem Diözesanblatt für den deutschen Anteil seiner Diözese (das war der weitaus größere Teil Südtirols, der im Eisacktal bis zur ersten Ortschaft südlich von Brixen und im Vinschgau bis zur Pfarrgemeinde Prad am Stilfserjoch reichte) gegen die Umsiedlung Stellung bezog, unterließ es Geisler mitzuunterzeichnen.

Auch das Brixner Domkapitel stand gegen Geisler. Die Auseinandersetzung mit ihm ging so weit, daß es sogar die Absetzung des Bischofs durch Rom verlangte. Das geschah zwar nicht, aber die Mitteilung des vatikanischen Botschaftsrates Giuseppe Misuraca, Geisler stehe es frei, zurückzutreten und die Diözese zu verlassen, war nicht unbedingt ein Vertrauensbeweis für den Bischof.

Am 25. Juni 1940 (für die Kirche war die Optionsfrist bis zum 30. Juni 1940 verlängert worden) optierte Geisler mit dem Argument: „Der gute Hirt folgt seiner Herde.“ Auf die Idee, daß ein guter Hirt seiner Herde die Richtung angibt, scheint er nicht gekommen zu sein. Geislers Entscheidung war genau das, worauf die Nazis gewartet hatten, und wurde von ihnen propagandistisch entsprechend ausgeschlachtet (auch wenn es auf das Optionsergebnis natürlich keinen Einfluß mehr hatte). Der Klerus entschloß sich dagegen mehrheitlich für den Verbleib in der Heimat; nur rd. 20 Prozent entschieden sich dafür, dem Bischof zu folgen; im deutschen Anteil der Diözese Trient waren es sogar nur zehn Prozent.

Hat die katholische Kirche also in dieser kritischen Zeit versagt?

Katholische Kirche, darauf weist Josef Gelmi zu Recht hin, bedeutet nicht nur Bischof und Generalvikar.[40] Die Mehrheit der Seelsorger hatte damals mit ihrem Votum zum Ausdruck gebracht, daß sie, wenn auch vor allem aus rein religiösen Gründen, eindeutig gegen das NS-Regime eingestellt war. Geradezu einzigartig und zutiefst unchristlich war allerdings die Art und Weise, wie die Auseinandersetzung zwischen Bischof und Klerus geführt wurde. Genauso bemerkenswert war die Art und Weise, wie man 1945 zur Tagesordnung überging, so als wäre nichts geschehen.

9. Schlußbemerkung

Nach Abschluß der Optionsfrist wartete man in der Neujahrsnacht 1940 mit Spannung auf das „Wahlergebnis". Der „Führer" hatte gerufen und alle, fast alle sollten kommen; so wünschten es sich die VKS-Aktivisten. Zweifelsohne wäre es möglich gewesen, das Abkommen zu ignorieren und überhaupt keinen Stimmzettel abzugeben. Eine solche Variante wurde aber so gut wie nicht in Erwägung gezogen, und der VKS meldete aus den schon genannten Gründen 90,7 Prozent Optanten nach Berlin; später wurde die Zahl 86 Prozent genannt. Die italienischen Angaben sahen ganz anders aus: 72,5 Prozent; man wollte niedrige Zahlen, um die Italianisierungspolitik nicht als gänzlich gescheitert ansehen zu müssen und hatte jene Südtiroler hinzugerechnet, die überhaupt keine Erklärung abgegeben hatten und damit italienische Staatsbürger geblieben waren. Für die unterschiedlichen Zahlen gab es zwar objektive Gründe – Unklarheiten, wer optionsberechtigt war, „Umoptionen" etc. -; Schwankungen um einige Prozente ändern an dem Ereignis „Option" insgesamt aber nichts.

Interessant ist allerdings, wie die unterschiedlichen Optionszahlen Teil der politischen Auseinandersetzung nach 1945 wurden, als es um die Frage der Rückkehr Südtirols zu Österreich ging. Da sprach die italienische Regierung von 86 Prozent und die österreichische von 71,3 Prozent.[41] Die Absicht war klar: Je höher die Zahl, so argumentierten die Italiener, um so mehr „Nazis" in Südtirol und um so schwieriger, an der Brennergrenze zu rütteln; das schien einsichtig, zumal die Westmächte das Optionsergebnis nur als Bekenntnis zum Nationalsozialismus deuteten, was genauso falsch war wie die Deutung des Ergebnisses als Volksabstimmung gegen Italien. Schon Claus Gatterer hat darauf hingewiesen, daß man dann nämlich die 1947 erfolgte Rückoption und ihr Ergebnis als Volksabstimmung für Italien sehen müßte. Mit den österreichischen Zahlen wurde die Bedeutung der Dableiber unterstrichen. Ohne sie würde es Südtirol, so wie es heute existiert, wohl nicht mehr geben. Ohne sie hätte im Mai 1945 keine Südtiroler Volkspartei gegründet werden können, und wenn die Hälfte der SVP-Gründer „verhinderte“ Optanten waren, niemand hätte eine auch moralisch gerechtfertigte Forderung nach Selbstbestimmung stellen können, von der dann erreichten Autonomie und der Möglichkeit der Rückoption ganz zu schweigen.

1 Zit. n. Karl Heinz Ritschel, Diplomatie um Südtirol. Politische Hintergründe eines europäischen Versagens, Stuttgart 1966, S. 91 f.; Vgl. auch die biographischen Hinweise zu Reut-Nicolussi bei Michael Gehler, Zum Umgang mit einem Tabu: Eduard Reut-Nicolussi, Gauleiter Franz Hofer und die Südtirolfrage 1939–1944 (mit einem Ausblick auf die Zeit nach 1945), in: *Tiroler Heimat*, Bd. 57, Innsbruck 1993, S. 225 ff.

2 Gisela Framke, Im Kampf um Südtirol: Ettore Tolomei (1865–1952) und das *Archivio per l'Alto Adige*, Köln – Tübingen 1987.

3 Gisela Framke, Ettore Tolomei – „Totengräber Südtirols“ oder „patriotischer Märtyrer“? in: Klaus Eisterer/Rolf Steininger (Hrsg.), Die Option. Südtirol zwischen Faschismus und Nationalsozialismus (Innsbrucker Forschungen zur Zeitgeschichte 5), Innsbruck 1989, S. 71–84.

4 Vgl. Maria Villgrater, Katakombenschule. Faschismus und Schule in Südtirol, Bozen 1984, sowie ihren Beitrag Die „Katakombenschule“: Symbol des Südtiroler Widerstandes, in: Eisterer/Steininger (Hrsg.), Option, S. 85–106.

5 Vgl. Rudolf Lill, in: Umberto Corsini/Rudolf Lill, Südtirol 1918–1946, Bozen 1988, S. 207; Friedl Volgger, Mit Südtirol am Scheideweg. Erlebte Geschichte, Innsbruck 1984, 1996^2, S. 29 f.

6 Vgl. Leopold Steurer, Südtirol zwischen Rom und Berlin 1919–1939, Wien – München – Zürich 1980, S. 256–271; Willy Acherer, ... mit seinem schweren Leid. Jugendbekenntnisse eines Südtirolers, Bozen 1986, Kap. II.

7 Vgl. hierzu Günther Pallaver, „Ihr Deutsche, gebt uns Brüdern Raum Da wir nach Norden schreiten.“ Eine großdeutsche Lösung für Südtirol? in: Thomas Albrich/Klaus Eisterer/Rolf Steininger (Hrsg.), Tirol und der Anschluß. Voraussetzungen, Entwicklungen, Rahmenbedingungen 1918–1938 (Innsbrucker Forschungen zur Zeitgeschichte 3), Innsbruck 1988, S. 221–269, und Steurer, Südtirol, S. 292 ff.

8 Vgl. hierzu auch Lill, Südtirol, in: Corsini/Lill, S. 210–217.

9 Vgl. die Fernseh-Dokumentation „Michael Gamper“ von Ivo Ingram Beikircher und Franz von Walther, RAI-Sender Bozen 1987, sowie Pallaver, „Ihr Deutsche“, in: Albrich u. a. (Hrsg.), Tirol, S. 251.

10 Zit. bei Steurer, Südtirol, S. 291 f.

11 Zit. n. Franz Huter (Hrsg.), Südtirol. Eine Frage des europäischen Gewissens. München 1965, S. 317; vgl. auch Michael Gehler, Der Hitler-Mythos in den „nationalen“ Eliten Tirols, dargestellt an Hand ausgewählter Biographien am Beispiel der Südtirolfrage und Umsiedlung, in: *Geschichte und Gegenwart* 9 (November 1990), Heft 4, S. 279–315, und

die kritischen Anmerkungen zu Huters Rolle, in: *Geschichte und Gegenwart* 11 (September 1992), Heft 3, S. 208–235.
12 Tagebucheintragung Mumelters vom 8. 5. 1938. Vgl. hierzu Pallaver, „Ihr Deutsche", in: Albrich, u. a. (Hrsg.), Tirol, S. 253–258.
13 Leopold Steurer, in: Reinhold Messner (Hrsg.), Die Option, München – Zürich 1989, S. 47.
14 Zit. n. Claus Gatterer, Im Kampf gegen Rom. Bürger, Minderheiten und Autonomie in Italien, Wien 1968, S. 203 f.
15 Karl Stuhlpfarrer, Umsiedlung Südtirol 1939/40, Wien 1985, S. 24.
16 Karl Mittermaier, Verzicht aus Staatsräson. Hermann Göring und die Südtirolfrage im Jahre 1924, Brixen 1993.
17 Vgl. Huter, Südtirol, S. 317.
18 Vgl. Steurer, in: Messner, Option, S. 57 f.
19 Vgl. ebd.
20 Vgl. Klaus Eisterer, „Hinaus oder hinunter!" Die sizilianische Legende: Eine taktische Meisterleistung der Deutschen, in: Eisterer/Steininger (Hrsg.), Option, S. 179–208.
21 Vgl. Steurer, in: Messner (Hrsg.), Option, S. 66.
22 Ebd., S. 68.
23 Vgl. Aufzeichnung vom 30. 5. 1939. Abgedruckt bei Conrad F. Latour, Südtirol und die Achse Berlin – Rom 1938–1945, Stuttgart 1965, S. 34 f.
24 Vgl. Steurer, Südtirol, S. 345.
25 Innerhalb der Dienststelle des „Reichskommissars für die Festigung deutschen Volkstums" war die Hauptabteilung I für den „Menscheneinsatz" zuständig; unter dem Titel „Der Menscheneinsatz" veröffentlichte sie regelmäßige Grundsätze, Anordnungen und Richtlinien; besonders interessant ist die Sammlung vom Dezember 1940, in der auch Südtirol ausführlich behandelt wird.
26 Zit. n. Steurer, Südtirol, S. 325.
27 Ebd.
28 Memorandum des VKS vom 27. 4. 1939; abgedruckt bei Steurer, Südtirol, S. 443–447.
29 Vgl. Steurer, Südtirol, S. 337.
30 Ebd., S. 339.
31 Vgl. Martha Verdorfer, Zweierlei Faschismus: Alltagserfahrungen in Südtirol 1918–1945, Wien 1990.
32 Vgl. *Dolomiten*, 23. 6. 1989.
33 Vgl. Anm. 20.
34 Vgl. Volgger, Südtirol, S. 32.
35 Vgl. ebd.
36 Kopie im Institut für Zeitgeschichte, Wien; Sign. T-175/53/2566839–41.
37 Schreiben vom 15. 2. 1940. Ausstellungskatalog Option – Heimat – Opzioni; Faksimileabdruck in: *Föhn* (1980) Heft 6/7, S. 69.
38 Volgger, Südtirol, S. 58.
39 Ebd., S. 57.
40 Vgl. Josef Gelmi, „Die hirtenlose Herde" – Kirche und Option, in: Eisterer/Steininger (Hrsg.), Option, S. 239–264.
41 Italienisches Memorandum vom 4. 2. 1946 an die Friedenskonferenz in Paris, österr. Memorandum vom 24. 1. 1946 an den Alliierten Rat. Public Record Office (PRO), London, FO 1020/1058.

Dokument 1

Die Vereinbarung über die Umsiedlung

Niederschrift der Besprechung über die Südtiroler Frage, stattgefunden am 23. 6. 39 von 16–17.50 im Geheimen Staatspolizeiamt, Berlin SW 11, Prinz-Albrecht-Str. 8.

(Text der deutschen Delegation)

Durchschlag

Vorsitzender:

Der Reichsführer-SS und Chef der Deutschen Polizei, H. Himmler,

Italienische Teilnehmer:

Der Kgl. Italienische Botschafter, Exzellenz Attolico;
Der Kgl. Italienische Geschäftsträger Gesandter Graf Magistrati;
Der Präfekt von Bozen, Mastromattei;
Marquis Lanza d'Ajeta.

Deutsche Teilnehmer:

Staatssekretär Frhr. v. Weizsäcker, Auswärtiges Amt;
Unterstaatssekretär Woermann, Auswärtiges Amt;
Legationsrat Mohrmann, Auswärtiges Amt;
SS-Obergruppenführer Lorenz, Volksdeutsche Mittelstelle;
SS-Obergruppenführer Dr. Behrends, Stabsführer der Volksdeutschen Mittelstelle;
Gauleiter Bohle, Auslandsorganisation;
SS-Oberführer Ruberg, Stabsführer der Auslandsorganisation;
Generalkonsul Bene, Auslandsorganisation (Mailand);
Konsul Müller, Auslandsorganisation;
SS-Gruppenführer Heydrich, Chef der Sicherheitspolizei;
SS-Gruppenführer Wolff, Chef des Persönlichen Stabes Reichsführer-SS; SS-Oberführer Greifelt Abteilung 4-Jahresplan, Pers. Stab Reichsführer-SS;
Als Dolmetscher: Dr. Lange-Kowal.

Zu Beginn der Sitzung begrüßt der Reichsführer-SS, auf dessen rechter Seite Botschafter Attolico und die italienischen Herren Platz genommen haben, die Erschienenen mit herzlichen Worten, umreißt in großen Zügen die vom Führer im Einvernehmen mit dem Duce gestellte Aufgabe der Rück- und Auswanderung der in Südtirol lebenden Deutschen und betont noch einmal ausdrücklich, daß nach der vom Führer anläßlich seiner Staatsbesuche in Rom im Mai vorigen Jahres abgegebenen Erklärung die jetzige deutsch-italienische Grenze wirklich als ewige Grenze angesehen wird und alle Ansprüche auf Südtirol tatsächlich aus dem deutschen Gedankengut gestrichen werden. Mit welcher Konsequenz das Versprechen des Führers deutscherseits durchgeführt werde, gehe u. a. auch daraus hervor, daß der Führer den reichsdeutschen Ortsgruppenleiter Kaufmann der Auslandsorganisation in Bozen, der durch die ungeschickte Abhaltung eines verbotenen Gepäckmarsches an die heikle Südtiroler Frage höchst überflüssigerweise gerührt habe, sofort nach seiner befohlenen Rückkehr ins Reich in das Konzentrationslager Sachsenhausen für unbestimmte Zeit habe verbringen lassen.

Die praktische Durchführung und Abwicklung der ihm übertragenen Aufgabe sähe der Reichsführer-SS in folgenden drei Etappen als zu verwirklichen an:

1. Etappe:
Innerhalb von vier Wochen sollen unter deutschem Druck alle Reichsdeutschen aus Südtirol auswandern, soweit sie gebürtige Südtiroler sind; also nicht im Altreich geborene Reichsdeutsche, die als Handelsvertreter deutscher Firmen usw. in Südtirol tätig sind.

2. Etappe: Rück- und Auswanderung derjenigen italienischen Staatsangehörigen volksdeutscher Art, die nicht bodengebunden sind, z. B. Industriearbeiter, Handwerker, Kaufleute usw.

3. Etappe:
Also: Rück- und Auswanderung der italienischen Staatsangehörigen volksdeutscher Art, die bodengebunden sind.

Der Reichsführer-SS bat den italienischen Botschafter, zu diesen Vorschlägen Stellung zu nehmen und alle italienischen Wünsche freimütig zu äußern.

Exc. Attolico ließ als Antwort durch den Gesandten Graf Magistrati eine schriftlich ausgearbeitete Denkschrift verlesen, die zum Ausdruck brachte, daß der italienische Botschafter in der Durchführung des gemeinsam vom Führer und vom Duce beschlossenen Planes einen Akt höchster politischer Weisheit erblicke, daß es jedoch notwendig sei – wie er sich ausdrückte –, alle Würmer zu vernichten, die an der Realisierung der Aufgabe nagten. Sehr erschwerend sei der starke Widerstandsgeist der Südtiroler, vor allem im Alto Adige, Trento, Belluno.

Der Duce wisse sehr wohl, daß diese schwierige Aufgabe nicht („nicht“ – handschriftlich. verb. d. V.) durch die Berührung des Problems mit einem Zauberstab im Handumdrehen gelöst werden könne, jedoch erscheine ihm besonders wichtig, daß einmal ein Anfang gemacht werde.

Die Hauptschwierigkeiten gingen von den Tausenden ehemaliger österreichischen Untertanen aus, die durch die Heimkehr der Ostmark ins Reich nunmehr Reichsdeutsche geworden seien, jetzt aber sozusagen den Generalstab des Widerstandes der Südtiroler bildeten, und hier müsse der Anfang gemacht werden. – In der Tatsache, daß der Reichsführer-SS vom Führer mit der Durchführung dieser Aufgabe betraut worden sei, sähe der Duce die beste Erfolgsgarantie für die Zukunft.

Zur Aufheiterung der Lage werde auch Italien jeden nötigen Beitrag gerne leisten, so sei z. B. in Zusammenhang mit dem oben vom Reichsführer-SS geschilderten Fall des Ortsgruppenleiters Kaufmann in Bozen der faschistischen Federale von Bozen auf Befehl des Duce abgelöst worden. – Exc. Attolico schließt mit einem herzlichen Gruß an die deutschen Kameraden und mit der Versicherung bester und aufrichtiger Mitarbeit, die vor keiner Arbeit und Schwierigkeit zurückweicht.

Der Reichsführer-SS

dankt für die Deklaration des italienischen Botschafters und gibt auch seinerseits der festen Überzeugung Ausdruck („Ausdruck“ handschriftl. hinzugefügt; d. V.) auf eine gute Lösung des durch den Duce und den Führer gestellten Auftrages in Anbetracht der engen und herzlichen Freundschaft der beiden Länder und der hier versammelten Herren.

Zur Lösung der 1. Etappe will der Reichsführer-SS festgestellt haben, ob die ihm von italienischer Seite genannte Zahl von 10.000 in Südtirol lebenden Reichsdeutschen stimmt. Laut Angabe des Generalkonsuls B e n e Mailand gab es vor etwa zwei Monaten in Südtirol:

Altreichsdeutsche	1242
ehemalige Österreicher, jetzt Reichsdeutsche	3783
Sudetendeutsche und Reichsdeutsche aus dem Protektorat Böhmen-Mähren	658
	zus. 5683
dazu Kinder unter 18 Jahren	ca. 2000

In diesen Zahlen sind nicht enthalten Juden und Mischlinge, die größtenteils abgewandert sind. Nach den Listen des Generalkonsuls Bene sind von den vorstehend aufgeführten im letzten Jahre 655 Reichsdeutsche aller Kategorien zurückgewandert.

Im Gegensatz zum vorigen Jahr nähme der Wunsch der ehemaligen österreichischen Reichsdeutschen zur Rückwanderung ins Reich neuerdings stark zu. Bis heute lägen etwa 1000 bis 1100 Rückwanderungsgesuche, hauptsächlich von ehem. Österreichern, vor, von denen die Mehrzahl nicht bodengebunden sei.

Die Zahl der ehemaligen österreichischen Pensionäre in Südtirol wird von Bene auf 500 bis 600 geschätzt, die größtenteils Familie hätten.

Der Präfekt von Bozen

weist darauf hin, daß sehr genau unterschieden werden müsse

1) zwischen deutschen Staatsangehörigen,
   a) Altreichsdeutsche, die die deutsche Staatsangehörigkeit vor der Eingliederung Österreichs und Sudetenland und des Protektorates erworben hatten, und
   b) die sie durch bzw. nach der Eingliederung Österreichs erworben haben.
2) Italienische Staatsangehörige deutschen Ursprungs und deutscher Sprache.

Der Präfekt gibt die Zahlen der in Südtirol lebenden Reichsdeutschen mit ca. 2000 Menschen mehr an als sie in den Listen Bene's erfaßt sind. Die Differenz wird damit erklärt, daß nicht alle Reichsdeutschen sich beim Deutschen Konsulat gemeldet haben, teils aus passiver Resistenz, zum größten Teil allerdings in Unkenntnis der Gesetze (Schwerfälligkeit der Gebirgsbauern etc.).

Gegen das Verbleiben der Altreichsdeutschen, also nichtgebürtigen Südtiroler, habe der Präfekt keinerlei Bedenken, im Gegenteil: diese rein Deutschen stellten die besten Elemente dar, deren Anwesenheit Italien in jeder Weise erwünscht sei. Dagegen müßten die früheren Österreicher unbedingt aus Südtirol entfernt werden.

Schwierig und peinlich sei für die Italiener noch zu unterscheiden und zu entscheiden, wer ist Deutscher und wer Italiener 1. oder 2. Grades.

Die Zahl der italienischen Staatsangehörigen deutschen Ursprungs und deutscher Sprache sei nicht einfach festzustellen. Es handle sich um ca. 200.000, davon seien jedoch etwa 100.000 italienischer oder fast italienischer Abstammung. Die völkische Verschmelzung sei unter dem alten Habsburger Staat infolge der häufigen Versetzung österreichischer Beamten von Ungarn und anderer ehemaliger österreichischer Gebietsanteile sehr weit fortgeschritten.

Die Frage, wer von diesen 200.000 italienischen Staatsangehörigen deutschen Ursprungs sei und die deutsche Staatsangehörigkeit verliehen bekommen soll, wird zwischen dem Präfekten von Bozen und Bene dahingehend übereinstimmend gelöst, daß in allen Fällen, in denen die deutsche Staatsangehörigkeit beantragt wird, die Auswanderung nach Deutschland von den italienischen Stellen nicht nur gebilligt, sondern gefördert und unterstützt wird.

Im übrigen bestehe die Schwierigkeit, daß das deutsche Gesetz die Verleihung der deutschen Staatsangehörigkeit von einem vorausgegangenen Aufenthalt von 5 Jahren in Deutschland abhängig mache. Außerdem sei eine Regelung der italienischen Dienstpflicht für die auswandernden Südtiroler nötig.

Im übrigen sei es wichtig, die Wiederholung von Südtiroler Fällen als Problem verschwinden zu lassen, am besten durch eine enge Verbindung und Zusammenarbeit der italienischen und deutschen Regierung. Diese Feststellung sei in der Theorie zweifellos richtig, die Praxis sähe jedoch anders aus. Zahlreiche deutsche Touristen sprächen bei ihrer Anwesenheit in Südtirol laut von der kommenden Befreiung und forderten die Südtiroler zum Widerstand auf.

Reichsführer-SS

bemerkt hierzu, sicher sei es schwierig, da deutsche Zeitungen für die Touristen öffentlich kaufbar seien und man sich überlegen müsse, wie man den Kauf deutscher Zeitungen durch nichtreichsdeutsche Italiener verhindern wolle. Dem Reichsführer-SS sei dieses Problem wohlbekannt, trotzdem müsse es gelöst werden und deswegen seien wir ja heute zusammen. Im übrigen verspräche der Reichsführer-SS sich von der Verbringung des Ortsgruppenleiters Kaufmann in das Konzentrationslager eine erzieherische Wirkung für die Zukunft.

Exz. Attollico

sagt, deutsche Touristen in Rom, Bari und Sizilien seien dort nicht nur gut, sondern eher gern gesehen und ein wichtiger Beitrag zur Verbrüderung der beiden befreundeten Nationen, in Südtirol dagegen Ursache ständiger Reibereien und Unruhen.

Der Präfekt von Bozen

Den schlimmsten Unruheherd bilde Innsbruck. Alltäglich kämen Scharen von deutschen Autos im sogenannten kleinen Grenzverkehr über die Grenze, die oft Propagandaschriften mit sich führten und nachweisbar verteilten.

Reichsführer-SS

glaubt nicht recht, daß der Ausgangspunkt der Südtiroler Propaganda Nordtirol sei, da dort viel zu strenge Strafen von ihm verhängt worden seien, vielmehr glaubt er an die deutsche Schweiz als Ausgangspunkt. Ferner schreibt er der Tätigkeit der Geistlichen sowohl in Nord- als auch in Südtirol sehr viel Mitschuld zu. Bekanntlich suchten alle gegnerischen Kräfte den sogenannten wunden Punkt, um ihr Gift darauf zu träufeln und die deutsch-italienische Achse zu stören. So predigten z. B. die katholischen Geistlichen, die sonst nicht allzu patriotisch eingestellt seien, in Südtirol auf einmal die Vereinigung mit dem Reich mit den Worten „Es müssen nur einmal Blutopfer fallen, dann kann der Führer eingreifen."

Daher richtet der Reichsführer-SS, der selbst begreiflicherweise zu dem Vatikan keine allzu herzlichen Beziehungen habe, an Attolico die Bitte, bei dem Vatikan die Abstellung dieser die Achse störenden Propaganda der katholischen Geistlichen zu erwirken.

Der Präfekt von Bozen

gibt an, daß besonders eine Druckerei in Innsbruck diese Propagandaschriften herstelle.

Reichsführer-SS

bittet um Namensangabe, verspricht sofortige Beschlagnahme und Enteignung aller katholischen Druckereien in Nordtirol. Derartige Maßnahmen haben erfahrungsgemäß auch im Reich sehr gut unterbindend gewirkt.

Reichsführer-SS schlägt vor, bei der Rückwanderung aller politisch unangenehmen Reichsdeutschen mit schärfstem Druck von deutscher Seite aus vorzugehen, um sie zu einer Rückkehr ins Reich innerhalb von drei Monaten zu zwingen. Bei allen österreichischen Beamten und Pensionären soll ab 1. 9. 39 bei Nichtrückkehr ins Reich die Streichung der Pension angedroht und durchgeführt werden.

a) Reichsführer-SS will in München eine Zentralstelle für die Einwanderung der Südtiroler errichten, die im Gegensatz zu den bisherigen gesetzlichen Bestimmungen die Einbürgerung dieser Südtiroler innerhalb 4 Wochen vornimmt.

Bitte des Reichsführer-SS: Der Reichsführer-SS gibt eine Liste derjenigen Namen der Auswanderer an die italienische Botschaft wegen Befreiung von dem italienischen Heeresdienst.

Weiterer Vorschlag: Einrichtung einer staatlichen italienischen Stelle zum Aufkauf des Bodens durch den italienischen Staat unter Zuziehung eines deutschen Treuhänders vom Generalkonsulat. Dieser Vorschlag wird von italienischer Seite voll und ganz angenommen, er sei in Italien ohnehin üblich. Italien stelle darüber hinaus gerne als Gegenkontrahent der deutschen Zentralstelle eine italienische Zentralstelle zur Hilfe auf.

Die Gefahr des Verkaufs deutscher Geschäfte und deutschen Bodenbesitzes zu Schleuderpreisen oder zu einem unangemessenen Umrechnungskurs der Lire wird somit behoben und gleichzeitig vermieden, daß die späteren Auswanderer sich unter Berufung auf etwaige Verluste der zuerst Ausgewanderten gegen eine Auswanderung mit Recht sträuben können.

b) Auf die nicht-bodengebundenen italienischen Staatsangehörigen deutscher Art soll ebenfalls ein starker Druck ausgeübt werden. Vorschlag Reichsführer-SS: Einrichtung einer amtlichen deutschen Aus- und Rückwanderungsstelle in Italien zu plakatieren, die von der Auslandsorganisation zusammen mit der Volksdeutschen Mittelstelle einzurichten wäre. Von der Plakatierung verspricht Reichsführer-SS sich eine große politische und psychologische Wirkung. Man werde sich in Südtirol dann sagen müssen, das Reich hat gesprochen, es wird nun ernst.

Bene's Frage,

wie wird der Verkaufserlös von Lire in Mark transferiert, verweist Reichsführer-SS zur Lösung an das Auswärtige Amt zur gemeinsamen Regelung mit der italienischen Botschaft.

Reichsführer-SS

stellt sich die Auswanderung der nicht-bodengebundenen Bevölkerung italienischer Staatsangehörigkeit deutscher Art wie folgt vor: Die amtliche deutsche Auswanderungstelle hilft dem Auswanderer gemeinsam mit der zu errichtenden italienischen Stelle. Der Auswanderer erhält von der zentralen deutschen Einwanderungsstelle in München samt Familie die deutsche Staatsangehörigkeit. Der Auswanderer wird aus dem italienischen Heeresdienst entlassen. Die italienische Regierung erläßt hierzu eine Abänderung des bisherigen italienischen Gesetzes.

Auch bei dieser Kategorie von Auswanderern glaubt Reichsführer-SS an praktischen Erfolg in Bälde und verspricht sich aus bewiesenem guten Willen sehr viel. Einen Teil der Auswanderer gedenkt der Reichsführer-SS in Nordtirol unterzubringen, da Nordtirol teilweise sehr menschenarm ist. Als Sicherung gegen einen Rückstrom soll scharfes Triptik- und Grenzschein-Verbot ausgesprochen werden.

Attolico

vertritt demgegenüber den Standpunkt, bei einer Umsiedlung nur nach Nordtirol sei das Problem Südtirol lediglich nach Nordtirol verschoben, jedoch nicht gelöst. Er sähe in einem Kontakt der nach Nordtirol ausgewanderten Tiroler mit den zurückbleibenden Südtirolern eine große Gefahr.

Reichsführer-SS

(unangenehm berührt von dieser Einmischung in innerdeutsche Verhältnisse, – denn was geht die Italiener es an, wohin wir die Südtiroler umsiedeln?) sagt zu der geschickt beschwichtigenden Bemerkung des Gesandten Magistrati, die Anregung seines Botschafters möge nicht verübelt werden, sie bedeute lediglich ein offenes Wort unter Freunden, ob 400.000 Nordtiroler und Südtiroler an der Grenze Italiens wohnen, bilde seiner Meinung nach keine Gefahr. Die Tiroler fühlten sich stets als Gesamtvolk. Außerdem sei der Tiroler Gauleiter Hofer ein sehr energischer und linientreuer Mann, der für die klare Einhaltung des Willens des Führers bürge.

Im übrigen werde der Reichsführer-SS – im Hinblick auf das Vorbringen der Italiener, daß in Südtirol durch die an jedem Wochenende sich wiederholenden zahlreichen Besuche von Tirolern mit Autos aus Innsbruck und Nordtirol die Stimmung immer wieder gefährdet würde – von deutscher Polizeiseite aus das häufige Autofahren von Nordtirol nach Südtirol unterbinden. (SS-Gruppenführer Heydrich wurde Einziehen der kleinen Grenzscheine und Triptiks innerhalb drei Tagen aufgetragen.) Ebenso wurde Anweisung erteilt, durch den Fremdenverkehrsverband usw. bekanntzugeben, daß lt. italienischem Gesetz an ausländischen Wagen neben der deutschen Landesflagge am Kühler auch die italienische vorhanden sein muß. An den Grenzübertrittsstellen müssen kleine italienische Autoflaggen käuflich zu erwerben sein. Deutsche Polizeistellen werden angewiesen, deutsche Wagen ohne zusätzliche italienische Flagge die Grenze nicht passieren zu lassen. Für Veröffentlichung dieses italienischen Gesetzes in den dt. Zeitungen wird Sorge getragen.

Reichsführer-SS

bittet zur Realisierung der Grenzbestimmungen die italienische Miliz bzw. die Militärpatrouillen etwas zu bremsen. Z. B. sei vor einigen Monaten der deutsche Generalleutnant Döhla (sic!) etwa 300 Meter von der Grenze entfernt auf deutschem Boden von einer italienischen Patrouille auf seinen Ausweis hin kontrolliert worden. Reichsführer-SS empfiehlt, die italienischen Maßnahmen nicht zu öffentlich in Erscheinung treten zu lassen.

Präfekt von Bozen

erbittet Angabe über Ort und Tag dieses Zwischenfalls zwecks Nachprüfung. Das Ganze sei ein Problem von Grenzkontroll-Psychose.

Es wird nunmehr die Errichtung einer deutschen Haupt-Aus- und Rückwanderungstelle in Bozen (ital. Bolzano) und 4 weiterer Aus- und Rückwandererstellen in Meran, Brixen, Brunneck (sic) und Sterzing (italienische Bezeichnung der Orte: Merano, Bressanone, Brunico, Vipiteno) beschlossen.

Diese Stellen werden ganz offiziell mit reichsdeutschen Leitern und Angestellten in den wichtigsten Straßen der Stadt errichtet, da sie ja auch zugleich die offizielle Meinung des deutschen Reiches über die Aus- und Rückwanderung dokumentieren müssen. Sie haben die Aufgabe, die reichsdeutschen Rückwanderer und die volksdeutschen Auswanderer zu beraten, deren Anmeldungen anzunehmen und im Verein mit gleichgestellten italienischen Behörden und Auswanderungsämtern alle Formalitäten zu erledigen.

Als Gegenkontrahenten werden von der italienischen Regierung italienische Dienststellen in den gleichen Orten errichtet, die mit den deutschen Stellen Hand in Hand engstens zusammenzuarbeiten haben.

Bene

fragt: Wer stellt die Devisen für die Einrichtung der Büros und Fahrgelder der Rückwanderer?

Reichsführer-SS

beauftragt SS-Oberführer Greifelt von der Abteilung 4-Jahresplan Persönl. Stab RFSS mit der Rücksprache mit Staatssekretär Körner. Für die gesamte Auswanderungsabwicklung bittet der Reichsführer-SS um etwas großzügige Anweisung an die ganze italienische Polizei und an die italienischen Behörden.

Attolico

wünscht enges und häufiges Zusammenkommen zwecks Aussprache.

Weizsäcker:

Frage, ob italienischer Gegenkontrahent unter dem Präfekten von Bozen ein Zentralamt in Bozen mit 4 Nebenstellen, wie die deutsche Stelle, einrichte. – Bejahung von italienischer Seite.

Bene

stellt die Frage der Veröffentlichung in der Presse.

Reichsführer-SS

rät davon zunächst ab. Erst nach Eröffnung der deutschen Auswandererstellen soll eine kurze Veröffentlichung über die Tatsache der Errichtung dieser Stellen und darüber, daß diese im Einvernehmen zwischen den italienischen und deutschen Behörden erfolgt ist, erscheinen.

Attolico

glaubt, daß mit Vorstehendem die richtungsgebende Sitzung abgeschlossen sei; stellt noch die Frage, an wen sich in Zukunft die italienischen Stellen zwecks Durchführung der praktischen Arbeiten wenden sollen.

Reichsführer-SS

macht SS-Oberführer Greifelt von der Abteilung 4-Jahresplan Persönlicher Stab RFSS für die deutsche Seite namhaft.

Attolico

nennt den Gesandten Graf Magistrati für die italienische Seite.

Für die Errichtung und Durchführung soll in Südtirol deutscherseits Generalkonsul Bene, italienischerseits der Präfekt von Bozen zuständig sein.

Der Reichsführer-SS

schließt hiermit die Sitzung und dankt allen Erschienenen noch einmal für ihre Mitarbeit.

Ende: 17.50 Uhr gez. Karl Wolff SS-Gruppenführer

Walter Freiberg, Südtirol und der italienische Nationalismus, hrsg. v. Josef Fontana, Bd. 2, Innsbruck 1989, S. 548–554.

Dokument 2

Nun ist es auch an den letzten, die Entscheidung zu fällen. Sie geht um Auswanderung oder Verbleib im Lande, um Heimat oder Fremde. Die Wahl kann nicht schwerfallen. [...] Geht darum hin und legt Zeugnis ab für die Heimat durch die Abgabe des weißen Stimmzettels. Man hat diese Stimme zu fälschen versucht, indem man ihr böswillig den Sinn unterlegt, sie sei ‚welsch gestimmt'. In Wirklichkeit steht aber nichts anderes auf dem weißen Stimmzettel geschrieben, als daß Ihr die italienische Staatsbürgerschaft beibehalten wollt. Und dies ist Euch unerläßlich, wenn Ihr weiter in diesem Land leben und arbeiten wollt, genauso wie für Millionen andere Volksdeutsche, die außerhalb des Reiches leben, eine fremde Staatsbürgerschaft nötig ist. Wer darum den weißen Zettel unterschreibt, gibt seine Stimme der Heimat.

(Dableiberflugblatt)

Südtiroler, bekennt euch! Eine schwere, aber stolze Stunde ruft euch auf zum Bekenntnis für Blut und Volk, zur Entscheidung, ob ihr für euch und eure Nachkommen endgültig auf euer deutsches Volkstum verzichten oder ob ihr euch stolz und frei als Deutsche bekennen wollt [...] Ihr wählt nicht zwischen Heimat und Galizien, sondern ihr wählt zwischen einem uns fremd gewordenen Südtirol und zwischen dem Lande, das uns der Führer im deutschen Reichskörper zuweisen wird [...] Schwer ist die Entscheidung, doch keinen Augenblick zweifelhaft, denn wir wissen, was wir dem Rufe unseres deutschen Blutes, des deutschen Volkes und unseres Führers schulden. [...] Die Scholle opfern wir dem großen Ziele, dem großen, heiligen deutschen Reich.

(Optantenflugblatt)

Landsleute, in Eure freie Entscheidung ist es gelegt, zu wählen – zwischen der Heimat und Galizien. Wofür wollt Ihr Euch entscheiden? [...] Südtirol und Galizien! Gibt es einen schreienderen Gegensatz? [...] Wohnen sollt Ihr in Hütten, aus denen die polnischen Bewohner vertrieben wurden, arbeiten auf Höfen, von denen man die Besitzer samt Weib und Kind verjagt hat. Zwischen feindliche Völker eingeschoben, umgeben von Slowaken, Tschechen und Polacken, die russischen Bolschewiken in nächster Nähe, sollt Ihr in dem nationalen Kampf gegen die Polen „eingesetzt" werden, von diesen als Eindringlinge unerwünscht und verhaßt, bis man Euch aus dem Lande vertreiben wird, denn das Glücksrad kann sich wieder drehen, in einer nicht fernen Zukunft werden die Polen das ihnen genommene Haus und Feld von Euch zurückfordern. Wiederum werdet Ihr, ohne Hab und Gut, auf die Wanderschaft gehen müssen. Wohin dann? Niemand weiß es, am wenigsten jene, die Euch heute mit ihrer gewissenlosen Propaganda aus der Heimat fortlocken. [...] Es ist keine Volksabstimmung! [...] Die Losung lautet nicht „Geschlossen auswandern", sondern „Geschlossen in der Heimat verbleiben!"

(Dableiberflugblatt)

Wer für Italien stimmt, hat sich folgendes Schicksal gewählt: er verleugnet öffentlich seine deutsche Herkunft; er verliert seinen deutschen Namen, er hat sich dieses Schicksal selbst gewählt, dabei sein Volk verleugnet und wird dieser Lüge niemals froh werden, wenn er sieht, wie seine Kinder verwelschen, während die deutschen Südtiroler sich im Osten eine neue Heimat gebaut haben.

(Optantenflugblatt)

Wenn ihr geht, dann wird man in zehn Jahren den Namen Deutsch-Südtirol nur mehr in Geschichtsbüchern lesen. Je mehr Deutsche in der Heimat bleiben, desto größer ist die moralische Macht, die wir besitzen, umso leichter werden wir unsere bisherigen Rechte behaupten. [...] Es ist kein Verrat am Deutschtum, wenn wir in der Heimat bleiben. Im Gegenteil. Die nachkommenden Generationen werden es uns danken. Überlegt es euch gut, ehe ihr unterschreibt. [...] Wenn ihr ganz nüchtern nachdenkt, werdet ihr euch sagen müssen: Von zwei Übeln wähle ich das kleinere. Wir bleiben daheim!

(Dableiberflugblatt)

Südtiroler! Mit überwältigender Mehrheit habt ihr euch bereits bekannt zum deutschen Volkstum und somit zum Reiche. Trotzdem geht die Propaganda der sogenannten ‚Hierbleiber', jener also, die freiwillig und blind ihre Zustimmung zur Verwelschung unseres Volkstums geben, weiter. [...] Volksfremde Elemente, Emigrantenaristokraten und verhetzte Geistliche bilden die saubere Gesellschaft, die heute die Heimatliebe predigend für Geld und unter besonderem Schutze herumzieht und das Volk in Verwirrung bringt [...] Sie sagen: „Geht nicht, draußen ist Krieg! Kriegsfolgen: Umsturz! Entwertung des Geldes, das ihr für euren hier verkauften Besitz noch gut habt! Nach dem Untergang des Reiches und Italiens: Neue Habsburgermonarchie, die Südtiroler wieder befreit!" Ja, sind denn wir Südtiroler von 1939 Feiglinge geworden, die den Krieg fürchten und das Opfer für unser deutsches Vaterland? Was für eine komische Heimatliebe haben wir dann bis heute gehabt? Wissen wir nicht, daß wenn Deutschland zugrunde geht, jeder einzelne Deutsche, wo immer er leben mag, ein Sklave sein wird? [...] „Im Reiche sei keine Religion." Man ist im Reich gegen das scheinheilige, politisierende Priestertum, das aus weltlicher Machtgier das nationale Deutschland haßt und jenes Judentum, das Christus, unseren Herrn, gekreuzigt hat, in Schutz nimmt, wo es nur kann. Das Gebot der Nächstenliebe und die 10 Gebote Gottes sind im Deutschen Reiche geradezu Staatsgrundgesetze! [...] Wir sind als Deutsche von Gott geschaffen und bekennen uns als solche! Das Deutsche Reich wird unser Opfer, das wir für seine Lebensinteressen bringen, zu würdigen wissen und sein Wort halten!

(Optantenflugblatt)

Literatur

Acherer, Willy, ... mit seinem schweren Leid. Jugendbekenntnisse eines Südtirolers, Brixen 1986.

Alcock, Antony E., The History of the South Tyrol Question, Genf – London 1970.

Alexander, Helmut/Lechner, Stefan/Leidlmair, Adolf, Heimatlos. Die Umsiedlung der Südtiroler, Wien 1993.

Amonn, Walther, Die Optionszeit erlebt, hrsg. von Walther Amonn, Bozen 1982.

De Felice, Renzo, Die Südtirolfrage in den italienisch-deutschen Beziehungen vom Anschluß bis zum Ende des Zweiten Weltkrieges (1938–1945), in: Innsbruck – Venedig. Österreichisch-italienische Historikertreffen 1971 und 1972, hrsg. v. Adam Wandruszka und Ludwig Jedlicka (Veröffentlichungen der Kommission für Geschichte Österreichs 6), Wien 1975, S. 313–419.

Eisterer, Klaus, „Die Achsenmächte wollen ihre Einheit durch nichts stören lassen." Die Option im Spiegel der französischen und eidgenössischen Diplomatie, in: *Tiroler Heimat*, Bd. 53 (1989), S. 135–152.

Ders./Steininger, Rolf (Hrsg.), Die Option. Südtirol zwischen Faschismus und Nationalsozialismus (Innsbrucker Forschungen zur Zeitgeschichte 5), Innsbruck 1989.

Framke, Gisela, Im Kampf um Südtirol. Ettore Tolomei (1865–1952) und das *Archivio per Alto Adige* (Bibliothek des Deutschen Historischen Instituts in Rom 67), Köln – Tübingen 1987.

Freiberg, Walter, Südtirol und der italienische Nationalismus. Entstehung und Entwicklung einer europäischen Minderheitenfrage. Quellenmäßig dargestellt von Walter Freiberg, hrsg. v. Josef Fontana, Teil I Darstellung (Schlern-Schriften 282/1), Innsbruck 1989; Teil II Dokumente (Schlern-Schriften 282/2), Innsbruck 1990.

Gatterer, Claus, Im Kampf gegen Rom. Bürger, Minderheiten und Autonomien in Italien, Wien – Frankfurt – Zürich 1968.

Ders., Südtirol 1930–45. Eine politische Landschaftsskizze, in: Reinhold Iblacker, Keinen Eid auf diesen Führer. Josef Mayr-Nusser, ein Zeuge der Gewissensfreiheit in der NS-Zeit, Innsbruck – Wien- München 1979, S. 34–46.

Gehler, Michael, Die politische Entwicklung Tirols in den Jahren 1918 bis 1938, in: Meinrad Pizzinini (Hrsg.), Zeitgeschichte Tirols, Innsbruck – Wien – Bozen 1990, S. 55–87.

Ders., Zum Umgang mit einem Tabu: Eduard Reut-Nicolussi, Gauleiter Franz Hofer und die Südtirolfrage 1939–1944 (mit einem Ausblick auf die Zeit nach 1945), in: *Tiroler Heimat*, Bd. 57 (1993), S. 225–254.

Gruber, Alfons, Südtirol unter dem Faschismus, Bozen 1974.

Ders., Im Würgegriff von Faschismus und Nationalsozialismus – Südtirol zwischen 1919 und 1939, in: Meinrad Pizzinini (Hrsg.), Zeitgeschichte Tirols, Innsbruck – Wien – Bozen 1990, S. 88–110.

Haas, Hanns, Südtirol 1919, in: Handbuch zur Neueren Geschichte Tirols, Bd. 2, hrsg. v. Anton Pelinka/Andreas Maislinger, Innsbruck 1993, S. 95–130.

Haas, Hildegard, Das Südtirolproblem in Nordtirol von 1918–1938, phil. Diss. Innsbruck 1984.

Heinricher, Kurt, Rom gegen Südtirol 1939. Ein Beitrag zur Geschichte der Umsiedlung, in: *Tiroler Heimat* Bd. 45 (1981), S. 119–147.

Huter, Franz (Hrsg.), Südtirol. Eine Frage des europäischen Gewissens, München 1965.

Kirchler, Gebhard/Tasser, Rudolf, Die Option. Andenken an unsere alte Südtiroler Heimat, hrsg. v. Arbeitskreis Südtiroler Mittelschullehrer, Bozen 1989.

Latour, Conrad F., Südtirol und die Achse Berlin – Rom 1938–1945 (Schriftenreihe der Vierteljahrshefte für Zeitgeschichte 5), Stuttgart 1962.

Lill, Rudolf, (Hrsg.), Die Option der Südtiroler 1939 (Schriftenreihe des Südtiroler Kulturinstituts 16), Bozen 1991.

Malfér, Stefan, Wien und Rom nach dem Ersten Weltkrieg. Österreichisch-italienische Beziehungen 1919–1923, Wien – Köln – Graz 1978.

Marzari, Walter, Kanonikus Michael Gamper. Ein Kämpfer für Glauben und Heimat und gegen Faschistenbeil und Hakenkreuz in Südtirol, Wien 1974.

Messner, Reinhold (Hrsg.), Die Option. 1939 stimmten 86 Prozent für das Aufgeben ihrer Heimat. Warum? Ein Lehrstück in Zeitgeschichte, München – Zürich 1989.

Mittermair, Veronika, „Antifaschistische Oppositionelle" in Südtirol. Teil I. Prosopographische Darstellung, in: *Schlern* 68 (1994), Heft 1, S. 5–26.

Dies., „Antifaschistische Oppositionelle" in Südtirol. Teil II. Von der Nation in das „confino", in: *Schlern* 68 (1994), Heft 2, S. 59–83.

Dies., „Antifaschistische Oppositionelle" in Südtirol. Teil III. Zukkerbrot und Peitsche. Das „confino di Polizia“, in: *Schlern* 68 (1994), Heft 5, S. 261–294.

Option-Heimat-Opzioni. Eine Geschichte Südtirols. Katalog zur Ausstellung des Tiroler Geschichtsvereins, Bozen, hrsg. vom Tiroler Geschichtsverein, Sektion Bozen, Bozen – Innsbruck 1989.

Pallaver, Günther, „Ihr Deutsche, gebt uns Brüdern Raum/Da wir nach Norden schreiten.“ Eine großdeutsche Lösung für Südtirol?, in: Thomas Albrich/Klaus Eisterer/Rolf Steininger (Hrsg.), Tirol und der Anschluß. Voraussetzungen, Entwicklungen Rahmenbedingungen 1918–1938 (Innsbrucker Forschungen zur Zeitgeschichte 3), Innsbruck 1988, S. 221–269.

Parteli, Ohtmar, Südtirol (1918 bis 1970) (Geschichte des Landes Tirol 4/I), Bozen – Innsbruck – Wien 1988.

Petersen, Jens, Hitler – Mussolini. Die Entstehung der Achse Berlin – Rom 1933–1936 (Bibliothek des Deutschen Historischen Instituts in Rom 43), Tübingen 1973.

Pinzer, Egon, Tirol von innen am Ende des Ersten Weltkriegs, in: Handbuch zur Neuen Geschichte Tirols, Bd. 2, hrsg. v. A. Pelinka/A. Maislinger, Innsbruck 1993, S. 39–94.

Pizzinini, Meinrad (Hrsg.), Zeitgeschichte Tirols, Innsbruck – Wien – Bozen 1990.

Ders., Der Erste Weltkrieg und das Ende Alt-Tirols, in: Ders. (Hrsg.), Zeitgeschichte Tirols, Innsbruck – Wien – Bozen 1990, S. 34–54.

Rubatscher, Maria Veronika, Die Option 1939 in Südtirol. Ein Zeugnis zur Geschichte, Calliano 1986.

Sailer, Oswald, Schule im Krieg. Deutscher Unterricht in Südtirol 1940–1945, Bozen 1985.

Schober, Richard, Die Tiroler Frage auf der Friedenskonferenz von Saint Germain (Schlern-Schriften 270), Innsbruck 1982.

Ders., Südtirol von der Friedenskonferenz bis zur österreichisch-italienischen Krise von 1928, in: *Tiroler Heimat* Bd. 55 (1991), S. 81–127.

Ders., Tiroler Anschlußfrage und Südtirolproblem im Lichte der deutschen Diplomatie, in: *Innsbrucker Historische Studien* 1 (1978), S. 129–171.

Solderer, Gottfried, Gell, hinter den Bergen ist Deutschland. Sonderdruck zu FF-Südtiroler Illustrierte 26/89, Bozen 1989.

Staffler, Reinhold/Hartungen, Christoph, Geschichte Südtirols. Das 20. Jahrhundert: Materialien/Hintergründe/Quellen/Dokumente, Lana 1985.

Steurer, Leopold, Südtirol zwischen Rom und Berlin 1919–1939, Wien – München – Zürich 1980.

Ders., Option und Umsiedlung in Südtirol: Hintergründe – Akteure – Verlauf, in: Messner, Option, S. 15–114.

Ders., Südtirol 1918–1945, in: Handbuch zur Neueren Geschichte Tirols, hrsg. v. A. Pelinka/A. Maislinger, Bd. 2, Innsbruck 1993, S. 179–311.

Stuhlpfarrer, Karl, Umsiedlung Südtirol 1939–1940, 2 Bde, Wien – München 1985.

Südtirol 1939–1945. Option, Umsiedlung, Widerstand, in: *Föhn* 1980, Heft 6/7.

Verdorfer, Martha, Zweierlei Faschismus. Alltagserfahrungen in Südtirol 1918–1945, Wien 1990.

Villgrater, Maria, Katakombenschule. Faschismus und Schule in Südtirol, Bozen 1984.

Volgger, Friedl, Mit Südtirol am Scheideweg. Erlebte Geschichte, Innsbruck 1984.

Weiß, Klaus, Das Südtirolproblem in der Ersten Republik. Dargestellt an Österreichs Innen- und Außenpolitik im Jahre 1928, Wien 1989.

Fragen

1. Wie sahen die Ansätze für eine Autonomie Südtirols vor der Machtübernahme der Faschisten aus?
2. Welche Rolle hat Ettore Tolomei gespielt?
3. Welche faschistischen Maßnahmen führten dazu, daß Südtirol für die Südtiroler mehr und mehr „unwirtlich“ wurde?
4. Wer waren die Urheber des „Hitler-Mussolini-Abkommens“ vom Juni 1939?
5. Wie beurteilen Sie den VKS?
6. Die Option war jahrzehntelang nach 1945 ein Tabuthema in Südtirol. Warum?
7. Welche Rolle spielte die Kirche während der Option?
8. Welche Gründe kann man dafür anführen, daß rd. 86 Prozent der Südtiroler für das Deutsche Reich optierten?
9. In wessen Interesse lag die Totalumsiedlung?
10. Welche Bedeutung kommt dem Optionsergebnis zu?
11. Warum gab es so wenige „Dableiber“?
12. Welche Rolle spielte das Optionsergebnis nach Kriegsende?

Erika Weinzierl

WIDERSTAND, VERFOLGUNG UND ZWANGSARBEIT 1934–1945

1. Zur Begriffsklärung

Als die Verfasserin vor mehr als 20 Jahren einen ersten Überblick über die Geschichte des österreichischen Widerstandes veröffentlichte[1], war die einschlägige Literatur noch relativ gering.[2] Mittlerweile liegt eine ganze Reihe von Quelleneditionen und Monographien über diesen Bereich vor.[3] Mit der Zunahme der österreichischen Widerstandsforschung hat auch die Frage der Begrifflichkeit die österreichischen Zeithistoriker zur Auseinandersetzung gezwungen. Damit wurden auch Differenzierungen notwendig, zahlreiche Bedenken gegen den relativ jungen Begriff „Resistenz" vorgebracht, „weil er in der Regel stumme Hinnahme, Resignation, Apathie bedeute und keineswegs eine Integration in das Regime ausschließe".[4] In Österreich wurde bereits 1966 vom Linzer Zeithistoriker Karl R. Stadler eine, vom Dokumentationsarchiv des österreichischen Widerstandes aufgenommene, auch von mir als zutreffend gehaltene umfassende Definition formuliert: „Angesichts des totalen Gehorsamkeitsanspruches der Machthaber und der für seine Verletzung drohenden Sanktionen muß jegliche Opposition im Dritten Reich als Widerstandshandlung gewertet werden, auch wenn es sich um einen vereinzelten Versuch handelt, ‚anständig' zu bleiben." Stadler hat alle diese Widerstandshandlungen auch im Zusammenhang mit einem österreichischen nationalen Befreiungskampf gesehen.[5] Felix Kreissler verstärkt dieses Argument noch durch seine These, daß die österreichische Nation in eben diesem Kampf bzw. zu dessen Ende 1945 entstanden sei.[6] In der ersten Hälfte der achtziger Jahre hat ein österreichischer Zeithistoriker der nächsten Generation eine Trias von Widerstand entwickelt, die einem Modell von

Richard Löwenthal entspricht[7] und folgendermaßen gegliedert war: 1. Politischer Widerstand (Widerstand im engeren Sinn), 2. Sozialer Protest, 3. Abweichendes Verhalten. Weitere acht Unterfelder reichen vom Putsch und Attentat über Regimekritik, das Hören von ausländischen Sendern bis zum Schwarzschlachten, Absentismus und Desertion.[8] Radomir Luža hat diese Problematik in der Feststellung zusammengefaßt, daß der Widerstand – „so wie Sozialismus und Demokratie – für historische Zwecke nicht allein begrifflich erfaßt" werden könne, andererseits eine empirische Darstellung ohne eine genaue Begriffserklärung nicht mehr als ein „Wust von Fakten" sei. Er unterscheidet daher zwischen Opposition und Widerstand. Dieser ist für ihn „jede politisch bewußte, vornehmlich konspirative, organisierte Aktivität", „die von den nationalsozialistischen und faschistischen Regierungen als feindlich empfunden und für illegal erklärt wurde". Damit kommt Luža der schon genannten Definition von Karl Stadler sehr nahe. Für Luža sind die Träger des österreichischen Widerstandes, dessen besonderen Schwierigkeiten er genau beschreibt, Eliten.[9]

Für Österreich stellt sich zusätzlich noch die Frage, ab wann von Widerstand gegen den Nationalsozialismus gesprochen werden kann. Ohne jeden Zweifel gilt das für den Zeitraum nach der Besetzung durch die zwar mit Jubel und Blumen begrüßten deutschen Truppen am 12. März 1938 und dem Gesetz über die sogenannte „Wiedervereinigung" Österreichs mit dem Deutschen Reich vom 13. März 1938 bis zum Kriegsende 1945. Der Beginn 1938 wurde schon in der ersten umfassenden und seither mehrmals unverändert nachgedruckten Darstellung des österreichischen Widerstandes von Otto Molden aus dem Jahr 1958 gewählt, in der jedoch der kommunistische Widerstand nur auf sieben Seiten behandelt wurde.[10] Die mittlerweile 13 Bände und sechs Bundesländer umfassende, vom Dokumentationsarchiv des österreichischen Widerstandes herausgegebene Quellenedition „Widerstand und Verfolgung"[11] setzt jedoch schon 1934 ein, d. h. mit dem Jahr, in dem nach dem Bürgerkrieg vom

12. bis 15. Februar 1934 die Sozialdemokratische Partei verboten wurde. So wie die seit Mai 1933 verbotene Kommunistische Partei hat sie nun auch nur mehr „illegal“ gegen den autoritären bzw. faschistoiden Ständestaat opponiert. Im Juni 1933 war die NSDAP wegen eines Handgranatenüberfalles auf christlich-deutsche Turner verboten worden.[12] Nationalsozialisten hatten aber schon ein Jahrzehnt zuvor, Anfang April 1923, in Wien sozialdemokratischen Abgeordneten die „Schlacht auf dem Exelberg“ geliefert. 300 Nationalsozialisten sind damals unter Führung eines deutschen Nationalsozialisten in Schwarmlinie mit „feldmäßigem Hurra“ gegen 90 Schutzbündler vorgerückt.[13] Ab April 1932 verging fast keine Woche, in denen sie nicht politische Gegner überfielen und verletzten. Ab Juni begannen sie mit Bombenattentaten. Das erste Opfer war der Wiener jüdische Juwelier Norbert Futterweit.[14] Nach einer Zusammenstellung von Gerhard Botz starben vom 12. November 1918 nur bis zum 11. Februar 1934 ohne die Opfer des 15. Juli 1927 157 Marxisten, von ihnen 35 Kommunisten, zehn Katholisch-Konservative, von ihnen sieben Heimwehrmänner, 15 Polizisten und Gendarmen, 17 Zivilisten und 16 Nationalsozialisten infolge politischer Gewalttaten.[15] Politischer Gegner des Nationalsozialismus oder jüdischer Abstammung zu sein, war also schon lange vor 1938 gefährlich. Gewalttaten vom 12. Februar 1934 bis 11. März 1938 sieht Gerhard Botz „unter Bedingungen der Diktatur“, wobei er auch Nationalsozialisten als Täter oder Opfer anführt.[16] Das Dokumentationsarchiv des österreichischen Widerstandes hat die illegale nationalsozialistische Partei, „die in der Zeit von 1933–1938 im Untergrund kämpfte“, nicht als Widerstandsgruppe eingestuft, weil ihr erklärtes Ziel die Vernichtung Österreichs und dessen Eingliederung in die totalitäre Diktatur Hitlerdeutschlands war.[17] Der Kampf des Dollfuß-Schuschnigg-Regimes gegen den Nationalsozialismus wurde allerdings ohne Gleichsetzung von „Ständestaat“ mit Nationalsozialismus auch nicht berücksichtigt, „da er sich – abgesehen von der noch immer anhaltenden Diskussion über den faschistischen Charakter dieses Systems – auf einer völlig anderen Ebene,

nämlich der des staatlichen Machtapparates abspielte".[18] Ein näheres Eingehen auf diesen Standpunkt würde eine Erörterung der Faschismustheorien voraussetzen, die in diesem Beitrag nicht geleistet werden kann. In ihm wird trotz weitgehender Kritik an der Vorgeschichte und der Politik des „Ständestaates" aber auch mit 1934 begonnen, weil eben auch der Staatsapparat zwar nicht sehr effizient, aber doch trotz z. T. nach wie vor großdeutscher Gesinnung seiner Träger Widerstand geleistet hat, was auch das offizielle Rot-Weiß-Rot-Buch von 1946 ausdrücklich betont: „Österreich hat der Aggressionspolitik Hitlers als erster freier Staat und fünf Jahre lang als einziger Staat praktischen Widerstand geleistet."[19] Mit der Dollfuß-Hagiographie von Gottfried-Karl Kindermann stimme ich in vielen Punkten nicht überein, dennoch halte ich folgende Formulierung für vertretbar: Der Ständestaat Österreich ist die erste staatlich organisierte Résistancebewegung gegen den Nationalsozialismus gewesen.[20] Daß diese Bewegung – von der Niederwerfung des NS-Putsches im Juli 1934, bei dem Dollfuß im Bundeskanzleramt ermordet wurde, abgesehen – aus mehreren Gründen nur kurzfristig erfolgreich war, trifft ebenso zu wie die Verhaftung vieler Funktionäre des „Ständestaates" nach dem „Anschluß". Diese Fakten kann man nicht schweigend übergehen.

2. Die Harand-Bewegung – eine frühe Form des Widerstands

Für frühen Widerstand im nicht staatlich-öffentlichen Bereich steht Irene Harand (1900–1975)[21], die bis heute weitgehend unbekannt geblieben ist. Sie kam aus einer Wiener Bürgerfamilie der Jahrhundertwende. Schon als Kind wurde sie in den Ferien mit antisemitischen Beschimpfungen von Cousins konfrontiert. Auch Frank Harand, früherer Hauptmann in der k. u. k. Armee und danach in einer führenden Verwaltungsposition tätig, den sie 1919 geheiratet hatte, lernte auf seinen Dienstreisen in die Bundesländer den bäuerlichen Antisemitismus kennen. Am Ende der zwanziger Jahre traf sie bei der Suche für rechtliche Hilfe für einen verarmten alten Aristokraten auf den jüdischen Rechtsanwalt Moritz Zalman. Diese Begegnung machte ihr klar, daß sogar sie nicht ganz von antijüdischen Vorurteilen frei gewesen war. Sie beschloß, künftig ihr Leben dem Kampf gegen die Schande zu widmen, die der Antisemitismus über Christen und Christentum brachte, und arbeitete von nun an dabei eng mit Dr. Zalman zusammen, mit dem sie einen Kreis von Christen und Juden schuf, die gegenseitigen Respekt und Toleranz für die Basis ihrer verarmten Republik hielten. Daher verfolgte sie mit großer Sorge den Aufstieg der Nationalsozialisten im Deutschen Reich. Vollends alarmiert war sie, als sie im November 1930 auf der Wiedner Hauptstraße in Wien einer Gruppe von Halbwüchsigen begegnete, die im Takt „Juda verrecke“ schrien. Ein ca. zwölfjähriger Bub verwandelte sich dadurch vor ihren Augen von einem Kind in ein „kleines blutrünstiges Tier“. Bald danach hielt sie bei einer katholischen politischen Veranstaltung eine Rede, in der sie eindringlich vor den Gefahren des Nationalsozialismus warnte. Das Ergebnis war, daß man sie als dumme, hysterische Frau beschimpfte und gar nicht zu Ende reden ließ. Daraufhin gründete sie innerhalb weniger Wochen gemeinsam mit Dr. Zalman eine „Österreichische Volkspartei“, deren Programm im sozialen Bereich für die Kleinrentner eintrat, philosemitisch und antinationalsozialistisch war. Das öffentliche Interesse an der neuen Partei war kurz. Bald bestand sie aus nicht mehr als aus einigen katholischen und jüdischen Idealisten. Mehr Erfolg war ihrer antinationalsozialistischen Aufklärungsbroschüre „So oder so?“ beschieden. Sie erschien erstmals im April 1933 und erreichte bald eine Auflage von 60.000 Stück. Im September 1933 begann sie die Wochenschrift „Gerechtigkeit“ herauszugeben. Sie war populär geschrieben, zerstörte antisemitische Mythen, attackierte die Barbareien der Nationalsozialisten im Deutschen Reich und in Österreich und verteidigte den autoritären Regierungskurs. Die „Österreichische Volkspartei“ wurde durch den „Weltverband gegen Rassenhaß und Menschennot" (= Harand-Bewegung) ersetzt, der auch karitativ durch die Erhaltung von Tee- und Wärmestuben tätig war. Politisch näherte sie sich immer mehr den Legitimisten. Sie und Zalman unternahmen Werbereisen für den Weltverband in eine Reihe europäischer Länder. 1936 reiste sie sogar in die USA. In diesem Kontext ist auch ihr 1935 im Eigenverlag erschienenes Buch „Sein Kampf. Antwort an Hitler"[22] zu erwähnen. Obwohl mit Hitlers melodramatischem Propagandastil nicht vergleichbar, ist dieses heute auch nicht mehr ganz leicht lesbare Buch in mehrerer Hinsicht bemerkenswert. Das zeigen die Kapitelüberschriften[23], das intensive Engagement, von dem das ganze Buch geprägt ist und weitgehend ungehört – die Erstauflage von 5000 Stück wurde nicht ganz verkauft – verhallende Mahnungen. Eine sei aus dem Vorwort zitiert:

„Das Hakenkreuz läßt nicht nur die jüdische Minderheit, sondern auch die Katholiken seine Macht fühlen. Der Hauptangriff gilt aber der deutschen Judenheit, die unsägliche Qualen und Demütigungen im Dritten Reich ertragen muß. Der Antisemitismus bedeutet für das Hakenkreuz nichts anderes als ein Mittel zur Befestigung der hauptsächlich durch die Entfachung der Haßinstinkte gegen die Juden nun einmal erlangten Macht. Wir haben während der zwei Jahre der nationalsozialistischen Herrschaft gesehen, daß das Hakenkreuz auch vor dem Massenmord nicht zurückschreckt, wenn es gilt, die errungenen Positionen zu halten."[24]

„Sein Kampf" wurde im Deutschen Reich sofort verboten. Zur Zeit des „Anschlusses" befand sich das Ehepaar Harand auf einer Vortragsreise in England. Von dort kehrte es nicht mehr zurück, sondern emigrierte in die USA. Moritz Zalman wurde 1942 in einem Vernichtungslager ermordet.

3. Der österreichische Widerstand im Frühjahr 1938

Von den schon im März 1938 im Ausland lebenden Österreichern hatte sich Otto Habsburg am 15. März in einem in Paris veröffentlichten Protest für einen bewaffneten Widerstand eingesetzt.[25] Noch am 11. März dazu bereit waren katholisch-bündische Gruppen wie z. B. das „Graue Freikorps" (Studentenfreikorps im österreichischen Jungvolk). Es wollte der einrückenden deutschen Wehrmacht an den Straßenengen des Leopolds-und Riederberges mit Maschinengewehren und Gewehren Widerstand leisten. Am Nachmittag des 11. März bewaffnete sich das Freikorpsfähnlein „Helmuth Wenger", aus dem später der „Österreichische Kampfbund" entstand, mit Waffen des ehemaligen Heimatschutzes, und wartete mit einigen ihm nahestehenden jungen Männern auf einen Einsatzbefehl.[26] Der Historiker Klemens von Klemperer hat zu ihnen gehört. Die Enttäuschung, die er und seine Kameraden empfanden, als sie nach stundenlangem Warten von Schuschniggs Aufforderung hörten, nicht zu kämpfen, und nach Hause gingen, ist noch heute spürbar.[27] Die führenden Köpfe dieser Gruppen waren der Bundesführer des Freikorps Helmuth Jörg, der am 23. April verhaftet und in das KZ Dachau gebracht wurde, und Otto Molden, der im Frühsommer die „Freikorpsführergruppe" gegründet hatte. Bald wurde Verbindung mit dem illegal weiterarbeitenden Innsbrucker Freikorps aufgenommen, Mittelschüler wurden für die Mitarbeit gewonnen und auch bei damals noch möglichen Auslandsreisen Informationen z. B. an den Vatikan weitergegeben. Als Otto Molden von einer solchen Reise zurückkehrte, wurde er verhaftet. Die Gestapo warf ihm vor, der österreichischen Geheimorganisation „Eisen" anzugehören, die auf der Wiener Höhenstraße die Straßenschilder mit „Dollfußstraße" beschrieben und am Schwarzenbergplatz mit weißer Farbe ein großes Kruckenkreuz und „Heil Österreich" gemalt haben sollte. Da Molden nachweisen konnte, in den letzten Wochen gar nicht in Österreich gewesen zu sein, wurde er nach zehn Tagen Haft wieder freigelassen. Wer hinter dieser Gruppe stand, wurde niemals aufgeklärt. Otto Molden bemerkt dazu mit Recht, „daß wir von vielen, oft recht aktivistischen Gruppen der übrigen Teile der Widerstandsbewegung entweder erst nach dem Zusammenbruch des nationalsozialistischen Regimes oder überhaupt niemals etwas erfuhren“.[28] Das gilt in besonderem Maß von vielen kommunistischen Gruppen, von denen später manche bei Sabotageakten selbst mit zugrunde gingen oder sofort erschossen wurden, wie z. B. nach einer Sprengung bei der Floridsdorfer Lokomotivfabrik.[29]

Kehren wir jedoch wieder zu den Anfängen des Widerstandes nach dem 11. März 1938 zurück. Diese werden hier deshalb so ausführlich behandelt, weil noch immer die Meinung verbreitet ist, daß österreichischer Widerstand gegen den Nationalsozialismus erst zu einem Zeitpunkt geleistet wurde, zu dem die Niederlage des Dritten Reiches schon absehbar war. Allein die schon genannten 13 bisher vom Dokumentationsarchiv des österreichischen Widerstandes herausgegebenen Bände mit mehreren tausend Seiten enthalten einige hundert Dokumente nur über den Widerstand im Jahr 1938.[30] Da es unmöglich ist, hier auch nur einen Teil von ihnen wirklich aufzuarbeiten, werden im folgenden nur aus Wien und Tirol – aus dem Osten und dem Westen Österreichs – erste und typische Widerstandsäußerungen der verschiedenen politischen Gruppen oder Einzelner nach dem 11. März bis Ende 1938 angeführt.

Zunächst aber noch zu den Österreichern, die von den Nationalsozialisten als Feinde oder potentielle Gegner angesehen und zu Zehntausenden sofort bzw. in der Zeit nach dem 11. März verhaftet wurden. Das Rot-Weiß-Rot-Buch gibt ihre Zahl mit 70.000 an.[31] Selbst wenn es etwas weniger gewesen sein sollten, so gibt es in den veröffentlichten Gestapomeldungen doch fast für jedes Bundesland immer wieder lange Verhaftungslisten aus dem Frühjahr 1938. Sie enthalten die Namen von führenden Politikern der „Systemzeit“, der „Vaterländischen Front“, der Heimwehr, der Justiz, wie z. B. des sofort ermordeten Linzer Polizeidirektors Viktor Bentz, oder des im KZ Buchenwald 1939 zu Tode getretenen Staatsanwaltes im Prozeß gegen die NS-Putschisten vom Juli 1934, Dr. Karl Tuppy, Journalisten, Priestern, Revolutionären Sozialisten und Sozialdemokraten, Spanienkämpfern, Kommunisten und Juden.[32] Insofern belegen sie ein Merkmal von Ernst Noltes seinerzeitiger Faschismusdefinition: die Allfeindschaft.[33]

Anderseits werfen sie auch die gelegentlich schwer zu lösende Frage auf, ob Widerstand oder Verfolgung nicht manchmal in umgekehrter Reihe erfolgt sind. Auch hier hilft am ehesten Stadlers Definition weiter, die eben besagt, daß alles, was das NS-Regime als Widerstand verfolgte und ahndete, auch als solcher zu werten ist. Daher kann auch die Zugehörigkeit zu bestimmten Organisationen wie z. B. der Vaterländischen Front oder das entdeckte Hören ausländischer Sender als Widerstand gelten und zeitlich vor der Verfolgung angesetzt werden. Nicht möglich ist das nur für die Juden, die von 1933 an im Deutschen Reich und ab 1938 in der „Ostmark“ gnadenlos verfolgt wurden. Dennoch leisteten auch einige verfolgte Juden Widerstand.[34]

Die ersten Massenverhaftungen im Frühjahr 1938 wurden der Gestapo erleichtert, weil ihnen die österreichischen Polizeikarteien in die Hände gefallen waren. Sie enthielten die Namen der illegalen Vertrauensleute der Sozialdemokraten und der Kommunisten. Daher war bereits in der ersten englischen diplomatischen Intervention von „der Behandlung von Katholiken, Juden und Sozialisten“ die Rede.[35] Aus dem Kreis dieser ersten, zum Teil noch kurzfristig in Haft gehaltenen österreichischen Häftlinge gingen übrigens z. T. jene Männer hervor, die nach ihrer Entlassung den österreichischen Widerstand neu organisierten, nachdem er 1939 und 1940 von der Gestapo weitgehend zerschlagen worden war.

Kehren wir aber nun zu ersten Widerstandshandlungen im Frühjahr und Sommer 1938 zurück. Noch in der Nacht vom 11. auf den 12. März erließ die – wie schon erwähnt – seit dem Mai 1933 illegale Kommunistische Partei Österreichs ein Manifest, in dem es hieß:

„Volk von Österreich! Wehre Dich, leiste Widerstand den fremden Eindringlingen und ihren Agenten. Schließt Euch zusammen, nun erst recht, zur Front aller Österreicher. Alle Unterschiede treten zurück vor der heiligen Aufgabe, die heute dem österreichischen Volk gestellt ist! Zusammenstehen gegen Hitler, zusammenstehen, um Hitlers Soldateska aus Österreich wieder hinauszujagen!" – „Volk von Österreich! Wehre Dich! Mach die Losung zur Tat: Rotweißrot bis in den Tod!"[36]

Diese Losung hatte Bundeskanzler Schuschnigg in seiner Rede vor der österreichischen Bundesversammlung am 24. Februar 1938 ausgegeben, nun wurde sie von den Kommunisten aufgegriffen.

Tarnschriften für die Jugend gab der Kommunistische Jugendverband „Ostmarkjugend" mit dem Namen „Jung Österreich" 1938 mehrmals heraus. Der Jugend wurde darin der Auftrag gegeben, „Aufklärungsarbeit über den kapitalistischen und räuberischen Charakter der Fremdherrschaft des deutschen Faschismus [...] in den Reihen der ‚Hitlerjugend' im ‚Bund Deutscher Mädchen' und anderen legalen Organisationen, in Sportvereinen, ‚Kraft durch Freude'" u. a. zu leisten.[37]

Ende September 1938 informierte die Gestapo Wien den Chef der Sicherheitspolizei über kommunistische und marxistische Umtriebe. Diese bestünden aus Zellenbildungen. Kassierungen wurden durchgeführt, der Verkauf von Marken und die Herstellung von illegalem Material auf breitester Basis wurden versucht. Unfälle und sonstige Vorkommnisse in den Betrieben seien vermutlich vorsätzliche Sabotage. Bisherige Beobachtungen hätten 80 höhere und mittlere Funktionäre und ca. 150 weitere illegal Tätige erfaßt. Sie seien zur Festnahme vorgesehen.[38] Der trotzkistische „Kampfbund zur Befreiung der Arbeiterklasse" stellte in seinem Organ „Arbeitermacht" im April 1938 fest, daß nun der zweite imperialistische Weltkrieg unvermeidlich sei. „Sollen die Opfer des zweiten imperialistischen Weltkrieges nicht vergebens sein –

dann muß die Weltarbeiterklasse auf die Umwandlung des imperialistischen Krieges in den Bürgerkrieg hinarbeiten." Ein Mittel dazu sei die aktive Sabotage.[39]

Der erste Prozeß beim Volksgerichtshof Wien im April 1939 galt Friederike Nödl und sechs weiteren Revolutionären Sozialisten, die vom März bis Juli 1938 in Wien und anderen österreichischen Orten für die 1934 gegründete „Sozialistische Arbeiterhilfe" Geld gesammelt hatten und deshalb wegen Hochverrats angeklagt wurden.[40] Für die Jahre 1938/39 könnten Widerstandshandlungen ähnlicher Art in beliebiger Zahl in allen „Gauen" der „Ostmark" angeführt werden. Aus Platzgründen werden nun nur wenige Beispiele frühen Widerstandes in Westösterreich, d. h. Tirol angeführt. Dann folgt der Versuch, ebenfalls beispielhaft, aber auch in chronologischer Folge aufzuzeigen, daß alle von Botz kategorisierten Arten von Widerstand in der „Ostmark" vorhanden waren.

In Tirol fallen fünf Hochverratsprozesse schon vom September bis November 1938 gegen Sozialisten und Kommunisten auf.[41] Wesentlich häufiger als in Wien waren die Proteste gegen Behinderungen oder Beeinträchtigungen der Fronleichnamsprozessionen.[42] Solche Beeinträchtigungen erregten auch in andern Bundesländern vor allem die Bauern. Auch die Verhaftung des Pfarrers von Hötting in Tirol, des Prämonstratensers Adrian Hoch, wurde am 5. Juli 1938 von der Gestapo auf Anweisung des Reichskommissars Josef Bürckel vorgenommen, weil er eine Messe für den früheren Bundeskanzler Schuschnigg, einen gebürtigen Tiroler, am Tag vor Fronleichnam an der Kirchentüre hatte anschlagen lassen, auf sie von der Kanzel aufmerksam gemacht und sie auch zelebriert hatte.[43]

Außerhalb der Konzentrationslager und Gefängnisse ergab sich nach dem 11. März 1938 folgende Entwicklung: Die Revolutionären Sozialisten, die sich seit dem Mai 1938 mit den illegalen freien Gewerkschaften vereinigten, und die Kommunisten blieben nach der Verhaftungsaktion der Gestapo in der schon gewohnten, aber jetzt ungleich gefährlicheren Illegalität, obwohl die Nationalsozialisten im Frühjahr 1938 einige demonstrative Akte zur Gewinnung ehemaliger Sozialdemokraten setzten. Auch einige katholische und legitimistische Gruppen gingen geschlossen in die Illegalität.[44]

4. Der katholische Widerstand

Die erste größere Demonstration gegen den Nationalsozialismus, die auch der Öffentlichkeit nicht verborgen werden konnte und daher von den nationalsozialistischen Machthabern brutal gerächt wurde, kam von der Katholischen Jugend Wiens. Sie brachte nach einer Andacht im Stephansdom am 7. Oktober 1938 auf dem Stephansplatz dem Wiener Erzbischof Kardinal Theodor Innitzer Ovationen dar, die in bewußter Parallelität in den Ruf mündeten: „Wir danken unserem Bischof! Wir wollen unseren Bischof sehen!“[45] Hermann Mitteräcker hat in seiner Darstellung des österreichischen Widerstandes, in der das Schwergewicht auf den Leistungen der Kommunisten liegt, diese Kundgebung ausdrücklich unter dem Aspekt der erst- und einmaligen Öffentlichkeit anerkannt.[46] Die Kundgebung und der schon am nächsten Tag als Racheakt organisierte nationalsozialistische Überfall auf das Wiener Erzbischöfliche Palais waren ein Markstein auf dem Weg der Kirche in Österreich von dem vom März bis Oktober 1938 angestrebten Appeasement mit dem NS-Regime bis zu Widerstand und Verfolgung.[47]

Über die Opfer des Widerstandes der Amtskirche, d. h. des Klerus, können im Gegensatz zu fast allen anderen Widerstandsgruppen genaue Zahlen angegeben werden: Von 1938 bis 1945 waren 724 österreichische Priester im Gefängnis. Von ihnen sind sieben gestorben. 110 kamen in ein KZ. Von ihnen sind 90 zugrunde gegangen. 15 wurden zum Tode verurteilt und hingerichtet. Fast 300 Priester waren gau- oder landesverwiesen, über mehr als 1500 waren Predigt- und Unterrichtsverbot verhängt worden. Die meisten verhafteten

Priester stammten aus der Apostolischen Administratur Innsbruck-Feldkirch und aus den Diözesen Linz, Seckau und Salzburg. Die Nonne Restituta) war die einzige Ordensfrau im deutschen Machtbereich in Mittel- und Westeuropa, die wegen Kopierung und Verteilung eines antinationalsozialistischen „Soldatenliedes" in einem Wiener Lazarett hingerichtet worden ist.[48] Gemessen an ihrer Gesamtzahl haben der österreichische Klerus, die Eisenbahner[49] und die Zeugen Jehovas (= Bibelforscher), die jeden Kriegsdienst verweigerten[50], den prozentuell höchsten Anteil an den Opfern des österreichischen Widerstandes erbracht.

Im Herbst 1938 gründete der Klosterneuburger Chorherr Karl Roman Scholz mit seinem Freund Dr. Viktor Reimann eine illegale „Deutsche Freiheitsbewegung", die sich nach Kriegsausbruch um die Jahreswende 1939/40 „Österreichische Freiheitsbewegung" nannte.[51] Aus den geheimen Lageberichten der SS der gleichen Zeit ist zu entnehmen, daß schon damals der Widerstand gegen den Nationalsozialismus in Österreich relativ stärker war als im übrigen Reichsgebiet.[52]

An Fabrikswänden von Betrieben der Metallindustrie in der „Ostmark" standen wenige Monate nach dem deutschen Sieg über Polen von der SS den Kommunisten zugeschriebene Parolen wie „Nieder mit dem Hitlerismus!" oder „Proletarier aller Länder, vereinigt Euch!"[53]

Ebenfalls noch 1938 faßten in Wiener Neustadt, das während der ganzen NS-Zeit ein Zentrum des Widerstandes der österreichischen Industriearbeiterschaft war, kommunistische Jugendfunktionäre unter der Führung Karl Flanners den Beschluß, den schon vor 1938 gegründeten „Kommunistischen Jugendverband" in und um Wiener Neustadt zu organisieren und eine eigene Jugendzeitschrift zu drucken. Diese Zeitschrift ist unter dem Titel *Der Jungkommunist* bis zur Verhaftung Flanners und seiner Mitarbeiter im August 1939 erschienen.[54]

Die „Österreichische Freiheitsbewegung" von Scholz hat laut Anklageschrift das Ziel verfolgt, die nationalsozialistische Staatsführung zu stürzen und unter Loslösung der Donau- und Alpengaue einen neuen österreichischen Staat zu errichten, der Bayern miteinschließen und bis zur Mainlinie reichen sollte. Sie gliederte sich in mehrere Untergruppen, u. a. das Zisterzienserstift Wilhering[55] in Oberösterreich, und brachte es schließlich auf 400 Mitglieder, die sich durch einen Eid verpflichtet[56] hatten. Trotz des Eides hat der als Künstler unbekannt und daher unbefriedigt gebliebene Wiener Burgschauspieler und Gestapospitzel Otto Hartmann die „Österreichische Freiheitsbewegung" von Scholz, die mit ihm eng zusammenarbeitende „Österreichische Freiheitsbewegung" Dr. Karl Lederers und die „Großösterreichische Freiheitsbewegung" von Dr. Jakob Kastelic, einem führenden Mitglied der Katholischen Aktion und Freund des Bundeskanzlers Schuschnigg, im Juni 1940 verraten.[57] Aufgrund der detaillierten Denunziation Hartmanns wurden in den nächsten Tagen und Wochen alle Mitglieder der drei Bewegungen, deren Namen Hartmann bekannt worden waren, ebenfalls verhaftet[58]: „Elf Todesurteile, von denen neun vollstreckt wurden, weitere neun Tote als Ergebnis der jahrelangen hunger- und kältereichen Haft, 1974 Jahre Zuchthaus, 117 Jahre Gefängnis und 362 Jahre tatsächlich verbrachte Haftzeit waren die Antwort der Volksgerichte".[59]

Karl Roman Scholz, der bis dahin in elf verschiedene Gefängnisse gebracht worden war, wurde erst am 22. und 23. Februar 1944 vom Volksgerichtshof Wien der Prozeß gemacht. Er wurde wegen Hochverrates zum Tod durch das Fallbeil verurteilt. Die Hinrichtung von Scholz und acht Gesinnungsgenossen fand am 10. Mai 1944 im Landesgericht Wien I statt.[60] In seinem schon vor seiner Verurteilung verfaßten Abschiedsbrief an seine Mitbrüder im Klosterneuburger Konvent gab er der Hoffnung Ausdruck, daß sein Wirken und sein Tod, „so Gott will, der Grund dafür sein wird, daß unser Haus glorreich wieder entsteht".[61] Dieser Brief war durchaus berechtigt. Noch heute glauben Klosterneuburger Chorherren zwar nicht, daß die Aufhebung des Stiftes 1941 eine Folge der Aktivitäten von Scholz war, können sich aber auch nicht mit seiner Handlungsweise identifizieren.[62] Das dürfte in etwa der Meinung jener über 60 Jahre alten österreichischen Priester entsprechen, die 1979 im Rahmen einer schriftlichen Befragung über „Kirche und Nationalsozialismus“ (2700 wurden angeschrieben, 327 antworteten) Scholz u. a. als „Einzelfälle“ bezeichneten, die auch heute nicht entsprechende Würdigung fänden. 69 widersprachen, 88 erklärten, sie hätten erst nach 1945 von ihnen erfahren, wären nicht informiert oder wüßten auch heute nicht Bescheid. Einige übten auch grundsätzlich Kritik wie z. B.: „Es fragt sich, ob es vernünftig war, mit wilden Tieren in menschlicher Sprache reden zu wollen.“[63]

5. Sozialisten, Kommunisten und Legitimisten im Widerstand

Schon früher als den Kreis um Scholz traf der Schlag der Gestapo andere Widerstandsgruppen. Bereits im Mai 1938 war Albini, der Führer einer Oppositionsgruppe katholischer Studenten, in Wien hingerichtet worden.[64] Im Herbst 1938 und im Sommer 1939 kam es zu großen Verhaftungswellen gegen kommunistische Widerständler, die bis 1940 regelmäßig zwei vervielfältigte Publikationen, *Die rote Fahne* und *Weg und Ziel*, sowie zahlreiche Flugblätter herausgebracht hatten. Vor allem in den ersten Sommermonaten des Jahres 1939 nahm die Gestapo unter den Kommunisten Massenverhaftungen vor, um noch vor der Auslösung des Krieges im österreichischen Hinterland mit dem Widerstand aufzuräumen. Dieser zweiten großen Verhaftungswelle fielen Hunderte kommunistische Widerständler zum Opfer. Am schwersten wurden die steirischen Organisationen, vor allem in Graz, Knittelfeld und Kapfenberg, getroffen. In Kärnten wurden 80, in Wien etwa 50 Aktivisten und Leitungsmitglieder kommunistischer Widerstandsgruppen verhaftet. Diese Welle hatte zu Beginn des Winters ihren Höhepunkt überschritten, lief aber erst im Sommer 1940 aus.[65]

Nach Ausbruch des Krieges kam es zu einer Serie von Todesurteilen durch die Senate der Volksgerichtshöfe. Unter den ersten Todesopfern der steirischen Gruppe waren der Buchdrucker Neuhold und der Schauspieler Kurt Drews, die mit ihren Leuten das Manifest der KP „Österreich wird wieder erstehen“ hergestellt und in der Steiermark verbreitet hatten. Neuhold starb in der Untersuchungshaft an den Folgen der Folter, Drews wurde im Grazer Landesgericht zum Tode verurteilt und hingerichtet. Diese Verhaftungswellen und auch der Schock des Hitler-Stalin-Paktes vom 23. August 1939, der u. a. in der UdSSR selbst die Schließung des Heimes der Schutzbundkinder in Moskau zur Folge hatte, bewirkten in der kommunistischen Widerstandsbewegung einen Rückschlag, der erst ab 1941, seit dem deutschen Überfall auf die Sowjetunion, wieder überwunden werden konnte.[66]

Im Herbst und Winter 1939 wurde auch die legitimistisch-sozialistische „Gruppe Müller-Thanner“ verhaftet sowie die „Gruppe Meithner“, die Kontakte zu Kommunisten hatte.[67] Die erste Tagung des Volksgerichtshofes in Wien im Sommer 1939 galt „Revolutionären Sozialisten“.[68] Alle diese Gruppen wurden durch Spitzel verraten, von denen sich Hans Pav[69] sogar in die RS-Leitung eingeschlichen hatte. Zu den Opfern dieser verräterischen Aktion gehört auch die vormalige Leiterin des Frauenreferates der Arbeiterkammer in Wien, die revolutionäre Sozialistin Käthe Leichter, die im Februar 1942 auf dem Transport vom KZ Ravensbrück in der Nähe von Magdeburg vergast wurde. Von ihr stammt eines der erschütterndsten österreichischen KZ-Gedichte, das ihre Träume von Heim und Kind schildert, während sie und ihre Leidensgenossen in deutschen Konzentrationslagern auf Befreiung hofften.[70]

6. Konzentrationslager und Zwangsarbeit

Schon aus den Namen der in dem Gedicht von Leichter genannten Konzentrationslager (Ravensbrück, Sachsenhausen, Dachau und Buchenwald) geht hervor, daß die österreichischen Widerständler ganz bewußt auf außerhalb Österreichs liegende Lager verteilt worden sind. Auf österreichischem Boden befand sich nur das 1938 errichtete KZ Mauthausen mit seinen über 40 Nebenlagern, in denen bis 1945 cirka 200.000 Menschen aus allen europäischen Nationen gefangen waren, unter ihnen Deutsche, Österreicher, Luxemburger und mehrere hundert Zigeuner. Fast die Hälfte der Mauthausener Häftlinge wurde ermordet – unter ihnen Tausende Österreicher – bzw. ist den unmenschlichen Lebens- und Arbeitsbedingungen vor allem im berüchtigten Steinbruch erlegen.[71] Dies war der Fall, obwohl Mauthausen nicht zu den Vernichtungslagern gehörte. Allerdings wurde es vom Chef der Sicherheitspolizei und des Sicherheitsdienstes am 2. Jänner 1941 als Lager für schwerst belastete Häfltinge, Stufe III, erklärt. „Die Einweisung in diese Lager kam damit einem Todesurteil gleich."[72] Durch die 1942/43 erfolgte Ausweitung auch des KZ Mauthausen wegen der Forcierung der Rüstung für den totalen Krieg ist die Kategorisierung der Lager von I–III jedoch nicht mehr eingehalten worden.[73] Von der Zentrale Mauthausen aus wurde dann auch das schon erwähnte Netz von Außenlagern um Linz, Steyr und Wels sowie in das Industrieviertel von Wien bis Wiener Neustadt gespannt. Alle „arbeitsfähigen" Häftlinge mußten für die Rüstungsindustrie ihre letzten Kräfte einsetzen.

Die Erforschung der Geschichte der Zwangsarbeit im NS-Staat setzte wegen der besonders schwierigen Quellenlage auch außerhalb Österreichs relativ spät ein. Im besonderen gilt das allerdings für Österreich. Von den Berichten überlebender Zeitzeugen[74] abgesehen, sind wissenschaftliche Untersuchungen erst seit den achtziger Jahren erfolgt und veröffentlicht worden. Hier sind vorrangig Florian Freund und Bertrand Perz zu nennen. Von ihnen stammt die gemeinsame Publikation über „Das KZ in der Serbenhalle“[75], in dem vor allem Metallarbeiter für Raketen-, Tender- und Schiffbau eingesetzt worden waren. Florian Freund hat die Geschichte des für die Raketenrüstung arbeitenden Arbeitslagers „Zement“ (NS-Tarnbezeichnung) in Ebensee erforscht[76], Bertrand Perz das „Projekt Quarz“ in Melk, in dem Militärkraftfahrzeuge, Gewehre und Flugzeugmotoren produziert wurden[77], zum Gegenstand seiner Untersuchungen gemacht. Der Geschichtsschreiber von Mauthausen, der überlebende Häftling Hans Marsálek, hat eine seiner zahlreichen Publikationen der Geschichte des Nebenlagers Gusen gewidmet. Dessen Häftlinge mußten in Steinbrüchen und für Rüstungsbetriebe arbeiten.[78]

In diesen Zwangsarbeitslagern fungierten Österreicher in erster Linie als Kommandanten, wenn auch nicht in einem solch hohen Ausmaß wie in den Vernichtungslagern.[79] Es gab allerdings auch Opfer unter den Österreichern, wie z. B. der politische Häftling Albert Kainz, der 1941 bis 1945 in Gusen inhaftiert war.[80] Die großen Rüstungsbetriebe nützten die billigen Zwangsarbeiter, für die sie bis Ende 1942 pro Tag und Häftling 30 Pfennig und ab Mai 1943 50 Pfennig und für Facharbeiter bis zu fünf Reichsmark zahlen mußten[81], reichlich. Nach 1945 wurden nur wenige deswegen vor Gericht gestellt. Die Strafen waren milde. IG-Farben, Henschelwerke, Steyr-Daimler-Puch u. a. konnten daher ihre führende Rolle in der Industrie behaupten. Auch in diesem Bereich gab es keine Stunde Null.

Zwangsarbeit mußten auch viele Kriegsgefangene, vor allem Franzosen und Polen z. B. im landwirtschaftlichen Bereich leisten. Ihre Situation war wesentlich besser als die jener Häfltinge, die aus dem KZ zur Arbeit in Fabriken gebracht wurden. Dennoch waren „private“ Kontakte mit den Zwangsarbeitern auf dem Lande verboten und wurden bestraft. So wurde zum Beispiel die Block- und Zellenleiterin der NS-Frauenschaft Baden, die einen französischen Gefangenen in ihre Wohnung eingeladen hatte, zuerst mit zwei und dann mit vier Monaten Haft bestraft. Die ausländischen

Arbeiter kamen wegen solcher „Verfehlungen“, vor allem sexueller Natur, meistens ins KZ.[82]

Trotz der Verschärfung der Verfolgungsmaßnahmen nach Kriegsausbruch und trotz der weitgehenden Zerschlagung der ersten österreichischen Widerstandsgruppen durch die schon erwähnten Verhaftungswellen der Jahre 1939 und 1940 war der Wiederaufbau des Widerstandes ab 1941 vor allem von Männern und Frauen begonnen worden, die bereits KZ-Häftlinge gewesen waren. Sie waren aufgrund ihrer Erfahrungen härter, entschlossener und konspirativer als die ersten Träger der Widerstandsbewegung nach 1938. In der Gewißheit, nie und nirgends vor Verrat sicher zu sein, arbeiteten sie nun wie die Kommunisten häufig nur in kleinen Zellen zusammen, in sogenannten Dreier- und Vierergruppen, deren Mitglieder meist über die Gruppe hinaus keine Kenntnis der größeren Organisationszusammenhänge hatten und daher auch bei Verhaftung keine weiteren Namen preisgeben konnten. Die Aufrechterhaltung bzw. Neuerrichtung von über ganz Österreich und darüber hinaus reichenden Verbindungen war trotzdem notwendig. Dr. Hans Bekker, ehemaliger Propagandaleiter der „Vaterländischen Front“, errichtete nach seiner Rückkehr aus dem KZ Dachau im Mai 1941 in Wien wieder das aus dem seinerzeitigen Informationsbüro der „Vaterländischen Front“ hervorgegangene Operationsbüro und begann mit der Aufstellung eines Stabes:

„Sehr bald konnten Vermittlungsstellen in Linz, Wels, Innsbruck, Graz und Klagenfurt geschaffen werden. Eine gute Verbindung mit Salzburg wurde später aufgenommen. In Vorarlberg war die selbständige Arbeit soweit gediehen, daß eine Nachrichtenverbindung über Innsbruck genügte. Diese Verbindungsstellen hatten die Aufgabe, die überall einsetzende Arbeit der Einzelgruppen möglichst aufeinander abzustimmen, aber keineswegs zu zentralisieren. In den meisten Dingen mußte im eigenen Wirkungskreis selbständig vorgegangen werden.“[83]

Die im Zuge der ersten Verhaftungswelle in Dachau festgehaltenen Führer des österreichischen bürgerlichen Widerstandes hatten sich außerdem schon dort auf ein Drei-Punkte-Programm geeinigt, das sie nun konsequent zu realisieren begannen: „1. Zersetzung der deutschen Militär- und Zivilstellen, des deutschen Sieges- und Widerstandswillens 2. Herstellung der Verbindung mit dem Ausland 3. Ausbau der eigenen Widerstandskräfte unter der Voraussetzung, die eigenen Leute nicht zwecklos dem engmaschigen Überwachungsnetz des Dritten Reiches zu opfern.“[84]

7. Partisanen

Der deutsche Angriff auf Rußland im Juni 1941 gab, wie schon erwähnt, dem kommunistischen Widerstand neuen Auftrieb. Die ersten österreichischen Partisanen waren allerdings keine Kommunisten, sondern Katholiken und Sozialisten, die sich im Tiroler Ötztal 1941 unter der Führung des sozialistischen Lokomotivführers Hubert Saurwein, der in den Nachrichten der Alliierten bald als „Tito vom Ötztal“ aufschien, als Kampfgruppe zusammenschlossen. Pfarrer Kriessner von Huben, der Student Wolfgang Pfaundler und manche andere kamen aus dem aktiven katholischen Lager. Ende 1944 gehörten dieser Partisanengruppe mehr als 60 Personen an.[85]

Im Frühjahr 1942 führte die brutale Vertreibung von Kärntner Slowenen aus über 300 Bauernhöfen durch die SS zur Partisanentätigkeit. Sie ging von einigen Kommunisten aus den Gemeinden Zell-Pfarre und Vellach und einigen aus der Deutschen Wehrmacht geflohenen Slowenen aus. Bald darauf kam es in Oberkärnten zu Partisanentätigkeit kleiner Gruppen. Die Partisanen in der Gegend von Ferlach erlitten allerdings durch die Verhaftung einer Gruppe im November 1941 einen schweren Rückschlag, da sie die Gefangennahme von mehr als hundert Personen aus dieser Gegend zur Folge hatte, von denen die Gestapo annahm, daß sie die Partisanen unterstützt hatten. Die Gefangenen wurden monatelang gefoltert, ehe am 9. April 1943 in Klagenfurt der Volksgerichtshof unter dem Vorsitz Roland Freislers 14 Haupt- und 22 Nebenangeklagten den Prozeß machte. Alle 14 Hauptangeklagten wurden mit der Begründung, daß sie „kommunistisch eingestellten Banden" angehört hätten und Teile des Reiches von diesem losreißen wollten, zum Tode verurteilt. Das Urteil wurde an dreizehn vollstreckt, der vierzehnte wurde begnadigt, doch starb er an den Folgen erlittener Mißhandlungen. Von den 22 Nebenangeklagten war die Mehrzahl Frauen, fast durchwegs Verwandte der zum Tode Verurteilten, die sie versteckt oder mit Lebensmitteln versorgt hatten.[86]

Im Juli 1942 kam es zu den ersten Kontakten für den Aufbau der kommunistischen Partisanengruppe Leoben-Donawitz, in der dann auch Frauen aktiv wurden.[87]

Nachdem die Kommunistische Partei am 3. August 1943 einen vom Organisator der Freiheitsbataillone der Österreicher im Rahmen der jugoslawischen Partisanenarmee Franz Honner unterzeichneten Aufruf an die Österreicher erlassen hatte, „die Partisanen in Kärnten, Tirol und Steiermark zu unterstützen", fand im Herbst 1943 bei Trofaiach die Gründungskonferenz der „Österreichischen Freiheitsfront" (ÖFF) statt.[88] Der ÖFF schlossen sich noch vor dem Ende des Jahres 1943 die Südkärntner Partisanen an.[89] Mit diesen nicht in direkter Verbindung entstand im Sommer 1944 eine Partisanengruppe im Gailtal.[90] Im Frühjahr 1944 sprang der damalige Schutzbündler und Spanienkämpfer Walter Wachs (nach vier Jahren KZ in Frankreich und Nordafrika) mit 22 Schicksalsgefährten, darunter zwei Spanier, mit Fallschirmen über dem von Tito befreiten Gebiete Sloweniens ab und bildete von dort aus die „Kampftruppe Steiermark". Zu ihren politischen Zielen gehörte die „Entfachung der Überzeugung, daß Österreich wieder entstehen würde und daß wir Österreicher unseren Beitrag dazu zu leisten hätten", sowie die Nachrichtenverbreitung; ihr militärisches Ziel war die Schwächung des deutschen Kriegspotentials.[91] Die Gruppe kämpfte vom Herbst 1944 bis zum Kriegsende im Gebiet der Koralpe. Ihr Operationsterrain umfaßte einige tausend Quadratkilometer. Obwohl Wachs die Haltung des überwiegenden Teiles der Kärntner Bevölkerung als „teilnahmslos bis denunziatorisch“ charakterisiert, wuchs seine Gruppe doch bis Kriegsende auf 120 Mann an, die 5000 Soldaten der Deutschen Wehrmacht und Polizisten binden konnten.[92] Zur Verbesserung der Beziehungen zur Zivilbevölkerung trug der junge Pfarrer von Glashütten wesentlich bei, der seine Gemeinde über die patriotischen Absichten der Partisanen aufklärte. Zu Weihnachten waren die Beziehungen schon so gut, daß die nun größer gewordene Partisanenabteilung von der Zivilbevölkerung eingeladen wurde, in der Kirche eines Grenzdorfes an der Weihnachtsmette teilzunehmen. „Es war die eigenartigste Mette, die jemals in dieser Gegend gefeiert wurde. Auf den Höhen und bei den Straßenzugängen standen die Kommunisten Wache, damit ihre gläubigen Kampfgefährten, vor einer Überraschung durch die SS gesichert, an der Messe teilnehmen und die Kommunion empfangen konnten.“[93]

Ende 1944 wurden auf jugoslawischem Gebiet fünf österreichische Freiheitsbataillone unter österreichischem Kommando aufgestellt, doch kamen ab Jänner 1945 nur drei von ihnen zum Einsatz, bei dem zahlreiche Österreicher fielen.[94] Alle diese Gruppen bestanden aus Kommunisten. Gegen sie wurde daher ein besonders erbarmungsloser Kampf geführt. Sofortige Erschießung und Ausrottung ganzer Familien, auch wenn sie nur unter Verdacht standen, einem Partisanen Unterstand gewährt zu haben, die Niederbrennung von Gehöften samt ihren Bewohnern[95], gehörte zu den vor allem bei der SS und der Feldgendarmerie „üblichen“ Methoden.

8. Der 20. Juli 1944 und der politische Widerstand mit seinen Kontakten zu den Alliierten

Abgesehen von den Partisanen sind auch die anderen österreichischen Widerstandsgruppen in den letzten Jahren und Monaten des Krieges ebenfalls noch hart getroffen worden, wie z. B. die auf Sonderaufgaben, Sabotage in Rüstung und Nachrichtendienst spezialisierte kleine Gruppe Maier-Messner unter der Führung des Kaplans der Wiener Pfarre Gersthof, Dr. Heinrich Maier, und des Generaldirektors der Semperit-Werke, Dr. Franz Messner.[96] Diese Gruppe hatte Verbindung zu den Alliierten und zur deutschen Widerstandsbewegung. Sie hat an die Alliierten Pläne und Informationen über Rüstungsbetriebe und strategisch wichtige Punkte weitergegeben. Maier und Messner sind im März 1944, wenige Tage nach der Verhaftung des mit ihnen zusammenarbeitenden Leiters einer monarchistisch-katholischen Gruppe, Walter Caldonazzi, verhaftet worden, also zu einem Zeitpunkt, zu dem die Zerstörung in Wien erst ein relativ kleines Ausmaß erreicht hat. Die schweren Bombenangriffe auf reine Wiener Wohnviertel sind erst nach der Verhaftung der Gruppe erfolgt, und es ist immerhin möglich, daß eben erst nach dem Abreißen dieser Verbindungen zu den Alliierten die Bomben ungezielter abgeworfen wurden. Maier, Messner, Caldonazzi und fünf weitere Mitangeklagte wurden vom Volksgerichtshof Berlin noch 1944 zum Tode verurteilt.

Die sozialistische Gruppe Migsch[97] wurde im Jänner 1944 entdeckt. Sie hatte nur aus Männern, ausgesuchten Aktivisten, bestanden und war unter der Leitung von Dr. Alfred Migsch 1943 auf etwa hundert Mitglieder angewachsen. Durch die Person von Migsch hatte die Gruppe Verbindung zu Hernalser Kommunisten, vor allem aber zu katholischen Widerstandskreisen. Zukunftsprägend sollten die Kontakte werden, die Migsch Anfang Dezember 1943 mit Dr. Felix Hurdes aufnahm. Dieser war einer der führenden Köpfe aus den Reihen der jüngeren Generation der seinerzeitigen „Vaterländischen Front“. Von 1936 bis 1938 Mitglied der Kärntner Landesregierung, wurde er unmittelbar nach dem Einmarsch der deutschen Truppen im März 1938 von der Gestapo verhaftet und neun Monate im berüchtigten Dachauer „Isolierblock“ festgehalten. Nach seiner Entlassung bildete er im Winter 1942/43 eine katholische Widerstandsgruppe, der auch Leopold Kunschak und Lois Weinberger angehörten. In den ersten Jännertagen 1944 entwarfen Hurdes und Migsch in gemeinsamen Gesprächen ein Programm für die Gestaltung der Politik Österreichs nach seiner Befreiung. Sie sollte auf der Zusammenarbeit der beiden großen politischen Gruppen des Landes, der christlich-sozialen bürgerlichen und der sozialistischen, basieren, die ja dann nach 1945 von der Großen Koalition realisiert worden ist. Wenige Tage nach diesen Gesprächen wurde am 7. Jänner 1944 Migsch verhaftet, Hurdes von ihm unabhängig zwei Monate später.[98] Ein Jahr danach wurde der Wiederaufbau Österreichs nach ihrem Konzept begonnen.

Besonders schwierig war die Errichtung von österreichischen Widerstandsgruppen innerhalb der Deutschen Wehrmacht, doch hat der Salzburger Schriftsteller Fritz Würthle[99], der schon 1936 eine Broschüre gegen den Nationalsozialismus veröffentlicht hatte, bereits 1940 im Innsbrucker Wehrmeldeamt eine Widerstandszelle aufgebaut. Die Gruppe Würthle hielt enge Kontakte zu zivilen Innsbrucker Widerstandskreisen. Im April 1945 arbeitete sie bei der Beseitigung der Nationalsozialisten in Tirol eng mit Dr. Karl Gruber und allen anderen Tiroler Widerstandsgruppen zusammen.

Seit Beginn des Jahres 1942 war im Wehrkreiskommando XVII im ehemaligen Kriegsministerium in Wien der Feldwebel Franz Studeny als Leiter einer militärischen Widerstandsgruppe tätig. Zu ihm stieß 1943 der Hauptmann im Generalstab Carl Szokoll,[100] der bald die Führung des militärischen Widerstandes in Österreich übernahm. Szokoll war auch die zentrale Figur bei den Ereignissen des 20. Juli 1944 in Wien, die im Bereich des Wehrkreiskommandos XVII sogar zu einem allerdings nur wenige Stunden dauernden Erfolg der aufständischen Offiziere führten, was Graf Stauffenberg in Berlin nicht gelungen war.

Für die Männer des 20. Juli trifft am ehesten zu, daß sie eine revolutionäre bzw. restaurative Veränderung der politischen Führung und des NS-Systems, nicht jedoch der Gesellschaft, anstrebten und dies auch lange und sorgfältig vorbereiteten. Es ist schwer zu sagen, was geschehen wäre, wenn Stauffenbergs Bombe Hitler, wie geplant, getötet hätte. Ein Gelingen und damit ein sofortiger Friedensschluß hätten dem Deutschen Reich jedenfalls mehr Opfer an Menschenleben und Zerstörung seiner Städte erspart, als es von Kriegsbeginn 1939 bis 1944 erlitten hatte. Die Ereignisse jenes Tages in Österreich hat Ludwig Jedlicka eingehend untersucht und dargestellt.[101]

Dessen Ergebnisse zusammenfassend, kann gesagt werden, daß verhältnismäßig wenig österreichische Offiziere in den Plan der Männer des 20. Juli eingeweiht waren. Im Wehrkreiskommando XVIII, Salzburg, erfuhr daher das Verhältnis zwischen Wehrkreiskommando und Gauleitung am 20. Juli auch nicht die geringste Trübung. Daß in Wien dagegen eine teilweise Durchführung des Planes „Walküre“ weiter gedeihen konnte als in Berlin, lag am Zusammentreffen einer Reihe von dafür günstigen Faktoren, in erster Linie aber an der entschlossenen Durchführung der von den in die Verschwörung nicht eingeweihten Offiziere Kodré und Esebeck gegebenen Befehle durch Hauptmann Szokoll. Er, die eigentliche Schlüsselfigur der Wiener Ereignisse vom 20. Juli 1944, ist infolge der Verschwiegenheit von Bernardis und Marogna-Redwitz, die am 8. August und am 12. Oktober 1944 in Berlin hingerichtet wurden, und des Zufalls, daß sein Name auf keiner Liste der Männer des 20. Juli aufschien, nicht entdeckt worden. Szokoll war daher auch nach ihrem Scheitern in der Lage, in ihrem Sinn weiterzuarbeiten, was er durch die Vorbereitung eines österreichischen Aufstandes tat. Er übernahm für sie manches aus dem Konzept Stauffenbergs.[102]

Im Zusammenhang mit dem 20. Juli 1944 war es für Österreich von besonderer Bedeutung, daß bei der politisch und personell weitgehenden Vorbereitung der führende deutsche sozialdemokratische Gewerkschafter Wilhelm Leuschner bereits im Frühjahr 1943 mit dem österreichischen Sozialdemokraten Dr. Adolf Schärf Kontakt aufgenommen hatte. Er stellte Schärf die Revolution gegen Hitler für den Herbst 1943 in Aussicht und drückte die Hoffnung aus, daß der „Anschluß" Österreichs auch danach aufrechterhalten bleiben werde. Schärf, der bis dahin nicht gegenteiliger Meinung gewesen war, überkam es jedoch nach eigenem Bericht während dieses Gesprächs „wie eine Erleuchtung": „Der Anschluß ist tot. Die Liebe zum deutschen Volk ist den Österreichern ausgetrieben worden!"[103] Diese Überzeugung war damals bereits bei allen österreichischen Gesprächspartnern der Männer des 20. Juli so stark, daß diese keine Zusage über die Beibehaltung des „Anschlusses" mehr erhalten konnten, obwohl sie sogar erwogen haben sollen, den ehemaligen österreichischen Bundeskanzler Schuschnigg als Kultusminister in das geplante Kabinett Goerdeler-Beck aufzunehmen.[104] Schuschnigg selbst, der von 1938–1945 interniert war, wußte von diesen Plänen jedoch nichts.[105]

Für die Auslösung des österreichischen Aufstandes 1945 wurde das schon vor dem 20. Juli 1944 gewählte Kennwort „Radetzky" beibehalten.[106] Seit November 1944 hatte Szokoll auch Verbindung zu zivilen Widerstandsgruppen, von denen die des schon genannten Dr. Hans Becker gebildete O5 (Kennwort für Österreich) seit Beginn des Jahres eine gesamtösterreichische Widerstandsaktion anstrebte. Bei den dafür notwendigen Koordinierungsaktionen ist dann als Vermittler der junge Fritz Molden besonders in Erscheinung getreten.[107] Der Erfolg seiner Bemühungen ließ nicht allzu lange auf sich warten: Am 18. Dezember 1944 konstituierte sich in Wien das „Provisorische Österreichische Nationalkomitee" („POEN"). Es bestand zunächst aus Katholisch-Konservativen, hatte aber von Anfang an auch Kontakte zu den Sozialisten, in erster Linie zu Adolf Schärf und zu dem damaligen Kommunisten Viktor Matejka.[108] Außerdem konnte es auch Verbindung zu militärischen und politischen Führungsstellen der Alliierten aufnehmen.

9. Das politische Exil

Von diesem hatten sich die Amerikaner bzw. deren Präsident Franklin D. Roosevelt, vor allem unter dem Einfluß Dr. Otto Habsburgs, dazu bewegen lassen, im Rahmen ihrer Armee im Herbst 1942 eine eigene österreichische Truppeneinheit, das sogenannte selbständige Infanteriebataillon Nr. 101, aufzustellen. Da der Widerstand gegen dieses Bataillon bei amerikanischen Regierungskreisen, von seiten der Vertreter der ehemaligen Nachfolgestaaten und vor allem innerhalb der verschiedenen, durchaus nicht miteinander kooperierenden österreichischen Emigrationsgruppen groß war, und das Bataillon am 2. April 1943 nur aus 199 Mann bestand, die keineswegs nur Österreicher waren, wurde es bereits am 3. Mai 1943 wieder aufgelöst. Die von seinen Initiatoren angestrebte Symbolwirkung für die Wiederherstellung der Selbständigkeit Österreichs hat es daher nicht erreichen können. Im Gegenteil: es hatte die Uneinigkeit der österreichischen Emigration besonders markant werden lassen. Dennoch wird man nicht leugnen können, daß die Bewilligung zur Aufstellung dieses Bataillons „den einzigen erfolgreichen Versuch einer politischen Emigrationsgruppe aus Österreich, in irgendeiner Form die Anerkennung der Selbständigkeit Österreichs zu erreichen“, bedeutete.[109]

Davon und von der sicherlich nicht zu unterschätzenden propagandistischen Wirkung der von österreichischen Emigranten in mehreren Ländern Europas und Amerikas herausgebenen Zeitschriften abgesehen, wird man aber als „österreichischen Widerstand“ gegen die nationalsozialistische Diktatur – zumindest in diesem Bereich – in erster Linie doch die innerhalb des deutschen Machtbereiches versuchten und vollbrachten Widerstandsaktionen sehen müssen. Sie haben schließlich ja auch jene Einigung und Einigkeit zwischen den österreichischen Politikern zur Folge gehabt, die die Voraussetzung für das Wiedererstehen und den Wiederaufbau Österreichs war. So wurde es möglich, daß die in der Schweiz gedruckte illegale *Arbeiter-Zeitung* in ihrer ersten Nummer des Jahres 1945 zur Unterstützung der O5 als überparteilicher österreichischer Widerstandsbewegung aufrief.

10. Der politische Widerstand im Jahre 1945

Im Rahmen der O5 hatte sich schon im November 1944 der sogenannte „Siebenerausschuß", in dem alle politischen Richtungen vertreten waren, gebildet. Er stand zunächst unter der Leitung Dr. Beckers. Nach dessen Verhaftung im März 1945 übernahm Dr. Raoul Bumballa[110] die Leitung des Ausschusses, der dann während des Kampfes um Wien im April 1945 die politische Führung des Widerstandes übernehmen sollte.

Aber noch war es nicht soweit. Selbst in der letzten Kriegsphase, da die Niederlage des Nationalsozialismus nur mehr eine Frage von Wochen und Tagen war, schlugen seine Machthaber erbarmungslos zu. In Wien scheiterte der von einem Ausschuß der O5 und Offizieren des Wehrkreiskommandos XVII, Hauptmann Huth und Oberleutnant Raschke, engen Mitarbeitern Szokolls, für den 6. April geplante Militäraufstand am Verrat eines nationalsozialistischen Führungsoffiziers. Der Kommandant der Heeresstreife, die die Bahnhöfe und Haupteinfahrtsstraßen besetzen sollte, Biedermann, Huth und Raschke wurden in der Nacht vom 5. auf den 6. April verhaftet und noch am 8. April, fünf Tage vor der gänzlichen Eroberung der Stadt durch sowjetische Truppen, auf dem Floridsdorfer Spitz nach grausamsten Folterungen an Haltestellenpfählen der Straßenbahn gehängt.

Am 5. April waren im Hof der Strafanstalt Stein, deren österreichischer Leiter Regierungsrat Franz Kodré angesichts der nahenden Front mit der Freilassung der 1900 Häftlinge, zum großen Teil „politische", begonnen hatte, von SS, Volkssturmleitern und Wehrmachtsangehörigen unter dem Kommando des SA-Standartenleiters Leo Pilz 391 Menschen, 386 Gefangene und fünf Aufsichtsbeamte, erschossen worden. Kodré und drei weitere Justizwachebeamte wurden standgerichtlich zum Tode verurteilt und noch am selben Abend hingerichtet.[111]

Am 7. April, als die Russen bereits Favoriten besetzten, hatte der Festungskommandant der am 2. April trotz aller gegenteiliger Bemühungen österreichischer Offiziere zum „Verteidigungsbereich“ erklärten Stadt Wien, General von Bünau, in das Führerhauptquartier gemeldet: „Die Zivilbevölkerung richtet unter Hissung rot-weiß-roter Fahnen ein stärkeres Feuer auf die deutschen Truppen als der Feind.“ Am gleichen Tag berichtete der Generalleutnant der Waffen-SS Kramer dem Hauptquartier der Heeresgruppe Süd: „In Wien wird bereits geschossen, aber es sind nicht die Russen, die schießen – es sind die Österreicher.“[112] Die Antwort Hitlers an Bünau, die vermutlich sein letzter Wien betreffender Befehl war, lautete: „Gegen die Aufständischen in Wien mit den brutalsten Mitteln vorgehen!“[113] Die SS und einige wenige fanatische Nationalsozialisten haben, so lange sie dazu noch in der Lage waren, durchaus im Sinne dieses Befehls gehandelt.

Trotz aller Rückschläge in letzter Stunde war es jedoch dem Wiener Oberfeldwebel Ferdinand Käs als offiziellem Beauftragten des unter der Leitung Szokolls stehenden militärischen Widerstandes gelungen, in der Nacht vom 2. auf den 3. April durch die Frontlinie hindurch in das Hauptquartier des russischen Marschalls Tolbuchin in Hochwolkersdorf südlich von Wiener Neustadt zu gelangen. Tolbuchin hatte bereits beim Überschreiten der ehemaligen österreichischen Grenze bei Güns am 28. März einen Aufruf an die österreichische Bevölkerung erlassen, in der er sich nachdrücklich auf die den österreichischen Widerstand nicht erst entfachende, aber vermutlich verstärkende Moskauer Deklaration vom 1. November 1943 berief.[114] In ihr war Österreich zwar eindeutig als erstes Opfer Hitlers anerkannt worden, doch wurde auch festgestellt, daß es für die Teilnahme am Krieg an der Seite Hitler-Deutschlands eine Verantwortung trage, der es nicht entrinnen könne. Es werde daher sein Beitrag zur Befreiung bei der endgültigen Abrechnung unvermeidlich in Rechnung gestellt werden. Der Appell Tolbuchins an die Widerstandsgesinnung der Österreicher mußte daher auch der Aufnahme von Käs im russischen Hauptquartier zugute kommen. Käs verhandelte am 3. und 4. April im Auftrag der Widerstandsbewegung mit den Russen, denen er die Umgehung Wiens, d. h. einen Angriff von Westen her, vorschlug und die kampflose Übergabe der Stadt durch die Widerstandsbewegung in Aussicht stellte. Käs erreichte daher auch wichtige Vereinbarungen[115], die er am Vormittag des 5. April in Wien Szokoll übergab. In der folgenden Nacht wurden – wie schon erwähnt – Biedermann, Huth und Raschke und das gesamte Personal Szokolls verhaftet.

Obwohl nun auch Szokolls Tätigkeit verraten war, gelang es ihm und Käs, sich der Verhaftung zu entziehen. An eine Realisierung der geplanten Besetzung Wiens durch die Widerstandsbewegung und die vereinbarte kampflose Übergabe der Stadt an die Russen war nun aber nicht mehr zu denken.

Die Russen hielten sich dennoch an die mit Käs getroffenen Vereinbarungen. Obwohl sie schon am 4. April den Raum Schwechat – Mannswörth erreicht hatten, griffen sie nun vom Südosten aus nicht mehr weiter an, sondern trieben die Abriegelung Wiens vom Westen her voran.[116] Am Morgen des 7. April entbrannte die eigentliche Schlacht um Wien. Am Abend dieses Tages standen die Russen bereits an der Gürtellinie. Am 9. April kam es zur ersten Verbindung der Widerstandsbewegung mit russischen Fronttruppen. Noch am gleichen Tag wehte vom Stephansturm und vom Palais Auersperg die rot-weiß-rote Fahne. Am Abend des 13. April war der Kampf um Wien beendet.

Im Westen Österreichs, der nach den Plänen der Nationalsozialisten, besonders des Tiroler Gauleiters Franz Hofer, als „Alpenfestung“ das letzte Refugium des Nationalsozialismus werden sollte, dauerte der Weg zur Befreiung noch etwas länger. Dort nahm die Gestapo noch in den letzten Apriltagen eine Verhaftungswelle vor, von der auch einige prominente

Mitglieder der Tiroler Widerstandsbewegung erfaßt wurden.[117]

Die Tiroler Widerstandskreise, deren Führung seit März Dr. Karl Gruber übernommen hatte, begannen dennoch am 2. Mai 1945 mit der etappenweisen Besetzung der Stadt Innsbruck. Es ist ihnen gelungen, innerhalb ihres Kampfraumes schon vor dem Eintreffen der Amerikaner die öffentliche Ordnung im vollen Maß wiederherzustellen. Als am Abend des 3. Mai 1945 die ersten amerikanischen Truppen in Innsbruck einmarschierten, kamen sie bereits in eine vom Nationalsozialismus gänzlich befreite, festlich mit rot-weiß-roten Fahnen geschmückte Stadt.[118] Vom 3. bis 5. Mai fanden dann noch in Wörgl und Schloß Itter Kämpfe zwischen der SS und Widerstandsgruppen statt, in denen in letzter Stunde der österreichische Major Sepp Gangl sein Leben verlor.[119]

Am 8. Mai 1945 endete das nationalsozialistische Deutsche Reich mit der bedingungslosen Kapitulation, Millionen Tote und ein weitgehend zerstörtes, von der Roten Armee besetztes Europa zurücklassend.

11. Bilanz des Widerstandes

Der österreichische Widerstand gegen den Nationalsozialismus hat, von den als Soldaten der deutschen Wehrmacht gefallenen bzw. vermißten 247.000 Österreichern und den in der Deportation vergasten und gestorbenen 65.459 österreichischen Juden abgesehen, folgende Opfer gefordert: 2700 Österreicher wurden in Gerichtsverfahren als aktive Widerstandskämpfer zum Tode verurteilt und hingerichtet, 16.493 wurden im KZ ermordet, davon Tausende in dem 1939 errichteten KZ Mauthausen mit seinem berüchtigten Steinbruch. 9687 wurden in Gestapogefängnissen ermordet, 6420 gingen in Zuchthäusern und Gefängnissen in den von der Deutschen Wehrmacht besetzten Ländern zugrunde. Diese durch amtliche Unterlagen gesicherten Zahlen enthalten nicht die Opfer der Wehrmachtsjustiz, die erst erfaßt werden müssen.

Nach dem Stand der bisherigen Erhebungen haben 35.300 Österreicher ihr Leben im Kampf gegen den Nationalsozialismus hingegeben.[120] Angesichts des totalen Gehorsamkeitsanspruches der nationalsozialistischen Machthaber und der für seine Verletzung drohenden Sanktionen sind alle für Österreich gestorben.

Die historische Forschung ist noch nicht soweit, daß sie genaue Auskunft über die soziale Herkunft und die verschiedenen Motivationen der einzelnen Opfer geben kann. Bisher ist auch nur der Widerstand von zwei Berufsgruppen gesondert erfaßt worden, der schon genannten Priester und jener der politisch besonders aktiven Eisenbahner. Von ihnen wurden 1635 von der NS-Justiz verfolgt, 154 zum Tode verurteilt und hingerichtet.[121] Außerdem weiß man mittlerweile, daß von den 213 Mandataren des christlichen Ständestaates 121 Berufsverbot erhielten und 33 in Konzentrationslager kamen. Von ihnen sind 8 gestorben. Von den beiden Frauen aus dieser Gruppe wurde Margarethe Rada ebenfalls aus politischen Gründen zwangspensioniert.[122] Von den bis März 1938 amtierenden Sektionschefs wurden 75 Prozent entlassen.[123]

Die Frage, aufgrund welcher „Verbrechen“ zehntausende Österreicher unter die Räder der NS-Justizmaschinerie gerieten bzw. auch ohne Durchführung eines Prozesses festgehalten wurden, kann hier nur mit Beispielen beantwortet werden, obwohl vor einigen Jahren Radomir Luža (New Orleans) den ersten Versuch einer quantifizierenden Analyse unternommen hat[124], auf deren Ergebnis zum Abschluß noch eingegangen werden soll.

Das Spektrum des Widerstandes ist jedenfalls breit. Es reicht von der Gründung aktiver Widerstandsorganisationen und vom Partisanenkampf[125], von der Errichtung von Informationsdiensten (z. B. durch den Sozialisten Otto Haas)[126], von Sabotageakten in Betrieben, wie sie viele Kommunisten unternommen haben[127], der Wehrdienst- und Eidverweigerung aus Gegnerschaft gegen den Nationalsozialismus durch den Tiroler Pallotinerpater Franz Reinisch[128] und den oberösterreichischen Bauern Franz Jägerstätter[129] bis zur Hilfe für politisch[130] oder rassisch Verfolgte[131] und zum Abhören oder der Weitergabe von Auslandsnachrichten[132] oder „unbefugten Lohnforderungen" für Arbeiter.[133]

Luža hat in seiner Arbeit – ähnlich wie Botz – acht Kategorien des Widerstandes aufgestellt, denen diese Beispiele ungefähr entsprechen. Seine Stichprobenuntersuchung (3058) hat er aufgrund von NS-Gerichts- und Gestapo-Akten und der einschlägigen Sekundärliteratur durchgeführt. Sein Auswahlkriterium waren signifikante Widerstandsakte. Wenn über seine politischen Kategorien auch noch zu diskutieren wäre – die Kategorien Traditionalisten („non-Socialists" = wichtige Teile der 1945 gegründeten Österreichischen Volkspartei von den früheren Christlichsozialen bis zu Katholiken und Liberalen) und Legitimisten gewichten die Aktivitäten zugunsten der letzteren; „All Austrians" (= nicht parteigebundene österreichische Patrioten) sind schwer faßbar, wie auch, was er selbst zugibt, die Grenzen zwischen Kommunisten und Revolutionären Sozialisten nicht eindeutig sind[134] – so können doch einige Aussagen mit Sicherheit gemacht werden, von denen hier nur die wichtigsten folgen: Die Rolle der KPÖ im österreichischen Widerstand war dominierend (44,5 Prozent). An der Spitze der nicht kommunistischen Kräfte standen die „All Austrians" (17,7 Prozent) und die Traditionalisten (16,1 Prozent). Obwohl schon Tilly Spiegel der Meinung war, daß Männer und Frauen im aktiven Widerstand einander „die Waage halten", war er nach Luža eine männliche Bewegung (11,6 Prozent Frauen). Die Widerstandsbewegung bestand überwiegend aus jüngeren Männern (64 Prozent unter 40 Jahren). Ein relativ größerer Prozentsatz als in der Gesamtbevölkerung war nicht katholisch bzw. konfessionslos. Die Relation von verheirateten und nicht verheirateten Widerstandskämpfern entsprach dagegen jener in der Gesamtpopulation. Facharbeiter und Intellektuelle der Mittelklasse gaben der Bewegung einen dominierend urbanen Charakter. Die Widerstandskämpfer hatten einen relativ hohen Bildungsstand, ein beachtlicher Teil Universitätsbildung. Das regionale Zentrum des österreichischen Widerstandes war Wien mit seiner niederösterreichischen Umgebung. Steiermark und Tirol folgten. Für Kenner der österreichischen Zeitgeschichte ist der Rang der Steiermark erstaunlich. Der von Luža begonnene methodische Ansatz sollte jedenfalls fortgesetzt werden, wodurch sein Frauen-„Profil einer Elite“ sicher nur gewinnen kann.

Was den quantitativen Anteil der Frauen am österreichischen Widerstand betrifft, so wurden die Angaben von Luža bereits erwähnt. In der frühesten Namensliste von Otto Molden waren sogar nur 22 angeführt, obwohl allein von den Mitgliedern der Gruppe Scholz 33 Frauen eingekerkert waren. Im Wiener Landesgericht sind 50 weibliche Häftlinge hingerichtet worden. 40 von ihnen waren Arbeiterinnen, Angestellte und Hausfrauen. Die Meinung von Tilly Spiegel, daß im österreichischen Widerstand Frauen und Männer „einander die Waage halten“[135], dürfte daher der Realität eher entsprechen als die Angabe Moldens. Exakte Zahlenangaben werden wohl nie erreicht werden können, obwohl der Widerstand der Frauen seit den siebziger Jahren vor allem von Studentinnen in Diplomarbeiten und Dissertationen gezielt erforscht wird. Da die Kommunisten den stärksten organisierten Widerstand geleistet und die meisten Opfer erbracht haben, stand und steht der Widerstand kommunistischer Frauen im Vordergrund ihres Interesses.[136] Besonders ist die Dissertation von Inge Brauneis[137] zu nennen. Sehr beachtlich sind auch einschlägige Ergebnisse aus dem Bereich der „Oral history“.[138] Zunehmend haben sich Zeitzeuginnen, d. h. ehemalige Widerstandskämpferinnen, entschlossen, ihre Erinnerungen zu publizieren.[139] Über österreichische Frauen in Konzentrationslagern gibt es allerdings noch relativ wenig Sekundärliteratur. Es gilt daher für den österreichischen Widerstand insgesamt und im besonderen für jenen der Frauen, daß für seine Geschichte noch viel

Forschungsarbeit notwendig ist. Sie ist es nicht nur für die Zeitgeschichte, sondern auch für die Stärkung der österreichischen Identität.

12. Bewertung des österreichischen Widerstandes

In den letzten Jahren nimmt – wie schon festgestellt – das Interesse an den „Tätern“, d. h. auch an dem lange Zeit verdrängten aktiven Anteil von Österreichern an der NS-Herrschaft und deren Verbrechen zu. Das gehört selbstverständlich zur Sanierung unserer politischen Kultur. Dennoch darf man deswegen den österreichischen Widerstand nicht ins Abseits drängen. Es ist allerdings auch nicht möglich, ihn mit der Gloriole eines kollektiven Widerstandes zu umgeben. Dafür haben zu viele infolge der schwierigen Situation Österreichs in der Zwischenkriegszeit allzu lange geglaubt, der „Anschluß“ sei ein Weg, wenn schon nicht in eine bessere, so doch in eine politisch und vor allem wirtschaftlich stabilere Zukunft. Eine kleine fanatische Minderheit hat an diesem Glauben bis zum Ende des Krieges festgehalten und hielt daher jeden Widerstand für Verrat. Eine weit größere Zahl ließ sich vom Terror des NS-Regimes einschüchtern und verharrte in politischer Abstinenz oder dumpfer Gleichgültigkeit. Umso höher sind daher die Opfer jener 35.300 österreichischen Männer und Frauen, immerhin ein halbes Prozent der Gesamtbevölkerung, zu werten, die ihr Leben für ihren Widerstand hingaben, und jener noch unzähligen Zehntausenden, die Monate und Jahre im Gefängnis und KZ verbrachten. Sie haben jenen Beitrag geleistet, den die Alliierten in der Moskauer Deklaration von 1943 für die Wiederherstellung eines freien und unabhängigen Österreich von den Österreichern selbst verlangt haben.

1 Vgl. den Beitrag von Erika Weinzierl in: Dies./Kurt Skalnik (Hrsg.), Österreich. Die Zweite Republik, 2 Bde, Graz – Wien – Köln 1972, hier Bd. 1, S. 109 f. Einige Abschnitte aus dieser Arbeit wurden für den vorliegenden Beitrag verwendet.

2 Otto Molden, Der Ruf des Gewissens. Der österreichische Freiheitskampf 1938–1945. Beitrag zur Geschichte der österreichischen Widerstandsbewegung, Wien 1958, Wien – München 1970[3]; Maria Szecsi/Karl R. Stadler, Die NS-Justiz in Österreich und ihre Opfer, Wien – München 1962; Hermann Mitteräcker, Kampf und Opfer für Österreich. Ein Beitrag zur Geschichte des österreichischen Widerstandes 1938 bis 1945, Wien 1963; Vgl. u. a. auch Herbert Steiner, Zum Tode verurteilt. Österreicher gegen Hitler. Eine Dokumentation, Wien – Köln – Stuttgart – Zürich 1964; Ders., Gestorben für Österreich. Widerstand gegen Hitler. Eine Dokumentation, Wien – Frankfurt/Main – Zürich 1968; Christine Klusacek, Die Österreichische Freiheitsbewegung. Gruppe Roman Karl Scholz, Wien – Frankfurt/Main – Zürich 1968; Tilly Spiegel, Frauen und Mädchen im österreichischen Widerstand, Wien – Frankfurt/Main – Zürich 1969; Dies., Österreicher in der belgischen und französischen Résistance, Wien – Frankfurt/Main – Zürich 1969.

3 An dieser Stelle sei in erster Linie auf die vom Dokumentationsarchiv des österreichischen Widerstandes herausgegebene Quellenpublikation verwiesen: Widerstand und Verfolgung in Wien 1934–1945, 3 Bde, Wien 1975, 1986[3]; Widerstand und Verfolgung im Burgenland 1934–1945, Wien 1979, 1983[2]; Widerstand und Verfolgung in Oberösterreich, 2 Bde, Wien 1982; Widerstand und Verfolgung in Tirol 1934–1945, 2 Bde, Wien 1984; Widerstand und Verfolgung in Niederösterreich 1934–1945, 3 Bde, Wien 1987; Widerstand und Verfolgung in Salzburg 1934–1945, 2 Bde, Wien – Salzburg 1991; Ferner: Felix Kreissler, Der Österreicher und seine Nation. Ein Lernprozeß mit Hindernissen, Wien – Köln – Graz 1984 (französische Originalausgabe Paris 1980); Radomir Luža, Der Widerstand in Österreich 1938–1945, Wien 1985 (engl. Originalausgabe Minneapolis 1984).

4 Vgl. u. a. den Beitrag von Marlies Steinert in: Jürgen Schmädeke/Peter Steinbach (Hrsg.), Der Widerstand gegen den Nationalsozialismus. Die deutsche Gesellschaft und der Widerstand gegen Hitler, München 1986, S. 1122.

5 Karl Stadler, Österreich 1938–1945 im Spiegel der NS-Akten, Wien 1966, S. 119.

6 Felix Kreissler, Der Österreicher und seine Nation. Ein Lernprozeß mit Hindernissen, Graz – Wien 1984, S. 316 ff. und 375 ff.

7 Vgl. Richard Löwenthal, Widerstand im totalen Staat, in: Karl Dietrich Bracher/Manfred Funke/Hans Adolf Jacobsen (Hrsg.), Nationalsozialistische Diktatur 1933–1945. Eine Bilanz, Düsseldorf 1983, S. 618–654. Löwenthal unterscheidet zwischen bewußter politischer Opposition, gesellschaftlicher Verweigerung und weltanschaulicher „Dissidenz".

8 Gerhard Botz, Methoden- und Theorieprobleme der historischen Widerstandsforschung, in: Helmut Konrad/Wolfgang Neugebauer (Hrsg.), Festschrift für Herbert Steiner, Wien – München – Zürich 1983, S. 137 ff., 145 f.

9 Radomir Luža, Der Widerstand in Österreich 1938–1945, Wien 1985, S. 25 ff.
10 Vgl. Molden, Der Ruf des Gewissens.
11 Siehe Anm. 3.
12 Gerhard Botz, Gewalt in der Politik. Attentate, Zusammenstöße, Putschversuche in Österreich 1918–1938, München 1983, S. 361.
13 Ebd., S. 349.
14 Ebd., S. 357 ff. und 360 f.
15 Ebd., S. 303.
16 Ebd., S. 367 ff.
17 Widerstand und Verfolgung in Wien 1934–1945. Eine Dokumentation 1934–1938, Bd. 1, Wien 1984[2], S. 9.
18 Ebd.
19 Gerechtigkeit für Österreich. Rot-Weiß-Rot-Buch. Darstellungen, Dokumente und Nachweise zur Vorgeschichte und Geschichte der Okkupation Österreichs (nach amtlichen Quellen), 1. Teil, Wien 1946, S. 7.
20 Gottfried-Karl Kindermann, Hitlers Niederlage in Österreich. Bewaffneter NS-Putsch, Kanzlermord und Österreichs Abwehrsieg 1934, Hamburg 1984, S. 10.
21 John Haag, A Woman's Struggle Against Nazism: Irene Harand und Gerechtigkeit 1933–1938, in: *The Vienna Library Bulletin* XXIX (1976), New Series n. 37/38, S. 64–72; zuletzt: Erika Weinzierl, Die Anfänge des österreichischen Widerstandes, in: Gerald Stourzh/Birgitta Zaar (Hrsg.), Österreich, Deutschland und die Mächte. Internationale und österreichische Aspekte des „Anschlusses" vom März 1938, Wien 1990, S. 511–526, hier bes. S. 517 ff.
22 Irene Harand, „Sein Kampf. Antwort an Hitler", Wien 1935, 347 S.
23 1. Die Lüge, die Hauptwaffe des Hakenkreuzes. 2. Der rasende Nationalismus. 3. Der Rassenwahn. 4. Die „rassischen" Eigenschaften der Juden. 5. Die Lüge vom jüdischen Wirken. 6. Die Lüge über den Talmud. 7. Die Ritualmordlüge. 8. Jüdischer Idealismus und Opfermut. 9. Die Protokolle der „Weisen von Zion." 10. „Juden sehen Dich an" – Juden, die den Nobelpreis erhielten – Berühmte jüdische Künstler – Berühmte jüdische Mediziner – Berühmte jüdische Schriftsteller – Berühmte jüdische Erfinder. 11. Die Bilanz des Hakenkreuzes mit Beschreibung der Konzentrationslager. 12. Schlußbetrachtung.
24 Harand, Sein Kampf, S. 5.
25 Luža, Der Widerstand in Österreich, S. 5.
26 Molden, Der Ruf, S. 55 ff.
27 Bericht Klemens von Klemperers am 22. Februar 1988 beim Symposion „Österreich 1938" in Wien.
28 Molden, Der Ruf, S. 58.
29 Vgl. Hermann Mitteräcker, Kampf und Opfer für Österreich. Ein Beitrag zur Geschichte des österreichischen Widerstandes 1938–1945, Wien 1963, S. 88.
30 Für die Hilfe bei der Durchsicht danke ich Dr. Lotte Hirl.
31 Rot-Weiß-Rot-Buch, S. 160.
32 Ebd.
33 Ernst Nolte, Der Faschismus in seiner Epoche. Die Action française. Der

italienische Faschismus. Der Nationalsozialismus, München 1979[5], S. 515 ff.

34 Herbert Rosenkranz, Verfolgung und Selbstbehauptung, Wien – München 1978.

35 Akten zur Deutschen Auswärtigen Politik 1918–1945, Serie D, Bd. 1, Baden-Baden 1950, Nr. 392.

36 Gordon Brook-Shepherd, Der Anschluß, Graz 1963, S. 145.

37 Widerstand und Verfolgung, Wien, Bd. 2, Nr. 293, S. 301 f.

38 Ebd., Wien, Bd. 2, Nr. 62, S. 46 ff.

39 Ebd., Nr. 57, S. 44.

40 Ebd., Wien, Bd. 2, Nr. 3, S. 40 f.

41 Widerstand und Verfolgung, Tirol, Bd. 2, Nr. 1–5, S. 123 ff.

42 Ebd., Tirol, Bd. 2, Nr. 160 ff., S. 96 ff.

43 Ebd., Tirol, Bd. 2, Nr. 493, S. 230 f.

44 Molden, Der Ruf, S. 55 ff. und 140 ff.

45 Hermann Lein, Als „Innitzergardist" in Dachau und Mauthausen. Ein Rückblick zum 50. Jahrestag, Wien – Freiburg – Basel 1988.

46 Mitteräcker, Kampf, S. 88.

47 Vgl. dazu zuletzt Maximilian Liebmann, Theodor Innitzer und der Anschluß: Österreichs Kirche und der Anschluß, Graz – Wien – Köln 1988 und Erika Weinzierl, Prüfstand. Österreichs Katholiken und der Nationalsozialismus, Mödling 1988.

48 Jakob Fried, Nationalsozialismus und katholische Kirche in Österreich, Wien 1947, S. 86 f. Zu Sr. Restituta vgl. Helene Maimann, Schwester Restituta. Versuch über eine Unbequeme, in: Helmut Konrad/Wolfgang Neugebauer (Hrsg.), Arbeiterbewegung – Faschismus – Nationalbewußtsein, Wien – München – Zürich 1983, S. 201 ff.

49 Friedrich Vogl, Österreichs Eisenbahner im Widerstand, Wien 1968.

50 Renate Lichtenegger, Wiens Bibelforscherinnen im Widerstand gegen den Nationalsozialismus 1938–1945, phil. Diss. Wien 1983 und Widerstand und Verfolgung in Wien, Bd. 3, S. 186 f.

51 Erstmals ausführlicher behandelt von Edda Pfeifer, Beiträge zur Geschichte der österreichischen Widerstandsbewegung des konservativen Lagers 1938–1940. Die Gruppen Karl Roman Scholz, Dr. Karl Lederer und Dr. Jakob Kastelic, phil. Diss. Wien 1963, S. 10 f.; zuletzt Robert Rill, Geschichte des Augustiner-Chorherrenstiftes Klosterneuburg 1938–1945, Wien – Salzburg 1985.

52 Heinz Boberach (Hrsg.), Meldungen aus dem Reich. Auswahl aus den geheimen Lageberichten des Sicherheitsdienstes der SS 1939–1944, München 1968 (dtv-Ausgabe), S. 47, Anm. 36.

53 Ebd., S. 47.

54 Karl Flanner, Widerstand im Gebiet von Wiener Neustadt 1938–1945, Wien 1972, S. 49 ff.

55 Erika Weinzierl, Mönche gegen Hitler am Beispiel des Zisterzienserstiftes Wilhering, in: Dies., Prüfstand, S. 186 ff.

56 Pfeifer, Beiträge, S. 94 und Widerstand und Verfolgung in Wien, Bd. 3, S. 99, wo auch eine Reihe von Dokumenten über alle drei Gruppen zu finden ist.

57 Ebd., S. 99.

58 Ebd., S. 101 ff. und 107 ff.

59 Über die Zahl der Verhafteten bestehen in der Literatur Unterschiede: Molden, Der Ruf, S. 79 spricht von nahezu 240, Pfeifer, Beiträge, S. 86 von 134. In Widerstand und Verfolgung wird keine Gesamtzahl angegeben.
60 Molden, Der Ruf, S. 79.
61 Christine Klusacek, Die österreichische Freiheitsbewegung, Wien – Frankfurt – Zürich 1968, S. 64.
62 Rill, Geschichte, S. 165.
63 Erika Weinzierl, Österreichische Priester über den katholischen Widerstand gegen den Nationalsozialismus. Ergebnisse einer Umfrage, in: Konrad/Neugebauer (Hrsg.), Arbeiterbewegung, S. 269.
64 Pfeifer, Beiträge, S. 16.
65 Vgl. dazu vor allem Widerstand und Verfolgung in Wien, Bd. 2, S. 230 ff.
66 Mitteräcker, Kampf, S. 29 und 30.
67 Widerstand und Verfolgung in Wien, Bd. 2, S. 176 und Bd. 3, S. 111 ff.
68 Ebd., Bd. 2, S. 59 ff.
69 Ebd., S. 8.
70 Herbert Steiner/Käthe Leichter, Leben und Werk, Wien 1973, S. 17 ff., 48, 54 f.
71 Hans Marsálek, Die Geschichte des Konzentrationslagers Mauthausen, Dokumentation, Wien 1980.
72 Florian Freund/Bertrand Perz, Das KZ in der „Serbenhalle". Zur Kriegsindustrie in Wiener Neustadt, Wien 1987, S. 98, Anm. 13.
73 Ebd.
74 Ebd., S. 101.
75 Siehe Anm. 72.
76 Florian Freund, Arbeitslager Zement. Das Konzentrationslager Ebensee und die Raketenrüstung, Wien 1989.
77 Bertrand Perz, „Projekt Quarz". Steyrer-Daimler-Puch und das Konzentrationslager Melk, Wien 1990.
78 Hans Marsálek, Konzentrationslager Gusen. Nebenlager des KZ Mauthausen, Wien 1987.
79 Vgl. dazu Hans Safrian, Die Eichmann-Männer, Wien – Zürich 1993.
80 Marsálek, Gusen, S. 19.
81 Ebd., S. 25 f.
82 Stadler, Österreich, S. 304.
83 Molden, Der Ruf, S. 97 ff.
84 Hans Becker, Österreichs Freiheitskampf, Wien 1946, S. 15.
85 Ebd., S. 11.
86 Molden, Der Ruf, S. 127–130.
87 Mitteräcker, Kampf, S. 108–111.
88 Max Muchitsch, Die Partisanengruppe Leoben-Donawitz, Wien – Frankfurt – Zürich 1966, S. 13 ff., 19, 15, 23.
89 Mitteräcker, Kampf, S. 114.
90 Ebd., S. 115 ff.
91 Walter Wachs, Kampftruppe Steiermark, Wien – Frankfurt – Zürich 1968, S. 71 f.
92 Ebd., S. 15 und 23.
93 Mitteräcker, Kampf, S. 123.
94 Ebd., S. 128 und Wachs, Kampfgruppe, S. 11.

95 Ebd. und Mitteräcker, Kampf, S. 133 ff.
96 Molden, Gewissen, S. 110–115.
97 Ebd., S. 137.
98 Ebd., S. 121 f. und 297 ff.
99 Molden, Der Ruf, S. 122 ff.
100 Ebd., S. 153–155 und passim.
101 Ludwig Jedlicka, Der 20. Juli 1944 in Österreich, Wien – München, 1966^{2}.
102 Bericht Szokolls, in: Peter Hoffmann, Widerstand, Staatsstreich, Attentat, Der Kampf der Opposition gegen Hitler, München 1969, S. 628, und Carl Szokoll, Der gebrochene Eid, Wien 1985; Fritz Molden, Fepolinski und Waschlapski auf dem berstenden Stern. Bericht einer unruhigen Jugend, Wien 1979^{2}.
103 Adolf Schärf, Österreichs Erneuerung 1945–1955, Wien 1955, S. 199.
104 Der Name Schuschnigg scheint nur in einer von der Gestapo gemeldeten und in einer in Vernehmungen ermittelten, am 29. September 1944 gemeldeten Namensliste ohne Angabe des Zeitpunktes auf. Sie könnte daher auch vom Berichterstatter der Gestapo, Obersturmbannführer von Kielpinski, aus alten in den Vernehmungen aufgetauchten Namen kompiliert worden sein. Gerhard Ritter, Carl Goerdeler und die deutsche Widerstandsbewegung, München 1964, S. 576 f.
105 Jedlicka, Der 20. Juli 1944, S. 30.
106 Bericht Szokolls, in: Peter Hoffmann, Widerstand, Staatsstreich, Attentat, Der Kampf der Opposition gegen Hitler, München 1969, S. 628.
107 Molden, Fepolinski, S. 305 ff.
108 Viktor Matejka, Widerstand ist alles. Notizen eines Unorthodoxen, Wien 1984.
109 Franz Goldner, Die österreichische Emigration 1938 bis 1945, Wien – München 1977^{2}, S. 155.
110 Oliver Rathkolb, Raoul Bumballa, ein politischer Nonkonformist 1945. Fallstudie zur Funktion der O5 im Widerstand und in der Parteienrestauration, in: Rudolf G. Ardelt/Wolfgang J. A. Huber/Anton Staudinger (Hrsg.), Unterdrückung und Emanzipation (Weinzierl-Festschrift), Wien – Salzburg, 1985, S. 295 ff.
111 Widerstand und Verfolgung in Niederösterreich 1934–1945, Wien 1987, Bd. 3, S. 492, 507 f., 511 f., 600.
112 Ferdinand Käs, Wien im Schicksalsjahr 1945, Wien 1965, S. 19.
113 Molden, Der Ruf, S. 247.
114 Käs, Wien, S. 14.
115 Ebd.
116 Ebd., S. 15.
117 Molden, Der Ruf, S. 257.
118 Karl Gruber, Zwischen Befreiung und Freiheit, Wien 1953, S. 7.
119 Molden, Der Ruf, S. 329.
120 Herbert Steiner, Gestorben für Österreich. Widerstand gegen Hitler, Wien 1968, S. 41, wo auch die anderen Zahlen zu finden sind.
121 Vogl, Österreichs Eisenbahner, S. 230.
122 Gertrude Enderle-Burcel, Christlich-ständisch-autoritäre Mandatare im christlichen Ständestaat, Wien 1991, Tabelle 12, S. 316 und S. 189.
123 Freundliche Auskunft von Dr. Gertrude Enderle-Burcel, Wien.

124 Radomir Luža, Der Widerstand in Österreich 1938–1945, Wien 1985, deutschsprachige Ausgabe.
125 Siehe oben S. 371 f.
126 Paul Schärf, Otto Haas. Ein revolutionärer Sozialist gegen das Dritte Reich, Wien 1967, S. 14 ff.
127 Mitteräcker, Kampf, S. 44 ff. und für jedes vom Dokumentationsarchiv des österreichischen Widerstandes erfaßte Bundesland in „Widerstand und Verfolgung".
128 Benedicta Maria Kempner, Priester vor Hitlers Tribunalen, München 1966, S. 337 und Widerstand und Verfolgung in Tirol 1934–1945, Bd. 2, S. 509; Pallotinerpater Franz Reinisch 50 Jahre hingerichtet. Zeuge und Opfer des Gewissens, in: Katholisches Apostolat, Nr. 6, Friedberg 1992, S. 183.
129 Zuerst Gordon C. Zahn, Er folgte seinem Gewissen. Das einsame Zeugnis des Franz Jägerstätter (deutschsprachige Ausgabe), Graz – Wien – Köln 1967; Erna Putz, Franz Jägerstätter, ... besser die Hände gefesselt ..., Linz – Wien 1985; Erna Putz (Hrsg.), Gefängnisbriefe und Aufzeichnungen: Franz Jägerstätter verweigert 1943 den Wehrdienst, Linz – Passau 1987.
130 So wurden z. B. fünf Wiener Kommunisten, die Anfang 1941 einen Solidaritätsbeitrag für die Frau eines verhafteten Kollegen aufbrachten, nach durchschnittlich 17monatiger Untersuchungshaft geköpft. KPÖ (Hrsg.), Unsterbliche Opfer. Gefallen im Kampf der Kommunistischen Partei für Österreichs Freiheit, Wien o. J., S. 61.
131 So kam z. B. die Ärztin Ella Lingens wegen Fluchthilfe für Juden 1943 in das KZ Auschwitz. Ella Lingens, Eine Frau im Konzentrationslager, Wien 1966, S. 14; Erika Weinzierl, Zu wenig Gerechte. Österreicher und Judenverfolgung 1938–1945, Graz 1986[3], S. 139 f.; dort sind weitere Verfolgungen dieser Art dargestellt; zuletzt Dies., Aspekte der Hilfe für Verfolgte. Österreich vor und nach dem „Anschluß", in: Günther B. Ginzel (Hrsg.), Mut zur Menschlichkeit. Hilfe für Verfolgte während der NS-Zeit, Köln 1993, S. 79 ff.
132 Karl Stadler, Österreich 1938–1945 im Spiegel der NS-Akten, Wien 1966, S. 150 ff.
133 Mitteräcker, Kampf, S. 42.
134 Luža, Der Widerstand, S. 25 ff.
135 Tilly Spiegel, Frauen und Mädchen im österreichischen Widerstand, Wien 1967, S. 15 und 7, hier S. 15.
136 Vgl. u. a. Elisabeth Reichart, Heute ist morgen. Fragen an den kommunistischen Widerstand in Salzburg, phil. Diss. Salzburg 1983.
137 Inge Brauneis, Widerstand von Frauen gegen den Nationalsozialismus 1938–1945, phil. Diss. Wien 1974.
138 Z. B. Karin Berger/Elisabeth Holzinger/Lotte Podgornik/Lisbeth N. Trallori, Der Himmel ist blau. Kann sein. Frauen im Widerstand Österreich 1938–1945, Wien 1985. Für dieses aus 134 Interviewausschnitten bestehende Buch wurden 100 Interviews gemacht. Außerdem drehte das Team einen eindrucksvollen Video-Film „Gespräche mit Küchenrebellinnen".
139 U. a. Antonia Bruha, Ich war keine Heldin, Wien 1984; Josef Meisl, „Jetzt haben wir Ihnen, Meisel!", Wien 1985.

Dokument 1

Antrag des Gendameriepostenkommandos Krimml an die Bezirkshauptmannschaft Zell am See auf Abschaffung von Anton König aus dem Land Salzburg wegen Verdachts der kommunistischen Betätigung, 10. Mai 1938

Anton König wurde am 5. April 1938 vom hiesigen Posten wegen Beleidigung und Herabwürdigung des Führers und Reichskanzlers Adolf Hitler, Verdachts der kommunistischen Betätigung und Verbreitung falscher, beunruhigender Gerüchte verhaftet und am gleichen Tage [...] dem Bezirksgerichte in Mittersill eingeliefert, von wo er am 2. 5. 1938 an das Landesgericht in Salzburg überstellt wurde.

Da Anton König laut eigener Angabe die Verbreitung falscher, beunruhigender Gerüchte schon bei mehreren Bauern der Gemeindegebiete Wald im Oberpinzgau und Neukirchen am Großvenediger weitererzählt hatte [sic!] und daher die Gefahr besteht, daß er nach seiner Enthaftung diese Tätigkeit wieder fortsetzen werde, wird im Sinne des Gesetzes vom 27. 7. 1871, RGBI. Nr. 88 §§ I d und 2 der Antrag auf Abschaffung für immer aus dem Lande Salzburg gestellt.

Widerstand und Verfolgung in Salzburg 1934–1945. Eine Dokumentation, Bd. 1, Wien 1991, S. 418.

Dokument 2

Anzeige des Gendarmeriepostenkommandos Leogang an das Bezirksgericht Saalfelden gegen Gustav Koller aus Wiesing wegen kommunistischer Betätigung, 10. Mai 1938

Gustav Koller machte sich dadurch einer Übertretung nach dem Ordnungsschutzgesetze schuldig, weil er am 8. Mai 1938 nachmittag in seinem leicht berauschten Zustande im Gastzimmer des Rudolf Oberschneider in Leogang Nr. 9 öffentlich über den Führer und Reichskanzler nachstehende Worte äußerte bzw. sagte: „Alle (damit vermutlich gemeint die NSDAP) sind Gauner, und der Hitler ist selber der größte Gauner.“

Weiters machte sich Koller nach der Vdg. von 1933 BGBI. Nr. 200/33 einer Übertretung schuldig, nachdem er im Gastzimmer des Rudolf Oberschneider öffentlich 3- oder 4mal „Heil Moskau“ schrie und sich äußerte, daß er nur für Moskau sei.

Schreiben der Gestapo Salzburg an das Bezirksgericht Saalfelden betreffend beabsichtigte Einweisung von Gustav Koller aus Wiesing in ein KZ, 18. Mai 1938

Nach einem Bericht des Gendameriepostenkommandos Leogang befindet sich Koller im Bezirksgericht Saalfelden wegen Hochverrats in Untersuchungshaft. Da ich beabsichtige, Koller für längere Zeit in ein Konzentrationslager einzuweisen, ersuche ich, mir umgehend den Ausgang des dort anhängigen Strafverfahrens mitzuteilen und Koller ohne meine Genehmigung nicht aus der Haft zu entlassen.

Widerstand und Verfolgung in Salzburg 1934–1945. Eine Dokumentation, Bd. 1, Wien – Salzburg 1991, S. 419.

Dokument 3

Schreiben des Franz Jägerstätter an den Pfarrer von St. Radegund betreffend seinem Entschluß, den Wehrdienst zu verweigern, 22. 2. 1943

Euer Hochwürden,

grüße Sie noch vor allem herzlich, besten Dank noch für Ihr Schreiben. Muß Ihnen mitteilen, daß Sie vielleicht bald wieder eines Ihrer Pfarrkinder verlieren werden. Habe heute den Einberufungsbefehl bekommen und soll schon am 25. d. M. in Enns sein. Da mir aber niemand Dispens geben kann, über was ich mir bei diesem Verein an Seelenheilgefahr zuziehen würde, so kann ich halt meinen Entschluß, wie Sie ja wissen, nicht ändern. Es ist so schon so schwer, in der Vollkommenheit einen Schritt vorwärtszukommen, und dann erst bei diesem Verein. Christus hat auch Petrus nicht gelobt, weil er ihn bloß aus Menschenfurcht verleugnet hat, und wie oft würde ich dies vielleicht wieder bei diesem Verein tun, denn tut man das nicht, so weiß man ja auch fast sicher, daß man seine Lieben auf dieser Welt kaum mehr sehen wird. Es heißt zwar immer, man soll das nicht tun wie ich, wegen Lebensgefahr, ich bin aber der Ansicht, daß auch die andern, die da mitkämpfen, nicht ganz außer Lebensgefahr sind. Bei denen in Stalingrad sollen, wie man sagt, auch vier bis fünf Radegunder darunter sein. Was werden diese Armen mitgemacht haben an Seele und Leib, möge Gott ihnen all diese Leiden im Jenseits belohnen, denn für diese Welt sind ja, wie die Aussicht besteht, diese Opfer ja doch umsonst. Wenn auch bei diesem furchtbaren Verein vieles erlaubt ist, so glaub' ich, ist es dennoch besser, lieber gleich das Leben zu opfern, als sich zuerst noch in die große Gefahr zu begeben zu sündigen, und dann erst sterben! Ich bitte Sie, schließen Sie mich in das Meßopfer ein, solange ihr noch eines darbringen dürft. [...]

Es grüßt Sie noch herzlich Ihr dankschuldiger Mesner Fr. J.

Abschiedsbrief des wegen Wehrdienstverweigerung zum Tode verurteilten Franz Jägerstätter aus St. Radegund an seine Gattin, 9. 8. 1943

Gott zum Gruß, herzallerliebste Gattin und alle meine Lieben!

Deine Briefe vom 13. und 25. Juli noch mit Freude erhalten, wofür ich mich noch herzlich bedanke. Heute sind es nun 4 Wochen, da wir uns zum letztenmal auf dieser Welt gesehen. Heute früh um zirka halb 6 Uhr hieß es sofort umziehen, das Auto wartet schon, und mit mehreren Todeskandidaten ging dann die Fahrt hierher nach Brandenburg, was mit uns geschehen wird, wußten wir nicht. Erst zu Mittag teilte man mir mit, daß das Urteil am 14. bestätigt wurde und heute um vier Uhr vollstreckt wird. Will Euch nur kurz einige Worte des Abschieds schreiben.

Liebste Gattin und Mutter! Bedanke mich nochmals herzlich für alles, was Ihr mir in meinem Leben getan, für all die Liebe und Opfer, die Ihr für mich gebracht habt, und bitte Euch nochmals, verzeiht mir alles, was ich Euch beleidigt und gekränkt habe, sowie auch von mir alles verziehen ist. Ich bitte auch alle anderen, die ich jemals beleidigt habe, mir alles zu verzeihen, ganz besonders Hochwürden Herrn Pfarrer Fürthauer, wenn ich ihn durch meine Worte vielleicht noch gekränkt habe, als er mich mit Dir besuchte, ich verzeihe allen von Herzen. Möge Gott mein Leben hinnehmen als Sühneopfer nicht bloß für meine Sünden, sondern auch für (die der) anderen.

Liebste Gattin und Mutter! Es war mir nicht möglich, Euch von diesen Schmerzen, die Ihr jetzt um meinetwegen zu leiden habt, zu befreien. Wie hart wird es für unsern lieben Heiland gewesen sein, daß er durch sein Leiden und Sterben seiner lieben Mutter so große Schmerzen bereiten mußte und das haben sie alles aus Liebe für uns Sünder gelitten. Ich danke auch unsrem lieben Jesus, daß ich für ihn leiden durfte und auch für ihn sterben darf. Ich vertraue auch auf seine unendliche Barmherzigkeit, daß mir Gott alles verziehen hat und mich auch in der letzten Stunde nicht verlassen wird. Liebste Gattin! Denke auch daran, was Jesus denen verheißen hat, die welche die neun Herz-Jesu-Freitage halten. Und auch jetzt wird dann Jesus in der heiligen Kommunion noch zu mir kommen und mich stärken auf die Reise in die Ewigkeit. In Tegel hatte ich auch noch die Gnade, viermal die heiligen Sakramente zu empfangen.

Grüßet mir auch noch herzlich meine lieben Kinder, [...], Schwiegereltern, Schwägerinnen und alle Verwandten (und) Bekannten. Grüßet mir auch noch Bruder Majer, und laß mich noch für seinen Brief bedanken, der mich noch sehr gefreut hat. Auch bei Hochwürden Herrn Pfarrer Karobath laß ich mich noch bedanken für sein Schreiben.

Und nun, alle meine Lieben, lebet alle wohl, und vergesset mich nicht im Gebet, haltet die Gebote, und wir werden uns durch Gottes Gnade bald im Himmel wiedersehen! Herzliche Grüße auch noch an meinen Firmpaten.

Es grüßt Euch nun alle noch vor seiner letzten Reise Euer Gatte, Sohn

und Vater, Schwiegersohn und Schwager.

Gordon C. Zahn, Er folgte seinem Gewissen. Das einsame Zeugnis des Franz Jägerstätter, Graz – Wien – Köln 1967, S. 71, 121 ff.

Dokument 4

Urteil des VGH gegen Helene Kafka, Ordensname Restituta, wegen Vorbereitung zum Hochverrat, 29. 10. 1942

Im Namen des Deutschen Volkes

In der Strafsache gegen

die Ordensschwester und Operationsschwester am Städtischen Krankenhaus in Wien-Mödling Helene Kafka, Ordensname „Restituta“, aus Wien-Mödling, geboren am 1. Mai 1894 in Husowitz bei Brünn (Mähren),

zur Zeit in dieser Sache in gerichtlicher Untersuchungshaft, wegen Vorbereitung zum Hochverrat hat der Volksgerichtshof, 5. Senat, auf Grund der Hauptverhandlung vom 29. Oktober 1942, an welcher teilgenommen haben

als Richter:
Senatspräsident Dr. Albrecht, Vorsitzer,
Kammergerichtsrat Dr. Stäckel,
SA-Brigadeführer Liebel,
SA-Gruppenführer im Stabe der OSAF Lasch,
SS-Standartenführer Polizeipräsident von Dolega-Kozierowski
als Vertreter des Oberreichsanwalts:
Staatsanwalt Friedrich,
als Urkundsbeamter der Geschäftsstelle:
Justizsekretär Kramp,

für Recht erkannt:

Die Angeklagte Kafka wird wegen landesverräterischer Feindbegünstigung und Vorbereitung zum Hochverrat zum

Tode

und zum Ehrenrechtsverlust auf Lebenszeit verurteilt.

Die Angeklagte hat auch die Kosten des Verfahrens zu tragen.

Im Dezember 1941 ersuchte die Angeklagte die in der Röntgenabteilung des gleichen Krankenhauses als Kanzleiangestellte beschäftigte Zeugin Margarete Smola, ihr von zwei staatsfeindlichen Flugblättern, die sie im Besitz hatte, je eine Schreibmaschinenabschrift nebst einem Durchschlag herzustellen. Die Zeugin führte diesen Auftrag der Angeklagten, die ihr zum Teil den Text der Hetzschriften in die Maschine diktierte, auch weisungsgemäß aus. Bei diesen Flugblättern, von denen je ein Abdruck alsbald nach der Herstellung der Abschriften sichergestellt werden konnte, handelt es sich um eine Schmähschrift mit der Überschrift „Soldatenlied“ sowie um eine mit den Worten „Deutsche katholische Jugend“ beginnende Hetzschrift, welche die Tagesangabe 8. Juni 1941 trägt. Das „Soldatenlied“ hat folgenden Wortlaut:

Soldatenlied
Erwacht, Soldaten, und seid bereit,
Gedenkt Eures ersten Eid [s).

Für das Land, in dem ihr gelebt und geboren,
Für Österreich habet ihr alle geschworen.
Das sieht ja schon heute jedes Kind,
Daß wir von den Preußen verraten sind.
Für die uralte heimische Tradition
Haben sie nichts als Spott und Hohn.
Den altösterreichischen General
Kommandiert ein Gefreiter von dazumal.
Und der österreichische Rekrut
Ist für sie nur als Kanonenfutter gut.
Zum Beschimpfen und Leuteschinden
Mögen sie andere Opfer finden.
Mit ihrem großen preußischen Maul
Sind sie uns herabzusetzen nicht faul.
Dafür haben sie bis auf den letzten Rest
Die Ostmarkzitrone ausgepreßt.
Unser Gold und Kunstschätze schleppten sie gleich
In ihr abgewirtschaftetes Nazireich.
Unser Fleisch, Obst, Milch und Butter
Waren für sie ein willkommenes Futter.
Sie befreiten uns, und ehe man's glaubt
Hatten sie uns gänzlich ausgeraubt.
Selbst den ruhmvollen Namen stahl uns die Brut,
Und jetzt wollen sie auch noch unser Blut.
Der Bruder Schnürschuh ist nicht so dumm,
Gebt acht, er dreht die Gewehre um.
Der Tag der Vergeltung ist nicht mehr weit,
Soldaten, gedenkt eures ersten Eid(s).
Österreich!
Wir Österreicher, auf uns gestellt,
Hatten Frieden und Freundschaft mit aller Welt.
Die Welt vergiftet mit ihrem Haß,
Sie machen sich jedes Volk zum Feind,
Sie haben die Welt gegen sich vereint.
Die Mütter zittern, die Männer bangen,
Der Himmel ist schwarz mit Wolken verhangen.
Der schrecklichste Krieg, den die Menschheit gekannt,
Steht furchtbar vor unserem Heimatland.
Es droht uns Elend und Hungersnot,
Der Männer und Jünglinge Massentod.
Kameraden, trotzt dem verderblichen Wahn,

Was gehen uns die Händel der Preußen an.
Was haben uns die Völker getan?
Wir nehmen die Waffen nur in die Hand
Zum Kampf fürs freie Vaterland.
Gegen das braune Sklavenreich,
Für ein glückliches Österreich!

In der Flugschrift „Deutsche katholische Jugend“ wird eine angebliche Störung einer katholischen Jugendkundgebung in Freiburg im Breisgau zum Anlaß genommen, die Führung der Hitlerjugend in niederträchtiger Weise zu verdächtigen und zu beschimpfen und die katholische Bevölkerung gegen die nationalsozialistische Staatsführung aufzuhetzen.

Die Angeklagte will sich die Urschrift des Hetzgedichtes „Soldatenlied“ Anfang Dezember 1941 von zwei ihr dem Namen nach unbekannten Soldaten, die Verbandzeug zum Sterilisieren in das Spital brachten, zwecks Herstellung von Abschriften ausgebeten haben. Sie will die Urschrift dann nach der Anfertigung der Abschriften verloren und sie deshalb den beiden Soldaten nicht mehr haben zurückgeben können. Die konfessionelle Flugschrift wurde der Angeklagten, wie sie behauptet hat, bereits im Sommer oder Herbst 1941 von einer anderen Klosterschwester überlassen, an deren Person sie sich angeblich nicht mehr erinnern kann.

Nach der Herstellung der Vervielfältigungen las die Angeklagte das Hetzgedicht „Soldatenlied“ den ebenfalls im Krankenhaus in Wien-Mödling beschäftigten Ordensschwestern Anna Mittasch („Angelika“) und Magdalena Schmid („Kajetana“) vor, wobei auch, wenigstens zu Beginn, die Zeugin Josefine Mittasch, die als Operationsgehilfin im Krankenhaus tätig ist, zugegen war. Als die Angeklagte dieser Zeugin erzählte, daß die Soldaten dieses Lied sängen, erklärte die Zeugin verständlicherweise, daß sie das nicht glaube, worauf sie von der Angeklagten weggeschickt wurde.

Widerstand und Verfolgung in Wien 1934–1945. Eine Dokumentation, Bd. 3, Wien 1975, S. 66–69.

Literatur

Becker, Hans, Österreichs Freiheitskampf, Wien 1946.

Berger, Karin/Holzinger, Elisabeth/Padgornik, Lotte/Trallori, Lisbeth N., Der Himmel ist blau. Kann sein. Frauen im Widerstand 1938–1945, Wien 1985.

Boberach, Heinz (Hrsg.), Meldungen aus dem Reich. Auswahl aus den geheimen Lageberichten des Sicherheitsdienstes der SS 1939–1944, dtv 477, München 1968.

Botz, Gerhard, Gewalt in der Politik. Attentate, Zusammenstöße, Putschversuche in Österreich 1918–1938, München 1983.

Brauneis, Inge, Widerstand von Frauen gegen den Nationalsozialismus 1938–1945, phil. Diss. Wien 1974.

Brook-Shepherd, Gordon, Der Anschluß, Graz 1963.

Enderle-Burcel, Gertrude, Christlich-ständisch-autoritäre Mandatare im christlichen Ständestaat, Wien 1991.

Flanner, Karl, Widerstand im Gebiet von Wiener Neustadt 1938–1945, Wien 1972.

Freund, Florian/Perz, Bertrand, Das KZ in der „Serbenhalle". Zur Kriegsindustrie in Wiener Neustadt, Wien 1987.

Freund, Florian, Arbeitslager Zement. Das Konzentrationslager Ebensee und die Raketenrüstung, Wien 1989.

Fried, Jakob, Nationalsozialismus und katholische Kirche in Österreich, Wien 1947.

Gerechtigkeit für Österreich. Rot-Weiß-Rot-Buch. Darstellungen, Dokumente und Nachweise zur Vorgeschichte und Geschichte der Okkupation Österreichs (nach amtlichen Quellen), 1. Teil, Wien 1946.

Goldner, Franz, Die österreichische Emigration 1938 bis 1945, Wien – München 1972².

Gruber, Karl, Zwischen Befreiung und Freiheit, Wien 1953.

Haag, John, A Woman's Struggle Against Nazism: Irene Harand und Gerechtigkeit 1933–1938, in: *The Vienna Library Bulletin* XXIX (1976), New Series n. 37/38.

Harand, Irene, „Sein Kampf. Antwort auf Hitler", Wien 1935.

Hoffmann, Peter, Widerstand, Staatsstreich, Attentat, Der Kampf der Opposition gegen Hitler, München 1969.

Jedlicka, Ludwig, Der 20. Juli 1944 in Österreich, Wien – München 1966².

Käs, Ferdinand, Wien im Schicksalsjahr 1945, Wien 1965.

Kempner, Benedicta M., Priester vor Hitlers Tribunalen, München 1966.

Kindermann, Gottfried-Karl, Hitlers Niederlage in Österreich. Bewaffneter NS-Putsch, Kanzlermord und Österreichs Abwehrsieg 1934, Hamburg 1984.

Klusacek, Christine, Die Österreichische Freiheitsbewegung. Gruppe Roman Karl Scholz, Wien – Frankfurt/Main – Zürich 1968.

KPÖ (Hrsg.), Unsterbliche Opfer. Gefallen im Kampf der Kommunistischen Partei für Österreichs Freiheit, Wien o. J.

Kreissler, Felix, Der Österreicher und seine Nation. Ein Lernprozeß mit Hindernissen, Wien – Köln – Graz 1984 (französische Originalausgabe Paris 1980).

Lein, Hermann, Als „Innitzergardist" in Dachau und Mauthausen. Ein Rückblick zum 50. Jahrestag, Wien – Freiburg – Basel 1988.

Lichtenegger, Renate, Wiens Bibelforscherinnen im Widerstand gegen den Nationalsozialismus 1938–1945, phil. Diss. Wien 1983.

Liebmann, Maximilian, Theodor Innitzer und der Anschluß: Österreichs Kirche und der Anschluß, Graz – Wien – Köln 1988.

Lingens, Ella, Eine Frau im Konzentrationslager, Wien 1966.

Löwenthal, Richard, Widerstand im totalen Staat, in: Karl Dietrich Bracher/Manfred Funke/Hans Adolf Jacobsen (Hrsg.), Nationalsozialistische Diktatur 1933–1945, Eine Bilanz, Düsseldorf 1983.

Luža, Radomir, Der Widerstand in Österreich 1938–1945, Wien 1985 (engl. Originalausgabe Minneapolis 1984).

Marsálek, Hans, Die Geschichte des Konzentrationslager Mauthausen, Dokumentation, Wien 1980.

Ders., Konzentrationslager Gusen. Nebenlager des KZ Mauthausen, Wien 1987.

Matejka, Viktor, Widerstand ist alles. Notizen eines Unorthodoxen, Wien 1984.

Mitteräcker, Hermann, Kampf und Opfer für Österreich. Ein Beitrag zur Geschichte des österreichischen Widerstandes 1938–1945, Wien 1963.

Molden, Fritz, Fepolinski und Waschlapski auf dem berstenden Stern. Bericht einer unruhigen Jugend, Wien 1979[2].

Molden, Otto, Der Ruf des Gewissens. Der österreichische Freiheitskampf 1938–1945. Beitrag zur Geschichte der österreichischen Widerstandsbewegung, Wien 1958, Wien – München 1970[3].

Muchitsch, Max, Die Partisanengruppe Leoben-Donawitz, Wien – Frankfurt – Zürich 1966.

Nolte, Ernst, Der Faschismus in seiner Epoche. Die Action française. Der italienische Faschismus. Der Nationalsozialismus, München 1979[5].

Perz, Bertrand, „Projekt Quarz". Steyrer-Daimler-Puch und das Konzentrationslager Melk, Wien 1990.

Pfeifer, Edda, Beiträge zur Geschichte der österreichischen Widerstandsbewegung des konservativen Lagers 1938–1940. Die Gruppe Karl Roman Scholz, Dr. Karl Lederer und Dr. Jakob Kastelic, phil. Diss. Wien 1963.

Putz, Erna, Franz Jägerstätter besser ... die Hände gefesselt ... Linz – Wien 1985.

Dies. (Hrsg.), Gefängnisbriefe und Aufzeichnungen: Franz Jägerstätter verweigert 1943 den Wehrdienst, Linz – Passau 1987.

Reichart, Elisabeth, Heute ist morgen. Fragen an den kommunistischen Widerstand in Salzburg, phil. Diss. Salzburg 1983.

Rill, Robert, Geschichte des Augustiner-Chorherrenstiftes Klosterneuburg 1938–1945, Wien – Salzburg 1985.

Ritter, Gerhard, Carl Goerdeler und die deutsche Widerstandsbewegung, München 1964.

Rosenkranz, Herbert, Verfolgung und Selbstbehauptung, Wien – München 1978.

Safrian, Hans, Die Eichmann-Männer, Wien – Zürich 1993.

Schärf, Adolf, Österreichs Erneuerung 1945–1955, Wien 1955.

Schärf, Paul, Otto Haas, Eine revolutionärer Sozialist gegen das Dritte Reich, Wien 1967.

Spiegel, Tilly, Frauen und Mädchen im österreichischen Widerstand, Wien – Frankfurt/Main – Zürich 1969.

Stadler, Karl R., Österreich 1938–1945 im Spiegel der NS-Akten, Wien 1966.

Steiner, Herbert, Gestorben für Österreich. Widerstand gegen Hitler. Eine Dokumentation, Wien – Frankfurt/Main – Zürich 1968.

Ders., Käthe Leichter. Leben und Werk, Wien 1973.

Ders., Zum Tode verurteilt. Österreicher gegen Hitler. Eine Dokumentation, Wien – Köln – Stuttgart – Zürich 1964.

Szecsi, Maria/Stadler, Karl R., Die NS-Justiz in Österreich und ihre Opfer, Wien – München 1962.

Szokoll, Carl, Der gebrochene Eid, Wien 1985.

Vogl, Friedrich, Österreichs Eisenbahner im Widerstand, Wien 1968.

Wachs, Walter, Kampftruppe Steiermark, Wien – Frankfurt – Zürich 1968.

Weinzierl, Erika, Aspekte der Hilfe für Verfolgte. Österreich vor und nach dem „Anschluß", in: Günther B. Ginzel (Hrsg.), Mut zur

Menschlichkeit, Hilfe für Verfolgte während der NS-Zeit, Köln 1993.

Dies., Die Anfänge des österreichischen Widerstandes, in: Gerald Stourzh/Birgitta Zaar (Hrsg.), Österreich, Deutschland und die Mächte. Internationale und österreichische Aspekte des „Anschlusses" vom März 1938, Wien 1990, S. 511–526.

Dies., Kurt Skalnik (Hrsg.), Österreich. Die Zweite Republik, 2 Bde, Graz – Wien – Köln 1972.

Dies., Prüfstand. Österreichs Katholiken und der Nationalsozialismus, Mödling 1988.

Dies., Zu wenig Gerechte. Österreicher und Judenverfolgung 1938–1945, Graz 1986[3].

Dokumentationsarchiv des österreichischen Widerstandes (Hrsg.):

- Widerstand und Verfolgung in Wien 1934–1945, 3 Bde, Wien 1975, 1986[3].
- Widerstand und Verfolgung im Burgenland 1934–1945, Wien 1979, 1983[2].
- Widerstand und Verfolgung in Niederösterreich 1934–1945, 3 Bde., Wien 1987.
- Widerstand und Verfolgung in Oberösterreich, 2 Bde, Wien 1982.
- Widerstand und Verfolgung in Salzburg 1934–1945, 2 Bde, Wien – Salzburg 1991.
- Widerstand und Verfolgung in Tirol 1934–1945, 2 Bde, Wien 1984.

Zahn, Gordon C., Er folgte seinem Gewissen. Das einsame Zeugnis des Franz Jägerstätter, (deutschsprachige Ausgabe) Graz 1967.

Fragen

1. Wann hat der österreichische Widerstand gegen den Nationalsozialismus begonnen?
2. In welchen Formen hat er stattgefunden?
3. Gab es österreichische Partisanen?
4. Welche politischen oder religiösen Gruppen waren im Widerstand führend?
5. Hat die Kirche in Österreich Widerstand geleistet und in welcher Form?
6. Gab es österreichischen Widerstand in der Deutschen Wehrmacht?
7. Aus welchen sozialen Gruppen kamen Widerstandskämpfer?
8. Wie viele Opfer hat der österreichische Widerstand gekostet?
9. Wurde der österreichische Widerstand von den Alliierten anerkannt?
10. War der Widerstand für die österreichische nationale Identität von Bedeutung?

Evan Burr Bukey

DIE HEIMATFRONT: VON DER „OSTMARK“ ZU DEN „ALPEN- UND DONAUGAUEN“ 1939–1945

Im Jahre 1986, beinahe ein halbes Jahrhundert nach dem Anschluß, wählten die Österreicher einen angesehenen Diplomaten zu ihrem Staatsoberhaupt, einen Mann, der seinem Land hervorragend und ergeben gedient hatte, und der seinen „tiefsten Respekt“ vor den Märtyrern und Gegnern des NS-Regimes bekundete. Aber auch einen Mann, der seinen Kriegsdienst im Heer des Großdeutschen Reiches hartnäckig verteidigte. Abgesehen davon, daß die bizarre Präsidentschaft Kurt Waldheims einen internationalen Aufruhr provozierte, der beinahe in der völligen diplomatischen Isolation Österreichs endete, hatte sie auf lange Frist gesehen auch einen heilsamen Effekt. Durch sie wurden genauere Untersuchungen der NS-Vergangenheit und des Antisemitismus der Alpenrepublik in Gang gesetzt, woraufhin maßgebliche Literatur über die Zeit des Anschlusses, vor allem aber über die deutsche Invasion, das politische und wirtschaftliche System der Nationalsozialisten, den Konflikt zwischen Kirche und Staat und besonders über den Widerstand in der Bevölkerung gegen das Hitler-Regime veröffentlicht wurde. Von den vielen wissenschaftlichen Büchern und Artikeln, die bis dato erschienen sind, setzten sich aber nur eine Handvoll mit den Erfahrungen der Österreicher während des Zweiten Weltkrieges auseinander – diesem Konflikt, der seit dem Schwarzen Tod im 14. Jahrhundert mehr Menschenleben kostete als irgendeine andere Katastrophe, und der bei jenen, die ihn erlebt hatten, zeitlebens ein mitunter belastendes Erbe hinterließ. Am Beispiel dieses Beitrags wird der Versuch unternommen, einen Überblick über die wichtigsten Aspekte zu geben.[1]

1. Politische und militärische Dimensionen

Der Ausbruch des Zweiten Weltkrieges nur achtzehn Monate nach dem „Anschluß" fiel zeitlich mit dem „Ostmarkgesetz" zusammen, das die Auflösung Österreichs als politische und administrative Einheit vorsah. Obwohl infolge Hitlers Angriff auf Polen die offizielle Durchführung dieses Gesetzes vom 30. September 1939 auf den 1. April 1940 verschoben wurde, waren die Länder des ehemaligen Bundesstaates bereits von Wien losgelöst und in die Struktur des Großdeutschen Reiches eingegliedert worden. Abgesehen von der ehemaligen Hauptstadt, die unter der strengen Kontrolle des Deutschen Reiches blieb, wurden die österreichischen Reichsgaue mitunter auch einer einheimischen politischen Elite aus NS-Führern anvertraut, die Hitler treu ergeben waren, die als Reichsstatthalter und Gauleiter aber zentralistische Kontrolle durchaus ablehnten. Das österreichische Bundesheer war aufgelöst und seine einzelnen Bestandteile in die deutschen Streitkräfte integriert worden. Aufgrund des Wehrmachtssystems der territorialen Rekrutierung blieb jedoch eine Anzahl von größtenteils österreichischen Einheiten bestehen, wenn auch nicht als klar erkennbare eigene Kontingente. Die Behauptung, daß nur reichsdeutsche Verwaltungsbeamte, Generäle und Industrielle während des Krieges Einfluß auf Österreich hatten, ist jedoch irreführend. Jüngste Forschungen machten deutlich, daß „die NS-Herrschaft in vielfacher Hinsicht eine Herrschaft der Österreicher über die Österreicher" war.[2]

Während des Krieges wurde das Leben der Zivilbevölkerung immer stärker vom militärischen Alltag geprägt. Mit den Wehrkreisen XVII und XVIII, die bereits auf österreichischem Boden etabliert waren, errichtete die Deutsche Wehrmacht Ausbildungseinrichtungen, überzog die Städte mit Fliegerabwehrbatterien und vergab Aufträge an ansässige Fabriken. Weiters wurden 1,2 Millionen Männer eingezogen, 240 von ihnen wurden zu oberen Dienstgraden befördert, 326 erhielten das Ritterkreuz und 247.000 von ihnen starben oder wurden als vermißt erklärt – was 20,6 Prozent Gefallenen gleichgesetzt werden kann. Zwischen 1939 und 1945 dienten Österreicher in allen Bereichen der Wehrmacht und der SS. Die meisten von ihnen waren jedoch in „para-österreichischen" Divisionen eingesetzt, die in Norwegen, Rußland und vor allem am Balkan kämpften. Wie aus der Waldheim-Affäre hervorgegangen ist, waren jene, die in Jugoslawien stationiert waren, an Hunderten von Operationen gegen Partisanen beteiligt, und viele von ihnen, wie die 717. Infanteriedivision, auch an Ausschreitungen gegen die Zivilbevölkerung, einschließlich der berüchtigten Massaker in Kraljevo, Kragujevac und Kalávrita. Die Tatsache, daß so viele Österreicher in die Greueltaten am Balkan verwickelt waren, war kein Zufall: Hitler war davon überzeugt, daß seine Ostmärker am besten dafür qualifiziert waren, an den Südgrenzen des Reiches für „Ruhe zu sorgen". Deshalb betraute er sie mit dieser Aufgabe.[3]

Trotz der Militarisierung der Bevölkerung und der immensen Verluste an Menschenleben ist das schwere Schicksal der österreichischen Soldaten während des Zweiten Weltkrieges ein weitgehend unerforschtes Thema. Angesichts der verfügbaren militärischen Aufzeichnungen, die von den National Archives verfilmt worden sind, sowie den umfangreichen Beständen der Archive in ganz Zentraleuropa ist mehr als genug Material vorhanden, um die Geschichte einzelner Einheiten bzw. Kommandanten, sowie das tägliche Leben der Soldaten im Heer rekonstruieren zu können. Solche Studien könnten dann dazu beitragen, die komplexen Gefühle wie Stolz, Erniedrigung und Scham zu verstehen, die das Verhalten so vieler österreichischer Kriegsveteranen und ihrer Familien sowohl während als auch nach dem Krieg geprägt haben. Voruntersuchungen weisen darauf hin, daß der aktive Wehrdienst einen enorm positiven Einfluß auf die Unterstützung des NS-Regimes an der Heimatfront hatte, traditionelle Bindungen dadurch gelockert und die Gesellschaft insgesamt modernisiert wurde. So galt der Dienst im Heer Hitlers sogar in den Dörfern am Land, die dem Nationalsozialismus und dem Anschluß sonst feindlich gegenüberstanden, in höchstem Maße als „Pflichterfüllung“ und „Männlichkeitsbeweis“.[4]

2. Die Wirtschaftslage der Heimatfront

In wirtschaftlicher Hinsicht machte Österreich im Zweiten Weltkrieg im wesentlichen die gleichen Erfahrungen wie das benachbarte Bayern. Hitlers „Ostmark“, die bis zu den letzten beiden Kriegsmonaten von schweren Luftangriffen weitgehend verschont geblieben war, entwickelte sich von einem rückständigen Grenzland, das die Kriegswirtschaft der Deutschen mit Rohmaterialien und Halbfertigprodukten beliefert hatte, zu einer modernen Industriemacht mit qualitativ hochwertig verarbeiteten Produkten. Im März 1938 hatte der „Anschluß“ eine Art „Marshallplan“ (größtenteils finanziert durch Ressourcenentnahme aus Österreich) eingeleitet, mit dem die Arbeitslosigkeit beseitigt und die Produktion auf die Bedürfnisse der deutschen Rüstungsindustrie zugeschnitten wurde. Durch massive Investitionen im Bereich der Infrastruktur und Rohstoffindustrie konnte das Wachstum so stark angehoben werden, daß das BNP 1938 um 12,8 Prozent und im Jahre 1939 um 13,3 Prozent anstieg. In der Landwirtschaft fand eine Verlagerung von der arbeitsintensiven Bewirtschaftung hin zu einem effizienteren, mechanisierten Produktionssystem statt. Trotz massenhafter Plünderungen und Arisierungen jüdischen Eigentums, Exportverlusten und einer unerwarteten Landflucht der Arbeitskräfte verbesserten sich die Lebensbedingungen für den Großteil der Bevölkerung erheblich.[5]

Der Kriegsausbruch führte zu keiner abrupten Veränderung dieser Entwicklung, da kriegsbedingte Restriktionen wie überall im Großdeutschen Reich bereits vorher eingeführt worden waren. So bedeutete die Einführung eines Lohn- und Preisstopps, daß die Gehälter und Löhne weiter hinter jenen im „Altreich“ nachhinkten. Zusätzlich verlangsamte sich das Wachstum während des strengen Winters 1939/40, bedingt durch Verzögerungen im Transportsystem, eingeschränkten Produktionskapazitäten sowie Treibstoff- und Arbeitskräftemangel. 1940 fiel die Industrieproduktion um 2,1 Prozent; Einnahmen aus der Landwirtschaft verringerten sich um 16,1 Prozent. Angesichts des relativ niedrigen Lebensstandards in der Ostmark führte die Konjunkturabschwächung in breiten Schichten zu Desillusionierung und Unzufriedenheit. Parallel dazu verlief jedoch der Aufbau von Schwerindustrieanlagen planmäßig weiter, auch die Beschäftigungszahlen blieben stabil.[6]

In der Zwischenzeit beeinträchtigten die sich steigernden und konkurrierenden Forderungen der Streitkräfte, der Privatindustrie, verschiedener staatlich kontrollierter Unternehmen und der NSDAP eine koordinierte Wirtschaftsführung und zentrale Planung, obwohl die meisten großen Unternehmen in der Ostmark von Reichsdeutschen kontrolliert wurden. Während der ersten beiden Kriegsjahre lag das Schwergewicht vorerst auf der schrittweisen Gewinnung bzw. Raffinierung von mineralischen Bodenschätzen – darunter fällt die Gewinnung von Holz, Magneteisenerz, Blei, Zink, Nitraten, Erdöl und Wasserkraft, und in zweiter Hinsicht die Herstellung von Munition, vor allem 88-mm-Artilleriegranaten. Die im März 1941 erfolgte Eröffnung der „Hermann Göring-Stahlwerke“ in Linz leitete eine neue Entwicklungsphase ein. Nun wurde in den lokalen Hochöfen erstmals die Produktion von Stahl und Panzerplatten für die Rüstungsfabriken von Steyr und St. Valentin in Angriff genommen. Zur gleichen Zeit begannen Flugzeugherstellerfirmen im „Altreich“ mit der Verlegung oder Errichtung von Tochterfirmen in Dornbirn, Bregenz, Innsbruck, Wels und Wiener Neustadt. Trotz akuten Arbeitskräftemangels schnellte das „österreichische“ BNP 1941 um 7,2 Prozent nach oben. Gegen Ende des Krieges produzierten österreichische Fabriken zehn Prozent der Kleinwaffen des Großdeutschen Reiches; 20 Prozent seiner Lokomotiven, 30 Prozent seiner Messerschmitt „Me 109“ Kampfflugzeuge und 55 Prozent seiner Pz Mk IV Panzer.[7]

Wie überall in Hitlers Reich war der Arbeitskräftemangel das größte Problem für die österreichische Kriegswirtschaft. In Wien zum Beispiel war der Mangel an qualifizierten Arbeitskräften so eklatant, daß die Herstellung von Artilleriegranaten eingeschränkt werden mußte. Das Einziehen von Bauern und Landarbeitern (sowie die Requirierung von Zugtieren) war größtenteils dafür verantwortlich, daß die landwirtschaftliche Gesamtproduktion zwischen 1939 und 1944 um zirka 20 Prozent sank. Um diesem Mangel an Arbeitskräften entgegenzuwirken, griff das NS-Regime auf Ausländer und Zwangsarbeiter zurück. Ausländische Arbeitskräfte wurden in ganz Österreich sowohl in der Landwirtschaft als auch in der Industrie eingesetzt, im letzteren Bereich am massivsten, wo die industriellen Kernzonen lagen.[8] Weiters wurde auch der Versuch unternommen, mehr Frauen in den Arbeitsprozeß einzugliedern, was in der „Ostmark“ besser gelang als im übrigen „Großdeutschland“. Nach Ansicht der Historikerin Karin Berger arbeiteten am Ende des Krieges im Vergleich zum „Altreich“ in Österreich proportional gesehen mehr Frauen sowohl in der Schwerindustrie als auch in der Waffenproduktion.[9]

Nach 1942 wurde der ökonomische Sonderstatus der „Ostmark“ in der deutschen Kriegswirtschaft immer deutlicher. Zum einen nahmen die sofort nach dem „Anschluß“ gegründeten Schwermetallindustrien ihre volle Produktion auf und erhöhten ihre Leistung. Dazu gehörten neben den Gießereien und Walzwerken des Hermann Göring-Werk-Komplexes die Aluminiumwerke in Ranshofen, eine Kugellagerfabrik in Steyr, eine Kunstfaserfabrik in Lenzing, Ölraffinerien in der Lobau und die riesigen Messerschmittwerke in Wiener Neustadt. Zum anderen wurden die österreichischen Fabriken, vor allem jene zur Herstellung von Chemikalien, Sprengstoff, Granaten, Panzern – einschließlich der „Tiger“ und „Panther“-Modelle – Angriffswaffen, Lokomotiven und Teilen von Unterseebooten für die gesamte Kriegswirtschaft Deutschlands immer wichtiger. Drittens führte die verstärkte Bombardierung von Industriestädten in Nord- und Westdeutschland durch die Alliierten zur Verlegung spezialisierter Herstellerfirmen in neue Gebiete der „Ostmark", vor allem in die Täler der Steiermark, aber auch nach Oberösterreich und den Wiener Raum. Gegen Ende des Krieges wurde das Land schließlich zu einem Ort der unterirdischen Produktion von synthetischem Treibstoff und Raketenantrieben, wobei bis Kriegsende nur ein Teil fertiggestellt war. Zwischen 1943 und 1945 wurden mit Hilfe von zehntausenden von Zwangsarbeitern aus dem Konzentrationslager Mauthausen produktionsstarke Anlagen u. a. in Wiener Neustadt, Ebensee, Redl-Zipf, Melk und Gusen errichtet.[10] Insgesamt waren in ganz Österreich über 700.000 Kriegsgefangene und zivile ausländische Arbeitskräfte eingesetzt.

Zum Zeitpunkt des Sieges der Alliierten in Europa hatten in der österreichischen Wirtschaft bereits radikale Umstrukturierungsprozesse stattgefunden. Basierend auf einer Kombination von NS-Politik und kriegsbedingten Entwicklungen war es zu einer massiven Umverteilung von (größtenteils jüdischem) Reichtum, einer starken Abnahme der privaten Unternehmen und Banken und einem krassen Rückgang in der traditionellen Konsumgüterherstellung gekommen. Trotz der Bombenschäden existierte eine breit gefächerte Wirtschaftsstruktur mit einem modernen elektrischen Versorgungsnetz, einem Fundament, das durch die Schwerindustrie gebildet wurde, und einem dichten Netz von kleinen Fabriken zur Herstellung qualitativ hochwertiger Fertigprodukte.

3. Soziale Veränderungen

Während des Zweiten Weltkrieges fanden auf österreichischem Gebiet auch bedeutende sozialpolitische Veränderungen statt, obwohl neue Entwicklungen schon vor Hitlers Invasion in Polen eingesetzt hatten. Sofort nach dem „Anschluß" hatten die Nationalsozialisten beispielsweise Maßnahmen zur Trennung von Kirche und Staat gesetzt.

Diese bestanden in der Auflösung des Konkordats von 1933, der Säkularisierung der Schulbildung, der Einführung der obligatorischen standesamtlichen Eheschließung und der Legalisierung von Scheidungen, die in gegenseitigem Einverständnis vollzogen werden konnten. In weiterer Folge fand eine Ausweitung der deutschen Sozialleistungen in Form umfassender Verbesserungen der Kranken- und Pensionsversicherung sowie der Gesundheits- und Sicherheitsvorschriften am Arbeitsplatz statt. Das NS-Regime hatte überdies mit der Errichtung von preisgünstigen Wohnbauprojekten begonnen: Die Enteignung von 70.000 jüdischen Wohnungen war beinahe abgeschlossen. Neue Arbeitsplätze wurden für hunderttausende Österreicher geschaffen, und zwar nicht nur für Arbeiter, sondern auch für den mobilen „neuen Mittelstand“ von Managern, Technikern und Angestellten.[11]

Während der Jahre, in denen Hitler Kriegserfolge für sich verbuchen konnte, wurden kultur- und sozialpolitische Maßnahmen, die 1938 eingeleitet worden waren, weiter ausgebaut. Das NS-Regime brachte hohe Summen für die Förderung von Musik, der schönen Künste und Literatur auf: einiges an Mitteln floß in die Salzburger Festspiele, die Wiener Oper und das Theater in Graz; die Renovierung von Hitlers Lieblingsstadt Linz wurde in Angriff genommen, mit der Absicht, sie zu einem „Parnaß an der Donau“ umzugestalten. Obwohl Goebbels Ballveranstaltungen mit Tanz verboten hatte, strömten die Menschen in Massen in die Kinos und Varietés. Kaffeehäuser blieben geöffnet, der Tourismus blühte, Fußballspiele zogen große Menschenmengen an. Sogar auf dem Lande, in entlegenen Dörfern und Bauernhöfen boten Truppen von Artisten und Musikern Live-Unterhaltung. Der noch relativ weit entfernte Krieg berührte das tägliche Leben nur wenig.[12]

Das bedeutet nun aber nicht, daß der Krieg auf die „Heimatfront“ keinen Einfluß hatte. Wie bereits gesagt, wurde durch die Einführung von Rationierungsmaßnahmen sowie Lohn- und Preiskontrollen der Lebensstandard in Österreich auf einem Niveau eingefroren, das zehn Prozent unter dem des „Altreiches“ lag. Kürzungen in der Entlohnung von Überstunden und ein Kriegssteuerzuschlag vergrößerten den Abstand, was eine Erhöhung der Lebenshaltungskosten und teilweise Unzufriedenheit mit Separationstendenzen hervorrief. Einem 1941 verfaßten vertraulichen Bericht zufolge sank das Realeinkommen der Wiener Arbeitnehmer in den Jahren nach dem „Anschluß“ um ganze 20 Prozent.[13] In den Entwicklungsgebieten des Westens und der Steiermark verbesserte sich jedoch die materielle Situation, da die Gemeinden von der Vergrößerung militärischer Stützpunkte, der Erschließung von Urlaubsgebieten und der Schwermetallindustrie profitieren konnten. In Linz wurden beispielsweise bis 1943/44 etwa 2700 Gebäude mit 11.000 Wohnungen errichtet; in den steiermärkischen Städten Bruck an der Mur, Judenburg, Leoben und Mürzzuschlag stieg die Zahl der Wohnungen von 62.487 im Jahre 1939 auf 82.675 im Jahre 1945. Die neuen Wohnungen, die sowohl von der Privatindustrie als auch von staatlicher Seite finanziert wurden, entsprachen üblicherweise dem neuesten Standard und waren mit modernen Sanitäranlagen inklusive Bad bzw. Dusche ausgestattet.[14] Weitere staatliche Sozialmaßnahmen hielten in den ersten Kriegsjahren mit dieser Entwicklung Schritt. 1940 wurden beispielsweise Unterstützungeaktionen für schwangere Frauen auf die „Ostmark“ ausgedehnt, was für tausende arbeitende, zukünftige Mütter durch die Reduzierung von Überstunden, die Erhöhung der Wochenlöhne und vor allem durch die Einführung des gesetzlichen Mutterschutzes große Erleichterungen brachte. Daher ist es nicht verwunderlich, daß die ohnehin hohe Geburtenrate weiterhin hoch blieb, und in Österreich noch im Jahre 1943 40.000 Kinder mehr auf die Welt kamen als im Jahre 1937.[15]

Natürlich bestand das Ziel der NS-Sozialpolitik im Krieg nicht darin, die individuelle Situation der Deutschen oder Österreicher zu verbessern. Diese war vielmehr das Mittel zum Zweck, die „arische Volksgemeinschaft“ mit Hilfe technologischer Modernisierung, volksschützender Gesetze und einem „rassenhygienischen Programm“ zu stärken, das einerseits selektive Aufzucht, andererseits die Vernichtung „lebensunwerten Lebens“ als auch „rassisch unreiner“ Menschen einschloß. Die Sozial- und Rassenpolitik der Nationalsozialisten in Österreich tendierte dazu, die Beseitigung der verhaßten jüdischen Minorität als Möglichkeit zu sehen, um die latente Wohnungsnot zu beseitigen und gleichzeitig das Volk, einen an sich „gesunden Organismus“, von einem „Parasiten“ befreien zu können. Daß die NSDAP 1938 in der „Ostmark“ in bezug auf die Judenverfolgung mehr Macht ausübte als im „Altreich“, lag daran, daß sie hier einen größeren Spielraum für noch radikalere Maßnahmen besaß. Es war also kein Zufall, daß die schon im Oktober 1939 erfolgten ersten Judendeportationen vom Großdeutschen Reich nach Polen von Wien ausgingen.[16]

Durch die am 1. Jänner 1940 erfolgte Ausweitung des Gesetzes zur „Verhütung erbkranken Nachwuchses“ auf Österreich (in Deutschland seit 1933 in Kraft) konnten Ärzte mit der Sterilisation von mindestens fünftausend Patienten beginnen, die an Schizophrenie, manischer Depression, Huntingtonscher Chorea, Blindheit oder chronischem Alkoholismus litten. Im Sommer darauf dehnten Ärzte des Pharmakologischen Instituts der Medizinischen Fakultät der Universität Wien die Behandlung auch auf Zigeuner aus, die in einem Lager in Lackenbach[17] im Gau Niederdonau interniert waren, wobei sie an ausgewählten Insassen auch medizinische Experimente durchführten. Von 11.000 Zigeunern, die zur Zeit des „Anschlusses“ in Österreich lebten, sollten nur 4500 den Krieg überleben. Unterdessen begannen in der Euthanasieanstalt auf Schloß Hartheim in der Nähe von Linz ausschließlich lokal ansässige Ärzte, Krankenschwestern und Techniker mit der Tötung körperlich Behinderter. Bis Kriegsende wurden 20.000 Patienten und 10.000 Gefangene aus Konzentrationslagern vergast. In der Klinik „Am Steinhof“ in Wien ging die Belegschaft daran, sich auf die Tötung schwerst behinderter Kinder und Halbwüchsiger zu spezialisieren. Wieviel andere Körperbehinderte oder soziale

Außenseiter – Homosexuelle, Prostituierte, Stadtstreicher, Arbeitsscheue, „Rassenmischlinge“ – in der „Ostmark“ vor 1945 interniert, sterilisiert oder durch Zwangsarbeit getötet wurden, ist nicht bekannt. Zu Beginn des Krieges hatte man allein in Wien die Zahl der potentiellen Opfer auf etwa 320.000 geschätzt.[18]

Die „Ostmark“ war schon vor 1939 ein Experimentier- und Testfeld für extreme antijüdische Maßnahmen gewesen.[19] Obwohl während der 18 Monate nach dem „Anschluß“ in Österreich mehr als 50 Prozent der 220.000 Juden zur Emigration gezwungen worden waren, hielten sich zu Beginn des Krieges immer noch beinahe 100.000 Juden in Wien auf. Anders als in den meisten Gebieten des Großdeutschen Reiches gab es hier starken öffentlichen Druck, sie ein für allemal loszuwerden. Die österreichischen Nazis trieben die Emigration voran und schafften es dabei, mehrere Versuchsdeportationen durchzuführen, bevor Himmlers SS die systematische Vertreibung übernahm und von Oktober 1941 bis September 1942 die österreichischen Juden in die Ghettos bzw. Arbeitslager und anschließend in die Gaskammern nach Polen schickte.[20] Die Ausweitung des Konzentrationlagersystems ging von der Zentrale in Mauthausen aus und stand in engem Zusammenhang mit der NS-Politik in der Ostmark. Hier kamen zwischen 1938 und 1945 ungefähr 95.000 bis 100.000 Gefangene aus dem NS-besetzten Europa durch Zwangsarbeit um. Gegen Ende des Krieges befanden sich in der gesamten „Ostmark“ 49 Lager, 20 davon allein in Oberösterreich – wo es die größte Ansammlung an Konzentrationslagern im gesamten Großdeutschen Reich, mit Ausnahme von Thüringen, gab[21], wobei die hohen Häftlingszahlen in Österreich mit der Evakuierung der Lager weiter im Osten zusammenhängen. Insgesamt starben über 100.000 Österreicher, davon 65.000 Juden, aufgrund von Unterdrückungs- und Verfolgungsmaßnahmen durch Gestapo und SS, die meisten von ihnen während des Zweiten Weltkrieges.

4. Die Moral unter der Zivilbevölkerung

1986 verteidigte der österreichische Bundespräsidentschaftskandidat Kurt Waldheim seine Kriegsdienste in der Heeresgruppe E mit der Feststellung, er habe während des Krieges nur seine Pflicht getan wie zehntausende andere Österreicher auch.[22] Seine vielzitierte Aussage spiegelt jedenfalls die subjektive Wahrheit wider: In der Zeit zwischen 1939 und 1945 reagierten die Österreicher auf Hitlers Krieg „nicht anders als der Großteil der Deutschen".[23] Wie überall im Deutschen Reich war die Stimmung differenziert, facettenreich und oft abhängig von den unterschiedlichen sozialen Milieus, politischen Gruppen oder Glaubensrichtungen. Auch die Zahl derer, die mit dem Regime nicht einverstanden waren und sich in passivem Widerstand befanden, war relativ groß. Aber obwohl grob geschätzte zehn Prozent der Österreicher das NS-Regime bewußt ablehnten, traten 693.007 von ihnen der Partei und 20.000 der SS bei. Der Rest gab den deutschen Kriegsbemühungen, zumindest bis zur Schlacht bei Stalingrad 1942/43, wenn nicht sogar darüber hinaus, seine Zustimmung.[24]

Anhand eingehender Untersuchungen des österreichischen Stimmungsbarometers während des Krieges lassen sich Trends und Schwankungen erkennen, die denen im „Altreich", besonders in Bayern, entsprachen. Wie in anderen Regionen von Hitlers Reich reagierte die österreichische Bevölkerung auf den Ausbruch der Feindseligkeiten mit einer Mischung aus Verstörung, Apathie und Verzweiflung. In Wien wurden weitere Forderungen nach neuen Restriktionen für die Juden laut. Der Blitzkrieg der Wehrmacht in Polen beseitigte jedoch bald die Befürchtungen und zog Erleichterung, Freude und Bewunderung nach sich.[25] Später dann, in der Zeit des „Sitzkrieges", waren die meisten Österreicher sowie andere Deutsche der Überzeugung, daß Hitler nur Frieden wollte. Trotz weitverbreiteter Unzufriedenheit der katholischen und österreichbewußten Bevölkerung, besonders in Wien, reagierte die breite Masse auf den am

9. November 1939 im Bürgerbräukeller in München durchgeführten Anschlag auf den Diktator nahezu einhellig mit Schock, Empörung und Zorn.[26] Schenkt man dem Sicherheitsdienst (SD) in St. Valentin Glauben, so „hat das Attentat auf den Führer allenthalben die größte Entrüstung hervorgerufen und wurde von der ganzen Bevölkerung, ungeachtet der politischen Einstellung, auf das schärfste verurteilt".[27]

Während des harten Winters 1939/40 kam es in Großdeutschland zu einer massiven Kohlenknappheit, was zusätzliche Ängste vor einer Hungersnot und Unterernährung entstehen ließ. Obwohl Wien nicht stärker betroffen war als andere Städte auch, richteten viele Österreicher ihre Frustration auf Berlin, indem sie die „Reichsbürokraten" für die Knappheit an Treibstoff, Lebensmitteln und Kleidung verantwortlich machten. Sowohl der Beginn des Frühlings als auch Hitlers spektakuläre Siege im Westen führten zumindest vorübergehend zu einer Lockerung der Spannungen und rief bei den meisten Österreichern beinahe grenzenlose Bewunderung für den Führer hervor.[28] Da die meisten Österreicher den deutschen Wunsch nach Rache gegen Frankreich nicht vollständig teilten, hielt die Kriegseuphorie nicht lange an. Bereits im Herbst gab es erneut Klagen über hohe Preise und niedrige Löhne, die mit denen im Reich nicht übereinstimmten, Streitereien auf den Märkten über Mangel an frischen Produkten, Kleidung und Schuhen, und das Bewußtsein, daß ein neuer Kriegswinter bevorstand, wurde in den Menschen wieder wach. Da die Nationalsozialisten ihre antiklerikalen Maßnahmen fortführten und die Zahl der Arbeitskräfte auf den Bauernhöfen immer mehr abnahm, kam es auch auf dem Land zu wachsender Unzufriedenheit.[29]

Ende 1940 ernannte Hitler Baldur von Schirach – anstatt eines österreichischen Nationalsozialisten – zum Gauleiter der Stadt Wien. Dies war dann auch einer der Hauptgründe dafür, daß die partikularistisch eingestellten Gruppen ihrem Ärger Luft machten. Angesichts des starken Konjunkturrückganges sahen sich die Wiener mit der noch immer ungelösten Wohnungsnot, der Verlagerung von Arbeitsplätzen in der Produktionsindustrie in den Westen, steigenden Preisen und einer immer größer werdenden, kriegsbedingten Verknappung konfrontiert. Die Tatsache, daß Schlüsselpositionen im Verwaltungsbereich und von Gemeinden geförderte Stellen weiterhin an „preußische Ämterjäger" vergeben wurden, trug zum bereits bestehenden Ärger bei. Infolgedessen kam es in Gasthäusern und Theatern zu Konfrontationen bzw. auf den Fußballplätzen zu Ausschreitungen, die Schirach am 17. November sowohl die Reifen als auch die Fenster seiner Limousine kosteten.[30]

Obwohl Hitler Wien einmal als „rebellische Metropole an der südöstlichen Reichsgrenze" bezeichnet hatte[31], bedeutete der Ausbruch antideutscher Gefühle in der Stadt an sich keinen grundsätzlichen Bruch mit dem Nationalsozialismus oder der Kriegsmoral, sondern war lediglich ein Steinchen in einem Mosaik, das sich aus Ernüchterung und Unzufriedenheit zusammensetzte, eine Stimmung, die im Winter 1940/41 in ganz Großdeutschland herrschte. Tatsächlich hatte eine große Anzahl von Einberufungsbefehlen kurz vor Weihnachten zu einer drastischen Verminderung der zivilen Arbeitskräfte geführt, wodurch die grundlegende Versorgung in der Stadt und auf dem Land nicht mehr gewährleistet werden konnte und der Import von tausenden Arbeitskräften aus dem Ausland nötig wurde. Die Stimmungslage wurde noch verschlimmert, als NS-Funktionäre in katholischen Regionen ihre Angriffe auf die Kirche intensivierten, indem sie neue Restriktionen in bezug auf die klerikale Presse verordneten, religiöse Feiertage einschränkten und klösterliches Eigentum konfiszierten. Nach allem, was man weiß, waren viele religiös denkende Menschen 1941/42 ziemlich deprimiert. Ein Grund dafür war sicherlich die lange Dauer des Krieges; ein weiterer lag in dem erneuten Angriff auf die katholische Religion und kirchliche Institutionen. Dies führte denn auch in zahlreichen Städten und Dörfern sowohl in Bayern als auch in Österreich zu Protesten von Kirchgängern und Geistlichen, von denen viele offen gegen die NSDAP gerichtet waren.[32]

Dennoch herrschte insgesamt weiterhin gute Moral in der breiten Öffentlichkeit. Die Zahl der österreichischen NSDAP-Mitglieder blieb gleich bzw. stieg, wie im Falle Oberösterreichs, sogar beachtlich an. Außerdem begannen sich die wirtschaftlichen Bedingungen besonders nach der Ausweitung des Wintertourismus in Tirol und Salzburg und der Eröffnung neuer Industrieunternehmen in Linz zu verbessern. Sogar in Wien weckten Versprechungen von Wirtschaftshilfe und die Wiederaufnahme jüdischer Deportationen neue Hoffnung für die Zukunft. Letztendlich führte Hitlers beeindruckende Eroberung von Jugoslawien und Griechenland im Frühling vor allem in Kärnten und in der Steiermark zu neuem Enthusiasmus über die militärischen Erfolge des Regimes.[33]

Wie für viele Deutsche kam das „Unternehmen Barbarossa“ auch für die Österreicher völlig überraschend. Aussagen des SD zufolge löste die erste Ankündigung besonders bei Hausfrauen mit Ehemännern und Söhnen, die in Polen stationiert waren, „große Bestürzung“ aus. Nachrichten von spektakulären Siegen konnten gegen Ende des Sommers zwar ein gewisses Vertrauen wiederherstellen, doch bereits vor Hitlers Rückschlag vor Moskau gab es hinter der offiziell „ruhigen und gefaßten Stimmung“ erneut Gefühle der Enttäuschung und Besorgnis. Überdies sorgten erneute Restriktionen im kirchlichen und religiösen Bereich durch die Nationalsozialisten und die zunehmende Reglementierung der landwirtschaftlichen Produktion bei der ländlichen Bevölkerung weiterhin für Aufregung und Ablehnung. Doch über dem generellen Unbehagen schwebte sowohl die enorme Bewunderung für Hitler als Feldherr und Heerführer als auch die Erklärung der österreichischen Bischöfe, die dem Regime ihre Unterstützung ausgesprochen hatten. Am 27. November ordneten die Bischöfe sogar die Verlesung eines Hirtenbriefes an, in dem Hitlers antikommunistischer Kreuzzug „gegen ein Reich, das seine Untertanen in bisher unerhörtem Maße unterdrückt [und] gegen eine Weltanschauung, die für die ganze abendländische Kultur von nicht abzusehender Gefahr ist“[34], gutgeheißen wurde.

Deshalb glaubte man Ende 1941 immer noch fest an einen Sieg Hitlers. Obwohl um Weihnachten herum Gerüchte über Rückschläge und Rückzüge zu kursieren begannen, begriffen nur wenige Österreicher die Ernsthaftigkeit der sich verschlechternden Situation an der Front. Wie überall im Reich betrachteten deshalb die meisten Menschen Japans Angriff auf Pearl Harbor als Möglichkeit, den Krieg zu verkürzen. Erst im Februar 1942 wurden größere Befürchtungen seitens der Bevölkerung bezüglich des Schicksals der deutschen Streitkräfte laut, vor allem aufgrund des drastischen Anstiegs der Kriegsopferzahlen, die auf Plakaten aufschienen, welche auf den Dorfplätzen angeschlagen wurden. Von da an sank die Moral der Bevölkerung auf einen Tiefpunkt, stieg jedoch im Sommer 1942 mit der Wiederaufnahme der Offensive in Rußland wieder an. Laut Berichten der Sicherheitsorgane hoffte beinahe jeder, einschließlich der Arbeiter und Kleinbauern, auf einen Sieg. Der SD bestätigte zwar die Hartnäckigkeit der antideutschen Stimmung in Wien und in einer Reihe von Urlaubsorten in den Alpen, es gab jedoch wenig Beweise für eine Desillusionierung in bezug auf Hitler oder seine Kriegsanstrengungen. Ganz im Gegenteil. Sowohl die österreichischen Soldaten als auch die Zivilbevölkerung taten alles in ihrer Macht stehende, um die von der NS-Propaganda erklärten Feinde Deutschlands zu besiegen.[35]

5. Die Auswirkungen von Stalingrad

Einem Großteil der Berichte zufolge führte der Schock über Hitlers Niederlage bei Stalingrad dazu, daß sich Österreich aus seinem Bann löste.[36] Ein schwedischer Korrespondent berichtete damals aus Wien von einem „starken Solidaritätsgefühl, einer Renaissance des österreichischen Patriotismus“, Tendenzen, die bereits zur aktiven Opposition gegen die deutsche Herrschaft geführt hätten.[37] Sicherheitsorgane berichteten von einem Wiedererwachen des österreichischen Patriotismus auch außerhalb der Metropole. Es gab antinationalsozialistische Parolen, und hie und da waren „Heil Österreich!“ Rufe zu hören. Nach Ansicht des sozialistischen Politikers Adolf Schärf sei bis zum Sommer 1943 „die Liebe zum Deutschen Reich [...] den Österreichern ausgetrieben worden“.[38]

Genaue Untersuchungen des heute verfügbaren Dokumentenmaterials ergeben, daß das Debakel bei Stalingrad die Moral unter der Zivilbevölkerung in Österreich zweifelsohne stark schwächte und überdies eine Zunahme separatistischer Gefühle und regimekritischer Aktivitäten zur Folge hatte. Es besteht trotzdem kein Grund zu der Annahme, daß die Antwort der Bevölkerung mehr als eine Form der Reaktion war, eine natürliche Tendenz, sich in Krisenzeiten wieder auf regionale Identität zurückzuziehen. Tatsächlich lagen solche Berichte über ähnliche Reaktionen auch in Schwaben und Bayern vor. Überdies bestanden die meisten Österreicher darauf, Hitler von der Verantwortung für die militärischen Rückschläge oder Notzustände an der Front freizusprechen. Das Vertrauen in seine Führungsqualitäten blieb ungetrübt. Nach einem seiner seltenen Auftritte in der Linzer Öffentlichkeit an einem Sonntag im April 1943 erlebte die Moral der Bevölkerung wieder einen deutlichen Höhenflug.[39]

Wie viele österreichische Historiker betont haben, steht es außer Zweifel, daß Widerstandsaktivitäten nach Stalingrad sowohl zahlenmäßig als auch im Hinblick auf ihre Reichweite zunahmen. Diese waren aber keineswegs nur auf Österreich beschränkt. Anders als im „Altreich“ fand hier kein offener Ausbruch der Zivilcourage statt, wie dies bei der heroischen Widerstandsgruppe der Weißen Rose in München der Fall war. Welche Solidaritätsgefühle Österreicher auch immer bewegt haben mögen, sie waren weder pazifistischer noch humanitärer Natur. Die generelle Stimmung war, wie ein amerikanischer OSS-Berichterstatter bemerkte, „Hoffnung auf ein frühes Ende des Krieges und damit auf ein

Entrinnen vor den Konsequenzen des Krieges und des Kommunismus“.[40]

Jüngsten Untersuchungen zufolge war es nicht so sehr Hitlers Niederlage bei Stalingrad, die bei den Österreichern Schaudern hervorrief, sondern vielmehr der Verlust Siziliens und der Sturz Mussolinis. Das italienische Desaster bedeutete, daß die schreckenserregende Aussicht, von alliierten Bombern, die von Foggia in Italien aus operieren würden, vernichtet und bei lebendigem Leib verbrannt zu werden, zur Realität werden könnte. Über Nacht tauchten ganze Ströme von amerikanischen Flugzeugen über dem Unterinntal auf, und am 13. August 1943 beschädigten 61 B-24 „Liberators“ die Messerschmittwerke in Wiener Neustadt schwer. Als dann aber Italien am 9. September zum anglo-amerikanischen Lager überlief, stellten sich die meisten Österreicher voll hinter Hitler, in dem Bestreben, an einem „traditionellen Feind“ für seinen Betrug an den Achsenmächten Rache zu üben.[41]

6. Die Moskauer Deklaration

Ironischerweise kamen die Alliierten in bezug auf die Auswirkung der italienischen Kapitulation auf die Stimmung der Österreicher zu völlig anderen Schlüssen. Im Bewußtsein wachsender Konflikte zwischen Österreichern und Deutschen und im Glauben an Berichte von Exilösterreichern über weitverbreiteten Widerstand und Sabotagehandlungen gegen die NS-Kriegsbemühungen arbeiteten anglo-amerikanische Planungsstäbe eine Propagandaerklärung aus, die darauf ausgerichtet war, eine Revolte anzuzetteln. Das Ergebnis war die Moskauer Deklaration vom 1. November 1943. Dieses Dokument, das die Wiederherstellung der österreichischen Unabhängigkeit nach dem Krieg versprach, war jedoch eigentlich, wie Robert Keyserlingk aufgezeigt hat, als „Propagandatrick zur Beschleunigung der Niederlage von Nazideutschland“ entworfen worden.[42]

Daß die Moskauer Deklaration nach dem Krieg tatsächlich zu einem Eckpfeiler für die Politik der Alliierten und für die Zweite Republik werden sollte, kann als weitere Ironie des Schicksals betrachtet werden. Zur Zeit ihrer Veröffentlichung schien sie weder von den Alliierten noch von den Österreichern wirklich ernst genommen worden zu sein. Eine systematische Untersuchung der Reaktionen der Bevölkerung auf die Erklärung der Alliierten steht zwar noch aus (eine eigenartige Vernachlässigung jener österreichischen Historiker, die bestrebt sind, Beweise für einheimischen Widerstand gegen die NS-Herrschaft aufzuzeigen), es läßt sich aber bereits jetzt mit ziemlicher Sicherheit sagen, daß die Moskauer Deklaration keine Triebfeder für österreichischen Patriotismus oder politische Opposition darstellte. Unbestritten ist freilich, daß sie jenen Mut machte, die bereits an aktiven Widerstandsbewegungen beteiligt waren, doch wie der SD bemerkte: Diese Frage sei in der Bevölkerung stark erörtert worden. Die Tatsache, daß man wieder einen österreichischen Staat errichten wolle, habe bei den Volksgenossen „alte Erinnerungen" wachgerufen. Man knüpfe daran z. B. in Wien die Hoffnung, daß die Stadt von feindlichen Luftangriffen verschont bleiben werde, da nach der Moskauer Auffassung „Österreich" ja ein besetztes Land sei. Günstig habe die Veröffentlichung „Wir österreichischen Balkanesen" in der *Oberdonauer Zeitung* vom 6. November insofern gewirkt, als sie den Lesern deutlich vor Augen geführt habe, daß nur die „Ostmark" selbst den Gedanken der Feinde an eine Wiedererrichtung „Österreichs" zunichte machen könne.[43]

7. Desillusionierung, Dissens, Desintegration

Im Winter 1943/44 bewegte sich die öffentliche Stimmung überall in Großdeutschland, einschließlich der „Ostmark", auf einen Tiefpunkt zu. Aussagen der Sicherheitsorgane zufolge waren die Österreicher „apathisch", „nervös" und „ziemlich gleichgültig gegenüber guten und schlechten Nachrichten". Der SD berichtete auch von einer drastischen Zunahme defätistischer und gegen Hitler gerichteter Reaktionen. Doch trotz wachsender Unbeliebtheit des NS-Regimes gab es kaum Anzeichen dafür, daß die leidende, stille Mehrheit der österreichischen Bevölkerung bereit war, sich aktiv gegen das Regime aufzulehnen. Die Reaktion der Bevölkerung auf die Nachricht vom mißglückten Attentat auf Hitler vom 20. Juli 1944 war auch geprägt von Schock, Zorn und Bestürzung. Innerhalb aller Gesellschaftsklassen im Gau Niederdonau folgte auf das anfängliche Entsetzen ein Ausbruch an Erleichterung und Freude über das an ein „Wunder grenzende Entkommen" des Diktators. Als mehr Details über den Offiziersputsch bekannt wurden, reagierten die Menschen mit Betroffenheit, Empörung und Entrüstung auf den Verrat so vieler hochrangiger Heeresoffiziere zu einer Zeit militärischer Krisen in West und Ost.[44] Der Oberlandesgerichtspräsident in Linz schrieb zum Beispiel: „Die Täter fanden nicht die geringsten Sympathien und wurden allgemein verabscheut. Äußerungen, die das Attentat gutgeheißen hätten, sind mir bisher überhaupt nicht zur Kenntnis gelangt."[45] In Wien berichtete der Generalstaatsanwalt später, „die Bevölkerung selbst äußerte im allgemeinen ihren Abscheu vor dem Verbrechen des 20. Juli. Anzeigen wegen Gutheißung dieser Ereignisse sind bis jetzt nur ganz vereinzelt erstattet worden."[46]

Andererseits breiteten sich Desillusionierung und Entmutigung metastasenhaft aus. Spätestens als die Alliierten österreichische Städte 1943/44 bombardierten, herrschte Berichten des Sicherheitsdienstes zufolge beinahe überall Defätismus und Verzweiflung. Auch die Zahl der anonymen Drohbriefe gegen die NS-Oberbefehlshaber nahm beträchtlich zu, und zum ersten Mal wurden echte Bedenken in Hinsicht auf Untergrundaktivitäten von Widerstandsgruppen, darunter vor allem die katholische „Österreichische Freiheitsbewegung", laut.[47] Daß Menschen und Gruppen vereinzelt die NS-Herrschaft seit der Zeit des Anschlusses bekämpft hatten, ist dank der Publikationen des Dokumentationsarchivs des österreichischen Widerstandes gut belegt und allgemein bekannt.[48] Ohne den Heroismus der wenigen Österreicher, die sich Hitler gegenüber behauptet hatten, zu verniedlichen oder in Frage zu stellen, sollte man sich dennoch ins Gedächtnis rufen, daß bis zu den letzten Tagen des Krieges kaum organisierte oder koordinierte Widerstandsaktivitäten stattgefunden hatten. Anders als im „Altreich" kam es hier nie zu einer Verschwörung von Patrioten, mit dem Ziel, das Regime zu stürzen, und nur eine Handvoll Untergrundeliten waren gewillt, das Stauffenberg-Komplott zu unterstützen. Aus der Sicht eines Engländers, mutet es sowohl grotesk als auch lächerlich an, daß Adolf Schärf seine Weigerung, sich den mutigen Männern des 20. Juli 1944 anzuschließen, nur damit rechtfertigte, daß sie in ihre Plänen keine Maßnahmen für ein wiedererstandenes Österreich einbezogen hatten. Fred Parkinson hat wohl recht mit seiner Meinung, daß „ein liberales, gegen das Naziregime gerichtetes Deutschland, das Österreich einschloß, einer weiteren NS-Herrschaft vorzuziehen war".[49]

Und dennoch beteiligten sich während des Zweiten Weltkrieges mindestens 100.000 Österreicher, meist aus Kommunisten- oder Legitimisten-Kreisen, an einer Art aktiven Widerstand. Sie beschränkten ihre Aktivitäten in erster Linie auf Propaganda gegen die Nazis, erhielten jedoch seitens der Bevölkerung nur wenig Unterstützung, und das, obwohl die Menschen bestimmte Aspekte der Diktatur Hitlers durchaus mißbilligten. In den Kärntner Grenzgebieten, wo Partisanengruppen deutsche Truppen in Kämpfe verwickelten, war die Reaktion der Bevölkerung sogar negativ bis feindlich.[50]

Die Anzeichen sprechen dafür, daß im Winter 1944/45 Xenophobie und Patriotismus in der Vorstellungswelt der breiten Masse als Lösung der österreichischen Probleme miteinander verschmolzen. Während die Österreicher immer noch zögerten, ihre engen Bindungen zu Hitler zu lösen, neigten viele dazu, ihre Vettern im Deutschen Reich für den Krieg und die damit einhergehenden Katastrophen verantwortlich zu machen; viele glaubten, daß sie sich der Verantwortung für ihre NS-Verbrechen entziehen könnten, wenn sie die Prinzipien der Moskauer Deklaration akzeptierten, und erhofften damit eine bessere Behandlung durch die Alliierten. Gleichzeitig war man auch dazu entschlossen, einer Invasion durch die gefürchtete Rote Armee standzuhalten. Da sich die meisten Menschen bewußt waren, daß der Krieg verloren war, stellte sich nunmehr die Frage, wer das Land zuerst besetzen würde.

Als amerikanische, französische, britische und sowjetische Streitkräfte aus vier Richtungen auf Österreich vorrückten, kam es zur Bildung von aktiven Widerstandsgruppen, deren Ziel es war, sinnlose Zerstörungen zu verhindern und dem Blutvergießen ein Ende zu bereiten. Angesichts der angsterfüllten, verwirrten und ambivalenten Gefühle der Österreicher waren die Auswirkungen unterschiedlicher Natur: In Wien wurde Major Szokolls militärische Untergrundgruppe O5 Opfer widriger Umstände und konnte deshalb die Stadt nicht an die Russen ausliefern; in Oberösterreich boten Gruppen von Freiwilligen den Amerikanern Unterstützung, indem sie die Kapitulation einer Reihe von Städten und Dörfern vor dem Eintreffen US-General Pattons Dritter Armee gewährleisteten; in Tirol kam es zu einer spektakulären Widerstandsaktion unter Karl Grubers Leitung, wodurch Innsbruck ohne Unterstützung von außen befreit werden konnte; in Kärnten und in der Steiermark blieben NS-Gauleiter solange an der Macht, bis der Krieg zu Ende war.[51]

8. Abschließende Bemerkungen

Während des Zweiten Weltkrieges erlebte die österreichische „Heimatfront" eine atemberaubende Periode der Industrialisierung und sozialen Modernisierung. Dadurch wurden einerseits gesellschaftspolitisch neue Chancen geschaffen, andererseits festgefügte Familienbande gelockert und die Autorität traditioneller Eliten geschwächt. Für Hitlers menschenverachtende, heidnische und pseudowissenschaftliche Theorien wurde das Land zu einem Ort, an dem unterschiedlichste Projekte, vom Massenmord an „Untauglichen und Lebensunwerten“ bis hin zur Massenproduktion von Raketenantrieben, realisiert wurden. Für die große Zahl jener, die von der Umverteilung der Ressourcen oder von der neuen, leistungsstarken Wirtschaft oder von beiden profitieren konnten, war es gar kein so schlechter Krieg. Für die anderen waren die geistigen und körperlichen Leiden letztendlich unerträglich: 247.000 Soldaten wurden getötet oder für vermißt erklärt, 65.459 Juden durch Verfolgung und Holocaust vernichtet, 24.300 Zivilisten bei Luftangriffen getötet, 32.600 Andersdenkende in Gestapo-Gefängnissen oder Konzentrationslagern in den Tod getrieben, 2700 Patrioten wegen Widerstand exekutiert. Während des Zweiten Weltkrieges mußten über 327.000 Österreicher oder 5,6 Prozent der Bevölkerung ihr Leben lassen, zehntausende davon an der sogenannten „Heimatfront“.[52] Nicht zuletzt deshalb lagen Hitler bzw. Waldheim in ihrer Einschätzung der Situation richtig, daß die „Heimatfront“ nie zusammenbrechen würde bzw. die Kriegsgeneration Großdeutschland gegenüber „ihre Pflicht“ erfüllt hatte.

1 Da es in der modernen Kriegsführung, besonders im Bereich des Luftkrieges, keine klassische Trennung zwischen dem Kriegsschauplatz und dem Hinterland gibt, fungiert die „Heimat“ auch als Front, d. h., die Zivilbevölkerung wird in die Geschehnisse miteinbezogen, Propagandamaßnahmen werden zwecks ihrer Beeinflußung gesetzt, „Selbstschutz“ organisiert und weitere Vorkehrungen zur Stabilisierung des Systems getroffen. Umfangreiche Darstellungen der Erfahrungen von Österreichern im Zweiten Weltkrieg existieren nicht, zahlreiche Hinweise finden sich aber in: Wolfgang Neugebauer (Hrsg.), Österreicher und der Zweite Weltkrieg, Wien 1989; Thomas Albrich/Arno Gisinger, Im Bombenkrieg. Tirol und Vorarlberg 1943–1945 (Innsbrucker Forschungen zur Zeitgeschichte 8), Innsbruck 1992; Material über die „Heimatfront“ befindet sich auch in der maßgebenden Literatur der NS-Herrschaft in Österreich, wie etwa Karl Stadler, Österreich 1938–1945 im Spiegel der NS-Akten, Wien – Köln – Graz 1977; Felix Kreissler, Der Österreicher und seine Nation. Ein Lernprozeß mit Hindernissen, Wien – Köln – Graz 1984; Emmerich Tálos/Ernst Hanisch/Wolfgang Neugebauer (Hrsg.), NS-Herrschaft in Österreich, Wien 1988.

2 Ernst Hanisch, Der lange Schatten des Staates, Österreichische Gesellschaftsgeschichte im 20. Jahrhundert, Wien 1994, S. 337–394; Horst Schreiber, Die Machtübernahme, Die Nationalsozialisten in Tirol 1938/39 (Innsbrucker Forschungen zur Zeitgeschichte 10), Innsbruck 1994.

3 Karl Stuhlpfarrer, Nazism, the Austrians, and the Military, in: Conquering the Past. Austrian Nazism Yesterday an Today, hrsg. v. Fred Parkinson, Detroit 1989, S. 190–206; Walter Manoschek/Hans Safrian, Österreicher in der Wehrmacht, in: NS-Herrschaft in Österreich, S. 331–360; Lothar Höbelt, Österreicher in der Deutschen Wehrmacht 1938 bis 1945, in: *Truppendienst* 5 (1989), S. 417–432; vgl. Peter Broucek (Hrsg.), Ein General im Zwielicht. Die Erinnerungen Edmund Glaises von Horstenau, Bd. 3: Deutscher bevollmächtigter General in Kroatien und Zeuge des Unterganges des „Tausendjährigen Reiches“, Wien 1988; Robert Edwin Herzstein, Waldheim. The Missing Years, New York 1988.

4 Ernst Hanisch, Bäuerliches Milieu und Arbeitermilieu in den Alpengauen. Ein historischer Vergleich, in: Arbeiterschaft und Nationalsozialismus in Österreich, hrsg. v. Rudolf G. Ardelt und Hans Hautmann, Wien – Zürich 1990, S. 580; Ders., Ein Versuch den Nationalsozialismus zu verstehen, in: Das große Tabu, Österreichs Umgang mit seiner Vergangenheit, hrsg. v. Anton Pelinka und Erika Weinzierl, Wien 1987, S. 154–162.

5 Felix Butschek, Die österreichische Wirtschaft 1938 bis 1945, Stuttgart 1978, S. 45–71; Radomir Luža, Austro-German Relations in the Anschluss-Era, Princeton 1975; Hans Kernbauer/Fritz Weber, Österreichs Wirtschaft 1938–1945, in: NS-Herrschaft, S. 49–57.

6 Butschek, Die österreichische Wirtschaft, S. 72–85.

7 Ebd., S. 79–85; Norbert Schausberger, Rüstung in Österreich 1938–1945. Eine Studie über die Wechselwirkungen von Wirtschaft, Politik und Kriegsführung, Wien 1970, S. 34–36, 69–71, 84, 190–198.

8 Schausberger, Rüstung, S. 94–96; Butschek, Die österreichische Wirtschaft, S. 96; Florian Freund, Kriegswirtschaft, Zwangsarbeit und Konzentrationslager in Österreich, in: Österreicher und der Zweite Weltkrieg, S. 101–119.

9 Karin Berger, Zwischen Eintopf und Fließband, Frauenarbeit und Frauenbild im Faschismus: Österreich 1938–1945, Wien 1984, S. 23.

10 Butschek, Die österreichische Wirtschaft, S. 86–100; Hermann Freudenberger/Radomir Luža, National Socialist Germany and the Austrian Industry, 1938–1945, in: Austria Since 1945, hrsg. v. William E. Wright, Minneapolis 1982, S. 73–100; Kernbauer/Weber, Österreichs Wirtschaft, S. 57–64; Florian Freund/Bertrand Perz, Industrialisierung durch Zwangsarbeit, in: NS-Herrschaft in Österreich, S. 95–114; Freund, Kriegswirtschaft, S. 109–117.

11 Emmerich Tálos, Sozialpolitik 1938 bis 1945. Versprechungen – Erwartungen – Realisation, in: NS-Herrschaft in Österreich, S. 115–140; ders., „Arbeits- und Sozialrecht im Nationalsozialismus – Steuerung der Arbeiterbeziehungen, Integration und Disziplinierung der Arbeiterschaft," in: Arbeiterschaft und Nationalsozialismus in Österreich, S. 231–254.

12 Radomir Luža, Österreich und die großdeutsche Idee in der NS-Zeit, ders., Austro-German Relations, Wien 1977, S. 278–290; Ernst Hanisch, Nationalsozialistische Herrschaft in der Provinz. Salzburg im Dritten Reich, Salzburg 1988, S. 89–98, 244–230; Gert Kerschbaumer, Faszina-

tion Drittes Reich: Kunst und Alltag der Kulturmetropole Salzburg, Salzburg 1990, S. 151–259; Stefan Karner, Die Steiermark im Dritten Reich 1938–1945, Graz 1986, S. 189–205; Harry Slapnicka, Oberösterreich, als es „Oberdonau“ hieß 1938–1945, Linz 1978, S. 66–94.

13 Tálos, „Sozialpolitik,“ S. 129.

14 Brigitte Kepplinger, Aspekte Nationalsozialistischer Herrschaft in Oberösterreich, in: NS-Herrschaft in Österreich, S. 428; Karner, Steiermark, S. 326.

15 Karin Berger, Die innere Front, in: Österreicher und der Zweite Weltkrieg, S. 59–66; dies., Zwischen Eintopf, S. 103–125.

16 Wolfgang Neugebauer, Vernichtung von „Minderwertigen“ – Kriegsverbrechen? in: Österreicher und der Zweite Weltkrieg, S. 121–143, vgl. auch die Beiträge von Thomas Albrich in Band 1 und 2.

17 Vgl. auch die Studie von Erika Thurner, Nationalsozialismus und Zigeuner in Österreich, Wien 1983; Dies., Kurzgeschichte des nationalsozialistischen Zigeunerlagers in Lackenbach (1940–1945), Eisenstadt 1984.

18 Ebd., S. 130–143; Gordon J. Horwitz, In the Shadow of Death: Living Outside the Gates of Mauthausen, New York 1990.

19 Radomir Luža, Austro-German Relations, S. 224; vgl. den Beitrag von Thomas Albrich in Band 2.

20 Zur Holocaust-Literatur in Österreich siehe Evan Burr Bukey, Nazi Rule in Austria. Review Essay, in: *Austrian History Yearbook* 23 (1992), S. 214–219.

21 Slapnicka, Oberdonau, S. 226–228.

22 Vgl. den Beitrag von Michael Gehler in Band 2.

23 Harry Ritter, Austria and the Struggle for German Identity, in: *German Studies Review,* Spezialausgabe (1992), S. 112.

24 Vgl. Marlis Steinert, Hitlers Krieg und die Deutschen, Stimmung und Haltung der deutschen Bevölkerung im Zweiten Weltkrieg, Düsseldorf – Wien 1970; Ian Kershaw, Der Hitler Mythos. Volksmeinung und Propaganda im Dritten Reich, Stuttgart 1980; Luža, Österreich und die großdeutsche Idee in der NS-Zeit; Slapnicka, Oberdonau, S. 286–287; und Hanisch, Nationalsozialistische Herrschaft in der Provinz, S. 263.

25 Stimmungsberichte von Ortsgruppen der NSDAP an das Kreispropagandaamt IX, September 1939. DÖW, 202-12; SD-Abschnitt, Wien, 16.–27. 9. 1939, 2.–5. 9. 1939. ÖStA, AVA, Rk (Bürckel), Ordner 397.

26 Bericht zur innenpolitischen Lage, (Nr. 20), 24. 11. 1939, in: Meldungen aus dem Reich: Die geheimen Lageberichte des Sicherheitsdienstes der SS 1938–1945, hrsg. v. Heinz Boberach, Bd. 2, Herrsching 1984, S. 492; Lageberichte der Landräte (LR) und Gendamerie in Micheldorf, St. Pankraz, Grunburg, Vorderstoder, Nußbach, Kirchdorf, Steyrling, Steinbach, Ried, 11. 1939. DÖW, E 17.846.

27 LR, St. Valentin, 9. 12. 1939. DÖW, E 17.846.

28 Stadler, Österreich im Spiegel der NS-Akten, S. 123–38; Luža, Austro-German Relations, S. 268, SD, Wien, 15–30. V. 1940. ÖStA, AVA, Rk (Bürckel), Karton 164.

29 Radomir Luža, Austro-German Relations, S. 203–214, 287–304.

30 Evan B. Bukey, Popular Opinion in Vienna after the Anschluss, in: Parkinson, Conquering the Past, S. 158 f.

31 Baldur von Schirach, Ich glaubte an Hitler, Hamburg 1967, S. 264.

32 Vgl. Bayern in der NS-Zeit, hrsg. v. Martin Broszat/Elke Fröhlich/Falk Wiesemann, Bd. I, München, 1977–83, S. 144–47, 297–299, 595–614; Slapnicka, Oberdonau, S. 255–256; Ian Kershaw, Popular Opinion and Political Dissent in the Third Reich: Bavaria 1933–1945, Oxford 1938, S. 288–292, Boberach, Meldungen, Nr. 199 (3. 7. 1941), S. 2481–2483.

33 Gerhard Jagschitz, Von der „Bewegung" zum Apparat: Zur Phänomenologie der NSDAP 1938 bis 1945, in: NS-Herrschaft in Österreich, S. 515; Die Tagebücher von Joseph Goebbels. Sämtliche Fragmente, hrsg. v. Elke Fröhlich, Teil 1, Bd. 4, S. 535–538; SD, Linz, 26. 4. 1941. DÖW, E 17.846; und Luža, Austro-German Relations, S. 177.

34 Slapnicka, Oberdonau, S. 288–290; GStA, Innsbruck, 22. 6. 1941, 29. 9. 1941. DÖW, Film 97; Walter Sauer, Österreichs Kirchen 1938–1945, in: NS-Herrschaft in Österreich, S. 529.

35 Berichte der LR und Gendamerie in Niederdonau, insbes. LR, Waidhofen, 26. 4. 1942, LR, Amstetten, 4. 5. 1942, LR, Behamberg, 27. 6. 1942, LR, Amstetten, 26. 8. 1942. NÖLA, ZR/Ia-10/1942; LR, Gmunden, 1. 6. 1942. DÖW, 12.320; GStA, Innsbruck. DÖW, Film 97; SD, Linz, 29. 11. 1942, 7, 14. 12. 1942. NA, Washington, D. C., T 81, R 6.

36 Wie etwa Stadler, Österreich im Spiegel der NS-Akten, S. 293–313.

37 Arvid Fredborg, Behind the Steel Wall: A Swedish Journalist in Berlin, New York 1944, S. 179–187, 247–249.

38 Stadler, Österreich im Spiegel der NS-Akten, S. 294–303; Slapnicka, Oberdonau, S. 292; Adolf Schärf, Österreichs Erneuerung, Wien 1955, S. 23.

39 Vgl. Earl R. Beck, Under the Bombs, The German Home Front 1942–1945, Lexington 1986, S. 37–38; SD, Linz, 7. 4. 1943. NA, T 81, R 6.

40 Kershaw, Hitler Mythos, S. 169–175; Internal Austrian Public Opinion. NA, RG 226, OSS, E 16, Karton 0617, 54103.

41 Albrich/Gisinger, Im Bombenkrieg, S. 116–119.

42 Robert H. Keyserlingk, Austria in World War II. An Anglo-American Dilemma, Kingston – Montreal 1988, S. 144 und dessen Beitrag in Band 2.

43 Vgl. SD, Innsbruck, 16. XI. 1943. ÖStA, AVA, RStH (Schirach), Karton 391; Berichte der LR und Gendamerie in Niederdonau, Nov.–Dez. 1943. NÖLA, ZR/Ia-10/14/1943; Slapnicka, Oberdonau 291–92; Kreissler, Der Österreicher und seine Nation, S. 299–303; Boberach, Meldungen (11. 11. 1943), BD. 15, S. 5996.

44 Vgl. SD, Innsbruck, 16. XI. 1943. ÖStA, AVA, RStH (Schirach), Karton 391; Berichte der LR und Gendamerie in Niederdonau, Nov.-Dez. 1943. NÖLA, ZR/Ia-10/14/1943; Slapnicka, Oberdonau 291–92; Kreissler, Der Österreicher und seine Nation, S. 299–303; Boberach, Meldungen (11. 11. 1943), BD. 15, S. 5996.

45 OLG, Linz, 7. 8. 1944. DÖW, Film 97.

46 GStA, Wien, 1. 10. 1944. DÖW, Film 97.

47 Ebd.

48 Eine kurzgefaßte Darstellung: Wolfgang Neugebauer, Widerstand und Opposition, in: NS-Herrschaft, S. 597–652; zur Literatur: Bukey, Nazi Rule in Austria, S. 228–233.

49 Parkinson, Conquering the Past, S. 322.

50 Radomir Luža, Der Widerstand in Österreich, Wien 1985.

51 Luža, Austro, S. 343–349.

52 Ebd., S. 352–354.

Dokument 1

Richtlinien des Reichspropagandaministers Joseph Goebbels für den 10. April 1938, 28. 3. 1938

1.) Schmückung: Es ist selbstverständlich, daß die Schmückung der Häuser, Verkehrsmittel, Bahnhöfe u. ä. mit Tannengrün sowie die allgemeine Beflaggung auch für den Wahlsonntag gilt.

2.) Der Weckruf: Für den Wahlsonntag wird morgens 7 Uhr großes Wecken angeordnet. Das Wecken wird durchgeführt durch den Einsatz sämtlicher Gliederungen und angeschlossenen Verbände, deren Spielmanns- und Musikzüge zu diesem Zweck durch die Propagandaleiter eingesetzt werden. [...]

3.) Die Frühwahl: Luftschutzbund: Neben der besonderen Verpflichtung für alle Parteigenossen und Mitglieder der Gliederungen und angeschlossenen Verbände, bei der Eröffnung des Wahlaktes um 9 Uhr zugegen und damit bemüht sein, als erste für den Führer zu stimmen, sind die Hauswarte des Reichsluftschutzbundes zu verpflichten, morgens um 10 Uhr alle Einwohner ihres Hauses aufzusuchen und sie zu bitten, möglichst zeitig ihrer Wahlpflicht zu genügen.

Beamte: Über das Hauptamt sind sämtliche Behördenvertreter anzuhalten, am Vortage der Wahl alle Beamten nicht nur auf die Pflicht der Ausübung der Wahl hinzuweisen, sondern auch nachdrücklichst auf die Bedeutung der Frühwahl zu verweisen.

NSKOV: Die Mitglieder der NSKOV werden von dieser angehalten, sich ebenfalls an der Frühwahl zu beteiligen. Es ist dafür Sorge zu tragen, daß diesen, wie allen körperlich Behinderten überhaupt, unter allen Umständen der Vortritt in den Wahllokalen gewährt wird.

4.) Bereitschaftsdienst der Kraftfahrkolonnen: Um allen Kriegsbeschädigten, Invaliden und Kranken und sonst körperlich Behinderten Gelegenheit zu geben, ihrer Wahlpflicht nachzukommen, ist vom Wahldienst der Gaue, Kreise bzw. Ortsgruppen und Stützpunkte ein entsprechender Automobildienst zu organisieren. Diesem sind in entsprechender Anzahl die Mannschaften der Santitätsstürme der SA und die Mitglieder des Roten Kreuzes beizugeben. [...]

5.) Ausgabe der Abstimmungsplakette: Den Kreispropagandaleitungen werden durch die Reichspropagandaleitung Abstimmungsplaketten übersandt, die der Anzahl der Wahlberechtigten entsprechend über alle Ortsgruppen an alle Wahllokale verteilt werden müssen. Die Wahllokale sind von Parteigenossen zu besetzen, die die Aufgabe haben, jedem Volksgenossen, nachdem er seiner Wahlpflicht genügt hat, dieses Abzeichen unentgeltlich auszuhändigen. Es wird besonders darauf hingewiesen, daß es strengstens verboten ist, mit Sammelbüchsen allgemein oder für eine Organisation bzw. das WHW zu sammeln.

Die Abgabe von Abstimmungsplaketten an Nichtwahlberechtigte ist unter allen Umständen verboten und würde auch die später kommenden Volksgenossen schädigen, da die Zeichen nur der Zahl der Wahlberechtigten entsprechend zur Verfügung gestellt werden. [...]

6.) Wahlmahnsdienst: Es stehen für den Wahlmahnsdienst zur Verfügung: SA, SS, NSFK, HJ, BDM, NS-Frauenschaft, Werkscharen.

Die erforderlichen Kraftfahrzeuge stellt das NSKK. Außerdem können Hitlerjungen mit Fahrrädern zusätzlich als Mahner eingesetzt werden.

Mahnzettel: Bei der ersten Mahnung überreicht der Mahner eine schriftliche Mahnung mit folgendem Text, ohne von sich aus noch weitere mündliche Bemerkungen hinzuzufügen: „Sie haben Ihrer Wahlpflicht noch nicht genügt. Auch Ihr Bekenntnis darf am heutigen Tag nicht fehlen. Also auf zur Wahl!“

Vorbereitung: Der Wahlmahndienst muß der außerordentlichen Bedeutung des 10. April entsprechend äußerst sorgfältig organisiert werden. Zweckmäßig werden daher für diese Arbeit die allerbesten Parteigenossen bestimmt, die bewußt der ihnen übertragenen Verantwortung mit äußerster Sorgfalt an die ihnen zugeteilten Aufgaben herangehen.

Nicht mehr wie 5 Mehrfamilienhäuser: Die Schlepper selbst, die zum Dienst herangezogen werden, müssen von vornherein so eingeteilt werden, daß sie in Großstädten jeder nicht mehr als 5 Mehrfamilienhäuser zu überwachen haben.

Einsichtnahme in Wahlliste, zum Heeresdienst eingezogene Volksgenossen, Hilfskolonnen für Kranke: Jeder Schlepper hat durch Einsichtnahme in die Wahllisten oder unter Zuhilfenahme der zuständigen Polizeibehörde sich bereits vor der Wahl eine Liste aller wahlberechtigten Volksgenossen zu verschaffen, die in seinem ihm zugewiesenen Häusern wohnen. Durch Kontrolle dieser eigenen Liste am Vortage der Wahl hat er Gelegenheit, die am nächsten Tage aufgelegte Liste der Wahlberechtigten im Wahllokal durch den Leiter des Schlepperdienstes kontrollieren lassen. Wir verweisen im besonderen auf die Bedeutung dieser Kontrolle, da durch diese alle Nichtwahlberechtigten, soferne sie noch in den Listen stehen sollten, dem Abstimmungsvorstand gemeldet werden müssen. Es sind dies im besonderen die zum Heeresdienst eingezogenen Volksgenossen und die durch die neuen Gesetze nicht mehr Wahlberechtigten. Am Wahlsonntag ist der Wahlmahndienst von morgens 9 Uhr an mit einzusetzen, um zunächst den Hilfskolonnen für Kranke und Gebrechliche zur Verfügung zu stehen.

13 Uhr: Unmittelbar nach 13 Uhr müssen von der Leitung des Schlepperdienstes alle bis dahin nicht erschienenen Volksgenossen festgestellt und zum erstenmal durch Überreichung der schriftlichen Mahnung gemahnt werden, ihrer Wahlpflicht zu genügen.

HJ: Ferner werden die Musikzüge und Singgruppen der HJ mit dem Jungvolk zusammen eingesetzt.

Ab 13 Uhr ziehen HJ und Jungvolkabteilungen singend bzw. unter Einsatz ihrer Musikzüge durch die einzelnen Orte. In Zwischenpausen mahnen ihre Sprechchöre mit folgenden Texten: „Ein Volk – Ein Reich – Ein Führer! Auf zur Wahl!“ oder „Geht zur Wahl. Tut Eure Pflicht!“ oder „Euer Ja – Unsere Zukunft!“

Die zweite Mahnung erfolgt um 15 Uhr, um dann halbstündig wiederholt zu werden. Bei den letzten Stichkontrollen ist nochmals mit außerordentlicher Sorgfalt festzustellen und jeweils dem Leiter des Schlepperdienstes zu melden, ob nicht etwa säumig scheinende Wähler inzwischen Wehrmachtsangehörige geworden oder durch die neuen Gesetze nicht mehr wahlberechtigt sind.

AVA, Bürckel-Akten, 1300; DÖW E 20.530

Dokument 2

Lagebericht der Staatspolizeistelle Innsbruck an den SD-Führer des SS-Oberabschnitts Donau, 29. 6. 1938

Weit mehr Gemeinden umfaßt jedoch die zweite Gruppe der kleinen Dorfgemeinden mit weniger als tausend Einwohnern, in denen die Zahl der Parteiangehörigen im März 1938 nur eine wenige Köpfe zählende Minderheit bildete. In all diesen Gemeinden läßt sich einheitlich beobachten, daß über Nacht eine wahre Sturzflut neugebackener „Nationalsozialisten“ auftauchte, welche die alten Parteigenossen vollständig überschwemmten und im weiteren Verlaufe an die Wand drückten. In mehreren Gemeinden ist dieser Vorgang so radikal und umfassend zu beobachten gewesen, daß bei der Abstimmung am 10. April 100prozentige Ergebnisse zu verzeichnen waren, was naturgemäß zu denken geben muß, wenn man weiß, daß es sich um Ortschaften handelt, in welchen einen Monat vorher kaum 5 bis 6 Parteigenossen ein mehr als verborgenes und nichts weniger als beneidenswertes Dasein fristen mußten. Das 100prozentige Abstimmungsergebnis hat außenhin Leuten eine Legitimation erteilt, die nichts weniger denn als Anhänger der Bewegung bezeichnet werden können.

Rot-Weiß-Rot-Buch. Gerechtigkeit für Österreich! Darstellungen, Dokumente und Nachweise zur Vorgeschichte und Geschichte der Okkupation Österreichs (nach amtlichen Quellen), 1. Teil, Wien, 1946, S. 82.

Dokument 3

Lagebericht (des SD-Unterabschnittes Tirol an den SD-Führer des SS-Oberabschnittes Donau in Wien), 6. 12. 1939.

Wie aus verschiedenen Berichten hervorgeht, stützt sich die gegnerische Propaganda vor allem auf die Frauen. Verschiedene Äußerungen lassen darauf schließen, daß unter den Frauen eine gegnerische Organisation besteht, die sich gegen den Staat betätigt. So erzählte die Ortsfrauenführerin in Bruck i. Z. der Gaufrauenschaftsführerin, daß eine Frau ihr gegenüber die Äußerung gemacht habe: „Wenn Du keine Nazi wärest, könntest Du bei uns mittun.“ Ohne Zweifel steht hinter dieser Äußerung der Pfarrer des Ortes. In der weiblichen Landbevölkerung ist eine ausgesprochen antinationalsozialistische Stimmung festzustellen. Dies läßt sich an zahlreichen Einzelheiten erhärten. Vor allem trägt die Behandlung der religiösen Angelegenheiten die Schuld an dieser Stimmung. Man kann vielfach die Äußerung hören: „Wir lassen unsere Kinder nicht zu Heiden erziehen“, „Man hat uns alles versprochen und nichts gehalten; wo bleibt die Freiheit der Religion, die zugesichert wurde“, „Ehe wir unsere Kinder ohne Glauben aufziehen lassen, bringen wir gar keine zur Welt.“

In dieser Hinsicht ist es im Zillertal besonders arg. Es wird dort direkt als eine Strafe Gottes angesehen, daß jetzt die Männer in den Krieg einrücken müssen, da man seinerzeit für den Anschluß gestimmt habe.

Aus allen hier einlaufenden Meldungen ist klar erkennbar, daß die Geistlichkeit in stärkerem Maße ihre unterirdische Zersetzungstätigkeit fortsetzt.

Rot-Weiß-Rot-Buch. Gerechtigkeit für Österreich! Darstellungen, Dokumente und Nachweise zur Vorgeschichte und Geschichte der Okkupation Österreichs (nach amtlichen Quellen), Wien 1946, S. 96.

Literatur

Albrich, Thomas/Gisinger, Arno, Im Bombenkrieg. Tirol und Vorarlberg 1943–1945 (Innsbrucker Forschungen zur Zeitgeschichte 8), Innsbruck 1992.

Beck, Earl R., Under the Bombs. The German Home Front 1942–1945, Lexington 1986.

Berger, Karin, Zwischen Eintopf und Fließband, Frauenarbeit und Frauenbild im Faschismus: Österreich 1938–1945, Wien 1984.

Broucek, Peter (Hrsg.), Ein General im Zwielicht. Die Erinnerungen Edmund Glaises von Horstenau, Bd. 3: Deutscher bevollmächtigter General in Kroatien und Zeuge des Unterganges des „Tausendjährigen Reiches", Wien 1988.

Hanisch, Ernst, Nationalsozialistische Herrschaft in der Provinz. Salzburg im Dritten Reich, Salzburg 1983.

Karner, Stefan, Die Steiermark im Dritten Reich 1938–1945, Graz – Wien – Köln 1986.

Kershaw, Ian, Der Hitler-Mythos. Volksmeinung und Propaganda im Dritten Reich, Stuttgart 1980.

Ders., Popular Opinion and Political Dissent in the Third Reich: Bavaria 1933–1945, Oxford 1983.

Kreissler, Felix, Der Österreicher und seine Nation. Ein Lernprozeß mit Hindernissen, Wien – Köln – Graz 1984.

Luža, Radomir, Austro-German Relations in the Anschluss-Era, Princeton 1975.

Ders., Der Widerstand in Österreich 1938–1945, Wien 1985.

Ders., Österreich und die großdeutsche Idee in der NS-Zeit (Forschungen zur Geschichte des Donauraumes 2), Wien – Köln – Graz 1977, München 1983.

Manoschek, Walter/Safrian, Hans, Österreicher in der Wehrmacht, in: Tálos, Emmerich u. a. (Hrsg.), NS-Herrschaft in Österreich, Wien 1988, S. 331–360.

Neugebauer, Wolfgang (Hrsg.), Österreicher und der Zweite Weltkrieg, Wien 1989.

Perz, Bertrand, Projekt Quarz. Steyr-Daimler-Puch und das Konzentrationslager Melk (Industrie, Zwangsarbeit und Konzentrationslager in Österreich 3), Wien 1991.

Schausberger, Norbert, Rüstung in Österreich 1938–1945. Eine Studie über die Wechselwirkungen von Wirtschaft, Politik und Kriegsführung (Publikationen des österreichischen Institutes für

Zeitgeschichte und des Instituts für Zeitgeschichte der Universität Wien 8), Wien 1970.

Schreiber, Horst, Die Machtübernahme. Die Nationalsozialisten in Tirol 1938/39 (Innsbrucker Forschungen zur Zeitgeschichte 10), Innsbruck 1994.

Slapnicka, Harry, Oberösterreich, als es „Oberdonau“ hieß. 1938–1945 (Beiträge zur Zeitgeschichte Oberösterreichs 5), Linz 1978.

Stadler, Karl R., Österreich 1938–1945 im Spiegel der NS-Akten, Wien – München 1966, Wien – Köln – Graz 1977.

Steinert, Marlis, Hitlers Krieg und die Deutschen. Stimmung und Haltung der deutschen Bevölkerung im Zweiten Weltkrieg, Düsseldorf – Wien 1970.

Tálos, Emmerich/Hanisch, Ernst/Neugebauer, Wolfgang (Hrsg.), NS-Herrschaft in Österreich 1938–1945 (Österreichische Texte zur Gesellschaftskritik 36), Wien 1988.

Thurner, Erika, Nationalsozialismus und Zigeuner in Österreich, Wien 1983.

Dies., Kurzgeschichte des nationalsozialistischen Zigeunerlagers in Lackenbach (1940–1945), Eisenstadt 1984.

Fragen

1. Welche nationalsozialistischen bzw. kriegswirtschaftlichen Maßnahmen verbesserten die Lage der Österreicher? Wer war davon ausgeschlossen?
2. Welche kriegswirtschaftlichen Maßnahmen verursachten Mißstimmung?
3. Wie wurde der Mangel an Arbeitskräften in Stadt und Land beseitigt?
4. Welches waren die wichtigsten Beiträge der Österreicher bezüglich der Kriegsanstrengungen des Großdeutschen Reiches?
5. Beschreiben Sie kurz die sozialpolitischen Maßnahmen des NS-Regimes in Österreich. War man sich bewußt, daß diese „Errungenschaften“ auch auf Kosten anderer gingen?
6. Wußten Sie, daß Österreich als Experimentierfeld für die „biologische Verbesserung des deutschen Volkskörpers“ diente? Geben Sie Beispiele dafür.
7. Aus welchen Gründen unterstützten die Österreicher die deutschen Kriegsanstrengungen?
8. Ab welchem Zeitpunkt änderte sich der Glaube an Hitlers „Endsieg“? Warum?
9. Kann man den österreichischen Widerstand mit dem Widerstand des preußischen Offizierskorps vergleichen?
10. Ist Waldheims Behauptung, daß er im Kriege nur seine Pflicht getan habe, als adäquate Antwort zur Vergangenheitsbewältigung in Österreich zu verstehen?

Friedrich Stadler

DIE ANDERE KULTURGESCHICHTE. AM BEISPIEL VON EMIGRATION UND EXIL DER ÖSTERREICHISCHEN INTELLEKTUELLEN 1930–1940*

Prolog: Wissenschaft als Kultur?

Diese Frage ist selbstverständlich paradox, oder ein (unvollständiges) analytisches Urteil à la Kant. Sie weist aber auf ein – möglicherweise spezifisch österreichisches – Problem hin, nämlich auf die Tatsache, daß die modernen Wissenschaften im öffentlichen Bewußtsein und im sogenannten kulturpolitischen Diskurs nicht automatisch als notwendiger Teil der Gesamtkultur verstanden werden. Dieses Phänomen widerspricht zugleich dem fremdenverkehrsträchtigen Image einer weltberühmten österreichischen Kultur- und Geistesgeschichte vom Fin de Siècle bis zur Ersten Republik, von Alfred Adler bis zu Stefan Zweig, oder schon weniger bekannt von Anna Freud bis Lise Meitner.

Eine Entdeckung und Wiederentdeckung des österreichischen Wissenschaftslebens im eigenen Lande ließ lange auf sich warten; und es war kein Zufall, daß dies erstmals von einem amerikanischen Germanisten, nämlich William Johnston mit seinem Buch „The Austrian Mind“ aus dem Jahr 1972 in deutscher Form „Österreichische Kultur- und Geistesgeschichte“[1] – wirksam geschehen ist. Dabei hätte man bereits lange vorher auf das umfangreiche Œuvre von Friedrich Heer zurückgreifen können, der vielleicht gerade wegen der Nichtbeachtung seiner eigenen Arbeiten im akademischen Leben schließlich das Geleitwort zu Johnstons Buch unter dem Titel „Entdeckung eines Kontinents“ lieferte. Darin finden wir folgendes Zitat Hugo von Hofmannsthals aus dem Jahre 1915:

„Es darf, auch in dem heutigen sehr ernsten Zusammenhang, ausgesprochen werden, daß Österreich unter den Ländern der Erde eines der von Deutschen ungekanntesten oder schlechtest gekannten ist. Österreich liegt Deutschland so nahe und wird dadurch übersehen."[2]

Und Friedrich Heer attestiert diese Ignoranz auch den allermeisten Österreichern – in der Hoffnung auf eine Entdekkung der eigenen verschütteten Kultur und ein Sich-Öffnen von Innen.

Aber noch 1980 spricht er im Rückblick auf die Erste Republik von „Ghettokulturen" mit einer erstaunlichen Kontinuität in die Zweite Republik, vor allem wenn es sich um avantgardistische Strömungen handelt:

„Vom ‚multinational empire', dem Vielvölkerstaat der Habsburger, weiß man mehr in Südamerika, das nie die Traditionen der ‚Austrias' verdrängte, als im piccolo mondo antico, Österreich."[3]

Nun hat sich seitdem ohne Zweifel einiges zum besseren verändert: seit über 25 Jahren gibt es ein eigenes Wissenschaftsministerium und der entsprechende Budgetanteil am BNP ist zahlenmäßig relativ und absolut kontinuierlich angestiegen, was eine strukturelle Krise der Universitäten nicht verhindern konnte. Die Vielfalt und Offenheit, aber auch die Problemzonen der Wissenschaftslandschaft spiegeln sich u. a. im Magazin *Wissenschaftliches Österreich / Scientific Austria* (1995).

Die bisherige Historiographie zur österreichischen Wissenschaftsgeschichte kann einerseits als nostalgisch-verdrängend, andererseits als ignorant bezeichnet werden, wenn es um die Thematik der geistigen Entwicklung zwischen Bruch und Kontinuität von der Ersten zur Zweiten Republik geht. Findet man in der traditionellen Zeitgeschichte erwartungsgemäß nur zufällige oder marginale Bezüge zum intellektuellen Leben, so ist beispielsweise auch in dem verdienstvollen neuesten Werk zur österreichischen Gesellschaftsgeschichte des 20. Jahrhunderts von Ernst Hanisch[4] der wissenschaftliche Diskurs im literarisch-künstlerischen Bereich versteckt – durchaus berechtigt im Topos „Verlust der Mitte" bis hin zur kulturellen Revolution der 1968er Jahre als Zurückholen des Verdrängten und Aufstand gegen die Väter.

Im Zuge der seit rund zwanzig Jahren verstärkten Hinwendung zur (alt-)österreichischen Ideengeschichte kam es sehr spät zum Reprint der „Geistigen Strömungen in Österreich" (1949) des 1946 in Wien verstorbenen Exilanten Albert Fuchs (1978),[5] bevor die Wiener Jahrhundertwende und das „Rote Wien" als paradigmatischer Kosmos von kreativen Wissenschaftskulturen in zahlreichen Ausstellungen, Symposien und Publikationen bearbeitet werden sollte. Hatte Johnston mit seinem Werk die gängige anglo-amerikanische Ideengeschichte praktiziert, so war im Buche von Fuchs bereits eine Sozialgeschichte der wichtigsten austriakischen Traditionen präsentiert worden, also in heutiger Terminologie eine Art *science in context*, wie sie eben bereits im kulturellen Potential der Zwischenkriegszeit zu finden war. Aber beide Werke enden mit den Jahren 1918 bzw. 1938 – und dies provoziert die Frage nach der fehlenden Fortschreibung der Geschichte.

Die ohnehin begrenzte Selbstthematisierung österreichischer Kulturgeschichte kam nicht zufällig von außen: erstens ist bis dahin vor dem Hintergrund einer staatsbürgerlichen Nobelpreis-Orientierung („Schrödinger-Tausender") das folgenreiche Kapitel von Vernichtung und Vertreibung der Intellektuellen lange verdrängt worden; und zweitens hat die damit zusammenhängende Eliten-Kontinuität (mit gescheiterter Entnazifizierung) an Österreichs Hochschulen eine systematische wissenschaftliche Aufarbeitung der jüngsten Vergangenheit (in den jeweiligen Disziplinen und in der Zeitgeschichte) bis weit in die 1960er Jahre blockiert.

Erst seit dem sogenannten „Gedenkjahr" 1988 – fünfzig Jahre nach der Annexion Österreichs durch Hitler-Deutschland – ist auch der Themenbereich „Wissenschaftsgeschichte" von einer jüngeren Generation – auch unter Aufweichen akademischer Selbstzensur – fast pionierhaft bearbeitet worden. Allerdings gibt es bis heute noch keine etablierte fächerübergreifende historische Wissenschaftsforschung des 20. Jahrhunderts auf universitärem Boden. Eine im angloamerikanischen Bereich selbstverständliche interdisziplinäre *history and philosophy of science* oder wissenschaftsgeschichtliche Institutionen an Universitäten wie in Deutschland sind im anerkannten Ursprungsland der wissenschaftlichen Moderne kaum vorhanden.

Vorerst verblieb die Erinnerung an die Massenvernichtung und Emigration, vor allem des österreichischen Judentums, an den grassierenden Rassismus und Antisemitismus in den ersten Jahrzehnten nach 1945 wiederum den Außenseitern und Exilanten als Aufgabe.

Die beeindruckende „Kulturgeschichte der Neuzeit" von Egon Friedell,[6] der sich 1938 der Verhaftung durch die Nazis durch einen Sturz aus dem Fenster entzog, ist beispielsweise von der Historikerzunft im Sog des deutschnationalen Historismus praktisch ignoriert oder polemisch beiseite geschoben worden (wie bei Heinrich von Srbik). Dabei manifestiert sich in diesem geschichtsphilosophischen Werk des „österreichischen Shaw" oder „Wiener Voltaire" eindrucksvoll die verschwundene Tradition eines inter- und transdisziplinären Denkens zwischen Literatur, Philosophie und Wissenschaft. Für Hilde Spiel, selbst intellektuelle Grenzgängerin, war Friedell die Verkörperung des *uomo universale* und sie hat uns mit ihrem Essay „Glanz und Untergang. Wien 1866–1938"[7] eine kritische Bilanz des sogenannten goldenen Fin de Siècle bis zum „Anschluß" hinterlassen, unter Einbeziehung von Ernst Mach, Sigmund Freud, Ludwig Wittgenstein, Karl Popper und des Wiener Kreises, dem sie sich Zeit ihres Lebens – wie übrigens auch Jean Améry – geistig verbunden fühlte.

„Alles Unheil, das ganze tragische Geschehen, das Wien bevorstand, warf seinen Schatten voraus, als Moritz Schlick im Juni 1936 auf den Stufen der Philosophischen Fakultät von einem verblendeten Studenten ermordet wurde. Danach war alles möglich geworden. Und alles, was möglich war, trat ein."[8]

Auch Hilde Spiel beschloß wie viele andere, vor 1938 das Land zu verlassen.

Diese angedeuteten Spuren und Strömungen sind lange Zeit vernachlässigt worden. Dementsprechend muß das Phänomen der „Vertriebenen Vernunft“[9] angesprochen werden, das für das intellektuelle Selbstverständnis der Republik prägend geworden ist. Damit sollte auch klar gemacht werden, wie relevant für das heutige Selbstverständnis der Republik Österreich die nicht immer wahrgenommenen Migrationen – sowohl die Aus- als auch Einwanderungen des 20. Jahrhunderts – geworden sind, und auch bleiben werden.[10]

Zweifelsohne existiert ein typisch *österreichischer* Beitrag zur Wissenschaftskultur des 20. Jahrhunderts: ohne Ludwig Wittgenstein und den Wiener Kreis wäre die heutige analytische Sprachphilosophie und Wissenschaftstheorie genausowenig denkbar wie die Informatik und Computerwissenschaft ohne Kurt Gödel. Gerade dieses moderne wissenschaftliche Weltbild hat eine bislang wenig beachtete Bedeutung *auch* für das musikalische und literarische Schaffen in Österreich gehabt:

So schrieb bereits der junge Robert Musil im Vorwort seiner Dissertation über Ernst Mach (1908) in geradezu emphatischer Aufbruchsstimmung:

„Das Wort des Naturforschers wiegt schwer, wo immer heute erkenntnistheoretische oder metaphysische Fragen von einer exakten Philosophie geprüft werden. Die Zeiten sind vorbei, wo das Bild der Welt in Urzeugung dem Haupte des Philosophen entsprang. Die Philosophie sucht ihr Verhältnis zu der in so weitem Bereiche aufgedeckten Gesetzlichkeit der Natur, ihre Stellungnahme zu dem alten Suchen nach einer richtigen Fassung des Substanzbegriffes und des Begriffes der Kausalität, zu den Beziehungen zwischen Psychischem und Physischem usw. mit Berücksichtigung aller Mittel und Ergebnisse der exakten Forschung neu zu gestalten.“[11]

Und noch in seinem „Nachlaß zu Lebzeiten“ (1936) notierte er programmatisch: „Nicht von Goethe, Hebbel, Hölderlin werden wir lernen, sondern von Mach, Lorentz, Einstein, Minkowski, Couturat, Russell, Peano [. . .]“.[12]

Seit Musil läßt sich ein roter, wirkungsgeschichtlicher Faden von der Sprachphilosophie und wissenschaftlichen Weltauffassung der Ersten Republik bis zur Wittgenstein-Rezeption in der „Wiener Gruppe“, bei Ingeborg Bachmann, Thomas Bernhard verfolgen. Auch Paul Feyerabends Plädoyer für „Wissenschaft als Kunst“ (Wissenschaft als Sprachspiel) ist in diesem Kontext zu verorten.[13]

Wenn hier salopp von „österreichischer“ Wissenschaft gesprochen wird, kann es sich wohl nur um den Beitrag ehemaliger oder heutiger Wissenschaftler/innen zur internationalen *scientific community* handeln: mögen auch spezifische Randbedingungen und Merkmale für die Wissenschaft in und aus Österreich existieren, eine „nationale Wissenschaft“ ist ein Ding der Unmöglichkeit oder bereits überwunden geglaubte ethnozentrische Ideologie. Trotzdem sollten die Identitäten, Stereotypen und Denkmuster österreichischer Wissenschaftskultur ohne Voreingenommenheiten referiert und diskutiert werden.

Der heute in esoterische Philosophie eingetauchte Philosoph Arnold Keyserling, hat vor genau dreißig Jahren in seinem Buch über den „Wiener Denkstil“[14] am Beispiel von Ernst Mach, Rudolf Carnap und Ludwig Wittgenstein erstmals versucht, das Charakteristikum österreichischer Philosophie mit Hilfe der drei komplementären theoretischen Begriffe des *Elements*, der *Struktur* und des *Spiels* herauszuarbeiten: und in der Tat erkennen wir seit Bernard Bolzano, Franz Brentano, Ernst Mach und Ludwig Boltzmann eine kritische Einstellung gegenüber hypertrophen Wesens- und Seinslehren, zugleich den dualistischen Wirklichkeitsentwürfen von Ding und Erscheinung, Ich und Welt, Idealismus und Materialismus im dialektischen Gewande. Demnach können wir von sprachkritischer österreichischer Philosophie mit empirischer und formaler Orientierung sprechen, soferne nicht eine geschlossene Denkgesellschaft mit geographischer Fixierung gemeint ist.

Ob dies das letzte „Goldene Zeitalter der österreichischen Philosophie“ – so der Titel eines neuesten Textbuches[15] –

gewesen ist, wird die zukünftige Forschung zeigen. Denn gerade die fächerübergreifende, transdisziplinäre Einstellung des auch im außerakademischen Diskurs angesiedelten *austrian mind* der Ersten Republik – eine Art „Kaffeehaus-Wissenschaft“ – war der Humus für die heute bewunderte Blütezeit kreativer Wissenschaftskulturen.

Denn – um den Prolog mit einer rhetorischen Frage abzuschließen – was wäre die heutige Wissenschaft ohne die Ergebnisse der Selbstorganisation und Systemtheorie (Ludwig von Bertalanffy), Evolutionäre Erkenntnistheorie (Ernst Mach, Ludwig Boltzmann), Spiel- und Entscheidungstheorie (Oskar Morgenstern), Digitale Logik (Ludwig Wittgenstein, Kurt Gödel), *philosophy of science* (Wiener Kreis), Kognitivismus und Zeichentheorie (Charlotte und Karl Bühler), die Wiener psychologischen Schulen (Sigmund Freud, Alfred Adler, Viktor Frankl), der Kunstgeschichte (von Alois Riegl bis Ernst Gombrich), der Musikwissenschaft (Joseph Matthias Hauer bis Alban Berg, Arnold Schönberg, Anton von Webern und Ernst Krenek), die Theorie der liberalistischen Gesellschaftstheorie (Friedrich A. von Hayek, Karl Popper) bis hin zur empirischen Sozialforschung seit dem Klassiker „Die Arbeitslosen von Marienthal“?

1. „Es war ein Vorspiel nur . . .“

Die Bücherverbrennungen im Mai 1933 in deutschen Städten waren ein erster Höhepunkt gegenaufklärerischer Mächte im antidemokratischen Spannungsfeld von Politik und Wissenschaft. Die nationalsozialistisch dominierte Deutsche Studentenschaft übergab – unterstützt von einem Großteil der Professorenschaft – nicht nur tausende Bücher von Erich Kästner bis Stefan Zweig den Flammen, sondern auch eine Reihe wissenschaftlicher Literatur marxistischer, psychoanalytischer und pazifistischer Autoren unter programmatischen Rufen „gegen Klassenkampf und Materialismus [. . .],

Gesinnungslumperei und politischen Verrat [. . .], seelenzerfasernde Überschätzung des Trieblebens [. . .]".[16] Im Kampf gegen den sogenannten „jüdischen Kulturbolschewismus" wurden Marx, Freud und Einstein zu Symbolfiguren der verhaßten rational-empirischen, humanistischen Wissenschaft von Natur und Gesellschaft. Obwohl in den seit 1935 erscheinenden Zensurlisten des „schädlichen und unerwünschten Schrifttums" der Reichsschrifttumskammer (mit ca. viertausend Autoren) rein wissenschaftliche Schriften ausgenommen werden sollten, finden sich darin auch die Namen Alfred Adler, Friedrich Adler, Max Adler, Victor Adler, Otto Bauer, Siegfried Bernfeld, Helene Deutsch, Albert Einstein, Sandor Ferenczi, Ernst Fischer, Sigmund und Anna Freud, Fritz Wittels, Wilhelm Reich, Theodor Reik u. v. a. Für weitere Zensur in Österreich wurde gesorgt: Während im „Ständestaat" 1934 bis 1938 Verbotslisten vor allem von sozialdemokratischer und nazistischer Literatur kursierten, kam es nach dem „Anschluß" zur weiteren Säuberung wissenschaftlicher Bibliotheken mit Hilfe geheimer „Schwarzer Listen". Die langfristige Wirkung der intellektuellen Emigration und „Säuberung der Hochschulen", aber auch der nicht-universitären Wissenschaft, war in diesen Bereichen ebenso katastrophal wie in der Literatur.

Die österreichischen Hochschulen der Zwischenkriegszeit,[17] speziell die Wiener Universität, waren insgesamt ein Hort der Reaktion.[18] Dies zeigte sich allgemein in einem antisemitischen und antiliberalen Trend, wobei ein Kartell von Deutschnationalen und Klerikalen den „verjudeten" Liberalismus und Sozialismus erfolgreich bekämpfte. Als Ursachen sind die hohe Akademikerarbeitslosigkeit und die aufkommenden Ideologien des Politischen Katholizismus und Nationalsozialismus zu nennen. Ab 1934 verschärfte sich der antidemokratische Druck mit dem Versuch des Schuschnigg-Regimes, die Österreich-Ideologie gegen die deutschnationale Phalanx durchzusetzen, was den militanten Antisemitismus gleichzeitig verstärkte. Damit ist der Untergang wissenschaftlicher Vernunft auch eine logische Folge soziopolitischer Zustände auf Hochschulboden – als spezielle Manifestation der gesamtgesellschaftlichen Lage.

Die Defensive des liberal-sozialistischen Lagers läßt sich auch damit erklären, daß dieses insgesamt jede Form eines totalitären Denkens und Handelns ausschloß. Dies kann am Beispiel der damaligen Habilitations- und Berufungspraxis illustriert werden. Die ohnehin marginalisierte demokratische Gruppierung wurde infolge ihrer liberalen bis sozialistischen Gesinnung sowie logisch-empirischer und „materialistischer" Ausrichtung als „Freudo-Marxismus" verteufelt und bis spätestens 1938 vertrieben, was durch Untersuchungen zur Universitätsgeschichte (am Beispiel von Max Adler, Edgar Zilsel, Viktor Kraft, Karl Menger, Sigmund Freud) sowie Entlassungen (Heinrich Gomperz, Friedrich Waismann) und parteiische Lehrkanzel-Besetzungen (u. a. nach Moritz Schlick) konkretisiert werden kann.[19]

Der philosophische und politische Pluralismus wurde durch die Monokultur des Politischen Katholizismus und faschistischen Universalismus (Othmar Spann und sein Kreis) ersetzt, wobei ein gradueller Übergang in die nationalsozialistische Ideologie erfolgte. Die dadurch bedingte *Vertreibung* des *Geistes* konnte bis heute intellektuell nicht kompensiert werden. Ein Grund dafür war – als Folge der gescheiterten Entnazifizierung nach 1945[20] – die personelle und weltanschauliche Kontinuität einer klerikal-konservativen bis „nationalen" Mentalität. Im Bereich der Philosophie dominierten nach 1945 wieder Universalismus, christliche Existenzphilosophie und Weltanschauungsmetaphysik. Mit wenigen Ausnahmen gelang es auch nicht, an das fruchtbare Geistesleben der Zwischenkriegszeit anzuschließen.[21]

Der „geistige Arbeiter" an den österreichischen Hochschulen der wirtschaftlich katastrophalen Zwischenkriegszeit zählte im Durchschnitt zur politisch und ökonomisch deklassierten Mittelschicht, wodurch sich das Gros von Professoren und Studenten im ideologischen Kontext von Deutschnationalismus und Klerikalfaschismus zu einer antidemokratischen und antisemitischen Front formierte. Das Feindbild war der „Liberalismus" in allen seinen Varianten. In der hoffnungslosen Defensive des kulturkämpferischen Kesseltreibens auf der Alma Mater befanden sich daher vor allem Hochschullehrer wie Carl Grünberg, Max Adler, Sigmund Freud, Karl und Charlotte Bühler, Moritz Schlick, Karl Menger, Hans Kelsen, aber auch Julius Tandler und viele andere, vor allem jüdische Wissenschaftler.

Autoritäre Ideologien wie die des Nationalökonomen Othmar Spann, des Historikers Heinrich Ritter von Srbik oder des Germanisten Josef Nadler lieferten den Nährboden für die schrittweise Eliminierung der wissenschaftlichen Vernunft. Die tendenziöse Personalpolitik im Wechselspiel von zweifelhafter Hochschulautonomie und intervenierendem Ministerium ermöglichte einen schleichenden Rechtsruck. Nazi-Studenten verteilten „Schwarze Listen" von jüdischen und/oder sozialistischen Hochschullehrern mit Boykott-Aufrufen und forderten einen Numerus clausus für nicht-arische Studierende mit Billigung und öffentlicher Unterstützung sympathisierender Professoren, Rektoren und Unterrichtsminister. Dies alles geschah schon *vor* der Ausschaltung des Parlaments im März 1933 durch das autoritäre Regime, das sich nach der Niederschlagung der demokratischen Opposition hilflos im Sog des italienisch-deutschen Faschismus und der auch in den eigenen Reihen aufkommenden „Illegalen" an einem „christlich-deutschen Staat" orientierte.

Der geistige „Anschluß" war auf Hochschulboden lange vor 1938 vollzogen. Wenn bereits im Jahre 1925 der politisch motivierte Mord am sexualaufklärerischen Publizisten Hugo Bettauer durch einen sogenannten Hakenkreuzler in der Rechtspresse und teilweise auch auf akademischer Seite legitimiert wurde,[22] erscheint die öffentliche Rechtfertigung der Ermordung des Philosophen Moritz Schlick, des geistigen Oberhaupts des weltberühmten Wiener Kreises, durch die Presse und Hochschullehrer im Jahre 1936 nicht überraschend. So heißt es im katholisch-nationalen Organ *Die Schönere Zukunft* apologetisch, im Falle Schlick – obwohl selbst nichtjüdischer Herkunft – komme

„der unheilvolle Einfluß des Judentums an den Tag [. . .]. Jetzt werden die jüdischen Kreise nicht müde, ihn als den bedeutendsten Denker zu feiern. Wir verstehen das sehr wohl. Denn der Jude ist der geborene Ametaphysiker, er liebt in der Philosophie den Logizismus, den Mathematizismus, den Formalismus und Positivismus, also lauter Eigenschaften, die Schlick in höchstem Maße in sich vereinigte. Wir möchten aber doch daran erinnern, daß wir Christen in einem christlich-deutschen Staate leben, und daß wir zu bestimmen haben, welche Philosophie gut und passend ist. Die Juden sollen in ihrem Kulturinstitut ihre jüdische Philosophie haben! Aber auf die philosophischen Lehrstühle der Wiener Universität im christlich-deutschen Österreich gehören christliche Philosophen! Man hat in letzter Zeit wiederholt erklärt, daß die friedliche Regelung der Judenfrage in Österreich im Interesse der Juden selbst gelegen sei, da sonst eine gewaltsame Lösung derselben unvermeidlich sei. Hoffentlich beschleunigt der schreckliche Mordfall an der Wiener Universität eine wirklich befriedigende Lösung der Judenfrage!“[23]

Katholische Hochschullehrer forderten die Einheit von Religion und Wissenschaft, und derselbe Universitätsprofessor für Philosophie, der Schlicks Lehre als „negativistisch“ klassifizierte, polemisierte beispielsweise gegen die Freudsche Psychoanalyse:

„Für die Kenner der geistigen Dinge ist die Psychoanalyse nichts anderes als ein grobschlächtiger Materialismus, und, von seiner wissenschaftlichen Unhaltbarkeit ganz abgesehen, ungefähr die entwürdigendste Auffassung vom Menschen, die je in der Geschichte gegeben worden ist [. . .]. Letzten Endes ist also die Psychoanalyse, für deren Beurteilung uns natürlich nicht die Ansicht eines Romanciers wie Stefan Zweig oder Thomas Mann maßgebend sein kann, doch nur eine wissenschaftlich aufgetakelte Pornographie. Wir bedauern ihren Begründer als ein verirrtes Genie und, ähnlich wie Nietzsche, als ein Opfer des materialistischen Zeitgeistes; der Wissenschaft und Philosophie aber, die gegenüber dem Volke eine schwere Verantwortung haben, bedeutet diese ungeheure Verirrung, die jedoch, wie jeder Irrtum, Punkt für Punkt einen verzerrten Kern von Wahrheit enthält, eine ernste Gewissenserforschung.“[24]

Offenbar bedauerte der Hochschullehrer die fehlenden Scheiterhaufen für Freuds Lebenswerk. Im „Neuen Österreich" unterschieden sich die Angriffe gegen die Vertreter einer wissenschaftlichen Psychologie, Soziologie und Psychoanalyse nur in Nuancen von den nationalsozialistischen Attacken gegen Magnus Hirschfeld, Wilhelm Reich und Sigmund Freud. Immerhin verschlangen die Flammen im Deutschland des Jahres 1933 auch die heute weltberühmte Studie „Die Arbeitslosen von Marienthal" (1933) von Marie Jahoda, Paul Lazarsfeld und Hans Zeisel, für deren Exilierung die politischen und wissenschaftlichen Verhältnisse im Austrofaschismus sorgten. Diese waren auch die Ursache dafür, daß die am 10. Mai 1933 in Deutschland Gebrandmarkten in Österreich kein freundliches Exilland vorfinden konnten. Nach dem 12. Februar 1934 wurde in Österreich die erste große Emigrationswelle unter Frauen und Männern der Politik, Wissenschaft und Künste ausgelöst. Damals paarte sich Sexualangst mit klerikaler Biederkeit als Abwehrsyndrom gegen Aufklärung und Empirie, die als Werkzeug gegen heimatgebundenes „Schollen-Denken" verteufelt wurden. Der „gesunde Staatskörper" – eine Metapher des Spannschen Universalismus – sollte sich deshalb gegen die „Geschwüre jüdischer Weltanschauung" immunisieren. Die Berührungsangst konnte die physische Aggression nur mehr schwer hintanhalten. Die Operation „Endlösung" war bereits denkbar.

Was für einen aufgeklärten Geist die Zerstörung der Demokratie und die darauffolgende „schwarz-braune" Kulturlandschaft mit anachronistischer Reichsideologie, christlicher Weltanschauungslehre, metaphysischer Spekulation und Irrationalismus unter der Einheit von Glaube und Wissen bedeutete, hat der österreichische Literat und Exilant Jean Améry drastisch zum Ausdruck gebracht:

„Das Land stieß ab, noch vor der Zeit, was es an Geist aus sich geboren hatte. Freud wurde zu einer inter-jüdischen Sache, der gegenüber christliche Wachsamkeit man empfahl. Hinter den Männern des Wiener Kreises standen schon die thomistisch orientierten jungen Assistenten und hinter diesen die Rosenberg-Schüler, die dem Christentum durchaus mit jener koexistentiellen Loyalität zu begegnen gestimmt waren, welche Österreichs Kirche ihrerseits den Nazis kreditierte. Die Literatur erfreute sich öffentlicher Förderung und Anerkennung, sofern sie sich älplerisch-christlichen Jodelns befleißigte, das aus der feierlich katholischen Tonart sich schnellstens und ohne formale Schwierigkeiten in die nazistische transponieren ließ. Die heimatlichen Literaten verhielten sich wie Betrunkene, deren Gerührtheit unversehens, jedoch vorgesehen, umschlug ins Wutgeheul.“[25]

Die Fakten der daraus resultierenden Abenddämmerung geistiger Kultur sprechen bekanntlich für sich und ernüchtern auch heute noch. Die Zerstörung der blühenden Wiener Volksbildungs- und Schulreformbewegung wie der gesamten Sozial- und Kulturpolitik des „Roten Wien“ mit Julius Tandler, Otto Glöckel, Otto Neurath, Max Adler u. v. a., die Verhinderung der modernen Sozialwissenschaften lange Zeit vor der gewaltsamen Annexion bleiben die traurige Bilanz einer bereits ohne Hitler praktizierten Kulturpolitik und seiner geistig-politischen Wegbereiter. Die Vollendung der Zerstörung blieb den (von der Mehrheit freudig begrüßten) Herrenmenschen überlassen.

2. Der kulturelle Exodus

Die Emigration und das Exil österreichischer Intellektueller stehen selbstverständlich in einem größeren historischen Rahmen von der Ersten zur Zweiten Republik.

Vor dem Hintergrund des aufkommenden Faschismus seit den zwanziger Jahren im Sog der Weltwirtschaftskrise, der Zerstörung der Demokratie und Niederschlagung der Arbeiterbewegung 1933/34, und letztendlich des gewaltsamen „Anschlusses“ im März 1938 ist das Phänomen der österreichischen Wissenschaftsemigration einerseits ein Spezialfall der allgemeinen Emigration aus politischen, religiösen, kulturellen und sogenannt „rassischen“ Gründen, andererseits ein spezifischer Teil größerer Migrationen des 20. Jahrhunderts.

Die Emigration insgesamt – als letzten Endes erzwungenes Verlassen des Heimatlandes – läßt sich dementsprechend in drei Phasen gliedern: die Jahre vor 1933/34, die Zeit des „Austrofaschismus“ 1934–1938; die Ära der nationalsozialistischen Gewaltherrschaft 1938–1945.

Während es in der Zeit vor der Ausschaltung der parlamentarischen Demokratie durch die Dollfuß-Regierung zu einem – durch die wirtschaftliche Situation und durch den Antisemitismus bedingten – *brain drain*, eine Abwanderung vor allem jüdischer Wissenschaftler/innen kam, ist nach dem 12. Februar 1934 zusätzlich zur verstärkten kulturellen Emigration aus dem „Roten Wien“ die politische Emigration der Linken, besonders des Schutzbundes in die Tschechoslowakei und in die Sowjetunion mit ca. dreitausend Personen, zu nennen.[26]

Allerdings steht eine exakte zahlenmäßige Erfassung dieser ersten großen Emigrationswellen genauso aus wie eine Quantifizierung der gesamten Emigration vor dem März 1938. Wir wissen aus zahlreichen biographischen Zeugnissen und einschlägigen Quellen, wie stark das dumpfe geistige und reaktionäre politische Klima mit Juden- und Intellektuellenfeindschaft für das Verlassen des Landes lange vor der nationalsozialistischen Herrschaft ausschlaggebend war. Mit dem ideologischen Kampf gegen den kritisch-aufklärerischen Geist ist ein historischer Prozeß gegeben, der nach dem März 1938 als Massenphänomen konsequent perfektioniert worden ist. Damit wird der spezifisch *österreichische* Anteil an der Exilierung offenkundig, die nicht ausschließlich als Werk fremder, böser Mächte abgetan werden kann.

Im Zuge der nationalsozialistischen Vernichtungs- und Vertreibungspolitik wird schließlich der gewaltsame „Exodus der Kultur“ systematisch vollzogen: weit über 150.000 Österreicher – darunter mindestens 130.000 jüdische Mitbürger – müssen als Folge der Gewaltherrschaft das Land verlassen, sofern sie dazu überhaupt imstande sind. In diesem Zusammenhang ist der ca. 100.000 Opfer des Nationalsozialismus (darunter 65.000 Juden) zu gedenken, die den lebensretten-den Weg über die Grenze nicht mehr schafften oder wegen ihres antifaschistischen Widerstandes ihr Leben lassen mußten. Das Thema Emigration und Exil ist nicht ohne die Millionen Opfer des Hitler-Faschismus zu behandeln, nicht ohne die Massenvernichtung des Judentums und die Massenflucht von rund einer halben Million Menschen, darunter 300.000 Juden, aus Mitteleuropa.

Die Jahre des nationalsozialistischen Rassismus stellten einen brutalen, historisch einzigartigen Höhepunkt dieser erzwungenen Emigration dar. Diese ist als Teil der gesamteuropäischen Auswanderungsbewegungen in der Zwischenkriegszeit, aber auch im Kontext fortschreitender Mobilität und Internationalisierung von kulturellen Eliten zu sehen. Die Tatsache, daß viele Vertreter dieser vom Faschismus vertriebenen *scientific community* selbst wiederum seit ungefähr zwanzig Jahren für eine internationale Exil-Forschung verantwortlich sind, gehört zu dieser fächer- und länderübergreifenden Kommunikation.

Leider gibt es fünfzig Jahre nach dem Ende des Zweiten Weltkriegs – mit wenigen Ausnahmen in der Zweiten Republik – keine systematische Emigrations- und Exilforschung auf Hochschulboden. Die verdienstvollen Beiträge des Dokumentationsarchivs des österreichischen Widerstandes zum allgemeinen österreichischen Exil stellen eine wichtige Forschungsgrundlage dar, die aus mehreren Gründen im Hinblick auf die *intellektuelle* Emigration noch in den Kinderschuhen steckt:

Erstens mangelt es an einer interdisziplinären Wissenschaftsgeschichte im Rahmen österreichischer Zeitgeschichte – was im internationalen Vergleich einzigartig ist.

Zweitens waren die Vertreter universitärer Wissenschaftsdisziplinen bis auf wenige Ausnahmen nicht imstande, die jüngste Geschichte ihres Fachs projektorientiert aufzuarbeiten – was nicht zuletzt auch mit dem tabuisierten Problem kultureller Eliten-Kontinuität zusammenhängt.

Drittens gab es im koalitionären Nachkriegs-Österreich kein partei- und staatspolitisches Interesse an der sogenannten Vergangenheitsbewältigung *zweier* Faschismen. Das Ausbleiben einer Einladung des offiziellen Österreich an die Exilanten zur Rückkehr in die Republik ist nur eine logische Folge der „Österreicher-Macher" angesichts einer gescheiterten Entnazifizierung mit vorherrschendem Mythos vom „Wiederaufbau" seit der „Stunde-Null".

Viertens war die Emigration wie schon erwähnt größtenteils *jüdische* Auswanderung als Folge des immer stärker werdenden Rassismus in Wort und Tat. Dies wirft einmal mehr die Frage nach dem „hausgemachten" österreichischen Antisemitismus auf, der spätestens seit der Jahrhundertwende in allen Formen und Ausprägungen vorhanden war, wenn man von der *Shoa* als absolutem Höhepunkt des Rassenwahns absieht. Damit gerät der gegenwärtig wieder ansteigende öffentliche Antisemitismus in die notwendige historische Perspektive eines noch nicht überwundenen gesellschaftlichen Prozesses.

Fünftens war und ist – damit zusammenhängend – der Begriff des Emigranten wie der des antifaschistischen Widerstandes im öffentlichen Bewußtsein bis hin zu Spitzenpolitikern noch immer negativ besetzt. Allein das Problem der kaum erfolgten „Wiedergutmachung" auch im Zusammenhang mit den wenigen Remigranten signalisiert eine gesellschaftsfähige Mentalreservation gegenüber den Emigranten, obwohl ein Großteil dieser im Ausland bis heute das andere, demokratische Österreich in Theorie und Praxis repräsentieren und auch als Image-Verbesserer von Zeit zu Zeit benutzt werden.

Sechstens erschwert eine restriktive Archiv-Politik mit einer 30- bis 50-Jahr-Sperre zusammen mit einem für die Forschung hindernisreichen Datenschutzgesetz hierzulande eine systematische Historiographie der Jahre 1938–1945. Womit sich die berechtigte Frage aufdrängt, ob die Zeithistoriker/innen die Vergangenheit überhaupt „bewältigen" können.

Aus all den angeführten Gründen steht eine Gesamtdarstellung der österreichischen Wissenschaftsemigration genauso aus wie eine Gesamtdarstellung der Geschichte der Emigration im allgemeinen. Der *österreichische Aspekt* wurde in der einschlägigen internationalen Forschung – ähnlich wie beim literarischen Exil – vorwiegend unter die deutschsprachige Emigration subsumiert, was aufgrund des inländischen Forschungsdefizits leichter möglich war. Denn einerseits existiert der Standpunkt, daß es zuwenig Kriterien für eine eigenständige österreichische Kategorie innerhalb der deutschsprachigen gebe, andererseits legte es die vorhandene Forschungs- und Quellenlage aus rein praktischen Gründen nahe, die gesamte deutschsprachige Emigration aus den vom Nationalsozialismus okkupierten Ländern zusammenzufassen.

Aus mehreren Gründen scheint aber – jenseits von kleinkarierter Österreich-Ideologie – ein genuines Forschungsthema „Österreichische Wissenschaftsemigration" im Gesamtgefüge der deutschsprachigen notwendig und sinnvoll: erstens, weil die österreichische Vergangenheitsaufarbeitung zwar im Konnex mit der deutschen, aber besonders für die Jahre von 1933/34 bis 1938 auch eigenständig erfolgen muß; und zweitens, weil es signifikante Unterschiede und typische Merkmale der österreichischen im Vergleich zur übrigen deutschsprachigen Exilgeschichte gibt, die sich u. a. in der Wirkungsgeschichte im In- und Ausland sowie in der Remigration manifestieren.

Die Grundlage für jede zukünftige Exilforschung liefert daher das verdienstvolle dreibändige, von Werner Röder und Herbert Strauss herausgegebene „Biographische Handbuch der deutschsprachigen Emigration nach 1933" mit 8700 (bio-bibliographischen) Daten aus den Bereichen Politik, Wirtschaft, öffentliches Leben sowie Kunst, Literatur und Wissenschaft. Es bietet eine erste personenbezogene Bestandsaufnahme der Massenauswanderung als Auswahl aus einem Grundbestand von 25.000 Datensätzen. Ein Österreich-Band in Form einer Übersetzung und Ergänzung dieses Handbuchs wird vom Dokumentationsarchiv des österreichischen

Widerstands vorbereitet. Mit Blick auf unser Thema ist zu diesen erfreulichen Aktivitäten sogleich anzumerken, daß mit dem Stichdatum für die Aufnahme (Jänner 1933 für Deutschland und Februar 1934 für Österreich) natürlich eine große Anzahl der Emigration vor dieser Zeit unberücksichtigt bleiben mußte und die gedruckte Auswahl sich auf die kulturelle *Elite* bezieht. Es handelt sich also in diesem Forschungsstadium nur um die Spitze eines Eisberges, dessen unsichtbarer größerer Teil im Laufe der nächsten Jahre – wenn überhaupt – nur mühsam erschlossen werden kann. Und so wichtig diese Quantifizierung auch sein mag, sie spiegelt nur *einen* Teil des vielschichtigen Phänomens „Emigration und Exil" wider.

Inzwischen liegen erste Bestandsaufnahmen über Vertreibung und Verrat der Intellektuellen vor,[27] und in einem entsprechenden Forschungsprojekt zur österreichischen Wissenschaftsemigration[28] wurde versucht, auf der Grundlage der vorliegenden Forschungs-Literatur und Archivmaterialien eine erste quantitative Bestandsaufnahme mit Hilfe von EDV zu liefern. Im Rahmen dieses Pilotprojektes konnte eine vorläufige Namensliste von 2300 Frauen und Männern für den Bereich Wissenschaft erstellt werden, die als Dokumentation mit Kurzbiographien auch veröffentlicht ist. Aufgrund einer ersten statistischen Auswertung mit einer Stichprobe von 304 Personen aus den vorliegenden Daten lassen sich einige spezifische Trends ablesen:

Für die Remigration ergibt sich ein Wert von 19,4 Prozent (im Vergleich die deutschsprachige mit rund einem Drittel), sodaß nur jede/r fünfte Emigrant/in in die Heimat zurückgekehrt ist. Den größten Anteil bei den Remigranten/innen haben die Bereiche Jus, Rechtswissenschaften, Publizistik mit 20 Prozent. Das Problem dieser geringen Rückkehr ist bisher nicht behandelt worden, was mit den eingangs zitierten Gründen für das allgemeine Forschungsdefizit zusammenhängt.

Der jüdische Anteil an der Wissenschaftsemigration liegt, soweit bisher ersichtlich, bei ca. 80 Prozent, während er bei der Remigration weniger als ein Drittel ausmacht, was weiter erklärungsbedürftig ist. Diese niedrigen Remigrations-Quoten weisen auf die bereits erwähnte opportunistische Unterlassung eines offiziellen Aufrufs zur kollektiven Rückkehr sowie auf die Tatsache, daß im Österreich des Kalten Krieges mit ausgebliebener Entnazifizierung und wirtschaftlichem Aufbau generell kein Platz für Exilierte und Wissenschaftler/innen war, und daß ein weiterwirkender Antisemitismus – der vor keiner Partei halt machte – im Verein mit konservativer Eliten-Kontinuität für ein provinzielles Klima sorgte. Nicht zuletzt gelang einigen Emigranten/innen ein gesellschaftlicher und beruflicher Aufstieg, der eine spontane Rückkehr in das von Alliierten kontrollierte Österreich ausschloß. Dies umsomehr, als diese meist mit bürokratischen Schikanen und der schmerzvollen Erinnerung an den Verlust der Familie und von Freunden als Folge der nationalsozialistischen Vernichtungspolitik verbunden war.

Zusammenfassend kann man davon sprechen, daß seit den dreißiger Jahren, bedingt durch den aufkommenden Faschismus und Nationalsozialismus, in zunehmendem Maße einerseits die Zerstörung der florierenden Wiener Kulturbewegung erfolgte, andererseits die kontinuierliche Emigration der österreichischen Intellektuellen einsetzte, die als Massenphänomen ihren traurigen Höhepunkt mit dem sogenannten „Anschluß" an das nationalsozialistische Deutschland erlebte. Die seinerzeit schon weltberühmten Vertreter/innen österreichischer Literatur, Kunst und Wissenschaft, sowie die gesamte geistige Avantgarde, mußten das sinkende Schiff des klerikalen „Ständestaates" und der nationalsozialistischen „Ostmark" spätestens 1938 verlassen, sofern sie dazu überhaupt noch imstande waren.

Die folgende unvollständige Skizze dieses kulturellen Exodus am Beispiel der Vertreibung österreichischer Wissenschaftler/innen kann den Verlust und die katastrophalen Langzeit-Folgen bis weit in die Zweite Republik nur andeuten.

In der Philosophie, Mathematik und Logik erzwingen die gesellschaftlichen und geistigen Mißstände die Emigration des berühmten Wiener Kreises, einer Gruppe von anerkannten Fachwissenschaftlern, die in aufklärerischer Absicht auf eine Verwissenschaftlichung der Philosophie abzielte.[29] Der Exodus dieser sprachkritischen, interdisziplinären Gruppierung zeichnete sich bereits zu Beginn der dreißiger Jahre mit der Auflösung ihres Popularisierungsorgans, des „Verein Ernst Mach" nach dem 12. Februar 1934 und mit der Ermordung Moritz Schlicks am 22. Juni 1936 ab. Die letzten Vertreter dieser „Wissenschaftlichen Weltauffassung" mußten nach dem „Anschluß" emigrieren. Vom Kern des Logischen Empirismus verließen seit 1930 aus politischen, „rassischen" und weltanschaulichen Gründen vierzehn Mitglieder Österreich: Gustav Bergmann, Rudolf Carnap (aus Prag), Herbert Feigl, Philipp Frank (aus Prag), Kurt Gödel, Felix Kaufmann, Karl Menger, Richard von Mises (aus der Türkei), Marcel Natkin, Otto Neurath, Rose Rand, Josef Schächter, Friedrich Waismann und Edgar Zilsel. In Österreich selbst blieben Bela Juhos, Heinrich Neider und der mit Berufsverbot belegte Viktor Kraft, von denen nach 1945 nur Juhos und Kraft kurzfristig in universitäre Positionen gelangen konnten. Dagegen dominierten im Nachkriegösterreich christliche Weltanschauungsphilosophie und idealistische Systemphilosophie. Der wohl berühmteste österreichische Philosoph des 20. Jahrhunderts, Ludwig Wittgenstein – eine der wichtigsten Bezugspersonen des Wiener Kreises –, hatte bereits 1929 das Land ohne akademische Würden und ohne Chance auf eine Universitätskarriere in Richtung England (Cambridge) verlassen, wo er auf der Basis seines „Tractatus logico-philosophicus" seine Weltgeltung mit der sprachanalytischen Wende der Philosophie begründete. Auch der im geistigen Umfeld des Wiener Kreises sozialisierte Karl Popper, Vater des „Kritischen Rationalismus", emigrierte, nicht zuletzt wegen der aussichtslosen beruflichen Perspektive, im Jahre 1937 nach Neuseeland, von wo er nach dem Zweiten Weltkrieg nach England an die London School of Economics berufen wurde. Kein einziger Vertreter dieser modernen Philosophie ist nach 1945 zurückgeholt worden, obwohl es – ähnlich im Falle Karl Bühler – sogar von Seiten der Betroffenen Hoffnungen und Bemühungen gegeben hat.

Wenn man allein die Vertreter der modernen Mathematik und Logik in Betracht zieht, so ist die Verlustbilanz der „Kollegen in einer dunklen Zeit“[30] nicht minder erschreckend: in Wien sind an den Instituten der Mathematik und der theoretischen Physik der Universität und Technischen Hochschule achtzehn, meist jüdische, Wissenschaftler verjagt worden, während der Physiker und Mathematiker Hans Thirring als pazifistischer „innerer Emigrant“ die Zeit der Nazi-Herrschaft verbrachte.

Ein ähnlicher Kahlschlag ist mit der Exilierung der psychoanalytischen Bewegung aus Wien gegeben.[31] Als Feindbild der rechts-bürgerlichen Kultur war diese provokante Disziplin schon seit der Jahrhundertwende massiv bekämpft und in den dreißiger Jahren sukzessive in die Defensive gedrängt worden. Dieser Prozeß war für die „seelenzerfasernde Psychoanalyse“ – so der Nazi-Jargon – praktisch vorprogrammiert, wobei ein Großteil der arrivierten Psychoanalytiker aufgrund des hohen Internationalisierungsgrades vor allem im anglo-amerikanischen Bereich beruflich integriert wurde – was aber der gesellschaftskritischen Dimension der Psychoanalyse eher abträglich war. Von den fünfzig ordentlichen Mitgliedern der „Wiener Psychoanalytischen Vereinigung“ mußten alle bis auf drei Personen nach der Annexion das Land verlassen. In diesem Verdrängungszusammenhang ist auch die Schule der Individualpsychologie um Alfred Adler zu nennen, von der mehr als zwei Drittel der insgesamt neunundzwanzig Personen emigrierten.[32] Die Tatsache, daß die individualpsychologische Bewegung – viel stärker als die psychoanalytische – eine starke praktische Verankerung in der Wiener sozialistischen Schul- und Volksbildung besaß, war für eine frühe Desintegration ab 1934 ausschlaggebend. Somit wurde in zwei Etappen, 1934 und ab 1938, die gesamte tiefenpsychologische Wissenschaft und Praxis eliminiert, die weit über den engen therapeutischen Bereich wirksam war und im Bildungswesen, in der

Sozialarbeit, nicht zuletzt in den Wissenschaften das intellektuelle Leben bereicherte.

Auch die damals wenig institutionalisierte wissenschaftliche Psychologie verlor ihre besten Köpfe, während die geistigen Kollaboranten im Lande eine Professionalisierung ihrer Disziplin – ähnlich wie in der Soziologie – im Sinne des vorherrschenden Rassismus durchmachten.[33] Auf seiten der vertriebenen Vernunft ist vor allem die Gestalt- und Kognitionspsychologie bzw. Kinder- und Jugendpsychologie von Karl und Charlotte Bühler herauszustreichen.[34] Beide stellten ihr Wissen in den Dienst der Wiener Schulreform und ermöglichten mit der „Wirtschaftspsychologischen Forschungsstelle" eine institutionelle Plattform für die Vertreter der jungen empirischen Sozialforschung um Paul Lazarsfeld, Marie Jahoda und Hans Zeisel bis zu deren Exilierung. Die gesellschaftsorientierte Arbeit all dieser psychologischen Schulen im Kontext der Sozialpolitik unter Julius Tandler, Otto Glöckel und Hugo Breitner wurde mit der Niederschlagung der Arbeiterbewegung abrupt gestoppt und ist nach 1945 nie mehr in dieser Qualität und Quantität aufgenommen worden. Damit war eine konkrete Vision sozialistischer Kultur im „Umfeld des Austromarxismus"[35] mit einer fruchtbaren Kooperation zwischen Wissenschaft und Arbeiterkultur bereits zerstört, bevor die marginalisierte humanistische Tradition 1938 endgültig vertrieben wurde. Darunter finden sich Psychologen wie Egon Brunswik und Else Frenkel-Brunswik, Gustav Ichheiser und Ernst Dichter, der Vater der Werbepsychologie. Damit wird die „Zerstörung einer Zukunft" viel konkreter, wie es der Titel eines Buches mit Gesprächen emigrierter Sozialwissenschaftler treffend zum Ausdruck bringt.[36] Symptomatisch für diesen kulturellen Bruch ist nicht zuletzt das Faktum, daß fünfzig Jahre nach der Vertreibung der Psychoanalytiker und Individual-Psychologen aus Österreich auf akademischem Boden kein einziger Lehrstuhl dieser Richtung vorhanden ist.

Aufgrund der damaligen interdisziplinären Forschungsmethode kann eine kanonisierte Fächereinteilung kaum geleistet werden. Das zeigte sich beim Wiener Kreis, ist aber genauso im Bereich der Soziologie und Sozialwissenschaften gegeben. Die sozialwissenschaftliche Emigration fand vor dem Hintergrund eines noch nicht ausdifferenzierten und nicht institutionalisierten Faches statt.[37] Außerdem waren die entscheidenden soziologischen Innovationen vor allem außerhalb der Universitäten zu finden, in den sozial-liberalen Zirkeln und Bildungsvereinen der Wiener Volksbildungsbewegung. Mit der Zerschlagung der letzten universitären Bereiche sozialwissenschaftlicher Arbeit 1938 wurde die geistige Austrocknung mit der Konsequenz fortgesetzt, daß eine im Aufbau befindliche Disziplin verlorenging und sich im Ausland mit internationaler Reputation etablieren konnte. Im Ursprungsland dagegen mußte auch nach dem Zweiten Weltkrieg das belastende Erbe von „Universalismus und Faschismus“ langsam bewältigt werden. Im nicht-akademischen Vorfeld der empirischen Sozialforschung waren die Auswirkungen der Desintegration einschneidend: So wurde beispielsweise das von Otto Neurath begründete und geleitete Gesellschafts- und Wirtschaftsmuseum in Wien (als Plattform der Arbeiterbildung mit Hilfe der „Wiener Methode der Bildstatistik“) nach dem Februar 1934 aufgelöst und unter ständestaatliche, später nationalsozialistische Patronanz gestellt. Neurath und sein Team flüchteten nach Holland, später nach England, wo Neurath bis zu seinem Tode unermüdlich die „Unity of Science“-Bewegung und die bildpädagogische Arbeit („Isotype“) unter schwierigsten Bedingungen weiter verfolgte. Paul Lazarsfeld und seine Mitarbeiter verließen 1934 sukzessive ihre Wirkungsstätte. In diesem Umfeld ist eine Reihe soziologisch orientierter Dozenten der Wiener Volkshochschulen zu erwähnen – darunter Karl Polanyi, Leo Stern, Eduard März, Walter Hollitscher, Edgar Zilsel –, die im Zuge der „Säuberung“ im Geiste „christlich-deutscher“ Ideologie bereits im Ständestaat entlassen wurde. Auch hier leistete der Austrofaschismus bedenkliche Vorarbeit für die Nationalsozialisten. Damit wird auch der ursächliche Zusammenhang des Bildungssystems zwischen Schule, Volkshochschule und Universitäten für die Emigrationsforschung sichtbar. Mit der letzten Entlassungswelle ab März 1938 kam es einerseits zur „Gleichschaltung“ an den Hochschulen, andererseits zum erzwungenen Weggang der nicht-akademischen sozialwissenschaftlichen Intelligenz, von der ein Teil erst im Ausland eine akademische Laufbahn einschlagen konnte. Stellvertretend für viele Opfer des Nationalsozialismus sei hier die Sozialwissenschaftlerin Käthe Leichter genannt, die im Konzentrationslager ermordet wurde. So läßt sich als Resümee festhalten, daß mit den ca. fünfzig Sozialwissenschaftlern, die ins Exil getrieben wurden, sowohl die liberale wie die austromarxistische Schule samt Nachwuchs durch Exilierung und Vernichtung ausgelöscht wurden.

Ein solcher Befund ist auch für die Nationalökonomie zutreffend. Diese kreative Wissenschaftskultur mit offener Kommunikation ist insgesamt verschwunden, während die dominierende universalistische Richtung des Othmar Spann-Kreises nach dem nationalsozialistischen Intermezzo in der Zweiten Republik als einzige Tradition der Vorkriegszeit wieder Fuß fassen konnte. Aber auch dem geistig-politischen Vorfeld des liberal-sozialistischen Lagers, der wissenschaftlich orientierten Schul-, Volksbildungs- und Sozialreform (Monisten, Freidenker, Pazifismus und Frauenbewegung), wurde der Boden entzogen, was sowohl für die entwurzelten Intellektuellen als auch für den gescheiterten „Wiederaufbau“ der Arbeiterkulturbewegung nach 1945 negative Effekte hatte. Der fruchtbare Konnex von fortschrittlicher Wissenschaft und demokratischer Bildungsarbeit ist durch Emigration, Exil und Vernichtung verhindert worden.

Die rechts- und staatswissenschaftliche Emigration schließt personell und thematisch eng an die sozialwissenschaftliche an. Bei einer Stichprobe von ca. fünfzig Vertretern können erste Schlüsse gezogen werden. Mit dem Verschwinden der Wiener Schule der „Reinen Rechtslehre“ von Hans Kelsen, dem Vater der österreichischen Verfassung, ist eine wissenschaftspolitische Entwicklung gegeben, die den von den Vertretern des Naturrechts geführten antisemitisch und ideologisch gefärbten Kampf gegen den Rechtspositivismus widerspiegelt. Dazu kommt, daß vor allem die nichtemigrierten Rechts- und Staatswissenschaftler nach 1945 zum Aufbau der Fakultät herangezogen wurden. Die Ignoranz gegenüber einem der bedeutendsten österreichischen Verfassungsrechtler ging sogar soweit, daß Hans Kelsen anläßlich der 600-Jahr-Feier der Wiener Universität im Jahre 1965 außerhalb des offiziellen Programms einen Vortrag hielt – ein kleines Indiz für die doppelte Verdrängung in der österreichischen Wissenschaftsgeschichte.

Das Forschungsdefizit der Exilforschung hängt wohl mit der zentralen Rolle der Geschichtswissenschaft zusammen, die ihre eigene Vergangenheit kaum aufgearbeitet hat. Befangen im Paradigma des deutschnationalen Historismus konnte und wollte sie sich wohl auch nicht mit dieser sensiblen, selbstkritischen Thematik auseinandersetzen.[38] Und die es wollten, waren nach 1938 nicht mehr im Lande. Die meisten etablierten Historiker waren 1938 für den „Anschluß“ und bestimmten nach dem Zweiten Weltkrieg wiederum die geistige Sozialisierung der Historikerzunft, wenn auch im neuen Gewande einer Österreich-Ideologie in der Kontinuität des Historismus. Demgegenüber stehen zahlreiche Emigranten der Historiographie und Geschichtswissenschaft, die sich natürlich auch in anderen Sparten wiederfinden: Robert A. Kann, Alfred F. Pribram, Friedrich Engel-Janosi, Ernst Stein, Josef Kaut, Joseph Buttinger, Hermann Langbein, Leopold Spira, Karl R. Stadler, Felix Kreissler, Gerda Lerner, Ernst Wangermann, Arthur von Rosthorn, Heinrich Benedikt, Hugo Gold, Josef Fraenkel, Herbert Rosenkranz, Jonny Moser, Peter Pulzer, Franz Goldner, Herbert Steiner, Thomas Chaimowicz und Walter Grab illustrieren im Rahmen einer ersten Bestandsaufnahme insofern das verlorengegangene Potential, als nur ein geringer Teil von ihnen in die frühere Heimat zurückkehrte.

Dieser geistige Einbruch wird durch die starke Exilierung österreichischer Journalisten und Publizisten und die geringe Präsenz von Exiljournalisten in der Tagespresse der Nachkriegszeit verstärkt.[39] Über ein Drittel der in den Jahren nach 1945 aktiven Journalisten hatte ihre Arbeit auch schon unter dem Austrofaschismus und Nationalsozialismus ausgeübt.

Stärker im öffentlichen Bewußtsein verankert ist die literarische und künstlerische Emigration, was aber auch in das gängige Österreich-Klischee als einer rein „musischen" Nation paßt. Im Unterschied dazu ist das naturwissenschaftlich-technische Exil mit zahlreichen Nobelpreisträgern zu Unrecht marginalisiert worden. Das hängt u. a. auch damit zusammen, daß die österreichische Weltliteratur der Zwischenkriegszeit – von Hermann Broch, Robert Musil, Manès Sperber, Elias Canetti und Joseph Roth bis Stefan Zweig – allgemein anerkannt ist. Aber zahlreiche vergessene, verdrängte Literaten und Literaturwissenschaftler bleiben mit dieser Eliten-Perspektive auf der Strecke. Dies konnte um so leichter geschehen, als eine gewisse Kontinuität des „nationalen Paradigmas" in der österreichischen Germanistik um und nach Josef Nadler sowie der „Blut und Boden"-Literatur bis in die Zweite Republik hinein wirksam war.[40] Erst durch Impulse ausländischer, emigrierter Literaturhistoriker wie Heinz Politzer, Joseph Strelka, Egon Schwarz, Franz Mautner, Berthold Viertel ist diese einheimische Dominanz etwas relativiert worden.

Ein Pendant zu dieser Germanistik als nationaler Wissenschaft war im Bereich der Theaterwissenschaft Heinz Kindermann, der 1943 die Leitung des Zentralinstitutes für Theaterwissenschaft in Wien übernahm – ganz im Sinne des Nationalsozialismus. Alternativen konnten sich somit nicht auf akademischem Boden, sondern in der Theaterpublizistik im Exil herauskristallisieren, wie sie sich in den Beiträgen von Berthold Viertel, Ferdinand Bruckner, Heinrich Schnitzler, Karl Paryla, Leonard Steckel und Wolfgang Heinz manifestieren, aber auch in den literaturwissenschaftlichen Arbeiten von Paul Reimann und Ernst Fischer.

In den vierziger und fünfziger Jahren existierte auf seiten der Hochkultur eine massive Mentalreservation gegenüber literarischer, künstlerischer und wissenschaftlicher Avantgarde. Die Zwölfton-Musik wurde mit dem vertriebenen Arnold Schönberg genauso blockiert wie jede Form experimenteller Musik und ihre Theorie. Diese Problematik weist auf die kaum erforschte musikwissenschaftliche Emigration, was für das so oft stilisierte Musikland Österreich als skandalös bezeichnet werden kann.[41] Dies wird noch dadurch kontrastiert, daß hierzulande das Mitläufersyndrom berühmter Komponisten und Dirigenten wie z. B. Herbert von Karajan oder Karl Böhm akzeptiert wird.[42]

Die renommierte Wiener Schule der Kunstgeschichte wurde vor dem Hintergrund nationalsozialistischer Einfärbung durch Josef Strzygowski und Hans Sedlmayr zwangsläufig exiliert und ist großteils im englischen Warburg-Institut aufgegangen, wo Ernst Kris, Otto Kurz, Ernst Gombrich, Otto Pächt, Fritz Saxl und Hans Tietze weiterwirkten. In England arbeitete auch der in Österreich ignorierte Arnold Hauser, wo er seine Standardwerke zur Geschichte und Soziologie der Kunst veröffentlichte.

Nicht besser erging es der österreichischen Architekten-Avantgarde.[43] Rund ein Fünftel der Architekten des weltweit anerkannten Wiener Gemeindebaues und rund die Hälfte der Erbauer der Wiener Werkbund-Siedlung wurden vom Ständestaat und Hitler-Faschismus vertrieben. Damit hatte Wien in wenigen Jahren seine ganze fortschrittliche Architekten-Elite verloren. Deren nicht erfolgte Rückkehr bedingte in Verbindung mit einer durchgehend nationalromantischen Tradition im Nachkriegs-Österreich ein architekturtheoretisches Niemandsland, ein geistig-praktisches Vakuum nach der verlorenen Moderne mit ihren Kritikern. Erst in den letzten (zwei) Jahrzehnten scheint die etablierte provinzielle Bauwelt durch einen internationalen Diskurs bereichert worden zu sein.

So sehr einzelne prominente Naturwissenschaftler – wie Nobelpreisträger Erwin Schrödinger, Max Perutz, Viktor F. Hess, Wolfgang Pauli, Georg von Hevesy, Otto Loewi, Karl

Landsteiner – als „Geistesriesen“ der Ersten Republik gefeiert werden, so wenig existiert eine Gesamtdarstellung der naturwissenschaftlich-technischen Emigration. Dabei kam es z. B. zur Vertreibung des gesamten Institutes für Radiumforschung der österreichischen Akademie der Wissenschaften. Viele Vertreter der naturwissenschaftlichen Intelligenz verließen bereits vor dem „Anschluß“ das krisengeschüttelte Land, vorerst meist in Richtung Weimarer Republik, nachdem bereits vor dem Ende der Monarchie eine strukturell bedingte Migration stattgefunden hatte. Rund ein Drittel aller Physiker war von der gewaltsamen Vertreibung betroffen, und die theoretische Physik mußte zur Gänze der wahnhaften Fiktion einer „arischen Physik“ weichen.

Der kontinuierliche *brain drain* von Technikern seit Beginn der Ersten Republik beläuft sich nach einer vorsichtigen Schätzung auf rund fünfhundert Personen. Allein der Anteil der Österreicher an der „Technischen Intelligenz im Exil“ in Großbritannien mit dreißig Ingenieuren vermittelt auch das praktische wirtschaftspolitische Problem einer verschwundenen Technikergeneration im Hinblick auf den mühevollen Wiederaufbau der Zweiten Republik und macht derzeitige Defizite innovativer Forschung verständlicher.

In der Emigration von vielen tausend Ärzten aus Mitteleuropa – davon ca. dreitausend aus Österreich – sind medizinische Wissenschaftler, Psychiater, Psychotherapeuten und praktisch tätige Ärzte enthalten, die das Land in den drei skizzierten Perioden (vor 1933, 1934 bis 1938 und nach 1938) aus ökonomischen, politischen und „rassischen“ Gründen verlassen mußten. Die universitären, antisemitisch gefärbten Ausschließungsmechanismen verschärften sich mit der ökonomischen Krise und favorisierten „vaterländische“ und deutschnationale Mediziner gegenüber liberalen, sozialistischen und/oder jüdischen Fachkollegen. Mit der austrofaschistischen Machtübernahme beginnt vor allem die Emigration linker Ärzte. Der Einmarsch deutscher Truppen in Österreich und die nationalsozialistische Machtübernahme führten schließlich zur größten Vertreibung von Ärzten von österreichischem Boden und waren von Selbstmord, Konzentrationslager oder innerer Emigration begleitet. Von den Wiener medizinischen Hochschullehrern emigrierte rund ein Drittel, von welchen mehr als die Hälfte schließlich in den USA landete, womit die österreichische Medizingeschichte und Sozialmedizin praktisch auf einen Schlag exiliert wurde. Die wenig bekannten berufsspezifischen Exil-Organisationen stellten für viele Ärzte eine geeignete Plattform für die angestrebte Rückkehr in ein demokratisches Österreich dar. Diese Rückkehr war letzten Endes allerdings minimal im Vergleich zur Emigration, die den Einwanderungsländern zugleich wichtige Innovationen, vor allem durch die Psychoanalyse, die Individualpsychologie oder auch durch Naturwissenschaftler wie Wolfgang Pauli und Otto Loewi brachte. Daß mit dem Weggang einer ganzen Berufssparte ein kognitiv-praktisches Potential gegenüber dem nationalsozialistischen biologischen Rassenwahn blockiert und eine internationale Wissenschaftsentwicklung brutal unterbrochen wurde, sollte Anlaß genug sein, um über die angebliche und tatsächliche „Krise der Medizin“ im historischen Rückblick nachzudenken.

Auch wenn es seit Ende der sechziger Jahre zu langsamen Modernisierungsschüben und einer allmählichen Internationalisierung der österreichischen Wissenschaft kam, konnte der substantielle Verlust, welcher durch die Emigration der gesamten geistigen Elite und des intellektuellen Potentials gegeben war, nicht mehr wettgemacht werden. Wir wissen, daß Österreich heute z. B. im technisch-wissenschaftlichen Bereich um einen Anschluß an die internationale Forschung kämpft. Mit all den nackten Zahlen ist aber der qualitative Aspekt von Emigration und Exil nur angedeutet: das subjektive Leid, beginnend mit der meist lebensbedrohlichen Auswanderung, mit Kampf um Visa und Affidavits, die existentielle Bedrohung durch Verlust des Eigentums, die Bedrohung und Vernichtung der Angehörigen, die Mühe des Transits bis zur Ankunft in einem fremden Land mit fremder Sprache, die dortige Reproduktion des Alltags zwischen Scheitern und Integration, zwischen wissenschaftlicher Karriere und beruflichem Abstieg sind schon oft beschrieben worden. Auch wenn eine Minorität einen beruflichen Aufstieg erlebte – wo er gelang, zeichnete er sich durch die Internationalisierung der betreffenden Wissenschaftsdisziplinen meist schon vor der Emigration ab (wie z. B. bei Marie Jahoda, Paul Lazarsfeld, Rudolf Carnap, Josef Frank, Kurt Gödel) –, steht dem gegenüber eine Mehrheit, die durch tragische Biographien, gescheiterte Rückkehr, mißlungene Assimilation oder Selbstmord (Edgar Zilsel stellvertretend für andere) gekennzeichnet ist. Alle diese Einzelschicksale waren von vielen äußeren, oft zufälligen Faktoren mitbestimmt: vom Alter der Betroffenen (so erlebte Charlotte Bühler in den USA eine Karriere, während ihr Mann Karl Bühler von einer gescheiterten Akkulturation und Remigration gezeichnet war); von unterschiedlichen Bedingungen in den Aufnahmeländern; vom Entwicklungsstand des jeweiligen Faches (geographische Gegebenheiten und fachspezifische Sozialisierungsbedingungen müßten zum Gegenstand künftiger Forschung gemacht werden).

Während die meisten westeuropäischen Länder bis zur nationalsozialistischen Okkupation kurzzeitige Durchgangsstationen waren, konnte beispielsweise in der Türkei durch den Modernisierungsversuch Kemal Atatürks eine planmäßige deutschsprachige „Bildungshilfe im Exil“ organisiert werden. Durch quotenfreie Einwanderungsmöglichkeit war Shanghai – neben Palästina – ein weiterer stark frequentierter Teil im asiatischen Bereich. Insgesamt blieb jedoch der anglo-amerikanische Raum (USA und GB) unter dem Gesichtspunkt der Quantität die wichtigste Aufnahmeregion auch für die intellektuelle Immigration.

Obwohl bereits neuere Publikationen, herausgegeben vom DÖW, über die allgemeine Emigration nach geographischen Gesichtspunkten vorliegen, ist die österreichische Immigration mit Hilfe einer noch ausstehenden Wirkungsforschung zum Kulturtransfer näher zu untersuchen. Die bisher veröffentlichten Sammelwerke über den transatlantischen Einfluß sind vorwiegend aus der Sicht der Einwanderungsländer geschrieben, sodaß eine umfassende Rezeptionsforschung im gesamtgesellschaftlichen Zusammenhang aus der Perspektive des Ursprungslandes angestrebt werden sollte. So gehören zu den wenig ausgeleuchteten Themenbereichen einer derartigen Exilforschung u. a. die institutionellen und psychosozialen Bedingungen des „geistigen Arbeiters“ in der Fremde sowie das Grundmuster von Sprache und Lebensform im Hinblick auf kognitive Identität, gerade weil wir wissen, wie stark – wenn auch nicht so ausschließlich wie in der Literatur – der Sprachverlust, die veränderten gesellschaftlichen Arbeitsbedingungen mit wissenschaftlichem Paradigmenwechsel die theoretische Orientierung mit der Existenzsicherung im Nacken mitbestimmt haben. So konnte ein Großteil der Ärzte oder der Rechtsanwälte den im Heimatland erlernten Beruf in der Fremde nicht mehr ausüben, was Umschulung oder Arbeit im Dienstleistungssektor bedeutete. Viele waren gezwungen, in nichtakademischen Bereichen oder fremden Sparten ums Überleben zu kämpfen – eine triste Lage, die sich im Durchschnitt erst nach dem Ende des Zweiten Weltkrieges etwas besserte.

Nur für eine kleine Minderheit bedeutete Exil die Chance des Lebens. Die im Schatten stehen, sieht man nicht. Andere wiederum lebten von vornherein ein politisch motiviertes Exil mit der festen Überzeugung, nach der Niederschlagung des Faschismus zum Aufbau eines demokratischen Österreich zurückzukehren. In diesem Zusammenhang sind die vielen ausländischen Exil-Organisationen für emigrierte Wissenschaftler neben den stärkeren parteipolitischen Organisationen zu nennen, die – von Monarchisten, Katholiken, Sozialisten bis zu den Kommunisten – mit Auseinandersetzungen über das zukünftige Österreich auch andere Zielsetzungen und Funktionen als die meist privaten Vereinigungen wie die Londoner *Society for the Protection of Science and Learning* oder die New Yorker *University in Exile* hatten. Was für das politische, literarische und künstlerische Exil bereits stärker aufgearbeitet ist, wäre für die Wissenschaftsemigration noch nachzuholen. Und zwar als fächerübergreifendes Projekt mit Theorien- und Methodenvielfalt im internationalen Vergleich, wobei die „Oral History“ bald ein unfreiwilliges Ende finden wird. Allein der Verlust einer Reihe von Zeitzeugen in den letzten Jahren verdeutlicht sehr drastisch das selbstverschuldete Dilemma einer verspäteten Emigrations- und Exilforschung.

Angesichts öffentlicher Vorurteile gegenüber antifaschistischem Widerstand, gegenüber Emigration und Exil mit absurden Ausdrücken wie „Fahnenflucht“ oder „freiwillige Auswanderung“ etc. sei festgehalten: Unter diesen letzten Endes apologetischen Vorzeichen ergibt sich eine schiefe Optik der tatsächlich stattgefundenen „inneren Emigration“ als eines legitimen Protestes gegen das Regime. Diese Art von Oppositionellen, die aus humanistischen und politisch-ideologischen Motiven handelten, mit den Verlierern nationalsozialistischer Fraktionskämpfe oder mit ausgebooteten Vertretern des „Ständestaates“ gleichzusetzen, ist jeder politischen Bildung abträglich. Dessenungeachtet gilt es, tatsächliche Opposition aus Gesinnungswandel unter dem Schock nationalsozialistischer Herrschaft herauszustreichen und jede Form des Widerstandes – auch die des verspäteten und erfolglosen – als Beitrag zu einem befreiten Österreich zu würdigen.

Um die Aktualität unserer Thematik nur anzudeuten: Die Glaubwürdigkeit der Vergangenheitsaufarbeitung hängt untrennbar auch mit der globalen Rolle der Zweiten Republik als Einwanderungs- und Asylland zusammen, mit materieller „Wiedergutmachung“ und mit ihrer Politik gegenüber Minderheiten, Randgruppen, Fremdarbeitern, Durchwanderern und natürlich *Remigranten*. Und hier ist der Idealzustand noch lange nicht erreicht. Vielleicht wird damit auch spürbar, daß unser *heutiges* Bewußtsein gegenüber der damaligen Emigration ein Korrelat zur gegenwärtigen Einstellung gegenüber Minderheiten, Exilanten und Asylanten ist, nachdem schon einmal, nach dem Jänner 1933, die Chance verpaßt wurde, Österreich als Refugium für die antifaschistischen Hitlerflüchtlinge zu präsentieren, wenn man von einer kleinen katholischen Immigration absieht.

Das gängige Klischee, die Emigranten hätten es „im sicheren Ausland gut gehabt“, ist letzten Endes eine zynische Verdrehung des unverrückbaren Zusammenhanges von Ursache und Wirkung. Denn allen Exilanten war trotz individueller Unterschiede eines gemeinsam: daß sie als Folge ihrer Gegnerschaft zum Faschismus aus politischen, „rassischen“ und kulturellen Gründen unfreiwillig ihre Heimat verlassen mußten. Eine klare Abgrenzung zwischen den genannten Gründen ist genausowenig möglich wie die oft versuchte diskriminierende Unterscheidung zwischen angeblich freiwilliger Auswanderung und gewaltsamer Exilierung. Die Tatsache, daß das Exil auch mit politischer und wissenschaftlicher Chance verknüpft sein konnte, ändert nichts an dieser Grundsituation der durch den Faschismus vernichteten und vertriebenen Intellektuellen. Die nationalsozialistische Massenvernichtung und Massenvertreibung sind zwei zusammenhängende Seiten ein und derselben Ursache, nämlich eines in seiner Art in der Geschichte einzigartigen und unvergleichlichen verbrecherischen Regimes.

Aus dem Blickwinkel der Wissenschaftsemigration wird noch ein zweites Bedingungsgefüge sichtbar: einerseits der „Verrat der Intellektuellen“ (Julien Benda), ihre Rolle als geistige Täter und Bannerträger faschistischer Ideologie zwischen Verblendung und Opportunismus, andererseits die Opfer dieser pseudowissenschaftlichen antihumanistischen Clique, die verjagte kulturelle Schicht.[44] Mit der gleichzeitig zu stellenden Frage nach dem verbliebenen Ungeist *und* nach der vertriebenen Vernunft schließt sich ein verdrängtes Phänomen, das nur allzuoft gerade wegen seiner Gegenwartsrelevanz künstlich auseinanderdividiert wird. Zugleich schließt sich der Themenkreis „Faschismus – Wissenschaft – Exil“ im Hinblick auf eine zukünftige Geschichtsschreibung.

Die Zeitgeschichte muß sich auch mit dem Verdrängungssyndrom auseinandersetzen, das sich insgesamt auf fortschrittliche, experimentelle Formen der Avantgarde in Wissenschaft, Literatur und Kunst gleichermaßen erstreckt, die unter der programmatischen Parole „Verlust der Mitte“

(Hans Sedlmayr), leider wirksam genug, bekämpft werden. Es handelt sich um strukturanaloge Reaktionsbildungen mit dem noch immer verwendeten Etikett „entartet“ – im Sinne der nationalsozialistischen Propagandaausstellung „Entartete Kunst“ in München als Kriegserklärung an die gesamte Moderne. Dabei sollte es bereits bekannt sein, wie unerbittlich sich Heinrich Heines Warnung bewahrheitete, als er prophezeite: „Es war ein Vorspiel nur. Wo Bücher brennen, werden auch Menschen brennen.“

Die „Liste des schädlichen und unerwünschten Schrifttums“ von 1938 bis 1942 liest sich wie ein „Who is who“ der europäischen Kultur. Wenn heute geistige Intoleranz und kleinbürgerlich-reaktionäre Zensoren mit gesellschaftsfähigem Antisemitismus wieder den Boulevard bevölkern, ist der Bogen von der Ersten zur Zweiten Republik gespannt und die nur scheinbar entrückte Vergangenheit plötzlich spürbar. Damit wird aber auch Bertolt Brechts Warnung aktuell: „Der Schoß ist fruchtbar noch, aus dem es kroch.“

* Überarbeitete und erweiterte Fassung meines Aufsatzes „Emigration und Exil der österreichischen Intellektuellen“, in: Karl Fallend/Bernhard Handlbauer/Werner Kienreich (Hrsg.), Der Einmarsch in die Psyche. Psychoanalyse, Psychologie und Psychiatrie im Nationalsozialismus und die Folgen, Wien 1989, S. 25–51. Englische Übersetzung in: Friedrich Stadler/Peter Weibel (Eds.), The Cultural Exodus from Austria, Wien – New York 1995, pp. 14–26.

1 William M. Johnston, Österreichische Kultur- und Geistesgeschichte. Gesellschaft und Ideen im Donauraum 1848 bis 1938, Wien – Köln – Graz 1974.

2 Friedrich Heer, Entdeckung eines Kontinents, in: ebd., S. 13–17, hier S. 17.

3 Friedrich Heer, Ghetto-Kulturen, in: *Wiener* 1980, Nr. 6, S. 33–41, hier S. 39.

4 Ernst Hanisch, Der lange Schatten des Staates. Österreichische Gesellschaftsgeschichte im 20. Jahrhundert 1890–1990, Wien 1994.

5 Albert Fuchs, Geistige Strömungen in Österreich 1867–1918, Wien 1978.

6 Egon Friedell, Kulturgeschichte der Neuzeit. Die Krisis der Europäischen Seele von der Schwarzen Pest bis zum Ersten Weltkrieg, München 1979.

7 Hilde Spiel, Glanz und Untergang, Wien 1866–1938, Wien 1987.
8 Ebd., S. 147.
9 Friedrich Stadler (Hrsg.), Vertriebene Vernunft I. Emigration und Exil österreichischer Wissenschaft 1930–1940, Wien – München 1987; Ders., Vertriebene Vernunft II. Emigration und Exil österreichischer Wissenschaft, Wien – München 1988.
10 Heinz Fassmann/Rainer Münz, Einwanderungsland Österreich? Historische Migrationsmuster, aktuelle Trends und politische Maßnahmen, Wien 1995.
11 Robert Musil, Beitrag zur Beurteilung der Lehren Machs und Studien zur Technik und Psychotechnik, Reinbek bei Hamburg 1980, S. 15.
12 Robert Musil, Tagebücher, hrsg. v. Adolf Frisé, Reinbek bei Hamburg 1976, II, S. 1251.
13 Paul Feyerabend, Wissenschaft als Kunst, Frankfurt/M. 1984.
14 Arnold Keyserling, Der Wiener Denkstil. Mach, Carnap, Wittgenstein, Graz – Wien 1965.
15 Kurt R. Fischer (Hrsg.), Das goldene Zeitalter der österreichischen Philosophie. Ein Lesebuch, Wien 1995.
16 Ulrich Walberer (Hrsg.), 10. Mai 1933. Bücherverbrennungen in Deutschland und die Folgen, Frankfurt/Main 1983, S. 115.
17 Vgl. als Fallstudie für das Verhältnis von Hochschülern zum organisierten Nationalsozialismus Michael Gehler, Studenten und Politik. Der Kampf um die Vorherrschaft an der Universität Innsbruck 1918–1938 (Innsbrucker Forschungen zur Zeitgeschichte 6), Innsbruck 1990, S. 364–384, 384–403, v. a. S. 400 ff. und die Tabelle auf S. 557.
18 Brigitte Lichtenberger-Fenz, „... Deutscher Abstammung und Muttersprache". Österreichische Hochschulpolitik in der Ersten Republik, Wien – Salzburg 1990.
19 Friedrich Stadler, Studien zum Wiener Kreis. Ursprung, Entwicklung und Wirkung des Logischen Empirismus im Kontext, Frankfurt/M. 1996.
20 Sebastian Meissl/Klaus-Dieter Mulley/Oliver Rathkolb (Hrsg.), Verdrängte Schuld, verfehlte Sühne. Entnazifizierung in Österreich 1945–1955, München 1986.
21 Friedrich Stadler (Hrsg.), Kontinuität und Bruch 1938–1945–1955. Beiträge zur österreichischen Kultur- und Wissenschaftsgeschichte, Wien – München 1988.
22 Murray Hall, Der Fall Bettauer, Wien 1978.
23 Austriacus: Der Fall des Wiener Professors Schlick – Eine Mahnung zur Gewissenserforschung, in: *Schönere Zukunft*, 12. 7. 1936.
24 Johann Sauter, Sigmund Freud – Der Begründer der Psychoanalyse, in: *die pause* 1 (1936), H. 6.
25 Jean Améry, Unmeisterliche Wanderjahre, Stuttgart 1971, S. 49 f.
26 Karl R. Stadler, Opfer verlorener Zeiten. Geschichte der Schutzbund-Emigration 1934, Wien 1974.
27 Friedrich Stadler, Vertriebene Vernunft I.; Ders., Kontinuität und Bruch 1938–1945–1955; Ders., Vertriebene Vernunft II.; Ders. (Ed.), Scientific Philosophy: Origins and Developments, Dordrecht – Boston – London 1993; Ders./Peter Weibel (Eds.), The Cultural Exodus from Austria; Rudolf Haller/Friedrich Stadler (Hrsg.), Wien – Berlin – Prag. Der Aufstieg der wissenschaftlichen Philosophie, Wien 1993.

28 Österreichische Wissenschaftsemigration. Dokumentations- und Forschungsstelle. Endbericht zum Forschungsauftrag des BMWF am Institut für Wissenschaft und Kunst, Wien 1991.
29 Friedrich Stadler, Studien zum Wiener Kreis. Ursprung, Entwicklung und Wirkung des Logischen Empirismus im Kontext, Frankfurt/M. 1996.
30 Max Pinl/Auguste Dick, Kollegen in einer dunklen Zeit, in: *Jahresbericht der Deutschen Mathematikervereinigung* 71 (1969), S. 167–228; 72 (1970/71), S. 165–189; 73 (1971), S. 72 und S. 153–208; 75 (1974), S. 166–208; 77 (1976) S. 161–164.
31 Elke Mühlleitner, Biographisches Lexikon der Psychoanalyse. Die Mitglieder der Psychologischen Mittwoch-Gesellschaft und der Wiener Psychoanalytischen Vereinigung 1902–1938. Unter Mitarbeit von Johannes Reichmayr, Tübingen 1992.
32 Bernhard Handlbauer, Die Entstehungsgeschichte der Individualpsychologie Alfred Adlers, Wien – Salzburg 1984.
33 Ulf Geuter, Die Professionalisierung der deutschen Psychologie im Nationalsozialismus, Frankfurt/Main 1984.
34 Gerhard Benetka, Psychologie in Wien. Sozial- und Theoriengeschichte des Wiener Psychologischen Instituts 1922–1938, Wien 1995.
35 Ernst Glaser, Im Umfeld des Austromarxismus. Ein Beitrag zur Geistesgeschichte des österreichischen Sozialismus, Wien – München – Zürich 1981.
36 Mathias Greffrath (Hrsg.), Die Zerstörung einer Zukunft. Gespräche mit emigrierten Sozialwissenschaftlern, Reinbek bei Hamburg 1979.
37 Christian Fleck, Rund um „Marienthal". Von den Anfängen der Soziologie in Österreich bis zu ihrer Vertreibung, Wien 1990.
38 Günter Fellner, Ludo Moritz Hartmann und die österreichische Geschichtswissenschaft, Wien – Salzburg 1985.
39 Wolfgang Langenbucher/Fritz Hausjell (Hrsg.), Vertriebene Wahrheit. Journalismus aus dem Exil, Wien 1995.
40 Klaus Amman/Karl Berger (Hrsg.), Österreichische Literatur der dreißiger Jahre, Wien – Köln – Graz 1985.
41 Walter Pass/Gerhard Scheit/Wilhelm Svoboda (Hrsg.), Orpheus im Exil. Die Vertreibung der österreichischen Musik von 1938–1945, Wien 1995.
42 Fred K. Prieberg, Musik im NS-Staat, Frankfurt/Main 1982.
43 Matthias Boeckl (Hrsg.), Visionäre und Vertriebene. Österreichische Spuren in der modernen amerikanischen Architektur, Berlin 1995.
44 Stadler (Hrsg.), Vertriebene Vernunft I.; Ders. (Hrsg.), Kontinuität und Bruch 1938–1945–1955; Ders. (Hrsg.), Vertriebene Vernunft II.

Dokument 1

Moritz Schlick
Die Wende der Philosophie (1930/31)

Von Zeit zu Zeit hat man Preisaufgaben über die Frage gestellt, welche Fortschritte die Philosophie in einem bestimmten Zeitraume gemacht habe. Der Zeitabschnitt pflegte auf der einen Seite durch den Namen eines großen Denkers, auf der andern durch die „Gegenwart" abgegrenzt zu werden. Man schien also vorauszusetzen, daß über die philosophischen Fortschritte der Menschheit bis zu jenem Denker hin einigermaßen Klarheit herrsche, daß es aber von da ab zweifelhaft sei, welche neuen Errungenschaften die letzte Zeit hinzugefügt habe.

Aus solchen Fragen spricht deutlich ein Mißtrauen gegen die Philosophie der jeweils jüngst vergangenen Zeit, und man hat den Eindruck, als sei die gestellte Aufgabe nur eine verschämte Formulierung der Frage: Hat denn die Philosophie in jenem Zeitraum *überhaupt* irgendwelche Fortschritte gemacht? Denn wenn man sicher wäre, daß Errungenschaften da sind, so wüßte man wohl auch, worin sie bestehen.

Wenn die ältere Vergangenheit mit geringerer Zweifelsucht betrachtet wird und wenn man eher geneigt ist, in ihrer Philosophie eine aufsteigende Entwicklung anzuerkennen, so dürfte dies seinen Grund darin haben, daß man allem, was schon historisch geworden ist, mit größerer Ehrfurcht gegenübersteht; es kommt hinzu, daß die älteren Philosophien wenigstens ihre historische Wirksamkeit bewiesen haben, daß man daher bei ihrer Betrachtung ihre historische Bedeutung anstelle der sachlichen zugrunde legen kann, und dies um so eher, als man oft zwischen beiden gar nicht zu unterscheiden wagt.

Aber gerade die besten Köpfe unter den Denkern glaubten selten an unerschütterliche, bleibende Ergebnisse des Philosophierens früherer Zeiten und selbst klassischer Vorbilder; dies erhellt daraus, daß im Grunde jedes neue System wieder ganz von vorn beginnt, daß jeder Denker seinen eigenen festen Boden sucht und sich nicht auf die Schultern seiner Vorgänger stellen mag. Descartes fühlt sich (nicht ohne Recht) durchaus als einen Anfang; Spinoza glaubt mit der (freilich recht äußerlichen) Einführung mathematischer Form die endgültige philosophische Methode gefunden zu haben; und

Kant war davon überzeugt, daß auf dem von ihm eingeschlagenen Wege die Philosophie nun endlich den sichern Gang einer Wissenschaft nehmen würde. Weitere Beispiele sind billig, denn fast alle großen Denker haben eine radikale Reform der Philosophie für notwendig gehalten und selbst versucht.

Dieses eigentümliche Schicksal der Philosophie wurde so oft geschildert und beklagt, daß es schon trivial ist, davon überhaupt zu reden, und daß schweigende Skepsis und Resignation die einzige der Lage angemessene Haltung zu sein scheint. Alle Versuche, dem Chaos der Systeme ein Ende zu machen und das Schicksal der Philosophie zu wenden, können, so scheint eine Erfahrung von mehr als zwei Jahrtausenden zu lehren, nicht mehr ernst genommen werden. Der Hinweis darauf, daß der Mensch schließlich die hartnäckigsten Probleme, etwa das des Dädalus, gelöst habe, gibt dem Kenner keinen Trost, denn was er fürchtet, ist gerade, daß die Philosophie es nie zu einem echten „Problem“ bringen werde.

Ich gestatte mir diesen Hinweis auf die so oft geschilderte Anarchie der philosophischen Meinungen, um keinen Zweifel darüber zu lassen, daß ich ein volles Bewußtsein von der Tragweite und Inhaltsschwere der Überzeugung habe, die ich nun aussprechen möchte. Ich bin nämlich überzeugt, daß wir in einer durchaus endgültigen Wendung der Philosophie mitten darin stehen und daß wir sachlich berechtigt sind, den unfruchtbaren Streit der Systeme als beendigt anzusehen. Die Gegenwart ist, so behaupte ich, bereits im Besitz der Mittel, die jeden derartigen Streit im Prinzip unnötig machen; es kommt nur darauf an, sie entschlossen anzuwenden.

Diese Mittel sind in aller Stille, unbemerkt von der Mehrzahl der philosophischen Lehrer und Schriftsteller, geschaffen worden, und so hat sich eine Lage gebildet, die mit allen früheren unvergleichbar ist. Daß die Lage wirklich einzigartig und die eingetretene Wendung wirklich endgültig ist, kann nur eingesehen werden, indem man sich mit den neuen Wegen bekannt macht und von dem Standpunkte, zu dem sie führen, auf alle die Bestrebungen zurückschaut, die je als „philosophische“ gegolten haben.

Die Wege gehen von der *Logik* aus. Ihren Anfang hat Leibniz undeutlich gesehen, wichtige Strecken haben in den letzten Jahrzehnten Gottlob Frege und Bertrand Russell erschlossen, bis zu der entscheidenden Wendung aber ist zuerst Ludwig Wittgenstein (im „Tractatus logico-philosophicus“, 1922) vorgedrungen.

Bekanntlich haben die Mathematiker in den letzten Jahrzehnten neue logische Methoden entwickelt, zunächst zur Lösung ihrer eigenen Probleme, die sich mit Hilfe der überlieferten Formen der Logik nicht bewältigen ließen; dann aber hat die so entstandene Logik (siehe den Artikel von Carnap in diesem Heft) auch sonst ihre Überlegenheit über die alten Formen längst bewiesen und wird diese zweifellos bald ganz verdrängt haben. Ist nun diese Logik das große Mittel, von dem ich vorhin sagte, es sei imstande, uns im Prinzip aller philosophischen Streitigkeiten zu entheben, liefert sie uns etwa allgemeine Vorschriften, mit deren Hilfe alle traditionellen Fragen der Philosophie wenigstens prinzipiell aufgelöst werden können?

Wäre dies der Fall, so hätte ich kaum das Recht gehabt zu sagen, daß eine völlig neue Lage geschaffen sei, denn es würde dann nur ein gradueller, gleichsam technischer Fortschritt erzielt sein, so wie etwa die Erfindung des Benzinmotors schließlich die Lösung des Flugproblems ermöglichte. So hoch aber auch der Wert der neuen Methode zu schätzen ist: durch die bloße Ausbildung einer Methode kann niemals etwas so Prinzipielles geleistet werden. Nicht ihr selbst ist daher die große Wendung zu danken, sondern etwas ganz anderem, das durch sie wohl erst möglich gemacht und angeregt wurde, aber in einer viel tieferen Schicht sich abspielt: das ist die Einsicht in das Wesen des Logischen selber.

Daß das Logische in irgendeinem Sinne das rein *Formale* ist, hat man früh und oft ausgesprochen; dennoch war man sich über das Wesen der reinen Formen nicht wirklich klar gewesen. Der Weg zur Klarheit darüber geht von der Tatsache aus, daß jede Erkenntnis ein Ausdruck, eine Darstellung ist. Sie drückt nämlich den Tatbestand aus, der in ihr erkannt wird, und dies kann auf beliebig viele Weisen, in beliebigen Sprachen, durch beliebige willkürliche Zeichensysteme geschehen; alle diese möglichen Darstellungsarten, wenn anders sie wirklich dieselbe Erkenntnis ausdrücken, müssen eben deswegen etwas gemeinsam haben, und dies Gemeinsame ist ihre logische Form.

So ist alle Erkenntnis nur vermöge ihrer Form Erkenntnis; durch sie stellt sie die erkannten Sachverhalte dar, die Form selbst aber kann ihrerseits nicht wieder dargestellt werden; auf sie allein kommt es bei der Erkenntnis an, alles übrige daran ist unwesentlich und zufälliges Material des Ausdrucks, nicht anders als etwa die Tinte, mit der wir einen Satz niederschreiben.

Diese schlichte Einsicht hat Folgen von der allergrößten Tragweite. Durch sie werden zunächst die traditionellen Probleme der „Erkenntnistheorie“ abgetan. An die Stelle von Untersuchungen des menschlichen „Erkenntnisvermögens“ tritt, soweit sie nicht der Psychologie überantwortet werden können, die Besinnung über das Wesen des Ausdrucks, der Darstellung, d. h. jeder möglichen „Sprache“ im allgemeinsten Sinne des Worts. Die Fragen nach der „Geltung und den Grenzen der Erkenntnis“ fallen fort. Erkennbar ist alles, was sich ausdrücken läßt, und das ist alles, wonach man sinnvoll fragen kann. Es gibt daher keine prinzipiell unbeantwortbaren Fragen, keine prinzipiell unlösbaren Probleme. Was man bisher dafür gehalten hat, sind keine echten Fragen, sondern sinnlose Aneinanderreihungen von Worten, die zwar äußerlich wie Fragen aussehen, da sie den gewohnten Regeln der Grammatik zu genügen scheinen, in Wahrheit aber aus leeren Lauten bestehen, weil sie gegen die tiefen inneren Regeln der logischen Syntax verstoßen, welche die neue Analyse aufgedeckt hat.

Wo immer ein sinnvolles Problem vorliegt, kann man theoretisch stets auch den Weg angeben, der zu seiner Auflösung führt, denn es zeigt sich, daß die Angabe dieses Weges im Grund mit der Aufzeigung des Sinnes zusammenfällt; die praktische Beschreitung des Weges kann natürlich dabei durch tatsächliche Umstände, z. B. mangelhafte menschliche Fähigkeiten, verhindert sein. Der Akt der Verifikation, bei dem der Weg der Lösung schließlich endet, ist immer von derselben Art: es ist das Auftreten eines bestimmten Sachverhaltes, das durch Beobachtung, durch unmittelbares Erlebnis konstatiert wird. Auf diese Weise wird in der Tat im Alltag wie in jeder Wissenschaft die Wahrheit (oder Falschheit) jeder Aussage festgestellt. Es gibt also keine andere Prüfung und Bestätigung von Wahrheiten als die durch Beobachtung und Erfahrungswissenschaft. Jede Wissenschaft (sofern wir bei diesem Worte an den *Inhalt* und nicht an die menschlichen Veranstaltungen zu seiner Gewinnung denken) ist ein System von Erkenntnissen, d. h. von wahren Erfahrungssätzen; und die Gesamtheit der Wissenschaften, mit Einschluß der Aussagen des täglichen Lebens, ist *das* System der Erkenntnisse; es gibt nicht außerhalb seiner noch ein Gebiet „philosophischer“ Wahrheiten, die Philosophie ist nicht ein System von Sätzen, sie ist keine Wissenschaft.

Was ist sie aber dann? Nun, zwar keine Wissenschaft, aber doch etwas so Bedeutsames und Großes, daß sie auch fürder, wie einst, als die Königin der Wissenschaften verehrt werden darf; denn es steht ja nirgends geschrieben, daß die Königin der Wissenschaften selbst auch eine Wissenschaft sein müßte. Wir erkennen jetzt in ihr – und damit ist die große Wendung in der Gegenwart positiv gekennzeichnet – anstatt eines Systems von Erkenntnissen ein System von *Akten;* sie ist nämlich diejenige Tätigkeit, durch welche der Sinn der Aussagen festgestellt oder aufgedeckt wird. Durch die Philosophie werden Sätze geklärt, durch die Wissenschaften verifiziert. Bei diesen handelt es sich um die Wahrheit von Aussagen, bei jener aber darum, was die Aussagen eigentlich *meinen.* Inhalt, Seele und Geist der Wissenschaft stecken natürlich in dem, was mit ihren Sätzen letzten Endes *gemeint* ist; die philosophische Tätigkeit der Sinngebung ist daher das Alpha und Omega aller wissenschaftlichen Erkenntnis. Dies hat man wohl richtig geahnt, wenn man sagte, die Philosophie liefere sowohl die Grundlage wie den Abschluß des Gebäudes der Wissenschaften; irrig war nur die Meinung, daß das Fundament von „philosophischen Sätzen" gebildet werde (den Sätzen der Erkenntnistheorie), und daß der Bau auch von einer Kuppel philosophischer Sätze (genannt Metaphysik) gekrönt werde.

Daß die Arbeit der Philosophie nicht in der Aufstellung von Sätzen besteht, daß also die Sinngebung von Aussagen nicht wiederum durch Aussagen geschehen kann, ist leicht einzusehen. Denn wenn ich etwa die Bedeutung meiner Worte durch Erläuterungssätze und Definitionen angebe, also mit Hilfe neuer Worte, so muß man weiter nach der Bedeutung dieser andern Worte fragen, und so fort. Dieser Prozeß kann nicht ins Unendliche gehen, er findet sein Ende immer nur in tatsächlichen Aufweisungen, in Vorzeigungen des Gemeinten, in wirklichen Akten also; nur diese sind keiner weiteren Erläuterung fähig und bedürftig; die letzte Sinngebung geschieht mithin stets durch *Handlungen,* sie machen die philosophische Tätigkeit aus.

Es war einer der schwersten Irrtümer vergangener Zeiten, daß man glaubte, den eigentlichen Sinn und letzten Inhalt wiederum durch Aussagen zu formulieren, also in Erkenntnissen darstellen zu können: es war der Irrtum der „Metaphysik". Das Streben der Metaphysiker war von jeher auf das widersinnige Ziel gerichtet (vgl. meinen Aufsatz „Erleben, Erkennen, Metaphysik", Kantstudien, Bd. 31, S. 146), den Inhalt reiner Qualitäten (das „Wesen" der Dinge) durch Erkenntnisse auszudrücken, also das Unsagbare zu sagen; Qualitäten lassen sich nicht sagen, sondern nur im Erlebnis aufzeigen, Erkenntnis aber hat damit nichts zu schaffen.

So fällt die Metaphysik dahin, nicht weil die Lösung ihrer Aufgabe ein Unterfangen wäre, dem die menschliche Vernunft nicht gewachsen ist (wie etwa Kant meinte), sondern weil es diese Aufgabe gar nicht gibt. Mit der Aufdeckung der falschen Fragestellung wird aber zugleich die Geschichte des metaphysischen Streites verständlich.

Überhaupt muß unsere Auffassung, wenn sie richtig ist, sich auch historisch legitimieren. Es muß sich zeigen, daß sie imstande ist, von dem Bedeutungswandel des Wortes Philosophie einigermaßen Rechenschaft zu geben.

Dies ist nun wirklich der Fall. Wenn im Altertum, und eigentlich bis in die neuere Zeit hinein, Philosophie einfach identisch war mit jedweder rein theoretischen wissenschaftlichen Forschung, so deutet das darauf hin, daß die Wissenschaft sich eben in einem Stadium befand, in welchem sie ihre Hauptaufgabe noch in der Klärung der eigenen Grundbegriffe sehen mußte; und die Emanzipation der Einzelwissenschaften von ihrer gemeinsamen Mutter Philosophie ist der Ausdruck davon, daß der Sinn gewisser Grundbegriffe klar genug geworden war, um mit ihnen erfolgreich weiter arbeiten zu können. Wenn ferner auch gegenwärtig noch z. B. Ethik und Ästhetik, ja manchmal sogar Psychologie als Zweige der Philosophie gelten, so zeigen diese Disziplinen damit, daß sie noch nicht über ausreichend klare Grundbegriffe verfügen, daß vielmehr ihre Bemühungen noch hauptsächlich auf den Sinn ihrer Sätze gerichtet sind. Und endlich: wenn sich mitten in der fest konsolidierten Wissenschaft plötzlich an irgendeinem Punkte die Notwendigkeit herausstellt, sich auf die wahre Bedeutung der fundamentalen Begriffe von neuem zu besinnen, und dadurch eine tiefere Klärung des Sinnes herbeigeführt wird, so wird diese Leistung sofort als eine eminent philosophische gefühlt; alle sind darüber einig, daß z. B. die Tat Einsteins, die von einer Analyse des Sinnes der Aussagen über Zeit und Raum ausging, eben wirklich eine philosophische Tat war. Hier dürfen wir noch hinzufügen, daß die ganz entscheidenden, epochemachenden Fortschritte der Wissenschaft immer von dieser Art sind, daß sie eine Klärung des Sinnes der fundamentalen Sätze bedeuten und daher nur solchen gelingen, die zur philosophischen Tätigkeit begabt sind; das heißt: der große Forscher ist immer auch Philosoph.

Daß häufig auch solche Geistestätigkeiten den Namen Philosophie tragen, die nicht auf reine Erkenntnis, sondern auf Lebensführung abzielen, erscheint gleichfalls leicht begreiflich, denn der Weise hebt sich von der unverständigen Menge eben dadurch ab, daß er den Sinn der Aussagen und Fragen über Lebensverhältnisse, über Tatsachen und Wünsche klarer aufzuzeigen weiß als jene.

Die große Wendung der Philosophie bedeutet auch eine endgültige Abwendung von gewissen Irrwegen, die seit der zweiten Hälfte des 19. Jahrhunderts eingeschlagen wurden und zu einer ganz verkehrten Einschätzung und Wertschätzung der Philosophie führen mußten: ich meine die Versuche, ihr einen induktiven Charakter zu vindizieren und daher zu glauben, daß sie aus lauter Sätzen von hypothetischer Geltung bestehe. Der Gedanke, für ihre Sätze nur Wahrscheinlichkeit in Anspruch zu nehmen, lag früheren Denkern fern; sie hätten ihn als mit der Würde der Philosophie unverträglich abgelehnt. Darin äußerte sich ein gesunder Instinkt dafür, daß die Philosophie den allerletzten Halt des Wissens abzugeben hat. Nun müssen wir freilich in ihrem entgegengesetzten Dogma, die Philosophie biete unbedingt wahre apriorische Grundsätze dar, eine höchst unglückliche Äußerung dieses Instinktes erblicken, zumal sie ja überhaupt nicht aus Sätzen besteht; aber auch wir glauben an die Würde der Philosophie und halten den Charakter des Unsicheren und bloß Wahrscheinlichen für unvereinbar mit ihr, und freuen uns, daß die große Wendung es unmöglich macht, ihr einen derartigen Charakter zuzuschreiben. Denn auf die sinngebenden Akte, welche die Philosophie ausmachen, ist der Begriff der Wahrscheinlichkeit oder Unsicherheit gar nicht anwendbar. Es handelt sich ja um Setzungen, die allen Aussagen ihren Sinn als ein schlechthin Letztes geben. Entweder wir *haben* diesen Sinn, dann wissen wir, was mit den Aussagen gemeint ist; oder wir haben ihn nicht, dann stehen nur bedeutungsleere Worte vor uns und noch gar keine Aussagen; es gibt kein drittes, und von Wahrscheinlichkeit der Geltung kann keine Rede sein. So zeigt nach der großen Wendung die Philosophie ihren Charakter der Endgültigkeit deutlicher als zuvor.

Nur vermöge dieses Charakters kann ja auch der Streit der Systeme beendet werden. Ich wiederhole, daß wir ihn infolge der angedeuteten Einsichten bereits heute als im Prinzip beendet ansehen dürfen, und ich hoffe, daß dies auch auf den Seiten dieser Zeitschrift in ihrem neuen Lebensabschnitt immer deutlicher sichtbar werden möge.

Gewiß wird es noch manches Nachhutgefecht geben, gewiß werden noch jahrhundertelang Viele in den gewohnten Bahnen weiterwandeln; philosophische Schriftsteller werden noch lange alte Scheinfragen diskutieren, aber schließlich wird man ihnen nicht mehr zuhören und sie werden Schauspielern gleichen, die noch eine Zeitlang fortspielen, bevor sie bemerken, daß die Zuschauer sich allmählich fortgeschlichen haben. Dann wird es nicht mehr nötig sein, über „philosophische Fragen" zu sprechen, weil man über alle Fragen philosophisch sprechen wird, das heißt: sinnvoll und klar.

Das goldene Zeitalter der Österreichischen Philosophie, Ein Lesebuch, hrsg. von Kurt R. Fischer (unter Mitarbeit von Robert Kaller), Wien 1995, S. 173–179; Erstveröffentlichung: *Erkenntis* 1 (1930), S. 4–11.

Dokument 2

Der Fall des Wiener Professors Schlick –
eine Mahnung zur Gewissenserforschung

Von Prof. Dr. Austriacus

Am 22. Juni wurde der ordentliche Professor für Philosophie an der Universität Wien, Moritz Schlick, von seinem ehemaligen Schüler Dr. Hans Nelböck auf der Stiege der Universität niedergeschossen. Dieser Vorfall, der in der Geschichte der Universität ohne Gegenstück ist, hat natürlich an der Universität, in der Gesellschaft, in der gesamten Wiener Presse ungeheures Aufsehen erregt. In spaltenlangen Ausführungen brachten die Zeitungen Einzelheiten über den Vorfall und noch mehr über die Person des Attentäters. Der weltberühmte Denker Schlick, so hieß es, ist das bedauernswerte Opfer eines Psychopathen geworden. Aber alles, was bisher über den Fall geschrieben worden ist, bewegt sich im Vorfeld; es kommt nicht an den wahren Sachverhalt, an den wirklichen Motivhintergrund dieses schrecklichen Falles heran. Man muß daher die ganze Aussprache um eine Schicht tiefer verlegen, nämlich in jene Schicht, in welcher sich der große Kampf zwischen Nelböck und Schlick vollzogen hat. Diese Schicht ist der Weltanschauungskampf, der sich in den seelischen Tiefen des jungen und einsamen Dr. Nelböck unter dem Einfluß von Prof. Schlick seit vielen Jahren abgespielt hat. Und was diesem Schuß auf der Feststiege der Wiener Universität einen wahrhaft unheimlichen Charakter verleiht, ist der Umstand, daß der 33jährige Dr. Nelböck nicht etwa ein geborener Psychopath war, sondern daß er es manchen Anzeichen nach erst unter dem Einfluß der radikal niederreißenden Philosophie, wie sie Dr. Schlick seit 1922 an der Wiener Universität vortrug, geworden ist; daß also diese Kugel nicht mit der Logik eines Irrsinnigen nach einem Opfer gesucht hat, sondern vermutlich mit der Logik einer um den Sinn des Lebens betrogenen Seele, und daß schließlich dieser Fall nicht vereinzelt, eben als „psychopathischer" dasteht, sondern „nur" als ein Symptom, als „ein" katastrophenartiger Ausdruck von jener weltanschaulichen Not und Verzweiflung, in welche eine gewisse Universitätsphilosophie die akademische Jugend stürzt. Ich selbst weiß mehrere Fälle, wo junge Studenten unter dem Einfluß der Schlickschen Philosophie an Gott, der Welt und der Menschheit verzweifelt sind. Schlick hat des öfteren zu seinen Schülern gesagt: „Wer noch Weltanschauungssorgen hat, der gehört in die Psychiatrie." Wie furchtbar hat sich nun dieses Wort an ihm erfüllt! Und ebenso hat dieser kühne Leugner von Gott und Seele zu seinen Schülern gesagt: „Wenn einer in 200 Jahren das Wort ‚Unsterblichkeit' hört, dann wird er im Lexikon nachschauen müssen, was denn dieses Wort eigentlich bedeutet." Wie schrecklich hat sich nun die in so vielen Vorlesungen geleugnete Seele gerächt und ihrem Leugner gegenüber sich als Realität geoffenbart!

Wir brauchten wohl nicht eigens zu betonen, daß wir den entsetzlichen Mord schlechthin verdammen, daß wir andererseits das tragische Ende von Prof. Schlick, der als Mensch höchst liebenswürdig war, aus tiefster Seele bedauern. Allein es darf uns niemand verübeln, wenn wir von den verhängnisvollen Folgen auf die vermutlichen, bösen Ursachen zurückgehen, um durch ehrliche Aussprache mit allen Gutgesinnten diese aus der Welt zu schaffen, damit sich nicht noch mehrere bedauernswerte Folgen einstellen.

Der Schuß an der Wiener Universität hat einen Vorhang entzweigerissen, der gewisse „Unmöglichkeiten" an der Wiener philosophischen Fakultät dem Außenstehenden und ebenso dem weltanschaulich nicht Interessierten verdeckte. Schlick hatte seit 1922 die einzige Lehrkanzel für systematische Philosophie und Weltanschauung inne. Nun war aber Schlick von Haus aus gar kein Philosoph, sonder nur Physiker. Etwas anderes als Physiker wollte er auch auf dem Lehrstuhl der Philosophie nicht sein, d. h. er bezeichnete es immer als seinen Beruf, die Philosophie in nichts aufzulösen und alles wissenschaftlich Erfaßbare als rein physikalischen Vorgang hinzustellen. So war bei ihm die Psychologie, die Ethik, überhaupt der ganze Mensch lediglich ein Gegenstand der Physik. Man nennt dies den Panphysikalismus. Schlick hat seine Berufung nach

Wien letzten Endes der materialistischen Denkweise zu verdanken. Der Materialismus des vorigen Jahrhunderts hat nämlich die Auffassung durchgedrückt, daß die Philosophie, und insbesondere die Metaphysik, keine Wissenschaft sei, sondern daß einzig die Naturwissenschaft exakt sei. Darum hat sich in der Praxis durchgesetzt, daß „ein" Lehrstuhl der Philosophie immer mit einem Physiker zu besetzen sei. In dieser Eigenschaft hat der Physiker Ernst Mach 1895 den Lehrstuhl für Philosophie an der Wiener Universität bekommen und auf eben diesem Lehrstuhl, der nach Mach von Boltzmann und Höfler besetzt war, wurde 1922 Schlick aus Kiel nach Wien berufen. Um ihn scharten sich alsbald alle metaphysikfeindlichen Elemente, insbesondere alle Juden und Freimaurer. Unter Schlicks Führung bildete sich der sog. „Wiener Kreis", der sehr rührig war und der – sehr zum Schaden für den Ruf Österreichs als eines christlichen Staates – im Ausland als die österreichische Philosophie angesehen wird. Schlick bezeichnete seine Philosophie als Neupositivismus oder Logistik, und wollte seine Lehre vom älteren Positivismus, wie ihn Mach vertreten hat, unterscheiden; allein diese Unterschiede betreffen im allgemeinen mehr einen häuslichen Streit. In der Gesamteinstellung ist der ältere und neuere Positivismus von Locke, Hume, Avenarius, Mach und Schlick immer derselbe – er ist der radikale Leugner alles Metaphysischen. Mit aller Offenheit gestand daher vor zwei Jahren ein enger Mitarbeiter von Schlick, Professor Frank in Prag, die „antimetaphysische Bewegung" wird in Europa hauptsächlich von Schlick vorgetragen: der Wiener Kreis sei der „Stoßtrupp der antimetaphysischen Forschung". In der Tat war Schlick nicht damit zufrieden, seine radikal verneinenden Lehren der akademischen Jugend vorzutragen, sondern er hat 1929 mit Hilfe der Freimaurer den Mach-Verein gegründet, der seine Lehre unter die breiten Massen Wiens tragen sollte. Schlick selbst war der Vorsitzende; bekannte Freimaurerführer und der kommunistische Minister aus der Münchner Rätezeit, Otto Neurath, der ein besonderer Freund und Mitarbeiter Schlicks war, bildeten die Vorstandschaft. Dieser Verein brachte außer durch regelmäßige Vorträge auch durch eigene Broschüren seine religions- und metaphysikfeindlichen Lehren unter das Volk. In der 1929 erschienen Programmschrift heißt es in sehr ernster Weise: „In der Wissenschaft gibt es keine Tiefen; überall ist Oberfläche. Alles ist dem Menschen zugänglich und der Mensch ist das Maß aller Dinge. Hier zeigt sich die Verwandtschaft mit den Sophisten, nicht mit den Platonikern; mit den Epikuräern, nicht mit den Pythagoräern: mit allen, die irdisches Wesen und Diesseitigkeit vertreten. Die wissenschaftliche Weltauffassung kennt keine unlösbaren Rätsel." Nach dem Zusammenbruch der sozialdemokratischen Revolte im Februar 1934 wurde der Mach-Verein neben den anderen sozialdemokratischen Vereinen aufgehoben: das Haupt des Mach-Vereines, nämlich Professor Schlick, durfte aber nach wie vor der akademischen Jugend dieselben Lehren, die im Mach-Verein als volks- und kulturzerstörend verboten wurden, weiterhin in Ehren vortragen. Nach Gründung der „Vaterländischen Front" trat Schlick schon bald in diese ein, um sich gegen die von ihm selbst gewärtigte Absetzung zu sichern. Die Programmschrift des Mach-Vereins, die gegen alle Religion und Metaphysik wütet, wurde noch jüngst um einen tief herabgesetzten Preis, nämlich um 80 gr statt 2 S, unter die breiten Massen gebracht.

Schlicks Hauptthese in den Vorlesungen und in allen seinen Schriften war immer die, daß alle Metaphysik „sinnlos" sei. Nicht etwa, daß sie zweifelhaft oder wissenschaftlich nicht exakt sei, sondern der Standpunkt Schlicks, an dem er nicht rütteln ließ, war der, daß alle Aussagen über Metaphysisches keinen Sinn hätten. Es entspreche ihnen überhaupt kein Objekt, es sei daher ganz „sinnlos", danach auch nur zu fragen. Eine „sinnvolle" Aussage war für Schlick nur jene, die sich am „sinnlich Wahrnehmbaren verifizieren läßt". Dieser logistisch verbrämte Materialismus war Schlicks Grundthese. Und alle Metaphysiker bezeichnete er stets nur als „Phantasten", „Mystiker" oder – mit besonderer Vorliebe – als „philosophische Schriftsteller" bzw. „Schauspieler, die ihren Leuten nur so lange etwas vorgaukeln, bis sie merken, daß sich die Zuschauer davongeschlichen haben und sie vor leeren Bänken sprechen." In diesem Sinne leugnete Schlick radikal die Existenz Gottes, der menschlichen Seele, des Nebenmenschen und der einheitlichen Welt. Selbst die Unterscheidung von Außenwelt und Innenwelt verwarf er schon als „metaphysische" und – darum – „sinnlose" Fragestellung. Über den Nebenmenschen kann man nach Schlick nichts aussagen, weil man sein Inneres nicht sinnlich wahrnehmen kann; deshalb ist der Nebenmensch nur so etwas ähnliches wie ein auf die Kinoleinwand hinprojiziertes Wesen oder wie ein Lichtsignal der Eisenbahn, dessen Farbe auf eine Bedeutung schließen lasse. In der „wissenschaftlichen Weltauffassung" Schlicks war der Mensch nicht etwa ein vernünftiges Wesen aus Leib und Seele, sondern ein „Fleischklumpen mit einem bestimmten Potentialgefälle", ein „Zellhaufen" oder „ein mit Kleidern behangenes Etwas". Selbstverständlich leugnete Schlick auch alle objektiven und göttlich fundierten Sittengebote. Auch in der Sphäre der Sittlichkeit war ihm alles streng kausal determiniert; die Ethik war ihm ja nur ein Teil der Physik. Sittliche Gebote oder Werte? – Ja, sagte darauf Schlick wörtlich, wenn wir sie „tasten und fühlen können, wie Kamelhökker“, dann glaube ich daran, aber anders nicht!! Aber selbst wenn es solche sittliche Gebote und Werte gäbe: „Was geht das uns an?“, ruft er ein anderes Mal frivol aus.

Schlick hat seit einigen Jahren eine Zeitschrift herausgegeben mit dem Titel „Erkenntnis“. Er selbst schrieb dort im 1. Heft die programmatische Einleitung unter dem Titel: „Die Wende in der Philosophie“ und führt da aus, daß durch ihn die die große „Wende in der Philosophie“ eingetreten sei, nämlich durch seine Entdeckung, daß alle Metaphysiker seit Pythagoras und Platon und Aristoteles bis herauf in unsere Tage ihr ganzes Leben an völlig „sinnlose“ Fragen gesetzt hätten – ohne es zu merken. Die jungen Studenten mußten aus Schlicks Vorlesung den Eindruck gewinnen, daß alle Metaphysik wissenschaftlich unmöglich sei – was ja Schlick erreichen wollte.

Die klassische Philosophie hat es von jeher als ihre wichtigste Aufgabe betrachtet, eine einheitliche und wissenschaftliche Weltanschauung zu begründen. Anders Schlick! Er sagte es der akademischen Jugend offen ins Gesicht, daß sie weiter nichts sei als eine – „Spielerei“. Die Philosophie sei nichts anderes als ein „Kreuzworträtsel“, wo immer neue Wortverbindungen gesucht und gebildet werden, und die Philosophie habe nur die Aufgabe, die „Spielregeln“ aufzustellen. Kein Wunder, daß eine solche Banalisierung der höchsten Geisteswissenschaft in den Seelen der jungen Studenten hellste Empörung auslöste! Desgleichen lehrte Schlick seine Studenten, daß der Zweck des Lebens nichts anderes sei, als zu genießen, sich zu freuen und möglichst viel Lust einzuheimsen. Die sinnliche Lust im Sinne Epikurs, wie er immer ausdrücklich hinzusetzte, war sein ethischer Zentralbegriff. Begriffe wie „Gebot“, „Pflicht“, angeborene Sittenerkenntnis waren ihm ein Greuel. Wie viele Studenten sind durch Schlick in große Seelennot gekommen! Offenkundig wurde auch Dr. Nelböck immer aufs höchste erregt und verwirrt, wenn Schlick seine nihilistischen Lehren vortrug, freilich dann seine Getreuen immer ermahnte: „Aber, seien Sie vorsichtig!“

Wie in der Lebensphilosophie, so vertrat Schlick auch in der Naturphilosophie rein negativistische und betont atheistische Lehren. So hielt er unentwegt an dem Grundgedanken fest, daß zwischen Totem und Lebendigem, zwischen Anorganischem und Organischem „kein prinzipieller Unterschied" bestehe. Das Lebende sei aus dem Toten „entstanden". Lieber nahm also Schlick, der sich sonst auf die Logik so viel zu gute tat, eine „contradictio in adjecto" in Kauf – eine solche ist nämlich die vorausgehende Definition –, ehe er dem Metaphysischen in der Welt auch nur ein Fünkchen Recht zugestand. Desgleichen baute er seine Polemik gegen den „Zweck" in der Natur, der ja allezeit von den Philosophen als ein starker Hinweis auf das Metaphysische angesehen wurde, auf einer plumpen „petitio principii" auf. Er sagte nämlich: Zweck ist „vorgestellter Enderfolg unseres Handelns", und setzt ein vorstellendes Bewußtsein voraus; „vor" dem Menschen und der Natur gab es aber kein solches (!), also ist der Zweck „von vornherein aus der Natur zu verbannen". Die tatsächlich vorhandene Zweckmäßigkeit, und mit ihr auch das Leben, die Bewegung, die Ordnung usw. erklärte Schlick immer noch durch „Zufall" und mit Hilfe des materialistischen Darwinismus; beide machen „plausibel", wie eine „vorhandene (!) Zweckmäßigkeit sich allein durch rein zufällige Veränderungen vervollkommnen kann".

Nach dieser kurzen Darstellung der Schlickschen Lehre, die er seit 1922 als Inhaber der einzigen Wiener Universitäts-Lehrkanzel für systematische Philosophie vortrug, kann man wohl nachempfinden, was in den Seelen unserer akademischen Jugend, die in den Mittelschulen in der christlichen Weltanschauung erzogen worden ist, vorging, wenn sie hier vom hohen Katheder herab die pure Negation alles dessen vernahm, was ihr bisher heilig war. Die höhere Seelenkunde hat nachgewiesen, daß die moderne Zerrüttung der Nerven zum großen Teil auf die Zerrüttung in der Weltanschauung zurückgeht. Vollends von den Akademikern muß jeder, wenn er nicht die Anlage und das Geld zu einem Epikuräer hat, unter dem Einfluß solch destruktiver Lehren zerrüttet werden, wenn es ihm mit seiner Weltanschauung auch nur halbwegs ernst ist.

Der Fall Schlick ist eine Art Gegenstück zum Fall Berliner von der „Phönix"-Versicherung. Wie dort verhängnisvoller Einfluß des Judentums auf wirtschaftlichem und politischem Gebiet ans Tageslicht gekommen ist, so kommt hier der unheilvolle geistige Einfluß des Judentums an den Tag. Es ist bekannt, daß Schlick, der einen Juden (Waismann) und zwei Jüdinnen als Assistenten hatte, der Abgott der jüdischen Kreise Wiens war. Jetzt werden die jüdischen Kreise Wiens nicht müde, ihn als den bedeutendsten Denker zu feiern. Wir verstehen das sehr wohl. Denn der Jude ist der geborene

Ametaphysiker, er liebt in der Philosophie den Logizismus, den Mathematizismus, den Formalismus und Positivismus, also lauter Eigenschaften, die Schlick in höchstem Maße in sich vereinigte. Wir möchten aber doch daran erinnern, daß wir Christen in einem christlich-deutschen Staate leben, und daß wir zu bestimmen haben, welche Philosophie gut und passend ist. Die Juden sollen in ihrem Kulturinstitut ihren jüdischen Philosophen haben! Aber auf die philosophischen Lehrstühle der Wiener Universität im christlich-deutschen Österreich gehören christliche Philosophen! Man hat in letzter Zeit wiederholt erklärt, daß die friedliche Regelung der Judenfrage in Österreich im Interesse der Juden selbst gelegen sei, da sonst eine gewaltsame Lösung derselben unvermeidlich sei. Hoffentlich beschleunigt der schreckliche Mordfall an der Wiener Universität eine wirklich befriedigende Lösung der Judenfrage!

Schönere Zukunft zugleich Ausgabe von *Das Neue Reich*, Wien, XI. Jahrg., 12. 7./9. 8. 1936, Nr. 41, S. 1–2.

Dokument 3

Professor Schlick

Ein Furchtbares, in der Geschichte der Universitäten Unerhörtes hat sich ereignet.

Am Montag, den 22. Juni, ist Professor Moritz Schlick, der bekannte Erkenntnistheoretiker, der seit 1922 an der Wiener Universität als einer der hervorragendsten Vertreter der Logistik wirkte, in der Wiener Universität von einem geisteskranken früheren Schüler Dr. Nelböck ermordet worden. Jeder, der den edlen, gütigen, liebenswürdigen Menschen kannte, der dieser furchtbaren Tat zum Opfer fiel, muß aufs tiefste erschüttert sein. Es ist besonders tragisch, daß gerade Professor Schlick, der wohl niemandem je Anlaß zu persönlicher Feindschaft gab, von einem, der sich vermeintlich von ihm verfolgt glaubte, ermordet wurde. Alle Mitglieder der philosophischen Fakultät werden ihm als besonders loyalen, menschenfreundlichen, sachlichen Kollegen innig nachtrauern. Seine philosophische Richtung war zwar nicht unsere. Er vertrat die logistische Richtung wie Scholz und Karnap, die ganz auf positivistischer-relativistischer Grundlage ruht. Aber diese sachlichen Meinungsverschiedenheiten können unseren tiefen Schmerz über den

Verlust des verehrten, gerechten, gütigen Kollegen nicht vermindern. Rühmlich sei hervorgehoben, daß er sich durchaus zum neuen Oesterreich bekannte und die Unverträglichkeit des Nationalsozialismus mit wahrer Kultur und Sittlichkeit von Anfang an klar erkannte. Alle werden ihm ein liebevolles, herzliches Andenken bewahren. Requiescat in pace.

Gegen gemeine Verleumdung eines Toten

Die anonymen Auslassungen eines gewissen „Professor Dr. Austriacus“ über den tragischen Tod von Prof. Dr. Schlick in der „Schöneren Zukunft“ verdienen die allerschärfste Zurückweisung. Der Geist, der aus diesen Zeilen spricht, ist weder sachlich, noch logisch, noch anständig – geschweige denn katholisch. Jeder anständige Mensch muß aufs schärfste dagegen protestieren, daß der tragische Tod eines edlen, gütigen Gelehrten dazu benutzt wird, um gemeine antisemitische Propaganda zu treiben, die überdies völlig an den Haaren herbeigezogen ist, da Professor Schlick reiner Arier war. Wo kommt man hin, wenn man die Ermordung eines Vertreters einer wissenschaftlichen Richtung, die man für falsch hält, deshalb zu beschönigen und zu entschuldigen sucht! Ich brauche Herrn Austriacus, dem offenbar jede Kompetenz für eine sachliche Kritik der Schlickschen Philosophie abgeht, nicht zu versichern, daß ich auf einem völlig anderen philosophischen Boden stehe als der verehrte verstorbene Kollege. Aber sachliche Meinungsverschiedenheit auf philosophischem Gebiet entbindet uns nicht von gerechter Beurteilung einer Persönlichkeit und der tiefen Empörung über die furchtbare, frevelhafte Tat eines Mörders.

Der Verfasser scheint das Sprichwort „De mortuis nil nisi bene“ so wenig zu kennen, daß er einen wehrlosen Toten fröhlich verleumdet, indem er behauptet, Professor Schlick sei in die „Vaterländische Front“ eingetreten, um nicht abgebaut zu werden. Professor Schlick war das Gegenteil eines Konjunkturisten und ich wünschte nur, alle wären so aus innerer ehrlicher Überzeugung der Vaterländischen Front beigetreten, wie er. Den Höhepunkt erreicht die Verleumdung aber in der Behauptung, daß zwischen der Ermordung von Professor Schlick und dem Fall Berliner eine Analogie bestünde! Wenn der Verfasser nur ein Hundertstel von der edlen Menschlichkeit Professor Schlicks besäße, von seiner Toleranz und Gerechtigkeit, Güte und aufrechten Gesinnung, so könnte er zufrieden sein. Ich habe mich geschämt, daß jemand, der sich als Katholik bezeichnet, eine solche Gesinnung an den Tag legt. Diese Gesinnung ist von der katholischen Weltanschauung so weltenweit entfernt, daß ich Herrn „Austriacus" jede Befugnis abspreche, sich als Wortführer der katholischen Philosophie aufzuspielen. Daß ein führendes, katholisches Blatt solche Auslassungen aufnimmt, kann nicht genug bedauert werden. Gott schütze uns vor solchen Katholiken!

Dietrich v. Hildebrand, Universitätsprofessor

der Elefant und die jüdische Frage

Die „Schönere Zukunft" widmet dem Andenken des von der Hand eines Geisteskranken erschossenen Universitätsprofessors Moritz Schlick einen mehr als sonderbaren Nachruf.

Auch wenn man, wie der Verfasser dieser Zeilen, ein abgesagter Gegner der Schlickschen Philosophie ist, wird man die Darstellung dieser Philosophie in einem Nachruf mehr als sonderbar finden. Der Verfasser des Nachrufes, der sich Prof. Dr. Austriacus nennt, also auch im Gewande des Pseudonyms auf den Doktortitel Wert legt, verwechselt den Physikalismus der Schlickschen Weltanschauung mit dem physikalischen Materialismus und läßt dadurch an der Berechtigung auch seines Professortitels schwere Zweifel aufkommen. Um so genauer kennt er sich in der Psychiatrie aus. Die bisher ausführlichste Berichterstattung über den Tatbestand, nämlich die in der „Reichspost", meldete die auf Jahre zurückgehende, erschütternde Verfolgung des Philosophen durch den zweifellos verfolgungswahnsinnigen Täter. Prof. Dr. Austriacus weiß jedoch, „manchen Anzeichen nach", daß der unglückliche Täter nicht von Anfang an geisteskrank war, sondern es erst unter dem Einfluß der Schlickschen Philosophie geworden ist. Diese „manchen Anzeichen" dürfte Prof. Dr. Austriacus an sich selbst beobachtet haben, da die Entstehung einer Geisteskrankheit gelegentlich philosophischer Vorlesungen zu entdecken ihm vorbehalten blieb.

Ebenso sollte Prof. Dr. Austriacus nach manchen Anzeichen an sich selbst forschen, die es seinem Geisteszustand ermöglichten, als Konsequenz der unglückseligen Tat eine radikale Lösung der Judenfrage zu fordern. Prof. Schlick war kein Jude. Prof. Dr. Austriacus weiß es nicht und behauptet es auch nicht. Aber der Vorname Moritz hat ihn beunruhigt und in seiner schriftstellerischen Tätigkeit sofort die manchen Anzeichen hervorgerufen, die von einem Kriminalfall über den Verfolgungswahn zum Antisemitismus überleiten.

Es gibt eine alte Anekdote. Den Vertretern verschiedener Nationen wurde einmal aufgetragen, eine Beschreibung des Elefanten zu liefern. Der Engländer kaufte sich einen Tropenhelm, ging nach Indien und brachte ein Buch mit: „Wie ich meinen ersten Elefanten schoß“. Der Franzose begab sich in den zoologischen Garten, unterhielt sich mit dem Wärter und verfaßte eine Broschüre: „L'Eléphant et ses amours“. Der Deutsche studierte die gesamte vorhandene Literatur und publizierte dann ein fünfbändiges Werk: „Einleitung in das Studium der Elephantologie“. Der Pole aber, dessen Vaterland noch immer nicht verloren ist, schleuderte eine politische Flugschrift hinaus: „Der Elefant und die polnische Frage“.

Prof. Dr. Austriacus bedarf weder einer Tropenexpedition noch einer Exkursion in Menagerien oder Bibliotheken. Er sitzt ruhig an seinem Schreibtisch in der Nußwaldgasse, und es mag welcher Elefant auch immer in der Welt herumtrampeln, Prof. Dr. Austriacus weiß ganz sicher, daß er mit der Judenfrage zusammenhängt. Er braucht zu seiner Tätigkeit weder Tropenhelme, noch Notizbücher, noch Bibliothekskataloge. Sein literarisches Werkzeug hat er auch nicht bei philosophischen Vorlesungen erworben, sondern auf die Welt mitgebracht: manche Anzeichen eines delirierenden Verfolgungswahnsinns.

Der Christliche Ständestaat, 28. 6./19. 7. 1936

Dokument 4

Gottlose Lehrer im Dollfuß-Österreich?

In den letzten Junitagen des heurigen Jahres krachten auf der Wiener Universität Schüsse. Ein Hochschüler streckte mit einigen Revolverschüssen seinen ehemaligen Lehrer, den ordentlichen Professor für Philosophie Dr. Moritz Schlick, nieder. In seiner Seele tief erschüttert und verzweifelt, wohl nicht zuletzt durch die destruktiven Lehren seines Meisters, hatte der 32jährige Dr. Nelböck diese unselige Tat begangen. Das Echo, das der Mordfall in Wiens Tagesblättern fand, war ungeheuer. Zeitungen, die seit wenigen Jahren erst, als der Wind von einer anderen Seite blies, ihr Herz ganz urplötzlich für ein christliches Österreich entdeckt hatten, behandelten in spaltenlangen Ausführungen das Mordereignis. Gewisse volksfremde Elemente, die die Redaktionsstuben so mancher Wiener Zeitungen übervölkern, vergaßen wohlweislich nicht, Professor Schlick als weltberühmte Größe unter Philosophen und Denker zu feiern. In der Verdammung des unseligen Mordes an den persönlich höchst liebenswürdigen Lehrer sind wir uns einig. Das bedarf wohl keiner Worte. Doch müssen auch wir vom Standpunkt unserer Weltanschauung einige Worte dazu sagen. Gerade jetzt, wo die Vielrederei geschäftiger Schwätzer um diesen Fall verstummt ist und wir die Mordtat in ihren Zusammenhängen sehen. Die Tore der Schule haben sich wiederum geöffnet. Sollen wir schweigen, wenn wir die Erziehung des Kostbarsten, was wir haben, der Jugend in Gefahr sehen?

Wer war Professor Schlick?

Wir stellen fest: Wir wollen hier nicht zu Gericht sitzen über einen Toten, den der ewige Gott schon vor seinen Richterstuhl gerufen hat. Gottes Gerechtigkeit und Gottes Barmherzigkeit müssen wir den Richtspruch über diesen Menschen überlassen. Doch die Tatsache: ein Atheist – Lehrer der Jugend im neuen Österreich, zwingt uns, eine Frage ins Licht der Öffentlichkeit zu rücken. Und diese Frage lautet: Darf es möglich sein, daß im neuen Österreich, im Dollfuß-Österreich, unsere Jugend, die Zukunft Österreichs, gottlos erzogen wird? Dürfen Lehrer, deren Weltanschauung nackter Materialismus ist, weiterhin den Glauben unseren jungen Menschen entreißen? Heldenkanzler Dollfuß erklärte: „Wir wollen den christlichen Staat!“ und gab für dieses sein heiliges Wollen sein Leben. Seine Nachfolger arbeiten mit Zähigkeit und Kraft, das Dollfuß-Programm zur Tat werden zu lassen. Arbeiter der Stirne und Faust sind und waren bereit, mit ihrem Herzblut für ein christliches Vaterland zu kämpfen – und Lehrer der Jugend dürfen es ungestraft wagen, das Fundament des Staates, die christliche Religion, in den Herzen junger Menschen zu vernichten, als sinnlose Spielerei von Halbnarren hinzustellen! Man verstehe uns nicht schlecht! Wir wollen keine Mucker sein! Wir wollen niemand unsere Meinung aufzwingen. Gewissensterror und Gesinnungsknechtung waren Kampfmittel der vergangenen roten Ära. Aber das verlangt das christliche Volk und die christlichen Eltern: „Österreichs Jugend, so weit sie dem christlichen Bekenntnisse angehört, muß im christlichen Geiste erzogen werden! Die Schulen des Staates müssen mithelfen, aufbauend, nicht zersetzend zu wirken.“

Und die Freiheit der Wissenschaft? So meinen manche Überängstliche. Der Rembrandtdeutsche Julius Langbehn sagt: „Jede Wissenschaft, die von Gott abzieht, ist objektiv eine Lüge. Ja, Bildung ohne Gott ist Betrug!“ Und wir fragen: Gibt es eine Freiheit der Lüge, dem Betruge gegenüber? Heißt das Freiheit, Lüge und Betrug in die Halme schießen zu lassen? Freiheit der Wissenschaft in Ehren! – aber schrankenlose, zügellose, zersetzende Freiheit, die die Grundlagen des Staates unterwühlt und untergräbt, ist keine Freiheit! Die moderne Wissenschaft nähert sich immer mehr und mehr der Ansicht des großen Chemikers Louis Pasteur: „Trotzdem ich soviel geforscht habe, konnte ich mir den Glauben eines bretonischen Bauern bewahren. Wenn ich noch viel mehr erforscht haben werde, könnte ich vielleicht noch einmal den Glauben einer bretonischen Bäuerin besitzen!“ Weltanschauungen, die wissenschaftlich längst erledigt sind, haben nicht das Recht, weiterhin im neuen Österreich gelehrt zu werden!

Die Jugend ist des Staates Zukunft. Ihr gilt, ihr muß unsere besondere Sorge gelten! Die Kämpfe der Zeit erfordern ganze, glaubensstarke Österreicher. Sorgen wir, daß unsere Jugend vor dem Geiste der Gottlosigkeit bewahrt wird! Helfen wir mit, junge, christustreue Ostmarkdeutsche zu erziehen!

Sturm über Österreich, 27. 9. 1936

Literatur

Austrian Exodus. The Creative Achievements of Refugees from National Socialism. (Austrian Studies, ed. by Edward Timms and Ritchie Robertson), Edinburgh 1995.

Beller, Steven, Vienna and the Jews 1867–1938. A Cultural History, Cambridge 1989.

Biographisches Handbuch der deutschsprachigen Emigration nach 1933, Band I: Politik, Wirtschaft, Öffentliches Leben. Leitung und Bearbeitung: Werner Röder und Herbert A. Strauss, München – New York – London – Paris 1980.

Böhne, Edith/Motzkau-Valeton, Wolfgang (Hrsg.), Die Künste und die Wissenschaften im Exil 1933–1945, Gerlingen 1992.

Botstein, Leon, Judentum und Modernität. Essays zur Rolle der Juden in der deutschen und österreichischen Kultur 1848–1938, Wien – Köln 1991.

Briegel, Manfred/Frühwald, Wolfgang (Hrsg.), Die Erfahrung der Fremde. Forschungsbericht, Weinheim 1988.

Coser, Lewis, Refugee Scholars in America. Their Impact and Their Experiences, New Haven and London 1984.

Deutsche Intellektuelle im Exil. Ihre Akademie und die ‚American Guild for Cultural Freedom', München – London – New York – Paris 1993.

Deutschsprachige Exilliteratur seit 1933, 4 Bde, hrsg. v. John Spalek u. a., Bern – München 1989 ff.

Domandl, Hanna, Kulturgeschichte Österreichs. Von den Anfängen bis 1938, WIen 1992.

Doner, Alisa/Seeber, Ursula (Hrsg.), Wie weit ist Wien. Lateinamerika als Exil für österreichische Schriftsteller und Künstler, Wien 1995.

DÖW (Hrsg.), Österreicher im Exil 1934–1945. Red. Helene Maimann/ Heinz Lunzer, Wien 1977.

DÖW (Hrsg.), Österreicher im Exil 1938–1945, Wien 1987 ff., Belgien (1987), Frankreich (1984), Spanien (1986), Großbritannien (1992), USA (1995).

Fischer, Kurt R./Wimmer, Franz M. (Hrsg.), Der geistige Anschluß. Philosophie und Politik an der Universität Wien 1930–1950, Wien 1993.

Fleming, Donald/Bailyn, Bernard (Eds.), The Intellectual Migration. Europe and America, 1930–1960, Cambridge, Mass. 1969.

Hagspiel, Hermann, Die Ostmark. Österreich im Großdeutschen Reich 1938 bis 1945, Wien 1996.

Heilbut, Anthony, Kultur ohne Heimat. Deutsche Emigranten in den USA nach 1930, Weinheim – Berlin 1987.

Heiß, Gernot/Mattl, Siegfried/Meissl, Sebastian/Saurer, Edith/Stuhlpfarrer, Karl (Hrsg.), Willfährige Wissenschaft. Die Universität Wien 1938 bis 1945 (Österreichische Texte zur Gesellschaftskritik 43), Wien 1989.

Hölbling, Walter/Wagnleitner, Reinhold (Eds.), The European Emigrant Experience in the USA, Tübingen 1992.

International Biographical Dictionary of Central European Emigres 1933–1945, Volume II: The Arts, Sciences, and Literature. General Editors: Herbert A. Strauss and Werner Röder, München – New York – London – Paris 1983.

Jackman, Jarrell C./Borden, Carla M., The Muses Flee Hitler. Cultural Transfer and Adaption 1930–1945, Washington D.C. 1983.

Jakobeit, Wolfgang/Lixfeld, Hannsjost/Bockhorn, Olaf (Hrsg.), Völkische Wissenschaft. Gestalten und Tendenzen der deutschen und österreichischen Volkskunde in der ersten Hälfte des 20. Jahrhunderts, Wien – Köln – Weimar 1994.

Johnston, William M., Österreichische Kultur- und Geistesgeschichte. Gesellschaft und Ideen im Donauraum 1848 bis 1938, Wien – Köln – Graz 1974.

Kadrnoska, Franz (Hrsg.), Aufbruch und Untergang. Österreichische Kultur zwischen 1918 und 1938, Wien – München – Zürich 1981.

Koebner, Thomas u. a. (Hrsg.), Exilforschung 1988: Ein internationales Jahrbuch, Bd. 6: Vertreibung der Wissenschafter und andere Themen, München 1988.

Krohn, Claus-Dieter, Wissenschaft im Exil. Deutsche Sozial- und Wirtschaftswissenschaftler in den USA und die New School for Social Research, Frankfurt/M 1987.

Kruntorad, Paul (Hrsg.), A.E.I.O.U. Mythos Gegenwart. Der österreichische Beitrag, Wien 1985.

Langer, Josef (Hrsg.), Geschichte der österreichischen Soziologie. Konstituierung, Entwicklung und europäische Bezüge, Wien 1986.

Leser, Norbert (Hrsg.), Die Wiener Schule der Nationalökonomie, Wien – Köln – Graz 1986.

Leube, Kurt/Pribersky, Andreas (Hrsg.), Krise und Exodus. Österreichische Sozialwissenschaften in Mitteleuropa, Wien 1995.

Lichtenberger-Fenz, Brigitte, „... Deutscher Abstammung und Muttersprache“. Österreichische Hochschulpolitik in der Ersten Republik, Wien – Salzburg 1990.

Pfoser, Alfred/Stadler, Friedrich (Hrsg.), 10. 5. 1933. Die verbrannten Bücher, Wien 1983.

Spaulding, Wilder, The Quiet Invadors. The Story of the Austrian Impact upon America, Wien 1968.

Stadler, Friedrich (Hrsg.), Kontinuität und Bruch 1938–1945–1955. Beiträge zur österreichischen Kultur- und Wissenschaftsgeschichte, Wien – München 1988.

Ders. (Hrsg.), Vertriebene Vernunft I. Emigration und Exil österreichischer Wissenschaft 1930–1940, Wien – München 1987.

Ders. (Hrsg.), Vertriebene Vernunft II. Emigration und Exil österreichischer Wissenschaft. Internationales Symposion, Wien – München 1988.

Ders., Studien zum Wiener Kreis. Ursprung, Entwicklung und Wirkung des Logischen Empirismus im Kontext, Frankfurt/M. 1996.

Ders./Weibel, Peter (Eds.), The Cultural Exodus from Austria, Wien – New York 1995.

Strauss, Herbert u. a. (Hrsg.), Die Emigration der Wissenschaften nach 1933. Disziplingeschichtliche Studien, München – London – New York – Paris 1991.

Ders., Essays on History, Persecution, and Emigration of German Jews, New York – München – London – Paris 1987.

Visionäre und Vertriebene. Österreichische Spuren in der modernen amerikanischen Architektur, hrsg. von Matthias Boeckl, Berlin 1995.

Weinzierl, Erika, Universität und Politik in Österreich, Salzburg – München 1969.

Wissenschaftliches Österreich/Scientific Austria. Ein Magazin zum Österreich-Schwerpunkt auf der Frankfurter Buchmesse 1995. Deutsche und Englische Ausgabe, hrsg. v. Institut „Wiener Kreis“, Wien 1995.

Fragen

1. Was sind die wichtigsten Ursachen und Randbedingungen für die erzwungene Emigration in der Epoche des Faschismus und Nationalsozialismus?
2. Beschreiben Sie die (zahlenmäßige) Relation von österreichischer und deutschsprachiger Emigration im allgemeinen und im Hinblick auf die Wissenschaften.
3. Nennen Sie die wichtigsten strukturellen Bedingungen von Vertreibung und Exilierung der österreichischen WissenschaftlerInnen vor bzw. nach dem „Anschluß" 1938.
4. Charakterisieren Sie in fünf Merkmalen die geistige und politische Lage der österreichischen Hochschulen in der Zwischenkriegszeit.
5. Nennen Sie einige Unterscheidungsmerkmale zwischen „allgemeiner" und „intellektueller" Emigration und konkretisieren Sie ihr quantitatives Verhältnis.
6. Inwieweit ist es legitim, von „österreichischer" Emigration im Kontext der deutschsprachigen (mitteleuropäischen) zu sprechen?
7. Inwieweit und warum differieren die Emigrations- und Remigrationsquoten samt Ursachen der österreichischen von der deutschsprachigen intellektuellen Emigration?
8. Nennen Sie die wichtigsten Probleme einer qualitativen Emigrationsforschung mit Bezug auf die Wissenschaften (Wirkung, Transfer, Akkulturation, Rückwirkung).
9. Inwieweit stellt das Kapitel der intellektuellen Emigration in der Zwischenkriegszeit für die heutige Zeitgeschichte ein exemplarisches Lernfeld dar?
10. Beschreiben Sie die Probleme und den Stand der österreichischen Emigrations- und Exilforschung im internationalen Vergleich.

11. Warum wird die Wissenschaft in der Öffentlichkeit und entsprechenden Forschung nicht als konstitutiver Bestandteil der Gesamtkultur in Österreich aufgefaßt?

12. Welche Faktoren sind dafür verantwortlich, daß es in Österreich bislang keine interdisziplinäre Wissenschaftsforschung im Rahmen der Zeitgeschichte gibt?

13. Nennen Sie die drei wichtigsten Aussagen (über Philosophie, die Wissenschaften und deren Beziehung) im Text zur „Wende der Philosophie" von Moritz Schlick und versuchen Sie diesen im Rahmen der Wissenschaftslandschaft der Ersten Republik zu beurteilen.

14. Welche unterschiedlichen – für die Zwischenkriegszeit charakteristischen – weltanschaulich-politischen Argumentationsmuster spiegeln die Quellentexte aus der *Schöneren Zukunft*, dem *Christlichen Ständestaat* und aus *Sturm über Österreich* wider?

Chronologie

1867

8. 10./22. 12. Ausgleich mit Ungarn; Verabschiedung der liberalen Staatsgrundgesetze über die allgemeinen Rechte der Staatsbürger und Sanktionierung durch den Kaiser

1879

22. 9./15. 10. Zweibund zwischen Österreich-Ungarn und dem Deutschen Reich

1882

20. 5. Italien schließt sich dem Zweibund an (Dreibund)

1888/89

30. 12.–1. 1. Erster Parteitag der Sozialdemokraten in Hainfeld: Victor Adler gelingt die Versöhnung zwischen radikalen und gemäßigten Gruppen

1890

1. 5. Erste öffentliche Mai-Feier der Sozialdemokraten in Wien

1892

11. 8. Einführung der Gold Kronen-Währung (ab 1. 1. 1900 ist die Krone ausschließliches Zahlungsmittel)

4. 12. Gründung des Christlichsozialen Arbeitervereins in Wien auf Vorschlag von Leopold Kunschak

1896

7. 5. Einführung der allgemeinen Wählerklasse

1897

5. 4.	„Badeni-Krise“ infolge heftiger Obstruktionspolitik gegen eine Sprachenverordnung des Ministerpräsidenten Kasimir Badeni (doppelsprachige Amtsführung in Böhmen und Mähren)
8. 4.	Karl Lueger wird Bürgermeister von Wien

1904

8. 4.	Entente cordiale zwischen Großbritannien und Frankreich

1907

24. 1.	Allgemeines, gleiches, geheimes und direktes Wahlrecht für alle Männer über 24 Jahre eingeführt
14.–25. 5.	Erste allgemeine Wahlen in Österreich
31. 8.	Triple-Entente zwischen England, Frankreich und Rußland
8. 10.	Der „neue Ausgleich“ mit Ungarn
16. 11.	Der christlichsoziale Parteiobmann Karl Lueger fordert am VI. Allgemeinen Österreichischen Katholikentag die „Eroberung der Universität“

1908

5. 10.	Annexion von Bosnien-Herzegowina

1912

13. 3.	Serbien und Bulgarien schließen ein gegen Österreich-Ungarn gerichtetes Bündnis

1914

28. 6.	Ermordung des Thronfolgers Erzherzog Franz-Ferdinand und seiner Gattin Sophie, geb. Chotek, in Sarajewo/Bosnien durch den bosnischen Studenten Gavrilo Princip

28. 7. Die Kriegserklärung Österreich-Ungarns an Serbien löst eine Kette von Mobilisierungen, Kriegserklärungen und somit den Ersten Weltkrieg aus

1915

8. 3. Österreich-Ungarn erklärt sich zur Abtretung des Trentino an Italien bereit

26. 4. Geheimer „Londoner Vertrag" zwischen Rußland, Großbritannien, Frankreich und Italien: Rom tritt auf die Seite der Entente-Mächte und erhält Triest, das Trentino und Südtirol zugesprochen

1916

21. 10. Der Sozialist Friedrich Adler erschießt Ministerpräsident Karl Graf Stürgkh im Hotel „Meißl und Schadn" in Wien als Ausdruck der Ohnmacht und des Protests gegen das kriegswirtschaftliche System der Monarchie

21. 11. Kaiser Franz-Joseph stirbt im achtundsechzigsten Regierungsjahr

1917

24. 3. Kaiser Karl überreicht seinem Schwager Sixtus von Bourbon-Parma einen Brief mit der Bitte, diesen an den französischen Staatspräsidenten Poincaré weiterzuleiten (Sondierungen zwecks Separatfrieden)

6. 4. Kriegseintritt der USA auf der Seite der Entente

9. 5. Zweiter „Sixtus-Brief" Kaiser Karls

30. 5. Einberufung des seit 1914 vertagten Reichsrats

14. 7. „Kriegswirtschaftliches Ermächtigungsgesetz" gibt der Regierung das Notverordnungsrecht in Fragen der Wirtschaftspoli-

tik. Dieses Gesetz bildet die spätere Grundlage für die autoritäre Regierungsführung von Engelbert Dollfuß und wird formal erst 1946 aufgehoben

18. 8. Mit kaiserlicher Entschließung wird das Todesurteil über Friedrich Adler in eine 18jährige Haftstrafe umgewandelt

7. 12. Die USA erklären Österreich-Ungarn den Krieg

1918

8. 1. 14 Punkte-Friedensprogramm von US-Präsident Woodrow Wilson

2. 4. Rede von Außenminister Graf Ottokar Czernin, wonach der französische Ministerpräsident Georges Clemenceau geheime Friedensverhandlungen mit der Monarchie habe aufnehmen wollen

16. 10. Ein kaiserliches Manifest sieht die Umwandlung Cisleithaniens in einen Bund von Nationalstaaten vor (Völkermanifest), kann aber die Auflösungstendenzen in der Monarchie nicht mehr verhindern

21. 10. Konstituierende Sitzung der „Provisorischen Nationalversammlung für Deutschösterreich“ durch die deutschsprachigen Mitglieder des cisleithanischen Abgeordnetenhauses im Niederösterreichischen Landhaus

26. 10. Kaiser Karl I. gibt in einem Telegramm an Kaiser Wilhelm II. die Auflösung des Bündnisses mit dem Deutschen Reich bekannt

28. 10. In Prag wird die „Tschechoslowakische Republik“ ausgerufen

29. 10. Zusammenbruch der K.u.K.-Armee beginnt

30. 10. Staatskanzler Karl Renner bildet die provisorische Regierung; Verabschiedung einer

provisorischen Verfassung für „Deutschösterreich“

1\. 11. Freilassung Friedrich Adlers

2\. 11. Laibach wird von serbischen Truppen besetzt

3\. 11. Abschluß des Waffenstillstandes zwischen Österreich-Ungarn und den Entente-Mächten; Abschluß eines Waffenstillstandes in der Villa Giusti bei Padua zwischen der K.u.K. Armee und den alliierten und assoziierten Mächten

11\. 11. Erklärung Kaiser Karls, auf die „Staatsgeschäfte“ „Deutsch-Österreichs“ zu verzichten und jede Entscheidung über die Staatsform anzuerkennen

12\. 11. Ausrufung der Republik „Deutschösterreich“ durch die Provisorische Nationalversammlung

1\. 12. Die südslawischen Gebiete der K.u.K.-Monarchie vereinigen sich mit Serbien und Montenegro zum Königreich der Serben, Kroaten und Slowenen (S.H.S.-Staat)

5\. 12. Die Kärntner Landesversammlung beschließt den bewaffneten Widerstand gegen eindringende südslawische Truppenverbände

1919

18\. 1. Eröffnung der Friedenskonferenz in Paris

16\. 2. Wahlen zur Verfassunggebenden Nationalversammlung, aus der eine Koalition zwischen Christlichsozialen und Sozialdemokraten hervorgeht

27\. 2.–2. 3. Der Staatssekretär für Äußeres, Otto Bauer, führt mit dem deutschen Außenminister Brockdorff-Rantzau in Berlin Geheimverhandlungen über den Anschluß

12. 3. Die Nationalversammlung erklärt „Deutschösterreich“ zum Bestandteil der „Deutschen Republik“

23./24. 3. Abreise Kaiser Karls und seiner Familie ins Schweizer Exil

3. 4. Aufhebung des Adels in Österreich durch ein Anti-Habsburg-Gesetz (Landesverweis und Enteignung); Abschaffung der Todesstrafe

17. 4./15. 6. Kommunistische Unruhen und Putschversuche in Wien

24. 4. US-Präsident Woodrow Wilson erklärt in Paris, daß Südtirol zu Italien kommen soll

11. 5. Volksabstimmung in Vorarlberg: 80,8 Prozent für einen Anschluß an die Schweiz

2. 6. Beginn der Friedensverhandlungen über Österreich in St. Germain

7. 6. Die Nationalversammlung lehnt den Entwurf des Friedensvertrages ab

10. 9. Unterzeichnung des Friedensvertrages von St. Germain: Änderung des Staatsnamens in „Republik Österreich“, Verbot des Anschlusses an das Deutsche Reich (Art. 88), Abtretung Südtirols an Italien. Das Parlament nimmt die Bestimmungen unter Protest an

21. 11. Der Name des Staates wird in „Republik Österreich“ abgeändert

1920

10. 6. Zerfall der christlichsozial-sozialdemokratischen Koalition nach Aufkündigung durch die Christlichsozialen

16. 7. Der Friedensvertrag von St. Germain wird ratifiziert und tritt damit in Kraft

1. 10. Annahme der bundesstaatlichen Verfassung

	der Republik Österreich durch das Parlament
10. 10.	Volksabstimmung in Kärnten: Mehrheit (60 Prozent) für den Verbleib bei Österreich; gleichzeitig formelle Annexion Südtirols durch Italien
16. 10.	Bei den Nationalratswahlen werden die Christlichsozialen stärkste Partei
9. 12.	Der parteilose Michael Hainisch wird zum Bundespräsidenten der Ersten Republik gewählt
15. 12.	Österreich wird Mitglied des Völkerbundes

1921

26. 3.–4. 4.	Ein Restaurationsversuch Kaiser Karls in Ungarn scheitert
24. 4.	„Blutsonntag" in Bozen: Der Lehrer Franz Innerhofer stirbt infolge einer faschistischen Terroraktion; eine inoffizielle Volksabstimmung in Tirol erbringt 98,5 Prozent Mehrheit für einen Anschluß an das Deutsche Reich; das Ergebnis bleibt wie ein ähnliches Plebiszit in Salzburg vom Mai ohne Folgen
13. 10.	Bundeskanzler Schober unterzeichnet das Protokoll von Venedig, das die kampflose Übergabe des Burgenlandes und eine Volksabstimmung im Raum Ödenburg vereinbart
22. 10.	Auch der zweite Restaurationsversuch Kaiser Karls in Ungarn scheitert
14. 12.	Ödenburg und Umgebung gelangen durch eine nicht korrekte Volksabstimmung an Ungarn

1922

1. 1.	Niederösterreich wird von Wien abgetrennt und ein selbständiges Bundesland
1. 4.	Kaiser Karl stirbt in Funchal auf Madeira

31. 5. Der christlichsoziale Prälat Ignaz Seipel bildet seine erste Regierung

4. 10. Unterzeichnung der Genfer-Protokolle: Österreich erhält eine Völkerbundanleihe in der Höhe von 650 Millionen Goldkronen

1923

12. 4. Das Innenministerium genehmigt den Republikanischen Schutzbund, eine Wehrformation der Sozialdemokratischen Partei

19. 7. Im Stadttheater von Bozen verkündet der italienische Nationalist Ettore Tolomei einen 32 Punkte umfassenden Maßnahmenkatalog zur „Entnationalisierung“ Südtirols

1924

1. 10. Erste Sendung der Radio Verkehrs AG (RAVAG)

9. 12. Bundespräsident Michael Hainisch wird wiedergewählt

1925

1. 3. Die Schilling-Währung wird wirksam (aufgrund eines Beschlusses vom 12. Dezember 1924)

30. 7. Erste Bundesverfassungsnovelle: Kompetenzverteilung zwischen Bund und Ländern wird in Kraft gesetzt, die Bezirksverwaltungs- und Landesbehörden werden Ämter der Länder

17.–18. 8. Der von der Bundesregierung genehmigte Zionistenkongreß in Wien (18.–31. 8.) führt zu antisemitischen und regierungsfeindlichen Demonstrationen

30. 8. Großkundgebung des österreichisch-deutschen Volksbundes auf dem Wiener Rat-

	hausplatz für den Anschluß an das Deutsche Reich
19. 10.	Eisenstadt wird Landeshauptstadt des Burgenlandes

1926

3.–6. 10.	Erster Kongreß der Paneuropa-Union Richard Nikolaus Graf Coudenhove-Kalergis in Wien
30. 10.–3. 11.	Der Sozialdemokratische Parteitag beschließt in Linz das von Otto Bauer konzipierte „Linzer Programm"

1927

30. 1.	Ein Zusammenstoß zwischen Republikanischem Schutzbund und Frontkämpfervereinigung im burgenländischen Schattendorf fordert zwei Todesopfer
15. 7.	Brand des Justizpalastes nach heftigen Demonstrationen und Protesten aufgrund des Freispruchs der Angeklagten im Schattendorf-Prozeß (14. Juli); Zusammenstöße zwischen Demonstranten und Exekutivbeamten fordern 89 Todesopfer, 660 Schwer- und ca. 1000 Leichtverletzte
17. 7.	Ende der sozialdemokratischen Streikbewegung

1928

7. 10.	Große Heimwehrkundgebung in Wiener Neustadt, gleichzeitig Aufmarsch des Republikanischen Schutzbundes
5. 12.	Wilhelm Miklas wird von der Bundesversammlung zum Bundespräsidenten gewählt

1929

24. 10. New Yorker Börsenkrach („Schwarzer Freitag“ am 25. 10.)

27. 10. Großkundgebung der Heimwehr auf dem Wiener Heldenplatz

7. 12. Die weitere Novellierung der Verfassung stärkt die Position des Bundespräsidenten (Notverordnungsrecht)

1930

20. 1. Zweite Haager Konferenz: Österreich wird von Reparationspflichten und vom „Generalpfandrecht“ befreit

6. 2. Bundeskanzler Johannes Schober unterzeichnet in Rom einen Freundschafts- und Schiedsgerichtsvertrag mit Italien

18. 5. Österreichische Heimwehrführer beschließen ein demokratiefeindliches und antimarxistisches Programm und leisten Schwüre auf ein ständisch-gegliedertes Österreich („Korneuburger Eid“)

2. 9. Fürst Ernst Rüdiger Starhemberg wird Bundesführer des „gesamten österreichischen Heimatschutzes“

30. 9. Zwei Heimwehrvertreter werden in die Minderheitsregierung Carl Vaugoin aufgenommen (Starhemberg Innenminister, Hueber Justizminister)

1931

3.–5. 3. Besuch des deutschen Außenministers Julius Curtius in Wien, Verhandlungen mit Außenminister und Vizekanzler Schober über eine deutsch-österreichische Zollunion

19. 3. Unterzeichnung des deutsch-österreichischen Zollunionsvertrages

21. 3. Frankreich, Italien und die Tschechoslowakei protestieren gegen die Zollunion

24. 5. Zusammenbruch der Credit-Anstalt und Höhepunkt der CA-Krise

2. 9. Außenminister Johannes Schober erklärt vor dem Völkerbundrat in Genf, daß Österreich die Zollunion mit dem Deutschen Reich „nicht weiter zu verfolgen gedenke".

13. 9. Der Putschversuch des steirischen Heimwehrführers Walter Pfrimer („Marsch auf Wien") scheitert

1932

27. 5. Saalschlacht zwischen Nationalsozialisten und Sozialdemokraten in Hötting bei Innsbruck mit einem Toten und über 30 Verletzten

9. 6. Starhemberg erbittet in Rom Waffenlieferungen für die Heimwehren

15. 7. Die Unterzeichnung der Lausanner Protokolle bewirkt eine erneute Völkerbundanleihe (300 Millionen Schilling) für Österreich unter der Bedingung eines zwanzigjährigen Anschlußverzichts

20. 9. Universitätsprofessor Theodor Innitzer wird Erzbischof von Wien

1. 10. Erste Anwendung des kriegswirtschaftlichen Ermächtigungsgesetzes im Zusammenhang mit der CA-Sanierung

20. 10. Protest der Sozialdemokraten im Parlament gegen die Anwendung des kriegswirtschaftlichen Ermächtigungsgesetzes

1933

8. 1. Die sozialdemokratische *Arbeiter-Zeitung* enthüllt die Hirtenberger Waffenaffäre (Waffenschmuggel von Italien über Öster-

	reich – Hirtenberger Patronenfabrik – nach Ungarn)
1. 2.	Antwort der Bundesregierung auf die Proteste Frankreichs und des Vereinigten Königsreichs gegen die italienischen Waffenlieferungen über Hirtenberg
4. 3.	Die „Selbstausschaltung“ des Parlaments durch den Rücktritt der drei Nationalratspräsidenten läutet die autoritäre Regierungsdiktatur von Dollfuß (7. März) ein
5. 3.	Dollfuß-Rede in Villach mit einer klaren Absage an den Parlamentarismus in Österreich
7. 3.	Der Ministerrat beschließt, mit Hilfe des kriegswirtschaftlichen Ermächtigungsgesetzes aus dem Jahre 1917 ohne Parlament weiter zu regieren
8. 3.	Tagung des sozialdemokratischen Parteivorstandes; vergebliche Verhandlungen zwischen Robert Danneberg (SDAPÖ) und Dollfuß zwecks Wiedereinberufung des Parlaments
15. 3.	Formelle Auflösung des Nationalrats; gescheiterter Versuch des dritten Nationalratspräsidenten und Großdeutschen Sepp Straffner zur Wiedereinberufung des Nationalrats
31. 3.	Auflösung des Republikanischen Schutzbundes, der illegal fortbesteht
14. 5.	Türkenbefreiungsfeier der Wiener Heimwehren mit italienischer Finanzhilfe
15. 5.	Ausweisung des deutschen Reichsjustizkommissars Hans Frank nach Äußerungen, die als Einmischung in innere Angelegenheiten empfunden wurden
21. 5.	Gründung der Vaterländischen Front als

	patriotisch-österreichisch-nationale Sammlungsbewegung
27. 5.	Verbot der Kommunistischen Partei Österreichs
28. 5.	Die deutsche Reichsregierung verhängt die Tausend-Reichsmark-Sperre für Reisende nach und durch Österreich
5. 6.	Unterzeichnung des Konkordats in Rom
12. 6.	Serie von Sprengstoffanschlägen in Österreich
19. 6.	Betätigungsverbot der NSDAP nach einem Handgranatenüberfall von Nationalsozialisten auf einen Wehrzug christlichdeutscher Turner bei Krems (1 Toter, 29 Verletzte)
11. 9.	Dollfuß-Rede auf dem Wiener Trabrennplatz mit der Verkündung des Programmes für einen autoritären Ständestaat
23. 9.	Verordnung zur „Errichtung von Anhaltelagern zur Internierung politischer Häftlinge“
14.–16. 10.	Letzter sozialdemokratischer Parteitag in der Ersten Republik; Streichung des „Anschlußartikels“ aus dem Parteiprogramm
10. 11.	Wiedereinführung der Todesstrafe

1934

12.–15. 2.	Eine Waffensuche im Linzer Arbeiterheim „Hotel Schiff“ löst den Bürgerkrieg in Österreich aus; der „partielle Schutzbundaufstand“ wird von der Regierung Dollfuß (Bundesheer, Heimwehr) blutig niedergeschlagen und die Sozialdemokratische Partei und ihre gesamten Organisationen in weiterer Folge verboten
2. 3.	Verordnung über die Errichtung einer Einheitsgewerkschaft: Einheitlicher „Gewerkschaftsbund der österreichischen Arbeiter und Angestellten“

17. 3.	Unterzeichnung der „Römischen Protokolle“: verstärkte wirtschaftliche Zusammenarbeit zwischen Österreich, Ungarn und Italien; Dollfuß und Mussolini rücken näher zueinander
30. 4.	Restnationalrat (nur mehr 76 Abgeordnete) beschließt Bundesverfassungsgesetz über außerordentliche Maßnahmen im Bereich der Verfassung: sog. österr. „Ermächtigungsgesetz“ (466 seit dem 27. April erlassene Notverordnungen mit 74:2 Stimmen angenommen)
1. 5.	Proklamation einer neuen berufsständischen autoritären ständestaatlichen Verfassung („christlicher Bundesstaat auf ständischer Grundlage“)
12. 7.	Die Todesstrafe wird auf Sprengstoffanschläge ausgedehnt
25. 7.	Ermordung von Bundeskanzler Dollfuß durch Nationalsozialisten, die in das Bundeskanzleramt eingedrungen waren; der NS-Putschversuch scheitert jedoch, die Putschisten Planetta und Holzweber werden verhaftet und hingerichtet; in einzelnen Bundesländern (Kärnten, Steiermark) dauern die Kämpfe noch bis Ende Juli/Anfang August fort
30. 7.	Kurt Schuschnigg wird neuer Bundeskanzler
21. 8.	Schuschnigg trifft Mussolini in Florenz
29. 8.	Der Landbund wird aufgelöst
16.–20. 11.	Schuschnigg in Rom

1935

11.–13. 4.	Dreimächtekonferenz Frankreich – Großbritannien – Italien in Stresa (Italien) beschließt lediglich Konsultationen bei einer

Verletzung der territorialen Integrität Österreichs

21. 5. Hitler erklärt: „Deutschland hat weder die Absicht noch den Willen, sich in innerösterreichische Angelegenheiten einzumischen, Österreich etwa zu annektieren oder anzuschließen."

10. 7. Das Ausnahmegesetz gegen das Haus Habsburg (Landesverweisung) wird zugunsten der Habsburger abgeändert

1936

1. 4. Einführung der allgemeinen „Bundesdienstpflicht" (Wehrpflicht); alle Wehrverbände werden von der „Vaterländischen Front" zusammengefaßt

29. 4. Verordnung über die Rückgabe des Habsburgervermögens (wegen der zahlreichen Proteste nicht realisiert)

11. 7. Abkommen Österreichs mit dem Deutschen Reich, welches zwar formell die österreichische Souveränität anerkennt, de facto aber den Anfang von Österreichs nationalsozialistischer Gleichschaltung markiert; mit Guido Schmidt und Edmund Glaise-Horstenau treten „betont Nationale" in das Kabinett Schuschnigg ein

15. 10. Schuschnigg läßt alle Wehrverbände, darunter auch die Heimwehren, auflösen; Schaffung der überparteilichen „Frontmiliz"

1937

14. 2. Durch die Schaffung der „Volkspolitischen Referate" im Rahmen der Vaterländischen Front zur vermeintlichen Erfassung aller Nationalsozialisten besitzt die „nationale Opposition" eine quasi legale Vertretung;

der nationalsozialistischen Unterhöhlung der Vaterländischen Front sind spätestens jetzt Tür und Tor geöffnet

24. 6. Weisung Blombergs an den deutschen Generalstab für den „Sonderfall Otto“ (Vorkehrungen für einen Einmarsch der Deutschen Wehrmacht in Österreich)

1938

12. 2. Hitler und Schuschnigg treffen sich auf Anregung des deutschen Gesandten in Wien, Franz von Papen, in Berchtesgaden, wobei der österreichische Bundeskanzler massiv unter Druck gesetzt und infolgedessen zu Konzessionen zur Regierungsumbildung (u. a. Seyß-Inquart als neuer Innenminister) gezwungen wird

3. 3. Eine Delegation sozialdemokratischer Gewerkschafter bietet Schuschnigg gegen ein Mindestmaß an politischen Zugeständnissen politische Unterstützung gegen Hitler an, worauf der Bundeskanzler allerdings nicht eingeht

9. 3. Schuschnigg kündigt in Innsbruck für den 13. März die Abhaltung einer Volksbefragung über die Selbständigkeit Österreichs an

11. 3. Deutsche Ultimaten an Österreich bewirken die Absetzung der Volksbefragung und den Rücktritt des Bundeskanzlers, den er durch eine Rundfunkansprache am Abend bekanntgibt

12. 3. Die deutsche Wehrmacht marschiert in Österreich unter großem Jubel ein; erste Verhaftungswellen von Regimegegnern setzen ein

13. 3. Hitler faßt in Linz den Entschluß zum „tota-

len" Anschluß; ein „Gesetz über die Wiedervereinigung Österreichs mit dem Deutschen Reich" liefert die „Legalisierung" des Anschlusses
Bundespräsident Wilhelm Miklas verzichtet auf sein Amt

15. 3. Hitler spricht auf dem Heldenplatz in Wien; Seyß-Inquart wird zum Reichsstatthalter ernannt

1. 4. Erster Transport aus Österreich in das KZ Dachau

10. 4. Volksabstimmung in Österreich über den bereits vollzogenen Anschluß erbringt fast überall 99,9prozentige Zustimmung

8. 5. Auf Weisung Hitlers wird mit der Errichtung des KZ Mauthausen begonnen

30. 5. Aufteilung Österreichs in sieben Gaue; der Name Österreich wird durch „Ostmark", später dann durch „Alpen- und Donaugaue" ersetzt

9./10. 11. Reichsweiter, von der Partei angeordneter und von verschiedenen NS-Gliederungen (v. a. SA und SS) durchgeführter Pogrom gegen die Juden („Reichskristallnacht") als Vergeltung für die Ermordung des deutschen Botschaftsangehörigen vom Rath in Paris durch den Juden Herschel Grünszpan; besonders brutale Ausschreitungen in Wien und Innsbruck

1939

22. 5. „Stahlpakt" zwischen Deutschland und Italien

14. 6. Die Bezeichnung Österreich wird durch „Ostmark" ersetzt

23. 6. Im Reichssicherheitshauptamt in Berlin vereinbaren Himmler und der italienische

Botschafter Attolico ein Abkommen über die Umsiedlung der Südtiroler

1. 9. Angriff Deutschlands auf Polen

3. 9. Kriegserklärung Frankreichs und Großbritanniens an das Deutsche Reich (Beginn des Zweiten Weltkriegs), am 17. 9. marschiert die Rote Armee in Ostpolen ein

10. 10. Beginn der Zwangsumsiedlung österreichischer Juden nach Polen, geleitet von der Zentralstelle für jüdische Auswanderung in Wien (ab Februar 1941 in großem Stil, ab Herbst 1941 auch in die Sowjetunion)

1940

1. 1. Ausweitung des Gesetzes zur „Verhütung erbkranken Nachwuchses“ auf die „Ostmark“

10. 4. „Ostmark“-Umbenennung in „Reichsgaue der Ostmark“

10. 6. Die österreichischen Gebirgsjäger ziehen in Narvik ein

22. 7. Verhaftungswelle gegen die österreichische Widerstandsbewegung

7. 8. Baldur von Schirach übernimmt sein Amt als Gauleiter und Reichsstatthalter in Wien

1941

22. 6. Beginn des „Unternehmens Barbarossa“ (Rußlandfeldzug)

1942

8. 4. Lammers ordnet die Bezeichnung „Alpen- und Donau-Reichsgaue“ für die „Ostmark“ an

1943

30. 10./1. 11. Kundmachung der „Moskauer Deklaration“ über Österreich anläßlich des Abschlusses der Außenministerkonferenz in Moskau: Österreich wird als das „erste Opfer“ der Hitlerschen Aggression und der „Anschluß“ als „null und nichtig“ bezeichnet, die Befreiung des Landes und die Wiederherstellung der Unabhängigkeit Österreichs werden als Ziele von der Anti-Hitler-Koalition proklamiert, gleichzeitig aber auf die Verantwortung für die Teilnahme am Kriege Hitlers hingewiesen, woraus sich für die Österreicher die Notwendigkeit eines eigenen Beitrages zur Befreiung Österreichs ergebe

1944

12. 4. Erster alliierter Luftangriff auf Wien

20. 7. Attentat auf Hitler, Aktion „Walküre“ in Wien durchgeführt; erneute Verhaftungswelle

10. 9. Schwerer US-Fliegerangriff auf Wien

18. 12. Gründung des Provisorischen Österreichischen Nationalkomitees (POEN) der O5 in Wien

1945

4.–11. 2. Konferenz der Anti-Hitler-Koalition in Jalta

31. 3. Truppen der Roten Armee überschreiten bei Güns, südöstlich von Wien, die ungarisch-österreichische Grenze

4. 4. Kontaktaufnahme Karl Renners mit den Sowjets

5. 4. Die „Schlacht um Wien“ beginnt

6. 4. Verhaftung Major Biedermanns in Wien; der militärische Aufstandsplan scheitert

8. 4. Major Biedermann, Hauptmann Huth und

	Oberleutnant Raschke werden in Floridsdorf gehenkt; Großbrand in Wien, der Stephansdom steht in Flammen
9. 4.	Wien ist von sowjetischen Truppen eingekreist
21. 4.	Karl Renner, der sich in Gloggnitz aufgehalten hatte, trifft in Wien ein, wo er erste Besprechungen mit Vertrauensmännern der ÖVP, der SPÖ und der KPÖ aufnimmt
27. 4.	Konstituierung der provisorischen Staatsregierung unter Staatskanzler Renner (noch unter sowjetischer Kontrolle stehend und ohne westalliierte Anerkennung), Proklamierung der Wiederherstellung der Republik Österreich; der provisorischen Regierung gehören Sozialisten (z. B. Adolf Schärf), Christdemokraten (z. B. Leopold Kunschak) und Kommunisten (z. B. Johann Koplenig) an

Mitarbeiterverzeichnis

Thomas Albrich, Mag., Dr. phil., geb. 1956, seit 1994 Assistenzprofessor am Institut für Zeitgeschichte der Universität Innsbruck. Bücher: Exodus durch Österreich (1987); Tirol und der Anschluß, hrsg. m. K. Eisterer/R. Steininger (1988); Im Bombenkrieg. Tirol und Vorarlberg 1943–1945, m. A. Gisinger (1992); Österreich in den Fünfzigern, hrsg. m. K. Eisterer/M. Gehler/R. Steininger (1995).

Dieter Anton Binder, Dr. phil., geb. 1953, Univ.-Doz. für Neuere Österreichische Geschichte und Österreichische Zeitgeschichte 1983, Univ.-Prof., Leiter der Abteilung für kirchliche Rechtsgeschichte an der Universität Graz. Bücher u. a.: Das Joanneum – Lehranstalt und Bildungsstätte (1983); Die diskrete Gesellschaft. Geschichte und Symbolik der Freimaurerei (1995[2]); Geschichte der Republik Österreich 1918–1938, hrsg. m. W. Goldinger (1992).

Evan Burr Bukey, M.A., Dr. phil., geb. 1940, seit 1986 Professor für Mitteleuropäische Geschichte an der University of Arkansas, Fayetteville. Veröffentlichungen u. a.: Österreich in der NS-Zeit, darunter „Patenstadt des Führers": Eine Politik- und Sozialgeschichte von Linz 1908–1945 (1993).

Gerhard Jagschitz, Dr. phil., geb. 1940, Univ.-Prof. an der Universität Wien, Habilitation 1978 aus Zeitgeschichte. Veröffentlichungen u. a.: Der Putsch. Die Nationalsozialisten in Österreich (1976); Zeitaufnahmen. Österreich 1945–1980 in Tondokumenten, Schallplattenserie 81; Zeitaufnahmen. Österreich im Bild 1945 bis heute (1985[2]).

Hermann J. W. Kuprian, Mag., Dr. phil., geb. 1955, Ass.-Prof. am Institut für Geschichte der Universität Innsbruck, Abteilung für Österreichische Geschichte. Ludwig Jedlicka-Preis 1986. Veröffentlichungen u. a.: Zwischen Wissenschaft und Politik. Die politische Entwicklung Bundeskanzler Michael Mayrs von 1907 bis 1922 (1986); Historische Blickpunkte. Festschrift für Johann Rainer. Unter Mitarbeit von U. Kemmerling-Unterthurner und H. J. W. Kuprian hrsg. v. S. Weiss (1988); Spannungsfeld „Staat und Gesellschaft“ in Österreich in der zweiten Hälfte des 19. Jahrhunderts, Rerum novarum, *Geschichte und Region / Storia e regione* SR 2/1 (1993).

Wolfgang Maderthaner, Dr. phil., geb. 1954, tätig am Wiener Stadt- und Landesarchiv, seit 1983 Geschäftsführer des Wiener VGA (Verein für Geschichte der Arbeiterbewegung). Bücher u. a.: Sozialdemokratie und Habsburgerstaat (1988); Chance und Illusion (Labor in Retreat. Studien zur Krise der westeuropäischen Gesellschaft in den dreißiger Jahren); hrsg. m. Helmut Gruber, Studies on the Social Crisis in Interwar Western Europe (1988); Mehr als ein Spiel. Fußball und populare Kulturen im Wien der Moderne (1996).

Manfried Rauchensteiner, Dr. phil., geb. 1942, Hofrat, tit. a. o. Univ.-Prof., einjährig Freiwilliger (Reserveoffizier), 1966 bis 1988 in der Militärwissenschaftlichen Abteilung des Heeresgeschichtlichen Museums/Militärhistorisches Institut. 1975 Habilitation für Österreichische Geschichte an der Universität Wien, 1988 bis 1992 Leiter des Militärhistorischen Dienstes im Bundesministerium für Landesverteidigung, seit 1992 Direktor des Heeresgeschichtlichen Museums. Bücher u. a.: Der Krieg in Österreich 1945 (1970, 1995^{5}); 1945. Entscheidung für Österreich (1975, 1995^{2}); Feldmarschall. Heinrich Freiherr von Hess (1975); Der Sonderfall. Die Besatzungszeit in Österreich 1945–1955 (1979, 1995^{3}); Spätherbst 1956. Die Neutralität auf dem Prüfstand (1981); Die Zwei. Die Große Koalition in Österreich 1945–1966 (1987); Der Tod des Doppeladlers. Österreich-Ungarn und der Erste Weltkrieg 1914–1918 (1992, 1993^{2}).

Friedrich Stadler, Mag., Dr. phil., geb. 1951, Begründer und wissenschaftlicher Leiter des Instituts Wiener Kreis; Univ.-Doz. für Wissenschaftsgeschichte und Wissenschaftstheorie am Institut für Zeitgeschichte der Universität Wien. Bücher u. a.: Vertriebene Vernunft. Emigration und Exil österreichischer Wissenschaft, 2 Bde (1987/88); Scientific Philosophy. Origins and Developments (1993); The Cultural Exodus from Austria, hrsg. m. P. Weibel (1995).

Rolf Steininger, Dr. phil., geb. 1942, o. Prof., Vorstand des Instituts für Zeitgeschichte der Universität Innsbruck und Fellow des Eisenhower Centers der University of New Orleans; bis 1983 Prof. a. d. Universität Hannover; Gastprofessuren in den USA, Israel und Australien. Zahlreiche Veröffentlichungen sowie preisgekrönte Fernseh-, Film- und Hörfunkdokumentationen zur Zeitgeschichte. Bücher u. a.: Deutschland und die Sozialistische Internationale nach dem Zweiten Weltkrieg (1979); Die Stalin-Note vom 10. März 1952 (1985, 1986[3], amerik. Ausg. 1990); Los von Rom? Die Südtirolfrage 1945/46 und das Gruber-DeGasperi-Abkommen (1987); Die Ruhrfrage 1945/46 und die Entstehung Nordrhein-Westfalens (1988, 1990); Tirol und der Anschluß, hrsg. m. T. Albrich/K. Eisterer (1988); Wiederbewaffnung! Die Entscheidung für einen westdeutschen Verteidigungsbeitrag: Adenauer und die Westmächte 1950 (1989); Die Option. Südtirol zwischen Faschismus und Nationalsozialismus, hrsg. m. K. Eisterer (1989); Die doppelte Eindämmung. Deutsche Frage und europäische Sicherheit in den Fünfzigern, hrsg. m. J. Weber/G. Bischof u. a. (1993); Der Umgang mit dem Holocaust. Europa – USA – Israel (1994); Österreich in den Fünfzigern, hrsg. m. T. Albrich/K. Eisterer/M. Gehler (1995); Deutsche Geschichte seit 1945, vier Bde, Fischer TB (1996).

Erika Weinzierl, Dr. phil., geb. 1925, 1948 bis 1964 Archivarin im Haus-, Hof- und Staatsarchiv in Wien, 1961 Habilitation für Österreichische Geschichte an der Universität Wien, von 1964 bis 1992 Vorstand des Instituts für kirchliche

Zeitgeschichte am Internationalen Forschungszentrum Salzburg, seit 1967 a. o., seit 1969 o. Univ.-Prof. für Österreichische Geschichte mit besonderer Berücksichtigung der Zeitgeschichte an der Universität Salzburg, seit 1977 Leiterin des Ludwig Boltzmann-Instituts für Geschichte der Gesellschaftswissenschaften Wien – Salzburg, seit 1991 Geschichte und Gesellschaft, von 1979 bis 1995 o. Univ.-Prof. für Neuere und neueste Geschichte am Institut für Zeitgeschichte der Universität Wien. Zahlreiche Aufsätze, Herausgeberin der *Zeitgeschichte*. Bücher u. a.: Österreich, Zeitgeschichte in Bildern (1968, 1975); Zu wenig Gerechte (1969, 1985, 1986). Herausgeberin und Mitherausgeberin von 30 Büchern, zuletzt Vertreibung und Neubeginn, Israelische Bürger österreichischer Herkunft, hrsg. m. O. Kulka (1992).

Abkürzungsverzeichnis

ADAP : Akten zur Deutschen Auswärtigen Politik
AVA : Allgemeines Verwaltungsarchiv (Wien)
BDM : Bund Deutscher Mädel
BKA : Bundeskanzleramt
BNP : Bruttonationalprodukt
CA : Creditanstalt
CS : Christlichsoziale
CV : Cartellverband
DNSAP : Deutsche Nationalsozialistische Arbeiterpartei
DÖW : Dokumentationsarchiv des Österreichischen Widerstands (Wien)
ERA : Ente di Rinascita agraria per le Tre Venezie
FO : Foreign Office
GESTAPO: Geheime Staatspolizei
GStA : Generalstaatsanwalt
HJ : Hitler Jugend
IMT : Internationales Militärtribunal Nürnberg
KP : Kommunistische Partei
KPD : Kommunistische Partei Deutschlands
KPÖ : Kommunistische Partei Österreichs
KZ : Konzentrationslager
LR : Landrat/räte
NA : National Archives (Washington)
NÖLA : Niederösterreichisches Landesarchiv (Wien)
NS : Nationalsozialismus/nationalsozialistisch
NSDAP : Nationalsozialistische Deutsche Arbeiterpartei
NSFK : Nationalsozialistisches Fliegerkorps
NSKOV : Nationalsozialistischer Kriegsopferverband
OECD : Organization for Economic Cooperation and Development
OSAF : Oberste SA-Führung
OSS : Office of Strategic Services
ÖFF : Österreichische Freiheitsfront
ÖStA : Österreichisches Staatsarchiv (Wien)
POEN : Provisorisches Österreichisches Nationalkomitee

PRO	: Public Record Office (London)
RAVAG	: Radio Verkehrs AG
RFSS	: Reichsführer SS
RG	: Record Group
RGBl.	: Reichsgesetzblatt
RK	: Reichskanzlei
RM	: Reichsmark
SA	: Sturmabteilung
SD	: Sicherheitsdienst
SD	: Sozialdemokratie
SDAP/Ö	: Sozialdemokratische Arbeiterpartei Österreichs
SHS-Staat	: Serbien-Kroatien-Slowenien (Jugoslawien)
SPD	: Sozialdemokratische Partei Deutschlands
SS	: Schutzstaffel
SWB	: Sicherheitswachebeamte
VF	: Vaterländische Front
VGA	: Verein zur Geschichte der Arbeiterbewegung
VGH	: Volksgerichtshof
VKS	: Völkischer Kampfring Südtirols
WHW	: Winterhilfswerk

Bildnachweis

1, 2	Landesbilddokumentation
3, 4	Heeresgeschichtliches Museum, Wien
5	Sammlung Sieber, Innsbruck
6, 22, 23, 25, 26, 27	Stadtarchiv Innsbruck
14, 18, 19, 20, 21, 24, 28, 29, 30, 33	Institut für Zeitgeschichte, Innsbruck
7, 10, 12	Verein für Geschichte der Arbeiterbewegung, Wien
8, 9, 11, 13, 15	Privatbesitz Dieter A. Binder
35	Stadtarchiv Brixen
36	Tiroler Geschichtsverein, Bozen
16, 17, 31, 32, 34	Friedrich Stadler/Peter Weibel, The Cultural Exodus from Austria, Wien – New York 1995.

Personenregister